科学发展观统领下的高等教育管理

⊙中国高教学会高教管理研究会秘书处　编著

图书在版编目(CIP)数据

科学发展观统领下的高等教育管理/中国高教学会高教管理研究会秘书处编著.—镇江:江苏大学出版社,2010.10

ISBN 978-7-81130-167-0

Ⅰ.①科… Ⅱ.①中… Ⅲ.①高等教育-教育管理学-研究-中国 Ⅳ.①G649.2

中国版本图书馆 CIP 数据核字(2010)第 195374 号

科学发展观统领下的高等教育管理

编　著/中国高教学会高教管理研究会秘书处
责任编辑/李经晶
出版发行/江苏大学出版社
地　址/江苏省镇江市梦溪园巷 30 号(邮编:212003)
电　话/0511-84440890
传　真/0511-84446464
排　版/镇江文苑制版印刷有限责任公司
印　刷/丹阳市兴华印刷厂
经　销/江苏省新华书店
开　本/787 mm×1 000 mm　1/16
印　张/28.25
字　数/550 千字
版　次/2010 年 10 月第 1 版　2010 年 10 月第 1 次印刷
书　号/ISBN 978-7-81130-167-0
定　价/56.00 元

序

研究总结新中国成立以来高教管理体制改革的历史经验　促进新时期高等教育科学发展

——中国高教学会高教管理研究会理事长郑树山在高教管理研究会2009学术年会开幕式上的讲话

在新中国即将迎来60华诞的前夕，在全国高校开展深入学习实践科学发展观活动之际，由国家教育行政学院主办、齐齐哈尔职业学院承办的2009年中国高教学会高教管理研究会学术年会，今天在风景秀丽的北国鹤乡——齐齐哈尔隆重开幕了！我谨代表中国高教学会高教管理研究会，向出席本次论坛的各位来宾和全体与会代表表示热烈欢迎！向为举办本次论坛提供支持并付出辛劳和智慧的齐齐哈尔职业学院的各位领导和全体教职员工表示诚挚的谢意！

我们将本次年会的主题确定为"科学发展观统领下的高等教育管理"，主要是基于以下考虑：第一，科学发展观是我国经济社会发展的重要指导方针，是发展中国特色社会主义必须坚持和贯彻的重大战略思想，也是推进我国高等教育改革发展的行动指南。在我国高等教育经历体制变革、规模发展、结构调整，取得令世人瞩目成绩的新时期，必须全面贯彻落实科学发展观，坚持以人为本，更加重视质量建设和内涵发展。第二，重视和加强管理是全面提升高等教育质量，促进高校办出特色，实现高等教育科学发展的必然要求。实践证明，坚持科学管理、民主管理、依法管理，是实现高等教育内涵发展的重要保障。第三，新中国成立60年来特别是改革开放30年来，我国高等教育发展的历史表明：高等教育的改革与发展，体制改革是关键，而不断深化高等教育管理体制的改革，形成具有中国特色社会主义的高教管理体制，是推动我国从高等教育大国向高等教育强国迈进的迫切需要。在本次年会上,与会代表将围绕会议主题,以科学发展观为指导,回顾和研讨60年来我国高等教育管理体制改革的经验教训,结合国家改革开放的新形势、新任务、高等教育改革发展面临的新使命、新要求及高教管理中遇到的新情况、新问题,相互交流,启迪智慧,凝聚共识,这对于丰富和深化我国高教管理工作的研究与实践,促进高等教育的科学发展具有积极而重要的意义。下面,我结合建国60年来我国高等教育管理体制改革的历程和经验,就加强新时期高教管理研究谈几点意见。

一、新中国成立60年来我国高教管理体制改革经历了在探索中发展的历程

今天在座的许多同志都是我国高等教育改革发展的参与者和见证者。众所周知,新中国成立60年来,我国高等教育的发展是与国家经济社会发展密切相关的。随着社会历史的变迁以及政治、经济体制改革的深入,我国高等教育管理体制改革在探索中前进,走过了跌宕起伏、曲折发展的不平凡历程。

"文革"前17年是新中国高等教育管理体制形成并在探索中前进的时期。我们在改造旧教育、创建人民教育体系的过程中,坚持社会主义方向,加强党对高等教育事业的领导,探索建立中央统一领导,中央和地方分级管理、分工负责的领导体制;适应经济与社会发展需要,探索建立各级各类教育协调发展的合理结构;按照马克思主义关于人的全面发展的理论,探索教育与生产劳动相结合的道路。经过17年的艰辛努力,基本形成了符合我国国情、具有中国特色的高等教育管理体制的基本框架和格局,奠定了新中国高等教育事业持续发展的坚实基础。其主要特征为:(1) 加强党对教育事业的领导,坚持社会主义办学方向。高等院校管理体制从校(院)长负责制改为党委领导下的校(院)长负责制。(2) 探索建立中央统一领导、中央和地方分级管理、分工负责的领导体制。高等学校实行中央统一领导,中央和省、市、自治区两级管理的制度。中央各部委协同教育部门管理所属一部分高校,各省、市、自治区具体领导和管理各自所属高校。这一管理体制,长期以来成为我国高教管理体制的基本格局,对加强国家对高等教育的宏观管理和指导,调动各方面的办学积极性发挥了重要作用。(3) 适应经济社会发展的需要,探索建立包括高等教育在内的各级各类教育协调发展的合理结构。尽管包括高等教育在内的全国教育事业结构中还存在某些问题,但总体看,我国已初步形成结构合理、各级各类教育协调发展、基本适应经济社会发展需要的国民教育体系。(4) 探索教育与生产劳动相结合的发展道路。在党和国家的教育方针中,教育与生产劳动相结合处于十分重要的地位。总之,我们经历建国后17年的艰辛探索,基本形成了符合我国国情、具有中国特色社会主义的教育行政管理体系。

“文革”10 年是我国教育事业和教育行政管理体制遭到严重摧残和严重破坏的时期。在“踢开党委闹革命”的极“左”思潮影响下，取消了党对教育事业的领导，造成教育行政机构和高校领导机构的瘫痪；在改造“旧教育制度”的旗号下，片面强调放权，否定中央统一领导，造成高等教育管理体制和各级各类教育管理体制的混乱；违背教育规律，片面强调“突出政治”，造成教育事业的停滞、混乱和倒退，使我国高等教育丧失了 10 年宝贵的发展时期和重要的发展机遇。所谓的“文化和教育革命”，不但没有革除管理体制的弊端和缺点，相反使建国后 17 年探索和创建的有中国特色的社会主义高等教育管理体制和教育行政管理体制遭到严重破坏。

1978 年党的十一届三中全会的胜利召开，重新确立了解放思想、实事求是的思想路线，全党工作重点转移到以经济建设为中心的社会主义现代化建设上来，开辟了改革开放和社会主义现代化建设的新时期。党和国家从社会主义战略全局和中华民族历史使命的高度，重视教育在经济、科技和社会发展中的基础性、先导性、全局性作用，确立了教育优先发展的战略地位和科教兴国的基本国策；高举改革开放旗帜，在政治、经济、教育等领域进行全面拨乱反正，加强了党对教育事业的领导，恢复重建了教育机构和行政机构，初步理顺了政府与教育行政部门、教育行政部门与学校的关系，高校恢复建立了党委领导下的校长负责制，使新时期高等教育管理体制的改革与发展呈现出新的局面和新的特点。主要表现为：逐步改革计划经济体制下形成的教育体制，构建适应社会主义市场经济体制的高等教育管理体制；正确处理各级各类教育规模、结构、质量、效益等方面的关系，及时调整教育体系结构，促使教育事业健康、有序、快速地发展；初步形成了有中国特色的社会主义教育法规体系基本框架，使高等教育管理走上了依法治教的轨道，特别是《中华人民共和国高等教育法》等法规的出台，为政府和教育部门依法治教提供了法律依据，推动了高等教育事业的健康快速发展。

综上所述，新中国成立 60 年来我国高等教育管理体制的改革与发展，经历了艰辛探索的历程，它不是对高校隶属关系的调整，也不仅是对教育管理权限结构的局部微调和更动，而是致力于对整个高等教育布局、结构的调整和重构，致力于对政府、社会、高校各自角色的重新定位及其运行规则的重新设定，致力于对高等教育资源配置方式的根本调整。这充分说明了高等教育管理体制改革的艰巨性和复杂性。

二、新中国成立以来我国高等教育管理体制改革的成功经验与启示

新中国成立 60 年来我国高等教育的发展史，也是中国特色社会主义高等教育

管理体制建立、变革和发展的历史。通过对60年来我国高等教育管理体制改革经验教训的回顾与反思,使我们获得了许多有益的启示,至今仍指导着我们对深化高教管理体制改革的研究与实践。我认为,值得重视和关注的经验和启示有以下几点:

——必须加强党对高等教育事业的领导,坚持社会主义的办学方向。我国高等教育管理体制改革发展60年的实践证明,不同的社会历史时期高等教育管理体制改革和发展尽管有其特定的内涵和目标,但在任何时候,都应该坚持党对高等教育事业的领导,全面贯彻党的教育方针,加强党建和思想政治工作,这是推动我国高等教育事业健康发展的根本保证。

——必须把握时代发展趋势,积极适应经济社会发展的需要。20世纪50年代、80年代和世纪之交的三次重大高教管理体制改革,都是在我国政治、经济体制发生深刻变化的背景下,对高等教育管理体制进行的有目的、有计划、有组织的改革,使高等教育更好地为社会主义现代化建设服务。同时,高教管理体制的改革也要适应教育面向未来的发展需要。

——必须尊重高等教育的发展规律,把握其特有的功能和价值。高等教育管理体制改革要以遵循高等教育发展规律为原则,注重研究高等教育发展的基本规律及其自身的功能和价值,在推动改革实践中应坚持辩证唯物主义和历史唯物主义的思想方法和工作方法。

——必须以坚持政府为主导,调动高校和各方面的积极性。政府是高教管理体制改革的推动者,但这并不意味政府包办一切。要在改革中着力转变政府管理教育的职能,解决高校缺乏应有活力等问题,逐步建立起与经济、政治体制相适应,以统一领导、分级管理和高校自主办学为特征的高等教育管理体制和运行机制。

——必须坚持决策的民主化、科学化,创造良好的政策制度环境。实践证明,在高教管理体制改革中,应根据高校的实际,区别不同情况给予合理而系统的政策支持,为改革的实施创造有利的环境和条件。同时,必须坚持决策的民主化、科学化,注重科学决策、民主决策、依法决策。

——必须坚持从我国国情出发,善于传承、借鉴和创新。基于中国国情是我国高等教育管理体制改革的根本出发点。继承和创新,是推动高等教育管理体制改革发展的双轴。要准确理解和把握传承、借鉴和创新的关系,坚持传承、借鉴与创新的统一。在不断传承中国高等教育管理智慧和优良传统的同时,合理借鉴发达国家高等教育的管理体制和办学理念,推动我国高等教育管理体制的创新与发展。

三、以科学发展观为指导深化新时期高教管理研究

回顾新中国60年高教管理体制改革的历史经验和高教管理研究工作的探索与实践，我们高兴地看到，在广大高教管理者和专家学者的共同努力下，我国高等教育管理体制的改革发展从理论探索、政策支持和具体实践都取得了很大的成绩，但面对高等教育改革发展的新形势、新任务和高教管理中出现的新现象、新矛盾、新问题时，作为教育管理者，我们必须始终保持孜孜以求、锐意进取的精神状态，要以高度的使命感和责任感，加大新时期高教管理工作研究的力度。当前和今后一个时期，我们要以科学发展观为指导，对以下问题加以深入研究。

一是要加强对转变政府职能的研究。转变政府职能是深化高教管理体制改革的重点。事实表明，推进我国高等教育事业的改革发展，应加强对政府与高校关系的研究，明确政府和高校各自的功能与职责定位，以逐步形成权责一致、规范有序、充满活力的中国特色社会主义高等教育管理体制。

二是要加强对高校科学定位、分类指导的研究。科学定位是高校办出特色、实现多样化发展的基础。要研究高校的科学定位，建立高校分类体系，根据高校的主要功能、服务面向、学科专业设置、学制等制定分类标准。同时，探索建立有利于高校特色发展的评估标准，以实现我国高校的多样化发展。

三是要加强对高校办学自主权的研究。自主办学是高等学校的基本权利，政府及其有关部门要积极鼓励支持高等学校充分行使办学自主权。要加强对政府宏观调控指导下高校办学自主权的研究，改进政府管理高校的方式，促使高校真正成为自主办学的实体，并承担应有的责任。

四是要加强对依法治校的研究。高校要切实提高管理质量和水平，必须牢固树立依法治校的理念。要研究高校依法履行教育教学和管理职责，建立并不断完善符合法律规定的学校章程和制度，厘清高等院校内部和外部的法定关系，建立和完善现代大学制度，使高等教育在新的体制和环境下健康发展。

五是要加强对高校管理干部队伍建设的研究。高校向管理要质量、要效益，关键在于有一支高素质、高水平的管理干部队伍。要加强高校管理干部提高综合素质和管理水平问题的研究。要加强高校组织人事制度建设及其运行机制的研究，以建立严密、高效的学校管理组织体系，建立科学合理的内部管理制度、培训机制和考核机制，为高校建设一支素质好、结构好、作风好的管理干部队伍提供良好的制度保障。

六是要加强对社会资源参与高校办学的研究。充分利用和整合社会资源发展高等教育是一个重要的课题。要研究调动市场、社会不同办学主体的积极性，鼓励

和支持学校与地方政府、企业和社会各界合作办学。要研究发挥行业协会、专业学会及其他中介机构在教育治理和运行中的作用，形成互惠互利的合作机制，为高等教育管理体制改革营造一个良好的社会环境。

同志们，管理需要研究，研究需要读书。古人说："腹有诗书气自华。"作为高校管理者，我们要重视研读马克思主义中国化最新成果，研读马克思主义的经典著作，还要研读古今中外优秀文化典籍及教育名著，从经典著作中汲取办学治校的智慧，提升综合素养、精神境界，提高领导能力和管理水平，真正把读书当成一种工作责任、一种精神追求。让我们为之努力，以此共勉！

以上意见只是个人的一点粗浅看法和认识，欢迎大家展开讨论。我相信，通过与会全体同志的积极参与、深入探讨和共同努力，我们对新时期高教管理中的一些重要问题一定会形成不少富有价值的共识，取得丰硕的研讨成果。

最后，预祝本届年会取得圆满成功！

目录

Ⅰ 高校领导体制与领导能力建设

Ⅱ 高校科学管理与战略规划

Ⅲ 现代大学制度与运行机制

Ⅳ 高校品牌建设与特色发展

高校价值取向与人才素质培养

Ⅵ 高校创业教育与队伍建设

附　录

Ⅰ 高校领导体制与领导能力建设

我国高等学校内部领导体制改革30年回眸

上海大学课题组[①]

摘　要：本文将改革开放30年以来我国高校内部校、院(系)两级领导体制改革分为三个历史阶段，以国家重要文件的出台与重大改革事件为主要线索，分别对各个阶段改革的历史背景、内容与主要经验进行了回顾与总结。

关键词：高等学校改革；内部领导体制；改革历程

自1978年中国改革开放30多年来，中国高等学校内部校、院(系)领导体制改革经历了三个历史阶段：1982年11月到1989年6月，为推行校长责任制与系主任负责制改革试点阶段；1989年7月到1999年11月，为实行党委领导下的校长责任制，扩大院系办学自主权阶段；1999年12月至今，是实行院(系)目标管理责任制，进一步深化校、院两级领导体制阶段。1982年底以前，也有个别高校推行改革，但力度小、影响不大。真正具有历史意义、影响较大的改革，是1982年11月中国科技大学副教授温元凯尝试的教研室体制改革。因此从1978年到1982年底这段时期，我们将其定义为恢复重建时期。

一、推行校长责任制与系主任负责制，加强校、院(系)行政领导权力(1982年11月—1989年6月)

从1982年11月温元凯尝试改革教研室体制开始，到1989年6月为第一个历史阶段，其特点是通过推行系主任负责制与校长负责制等，强化学校行政权力。这个阶段也是高校内部领导体制改革30年中最活跃的一个时期。经过这个时期的

---

① 执笔人简介：邵守先，上海大学高等教育研究所副所长、副研究员。

改革探索,高校内部领导体制大的框架开始定型,特别是学校层面的领导体制。

1978年改革开放以后,高校内部校、院(系)领导管理体制的第一项重大改革,是1982年中国科技大学近代化学系副教授温元凯尝试的教研室体制改革。1980年,温元凯被派往法国,成为中国改革开放后第一批出国访问学者之一。1982年回国后,温元凯向中央上书,呼吁进行教育体制改革,受到热情的鼓励,他被任命为中国科技大学化学教研室主任。一个波及全国的科教体制改革大潮,就这样从一个小小的化学教研室蔓延开来。全国近200所大学派人到中国科技大学参观取经,温元凯也被邀请到各地传授改革经验。① 其改革的具体内容是:(1)实行集中领导,教研室主任兼任支部书记;(2)人事制度实行聘任制,逐步做到人员流动;(3)加强教研室主任的责任和职权,主任有人事、工作、财政的权力;(4)筹集教研室基金;(5)扩大知识分子工作上的自由度,鼓励教职工到社会上兼职兼课;(6)实行定期民意测验等办法,考核教职工教学和工作质量;(7)逐步形成一个既有特色又适应目前教学体制的科研方向,面向国家和产业部门的重大课题。②

当时高校内部领导体制实行的是校、系两级领导层次,因此在1984年总结一年多改革实践的经验的时候,中国科技大学将此项改革命名为系主任负责制,改革的成果主要是扩大了系办学的自主权,使得系、教研室面向社会、根据社会经济发展的需要开展教学科研活动,从而增加了教研室经济收益,提高了行政工作效率。

随后不久,许多高校都开始推进类似的改革,形成了一个高潮。1984年8月,天津大学制定8项加快改革步伐的措施,包括建立校、系两级财务单位、下放部分财权、科室级干部由系任免等。同年10月初,南京大学新领导将16项管理权限下放到系处,主要是下放科级及以下干部、讲师以下教师的管理权,由系主任、处长任免;有权审批讲师、工程师及其以下业务职称;有权确定国内大学、研究所进修人选等。10月底,哈尔滨工业大学开始实行校、系两级管理体制,系一级试行系主任负责制。哈尔滨工业大学的改革在当时步子比较大、比较彻底,系主任有5个方面、30余项管理权,包括:(1)人事干部管理权。系副主任由系主任提名;系的科级干部、教研室、研究室、实验室正副主任由系主任任命;系主任根据教学、科研工作需要,有权从校内外调人或借用专业技术干部。(2)教学工作管理权。本系的教学计划、研究生的培养方案以及教师的教学、科研、进修、科技服务等由系主任决定。(3)科研工作管理权。系主任制定本系的科研规划,检查调整科研进度、人员配备、设备等。(4)财务工作管理权。系主任审批实行预算包干的教育事业费、科研经费和预算外经费。(5)设备物资审批管理权等。系主任可以审批5万元以下的

---

① 《温元凯潮起潮涌写春秋》,引自 http://www.rwabc.com/diqurenwu/diqudanyirenwu。

② 忻福良:《中国高等教育改革大事记(1978—1989)》,同济大学出版社,1991年,第68页。

科研设备购置费和2万元以下的教学设备购置费。1985年,北方工业大学在实行校长负责制的同时,学校内部改“校处系教研室四级管理”为“校系两级管理”。

1984年11月9日,时任教育部副部长彭佩云宣布:北京师范大学开始试行校长负责制。从1984年底、1985年1月开始,西北工业大学、同济大学、华东化工学院、上海外国语大学、成都科技大学、浙江大学等高校陆续开始试行校长负责制。其中以华东化工学院实行的“院部放权、机关削权、系里集权”的简政放权模式影响最大。全国270多所高校1 000余人先后前往学习。

华东化工学院,也就是现在的华东理工大学,当时建立了院长领导下副院长、“三长”(秘书长、教务长、总务长)分工负责制,院长管总体设计、全面协调;副院长管某一方面长远的综合性工作;日常的教学、行政、后勤等工作由“三长”主持,在各自的职权范围内独立处理、决定问题。同时削去机关原来拥有的53项人事与财权,下放到系;而教学计划制订权、教师聘任调配权、招生、学生管理、分配权、教学与科研经费使用权利等都集中到系。①

此后一直持续到1989年,不断有高校试行校长责任制或系主任负责制改革,其中高峰时期是1984年到1986年,1987年起实行改革的学校开始明显减少。以上海为例,1985年有两所高校进行试点,1986年推行到7所。至1986年底,全国实行校长负责制的高校达100余所,占当时全国高校的1/10。② 其主要原因,就是因为1985年5月颁布的《中共中央关于教育体制改革的决定》明确规定“学校逐步实行校长负责制”③,该决定极大地推动了我国高校管理体制改革的进程。

1988年前后,上海工业大学、上海交通大学还实行了包干责任制等改革,北京大学、清华大学、西安交通大学、复旦大学等大学也参与了该项改革,以适应发展商品经济的需要(当时不叫市场经济)。对高校校、院(系)领导体制改革而言,包干责任制改革的实质是办学权力重心下移,目的是激活系所办学活力。

二、实行党委领导下的校长责任制,扩大院系办学自主权(1989年7月—1999年11月)

1989年7月10日,中共中央、国务院转发国家教委《关于当前高等学校工作中几个问题的意见》(下文简称《意见》)的通知。《意见》中特别强调,要整顿党的组织,加强和调整领导班子。《意见》指出,实践证明,实行党委领导下的校长负责

① 忻福良:《中国高等教育改革大事记(1978—1989)》,同济大学出版社,1991年,第74页。
② 杨德广,等:《中国高等教育改革的实践与发展趋势》,同济大学出版社,1990年,第105页。
③ 郝克明:《中国教育体制改革20年》,中州古籍出版社,1998年,第173页。

制，有利于保证学校的社会主义方向和全面实现培养目标，比较符合高等学校的实际。在今后一个相当长的时期，高等学校仍应实行党委领导下的校长负责制，但党政职能应该分开，党组织不要包揽行政事务。已试行校长负责制并取得较好效果的学校，可以继续探索和积累经验。试行校长负责制效果不够好的学校，应恢复党委领导下的校长负责制。从现在起，不再扩大校长负责制的试点。不论实行哪种领导体制，都要充分发挥党组织的政治核心作用。①②

1990年中共中央〔1990〕12号文件再一次明确指出：高等学校实行党委领导下的校长负责制。1993年2月颁布的《中国教育改革和发展纲要》进一步强调：高等学校实行党委领导下的校长负责制，党委要对重大问题进行讨论并作出决定，同时保证行政领导人充分行使自己的职权。③ 1996年3月中共中央印发《中国共产党普通高等学校基层组织工作条例》明确规定：高等学校实行党委领导下的校长负责制。校党委统一领导学校工作，支持校长按照《中华人民共和国教育法》的规定积极主动、独立负责地开展工作，保证教学、科研、行政管理等各项任务的完成。④ 1999年1月1日开始施行的《中华人民共和国高等教育法》，将党委领导下的校长负责制以国家法律的形式固定下来。⑤ 从此，我国高校实行党委领导下的校长负责制，不仅是党的主张，而且成为国家的意志，高等学校领导体制在形式上开始定型并逐步稳定下来。与其他几种领导体制相比较，这一体制更符合我国现阶段的国情和校情，是一种行之有效的高校领导体制。⑥

随着学校领导体制的确定，学院（系）的领导体制也从院系主任负责制，渐渐发展成为学院（系）党组织与行政共同负责的局面。

1989年至1999年10年间，也是高等学校内部管理改革的活跃时期。1985年中央印发《中共中央关于教育体制改革的决定》，经过一段时间的酝酿，国家教委批准南京大学、东南大学进行校内管理体制改革，1991年底又批准5所高校进行高校内部管理体制改革。1992年2月，国家教委决定在其直属的36所高校全面开展内部管理体制改革，8月下发了《关于国家教委直属高校内部管理体制改革的若干意见》的通知，11月国家教委召开了普通高等学校工作会议，总结了试点院校的改

---

① 《昆明党史》，引自 http://kmds. km. gov. cn/dsbl/ddjsdsj/1980/271297145I145EIB9GK7GDI0I145EIB9GK7GDI0. shtml。

② 钱怀瑜：《党委参与董事会领导下的校长负责制初探》，《探讨与争鸣》，2008年6月。

③ 《中国教育改革和发展纲要》，引自 http://news. rednet. cn/c/2008/06/19/1533296. htm。

④ 《中国共产党普通高等学校基层组织工作条例》，引自 http://jwjcc. ccnu. edu. cn/show_1528. aspx。

⑤ 《中华人民共和国高等教育法》全文，引自 http://www. moe. edu. cn/edoas/website18/26/info1426. htm。

⑥ 史华楠，王日春：《党委领导下的校长负责制的演进、实践与完善》，《扬州大学学报：高教研究版》，2004年第4期。

革经验,会后形成了《关于普通高等学校内部管理体制改革的意见》,要求全面推进高等学校内部管理体制改革。1993 年,中共中央、国务院印发《中国教育改革和发展纲要》,更加明确提出要求,应继续积极推进人事制度和分配制度改革为重点的学校内部管理体制改革。[①] 此后几年一些高校又掀起了新一轮高校内部管理体制改革,直到 1999 年 10 月召开"全国高校内部管理体制学术研讨会"以后,改革大戏才渐渐开始落下帷幕。在这一时期,与内部领导体制有关的改革举措主要有:围绕高校领导体制而进行的机构设置调整;校院系领导管理体制的改革,较大力度实行了纵向权力结构的调整,管理重心下移;尝试改变学术行政管理代替学术民主管理的状况。这些改革举措的本质是开始调整高校内部的权力结构。高等学校存在着政治权力、行政权力和学术权力,这三种权力的配置与整合影响和主导着高等学校的决策和运行。高等学校内部管理体制改革的过程,就是上述权力分化、重组的过程。[②] 从领导体制的角度看,这既涉及领导组织结构的问题,也是领导权限和责任划分的问题。领导权限和责任划分的中心内容是建立严格的从上而下的领导行政法规和岗位责任制,对不同领导机构、部门以及领导者之间的职责权作出明确的规定。[③]

比如 20 世纪 90 年代末,华东师范大学、上海大学等高校的分配制度改革,采取编制管理、经费包干、岗位津贴的校院二级管理等模式就是如此。华东师范大学设校聘岗位 250 个,院(系)岗 1 550 个,机关和直属单位设置管理及公共服务岗位 400 个,经费由学校按各类岗位津贴额的 70% 预发给学院(系),考核后结算。上海大学的校级岗位包括骨干队伍岗位、教授岗位,津贴由学校直接核发。副教授以下岗位由学院进行分配。学校总的下拨经费主要由 4 块组成,即学费、副教授以下教师的教分津贴、支撑学校分配的配套经费、年终奖金。[④] 分配制度的改革,使得学院开始拥有一定的分配权,高校两级领导体制改革开始向纵深发展。

又如 1998 年底,当时山西省各高校普遍存在管理机构过多、人浮于事的现象,高校处级党政职能机构平均设置达 26 个,导致管理职能相互交叉重叠,工作中相互扯皮。因此,山西省教委依据《山西省普通高等学校编制管理试行意见》,对现有党政职能机构进行调整,调整精简后,全省本科学校机构设置为 16 ~ 24 个,专科学校为 10 ~ 12 个。

---

① 毕宪顺:《高等学校内部管理体制改革研究综述》,《中国特色社会主义研究》,2005 年第 2 期。

② 刘复兴:《权力整合:大学内部管理体制改革新课题》,《中国教育报》,2008 年 2 月 19 日第 3 版。

③ 《领导体制 - MBA 智库百科》,引自 http://wiki.mbalib.com/wiki/。

④ 山鸣峰,金伟民,等:《上海高校实施岗位津贴的实践与思考》,《中国高教研究》,2004 年第 1 期。

三、实行院(系)目标管理责任制,进一步深化校、院两级领导体制改革(1999底至今)

1999年底以来,校、院两级领导体制改革的重点在进一步理顺学校领导层、机关部处、学院、系之间的关系,调整高校内部权力结构的同时,开始转向学院(系)的领导体制建设与改革,努力缩短学校领导跨度与管理幅度,特别是采取各种措施努力使学院(系)的责、权、利相一致。当时,国内许多高校随着院(系)调整与学校、学院规模变大,开始努力使学院成为办学实体,企图形成学校、学院两级办学,学校、学院、系所三级管理或者学校、学院(系)两级管理的内部管理模式。① 这个时期湖南大学、武汉理工大学、上海财经大学、上海大学等许多高校,先后开始实行院(系)目标管理责任制等改革,使学院逐渐具有一定的办学自主权,取得了一些成绩。

推行院(系)目标管理责任制,首先是之前分配制度改革的延续与深化,是学院(系)办学自主权扩大的必然结果;其次也是办学权力下放以后,规范管理与加强责任考核的必然要求。院(系)目标管理责任制的推行,同时也加快了学院领导体制的改革与变化。

1999年湖南大学先在4个院系开始实行院(系)目标管理责任制,2001年至2003年推广至24个院系。从试点到全面实行院(系)目标管理责任制工作三年以来,湖南大学基本实现了学校实行院(系)承包的目的,绝大部分院(系)进入了良性发展的轨道,逐步建立起一种与学校定位与发展相适应的校、院(系)两级管理模式。院(系)拥有人员聘任权、分配自主权、职称评聘权以及职工个人考核权等办学自主权,同时学院接受学校相应的监督、考核与各环节的调控。②

武汉理工大学从合并组建以来,积极探索学校与院(系)两级管理的新体制。2002年初,学校决定从院(系)开始全面实施两级工作目标责任制,并成立了由学校校长为组长的目标责任制领导小组,全面负责两级工作目标责任制任务书的制订、目标管理与调控、年度考核与奖惩等工作,保证了两级工作目标责任制的顺利实施。③ 学校确定了两级工作目标责任制必须遵循的原则:一是责、权、利相一致的原则,即分解到院(系)的工作目标及其责任与院(系)的人、财、物自主权以及经

---

① 周玲:《以比较的观点看高校内部管理改革》,《黑龙江高教研究》,1999年第5期。

② 《推进管理重心下移 扩大院系办学自主权——我校继续推行院系目标管理责任制》,引自 http://www.hnu.edu.cn/index.php?option=com_content&task=view&id=1664&Itemid=56。

③ 《武汉理工大学积极探索学校与院系两级管理新体制》,引自 http://www.xbzf.com/cankao/Class77/200409/113.html。

济利益相一致;二是自我发展与自我约束相结合的原则,实行院(系)自我发展与自我约束的运行机制;三是学校宏观调控与院(系)办学自主相结合的原则,学校将人事管理权、财务管理权、资产管理权和分配奖励权下放给院(系),只控制各类人员的总编制,并以工作目标的方式对教师队伍的学历结构和达编情况提出具体要求。同时,学校采用业绩与效益挂钩的方式,实行院(系)经费总额包干。

武汉理工大学的两级工作目标责任制改革,充分发挥了学校与院(系)两级领导和两级组织的作用,进一步明确了院(系)的责、权、利关系,扩大了院(系)办学的自主权,增强了院(系)的办学积极性,初步探索出了一套适合该校院(系)管理的新的领导管理体制。其经验是:要搞好学校的两级目标责任制,研究校情、提升办学理念是前提,制定科学合理的目标体系是关键,加强检查指导、调控与考核是保证。

2005年初,上海财经大学推出了迄今为止思路比较完整系统、表述非常清晰的"推进学校两级管理体制改革"的总体构想。其改革目标是:通过推进两级管理,变目前的"校部集中管理"为"校、院两级管理",理清校、院两级的权力和职责。学校主要管理全局性、战略性的重大问题,对院(系)实施目标管理;院(系)拥有相对独立的办学自主权,即在下放事权的同时,下放相应的人事权、财务权、物力配置权。学校对学院的管理主要体现为规划、指导、服务、监督、协调。校部加快完成4个方面职能的转变:从微观管理转向宏观管理;从事务管理转向政策管理;从过程管理转向目标管理为主;从审批管理转向服务管理。学校主要依据校、院双方签订的目标责任书对学院整体工作及其领导班子进行年度和任期考核,考核结果与本单位相关利益直接挂钩。

上海财经大学同时还改革了传统的学院领导体制与决策机制,形成学术民主的、充满活力的、专家教授参与度较高的新型学院领导体制与决策机制。改革的主要内容包括:推广院长、系主任竞争上岗制及目标任期制,突出学科建设在任期目标中的地位;学院负责人的行政职能与学术权力相对分离,发挥学科带头人与学术骨干在学术管理中的作用;建立院级的教授委员会作为学术管理的议事决策机构;建立以学院党政领导为主,有院属系主任或课题组长、教授等代表参加的院务委员会和院务会议制度,作为学院集体领导与民主决策的体制与形式,结合政务公开和民主制度建设,逐步建立民主集中制基础上的、集中领导与个人负责相结合的学院领导体制与决策机制。①

上海大学最近几年也在一部分学院中尝试建立新的学院领导体制改革,即进

---

① 上海财经大学课题组:《推进我校两级管理体制改革的总体构想》,《上海财经大学教学研究与改革》,2004年第1期。

行“党政合一”改革试点。改革前这些学院的领导结构由名誉院长、党委书记与常务副院长组成，分别选三人担当；改革后取消名誉院长，并且党委书记与院长由同一人担当，由学院党政联席会议（院务会议）进行集体决策，但始终由既是院长也是书记的同一人主持的领导体制。其实这就是一种首长负责制，对院（系）目标管理责任制而言，其实质是由某一个人担当主要责任人。这种领导体制的好处是既充分体现了党委的领导，也具有以往系主任负责制的优点。不过实践经验表明，“党政合一”改革成功与否，取决于权力运行监控机制的完善，特别是要建立有效的同级监督，否则容易出现一人大权独揽、独断专行的局面。

此外最近几年许多高校正在积极推进与试点的院（系）党政领导“公推直选”改革，也是一项受到大家好评并且取得了许多成效的积极探索。

四、结　　语

领导体制的实质是用制度化的形式规定组织系统内的领导权限、领导机构、领导关系及领导活动方式。领导体制的内容主要包括：领导的组织结构、领导层次和领导跨度以及领导权限和责任的划分。因此内部领导体制对我国高等学校的发展至关重要。改革开放30年来，我国高校内部校、院（系）领导体制改革，取得了很大的成就，支撑着我国高等教育改革与发展不断向前迈进。展望未来，我们相信，随着理念与制度的不断创新，以及改革过程中一些深层次问题的逐步解决，高等学校内部领导体制的改革与完善一定能够取得更大的成绩。

坚持完善高校领导体制 促进高校持续健康发展

于庆臣①

摘　要：高等学校的地位和作用决定了加强党在高等学校的执政能力建设的重要性，而加强党在高等学校的执政能力建设首要的是坚持和完善党委领导下的校长负责制。这需要从提高认识、健全制度、班子建设、营造环境等方面下工夫。

关键词：高校；领导体制；负责制

党的十六届四中全会作出的《中共中央关于加强党的执政能力建设的决定》指出，“执政能力建设是党执政后的一项根本建设”，“这是关系中国社会主义事业兴衰成败、关系中华民族前途命运、关系党的生死存亡和国家长治久安的重大战略课题”，要求全党上下“以提高党的执政能力为重点，全面推进党的建设新的伟大工程”。高等学校处在现代化建设中具有基础性、先导性、全局性作用的教育事业的高级层面，担负着专门培养和直接输送社会主义建设者和接班人的根本任务，加强党在高等学校执政能力建设，既是党的执政能力建设的基础工程之一，也是高等学校自身发展的迫切要求。加强党在高等学校的执政能力建设是一个系统工程，涉及方方面面，但首要的是坚持和完善党委领导下的校长负责制。

一

坚持党委领导下的校长负责制，首先要对党委领导下的校长负责制有一个清醒的认识——坚信不疑，只有思想上坚信不疑，才能在贯彻执行中坚定不移。

坚持党委领导下的校长负责制的领导体制是高校落实“依法治国”基本方略的需要。《中华人民共和国宪法》第5条载明：“国家实行依法治国，建设社会主义法治国家。”党的十六大报告提出：“依法治国是党领导人民治理国家的基本方略”，并把“依法治国基本方略及全面落实”作为全面建设小康社会的奋斗目标之

① 于庆臣，原淄博职业学院党委书记、研究员，现山东省驻淄博科技职业学院党建工作联络员、督导专员。

一。党的十七大进一步提出:“全面落实依法治国基本方略,加快建设社会主义法治国家。”根据《中华人民共和国宪法》、《中华人民共和国教育法》制定的《中华人民共和国高等教育法》指明:“国家举办的高等学校实行中国共产党高等学校基层委员会领导下的校长负责制。”高等学校是国家的基层事业单位,是依法承担民事义务、享有民事权利的法人实体,因此要把依法治国的基本方略落到实处,必须坚持并贯彻落实好党委领导下的校长负责制。

实践证明,坚持党委领导下的校长负责制是加强和改善党对高等学校领导、促进高等学校健康发展的需要。新中国成立以来,我国的高等学校领导体制既经历了承继“教授治校”的校长负责制、校务委员会负责制阶段,也经历了党政不分的“一元化领导”阶段。十一届三中全会以来,党中央拨乱反正,解放思想、实事求是,既批判地继承历史的经验,又有选择地借鉴国外的经验。在国家优先推动的国企改革的引领下,虽说“核心、中心”之辩、“两个中心”之争不像国企领域那么明朗尖锐,但高等学校领导体制之争反反复复,始终未停。可以说直到1989年“六四”风波爆发,“促使我们很冷静地考虑一下过去,也考虑一下未来。”①党委领导下的校长负责制这一领导体制,在深刻的教训面前被正式提出并坚持下来。正如邓小平同志在1989年6月9日,接见首都戒严部队军以上干部时的讲话中指出的:“也许这件坏事会使我们改革开放的步子迈得更稳、更好,甚至于更快,使我们的失误纠正得更快,使我们的长处发扬得更好。”近20年来,我国高等学校稳定,高等教育持续健康快速发展,人民满意,世人瞩目,国际同行认可。可以说,坚持党委领导下的校长负责制是其重要原因之一。实践证明,党委领导下的校长负责制,是高等学校贯彻执行民主集中制的具体体现,是保证党对高等学校领导的有效制度,是具有中国特色的高等学校领导体制,是改革开放以来高等学校改革的重要成果之一。

坚持党委领导下的校长负责制,从根本上说,较好地适应了高校管理的需要。提高效率和效益,是对管理的不懈追求,但在实施中又往往处于两难之中:个人负责,的确利于提高管理效率,但却因个人的局限性,难于避免失误。高等学校是在知识的传承与创新中培养人才服务社会的场所,管理中面对的对象层次高且不确定因素相对较多,给提高效率、减少失误提出了更高的要求。党委领导下的校长负责制,实行党委领导与校长负责相结合,较好地实现了集体决策以减少失误和个人负责以提高效率的结合。

二

完善党委领导下的校长负责制,就是要在新形势下针对当前落实中存在的问

① 邓小平:《在接见首都戒严部队军以上干部时的讲话》,《邓小平文选》第三卷,人民出版社,第304页。

题,不断加以改进。

(1) 要厘清认识。党委领导不是党委书记领导,而是在党委书记主持下的集体领导。《中国共产党章程》第10条规定:“党是根据自己的纲领和章程,按照民主集中制组织起来的统一整体”,“党的各级委员会实行集体领导和个人分工负责相结合的制度”。民主集中制是党的根本原则和组织制度,也是党的根本领导制度和工作制度,是全党必须遵守的组织纪律。党委书记要增强民主意识,主持党委会讨论决定问题,不能由个人专断拍板,要按照《中国共产党章程》第16条规定:“必须执行少数服从多数的原则。决定重要问题,要进行表决。对于少数人的不同意见,应当认真考虑。如对重要问题发生争论,双方人数接近,除在紧急情况下必须按多数意见执行外,应当暂缓作出决定,进一步调查研究,交换意见,下次再表决;在特殊情况下,也可将争论情况向上级组织报告,请求裁决。”其他党委成员要增强主体意识,不能把自己当成领导集体中的客体,要积极主动负责地履行职责,行使权力。“凡属重大问题都要按照集体领导、民主集中、个别酝酿、会议决定的原则,由党的委员会集体讨论,作出决定。”书记办公会是研究处理党委日常工作的会议,校长办公会是研究处理行政日常工作的会议,不能以书记办公会、校长办公会来决定重大问题,必要时书记办公会、校长办公会可对需提交党委会的重大问题进行讨论酝酿。

(2) 要健全制度。要使党委领导下的校长负责制这一领导体制能更有序地运作,功能得到更有效地发挥,很大程度上还在于健全完善相应的制度。邓小平同志在总结“文化大革命”教训时指出:“领导制度、组织制度问题更带有根本性、全局性、稳定性和长期性。”“这些方面的制度好可以使坏人无法任意横行,制度不好可以使好人无法充分做好事,甚至会走向反面。”①因此,不断地健全党委领导下的校长负责制的相关制度是“治本”之策。

健全党委领导下的校长负责制的相关制度必须按照科学性、民主性、时代性、透明性的要求,不断推进制度创新,既要创造前所未有的新制度,又要更新完善已有的制度。“必须按照总揽全局、协调各方的原则”②,在制度创新中既要保证党委的领导核心作用,又要充分发挥同级各类组织的应有作用,努力形成党委统一领导、党政分工合作、各方协调配合的工作机制。要认真学习贯彻中共中央颁布的《中国共产党普通高等学校基层组织工作条例》及《山东省高等学校实行党委领导下的校长负责制的若干规定》(注:多数省市区均已发布),根据各校实际,制订细则,除细化明确须由党委会讨论决定的重大事项、相应的会议制度及议事规则外,尤其应重视并加强对决策意见征询制度、监督检查与责任追究制度的建设。

---

① 邓小平:《党和国家领导制度的改革》,《邓小平文选(1975—1982年)》,人民出版社,第293页。

② 《中国共产党章程》。

（3）要加强领导班子建设。制度是靠人执行的。坚持和完善党委领导下的校长负责制，关键还在于领导班子和领导干部自身，尤其是党委书记和校长。要按照社会主义政治家和教育家的要求，在选拔、教育、培养、考核、监督的各个环节强化工作，努力从个体到整体，把高校领导班子建设成为政治坚定、思想解放、开拓创新、求真务实、勤政廉洁、团结协调的坚强集体。高校领导干部要牢固树立马克思主义的世界观、人生观、价值观，坚持正确的权力观、地位观、利益观，坚持科学发展观、和谐社会观和正确政绩观，坚持民主集中制和集体领导与分工负责结合制，增强大局意识和纪律观念，以身作则、各司其职、各负其责，在实践中积极探索、不断创新党委领导下的校长负责制的新机制。高校领导干部要加强道德修养，做到坚持原则、诚实守信、相互支持、加强团结、加强沟通，自觉维护班子形象。党委书记和校长更要从严要求，身体力行，尤其要经常交流思想、沟通情况、达成共识、保持步调一致。

（4）要营造环境。《中华人民共和国高等教育法》第5条规定："高等教育的任务是培养具有创新精神和实践能力的高级专门人才，发展科学技术文化，促进社会主义现代化建设。"第10条规定："国家依法保障高等学校中的科学研究、文学艺术创作和其他文化活动的自由。"特殊的地位与作用造就的高等学校，历来以文化厚重著称，以学术自由见长，坚持弘扬人文精神和科学精神，始终高扬科学民主的大旗。因此，在高等学校坚持和完善党委领导下的校长负责制，必须对这一文化背景有一个清晰的认识，高度重视这一背景下的高校文化建设，营造一个有利于坚持和完善党委领导下校长负责制的良好环境。要设立工会、妇委会、团委、学生会、学术委员会、学位委员会等组织，要建立健全教职工代表大会、共青团代表大会、党员代表大会等制度，领导并支持他们按照法规和各自章程开展工作，同时也要做好统一战线工作，支持校内各民主党派基层组织按照法规和各自章程开展活动。要充分发挥各类组织联系群众的桥梁和纽带作用，以各种渠道和形式广泛发扬民主、集中民智：对涉及学校发展全局的重大事项，要广泛征询意见，充分进行协商和协调；对专业性、技术性较强的重大事项，要认真进行专家论证、技术咨询、决策评估；对同群众利益密切相关的重大事项，要实行公示、听证。还要认真贯彻党员权利保障条例、党内监督条例，完善情况通报、情况反映、民主评议、来信来访等制度，逐步推进党务公开、校务公开，增强工作的透明度，营造一种不同意见平等讨论的氛围，鼓励和保护大家讲真话、说心里话。"努力造成又有集中又有民主，又有纪律又有自由，又有统一意志又有个人的心情舒畅生动活泼的政治局面"①，以更好地支持和促进党委领导下的校长负责制的实施。

① 《中国共产党章程》。

大学中的权力:来源与类型

李剑萍　黄春平①

摘　要: 从来源上看,大学权力主要有大学组织特性所决定的大学权力、大学外部所赋予大学的权力、大学组织中内部各权力群体所拓展的权力,其中源于大学组织特性的权力是大学最根本、最稳固的权力。大学外部对大学组织特性予以确认而赋予大学权力,其赋权过程也是对大学管理约束的过程。权力主体在权力运行过程中,运用各种规则,通过或现或隐或二者相结合的方式不断拓展权力范围,进而推动大学组织特性演进。从权力主体、权力性质、表现形式、作用强弱等方面考察权力类型,管理群体拥有强势而显性的决策性权力,教师群体拥有的主要是显性而柔性的知识性权力,学生群体主要是柔性而显性的发展潜能的主体性权力,辅助保障性群体拥有隐性而柔性的事务性权力。

关键词: 大学;权力;来源;类型

一、大学权力的来源

大学作为一类社会组织,其权力来源主要有三:一是大学组织特性所决定的大学权力,二是大学外部所赋予大学的权力,三是大学组织中内部各权力群体所拓展的权力。

(一)大学组织特性所决定的权力

每一个组织特有的组织属性决定该组织拥有的特定权力,大学组织也不例外。但现代大学的组织特性,是在大学漫长的发展历史中逐渐积累而成的。中国大学组织经过京师大学堂起至今百年来的演进,大学组织特性被概述为"培养高级专门人才、研究高深学问、探讨和发展科学"的社会组织。这一显著区别于其他组织的组织特性,决定大学作为一种社会组织有围绕高深知识进行发掘、整理、传播、拓展等权力。

---

① 李剑萍,聊城大学副校长、教授;黄春平,聊城大学高教所秘书、讲师。

然而大学作为区别于其他社会组织而拥有的权力,其运行是通过大学内部在维持大学组织特性中扮演各种角色的各群体相互作用来完成的。大学组织各种权力关系,隐藏于大学各种问题解决的活动之中。依照各自在参与这些活动中扮演的角色,大学内部人员大致可分为四大权力关系群体:管理责任群体、专业培养责任的教师群体、辅助保障群体、需要发展潜能的学生群体。

在大学组织特性决定的各项活动中,管理责任群体作为大学组织对外的代表者(对社会的各种要求作出迅捷回应)、大学内部平稳运行的维系者(对大学自身的生存、维系和发展及时提出预警、作出反应)而获得决策性权力。专业培养责任的教师群体,作为大学知识性权力在大学内部的具体执行者,拥有知识性权力,特别是在教师群体中起重大作用的高级或卓越者——教授群体。教师群体中的初级教师,则为教师执行这一权力不断补充能量。学生群体是大学内外双重责任的联结者,学生群体既是大学服务的主要"客户",又是大学所传播知识的主要直接受体,还是大学知识性权力后续运行的能量补充者,是大学自身发展资源的主要供应者,是社会发展的未来责任者,是大学的意义所在。学生群体以其自身在大学的存在为权力资源而获得相应的权力,在性质上属于发展其自身潜能力的主体性权力。大学组织特性赋予辅助保障群体事务性权力。这一群体主要从事大量分散的、例行的具体事务,支持和保证大学"培养高级专门人才、研究高深学问、探讨和发展科学"这一中心工作得以顺利进行。从事这些事务者同样存在利益关系,要保护其利益关系,从政治学的角度看,即需要相应的权力。这一权力可称之为事务性权力。

(二)大学外部所赋予的权力

大学作为一个组织是社会环境的分系统,大学组织是在与环境互动中获得权力,其内部权力是各种权力历史沉淀的结果。大学在每一个具体的历史阶段,它的正式权力表现为其是由外部主体所赋予的。即便是大学组织特性决定的权力,也需要得到大学外部的认可。

外部赋予大学权力的主体主要有:(1)政府,是我国公立大学的主要外部权力来源。政府是通过设立专门的教育行政管理部门来代表其向大学授权,如教育部、高等教育部、教育委员会。(2)学校董事会,主要存在于我国的私立大学,但也有例外,如清华学校基金董事会。(3)宗教组织,如中华基督教教育会,主要授权对象是新中国成立前的教会大学。(4)其他社会组织,如南京国民政府时期的中华文化教育基金董事会。

外部主体授权的主要措施有:(1)制定和颁布教育法规,如1998年《高等教育法》。(2)发布行政命令、教育经费政策,任命大学校长。(3)通过文化、惯例授权。文化、惯例授权具有较大的柔性、隐性,但更具韧性、持久性,政府法令授权具有强大的威力,但如不与文化传统、惯例融合,其授权也难以收到理想效果。(4)大学

章程。如1998年《高等教育法》第28条规定,设立高等学校的章程应规定的事项包括学校“内部管理体制”,“经费来源、财产和财务制度”。章程是私立大学自主办学的依据,相当于大学内的“基本法”。

外部授权的主要内容有:(1)规定大学的内部领导体制,如1998年《高等教育法》第39条规定:“国家举办的高等学校实行中国共产党高等学校基层委员会领导下的校长负责制。”(2)规定大学中分校、院、系等机构的设置及其权限。如1950年颁布的《高等学校暂行规程》第5条规定了“大学及专门学院设若干学系,其设立或变更由中央教育部决定之”;“大学及专门学院在校(院)长领导下设校(院)务委员会”,及校(院)务委员会的5项主要职权。(3)规定大学内部的活动,如公共基础课的开设。

外部赋权的特点有:(1)大学外部所赋予的权力最具刚性,特别是来源于政府的权力。如1950年《关于高等学校领导关系的决定》规定:“凡中央教育部所颁布的关于全国高等教育的方针、政策与制度,高等学校法规,关于教育原则方面的指示,以及对高等学校的设置变更或停办,大学校长、专门学院院长及专科学校校长的任免,教师学生的待遇,经费开支的标准等决定,全国高等学校均应执行。”(2)外部主体赋权通常既是其向大学授权的过程也是对大学进行管理的过程,有时甚至很难分得开。如1912年10月及1917年9月,北洋政府教育部公布《大学令》及《修正大学令》一方面规定“私人或私法人亦得设大学”,另一方面又不允许私立大学设大学院(即研究院)。

(三)大学内部权力群体所拓展的权力

现实中,大学内部群体的权力并不完全由上述两种来源所厘定,而很大程度上来源于各群体自身拓展的权力。一方面,上述两种权力来源本身为大学内部各群体拓展权力留下了可能性:(1)大学的组织特性决定的只是大学内部各群体应然的、理性的权力,具有一定的抽象性,排除了大学权力在现实运行中的特殊性因素。这种被排除的部分就为各群体留下了拓展权力的可能空间。(2)大学外部组织赋予大学的权力特别是通过法规赋权的多是原则性的权力,具有很大的权变性。这也为权力群体拓展权力留下可能性。另一方面,权力的本质决定了各权力群体必然不断拓展自身的权力。权力关系存在于人们的利益关系之中,本质上是利益关系中力量对比关系,具有追求利益的工具价值。现实中大学各群体利益又是多样而复杂的和不断变化的,要实现这些利益,权力群体拓展权力就不可避免。

现实大学中权力群体拓展权力的方式是多种多样的,从表现方式上看,拓展的方式主要有:(1)隐性拓展方式,是指大学各权力群体利用各群体关系之间的一些“潜规则”,如大学群体行为的非制度化的习俗、惯例等来拓展权力的方式。(2)显性拓展方式，是指大学各权力群体利用制度的包容性来拓展权力的方式。1998 年《高等教育法》明确提出高校内部领导体制为“中国共产党高等学校基层委员会领导下的校长负责制”（简称党委领导下的校长负责制），但《高等教育法》对党委书记和校长的关系没有作出具体规定，大学运行过程中书记与校长就可能各自以制度的规定性来拓展自己的权力。（3）隐性和显性相结合的拓展方式。大学中群体拓展权力的方式多数不是纯粹的显性拓展和隐性拓展权力方式，而是两者结合使用。权力群体拓展权力的大学的制度中本身就含有大学群体行为习俗、惯例的制度化成分。1925 年清华学校改办大学后，归国留学生任教者在清华大学教员中增多，利用 1926 年的“挽张（彭春）去恶（校长曹云祥安插的三主任）”形成校内“教授治校”原则，建立教授会，进而由教授会选出代表组成的评议会作为校内最高权力机构，最后又利用这一原则及教授会、评议会，迫使校长辞职。后来的“拒罗”、“拒乔”，曾经造成清华大学在 1930 年 6 月至 1931 年 4 月近 11 个月间没有校长的局面，教务长和秘书长又相继辞职，“教授会趁机向教育部索取了选举代理院长、代理教务长、秘书长的权力”。

三种权力来源的关系，从历史纵向看：大学组织特性决定的权力，实际上是大学发展史上各个历史阶段中后两种来源造成权力沉淀的结果，是最稳固的权力。大学外部所赋予大学的权力，一方面依据大学的组织特性，另一方面又依据当时的具体历史阶段的环境和条件，这其中也包括大学内部权力群体的作用。这种来源的权力也比较稳定，但其刚性最强，依据特定的法规、制度、政策、协约、命令等来授权，大学内外一般都不得逾越。大学内部权力群体拓展的权力，更多依赖于权力群体的力量、能力等自身素质，因此变数很大。这种来源的权力如果能上升到被大学文化所包容或被大学外部所认可，则可能被沉淀下来，成为大学稳定的权力。从横向看，组织特性决定的是大学应然的权力，外部赋予的是大学实然的权力，权力群体拓展的空间在于大学应然的权力与实然的权力之间的差异。因此，大学权力来源，从本质上看是来源于大学组织特性；从现实看则来源于大学外部组织赋权，外部组织赋权又是政治争斗的结果，总与大学组织特性所决定或要求的存在差异，这种不一致性为大学内部各群体拓展权力留下空间。总之，三种权力来源并不是完全隔离的，而是不断相互扭结在一起的。

二、大学权力的类型及其组合

大学内部的权力关系是一个错综复杂、纵横交织的权力系统，可以从权力的主体、性质、表现形式、作用强弱等方面来进行分析，但现实中的大学权力往往并非单一的权力形式，而是多种样式的组合。

(一) 大学权力的分类

1. 按权力主体可分为:管理群体的权力、教师群体的权力、学生群体的权力和辅助保障性群体的权力

管理群体拥有从社会获得人力和财政支持的权力、对校内资源宏观配置的权力、大学管理制度化规约的权力。管理群体的权力基础在于其负有大学整体运行的责任,其在权力运行中人与机构合二为一。管理群体行使权力的方式既有角色强制,如人事任命、职务升降,也有物质性强制,如工资津贴分配、住房分配、其他物质待遇分配,还有象征性强制,如学术荣誉的授予。其权力主要特点表现为:(1)强制性。这与其权力主要来源于政府等强势组织的历史传统有关。(2)完整性。管理群体作为政府在大学的委托者或代表者,其权力通常是"由一方垄断决策和发起行动的权力"①,强调内部统一。(3)层次性。通过建立科层化的管理机构,将个体安排在这些不同层级机构中的各个岗位之上,形成权力运行在空间上的层次性。(4)制度理性。管理群体的权力范围一般有明确的管理制度规定,照章办事、按部就班是管理群体实施权力的外显特征。(5)完整而外显的权力标志。一般的权力标志有信物、称谓、待遇。管理群体的权力标志有大学关防、印信、公章等信物,校长、处长、秘书长、院长、主任等职务称谓,薪金、津贴、办公场所等待遇。三种权力标志是相互结合在一起的,一定的称谓配一定的信物,并享有一定的优惠待遇。权力标志特别是信物(是权力主体对外彰显其权力的实物),对于增强管理群体的权力主体地位、维护权力关系的稳定发挥着重要作用,有时甚至成为权力争斗的一部分。

教师群体的权力主要是知识性权力,包括知识性事务中的发言权、管理权,如教育教学权、科学研究权、管理学生权,也包括实现合理利益意愿的权力,如获取报酬权、发展潜能权、民主管理权。权力的基础在于其自身对知识的掌控及其人格魅力,权力运行方式和手段主要是象征性手段,如通过同行评议来建立和推行"知识标准"或"学术规范"。教师群体权力的特征有:(1)分散性。一是相对于管理群体权力的完整性而言,二是教师群体由于学科之间"话语规则"通约性的阻隔,被分割成许多亚群体单元。这些亚群体各自以自己的学科为领域形成权力单元,从而表现出分散性权力的特征。教师群体中亚群体不仅在学科之间形成,有时甚至在学科内部也因信奉不同的学术理论(念)而形成不同的派别(系),更进一步加重了权力的分散性。(2)"亚群体"内的等级性。教师群体在大学内被分割成许多的亚群体单元,在这些"亚群体单元"内部存在明显的等级权力体系。(3)局部强制性。在特定的领域内却具有较大的强制性,如在与学生的权利关系中,诸如决定讲课的

① [美]丹尼斯·H·朗:《权力论》,陆振纶、郑明哲译,中国社会科学出版社,2001年。

内容、需要哪些读物、规定考试评分等级、遵守课堂行为守则等方面教师具有强制性权力。但教师群体的权力强制性仅限在一定的领域和程度范围内。(4)“代议制”是教师群体热衷的权力体制。为减少因分散性而导致教师群体在与其他群体之间的利益关系中的整体受损风险,教师群体依据自身在大学组织特性所决定的权力地位,通过“代议制”原则,组建“教授会”、“评议会”或类似的组织。(5)信物标志缺失。教师群体也有职务称谓和待遇等权力标志,如有教授、副教授、讲师、助教等职务职称称谓,但缺少信物标志。

学生群体的权力主要是为围绕其主体性发展潜能来向其他群体实施的影响力。学生群体作为一种主体,其潜能的发展内含于大学组织特性:大学是培养高级专门人才、研究高深学问、探讨和发展科学的组织。学生群体作为求知者,在大学内拥有发展主体性潜能的权力。其权力特征为:(1)非理性。这与学生特殊的成长特征有关,高校学生在年龄段上正处于青春后期成人初期,精力充沛;在思维上,多凭感性行事,缺乏理性,对行为后果事先估计不足;好奇心强,对外界事物敏感;讲义气,同乡情谊重;在行为上,易冲动,容易产生过激甚至极端行为。学生群体的这些特征使得他们极易被激发起来,能迅速集合成巨大的集体力量。(2)潜伏性。学生在大学内部是数量最大的一个群体。按照政治学的观点,组成人员的绝对数量是至关重要的集体资源,是集团不可削弱的集体属性,提供巨大的权力基础。这种集体资源是“松散的、沉睡的或潜在的”资源。而拥有这种资源的主体的学生群体,又具有特殊的成长特征,很容易被其他群体所利用(动员)起来。(3)有暴力和非暴力两种行使权力的方式,暴力方式有罢课、游行示威、聚众演说等;非暴力方式有联名上书、申诉、逃课等。其中罢课又有抗议性罢课、声援性罢课、同情性罢课等。

辅助群体凭借掌握职业技能,并占有一定的辅助性岗位,来“垄断”大学所需辅助性服务的提供,进而对大学内其他群体施加影响的能力,这就是辅助性群体的权力。其权力特征表现为:(1)依存性。辅助群体提供的服务凭借的是其职业技能和一定的职位,他们所拥有的职位本身就是大学中属于辅助性、从属性、例行程序性的职位,这些职位一般对职业技能要求并不高。他们对大学具有较高的依存性,“身家性命”系于大学。(2)脆弱性。这些职位的简单劳动工作耗用他们大量的时间,而且报酬也较低。(3)主要是利用提供服务的数量和质量实施其权力影响,具体来说主要分有条件的罢工和怠工两种方式。罢工是一种显性的方式,一般只有当辅助群体的生活、物质利益受到严重侵害时,才使用这种集体性的极端方式;而怠工则是一种隐性的方式,既可能因大学内的管理制度上的缺陷造成,也可能因其与大学内其他群体文化行为矛盾而造成。

2. 按权力的性质可以分为:决策性权力、知识性权力、主体性权力和事务性权力

决策性权力是指权力主体利用其掌握的集体性资源,对大学内各群体共同利益的"公共事务"进行管理并作出决策,同时对其他群体产生影响力的能力。大学决策权力的特点:(1)公共性。所要解决的问题多涉及大学内重大事务,如大学发展规划(大学的目标定位、发展方向与规模,经费资源分配,图书仪器购置,科目设置,教员扩充等),关系到大学内各群体的整体利益。(2)强制性。权力主体因决策性权力的公共性,取得代表大学内部所有成员"民意"的身份,凭借大学集体性资源对大学内的成员行使决策权力,从而具有巨大的强制性。正因为这些特点,使得决策性权力成为大学核心权力、大学内部各群体争权的主要焦点。(3)层次性。决策性权力按照所决策问题的重要性进行分层,也可以按照所决策问题的复杂性进行分解。决策性权力通过分层与分解,形成一个等级权力体系。

知识性权力是指权力主体凭借其掌握某领域知识的优势,对需求这种知识的权力客体施加影响的能力,是以知识为基础的权力。知识性权力对增强大学自主办学能力、适应不断变化的环境的能力、深化内部管理体制改革和增强大学办学活力有重要作用。知识性权力的特点:(1)分散性。在横向上连接成各学科、专业、学系(院)等知识板块,形成组织或机构,以机构的方式对他人施加影响。(2)局部等级性。在具体的知识板块内部,以掌握高深知识的程度,对应于社会对复杂知识的稀缺程度,纵向上形成若干掌控者等级体系。大学是高级知识化的地方,知识性权力是大学内主要权力之一。(3)富有弹性。大学内形成知识性权力等级性的标准——知识高深程度——行外人难以确定。当大学以比较单一的标准来评定知识时,行业内的知识性权力或溢出到行业外或者被挤压。

主体性权力是指权力主体为实现其自身潜能发展的目的,利用其自身的某些特性对权力客体施加影响的能力。主体性权力的特点:(1)以发展主体自身潜能作为利益要求。权力主体要求发展的潜能,必须和大学组织特性相适应:要么本身就是大学组织发展的目标之一,如学生发展潜能;要么是这种潜能的发展,有利于大学组织发展目标的实现,如大学内教师等职员要求提高能力素质。主体性权力会与其他群体的权力发生冲突,特别是在大学资源匮乏时期。(2)富有弹性。主体需要发展的潜能多种多样,不同的主体发展潜能的意愿也不同,不同的时代环境对主体潜能的发展要求不同,这些都使主体性权力具有较大弹性。

事务性权力是作用于大学日常例行性的具体事务活动中的权力。大学的组织特性决定大学是高级知识化的地方,高深知识的传授、研究与探讨是大学的中心工作,这一中心工作又是复杂的脑力劳动,需要耗用参与者大量的时间和精力,需要大量分散的、例行的具体事务来支持和保证。服务与被服务者在这些具体事务的实施过程中产生利益关系,进而形成权力作用。事务性权力分散而弥漫于大学正常运转的各个非关键性环节中。

3. 按权力的表现形式分:显性权力和隐性权力

显性权力是指权力主体主动公开地通过自己控制的资源,单独或联合其他团体向权力客体施加压力,影响权力客体行为的能力。显性权力的特征主要有:(1)公开性。公开性就是权力主体主动、公开地运用权力作用于权力客体,在权力关系双方形成看得见的冲突。(2)速效性。时间是权力运行中一个关键的因素。权力主体主动公开表明自己的权力意图,减少权力客体猜测和相互摩擦的时间。显性权力是大学权力主体的指令得以执行的硬条件,没有正式、法定的显性权力支撑,大学决策的执行速度和效率难以保证。

隐性权力指权力主体非正式地运用其优势资源来影响权力客体行为的能力。隐性权力的特征主要有:(1)隐匿性。隐性权力是非正式权力,多发生在潜在问题上或问题公开之前。权力主体通过信函等私人关系与有问题决策权力者沟通,或通过邀请部分决策权力者进行小范围的商谈等非正式方式,将意见提交给决策权力中心,从而影响权力客体的行为。(2)效果的多样性。隐性权力在非公开的、小范围的运转,在非关键性问题上可能直接获得成功,但当问题涉及众多群体利益时,则结果难料。

4. 按权力的作用分:强势权力和柔性权力

大学权力作用的强与柔是相对而言的,可以用权力行使的广延性和权力客体服从程度来表征。权力行使的广延性是指权力主体支配权力客体的数量和范围。权力行使过程中,权力主体支配权力客体的数量越多,权力主体的权力作用就越强势。服从的范围和程度是指在权力主体控制下,权力客体能自由支配自己行为的空间大小,空间越小则表明权力客体受控越深。权力客体服从程度越深,权力主体的权力作用就越强势。

据此,可将大学内的权力分为强势权力和柔性权力。所谓强势权力是指权力主体能够支配权力客体的数量多、范围广,权力客体只能在较小的空间内选择行为的能力。所谓柔性权力则是指权力主体能够支配权力客体的数量较少、范围较窄,权力客体可以在较大的空间内选择自己行为的能力。大学中强势权力与柔性权力是相对的,一般而言,群体的权力强势于个人的权力,组织严密的群体的权力强势于松散的群体的权力,规模大的群体的权力强势于规模小的群体的权力,上一级组织的权力强势于下一级组织的权力。

(二)大学权力的组合

对大学内部权力进行类型的划分,只是为了说明大学权力的某一方面特征。事实上,大学任一权力总是权力主体的权力,表现有显性、有隐性,作用或强势或柔性,

即大学内权力主体的权力以组合的形式存在并作用于大学之中。相比较而言,在大学中管理群体拥有的决策性权力呈现强势显性,教师群体拥有的知识性权力和学生群体的主体性权力则表现为柔性显性,而辅助群体的事务性权力呈柔性隐性。

1. 管理群体的决策性权力的特点:强势显性

管理群体的决策性权力是一种强势显性权力。管理群体的决策性权力的特点有:(1)在大学内具有"公共性"。管理群体承担谋求大学自身生存和发展的责任,其决策性权力是大学内的"公共权力"。这种"公共权力"可以调动大学内的所有资源。(2)具有"全局性"。决策性权力解决的问题是关系大学"全局性"、"根本性"的问题,这些问题包括:目标定位、发展方向、规模、经费筹措、争取社会支持等大学组织发展规划,进而如何将各种资源匹配到组织人事、总务后勤、基建保卫、财务预算、教育教学、科学研究、招生和毕业生就业等事务中等。决策性权力的运行影响甚至决定大学组织的性质、运行方式、速度和规模。(3)与大学外部强势权力相连。决策性权力还要为大学承担的社会责任服务,而社会责任的主要代表者是政府,政府则是一国中最强大的政治权力。(4)外有国家法规、政府行政命令等直接授权,内有相应的管理制度和科层化机构保证决策性权力运行。

以1922年10月18日(为星期三,笔者注)北京大学因学生要求废止讲义费而发生的风潮为例。当日下午,教务会议议决案第三条:"要求本校全体学生于本星期内,各以书面向系主任声明是否与闻暴动。"19日下午,北京大学"立法机关之评议会"议决案四条,重申并强化教务会议的第三条:"要求本校全体学生于本星期内(即星期日,22日下午6时前),各以书面向系主任声明是否与闻暴动。如不声明,认为与闻暴动,应请校长照章惩戒。"以此为"暂行继续授课"前提条件,以"同人随同辞职"作为执行的武器。议决案宣布并具函呈报教育部,教育部复函同意。①

这起风潮中,管理群体使用了以下方式:(1)援引外部政府的权力:向教育部辞职、呈报评议会议决函、教育部复函;(2)利用群体掌控的机构权力:校内最高权力机构——立法机关——评议会、掌管教员的教务会;(3)使群体内部的科层化"团结":总务长及各大部主任辞职、全体职员停职。全体教职员辞职与否,亦不能自已,已被"四个钉子钉住了(评议会、教务会议、呈报教育部函及教育部复函)"。全校学生能否正常学习也被强制约束:不能不执行,也不能执行不彻底,甚至延缓也不行。这样就将风潮转化为大学及所有成员的危机,对大学内所有成员均具有强制约束力。

---

① 中国社会科学院近代史研究所中华民国史研究室:《胡适日记:下册》,中华书局,1985年,第492-497页。

2. 教师群体的知识性权力:柔性显性

教师群体的知识性权力,相对管理群体的决策性权力的强势而言,是柔性权力,具有以下特点:(1)知识性权力的分散性。教师群体的知识性权力形成基础在于教师个体掌握高深知识的程度,"这种权力不依赖于组织的任命,而来源于其个人的专业知识"。"高深"是专业领域内的纵向发展,越高深越可能成为这一领域"知识标准"的制定者,在这一专业领域内越能发挥权力影响力者,即所谓"圈内名人"。若陷入另一领域问题中,失去其凭借的专业知识优势资源,则其影响力和平常人无异。因此,教师群体的知识性权力是一种分散性的权力,与管理群体"公共性"的决策性权力的强势无法相比。(2)大学内权力关系的多样性。教师群体作为正常的社会人,在大学内的活动除了知识性工作活动之外,还有大量的生活所需要的活动。教师群体要获得包括工作等在内的活动所需要的物质资源,就需要大学内其他权力群体的配合与支持。大学内多样权力关系的共存,挤压了教师群体的知识性权力运行的空间。

教师群体的知识性权力在大学内表现为显性:(1)教师的知识性权力,一般而言,大学外部组织有明确授权的法规或条例所规定。(2)在大学内部,有相应的管理制度保障。大学与社会关系的实质在于高深知识的供求,大学组织特性决定教师群体在大学的制度化权力。如学生招考标准的控制、学生学业成绩的评定等"知识标准"的建立与推行权力。(3)在大学内部,大学高深知识以内在逻辑关系形成专业、学科、学院等,这种知识的板块化运动将单个的教师联结成一定的亚群体,能集中一定群体资源形成较大的权力势能。如伯顿·克拉克描述的系或讲座、学部或学院、大学,每一层级都建有学术审核性质的委员会。(4)在学科等亚群体单元内部,存在明显的权力等级体系。如蔡元培1922年2月拟订的《教授制大纲》,每学系的讲座教授以学科之名称名之,学系之助教授,不冠以学科名称,仅因中国大学的称呼习惯,仍以教授称之。

仍以上文中学生风潮为例。校长、各部主任辞职,全体职员停止办公,学校陷于停课状态。19日上午,北京大学第一、三两院学生千人在第三院大讲堂开全体大会,讨论是否挽留校长蔡元培。会上形成三种意见:挽留、有条件挽留、反对挽留。教员代表何基鸿"对反对挽留者劝告,声泪俱下",但表决结果仍是"主张有条件挽留者占数较多","反对者有七八十人"。面对学生就非求知事务进行决策时,教员的知识性权力已无法像在课堂内那样发挥作用。对于评议会"以全体辞职为执行纪律的武器"的做法教员也并非都赞同,甚至胡适也在日记中写道,"我对于这一条,本是不赞成的,并且是很反对的",但在管理群体的强势权力下,"此条势在必行"①。

---

① 中国社会科学院近代史研究所中华民国史研究室:《胡适日记:下册》,中华书局,1985年,第492-497页。

3．学生群体的主体性权力：柔性显性

学生群体拥有在大学内发展其自身潜能的主体性权力，其权力基础在于学生群体的潜能发展是大学内外部责任的联结体：(1)学生群体潜能的发展为未来社会所需要(大学长期的外部责任)；(2)学生群体潜能的发展为学生的家庭群体所需要(大学即时的外部责任)；(3)学生潜能的发展影响大学的声誉和发展(大学长期的内部责任)。大学只有完成外部责任，才能获得大学发展所需资源；大学只有完成内部责任，才能挑选发展所需的资源。大学拥有充足的可以自由挑选的资源，才能恒久健康发展。因此，学生群体的主体性权力不仅为大学组织特性所赋予，而且与大学(内其他群体的权力)紧紧地联结在一起。学生是否缴费上学，并不决定学生群体的主体性权力，而只是增添其权力外显的程度而已。

学生群体的主体性权力的作用是柔性权力：(1)主体性权力施之于教师群体：学生群体是"尚需要发展潜能者"。学生(不管其真正意图如何)总是以一种求知者的身份进入大学，并被纳入到各个学科或专业领域进行学习。这既是学生群体的主体性权力作用的一个过程，也是其权力被消解的一个过程：学生需要发展的潜能被认为是各种类型、各个层次的组合(经典的教育口号是"培养复合型人才")。学生所进入的任何一个知识学习性领域，教师既是事实上的也是法定的权威者，"知识标准"掌握在教师手中。(2)主体性权力施之于管理群体：学生群体是"未来"社会需要的潜能发展者。管理群体是大学内外部责任的担负者，而学生群体，如上文所述，则是大学内外部责任的联结体。

学生群体的主体性权力在大学内的表现是显性的：(1)权力为大学组织特性所决定，发展学生潜能内化为大学其他群体的共同职责。(2)为国家法规赋予、社会公众(舆论)支持。如1990年1月20日，国家教育委员会发布的《普通高等学校学生管理规定》中第一条即阐明，制定的目的在于"保障学生身心健康，促进学生德、智、体诸方面发展"。(3)权力为大学内部管理制度所保证。这些管理制度不仅仅是学业上的制度，如选科制、选课制、学分制等，还包括学生课余时间的品德与学习制度，如导师制。1934年9月，清华大学对入校新生设立"新同学指导委员会"，将学生分成若干小组，每组请一位教授为其"导师"。1935年将导师制向全校推行；1936年，在此基础上清华大学成立"学生生活指导委员会"，"由校长聘任教务长、秘书长、各院院长及教职员若干组织之"①。

仍以上文中学生风潮为例，学生三次开会，三次变化其权力行使。在校长及各大部主任辞职、全体职员辞职之初，19日上午的学生全体会就挽留校长与否的三种意见举行表决时，仍以"有条件挽留者占数较多"。19日下午1时，教职员评议

---

① 清华大学校史编写组：《清华大学校史稿》，中华书局，1981年，第135页。

会的议决案发出布告,宣布有条件地"暂行继续授课",并以"全体辞职"中断全体学生的学习"为执行纪律的武器"。19日下午4时,学生再次在三院开会,"到会者皆主张挽留校长",同时要求教职员评议会取消条件,并在挽留宣言中对校长辞职表示"我们非常失望"。20日(星期五)下午4时,教务、总务联席会议对教职员评议会的暂行授课条件的"势在必行",发出"解释性"和"敦促性"的"教务会布告"。21日上午,学生会干事会开会,教务长胡适再次解释,"布告的第三条,无论如何,是不能不实行的了",学生"以到会学生签名册为公意代表"代替执行评议会提出的"向系主任书面声明"①。

4. 辅助群体的事务性权力:柔性隐性

相对于大学内其他群体的权力而言,辅助群体的事务性权力作用是柔性的,表现为隐性的:(1)权力施之于管理群体:被管理与管理。管理群体是大学内外责任的承担者,显性地行使对大学内所有其他群体都有强势制约性的决策性权力。辅助群体则是大学非关键性环节中一些例行、分散、琐细事务的承担者。管理群体与辅助群体之间是管理与被管理的关系,辅助群体的事务性权力一般不会直接而正面地作用于管理群体。(2)权力施之于教师群体、学生群体:服务与被服务。大学的组织特性决定大学是高级知识化的地方,教师群体和学生群体是大学知识高级化工作的中心:教师群体对高深知识的传授、研究与探讨,学生对高深知识的领悟、接受、参透。这些中心工作衍生出大量从属、分散而琐细的具体事务,辅助群体只是这些从属、分散而琐细事务的服务者。

以上文学生风潮为例,观察辅助群体的事务性权利的柔性隐性特征。19日,全体职员会在校长和各大部主任辞职后,发表了一个停职宣言:"因中枢无人,关于校舍之保护,秩序之维持,同人等自问实不能负此重大责任,不得已全体议决,暂时停止校务,并一面向校长辞职。特恐诸教员先生及外界未明真相,用是宣言。"这个不得已的宣言,事实上并未完全执行。预科(应主任要求)照常上课,第二院理本科各系(应学生要求)教员照常上课。② 辅助群体既因"中枢无人",不得不停止校务;又不得不应学生、预科主任要求,照常维持上课所需。这正是由事务性权力的柔性隐性特征所致。

---

① 中国社会科学院近代史研究所中华民国史研究室:《胡适日记:下册》,中华书局,1985年,第492-497页。

② 中国社会科学院近代史研究所中华民国史研究室:《胡适日记:下册》,中华书局,1985年,第492-497页。

论高校构建和谐校园进程中的党建工作创新

王瑞芳①

摘　要：在构建和谐校园的进程中，高校党组织发挥着引领方向、政治保证、凝聚力量、监督保证的作用。构建和谐校园，对加强高校党建工作提出了新要求。本文在阐述构建和谐校园对党建工作新要求的基础上，论述了围绕和谐校园建设，创新思想理论建设、创新思想观念、创新基层党组织设置、创新党组织工作方法、创新党建工作制度等方面的设想。

关键词：高校；和谐校园；党建工作；创新

构建和谐校园，是建设社会主义和谐社会的必然要求，是当前高校管理工作的重要理念和高校发展的着力点。建设社会主义和谐社会，关键在党；构建和谐校园，关键在高校党组织，党的各级组织在建设和谐校园工作中起着重要作用。高校党建工作必须与和谐校园建设有机结合，并围绕和谐校园建设不断创新，为建设和谐可持续发展的现代大学提供坚强保证。

一、党组织在构建和谐校园中的作用

（1）引领方向的作用。高校党委在和谐校园建设中的导向作用表现在：首先是把好政治方向，要立场坚定、旗帜鲜明地坚持社会主义办学方向，巩固马克思主义在高校的指导地位，确保在政治上、思想上、行动上与党中央保持高度一致。在构建和谐校园中保持正确的政治导向、价值导向和行为导向，使广大师生员工的思想统一，为建设和谐校园提供思想保证。其次是把好发展方向。构建和谐校园，是落实科学发展观的本质要求。在建设和谐校园的过程中，要始终把握发展这个主题，按照科学发展观的要求，处理好规模、质量、结构、效益的关系，着力提高质量、优化结构、规范管理、增强实力，实现学校全面、协调、可持续发展。

（2）政治保证的作用。高校党的领导是通过党委的领导核心作用，基层党组

① 王瑞芳，青岛科技大学党委副书记、研究员。

织的监督保证和战斗堡垒作用,及各级党员领导干部正确执行党的路线、方针、政策来实现的,也是靠全体共产党员的团结一致及其在学校各项工作中的先进性作用来实现的。在构建和谐校园的进程中,党建工作的主要任务是坚持以中国特色社会主义理论体系为指导,使各级领导干部树立立党为公、执政为民的思想,自觉坚持科学管理、民主管理、依法治校。树立以人为本的思想,切实维护广大师生员工的利益。按照和谐校园的标准,提倡谅解与宽容,倡导公平、正义的和谐氛围。努力提高思想政治工作的针对性、实效性和吸引力、感染力,使党政和谐、干群同心、师生齐心,人人想干事,人人能干事,人人能干成事,从而为推动学校各项事业的发展提供坚强的政治保证。

(3) 凝聚力量的作用。党的基层组织的凝聚力、战斗力,为和谐校园建设提供组织保证。凝聚力量就是凝聚人心。构建和谐校园首先是实施凝聚力工程,调动广大师生员工的积极性,唤醒主人翁意识,实施凝聚力工程的最终落脚点是学校的发展。一方面要建设团结和谐的领导班子,营造一种以和共事、以和谋事、以和兴事、以和成事的政治生态环境,以党内和谐带动校园和谐;另一方面要通过广大党员的表率作用,增强党组织的活力,凝聚全校师生员工的力量,共同参与和谐校园的建设。此外,还要发挥基层党组织最贴近师生的优势,用深入细致的思想工作和党组织的模范行动,把建设和谐校园的战略部署转化为师生员工的自觉认识和积极行动。

(4) 监督保证的作用。和谐的基本条件是公平正义,制度是公平正义的根本保证。在高校内部,政策的制定与制度的建立,都涉及公平正义,落实政策、执行制度更涉及公平正义,而且都要有一个监督保证的过程。如校务公开制度的执行问题,就涉及尊重广大教职员工的知情权和其他民主权利的问题。只有发挥各级党组织的监督保证作用,才能在构建和谐校园过程中,切实增强广大教职员工对学校建设的参与意识,激发他们的责任感,让大家能以主人翁的心态积极接受或参与学校的改革发展,建立公正、公开、透明的管理机制,落实师生知情权、参与权和监督权,全力营造融洽、和谐的人际关系和民主平等、团结尊重的校园环境。

二、构建和谐校园对党建工作的新要求

和谐高校是一个民主法治、公平正义、诚信友爱、安定有序、和谐发展的文明高校。构建和谐高校对党在高校内的执政能力、领导能力和水平提出了新的挑战。这就需要进一步加强高校党组织建设,提高党组织协调学校各群体间利益关系、维护高校稳定、促进高校可持续和协调发展的能力,进一步密切党群关系、干群关系、师生关系,理顺情绪,化解矛盾,凝聚人心,激发党组织的蓬勃生机和创造活力,更

好地发挥高校党委的领导核心和高校党员的先锋模范作用,从而推进和谐高校建设。而当前高校党建工作中普遍存在的问题是:改革观念滞后;基层党组织的定位不够明确,设置需进一步完善;党组织的活动内容单调,活动形式缺乏创新。部分基层党组织的组织生活还停留在传统的读文件、读报纸上,学习内容枯燥,信息量少,内容简单重复,脱离社会生活实际和党员的思想实际,思想教育缺乏针对性,也缺少感召力和说服力,无法满足不同群体党员的需求。在活动形式上,部分基层党组织墨守成规,依然停留在听报告、学文件、念文件、写心得的层次。还有的基层党组织为了吸引党员参加活动,往往以娱乐活动代替党组织活动,使党组织活动出现娱乐化倾向,缺少了应有的批评与自我批评等思想教育的内容。要发挥高校党组织在和谐校园建设中的作用,就必须创新党建工作。

一是转变工作观念。党组织要从偏重于自我循环的运行模式,向与学校中心工作密切结合转变;要从单纯强调对党员的教育管理,向教育管理与保障服务并重转变;从单纯强调党员的责任和义务,向正视党员的正当权益、建立利益表达和利益协调机制转变。

二是明确工作重点,增强服务功能。把服务师生作为高校党组织的基本任务和开展工作的切入点,把工作重点放到凝聚广大师生共同奋斗、办人民满意的大学上来,放到推进社会主义和谐校园建设上来,放到完成培养中国特色社会主义事业合格建设者和可靠接班人的根本任务上来。

三是完善工作职能。坚持共同理想,整合共同利益,引领共同目标,组织共同治理,动员共同创造,实现共同发展,发挥高校党组织统领师生员工思想、推进学校事业发展、协调各方利益、服务师生员工、建设党员队伍和发展党内民主6个方面的基本职能,使党组织成为社会主义和谐校园建设的领导者、组织者和推动者。

四是规范工作机制。坚持和落实党委领导下的校长负责制,规范基层党组织与行政、学术组织、群团组织的工作程序,按照"统分结合、协调制约、运行有序、简便易行"和"民主决策、民主管理"的原则,完善院系党政领导体制和工作机制。

五是创新工作方法。积极进行高校党代表大会闭会期间发挥代表作用的探讨,探索发展党内民主的内容与途径,以党内和谐促进校园和谐。

三、创新党建工作,推进和谐校园建设

(1) 创新思想理论建设,不断巩固马克思主义在构建和谐校园中的指导地位。旗帜、道路和理论体系问题是大是大非问题,关系党和国家的命运。作为培养中国特色社会主义建设者和接班人的高等学校,必须高度重视这个问题。在构建和谐校园的过程中,党委要增强政治意识、大局意识、责任意识,坚持把中国特色社会主

义理论体系贯穿于构建和谐校园的工作中，渗透在思想教育活动中。坚持党的教育方针，坚持社会主义办学方向，以办好让人民满意的高等教育为目标，以培养社会主义合格建设者和可靠接班人为根本任务，把思想政治建设与组织建设作风建设有机结合起来。要把理论武装放到首位，用发展着的中国化的马克思主义教育党员。要组织广大党员认真学习邓小平理论和“三个代表”重要思想、科学发展观，努力用科学理论武装头脑、指导实践、推动工作。要充分发挥高校在繁荣发展哲学社会科学中的作用，加深对马克思主义理论的研究。要坚持用马克思主义占领高校的思想文化阵地，进一步推动中国化马克思主义进教材、进课堂、进头脑工作。在构建和谐校园中始终保持正确的政治导向、价值导向和行为导向。

（2）更新思想观念，加强班子建设，提高高校领导在和谐校园建设中的治校理政能力。构建和谐校园，是落实科学发展观的必然要求。党组织应坚持解放思想、实事求是，反对因循守旧、不思进取，坚持实践是检验真理的唯一标准，勇于实践、勇于突破、勇于转变与新形势要求不相适应的思想观念，坚持用新的思路去开拓高校党组织建设的新局面。要坚持科学发展的办学思想和办学理念，处理好加快发展和全面、协调、可持续发展的关系。发展是高校永恒的主题，就青岛科技大学来说，既要通过发展不断提高教学、科研、社会服务的水平，不断提高学校的综合实力，同时又要做到全面、协调、可持续发展，包括教学与科研的协调发展，老中青教师队伍和管理队伍的协调发展，资源配置的协调发展等，要突出抓好内涵建设。要把坚持党的基本路线，推进高校的改革、发展、稳定作为创新的出发点和立足点，确立新时期高校“知识传播、知识创新、知识物化”融为一体的职能观，树立“规模、结构、质量、效益相协调”的科学发展观；树立面向社会自主办学，适应地方经济和社会发展需要的社会服务观；树立全面实施素质教育，培养新世纪创新人才的人才观；树立学校发展要办出特色，使学校有特色、专业有特点、学生有特长的特色观。

高校党员领导干部是构建和谐校园的中坚力量，要带头坚持科学管理、民主管理、依法治校，树立以人为本的思想，切实维护广大师生员工的利益。要树立高校的领导要为教师服务，教师要为学生服务，高校的所有工作都要为人才培养服务的理念。领导干部要坚持群众路线，真诚倾听师生呼声，真实表达师生意愿，真切关心师生疾苦。要树立为人民掌好权，又要树立靠人民掌好权的观念。在领导方式上，要处理好民主与集中、法治与人治的关系。要遵循教育和领导科学的规律，提高自身的领导能力、决策能力，同时要广泛听取群众意见，加强民主决策，实现科学治校、民主治校、依法治校。

（3）创新基层党组织设置，强化基层党组织功能。要进一步改进和调整高校基层党组织的设置形式，尽可能与行政、教学、科研组织对应设置党组织。凡是具备建立党支部条件的行政、教学、科研、管理单位均单独设置党支部；大学生党支部

建在班级上;研究生党支部按研究所、专业方向或学科团队设置,实现党建工作与研究生学习、科研工作的有机结合。积极探索在学生公寓、学生社区和学生社团组织、实践团队等设置党组织的有效方式,把基层党组织工作覆盖到每个基层单位和每位党员。要充分发挥基层党组织的作用,紧紧围绕学校改革发展的实际及构建和谐校园的目标确定党建任务,研究党建思路,部署党建工作。认真做好发展党员工作,加大在大学生和青年教师中发展党员的力度。

提升基层党组织的凝聚力和战斗力,重点是建设和谐的高素质的党员干部队伍。要选配好二级学院党总支班子,建立健全党政联席会议制度,形成民主科学的决策机制。要贯彻民主集中制原则,坚持干部谈心交心制度,加强班子成员之间的沟通,要坚持民主生活会制度,开展批评和自我批评,营造良好的和谐氛围,使领导班子真正做到团结干事,确保院级党组织成为学院工作的政治核心。党员是和谐党组织的细胞,只有激活细胞,才能增强和谐党组织的活力。党员领导干部要按照成为社会主义政治家、教育家的要求,加强党性修养,不断提高思想政治素质。教职工党员要增强党员意识,自觉遵守党的纪律,立足岗位作贡献。学生党员要树立理想,坚定信念,树立为祖国繁荣富强贡献青春力量的远大志向。要通过党员的表率作用,凝聚师生员工,共建和谐校园。

(4) 创新党组织工作方法和活动方式。根据贴近党员的思想、学习、生活实际与特点的原则,创新党组织工作方法和活动方式,丰富活动内容,增强活动效果。教师党支部要紧紧围绕育人这一首要任务和教学、科研、社会服务等业务工作,引导教师切实做到立德树人,在教书育人中作出成就;管理和后勤服务部门党支部要引导干部职工切实做到管理育人、服务育人;离退休教职工党支部要引导离退休教职工关心支持学校改革发展,老有所学、老有所为,帮助青年学生健康成长;学生党支部要围绕优良校风学风建设,把党支部各项工作与校园文化建设、志愿服务、社会实践、创业就业、心理健康教育、帮助学生解决实际困难等结合起来,促进学生思想政治素质、科学文化素质和身心健康素质协调发展,努力成为中国特色社会主义事业的合格建设者和可靠接班人。

创新工作方法和活动方式,可以开展主题讨论会,让党员各抒己见,充分表达自己的思想和观点,也可以通过考察、讲座、竞赛等形式,走出去、请进来,扩大党组织活动的空间。另外,在载体上可利用现代多媒体进行教育观摩,积极推进“网络党建”,建设主题教育网站,开展“网上组织活动”,充分发挥网络在时间和空间上的优势。

(5) 创新党建工作制度。在构建和谐校园过程中,要坚持和完善党委领导下的校长负责制、院系党政共同负责制,同时要逐步完善相关的规章制度,以党内和谐推进校园和谐。

一是扩大党内民主,严格党内组织生活制度。要设计基层组织民主的原则、体制和程序,坚持从教育入手,领导带头,全校动员。要进一步完善党支部民主生活会和民主评议党员制度,使党员在党内生活中充分发表意见经常化和形成习惯。要定期开展组织生活,采取谈心交心、党性分析、批评与自我批评等办法,把党内民主建设同和谐校园建设结合起来,带动校风、教风、学风的进一步好转,在全校形成健康向上的民主氛围。

二是强化党内民主监督、民主管理制度。健全党的自我监督管理体系,把党员整合成为有战斗力的整体,这本身就是和谐校园建设的需要。要逐步推行党务公开制度,提高党内事务的公开透明度。建立和完善党内情况通报制度、情况反映制度和重大决策征求意见制度,扩大基层党员的知情权。完善党员大会、支部党员大会和支委会的作用,定期召开党员代表大会,为党员在党内生活中充分发表意见搭建平台。健全党内监督、行政监督、群众监督和舆论监督相结合的制度,严格执行领导干部任期内经济责任审计制度、领导干部谈话制度、个人重大事项报告制度、群众反映问题回复制度、领导干部个人收入申报制度等,用制度约束领导干部的行为。建立严格的党员管理监督机制,切实加强对党员的管理和监督。严把新党员“入口”关,健全发展党员制度,同时注意疏通“出口”,健全纯洁组织的制度,妥善处置不合格党员。

三是建立党员联系群众、服务群众制度。推行党委领导班子成员联系党支部、党支部联系党员、党员联系群众的制度,建立健全上情下达、下情上达和基层党组织、党员、群众反映意见的通道,构建党委委员、党支部特别是基层党员参与党内事务的平台。要以基层党组织为基础,以各职能部门为依托,疏通征求群众意见的渠道,使各级党员领导干部能够随时了解民情,倾听民意,构建群众建议和意见处理系统。要积极开展送温暖主题实践活动,建立健全慰问教职工和扶贫助困机制。立足构建和谐校园的目标,切实为教职工和学生办实事、解难事、办好事。

四是建立健全党建工作目标责任制,明确工作职责,量化工作目标,强化过程管理,硬化目标考评,加强党建工作巡视督查和责任追究,促使各级党组织及其负责同志将抓基层党建工作的责任落到实处,确保高校基层党组织建设取得实效,推动和谐高校建设。

总之,高校党的建设要根据构建和谐校园的要求不断创新,真正发挥高校党组织的领导核心、监督保证和战斗堡垒作用及党员的先锋模范作用,使学校达到治校理念和谐、发展战略和谐、管理机制和谐、资源配置和谐、人际关系和谐、校园文化和谐、校园内外和谐,推进学校又好又快的发展。

高校领导者要引领人民教师具有人格魅力与学识魅力

郭世安①

摘　要：胡锦涛总书记在2007年教师节前夕的在中南海全国优秀教师座谈会上，鲜明地提出了人民教师要具有人格魅力与学识魅力的重要理念。这一理念对建设和加强教师队伍、促进教师专业发展具有重要意义，也给高校领导者在抓教师队伍建设问题上提出了更高更新的要求。本文试图围绕胡锦涛总书记的重要讲话谈一些学习感受，并对教师应具有人格魅力与学识魅力的问题作出一些分析与探讨。

关键词：人民教师；人格魅力；学识魅力

作为高等学校的领导者和管理者，重视教师队伍建设，关注教师的成长与发展，研究教师的成长规律与特点，始终是我们的重要任务。民族的希望在教育，教育的希望在教师，教师是学校的最大财富，应成为我们的重要理念。对于一个国家与民族来说，有什么比教育更重要的吗？有什么比重视教师更重要的吗？

胡锦涛总书记在2007年8月31日教师节来临之际，在全国优秀教师代表座谈会上的重要讲话，沁人肺腑、令人鼓舞。让我们对教育的认识有了更高的境界，对教师职业的认识有了更高的站位。让我们更加深刻地认识到身负教书育人重任的教师，其职业之神圣、责任之重大。

胡锦涛总书记在座谈会上指出："广大教师更应自尊自励，努力成为无愧于党和人民的人类灵魂工程师，以人民教师特有的人格魅力、学识魅力和卓有成效的工作赢得全社会的尊重。"这里提出了一个十分重要的理念，即人民教师应具有人格魅力和学识魅力。这不仅是从事教师职业的基础、胜任教师职业的前提，也是做一个合格的、优秀的人民教师的必备职业品质与专业能力。作为高校领导者，我们要抓好教师队伍建设，促进教师专业发展，就十分有必要对这个问题予以关注和研究。

① 郭世安，北京教育学院副院长、中国高教学会高教管理研究会理事、北京教育学会创造教育研究会理事长。

一、人格魅力是人民教师应有的职业品质

教师是人类灵魂的工程师,教师的作用不仅决定着教育的今天,也决定着教育的明天;不仅决定着国家与民族的现在,更决定着国家与民族的未来。教师的人格魅力集中体现在自身的职业道德、职业品质、职业情操上,也就是我们最常说的“师德”。师德,既为师之魂,又为立师之本。一个教师的师德水平影响着数代人的成长,一个教师的学识水平决定着数代人的命运。人才培养质量的关键在教师,民族兴衰的关键也在教师。以教师为依托的人类教育活动,其作用就在于能够:给无助的心灵带来希望;给稚嫩的双手带来力量;给迷蒙的双眼带来清明;给孱弱的身躯带来强健。正如温家宝总理所说,“教师是太阳下最光辉的职业”。所以,凡是选择从事人民教师这个特殊职业的人,要真正感悟“学为人师,行为世范”的崇高理念和思想意境,要深刻认识教师具有人格魅力的重要和真正内涵。

教师的人格魅力与师德,决定着一名教师对待教育这一神圣事业的情感、态度与价值观,制约着一名教师教育教学行为规范,是教书育人、为人师表的精神支柱与实践动力。教师的崇高道德品质会在学生身上留下永远抹不掉的痕迹。温家宝总理在2005年9月9日会见北京市优秀教师师德报告会主讲教师时说:“要培养德、智、体全面发展的学生,需要有道德、有素养的老师。作为一名教师,首先要有爱心。没有爱心,就没有教育。一定要以德为先。”他在2006年7月又说:“我们需要更多把爱献给教育的人当教师;应该有更多让学生永远铭记的老师。”

人民教师的人格魅力与师德应具体体现在以下三个方面:一是职业理想。集中表现在忠诚教育事业和热爱教师职业。具体表现在职业信念、职业兴趣、职业热情上,并构建自己的职业生涯规划。二是职业责任感。要认识到教师职业是良心的职业,是任何其他职业都不可代替的职业。教师的职责就是胡锦涛总书记指出的:“坚持育人为本,德育为先,把立德树人作为教育的根本任务。”①要成为学生健康成长的指导者和引路人。教师的今天,是为了学生的明天,我们的一切努力都是为了学生的成功,为了学生的终身发展,更是为了国家与民族的未来。这就是“师责重于山”的最本质的体现。三是职业能力。培养高素质的人才,教师是关键。没有高水平的教师,就没有高质量的教育。高质量的教育,需要教师有较强的专业能力和高超的教学水平,这就是我们所说的学识魅力。

① 引自胡锦涛2007年8月31日在全国优秀教师代表座谈会上的讲话。

二、学识魅力是人民教师应有的职业能力

人民教师需要学识魅力。有了学识魅力才能有教书育人的本领。教师是知识的重要传播者和创造者，担负着人才培养的重任。一个教师的学识水平不仅影响着育人的质量，也决定着数代人的命运。教师要培养人才，自己首先要成为人才。教师要培养高素质人才，就要真正做到"刻苦钻研，严谨笃学"。

教学质量是教育与教师取信社会的第一资本。教育消费者最大的权益与期盼就是获得高质量的教育，取得今后择业、就业和创业的资本。学校和教师的责任与义务就是为受教育者提供高质量的教学服务，并为学生今后的终身发展奠定基础。受教育者选择了我们，就与学校和教师形成了教育责任与义务的"契约合同"关系，我们需要以教育的诚信和教师职业的责任感来对待这种关系，而高质量的教育关键在于高水平的教师。我们的教育需要造就更多更好的高素质优秀教师。

温家宝总理在2006年7月国务院召开的教育工作座谈会上讲到："教育事关国家未来。现代化建设、精神文明、道德力量，都离不教育。有了一流的教育，才能有一流的国家实力，才能成为一流的国家。教育是百年大计，决定着今后几代人、十几代人以至几十代人的命运。"一流的国家需要一流的教育，一流的教育需要一流的教师，学识魅力正是一流教师及所有从事教师职业的人应必备的特征。

什么是教师职业的学识魅力？如何具有学识魅力？笔者认为，教师的学识魅力最根本表现在：具有扎实的专业功底、丰厚的专业知识、优良的教学素养、高超的教学艺术、满意的教学效果、高素质人才的培养。教学需要功力，教学需要魅力，教学需要艺术。教育是塑造人的灵魂、培育人的生存能力与贡献社会能力的特殊职业，她对人的全面发展、和谐发展与可持续发展，并走向人生的成功的影响是任何职业都无可替代的。

教师要具有学识魅力，关键在两个方面要作出努力。

一是要加强学习。胡锦涛总书记指出："要成为合格的教育者，就必须不断学习，不断充实自己。""要崇尚科学精神，树立终身学习的理念，如饥似渴地学习新知识、新技能、新技术，拓宽知识视野，更新知识结构，不断提高教学质量和教书育人的本领。"①

学习是教师职业的底线。一个身处知识经济时代、信息时代、高科技时代下的职业教师，要承担教书育人，传道、授业、解惑的使命，不仅要有高尚的师德，也要有广博的知识。在现代社会的竞争形势下，学习是使教师职业增值并进而成为一个

① 引自胡锦涛2007年8月31日在全国优秀教师代表座谈会上的讲话。

品牌的有效途径。学习让我们富有思想,学习让我们提升教学功力与生存能力。学习也是教师作为一名文化人的标志之一。它能提高教师的文化格调,强化教师的文化人格,它能带来教师的日常工作需要的理性状态,能够促进教育智慧的形成,是教师摆脱职业倦怠的最有效的方法之一。教师专业能力的提升,离不开持续不断的学习。学习型社会的建设,需要我们的教师率先成为楷模。

二是要提升教学功力。教学功力是一名教师教学水平、教学素养、教学艺术与专业能力的综合体现。在现代教育中,积极倡导教育改革与教学创新,注重培养学生的创新能力,已成为教育的主题。一个优秀的教师应注重教育理念的更新、专业能力的提升、教学方法与教学内容的创新。

教学方法的创新事关学生创新能力的培养。笔者认为,不断改革和创新教学方法不仅是教育的生命力所在,也是一名教师教学生涯富有能力与活力的重要标志。缺少激情与活力、魅力与艺术的教学是死亡教学;呆滞死板、枯燥无味的教学注定是失败的教学。美国耶鲁大学校长理查德·莱文在2006年中外大学校长论坛演讲中提出:“制约学生创新能力发展的主要因素应该是教学方法问题,不同的教学方法取得的效果大不一样。教学中不给学生特定的内容,而是培养他们独立思考、批判思维的能力,严密分析的能力,从不同视角看问题的能力,这种教育对社会的贡献是最大的。”这里给我们的启示是:教师要以创新的教学思维和教学方法培养具有创新能力的学生,以此展现教师的学识魅力。

教学内容的改革是教育创新的重要体现。它不仅影响着教学过程、教学效果,也直接影响着育人质量。教学内容的改革要坚持跟进时代的发展,要符合学生能力培养的需求;要坚持为学生的终身发展奠基。教学内容是靠教师设计并传授的,知识的传授不仅要有用,也要有趣;教师对教学内容要善于精选细备,对讲述的教学内容要胸有成竹、融会贯通,并在讲授中展现其自信、良好的心态与个人教学魅力;教学内容应坚持常讲常新,让学生有新鲜感;同时,教学内容的讲授还需具有高超的教学艺术能力、出色的语言表达能力、驾驭课堂的能力和吸引学生的教学魅力。

我们要坚持选择、创造适合学生的教育,而不是选择、创造适合自己教育的学生。面对学生,如果一个教师能将专业知识的艰涩难懂尽可能化解为简单平易,把枯燥乏味的内容换一种深入浅出的方式讲解,层层推进,环环相扣,就会使学生不仅不至于兴趣索然,反而被撩拨得兴致盎然。

值得我们推崇的一种理念是:“美”是教育的一种境界。教学过程应是展示“教育美”的过程,应是以“美”造“美”的过程。这个“美”就是教育的魅力,就是教师的人格魅力与学识魅力。和谐的社会需要和谐的教育,和谐的教育需要优秀的教师,更需要教师的人格魅力与学识魅力。

三、培养教师的人格魅力与学识魅力是加强教师队伍建设的重要内容

党的十七大高度重视教育,把教育视为民族发展的基石。胡锦涛总书记指出:"中国的未来发展,中华民族的伟大复兴,归根结底靠人才,人才培养的基础在教育。教育是提高人民思想道德素质和科学文化素质的基本途径,是发展科学技术和培养人才的基础工程。大力发展教育事业,是发挥我国人力资源优势,建设创新型国家,加快推进社会主义现代化的必然选择。教师是人类文明的传承者,推动教育事业又好又快发展,培养高素质人才,教师是关键。没有高水平的教师队伍,就没有高质量的教育。"①

教育大计,教师为本。我们的国家要发展,我们的民族要振兴,关键在于重视教育,关键在于重视教师。正如温家宝总理所说:"国家兴衰在于教育,教育好坏在于教师。"

要办出高质量的教育,办出人民满意的教育,关键在于高水平的教师。因此,加强教师队伍建设就成为建设教育强国的关键因素,对办学的水平、教育的质量和育人的质量有重要影响。

当前,教育的发展日新月异,我们既面临着机遇,又面临着挑战。教育发展的新形势、新变化,给我们的教育提出了更新更高要求,要求我们的教育更好更快的发展。我们的各级各类教育必须坚持与时俱进,坚持教育创新,不断更新教育观念,改革教育方法,实现教育"育人为本"的目标。教师职业是不可替代的,教师的教育活动与教学过程,其实质就是育人的过程,是培养人的生存能力与贡献社会能力的过程,是塑造人的生命的过程。教师的学识水平决定着数代人的命运,而最终决定着育人的质量和国家与民族的未来。

我们强调教师队伍建设,重视教师人格魅力与学识魅力的培养,就是要从战略的高度来认识其重要性和必要性,以强化教师队伍建设来推进教师的全面发展、和谐发展和可持续发展,来促进教师综合素质的提高,教学能力的提升,在教师应具有的人格魅力与学识魅力上和谐、健康发展,真正成为人民满意的教师。

教师队伍建设不仅事关教育的全局,从长远看,也事关国民素质的全局,事关国家综合国力的全局,应受到党、政府和全社会的高度关注。党和政府对教师队伍建设高度重视,采取了一系列重大举措。国家对教师培训事业连年加大投入,各种教师培训工程纷纷启动实施,使教师教学能力不断得到提升,综合素质不断得到提

① 引自胡锦涛2007年8月31日在全国优秀教师代表座谈会上的讲话。

高,有效促进了教师队伍的整体建设和专业发展。教师待遇在党和政府的关心下也逐年得到提高,尊师重教已在全社会达成共识,“教育”与“教师”真正成为全社会关注的热点。

四、结　语

作为高校的管理者和领导者,我们要率先具有人格魅力与学识魅力,要以榜样的力量身体力行,身先士卒,靠自身崇高的道德、人格的力量与学术的魅力影响和引领教师的成长,从而创造出高素质的教师队伍、高质量的教育,真正实现和谐的教育与科教兴国的战略。

对高校行政领导学习实践科学发展观的分析及进行现实培训的意义

——运用集体研讨法对高校院系部处领导所作的相关探究

严加红①

摘　要：科学发展观是当前我国高校改革发展的根本指导思想。本文运用集体研讨法对部分高校院系部处领导作相关研究，深入分析了高校行政领导对科学发展观的认识现状和其在理论、意识和实践层面上的意义，以及对进一步做好相关培训工作的重要作用。

关键词：高校；行政领导；科学发展观；院系部处；培训

无论从对高校教职工进行思想政治教育，还是从对高校学生开展思想道德教育，或者从高校思想政治建设波及社会的影响来看，学习实践科学发展观都是当前高校面临的头等重要课题。高校行政领导更应认识和理解科学发展观，在实际工作中自觉学习实践科学发展观。高校行政领导学习实践科学发展观不仅具有理论上的意义，而且还有助于在意识层面上确立全面协调、可持续发展的战略观念，更重要的还在于实践层面上的现实意义，即其不仅可以促使高校行政领导切实贯彻落实科学发展观，而且还有助于高校行政领导进一步改进相关培训工作。

一、高校行政领导对科学发展观产生的社会背景与历史条件有比较深刻的认识和把握

在集体研讨的过程中，高校院系部处领导就科学发展观作了相当深刻的阐述，无论是从历史发展的角度，还是现实需要的角度，都强调与时俱进地提出、发展和完善科学发展观的重要性，认为科学发展观是我们党对社会主义发展实践经验的科学总结，这也说明高校院系部处领导对科学发展观的历史发展与思想核心具有非常深刻的认识，对科学发展观的理论与实践也具有深刻的把握。

A（高校院党总支书记）：科学发展观是我们党几代领导人对社会主义发展观

① 严加红，国家教育行政学院副研究员、管理学博士。

认识的不断深化，是对社会主义建设发展规律认识的不断深化。毛泽东在《论十大关系》之中，就着眼于调动一切积极因素，提出了一系列关于社会主义建设要协调发展的理论观点，初步探索了符合我国国情的发展道路。1978年，党和国家工作的重点转到社会主义建设上来，作出了实行改革开放的重大决策。邓小平同志在新的历史条件下，提出了较为完整的发展观，这是对我国现代化建设规律认识的飞跃。以江泽民同志为代表的党的第三代领导集体继续探索社会主义建设的发展规律，强调发展是党执政兴国的第一要务，坚持用发展的办法解决前进中的问题，明确提出在发展社会主义市场经济条件下正确处理现代化建设中的一系列重大关系，丰富了社会主义现代化建设的理论与实践。以胡锦涛同志为总书记的新的党中央，完整地提出了科学发展观，进一步深化了对社会主义现代化建设规律的认识。

从A阐述的观点中可以看出，A对科学发展观的发展历程有非常明晰的认识和理解，对科学发展观的本质内涵也有比较深层次的思考，并把科学发展观与社会主义实践、现代化建设规律紧密相联系起来。A的观点主要从历史的角度，也就是从纵向角度来思考科学发展观的相关问题。

B(高校组织部部长)：提出科学发展观是新一届中央领导集体从新世纪、新阶段的实际出发，适应现代化建设的需要，在充分肯定改革开放以来我国取得发展成就的基础上，努力把握发展的客观规律，吸取人类关于发展的有益成果，着眼于创新发展观念，开拓发展思路，破解发展难题，获得的重要结论，有着深刻的国际和国内背景。从国际范围来看，经济全球化、政治多极化和科学技术获得迅猛发展。国际形势的这种态势和特点既为我国提供了良好的发展机遇，同时也存在严峻的挑战。面对新的形势，选择何种发展道路、发展模式和发展战略来应对显得非常重要。从国内来看，我国在多年经济快速增长的同时，也积累了不少矛盾和问题，表现在出现就业的压力、贫困人群增多、城乡和区域差距加大、社会和生态环境恶化等各方面的问题。提出科学发展观就是要解决这些日益突出的矛盾和问题。

C(高校中文系主任)：近年来，我国社会经济稳步发展，但也出现涉及社会、人口和环境等方面不协调的因素和挑战。主要存在：一是涉及国家安全的能源和自然资源的超常规利用；二是人口高峰、劳动就业和老龄化问题严重；三是生态环境整体恶化；四是目前实施的城镇化战略出现了困扰；五是区域发展严重不平衡；六是信息化安全与国家科技竞争力存在问题。面对21世纪新的挑战，我国的社会经济发展必须解决这些严重的问题，从而实现经济与社会全面、协调、可持续发展。在这样的背景下，学习实践科学发展观势在必行。

B,C与A分析科学发展观丰富内涵的角度存在很大的不同，B和C是从横向

角度来考察科学发展观的深刻内涵。他们的观点主要涉及我国社会主义现代化建设和改革开放的背景、环境和条件,从国际和国内两方面阐述了科学发展观就是全面、协调、可持续的发展观,这是解决目前我国社会和经济等各方面建设中出现问题和矛盾的根本指导思想。

二、高校行政领导对科学发展观的基本内涵与核心精神有比较深刻的理解和领悟

科学发展观是当前我国高校思想政治建设的根本指导思想,理解它的深刻内涵当然非常重要。在集体研讨的过程中,高校院系处级领导对科学发展观的内涵和地位,及其核心观点和成因进行了深入的阐述,归结成表1。

表1　科学发展观的内涵、地位、核心观点及成因

内涵	地位	核心观点	成　因
以人为本	核心与灵魂	1. 马克思主义认为,社会是由人组成的,社会发展的目的也是为了人类的幸福; 2. 人是一切工作的出发点和归宿,人是目的而不是手段; 3. 强调对人权的尊重; 4. 政党、政府和社会的最高和最终的价值取向; 5. 实现人的全面发展,从人民群众的根本利益出发谋发展,切实保障人民群众的各项权益。	1. 为发展而发展,很少谈人的需要; 2. 人口高峰、劳动就业和老龄化问题严重; 3. 农村环境建设差,农民看病难; 4. 农村子弟上学难,广大农民缺乏文化知识,一个民族没有文化就没有凝聚力,一个中国政党不代表农民,就不能代表人民的利益。
全面协调可持续发展	方法论和价值观	1. 社会经济不全面、不科学发展; 2. 不同区域、人群、领域的全面、协调和可持续发展; 3. 注重质量、效率和资源利用率; 4. 促进社会主义物质文明、精神文明和政治文明的协调发展; 5. 坚持走生产发展、生活富裕和生态良好的发展道路,实现经济持续发展、政治健康稳定和社会全面进步。	1. 注重经济建设,追求GDP发展,而忽视基础设施、生态工程、技术储备发展,生态环境整体恶化,资源耗费严重,以及科技能量难以适应社会建设的需要; 2. 涉及国家安全的能源和自然资源的超常规利用; 3. 出现贫富差距拉大和"三农"问题。

续表

内涵	地位	核心观点	成因
实现五个统筹	辩证法	1. 正确处理好人与自然、群体、社会和环境的关系； 2. 实现城乡、区域、经济社会、人与自然、国内发展与对外开放的统筹发展； 3. 关系国家政权稳定，以及执政党与人民群众的关系。	1. 改革开放以来，社会经济发展，而卫生、健康和环境等发展了带后； 2. 区域发展严重不平衡，东部、中部和西部发展定位不合理，实施城镇化战略出现困境； 3. 信息化安全与国家科技竞争力存在问题。

三、高校行政领导对学习实践科学发展观有比较强烈的使命感和责任心

战略机遇期和全面建设小康社会是集体研讨中大家都经常谈到的问题。下面主要从三个方面来进行较为深入的分析：

1. 以科学发展观为指导，树立正确的政绩观

D(高校学生工作部部长)：树立正确的政绩观关键在于党性修养。要把实现人民群众的利益作为追求政绩的根本目的，要把实现经济社会的可持续发展作为创造政绩的重要内容，要把重实干、求实效、求实绩作为实现政绩的重要途径，要把党和人民的需求作为评价政绩的重要尺度。

D阐述观点的基本立足点就是学习实践科学发展观，真正深刻领会其思想内核，坚持以人为本，把人民群众的根本利益作为工作的出发点和归宿，强调追求政绩、创造政绩、实现政绩和评价政绩的基本原则和标准，而其关键就是加强党性修养，以树立和坚持正确的政绩观。

E(高校学院常务副院长)：树立和坚持正确政绩观、价值观念、思想素质、道德品质很重要。实践证明，领导干部主观世界改造得好，树立和坚持正确的世界观、人生观和价值观，解决好权力观、地位观和利益观的问题，坚定理想信念，不断提高思想政治水平，加强道德品质修养，就能够领导好改造客观世界的工作。

D阐述的观点很大程度上是一些原则和标准，而E则是从党性修养的具体内涵上来谈，党性修养的内涵主要包括世界观、人生观和价值观。从现实性上来讲，就是高校领导的权力观、地位观和利益观。要真正树立和坚持正确的政绩观，就必须加强主观世界的改造，坚定理想信念。

2. 增强爱岗敬业意识，践行科学发展观

F(高校组织部部长)：作为高校领导干部，突破专业局限性很重要。越是高一

层次的领导干部越要突破专业的局限性，不断增强前瞻的、全局的、宏观的、协调的、合作的能力与意识。一些个人专业的、情感的因素要服从大局，以事业全局为重。首先要解决为谁当干部的问题，更加明确为党和国家事业工作的意识；二是要思考如何当干部，领导干部更需要德才兼备，培养敬业、爱岗、勤奋、合作、团结、包容等道德品质；三是思考当怎样的干部，要正确处理德才关系，认识到两者的统一是作出成绩的必要条件。

F主要是从作为高校行政领导角度来阐述的。作为高校行政领导，不仅要清楚个人本专业的知识，也需要了解一些本专业以外的知识，尽量减少专业的局限性。只有这样，在具体落实相关政策措施时，视野才能不仅仅停留在考虑本专业发展的水平上，才能以一种比较宏观的视野审视岗位行政领导工作。学习实践科学发展观，还需要高校领导自觉把个人事业与单位事业、部门事业与党和国家事业，以及人民的事业结合起来，自觉处理好提高思想政治素质与专业素养之间的关系，尽量做到辩证统一。

G(高校宣传部、统战部部长)：不同层次的党员领导干部在工作中发挥的作用是不一样的，学校的中层正职应该具备以下素质：一是要讲政治，把自己的个性发展与社会的、学校的发展结合起来；二是要常学习，要养成学习的习惯；三是善思考，要经常思考岗位工作，要有分层管理的意识；四是慎行，决定前要征求各方意见；五是要抓大事，重要事情重点做；六是要定制度，既要约束下属，也约束领导；七是要善协调，加强各部门的密切配合和协调沟通；八是要拓渠道，必要时另辟蹊径，促进工作；九是要揽人才，要有爱才之心、容才之量和用才之能。

G与F阐述的出发点是基本一致的，但阐述观点的角度却存在明显不同。F主要是从作为高校领导如何处理各种关系的层面来考虑问题的，而G则是从作为高校中层正职领导应该具备的素质层面来阐述的，应该说，相对来讲G的观点更微观和具体一些。无论对F，还是对G来讲，他们所阐述的基本观点已经不再是观念层面上的内容，而是具体落实到高校管理实践中来考虑问题。也就是说，已深化到如何学习实践科学发展观的问题，及其对高校行政领导素质的要求上来。

3. 认识矛盾和问题，推进高校全面协调可持续发展

H(高校组织部副部长)：以科学发展观指导高等教育的改革与发展，必须结合我国高等教育发展面临的问题和矛盾，形成“高等教育的科学发展观”，坚持教育部确定的“巩固、深化、提高、发展”的工作方针，实现全面、协调、可持续发展高等教育。从外部角度来看，就是要处理好教育发展与经济发展的关系。经济发展是教育发展的基础，教育要为经济发展服务，经济发展必须依靠教育和科技发展。从内部角度来看，就是要正确处理不同类别和层次高校之间的关系，必须坚持“各类高校协调发展，不能把发展的任务全部压向普通高校”的原则。从资源配置角度来

看,就是要正确处理规模、结构、质量和效益之间的关系,特别是数量和质量之间的关系。数量是质量的前提,质量是数量的基础。从参与主体角度来看,就是要正确处理好政府与高校之间的关系。教育主管部门的职能主要体现在指导、监督和服务,高校作为办学主体,主要职能是培养和输送人才。政府应尽量减少直接的行政干预,以使高校能有更多的自主权面向社会按照市场规律办学。

从H阐述的观点看,H是从宏观战略高度来考察我国高等教育的改革与发展问题的,主要涉及教育与经济、高校与高校、数量与质量、政府与高校等之间的关系问题,这些问题也正是当前我国高校所面临迫切需要解决的问题。H的观点是提醒在学习实践科学发展观的过程中,要端正理解和分析这些关系问题的态度,在高等教育实践中更要及时转变高校发展观念,形成“高等教育的科学发展观”,也就是要推进高等教育的全面、协调、可持续发展。

I(高校学院院长):推进高校全面、协调、可持续发展可从如下方面入手:一是以实施“校本管理”为目标,加快内部管理体制改革,关键是建立现代大学制度,打破外控式管理体制,学校自主办学,成为市场运行体系中的竞争主体;二是树立教师为本、学生为中心的理念,把学校的发展建立在师生共同努力的基础上;三是注重统筹、协调发展,处理好学校发展中教学与科研的关系,专科、本科、研究生人才培养层次结构的关系,学校整体发展与院系发展的关系,以及眼前发展与长远发展的关系。

科学发展观是指导高校教育教学与管理改革发展的根本指导思想。I阐述的观点主要涉及高校内部管理体制问题。随着近年来我国高等教育规模逐步扩大,高等教育管理体制问题也日益突出,进行高校内部管理体制改革的要求也日益紧迫。但是,高校内部管理体制与高等教育管理体制是紧密相关的,加快内部管理体制改革必须紧密结合高等教育管理体制的改革与发展。I谈到“打破外控式管理体制”,从其本意上看,就是要求在高等教育管理体制改革的过程中,要逐步增加高校在内部管理体制改革中的主体地位和自主权问题,也就是要求高校具有按照高等教育改革发展的基本规律、市场经济规律,以及高校教育教学和管理改革发展的实际获得自主办学权问题。对于高校内部管理体制的改革问题,I主要谈及需要确立“以人为本”的理念,对高校来讲就是要确立“教师为本,学生中心”的办学理念,统筹兼顾,处理好高校教育教学和管理过程之中的各种关系问题,促进高校全面、协调、可持续发展。

四、对高校行政领导学习实践科学发展观进行现实培训意义

1. 科学发展观是高校行政领导做好高校改革与发展工作的根本思想,也是高校行政领导培训的重要内容

科学发展观是我国社会发展理论和政治智慧历史发展的产物,不仅是社会主

义现代化建设和中华民族伟大复兴事业的根本指导思想，也是当前我国制定各项方针、政策和措施的根本指导思想，更是现阶段高校行政领导主持思想政治建设和开展行政领导工作的根本指导思想。马克思主义具有与时俱进的理论品质，科学发展观是马克思主义理论在中国实际社会环境中的崭新运用和发展。高校既然是在社会环境中存在、变革与发展，那么也必须要适应社会组织所应具有的条件和性质。当前，我国高校的组织变革和发展面临着巨大的机遇和挑战，高校系统运行必须按照科学发展观的要求，从而确保高校的全面、协调、可持续发展。高校行政领导学习实践科学发展观非常重要，这有利于确立战略意识，以便从高等教育改革发展和高校组织发展的全局高度来考虑出现的各种问题。从战略层面来看，知识经济和学习化社会的来临，决定了高校在未来社会变革和发展中处于社会中心的地位；我国的科学技术日益呈现出快速发展的趋势，特别是信息技术和生物技术正在加速发展，导致高校行政管理处于急剧变革和发展的过程之中；从现实性上来讲，高校的组织变革和发展面临着前进中的诸多问题和困难，特别是在行政管理中存在诸多不规范或短视的思维和做法。因此，高校行政领导要学习实践科学发展观，切实转变思想观念，确立战略意识，不断推进高校全面、协调、可持续发展，这也是相关培训工作的重要内容。

2. 组织学习培训是高校行政领导学习实践科学发展观的重要方式，有助于实现高校全面、协调、可持续发展

从上述研究分析来看，高校行政领导对科学发展观的认识理解已经具有一定的基础，同时也存在某些观念和制度惯性的束缚。因此，在领导高校行政工作的过程中，可能会受到各种因素（比如个体或团体因素）的影响，在实践工作中难以保障高校全面、协调、可持续发展，导致产生一些从个体或团体等局部利益出发制定政策的措施和做法，影响到高校甚至社会的整体利益，造成不必要的不良社会影响。组织学习培训是高校行政领导学习实践科学发展观的重要手段和方式，可以促使高校行政领导在岗位职责工作中自觉学习实践科学发展观，并自觉运用到高校的改革与发展之中；促使高校行政领导能从高校变革发展和社会整体利益出发，更多从战略角度思考和解决在学校管理实践中的问题和难点，探索高校全面、协调、可持续发展的途径和方法。其实，从哲学层面来看，任何社会系统甚至个体和团体都不是单一的存在，而是在社会系统运行中的存在，高校也必须与社会系统保持联系与交流，受到社会系统变革与发展的影响。高校要获得更大程度的发展，就必须学习实践科学发展观，加强与其他社会组织的沟通与协作，制定与其他社会组织相协调的整合机制，从而保持全面、协调、可持续的发展。培训需求分析是进行培训设计的基础和重要组成部分，对高校行政领导学习实践科学发展观的培训需求分析非常具有必要性，这对确保培训设计的科学性和针对性，以及实现培训工作

目标具有重要的作用。

3. 注重实践运用是高校行政领导学习实践科学发展观的基本取向,也是改进相关培训的重要路径

高校行政领导学习实践科学发展观的根本目标就在于追求其实践运用的绩效。从上述集体研讨分析来看,高校行政领导对科学发展观的基本内涵和特征等理论问题有比较深刻的把握和体会,同时也在实践中努力贯彻执行这项关系我国社会各领域改革与发展的根本指导思想,关键的问题是由于各种外在因素和主观世界的思维阻碍,对科学发展观的实践运用还存在某些不确定性的方面。比如,传统观念惯性对科学决策的负面影响;社会人际关系网络对行政制度原则性的冲击;行政权力、政治权力和学术权力的配置不平衡等。这些不确定性的方面在高校管理决策及其政策执行中具有比较深刻的影响。注重实践运用需要做到以下几点:一要改变思维模式,要真正促使高校行政领导转变思考问题的方式和方法,具有学习实践科学发展观的自觉性和针对性;二要高校行政领导统一思想意识,真正从领导集体层面上学习实践科学发展观,形成集体共识与合力;三要制定高校组织的发展战略、政策制度及其实施办法,切实贯彻执行学习实践科学发展观,为高校全面、协调、可持续发展创造必要的环境氛围;四要宣传科学发展观,促使高校教职工和学生认识理解科学发展观,在工作和学习实践中学习实践科学发展观,在社会活动和日常生活层面实际运用科学发展观;五要为高校行政领导学习实践科学发展观提供必要的监督与支持,从而确保正确的发展方向。由上述分析与探讨可知,对高校行政领导学习实践科学发展观的分析还具有改善培训工作绩效上的意义。

(本文在撰述过程中借鉴了“国家教育行政学院培训简报”中学员研讨的部分材料,在此对来自全国各高校的相关领导和简报参与人表示感谢!)

建设创业型大学背景下高校管理干部队伍建设

洪 娜 陈少平①

摘 要: 作为第二次学术革命的产物,创业型大学的发展离不开一支高素质的管理干部队伍。本文在阐释创业型大学相关理论的基础上,分析了在这种新型高校治理模式下,管理干部所应具备的能力素质,并指出目前高校在建设管理干部队伍中存在的问题,最后根据症结所在,对在创业型大学背景下如何建设高校管理干部队伍提出了相应的对策性建议。

关键词: 创业型大学;高校管理干部;能力;对策

20世纪80年代以来,随着经济全球化趋势的不断发展,科技进步的突飞猛进,人类迎来了一个崭新的时代——知识经济时代。作为一种以智力资源为首要依托的经济形式,知识经济的发展使世界范围内的高等教育都在不同程度上迈向大众化、多元化,政府教育投入开始出现相对不足的局面,传统的大学治理模式面临前所未有的挑战,正是在这样的大背景下,一种新型的大学运作机制——创业型大学应运而生。根据"自主创业型大学教父"美国高等教育专家伯顿·克拉克多年的观点,"大学面对不断扩大和变化的需求的反应需要变得更加迅速,更加灵活——一个强有力的驾驭核心成为必需"②。因此,如何在建设创业型大学的背景下,培养一支精干、高效、专业的管理干部队伍,对于理顺创业型大学的运作过程,提高高校的办学治校能力具有重要的理论意义和实践意义。

一、创业型大学的相关理论阐释

(一)创业型大学的基本内涵

关于"创业型大学"的内涵,由于研究对象和作者理解的差异,目前学术界并无统一定论。笔者在综合前人研究的基础上提出,创新型大学是指一种集人才培

① 洪娜,福州大学公共管理学院研究生;陈少平,福州大学党委副书记。

② [美]伯顿·克拉克:《建立创业型大学:组织上转型的途径》,王承绪译,人民教育出版社,2003年。

养、科学研究及创业活动三种功能于一体，以三螺旋理论中“大学—企业—政府”的共生关系为依托，以国家和地区的经济发展和社会进步为基本出发点和归宿，以知识的产业化和学术创业化为转型核心，汲取企业文化，具有积极进取、富有创业精神和创新精神的新型大学治理模式。

（二）创业型大学的办学特色

1. 创业型大学具有较高的学术水平和较强的科研实力

从本质上说，创业型大学是研究型大学与周边环境需求相协调的产物。因此，它既继承了原有大学模式的精华因素，又在其基础上大胆地进行创新和发展，就教学而言，它从以原先的知识传递为主转变为以知识探索为主，重在培养学生的实践能力和创新精神；而在科研上，则努力建立面向国家战略和国际学术前沿的跨学科平台与团队，以解决国民经济和社会发展的重大战略问题为首要任务。因此，较高的学术水平和较强的科研实力是创业型大学安身立命的根本条件，是实现自身可持续发展的重要保证。

2. 创业型大学承担着促进经济和社会发展的“第三使命”

社会服务作为现代大学的三大基本职能之一，在创业型大学身上得到了改造和提升。在经济社会发展的过程中，其角色已不再局限于提供人力资源和知识储备，而更多的是为了满足社会及自身发展的需要，积极融入社会经济发展尤其是区域社会经济发展的大系统、大循环，将促进经济与社会发展的所谓“第三使命”与教学、研究使命结合起来，使大学由社会次要支撑机构转变为与政府、企业一样，直接为社会服务，走向社会中心，成为引导社会经济发展的“轴心机构”和“引擎机构”。

3. 创业型大学具有很高的独立性和社会开放度

作为创业型大学存在及发展的坚实理论基础和实践指南，三螺旋理论认为，在知识经济时代，大学、政府、企业这三个价值体系互不相同的主体，通过促进经济社会发展的共同目标而紧密地联系在一起，成为相互依赖，相互渗透，共生共长的有机整体。在这一整体中，大学摆脱了传统以政府为主导的模式，具有很强的独立性和平等性。同时，为了积累自身的财政优势，大学的科学研究活动走出独立于社会需求的“神坛”，通过与社会更加频繁而深入的沟通交流，逐渐迈向社会化和实用化。

（三）福建省建设创业型大学的社会背景

1. 福建省海峡西岸经济区建设需要高校技术知识的支撑

随着“海峡西岸经济区”建设目标的提出，福建省的经济发展开始出现重大变革，如何将知识资本化、产业化成为时下“海西”发展的重要推动力，特别是高新科技产业作为“海西”产业布局的重要组成部分，对科学理论转化为技术产品的需求越来越高，然而福建省目前大多数企业自主开发高新技术产品的能力有限，大学作

为社会创新活动的最为活跃的主体,自然被寄予了更多的社会期许和责任。因此,服务"海西"科学发展,成为福建省高校创建创业型大学的良好契机。唯有创业型大学才能与企业更好地在技术创新上寻求一体化的合作,提高"理论知识→科技成果→生产力"的转化力度和效度,从而成为"海峡西岸经济区"强有力的技术知识后盾。

2. 高校的发展离不开社会资源的支持

目前,财政危机是我国大学发展所面临的共同困境,不少高校由于无力承担校区建设所需的巨额经费投入,而处于负债经营的尴尬境地。根据伯顿·克拉克的观点,公立大学的收入渠道有三种主要模式:一是政府部门的财政拨款;二是政府设立的科研项目基金;三是其他来源,包括大学在投资、服务、学费、培训方面的收入及校友的捐赠、筹款等。① 因此,在大学财政日益紧张的情况下,大学的改革势在必行,学会主动出击,寻求多元化的资金筹集渠道和各种社会资源的支持,发挥主动融入现实生活的务实精神,通过参与市场活动,积累并增值自身资本,扩展其在社会上的影响力和渗透力,为获得更多的支持奠定基础,是大学发展的必然选择。创业型大学的兴起正是顺应了这样一种发展趋势。

二、创业型大学管理干部必须具备的能力素质

相较于以往任何一种大学模式,创业型大学是一个更加复杂且多维度的组织,它不但需要从事传统的教学、科研和社会服务任务,而且肩负着推动经济和社会发展的重要使命。当代管理学大师彼得·德鲁克认为:"历史上几乎没有组织曾经被赋予今天的大学所拥有的权力。"②因此,创业型大学必须拥有更为强大的管理能力,更为坚实的领导核心。目前学术界关于高校管理干部的建设的相关论题研究成果颇丰,但以创业型大学的构建为背景来进行研究却是一个亟须拓展的空白领域。笔者基于这一视角,对于这种新型的大学治理模式下的管理干部所应具备的能力素质进行了一次全新的阐释。

(一)办学治校的能力

办学治校的能力是创业型大学中管理干部所应具备的首要能力,它要求高校管理干部必须发挥教职工代表大会和工会会员代表大会的重要作用,依法保障教师参与学校的民主管理与监督,同时利用专家教授对最新学术发展动态和区域社会经济发展需求的了解,突出其在教育教学和学术管理中的主体地位,把教授治校

---

① 莫甲凤:《试论我国建立创业型大学的路径选择》,《煤炭高等教育》,2008年,26卷第3期。

② [美]彼得·德鲁克:《个人的管理》,上海财经大学出版社,2003年,第55页。

作为民主管理的一种延伸,建立健全民主决策机制。此外,还要重视把学校各项工作纳入法制化、规范化轨道,全面推进依法治教、依法治校的进程,最终实现高校办学效益和办学水平的稳步提高。

(二)统筹规划的能力

合理、科学的发展规划是创业型大学成功转型,并实现健康、快速发展的强大推动力。因此,管理干部必须以满足经济社会发展的需求为高校主要价值取向,坚持从学校全局和长远发展出发,找出并分析制约高校发展的瓶颈问题,抓住工作中的主要矛盾和关键环节,把主要精力放在对工作具有重要影响的问题上;要统筹兼顾,合理安排,调动各方面的力量和积极性,确保既定目标的圆满实现;在必要时通过富有成效的思想政治工作,不惜以牺牲局部、眼前利益为代价,争取全局和长远利益的实现。①

(三)组织协调的能力

组织协调能力是指通过加强沟通,合理处理校内外以及各个部门之间的各种关系,满足学校各方面发展需求的能力。由于创业型大学的生存和发展是一个相当复杂的系统工程,它牵涉不同群体的切身利益,其内部所隐藏的各种矛盾若得不到及时、合理的化解,将严重阻碍大学内部运行机制的顺利进行。因此,管理干部必须努力提高自身的组织协调能力:一要增强协调的主动性,把分歧和矛盾化解在萌芽状态;二要增强协调的灵活性,求大同存小异,在坚持原则的基础上灵活处理各种关系;三要增强协调的目的性,重目的轻过程,排除各种干扰,②以此来增强创业型大学的凝聚力和对外张力。

(四)改革创新的能力

所谓改革创新的能力,就是高校管理干部通过创新思维,创造性地运用各类知识发现问题、分析问题、解决问题,处理好学校改革发展稳定方面的关系,保持学校全面、协调和可持续发展的能力。③ 由于创业型大学以创新行为作为自身的发展理念和驱动力,因此,在面对的前所未有的环境挑战时,其内部的管理干部有必要不断强化和提高自己的改革创新能力,一方面要坚持解放思想,不囿于传统教育模式的束缚,适应新形势,树立新观念,勇为人先;另一方面要坚持实事求是,从高校发展的实际出发,通过创新自身的办学理念、管理思想、工作思路、管理方法等来推动高校内部运行机制的变革,从而更好地适应创业型大学的发展需要。

---

① 杨晖:《论高等教育管理干部队伍素质的建设机制》,《西北师大学报:社会科学版》,2008 年第 4 期。

② 杨晖:《论高等教育管理干部队伍素质的建设机制》,《西北师大学报:社会科学版》,2008 年第 4 期。

③ 袁宗建:《高校管理干部创新能力刍议》,《沧桑》,2006 年第 4 期。

(五) 开拓利用社会资源的能力

创业型大学区别于传统大学的重要特征之一就是资金来源渠道的多元化,它减少了对政府教育开支的依赖,实行创收政策,努力开辟并拓宽第三渠道,从而大大增加了自身的灵活适应性。因此,可以说,开拓利用社会资源的能力是创业型大学得以为继的重要保障。高校管理干部不但要善于运用学校现有的有形资产和无形资产,还必须树立创业型大学的办学理念,通过卓有成效的制度设计,加快组建科技与产业研究院,以建立"学校—企业—政府"三者之间的协调互动关系为主线,不断促进和深化产学研结合,在此过程中,充分调动和利用校外的各种社会资源(特别是财政资源),使高校能够自主地以充裕的物质基础游刃有余地进行创新计划和创业活动,实现"花大钱办好大学"的目标,从而提升整个大学的学术水平。

(六) 与时俱进的能力

由于经济社会发展对创业型大学的需求日渐增多,这就要求大学必须改变过去的被动姿态,主动与社会取得联系,了解社会的需求,了解社会的发展动态,即由过去的被动或基本被动适应社会,变为主动适应社会,主动介入社会。① 可以说,这一时期的大学具有相当高的社会开发程度。因此,高校管理干部必须通过新闻报道、报纸杂志、网络论坛等途径,培养自身与时俱进的意识和能力,主要包括两方面内容:一是及时了解国家、地方经济发展的动态,使高校的发展适应社会经济发展的需求,成为促进区域经济建设的轴心机构;二是了解国家、地方关于促进高等教育发展的政策大方向,使高校的发展适应高等教育内部改革发展的需求。

三、创业型大学管理干部队伍建设存在的不足

如今在我国,管理滞后早已成为阻碍高校改革和发展的重要因素,同时也是实现研究型大学向创业型大学转型的"绊脚石"。有论者认为,"内地最好的大学,是一流的本科生,二流的研究生,三流的教师,四流的管理"②。针对目前国内高校管理干部队伍建设中普遍存在的问题,笔者从创业型大学的建设目标出发,将其归纳为以下6个方面。

(一) 高校管理干部缺乏改革创新意识

在社会环境变化日益加速的今天,缺乏创新精神的创业型大学就好比无源之水、无本之木。目前一些管理干部尽管工作踏实,但面对高等教育改革出现的新情况、新问题却不能作出科学、客观的分析和判断,而寄希望于用过去的政策和惯例

① 卢彩晨:《大学转型:从"守业型"到"创业型"》,《辽宁师专学报:社会科学版》,2006年第4期。

② 丁学良:《什么是世界一流大学》,北京大学出版社,2004年,第166页。

解决问题，因循守旧，墨守成规，并且常常出现凭个人经验和主观臆断办事的现象，缺乏改革创新的意识和动力，导致高校管理效率不高，办学治校水平有待加强。

（二）高校管理干部队伍职业化建设薄弱

职业化建设是实现高校管理干部队伍专业化的前提条件，是创业型大学具备专业管理水平的重要保证。虽然近年来，我国高校已开始重视提高管理干部的学历层次，但在培养高等教育管理的业务知识和技能方面，依然不尽如人意。从目前管理干部的来源看，有的是从本校毕业生中留选的，有的是从教学岗位转岗来的，在行政管理、党务管理和高等教育管理的知识和技能方面都缺乏系统的学习和训练，①高校管理干部队伍职业化建设进程较为缓慢，已严重影响和制约了我国高校的改革与发展。

（三）高校管理队伍的执行力不够

发展战略、人才资源、管理流程的有机结合，是推动高校创新、创业活动走向成功的重要力量，要实现三者的有效结合，关键在于最大限度地发挥高校管理队伍的执行力。然而，目前高校由于管理机关臃肿，管理层次过多，导致干部队伍的执行力不够灵敏快捷，具体表现为以下三点：一是高度，管理干部在执行决策方案的过程中，常常擅自降低执行标准，执行走样的现象并不鲜见；二是速度，管理干部对待决策方案经常予以怠慢或拖延的态度，计划的执行速度严重受到影响；三是力度，学校出台的一些刚性规定在执行的过程中随着时间的推移，情境转换力度越来越小，许多工作成效不大，甚至没有效果。②

（四）高校管理干部开拓利用社会资源的能力不够

由于在我国高校中，大多数管理干部尚未确立甚至质疑、排斥创业型大学这种新的发展形态，再加上自身对国家有关高等教育改革的政策法规的不熟悉，缺乏相应的经济学教育背景，同时与地方政府的沟通交流机会不多、程度不够等一系列因素的影响，导致管理干部无法及时了解并反馈地方经济发展的宏观形势和微观需求，对社会资源的开拓利用效率受到了很大限制。

（五）高校管理干部队伍建设跟不上高等教育快速发展的需求

在社会对高等教育的投入途径日益增多，以及区域经济社会发展的要求日益迫切等内外因素的共同作用下，我国高等教育开始呈现出高速化发展的态势，变革成为新世纪大学面临的必然选择。而管理者作为变革的重要推动力，却因为高校一直存在的重教学轻管理、重使用轻培养的错误观念，成为与高等教育改革不相协调的一部分，甚至严重阻碍了我国建设创业型大学的前进步伐。

---

① 冯春芳，姜统华：《论高校管理干部能力建设的制度路径》，《中国林业教育》，2007年第3期。

② 李晓衡，吴移谋：《论高校执行力的提升》，《当代教育论坛：校长教育研究》，2008年第2期。

(六)高校管理干部队伍的评估监督机制不健全

据有关资料显示,目前我国高校还没有建立健全有关管理队伍建设的措施和办法,高校的管理工作通常被视为一般事务性的工作,管理队伍建设未纳入正常轨道,主要表现为:一是忽略了对管理者的管理监督,特别是对领导干部的管理监督机制还没有充分建立起来,存在真空、断层地带;二是考核评估机制不健全,高校对管理干部的考核普遍存在指标过于笼统、方式过于单一、内容过于形式化等一系列问题;三是激励机制中缺乏鼓励管理人员钻研管理科学、促进管理工作科学化、提高管理队伍素质的相应政策,再加上相对低的认同感和薪资报酬,使得管理人员的积极性、进取精神遭到抑制。

四、加强创业型大学管理干部队伍建设的对策

创业型大学要想在日益激烈的高校竞争中占领一席之地,以更加丰裕的社会资源吸引各行业教学、科研甚至是企业领军人物的加盟,打造创业型大学的品牌,真正开拓高等教育创业化发展的局面,提高管理机关的管理和服务的水平、建设高素质的高校管理干部队伍已成为当务之急。

(一)转变观念

1. 转变管理干部的思想观念,确立创业型大学办学理念

正确的办学理念是制定科学、合理的办学措施的重要前提,管理干部作为学校转型的领头羊,应当率先认识到思想观念的指导作用,主动吸收创业型大学的办学理念并创造性地进行应用推广。因此,在新形势下,学校必须通过合理引导以提供多样化的思想观念学习模式,如学习观摩、专题讨论、组织学习等,努力扫清创业型大学在我国发展的观念性障碍,使管理干部正视教育产业化问题。但同时也要警惕部分管理干部出现那种为"创业"而"创业"的狭隘思维,防止出现那种过分迎合社会、市场需要,受制于市场逻辑的现象,明白创业活动的本质是为了繁荣大学学术,只有大学的灵魂带着象牙塔的精神走出象牙塔时,大学才能走得更好,走得更远,实现最终意义上的自治。

2. 走出管理干部选用误区,树立"能"人意识

随着知识经济时代的来临,高校发展的外部环境发生了巨大的变化,在内外部生存压力的驱使下,过去只要思想好、有任劳任怨的精神就是个好干部的观念早已不再适应时代的需求。因此,创业型大学在选用管理干部上,应当从自身的根本利益和发展需求出发,结合工作岗位的特殊性,对应聘人员进行认真筛选,不能再仅仅停留于"肯干"的层次,还必须要求其"能干"、"会干",具有较高的办事能力和办事激情,也就是树立用"能"人而不光用"好"人的观念。

3. 改变管理干部配置方式,贯彻“精干”原则

虽然创业型大学在一定程度上解决了我国高校普遍存在的教育经费短缺的困难,但由于其需要拓宽发展外围,为理论知识转化为现实生产力提供硬件保证,因此,在资金的使用上依旧应该注重建立资源增值与资源节约并重的学校资产和各类资源的管理与运行体制。员工的薪酬作为高校运营成本的重要组成部分,此时也应贯彻开发与节约并重,节约先行的原则,坚持走“精干”路线,从数量建设转为质量建设,力求以最小的开支换取最高的管理效益。

4. 引导管理干部拓宽眼界,确立国际化视野

国际化是高等教育发展的趋势。创业型大学的办学理念最早产生于西方发达国家,并在那里得到了空前的发展,我国目前关于创业型大学方面的理论和实践研究尚处在初级阶段。这就要求管理干部必须使自己的观念走出国门,借鉴国外的先进做法,将创业型大学放在国际化的环境中进行规划,从复杂的国内外创业型大学建设情形中筛选分析出正确的经验,从而使创业型大学的建设取得事半功倍的效果。

(二)建立严格的干部选拔任用制度

行为科学认为,人的行为是由动机支配的。干部选拔任用的价值取向,决定了管理干部的行为导向。① 多年来,尽管高校在选人、用人上强调德才兼备的原则,但由于这一原则的高度概括性和抽象性,使得操作简单化、无序化的现象时有发生,同时,过去选拔任用制度中重人情关系、资历、学历等的错误倾向,都很大程度上阻碍了创业型大学拥有一支具有创新意识和创新能力的高素质管理干部队伍。因此,建立科学的干部选拔任用机制显得至关重要。

建立合理的干部选拔任用制度,关键要解决好“选用什么样的人”和“怎样选人用人”这两个问题。因此,一方面要提高门槛,以创业型大学背景下管理干部应具备的能力为主要依据,同时兼顾个人品德素质、身体条件、业务知识等方面的评价标准,做到不唯学历、不唯职称、不唯身份,要真正根据能力的高低和贡献的大小选人、用人;另一方面,要在研究总结干部选拔任用工作规律的基础上,扩大识人视野,畅通选人渠道,进一步完善干部竞争上岗机制和群众参与机制,保证干部选拔任用过程的公开、公平、公正和规范,确保那些素质高、能力强,且有业绩的优秀人才的脱颖而出。这种公开透明、竞争择优的选人、用人机制不仅有助于达到选拔任用效益的最大化,而且可以有效地激发管理干部强化能力的意识,增强其自主学习和提高本领的积极性、主动性和自觉性,使其更好地服务于创业型大学的发展。

① 冯春芳,姜统华:《论高校管理干部能力建设的制度路径》,《中国林业教育》,2007 年第 3 期。

(三) 完善干部培养和教育机制

1. 加强培养政治理论与业务能力

高校首先要充分发挥党校在干部教育培训中的主渠道、主阵地作用,在提高干部思想政治素质和道德素质的基础上,重视引导管理干部学习和把握国家教育事业改革发展的宏观规划与基本政策,把握世界教育发展的新动态,使其能够与时俱进地进行科学决策;其次,要注意锻炼管理干部与校内外各类人员沟通协调的能力,为开拓利用社会资源建立丰富的社会关系网;最后,要引导管理干部突破经验型管理思维和工作机制的局限,克服畏难情绪和自满思想,培养他们大胆进行改革、创造性地开展工作的能力。

2. 规范在岗学习

为了加快创业型大学管理干部的职业化建设,高校不但要支持管理干部在职攻读学位,提高管理层次,而且要鼓励管理干部到更高层次的学校或者与本校学科专业相关的大中型企业挂职锻炼,提高其实务能力,增加其对产学研合作人才培养模式的实际经验。同时,应注重管理干部轮岗学习,帮助其扩大接触面、开阔视野,积累各方面的工作经验,增强统揽全局的能力。此外,还可聘请专家学者或参加远程学习,为管理干部教授教育管理学、教育心理学、经济学等专业课程,通过定期考核,加深其对现代管理理论的了解和掌握。

3. 定期举办学习交流会

学习交流会是创业型大学扩展管理干部视野,实现信息共享互通,节约培训成本、提高培训效率的一条有效途径。高校不仅要重视学校内部的交流,而且要努力将交流会打造成高校管理干部与政府、企业的沟通平台。通过每月一次甚至每周一次的学习交流会,邀请不同企业的成功管理人士和一些地方政府官员共同参与,使更多高校管理干部有机会面对面地与这些管理高层交流管理心得,借鉴适合于学校实情的先进做法,从而培养其以市场为取向的管理观念,帮助其更加全面地了解地方经济发展的形势和社会发展的需求。

(四) 构建科学的管理干部考评监督体系

1. 建立适应创业型大学的管理干部考核评估体系

按照“评价科学、导向准确、激励有力、操作简便”的原则,创业型大学必须立足于推动工作,以任期责任目标为主要依据,根据岗位职责的不同,科学设计操作性强的考核要素和评价标准,通过定性考核与定量考核、平时考核与年度考核相结合的方法,以工作调研、个别谈话、专项调查、参加领导班子民主生活会等多种形式广泛了解干部情况,以保证考核结果的公平、公正,以及考核的信度和效度,同时,要注重对考核结果的分析和反馈,帮助被考核人认知自身工作的优点和不足,并将考核结果作为对其进行奖惩、提拔任用的重要依据。此外,还可充分利用考核结果纠正学校建设中存在的问题,将取得的经验进一步推广。

2. 健全责任制,完善监督体系

为防止一切滥用权力的情况出现,有效的制度规约和监督是必不可少的。因此,创业型大学必须结合高校发展的整体规划,在各部门协调合作的大前提下制定各部门的阶段性任务和总体任务,明确各部门的职责,从而有针对性地加强干部的任职审计和离任审计,建立健全重大事故和过失的责任追究制度,同时以管理干部的责任为量化标准,完善监督体制,重视发挥教师、学生、新闻媒体、纪检部门等社会成员、社会机构的评议监督权,防范各种违法违纪现象的发生,确保监督工作的落实到位。

3. 采取各种激励措施

根据马斯洛的需要层次理论,创业型大学的激励机制必须坚持物质奖励和精神奖励相结合,参照社会上关于管理人员的薪酬评定标准,从待遇的改善和提升做起。同时,通过转变全校上下过去重教育轻管理的观念,培养管理者的职业荣誉感和组织归属感。此外,还必须完善管理人员的职称评定机制,通过晋升激励、素质激励、目标激励等多种手段,为干部提供发展空间和接受教育培训的机会,从而激励和吸引更多的优秀人才安心从事高校管理工作,在不同层次管理岗位上作出实绩和贡献。

(五)健全管理干部的执行力建设途径

保罗·托马斯、大卫·白恩在《执行力》一书中指出,具有执行力的管理者应该是:了解自我的人;了解企业、了解员工的人;面对现实的人;让员工成长的人;论功行赏、奖优罚劣的人;能够跟踪目标、解决问题的人;执行力文化的构建者。笔者认为着力提升创业型大学执行力的努力方向有:①

1. 加强学习,提高创新能力

创业型大学要想提升自身执行力,就必须要求管理干部时刻保持强烈的创新意识,通过不断的学习、借鉴和思考,彻底改掉对旧制度、旧惯例的依赖,树立以更好的方法解决新问题、新情况的意识,从而实现执行力度、速度和效度的有机结合。

2. 勤于思考,提高领悟能力

在创业型大学中,任何一项工作的顺利开展,都必须以清晰的工作要求及工作思路为目标,即把推动国家或区域社会经济进步作为高校开展工作的核心任务,这就要求管理干部必须善于思考,认真理解、悟透创业型大学的工作要求和目的,掌握其工作中心、方向和主动权,力求事半功倍。

---

① 李晓衡,吴移谋:《论高校执行力的提升》,《当代教育论坛:校长教育研究》,2008 年第 2 期。

3. 精心安排,提高策划能力

有力的执行离不开精心的策划。高校管理干部如果想更好地使创业型大学的建设目标被真正地贯彻落实,就必须制订尽可能详尽、周密的计划,分清轻、重、缓、急,立足学校实际,依次确定发展的近期目标、中期目标和战略目标,列出计划表,安排相关人员去实施。

4. 协调配合,提高指挥能力

为保证创业型大学的构建计划被有效执行,就必须要求管理干部善于指挥、指导和协调,以其应有的权威性,采用科学的指挥方式,用制度激励教职工,用尊重感化教职工,增强他们的主人翁意识和责任感。同时干部还应在双赢的目标上与学校的内外部加强沟通和协调,尽可能地减少影响,以保证执行计划的完成。

5. 坚持不懈,提高巩固能力。

为巩固执行成果,创业型大学应建立狠抓落实的机制。首先,要严格执行制度。用制度管人,重视目标的引导与达成,严格过程与结果的考核,从而引领教职工充分参与执行。其次,要优化执行机制。将执行能力与利益挂钩,突出绩效,制定奖惩分明的激励措施。再次,要树立典范。对优秀执行者要开展有力度、有理性的宣传,通过学习交流活动,提高他们的知名度。

(六)营造浓厚的创业文化氛围

强有力的文化植根于强有力的实践。基于新的实践而不断创新,成为大学的文化特征和象征,并影响培植大学的个性、特色和声誉。① 浓厚的创业氛围作为创业型大学文化软实力的一种表现形式,在创业型大学的构建中显得尤为重要,它将贯穿于创业型大学建设的全过程,即使在创业型大学建设成功后,还将继续延续下去。因此,创业型大学应该积极营造创业型、开创性的校园文化新风和办学环境,在尊重教师的学术责任和权利的同时,重视发挥高校管理干部在构建创业型大学中的主体作用,让他们从认识上正视营造创业文化氛围的艰巨性,遵循循序渐进的规律,长期地将其开展下去。同时,学校还可通过创新学校的管理制度,鼓励创新创业,肯定创新成果。例如,可以积极建立和实施鼓励学校上下参与科技创新创业的动力机制,强化校园创新、创业意识,“通过激励制度的重新设计,重新定义学术服务的内容,建构学校科技成果的‘科研价值’、‘商业价值’和‘创新价值’三结合评价体系”②,以影响师生员工的思想,使他们对自主创业产生认同感,从而有助于创业型大学在管理、教学方面的改革朝着同一创业目标前进,有助于管理人员、师

---

① 游晓惠:《创新创业,造就全新的大学模式——创业型大学评介》,《重庆邮电学院学报:社会科学版》,2005 年第 5 期。

② 陈笃彬:《创建创业型大学,服务海西工业科学发展》,《发展研究》,2008 年第 9 期。

资队伍、学生团体在创新、创业方面的努力得到重视和激励,最终育成学校的"创业文化"和"创新精神"。

创业型大学以开放、互动为外在特征,开放程度的高低、互动效果的好坏与互动主体的道德水准的高低、综合素质的优劣和业务能力的强弱息息相关;创业型大学以提高效率、改善服务为管理目标,效率的提高、服务的改善也必须依靠管理干部来完成。可见,建设一支道德水平高、综合素质好、业务能力强的管理干部队伍是构建创业型大学的首要任务,唯有从转变观念、创新选拔任用制度、完善培训教育机制、健全考评监督体系、加强执行力建设、营造创业文化 6 方面入手,才能真正提高管理干部的办学治校、统筹规划、组织协调、改革创新、开拓利用资源及与时俱进的能力,才能更好地进行高校管理工作,才能使创业型大学的社会影响力得到提升,才能最大限度地满足社会经济发展和高校自身发展的需求。

以人为本　推进高等教育管理现代化

邱　荣①

摘　要： 高等教育管理现代化是高等教育现代化一项非常重要的内容，关系到21世纪我国高等教育的发展和走向。本文从我国高等教育管理存在的问题入手，阐明“以人为本”既是高等教育管理思想的核心，又是一种发展的有效策略，是高等教育事业发展的要求，更是实现高等教育管理现代化的强力助推器。

关键词： 以人为本；教育管理；现代化

21世纪，世界的竞争将更多地体现为人才的竞争，而人才的竞争将更多的责任赋予培育具有一流竞争实力的人才的高等教育事业。然而，自20世纪80年代以来，在我国高等教育事业蓬勃发展的同时，人们却强烈意识到高等教育质量下降、高等教育精神缺失等问题，我国高等教育管理的弊端逐渐显山露水。

一、我国高等教育管理的主要症结

分析我国高等教育管理的现状，发现存在总体水平不高、管理体制陈旧、方法落后等问题，与发达国家相距甚远，不能很好地适应当今形势的发展，主要体现在以下方面。

（一）高等教育管理思想与教育现状存在反差

思想的先进是根本性的先进，观念的落后是本质性的落后。思想是工作前进和取得成功的“软生产力”，正确的思想观念是高等教育成功的先导。在社会快速发展的今天，高等教育观念也要与时俱进，不断更新。党的十六届三中全会明确提出了坚持“以人为本”，全面、协调、可持续的发展观，要求要注重人的尊严、潜能和意识的发挥。然而，“师者，传道授业解惑也”、“师云亦云”、“不越雷池一步”，这些以塑造、训练为己任的教育管理理念已深根于国人意识之中，积淀成了一种文化，形成了一种难以改变的环境氛围，制约着高等教育管理的发展。

① 邱荣，福建对外经济贸易职业技术学院党委书记。

（二）高等教育管理的"传统化"印记明显

总体来说，在特定的历史时期，我国高等教育管理形成了集事业化、集权化、行政化、封闭化、模仿化5个传统。① 5个"传统化"印记的形成有诸多因素，在一定程度上促进了我国高等教育的迅猛发展，确保了"集中社会有限资源办好大规模教育"目标的实现。但它是一种植根于特定历史环境中的产物，在观念、体制、方法等方面都有明显的局限性。传统一旦被烙印，将会对新形势、新事物的产生发展进行阻碍，不利于高等教育管理在新形势下适应新的社会发展和自身发展的需要。

（三）教育资源短缺，高等教育发展不平衡

2002年，李岚清同志在第四次全国高校后勤社会化改革工作电视电话会议上指出，我国高等教育毛入学率达到15%，我国高等教育从精英化阶段转入大众化阶段。然而，我国的教育基础薄弱，教育经费投入占GDP的比例一直低于2.5%。② 高校规模的大幅度扩张和教育资源不足的矛盾导致我国高等教育出现诸多问题：教育质量明显下降，毕业生竞争力减弱；东西部之间、城乡之间、重点大学与非重点大学之间资源分配不公，造成教师、学生"孔雀东南飞"现象，进而加剧教育资源、教育质量、教育规模的强烈反差。在我国，某些贫困地区的高等教育入学率是相当低的。可以说，大众化阶段的高等教育本身存在着严重的"贫富差距"。

（四）教育法律体系不完善，依法治教还需加强

《中华人民共和国高等教育法》、《中华人民共和国教师法》等一系列教育法规的出台，很大程度地从法制层面上规范了高等教育管理的过程，明确了"依法治校、依法治教"的教育理念。然而，近年来，高校学生诉讼学校、教师的现象时有发生，给高等教育管理带来了严峻的挑战。究其原因，法制教育并不意味着教育秩序的完善。我国现行的教育法规中，过多地强调教育管理过程的规范性和秩序性，突出了人的"机械"性，但却忽视了如何依法维护教师、学生的合法权益，忽视了教育管理过程中教师和学生的"人"性。随着高等教育改革的不断深化，各种矛盾应运而生，教育法制化的问题将日益凸显。

二、实现高等教育管理现代化为什么要以人为本

现代化的高等教育应当是一个在教书育人过程中健康、协调、高效运行的系统。在高等教育的现代化中，高等教育管理现代化是一项非常重要的内容，关系到21世纪中国高等教育的走向和发展，关系到人才的培养质量。

---

① 肖起清：《论我国高等教育管理传统与创新》，《国家教育行政学院学报》，2007年第12期。

② 胡传双：《大众化阶段我国高等教育管理走向》，《昭通师范高等专科学校学报》，2008年第117期。

（一）高等教育管理以人为本的内涵

“在一定的政治经济结构中，通过建立教育关系和教师劳动对象化而实现的人性发展，就是教育的本质。”①教育离不开人，教育是人的活动，教育的主体是人，客体也是人，教育的规律要适应于人的发展规律，要尊重人的品格，强调人的情感，满足人的需要，促进人的发展。教育的本质在于发展人的智慧、才能和品质。杨叔子院士曾形象地指出：“大学的主旋律应该是‘育人’，而非‘制器’，是培养高级人才，而非制造高档器材”。也就是说，高等教育管理以人为本的内涵就是在高等教育管理过程中，根据人的本性和发展特点而实施的人本化管理，并始终坚持教育以育人为本、以学生为主体，办学以教师为本、以教师为主体，管理、服务和育人紧密结合的原则。

（二）以人为本的高等教育管理的基本内容

一是通过双向的情感交流和沟通来实现情感的管理。把调动师生的能动性作为情感管理的目标和出发点。在及时了解需求和愿望的同时，激发教师教书育人、行政服务育人、学生自我培育的积极性，提高育人效率。情感管理的核心在于激励，激励能够充分发挥人本管理的作用。比如传统的走动管理方式和网络时代的QQ、邮件、MSN等聊天方式都促进了情感交流的非正式性、无压力性和畅通性，大大加深了彼此之间的情感友谊。

二是推进民主管理。实现高等教育依法自主办学、提升学校的自主办学能力以及决策水平，激活高等教育干事创业的动力。民主管理强调“集百家智慧于一身”，实行“万言堂”策略，广泛收集建议，为广大师生创造有利条件，激发他们参政议政的热情，树立主人翁的意识，参与学校的建设发展。比如支持党代会、教代会、群团组织履行职权，将学校的一些重大问题交由广大师生共同商议。

三是建构大学精神。好的大学制度一定是有精神的大学制度，而卓尔不群的大学精神一定是有制度的精神。② 正式制度的空缺需要由精神文化来填补，大学精神需要有制框架的支撑，大学精神是大学在发展过程中积淀的一种厚重的历史感和文化底蕴。

四是强化创新教育。创新是人类进步、社会发展的基石。创新人才的培养是“以人为本”高等教育的重要内容，创新要尊重学生情感、个性，营造和谐氛围，摆脱“填鸭式”、“因袭式”的教育模式，给学生思考的空间，重视能力的培养，激发创新的意愿。

（三）以人为本理念在我国有深厚的现实基础

《周易》将人与天、地同列：“有天道焉、有人道焉、有地道焉。”纵观古今，无论

---

① 肖阳，叶文兰：《以人为本的高等教育管理思想探略》，《高教与经济》，2007年第3期。

② 王一涛：《和谐文化建设背景下高等教育管理的理念和实践》，《现代教育科学》，2008年第1期。

是儒家的“人贵”、墨子的“兼爱”抑或是而今的“以人为本”，都是建立在“以人为中心”之上的。

新中国成立后，党和政府充分意识到教育对社会发展的作用，始终把培养德、智、体、美、劳全面发展的社会主义接班人作为国家教育的基本方针。江泽民同志在第三次全教会上指出：“每一个学校，都要爱护和培养学生的好奇心、求知欲，帮助学生独立思考，保护学生的探索精神、创新思维，营造崇尚真知、追求真理的氛围，为学生的禀赋和潜能的充分开发创造一种宽松的环境。”①

近年来，随着高等教育管理理论探索的不断深入，“以人为本”的高等教育理念越来越受到青睐，越来越被采纳。许多高校校长已经将“以人为本”的教育理念融入治校实践。

三、以人为本，推进高等教育管理现代化的方略

（一）树立以人为本的高等教育管理理念

坚持以人为本，把人作为一种蕴藏着巨大财富和潜能的宝藏，同时，通过发挥人的作用来满足人的需求并促进人的全面发展，这也是科学发展观的本质与核心所在。②

马克思主义认为：人首先是一个自然存在物，具有自然属性，但人更是社会存在物，具有社会属性。人还是有意识的存在物，具有精神属性。“以人为本”中的“人”，是有情感、有需要、有个性的生命体。教育的最终落脚点是人，而不是知识，知识的重要性仅仅在于它构成了思维的原料，否则就是本末倒置，缘木求鱼，将会培养一批有知识无才能，有才能不成人的“人才”，有悖于社会发展的方向。

以人为本的高等教育管理，关键在于培养人健全的人格、开放的心态和创新的思维方式，必须确立“大学之道，在明明德，在止于至善”、“大学之大，非大楼之大，乃大师之大”③的理念，摈弃“师道尊严”与“严格管理”的旧观念，建立起现代、民主的新型师生关系，注入教育以师生为本、学生为核心，教师为主体的观念，注重科学精神与人文精神的融合，满足广大师生的需要。

以人为本的高等教育管理集中体现在教育管理的自主化、多元化和人性化上。国家政府应树立起“放权”意识，尽量减少对教育的干涉，要尽力创造条件，加强和扩大各国大学之间、国内大学之间的交流，要建立宽松的教育环境，给予大学充分

① 李丹青：《当代高等教育应以人为本》，《高等工程教育研究》，2003 年第 1 期。
② 肖阳，叶文兰：《以人为本的高等教育管理思想探略》，《高教与经济》，2007 年第 3 期。
③ 徐广青：《“以人为本”视阈下的高等教育管理》，《黑龙江教育学院学报》，2006 年第 5 期。

的学术、言论自由和孕育新思想的沃土;高校要创新思想,在办学模式、教学形式、科学研究和社会服务等方面实现多元化。

(二)构建"以人为本"高等教育管理制度

在我国高等教育越来越深融入世界高等教育发展潮流的当今,人在教育管理中的地位越来越明显,越来越重要。如何构建"以人为本"高等教育管理制度,实施"以人为本"的高等教育管理理念,以提高高校核心竞争力是高等院校面临的巨大挑战。

1. 对实现学术权力的几点建议

一是倡导学术自由,实现民主管理。大学的前途,就其协调传统与革新的职能而言,应取决于成千上万个教师的价值观,而很少取决于大学的理事或校长。只有实现民主管理,让大家充分表达意见,建言献策,才能保证学校重大决策的科学化和现代化。要发挥各种组织的职能,加强监督与参政议政的自觉性。

二是建立健全各种高校学术组织,并完善制度建设。要发挥学术力量参与高校的决策,比如建立健全学术委员会、专家咨询委员会等。同时,要通过一定的制度来保证其在高校的科研、学术事物等方面能发挥最大效应。

三是加强对学术权力的物质保障。要在贯彻落实《中华人民共和国高等教育法》的"国家建立以财政拨款为主、其他多渠道筹措高等教育经费为辅的体制"和"保证国家举办的高等教育经费逐步增长"的基础上,精简行政管理机构人员,多方筹集资金,划拨经费交由学术权力单独掌控。

四是建设"职业化、精英化"的高等教育管理队伍,尤其是受过特定培训的专业人才,要能摈弃旧的"官本位"思想,树立"管理育人、服务育人"的思想观念。同时,建立一套高校管理人员选聘和考核的制度体系。

2. 依法治教,提高高等教育管理水平

办学的核心是人才培养的质量,制度是提高教育质量的保证,完善、规范、科学的制度可以保证各项管理工作得到有效的监控和落实。实现我国"以人为本"的高等教育管理现代化,首先要加强高等教育管理的立法工作。近年来,我国陆续制定了多种教育法律法规,但仍然不能适应社会经济的发展。学校要充分发挥自主优势,根据自身实际情况制定、完善各项管理制度,保证有法可依。同时,不能让法律法规流于形式,要坚持按制度办事,依法治校,依法治教,不断提高管理质量和效益。

3. 立足实际,创新高等教育管理机制

实践证明,科学的管理水平和管理机制的创新水平直接决定着一所高校的发展水平,科学合理而富有特色的管理制度会强化激励的有效性。① 哈佛大学、

① 白萌:《试论新时期我国高等教育管理创新》,《理论导刊》,2007 年第 9 期。

耶鲁大学等世界知名大学之所以能够英才辈出,学术精进,很大程度上得益于其特色、合理、实际的机制创新。现代高等教育管理应遵循现代管理制度,将研究和改革、建设、管理有机结合起来,制定公平的政策,实行可持续调整的机制,达到整体提高的目的。我国高校应立足实际,以竞争保活力,真正建立起公开、平等、择优的用人机制。具体操作可借鉴欧美等国的"非升即走"原则,优胜劣汰,合理配置人才资源;教师聘用实行固定编制与流动编制相结合;兼职与专职相结合;同时,实行严格的"选聘"制,以教师学术、科研实力论英雄,形成一种良性的教育管理机制。

(三)坚持"以学生为本",改革传统的教育管理方法

高等教育作为培养高素质、创造型人才的重要培养基地,要在时代发展的潮流中解放思想,与时俱进,以转变教育思想为先导,以改革传统的教育管理方法为手段,着力培养学生的知识、能力、素质和创新创业能力。加拿大各大学在教育管理中一直倡导以学生为本的管理,在教育管理过程中为学生设立各种咨询中心、学习中心、就业中心、活动中心和俱乐部;实行完全学分制和弹性学习制;采取启发式的教学模式和方法,课堂"灵活活动、生动活泼"①。相比之下,我国在长期的高等教育过程中,过于追求人才培养的统一标准,忽视了学生本位主义和个体的差异,实行了千篇一律的以"教师—教材—课堂—应试"为中心的培养模式和管理方法。

新的人才培养模式要坚持"以学生为本",要改革传统的教育管理方法,在教学管理服务教和学的基础上,多学习借鉴欧美国家先进做法,结合实际,在教育管理各环节多设置一些新元素、新方法,激发和爱护学生的创新意识,提高实践能力和身心承受能力,激发教师群体的积极性和创造性,进而提升高等教育的服务质量。

(四)注重大学文化建设,提升高等教育管理品位

文化是一所大学赖以生存和发展的重要基础,是一所大学的精神和魅力所在,是一种植根于制度框架下的无形,能够彰显管理中的精神作用。文化的力量比指令和规则等制度更强大,它是一种内隐、潜移默化的规定,影响大学的行为。

(1)着力打造高校校园"引领文化"。"引领文化"作为大学的新职能,要更进一步发挥其文化引领功能,就要有宽容胸怀,成为多样文化的集聚地;要有批判精神,成为创新文化的提炼厂;要有高度的责任意识,成为先进文化的引领者。

(2)积极推进大学的创新文化建设。创新文化是以创新为主要趋向的文化形态。大学的创新文化是一所大学不可或缺的核心竞争力,它是大学文化的内核和

---

① 张莉蓉:《加拿大高等教育管理的启示》,《平顶山工学院学报》,2008年第1期。

精髓,也是提升大学创新能力的引擎,对于提升国家或地域创造力具有重要的功能。要构建大学创新文化,促进学科的交叉和创新是提高大学创新水平,构建创新文化建设的重要途径;打造创新型教师队伍是带动大学学科创新和教学方法改革,构建创新文化的重要保障;推动管理制度改革创新是实现高校体制、机制跨越,是促进创新文化建设的任务内涵。①

① 肖惠海:《构建以人为本的高等教育管理体系探讨》,《南方冶金学院学报》,2002 年第 5 期。

Ⅱ 高校科学管理与战略规划

以科学发展观为指导 大力提升高校管理水平

王路江①

摘　要： 高水平的管理是促进学校发展、提高教育质量的必要条件。当前，应以科学发展观为指导，紧紧围绕发展这一中心要务，树立“发展本位”的管理意识和以人为本的管理理念，牢牢把握统筹兼顾这个根本方法，探索适应新的发展形势的高校管理模式。

关键词： 科学发展观；高校；管理

当今世界，经济全球化深入发展，科技进步日新月异，国际竞争日趋激烈，知识越来越成为提高综合国力和国际竞争力的决定性因素，人才资源越来越成为推动经济社会发展的战略性资源，教育的基础性、先导性、全局性地位和作用更加突出。党的十七大报告提出了建设“人力资源强国”的战略目标。高校作为培养和造就数以千万计专门人才和一大批拔尖创新人才的重要基地，是我国实施科教兴国、人才强国战略的主力。要实现建设“人力资源强国”的战略目标，必须全面提高高等教育质量；要提高高等教育质量，必须提升高校的管理水平，通过高水平的管理促进学校的发展，促进教育质量的提高；要提升高校的管理水平，必须深入学习实践科学发展观，以科学发展观为指导，确立高校科学发展的管理定位，树立以人为本的管理理念，探索适应新的发展形势的高校管理模式。

---

① 王路江，中国高教学会高教管理研究会副理事长，北京语言大学党委书记、研究员。

一、提升高校管理水平，必须紧紧围绕发展这一要义，确立管理工作为高校科学发展服务的定位

科学发展观提出发展是第一要义，因此高校的所有工作都要紧紧围绕科学发展这一中心要务，确立管理工作为高校科学发展服务的定位，树立“发展本位”的管理意识。

树立“发展本位”的管理意识必须克服当前高校管理方面存在两种错误意识，一是“官本位”意识，一是“学术本位”意识。由于我国高校的管理体制直接移植于政府行政管理体制，因此高校管理“官本位”意识是普遍存在的突出问题。其弊端是行政系统主导性过强，服务意识淡薄，资源控制能力集中，过多干预学校的学术活动，同时未能为学校事业发展提供高效的行政管理支持。“官本位”还导致一些高校价值导向产生扭曲，学校内部教师从事学术的同时更希望从事行政管理，以获得资源支配能力和更大的权力威望。高校管理的“官本位”意识的弊端显而易见，也成为当前热议的话题，很多学者提出了许多改革意见，最普遍的观点是高校要仿照西方大学树立“学术本位”意识，提出“教授治校”的观点。“学术本位”的管理意识虽然有其长处，比如说教学科研工作能够不受行政干预而自我独立运行，教授和学术带头人可在学科建设和科研方面发挥更大的作用。我们国家对高校实行的是“党委领导下的校长负责制”，坚持社会主义办学方向是学校工作的灵魂，因此我们不能照搬西方大学“学术本位”的管理模式。但是我们在学校管理中要充分发挥“教授治学”的作用，通过有效机制，比如通过“学术委员会”或“教授委员会”对学校的发展定位、学科建设、人才队伍建设、教学和科研工作中的重大问题提供决策咨询和建议。

“发展本位”管理意识则不从行政权力和学术权力二元对立的角度考虑高校管理定位问题，而是从管理的目的、功能角度考察高校管理定位。管理学先驱法约尔对管理下了经典定义，认为管理是由计划、组织、指挥、协调及控制等职能为要素组成的活动过程。因此，高校管理工作具体地说即是要为学校事业发展发挥计划、组织、指挥、协调和控制的功能。从“发展本位”角度看，无论是“官本位”意识还是“学术本位”意识都有失偏颇，行政干部和教授学者都有其特有优势，比如行政干部善于战略规划和组织协调等方面，而教授学者在学科建设、教学科研规划等方面更适合，高校管理应该充分发挥行政干部和教授学者各自所长，共同谋求学校事业科学发展，努力做到人尽其才，才尽其用。当然，最理想的模式是“双肩挑”的管理者，这一方面，清华大学的实践为我们提供了成功经验，几十年来清华培养了大批既懂行政管理又熟悉学术的管理干部，既保持了学校管理干部队伍的可持续发展，又为国家输送了大批干部。从"发展本位"看,高校管理工作要服务于学校事业科学发展,要为学校的人才培养、科学研究、社会服务提供行政支撑。

二、提升高校管理水平,必须紧紧抓住以人为本这个核心,树立以人为本的管理理念

科学发展观的核心是以人为本。以人为本既是科学发展观的基本价值取向,也是高校管理创新的根本依据。高等学校的终极目标是培养社会主义合格的建设者和可靠接班人,这一终极目标的实现要求高校必须坚持社会主义办学方向,必须确立"以人为本"的管理理念,这是落实科学发展观的必然要求。

自19世纪后半叶以来,管理理论发展大体上经历三个阶段:传统组织理论阶段、行为管理理论阶段、系统管理理论阶段。在传统组织理论阶段,以泰勒为代表的科学管理学派首开组织理论之先河,其理论强调机械与科技、生产与效率的重要,并强调重视员工能力、劳资关系等管理方式,形成科学管理的思潮。此后,以法国的法约尔等人为代表的行政原理学派提出行政管理的"组织原则";由德国社会学家韦伯首创的科层制学派则阐述组织的层级、法制、权威与成员构成官僚组织体制的主要因素。传统组织理论学派的主要成就是建立了组织层级、权威、协调的架构及其组织原则,即"正式组织"的基本理论,但其不足之处是很少注意人的因素,对组织成员的行为互动关系很少讨论。

传统组织理论自20世纪30年代起渐有修正的理论,其中以人际关系学派较为突出,亦称行为管理学派。其代表人物为美国哈佛大学梅奥、迪克森等,其理论从行为科学的观点出发,特别注重"以人为本"的管理,认为"人际关系"比工作的自然环境及科学管理更为重要,强调尊重人格,发挥人性,民主参与,人情关切,对组织中的非正式组织及小团体的角色与活动特别注意,尤其重视"士气"的培养和提高。20世纪60—70年代,由于心理学、社会学及人类学的进步与普及,行为科学的影响更为深远。麦格雷戈发表的《管理的人性面和管理者》,阐述了如何启发人性潜能以激励员工。他指出,传统的管理理论对于人性的认识皆偏于"性恶"的观点,但现代的管理理论则肯定人性的优点,重视人格的尊严,认为工作热忱、发展潜能、责任感皆存在于员工身上,主要取决于管理者因势利导,促其发挥员工在工作上的愿望,这原因起自人类生理、心理和社会的需要动机,管理者只有切实地满足员工的需要、达到其愿望,才能发挥激励的更大效果。

20世纪80—90年代,由于受系统管理理论的影响,行为管理学派的新论点是人性化管理除了解与激励个人或群体的行为外,还需顾及组织管理的目标,使员工的行为与组织目标相互融合,且更要兼顾组织与社会环境的互动关系。行为管理

学派最主要的成就在于阐述组织的“人性化”因素与“合乎人情的管理”两方面，重视人性潜能发展与人格尊严，对于现代管理极具启发性。

我们国家提出的“以人为本”的管理理念即“人本管理”就源于行为管理理论。“人本管理”的要义是要求任何管理活动应以“人”为中心，管理者要将组织内人际关系的处理放在首位，维护人格的尊严，注重激励员工的需求、动机，鼓舞士气，发展员工的自主和潜能，以产生良好的行为，从而有效地实现组织的既定目标。“人本管理”有两层含义：一是以“人”为中心的管理，确立人在管理中的主导地位，以人作为管理的主体，即管理的根本任务在于调动人的主动性、积极性、创造性，最大限度地挖掘人的潜能。二是要把“人”当“人”去看待，以谋求人的全面发展为终极目的，努力为实现人的社会价值和自我价值有机融合创造条件和机会。

高校确立“以人为本”的管理理念，首先就要坚持“办学以人才为本，以教师为主体”，加强民主管理，强调把教师作为高校管理活动的核心和学校最主要的人才资源。高校管理者要深刻认识到，管理者与教职工之间在工作程序上不是由上到下的控制系统，而是集中集体智慧研究制定学校发展目标，然后鼓励教职工根据目标对工作认真思考，自觉和自主工作的程序，要强调团队合作和人人参与，强调大学的社会责任，充分发挥人的主观能动性。其次，坚持“教育以育人为本，以学生为主体”，培养国家现代化建设需要的创新型人才。在学校管理方面，就是要以学生为中心，强调要以学生的全面发展为出发点，要把服务学生的理念贯穿到教育教学工作的全过程，全面推进素质教育，引导学生树立社会主义核心价值观，提高学生理论水平和综合素质，增强学生实践能力和适应社会的能力，培养德、智、体、美全面发展的创新人才。

三、提升高校管理水平，必须牢牢把握统筹兼顾这个根本方法，探索扁平化的管理模式

科学发展观提出了统筹兼顾这个根本方法。把握实施这个方法，不但要求我们在推进学校事业发展规划时，要统筹考虑学校事业的不同方面协调发展，而且要求我们在审视高校管理模式时，把能否做到统筹兼顾作为衡量管理模式优劣的重要判断指标。这就要求我们探索从传统的科层制管理模式向扁平化的管理模式转型。

当前我国高校普遍采用科层制管理模式，其主要特征：一是有明确的规章体系。在任何情况下，成员们都要遵循已有的规章制度，组织的规章制度是最高权威，它规定成员的权力、责任和活动程序等。二是有明确的职权等级。组织中的职位权力遵循层级顺序的原则，即下一级职务接受上一级职务的管理和监督。三是有明晰的分工，明确每一个管理者的权力和责任，并把这些权力和责任转化为正式

职位而使之合法化。四是非人格化的关系。私人关系与公务关系分离，在处理公务时，成员应按规则办事，不掺杂个人的好恶爱憎，不带有个人情感。五是量才用人。组织成员凭自己的专业所长和业务能力谋取工作机会，组织按成员的专业和能力授予其某个职位，并根据成员的工作成绩与资历条件决定其承担的权力和责任。科层制无疑是最适合现代社会管理需要的组织形式，韦伯认为相比于其他组织形式，科层制具有严肃性、稳定性、精确性、普遍性的特点。但是科层制也存在明显的弱点，如严格的规章会束缚人的思想；严格的层级会导致执行力的逐级衰减和信息失真；明晰的分工会导致互相封闭，不利于统筹协调；非人格化的关系会导致对人的主体性的疏离；等等。特别是科层制导致的干部作风官僚化、工作运转的低效率等已成为高校行政管理的痼疾。

扁平化的管理是探索中的一种新的管理模式，它是以迅猛发展的计算机技术和网络技术为组织结构建设为基础，以提高高校管理运转效率为中心。扁平化管理的优势在于：首先，扁平化管理减少纵向管理层次，扩大横向管理跨度，缩短了组织自上而下的指挥链，提高了组织运行的效率和组织迅速适应变化中的环境的能力。第二，扁平化管理可实现管理重心下移。对下级实行充分授权，也就是明确基层组织的权力与责任，使基层组织能够充分发挥作用。第三，扁平化管理可充分利用现代化信息手段传递信息，提高上情下达和下情上达的速度，增强组织成员之间沟通、协调的能力。第四，扁平化管理可以使组织边界及组织内部边界逐渐模糊化。在合理分工的基础上实行淡化边界的工作机制也就是搭建项目平台，组建攻坚团队“大兵团联合作战”，发挥整体优势。第五，扁平化管理可以实行目标管理。组织为团队（平台）设定工作目标，以目标作为考核团队（平台）工作绩效的主要依据。按照扁平化管理的理念，一些高校已经试行了“大部制”或“大院制”，减少学校管理层级，增强“学部”或“学院”的活力，提高了学校统筹兼顾的能力。

总之，经济的全球化和高等教育的国际化对高等学校的管理工作提出了新的挑战，高等学校要主动适应形势的变化，按照科学发展观的要求，构建现代大学管理体系，这是我们当代大学的责任。扁平化的高校管理模式只是我们探索中的一种模式，也是管理体制改革的新理念。我们应该采取扬弃的思维，审视当今高等学校的管理工作，以科学发展观为指导破解高校管理中的难题，探索适应当今社会发展的新的高校管理模式，提升高校管理水平，真正实现高等学校的可持续发展。

决策论视野下高等学校有效管理的阐释[①]

卢晓梅[②]

摘　要：高等教育发展对高校有效管理提出了更高要求，本文以决策论探讨高校有效管理的合理可行。理性和渐进这两种根源性决策模式各有优势和缺陷，于我国国情并不十分适合。混合扫描分析模型能实现二者的优势互补，既不太理想化也不保守，对高校有效管理建议如下：转变管理理念，坚持以人为本；落实高校自主权，协调大学组织行政权力与学术权力；重视有限理性功能，决策应实现刚性与弹性相结合；建立民主、多元和开放的高校决策体制与机制；重视院校研究，定性与定量研究相结合等。

关键词：决策论；高等学校；有效管理

一、决策论探究高校有效管理的合理性

改革开放30年来，我国高等教育已步入大众化发展阶段。在此大背景下，作为高等教育微观管理主体的各高校要持续协调发展，必须以科学管理来增强自身的综合竞争力。高校管理有效性是指高校就投入的人、财、物等教育资源实施管理所产生的效益。按照系统论观点，是指高校有效利用和开发各种教育资源，促进能量和物质合理流动，在高校办学诸要素之间以及与社会之间进行物质、能量和信息的交换过程中，形成充分发挥自身功用和达到最佳效能的扩张能力。[③] 按照决策论观点，高校管理的有效性是指利用管理的决策、组织、协调等职能来优化管理活动过程，合理配置办学活动过程中各种资源要素，激发管理活力，提高管理效率和水平，从而通过"有效管理"最大限度地实现高校的管理目标。[④] 高校管理有效性有助于最大限度地获取、平衡和配置办学的各种资源要素，激活办学活力，优化办

---

① 国家社会科学基金"十一五"规划2009年度教育学一般课题"我国高等教育政策研究模型的突破研究"(课题批准号BIA090044)课题研究成果。

② 卢晓梅，湖北大学副教授、教育学博士。

③ 张辉：《高校自主办学与管理有效性》，《江苏高教》，2004年第4期。

④ 朱中华：《关于高校管理有效性的思考》，《教育与职业》，2007年第12期。

学过程，降低办学成本，最大限度地提高办学效益和水平，推动学校不断向前发展。高校管理有效性受多方面因素的影响，主要影响因素是：环境因素、组织结构、管理人员素质、师生员工素质、管理政策的科学性等，①以决策论探讨高校有效管理是合理可行的。

管理决策论的奠基人之一西蒙提出"管理即决策"，他把决策理解为对行动目标与手段的探索、判断、评价直至最后选择的全过程。② 他在《组织》一书中将决策者视为一种独立的管理模式，认为组织成员都是为了实现一定目的而合理地选择手段的决策者。无论是计划、组织、领导，还是控制，决策行为都贯穿始终，所以作出有效的决策是管理者日常工作的一项重要内容。管理的各层次，无论是高层，还是中层和下层，都是在进行决策。西蒙将理性引入行政管理行为的研究中。他注意到，任何实践活动都由决策和执行两部分构成，因此，行政管理不仅是行为过程，而且也是决策过程。③ 既然如此，决策模型的引进也就顺理成章。

二、高校有效管理两种根源性决策模式的对立及整合

（一）理性决策模式的优势、缺陷及矫正

从20世纪70年代开始，在美国政策科学界形成了两种颇有代表意义的政策分析模式：理性模式和渐进模式。两种模式各有千秋。理性决策的基本前提是建立在决策者是"经济人"假设之上的。以边沁、密尔为代表的功利主义者们在亚当·斯密理论的基础上，提出了"经济人"的分析理论。这种理论认为，人从事经济活动的目的是追求利润的最大化。理性是人类从事经济活动的主要因素。理性的政策分析包含了如下的几个基本假定：目标取向；知道所有可能的选择方案；偏好明确；偏好持续不变；没有时间或成本的限制；最后的抉择将使结果最大化。④理性分析模式为公共政策科学化、最佳化提出一种思路，但却有很大局限性。其缺陷不在其逻辑推理的程序上，而在其假设存在先天不足。以"价值中立"为逻辑前提的"理性选择"的结果，在实际生活中实在很难实现所谓"最优化"。⑤ 理性决策的过于理想化，使之在实际中难以实现。

有限理性对此作出矫正，西蒙认为决策的目标不能以"最优"为标准，而应该以"满意"或"次优"为准则。这也取决于人类知识的局限性、分析资料的局限性和

---

① 樊泽恒：《提高高校管理有效性的关键在于创新》，《有色金属研究》，2000年第6期。

② 赫伯特·西蒙：《管理行为——管理组织决策过程的研究》，杨砾等译，北京经济学院出版社，1983年。

③ 詹姆斯·马奇，赫伯特·西蒙：《组织》，邵冲译，机械工业出版社，2008年，译者序，XI。

④ 陈振明：《政策科学——公共政策分析导论》，中国人民大学出版社，2004年，第431－432页。

⑤ 王骚：《政策原理与政策分析》，天津大学出版社，2003年，第239页。

时效的局限性等。虽然有限理性模型更能够真实地反映决策过程,并突出了非理性因素在政策分析中的重要性,但它也未跳出理性主义模式所陷入的割裂"目的—手段"联系的窠臼。

(二)渐进决策模式的优势、缺陷及反思

基于有限理性,林德布洛姆在批判完全理性的基础上提出渐进决策模式。他认为,政策制定只能依据以往的经验实现现有政策的渐进变迁,在现有方案的基础上进行局部范围内的调适,以适应环境不断变化的需要。渐进的过程实际上就是一个不断学习实验、不断反馈调整的过程,也即是一个试错的过程,它有利于避免因决策严重失误所产生的灾难性后果。渐进的改革把可能出现的错误限制在能够控制调整的范围内,一方面避免决策层内部的紧张与冲突,以及过高的政治风险,另一方面又在心理上安抚了各种利益群体和个人。正如林德布洛姆所说,政策制定是一种永无止境的过程,在这一过程中,不断的"蚕食"代替了可能永远不会出现的"全盘解决"。① 这种努力实际上就是要将追求理性的政策分析符合各自的政策背景和环境,强调目标与方案之间的相互调适和反馈调节,在试探和摸索中前进。渐进决策也倡导多元民主决策方式。但渐进决策倾向于保守,忽视长远目标,且不能反应弱势群体利益,应用于我国高校管理也不十分顺应。

(三)混合扫描的引进及可能性分析

为了克服理性分析和渐进分析的各自局限,阿米泰·埃特佐尼综合两种模型的实用价值,针对现实情况提出了混合扫描分析模型。混合扫描模型在概念上希冀截取理性模型的政策视野,以充分考虑政策选择、激发政策创意并深入政策核心问题;同时截取渐进决策模型的政策弱点,把政策关注力集中在经过选择的政策方案及其评估上,形成政策焦点,以有效地解决政策问题。② 该模型利用了理性方法和渐进主义的优点,克服了它们各自的不足。混合扫描分析模型具有一些优点:从实际社会问题及现行政策出发,吸收理性模型与渐进模型各自的优点,因而会保证政策质量的提高;有较大的调节弹性,也能适应突变的政策环境;在众多备选方案中进行主观选择,能发挥决策者的主观能动性,适应决策者水平与能力上的差异。③ 不过,混合扫描分析模型试图调和理性决策模型和渐进决策模型在思维方式和操作方法上的矛盾,就难免在价值取向上显得模棱两可。尽管如此,混合扫描分析模型对高校有效管理仍有一定启示。

---

① 张金马:《公共政策分析——概念·过程·方法》,人民出版社, 2004 年,第 127 页。

② 宁骚:《公共政策学》,高等教育出版社, 2003 年,第 283 页。

③ 张金马:《政策科学导论》,中国人民大学出版社,1992 年,第 111 - 112 页。

三、反思及决策建议

(一)反　　思

高校决策具有复杂性、政治性、学术性、社会性等诸多特点。① 以混合扫描分析模型观之,高校决策目前仍存在诸多障碍。从理性层面看,高校决策多带有明显的经验决策色彩。由于理性缺失,高校决策缺乏长远性、根本性的考虑,目标不断调整,缺乏连续性和稳定性,经常造成既定事实后的被动局面。就理性分析模式而言,它的前提是决策者为理性的,对决策信息有充分把握,而且对决策所带来后果及影响有充分认识,对收益与代价有科学评估。然而我国高校决策过程很难说是理性的结果,即便是依据其理性判断而采取的或调整的,但其后果未必是这种理性的直接结果,那种由问题确认、目标设定、方案评估和最后决策的历时性步骤在实际生活中,特别是在变革时期难以得到按部就班的使用。从渐进层面看,我国高校决策主要反映领导意志和学术权威话语,将广大教师和学生等群体排除在外,这与渐进决策所提倡的多元互动机制是相违背的。

(二)决策建议

1. 转变管理理念,坚持以人为本

管理理念是管理者在管理活动过程中所持有的思想观念和价值判断,它是由社会关系决定的。社会的发展不断赋予社会关系新内容,管理理念更新成为必然。以高新技术和信息为基础的知识经济的到来,使得经济关系和经济结构发生重大变化,这必将导致管理领域理论与实践的重大变革。高校要顺利实现历史性变革,就应该转变传统管理思想,创新管理理念和管理意识,不断提高管理的有效性。高校的决策者进行决策时经常优先考虑效益、技术性等原则,而对于人性化因素往往忽视,这影响到学校决策的公正、公平。"以人为本"是现代教育理念的核心内容,确立"以人为本"高校管理理念是教育管理改革与创新的时代要求,高校管理"以人为本"的内涵就是对教师和学生进行人本化管理。

现代社会对高校管理的认识不应仅仅停留在科学管理的层面上,还应体现人本管理的精神,并且将两者有机结合起来。人本管理强调在各项工作中高度重视人的因素,正确认识人的价值,充分发挥人的主观能动性,以谋求人的自由、全面发展。因此必须坚持以人为本,树立和落实科学的管理人才观,选好、用好管理人才,提高高校管理效率和整体管理水平及创造性。② 管理的有效性,是由领导者、被领

① 姚启和:《高等教育管理学》,华中理工大学出版社,2000 年,第 205 - 207 页。

② 陈廷根:《对实现高校有效管理的探讨》,《长春工业大学学报:高教研究版》,2005 年第 2 期。

导者和环境三个因素共同决定的。人的社会特性、他的需求与期望可能有利于最高可能的劳动生产率,但是被忽略了。高校必须深化管理制度改革,而这其中实现高校教师的有效激励是关键的一环。激励是管理的核心,它能够有效提高组织成员的积极性、主动性、创造性,对于实现组织目标起着至关重要的作用。应建立以精神激励为主,辅之以物质激励的开放的、动态的激励制度,力求帮助高校摆脱人才激励的误区,实现人才的有效激励。

2. 落实高校自主权,协调大学组织行政权力与学术权力

《中国教育改革和发展纲要》和《中华人民共和国高等教育法》明确规定,高校以独立法人的身份,依法面向社会自主办学。高校管理的有效性很大程度上取决于高校本身的自主权。① 随着我国高校管理体制改革的不断深化,高校拥有了更多的自主权,而其自主权的真正落实很大程度有赖于自身学术组织特征。

高校是一个松散结合组织,呈现有组织的无序状态。组织功能的主要任务是,首先确定提供各种决策事实前提的知识所在位置,然后再确定能可靠地向哪些职位分配责任,确定该组织要实现的目标以及决策必须满足的约束条件和边界条件等。设计将各种决策前提组合成决策的有效过程,同设计组织产品的生产和分销的有效过程一样重要。② 大量行为,尤其是个人在管理型组织内部的行为,都是有目的的,也就是以目标为导向的意思。这种目的性会导致行为模式的整合。没有目的性的管理将毫无意义。高校组织创新的目标应朝结构扁平化、柔性化、有机化发展。扁平化结构增大了管理幅度,减少了管理层次;柔性化是对管理刚性的矫正;有机化则使高校管理充满活力,能应对瞬息万变的环境。目前我国高校存在两个缺陷,其一是学术权力与行政权力的实际边界模糊不清,其二是正式权力与非正式权力难以区分。③ 因此,应坚持学术自由原则,建立现代大学制度,科学合理地分配权力,使高校决策纳入良性运转轨道。

3. 重视有限理性功能,决策应实现刚性与柔性相结合

西蒙是用有限理性代替了古典经济学的完全理性人的假设,用满意原则代替了最优原则,这两个重要的假设也是管理决策学的奠基条件。西蒙认为现实环境中的管理者是有限理性的"管理人"。"管理人"的价值取向和目标往往是多元的,不仅受到多方面条件的制约,而且处于变动之中,有时甚至彼此矛盾。"管理人"自身的知识、能力、经验和掌握的信息是有限的,所以他所作出的每一个决策的目标函数都不可能取得最优解,只能获得一个令人"满意"的解。有限理性论对于指

---

① 薛天祥:《高等教育管理学》,广西师范大学出版社,2001 年,第 113 页。

② 赫伯特·西蒙:《管理行为》,詹正茂译,机械工业出版社,2004 年,第 20 页。

③ 周光礼:《重构高校治理结构:协调行政权力与学术权力》,《中国高等教育》,2005 年第 19 期。

导当今信息化条件下管理者如何作出决策具有极其重大的意义，即不要迷失在海量信息中，不要希望依托充沛的信息作出一个无可挑剔的最优决策。一个能快速收集关键、有效信息，进而作出满意决策的管理者，才是合格的管理者。有限理性表现在决策存在许多不确定的因素，超出了决策者的想象与认识能力，这就使政策在原则性和规范性之外，还应保持弹性和灵活性。高校决策的科学性实际上是一种规范性，规范性意味着刚性，确保政策能够起到相应的约束、规范和保障的作用。但这种刚性又是相对的，科学的决策应当是刚性与柔性的有机结合，它应当反映某一特定历史条件下的经济、文化背景和社会环境，决策权变性就是针对以上情况的灵活运用。

4. 建立民主、多元和开放的高校决策体制与机制

无论是集体决策还是个人决策，其科学性都是有限的。体制创新就是重新审视与安排集体与个体的关系，决策者、研究者和民众的关系，增进科学性，减少政策的风险性和随意性。正确的决策符合教育规律和客观经济规律，能够调动广大教职工的积极性，从而保证完成学校的既定目标，是提高高校管理效益的重要途径。良好的决策需通过完善的制度来保障实现。公众参与是实现民主管理和民主决策的重要形式，它能从源头上减少决策专制、官僚主义和学术腐败。高校应为全员参与管理及决策提供理论与技术支持，从而使传统制度下教师和学生积极要求参与学校事务管理的愿望由可能转变成现实。新时期高校的改革与发展对高校民主决策提出了新的要求。我国高校现有的以单一决策主体为显著特征的高校决策模式，在实际运行中产生了理论和实践上的诸多问题，如决策的开放度不够，社会参与度不高，听取社会反馈渠道有限；决策的校内参与度也不高，特别是专家、学者参与决策的功能、途径和方式都还有限；决策权还偏于集中，没有体现行政决策和学术问题决策的区别等。应逐步实行多元参与机制，构建高校民主决策市场。政府加强政策调控，促进多边共识；高校加强内部民主决策机制构建；社会则要完善决策导向机制。[①] 也就是充分重视多元化社会中人们的需要和价值的多样化，重视教育决策的公众参与问题。

高校应逐步实行多元主体参与机制，构建高校民主决策市场并加强内部民主决策机制构建。一方面，应实现教授委员会制度与高校决策模式的改革，使专家学者治校落到实处；另一方面，广大师生的参与也十分重要。在高校管理过程中，决策者的有限理性导致决策方案理性边界的存在。针对高校决策的理性限制，应通

① 刘干:《试论我国高校民主决策模式的建构策略》,《当代教育论坛》,2008 年第 6 期。

过教师参与决策过程来增加高校决策的理性成分和提升决策的可实现性。① 作为高校实施民主管理的重要举措,教师参与高校决策是推动高校健康和谐发展的重要内生力。教师的决策参与活动对于提高高校管理决策力、提升决策执行力、增强组织凝聚力、激发教师创造力、涵养民主精神力等都有着积极的、创造性的功用与价值。② 尽管许多学校建立了教师与学生参与决策的机构和制度,但是效果并不理想,常常流于形式,走过场,仅仅停留在让教师有参与学校决策的机会,而没有考虑怎样高质量的参与。这种状况亟待转变。

5. 重视院校研究,定性与定量研究相结合

院校研究是在一定理论关照下,运用科学方法和程式,特别是定量分析方法和程式,对单个高等院校运行中的实际问题进行的研究。③ 院校研究着眼于院校内部管理的实际问题,其基本职责是收集、完善和规范院校数据,为院校管理和发展提供信息和咨询服务。但院校研究不排除在个案研究的基础上,对具普遍规律的内容进行学术性的探讨,也不反对与其他学校进行比较。院校研究能对高校决策提供有效政策建议。较之以前强调的定量研究,当今的院校研究更应考虑定性与定量结合的方式。从方法论上看,倡导有限理性和渐进思维的学者发展出各自的政策研究方法,主张理性思维的学者以定量为主,主张渐进的学者倾向定性的研究方法。在高校决策中往往涉及多重指标的问题,这时要求在竞争选项时把定量和定性的因素联系起来作为比较方法的基础。高校决策者应结合高校实际情况,做到定性与定量相结合,从而获得快捷、科学的决策。

此外,高校有效决策还涉及高校要接受政府和社会监督,还须接受同行及校外专家批评意见等。科学决策固有其程序,要明确问题,确立目标;科学调研,集思广益;分析论证,预设方案;评估检测,选择方案。程序决定成败,其中调查研究尤为重要,没有调查研究就没有发言权和决定权。因此必须把决策前的调查研究纳入决策程序,坚持先调研后决策。这也是为了拓宽信息流,更大程度地实现理性化。如果只顾眼前、不顾长远,决策就会失去可持续发展动力;如果只考虑部分,不考虑全局,决策就会缺乏连续性,孤立片面。因此,高校决策应将理性决策与渐进决策有机结合,这样才能更好地实现高校的有效管理。

---

① 尹晓敏:《高校决策的理性限制与教师参与的价值证成——教师参与高校决策合理性的一种阐释》,《现代教育科学:高教研究》,2007 年第 4 期。

② 尹晓敏:《教师参与高校决策:高校发展的重要内生力》,《高教探索》,2007 年第 2 期。

③ 程星,周川:《院校研究与美国高校管理》,湖南人民出版社,2004 年。

建立以科学发展为导向的高校内部资源整合机制

王秉琦　刘子实　吴　渝①

摘　要：资源短缺是我国高校普遍面临的现实问题。本文论述了资源整合机制创新是保障高校科学发展的内在要求，分析了高校内部有形资源和无形资源整合的方向性，并提出了有针对性的整合措施。

关键词：大学；管理；资源整合

2008年我国高等教育毛入学率已达到23%，在校生2 600万人，按照美国著名的教育社会学家马丁·特罗教授的“大众化理论”，我国的高等教育已进入了“大众化”阶段。但相对于庞大的学生规模和求学需求来讲，我国高等教育资源的供给却相对严重不足，经费紧张、资源短缺是高校的常态问题，而且可以预见这种状况短期内不会得到根本改观。因此，面对国情、校情，我们认为建立以科学发展为导向的高校内部资源整合机制，是高校求生存、谋发展、建特色、创一流的现实途径，也是高校学习实践科学发展观、推进体制机制创新的根本要求及目标成果。

一、资源整合机制创新是高校科学发展的内在要求

学习实践科学发展观，就是要突破传统的发展模式和办学理念，用科学发展的理念和模式来破解我们当前面临的发展难题，构建科学发展的长效机制。深入分析我国的经济社会态势，可以看出，2020年要实现全面小康社会的目标，基础在教育，关键在人才。人才资源是最大资源，人才优势是最大优势，而高校的率先发展则是我国经济社会发展的后劲所在，核心竞争力之所依，前途命运之所系。针对目前我国高校的实际，要求我们要进一步树立起使命感，紧迫感，需要进一步解放思想，努力做到对发展形势有新认识，解放思想有新进展，发展模式有新突破，体制机制建设有新举措。全国正在深入进行的高校学习实践科学发展观的主要目标之一

① 王秉琦，西安建筑科技大学党委副书记、教授；刘子实，西安建筑科技大学发展规划处、高教研究所副教授，管理科学与工程在读博士研究生；吴渝，西安建筑科技大学发展规划处、高教研究所教师。

就是创新体制机制,建立起一套支撑保障学校科学发展的制度体系,突破体制机制上的制度障碍。从一定意义上讲,资源整合机制创新是高校体制机制创新的难点和重点,因为它涉及原有利益的重新分配、控制资源的重新配置等问题,牵涉面宽,要得罪人。但从根本上讲,学校要实现科学持续发展,就必须跳出局部利益、部门利益、短期利益,大胆改革,对有限的办学资源进行科学配置,通过竞争机制配置到那些发展快、效率高、效果好的环节中去,从体制机制上增强学校改革创新、科学发展的动力,提高办学效益。

同时,纵观高等教育发展史及高等教育的理念转变,从现代大学在意大利(Bolona 大学)的诞生,到英国牛津学者纽曼的"研究高深之学问",到德国的"洪堡(Von Humboldt)理念",再到美国的"威斯康星理念"(Wisconsin Idea),可以看出大学一直也正在不断进行着理念创新和资源机制创新,即进行有形资源和无形资源的最佳组合,以争取达到组织战略效果,最终实现大学的使命。资源机制整合要求大学不断进行宏观战略规划调整,随着高校的自身发展和其外部环境的变化而演变。市场经济体制的不断完善与发展,使得竞争加剧,资源调控的作用更加彰显,就连一向自诩为"非赢利"、"象牙塔"的大学也概莫能外。资源调控已成为建设一流大学的重要手段和大学校长论坛的重要声音。

因此,高校要创建一个新的机制,必须通过治理创新实现资源的调节有序、配置得当,从而充分发挥办学资源(有形资源、无形资源)的最大效益,又好又快地实现学校的战略发展目标。

二、建立以科学发展为导向的资源整合机制

(一) 有形资源的整合

1. 人力资源整合

人力资源是各种资源中最具价值的资源。人力资源整合主要是人力资源开发和人力资源调配。人力资源开发即通过投资、培训、使用、激励等一系列手段对人力资源进行规划、组织、指导等,目的在于使人尽其才、人尽所能,人人都能充分自由的发展。人力资源调配就是通过制度的整合、文化的整合、结构的优化,营造一种积极向上的学校组织氛围,使组织内人人都敢于创新,鼓励团队精神和合作意识,共享知识,共享技能,共享经验,形成凝聚力,把学校的发展目标和个人的发展目标有机地结合起来,使人人都能发挥自己的最大能量。人力资源的整合要从整体着眼,部分着手,全面协调,重视鼓励员工参与,充分挖掘每个人的潜能,不断追求效益。

高校为了生存和发展,需要构建有竞争力的人力资源发展战略,整合高校的教

师队伍，提高教师的工作积极性和工作效率，从而提升内部的竞争力，增强对外部环境的适应能力，在发展过程中把握机遇，规避风险，实现学校的战略发展目标。因此，高校人力资源部门应该采取有效的激励约束手段，想方设法引进、留住学术带头人和骨干教师，净化学术环境。应制定科学合理的、鼓励创新的职称评定制度，关注教师的身心健康，营造积极和谐的人际关系。真正做到切实关心照顾教师的工作和生活，满足他们合理的需求，尊重教师的工作及劳动成果，帮助教师实现自己的学术价值和人生价值，激励教师在工作中尽心尽职，提高教学质量，多出科研成果，把自己的教育事业和学校的教育发展战略融为一体，提高学校的整体效能。

2. 财力资源整合

国外一流大学的战略规划是与经费预算紧密联系在一起的。稳定的财政有利于维护教学科研的正常进行，是大学成功的关键因素之一。但办学资金不足是共性问题，没有哪所高校说自己的经费是充足的。在当前财政供给不足的情况下，大学战略管理必须以有限财力为导向，要建立和理顺战略优先与经费导向的关系，"集中有限财力办大事"。因此高校不只是财务部门，而是全校上下都要广泛了解财政知识，财务部门之外的行政和学术管理人员应通过教代会等有效形式，质询财政设想，参与财政讨论。财政决策和政策应是透明的和公开的，以利于执行。学校应制定资金使用规划，处理好学校层面与二级单位之间的财务管理权分配问题。财务部门应注意使财务持续保持与大学使命一致的预算战略，建立风险管理机制。财务部门应学习企业的效益管理思想，处理好短期、长期债务和资金使用的矛盾，减小损失。财务管理要开源节流，要广开资金来源，如校企合作、校友捐款等。高校要积极主动参与地区的财政、金融、科学技术、经济、政治、文化等各项事业，使大学的人才培养、教学科研工作能够不断满足社会和地区发展需求，在服务地方的同时，争取地方的财力支持和政策扶持，实现双赢。

3. 物资资源整合

物资资源整合就是发挥物质资源的效益，实现资源的有效合理配置。首先，用好图书馆。大学图书馆是一所学校的最美的建筑，是学生思想深处的记忆。它是大学极其重要的物质资源，是针对教学和科研的学术支持服务体系。图书馆应根据不同学科专业在学校的地位，制定相应的图书资源购置标准，重点要参考教授和学生的意见。其次，校办产业和科研产业要打破封闭，积极建设大学科科技平台，实现资源共享，争取大项目，为地方经济建设服务，同时吸引社会资金。第三，整合后勤管理体制，做好基础设施的维护、维修，实验设备的保养，改变多头管理而实质形成管理死角的现象，改变因忽视维护保养而导致设备废弃的现象。第四，充分利用教室、食堂、会议室、运动场、游泳池等设备，基于成本效益原则，树立经营观念，

如在闲暇时间(如假期)对外开放创收,从而为教学科研提供资金。

(二)无形资源的整合

1. 学科整合

学科是学校的生命线,优势学科是一所大学的重要支柱。在高校人才培养、科学研究、社会服务这三大职能中,每一职能的开展都是以学科作为支撑的,每一职能的实现也是以学科特别是优势学科作为主要中介和桥梁的。因而,学科建设是学校发展的根本和核心,是影响高校教育质量和办学效益的深层次因素,因此高校有必要进行学科整合。判断学科整合的标准和成效:一是要有利于建立合理的学科结构,如西安建筑科技大学始终坚持以建筑、土木、市政材料类学科为特色,理工结合,兼有人文艺术管理等学科的"学科生态"建设思想;二是把握新生代学科,只有学科的融合与当代新生学科发展的趋势相一致时,才能实现真正意义上的学科交叉、互补、渗透,才能多出成果,出大成果;三是建立学科群体制。建立和理顺大学科、学科群与院系的新型管理体制,强化学科资源的融合,提高学科的学术管理水平。

2. 学术环境的整合

"大学者,研究高深之学问。"拥有正确模式的学术组织结构是一流大学成功的主要原因。学术权是大学的重要权力,当前,要改变我国高校中普遍存在的行政权力过大、过于集中的局面,要改变基层学术组织机构不健全、活力不足的局面,要改变院系这一重要学术组织无职无权的局面。从大学的逻辑来看,大学是具有鲜明文化特性的社会组织,教师是最持久、最重要的办学主体,大师是学校存在的最大理由,由教师聚合而成的机构——院(系),则是大学组织结构的"细胞",而行政人员是被大学的主办者授权处理后勤等保障业务的。院(系)是高校的基石,学校应尽量提供给院(系)一个较宽松的发展氛围。高校应改革垂直的层级官僚式管理体制,建立扁平的横向管理体制,使交流渠道更宽广、更深入,保持校级中心与院(系)的短线交流的畅通和高效。基于大学学术组织的特点,应采用正式和非正式的交流渠道,维持高校中心与各院系的紧密联系。高校的组织结构必须保持领导权不会阻碍学术或损害其发展,要经常与学生保持交流,快速及时获取信息,以保证教育过程跟得上学生兴趣的变化及市场的需求。

3. 品牌的整合

名牌大学是人人仰慕的圣地。品牌是社会美誉度的集中体现。高校在其长期的历史发展过程中,在专业设置、学科建设、实验室建设、校办产业、办学模式等方面有着自己的特色和优势,这些优势是高校创立品牌的重要基础。高校一方面对已有的名牌加以宣传、保护和发展,保持大学整体的凝聚力和社会对自己大学特色的共识;另一方面要加强整合和优化,形成新的优势,创设新的名牌。在市场化的高等教育背景下，良好的大学品牌和声誉对本科生、研究生、留学生的招生，毕业生的就业，人才的招聘，从社会各渠道筹集资金和在不断变化的形势下保持良好的竞争力都具有不可忽视的作用。因此，各高校应该在学校的品牌形象建设上加大投入，重视媒体和网络的作用，促进学校的品牌建设。

4. 治理的整合

大学治理是我国高教界的热点问题。有学者讲我国大学与世界一流大学的差距主要在于体制机制上。其实，大学的治理从根本上离不开大学精神。大学因知识传承、文化创新和人才培养等时代需要，要求大学必须适应社会发展的需要，但大学自身的本质特征、价值功能、精神特质和人才培养的规律，又决定大学发展必须不断超载现实，突破现实的功利性，保持对社会政治、经济、文化的前瞻性，既要适应社会需求，又要超越社会。大学的这个特殊性，是大学与其他社会组织最大的不同点，大学必须要处理好大学与政府、社会等相关利益者之间的关系，构建新的管理模式和运行机制，从而不断推进大学管理的创新。高校应建立和完善大学章程，改变无章程办学的窘况，规范行政权与学术权的界限，建立不同的决策程序，保持治理权的平衡，扩大决策的透明度，改善信息交流，使得"复杂"(灰色)管理走向"简单"(效能)，促进高校的和谐发展。

三、结　　论

本文针对我国高等教育大发展而高教资源短缺的背景下，高校所面临的生存和发展的严峻问题，论述了建立资源整合机制是落实科学发展观的内在要求，从有形资源的整合和无形资源的整合两个层面(人力资源、财力资源、物力资源的有形资源的整合，以及学科、学术环境、品牌、智力等无形资源的整合)进行具体分析，并提出了比较具体的整合措施。主要结论是:高校应该建立适应科学发展观导向的内部资源调控机制，最大限度地调动和发挥每个人的聪明才智，把资源配置到最有效率、效果的地方去，把个人的事业、资源的利用和学校的教育发展战略融为一体，提高学校的整体效能，从而促进高校的健康持续发展。

参考文献:

[1] 陈远敦，陈全明. 人力资源管理与开发. 北京:石油工业出版社，2003.

[2] (美)罗纳德·W·瑞布. 教育人力资源管理. 褚宏启等译. 重庆:重庆大学出版社，2003.

[3] 陈孝彬. 教育管理学. 北京师范大学出版社，2003.

[4] 叶立群，潘懋元，王伟廉. 高等教育学. 福州:福建教育出版社，2002.

[5] 迈克尔·夏托克.成功大学的管理之道.范怡红主译.北京:北京大学出版社,2006.
[6] 理查德·鲁克.高等教育公司——营利性大学的崛起.于培文译.北京:北京大学出版社,2006.
[7] 刘献君.高等学校战略管理.北京:人民出版社,2008.

“以人为本”视野下的高等教育管理理念初探

李　强①

摘　要：“以人为本”思想的提出，对高等教育管理提出了新的时代要求。树立和秉持什么样的高等教育管理理念，对高等教育管理无疑具有十分重要的意义。本文阐释了高等教育管理中“以人为本”的内涵，提出高等教育管理应当树立和秉持人文主义理念、人性化理念、个性化理念、法治化理念和与时俱进的理念。

关键词：以人为本；高等教育；管理理念

“理念”一词，是日本学者在引进西方学术、文化、制度时由德语“Idee”意译而来，并由日本传入中国的。本文的高等教育管理理念是指教育管理主体对于教育管理现象和教育管理活动的理性认识和教育管理思想观念。它集中反映了教育管理主体在管理实践中形成的教育管理价值观。如果说高等教育管理的历程与现状是一种“实然状态”，那么教育管理理念则是一种“应然状态”。在“以人为本”思想的指导下，树立和秉持高等教育管理的人文主义理念、人性化理念、个性化理念、法治化理念和与时俱进的理念，在笔者看来，就是我国高等教育管理应该具有的“应然状态”。

一、高等教育管理中“以人为本”的基本内涵

马克思从历史唯物主义出发把人看做是现实的、社会性的人，指出人具有自然属性和社会属性，人的本质是社会关系的总和。马克思在《关于费尔巴哈的提纲》中写道：“费尔巴哈把宗教的本质归结于人的本质。但是，人的本质并不是单个人所固有的抽象物。在其现实性上，它是一切社会关系的总和。”党的十六届三中全会提出了“坚持以人为本，树立全面、协调、可持续的发展观，促进经济社会和人的全面发展”的科学发展观。“以人为本”是科学发展观的核心。“坚持以人为本，就

① 李强，国家教育行政学院科研与合作交流处助理研究员。

是要以实现人的全面发展为目标。”[①]一个全面发展的人的基本特征是体力劳动和脑力劳动相结合,或者说是智力和体力充分而自由的发展。[②] 根据马克思主义的历史唯物主义的观点,人的发展是与社会生产发展相一致的。今天,人的全面发展无论在内涵上还是外延上都有扩展,它不仅指生产者体力和脑力的充分发展,而且指所有人体魄、智力、精神、兴趣、爱好、人格等各种能力得到圆满的发展,也就是人的素质的全面提高。[③] 从价值观的视角,“以人为本”就是要从根本的价值取舍上来回答在我们生活的这个世界上,与神、与物相比,人是最重要、最根本、最值得关注的。[④] 综上所述,“以人为本”的基本内涵,就是要实现、维护和发展正在从事中国特色社会主义各项事业的每一个人的权益,关心每一个人的利益要求,促进人的全面发展。

我国“以人为本”思想的提出,是以马克思主义关于“人的解放”、“人的自由”、“人的全面发展”理论为基础,立足于当代中国的伟大社会实践,是对中国传统文化“以民为本”思想的发展,是对西方人本主义思想的扬弃。它把人作为发展的根本动力,以人为尊,以人为重,以人为先,把满足人的全面需求和促进人的全面发展作为经济社会发展根本的出发点和落脚点,既强调了社会发展的需要,又充分考虑到了作为个体的人自身发展的需要。

高等教育管理是以人为中心的管理。如果失去了人这个基本要素,就失去了根本。高等教育管理中的“以人为本”,体现在“以学生为本”。“以学生为本”,就是坚持“一切从学生出发,一切为了学生”的工作理念,促进教育公平公正,以学生的全面发展作为学校工作的终极目标和生命线。例如,在密西根大学,学校的各级领导和各个部门都有强烈的为学生服务的意识,重视学生评估、反馈,确保教学水平,对学生实行全程跟踪的关怀,努力为学生的个性化发展创造条件,把关心学生诉求以及实现对学生创新能力的培养落在实处。[⑤] 高等教育管理中的“以人为本”,也体现在“以教师为本”,就是树立和坚持“所谓大学者,非有大楼之谓也,有大师之谓也”的理念,提倡“教授治校”和“教授治学”。高等教育管理中的“以人为本”,还体现在“以管理人员为本”。随着高等教育规模的扩大,高等学校组织结构变得越来越复杂,管理人员与教师和学生发生分离,成为学校中另外一种主要的群

---

① 中共中央文献研究室:《科学发展观重要论述摘编》,中央文献出版社,2008年,第29页。

② 黄济:《教育哲学通论》,山西教育出版社,2005年,第437页。

③ 顾明远:《终身学习与人的全面发展》,《北京师范大学学报》,2008年第6期。

④ 《科学发展观学习读本》编写组:《科学发展观学习读本》(青年及大学生版),党建读物出版社,2008年。

⑤ 张婕,陈江峰:《学习成功经验 思考大学未来——中国大学领导高级研修班赴密歇根大学研修考察报告》,《国家教育行政学院学报》,2006年第10期。

体。在大学中,管理阶层的出现,使得大学管理具有科层化的特点。科层管理取代“学者团体”管理方式,成为管理现代大学一种有效的组织形式。① 管理阶层的形成,一方面,将教师从管理工作中解脱出来,专门从事教学和研究工作,把管理工作交给熟悉它们的专家来完成,通过劳动分工大大提高了大学的办学效率;另一方面,管理人员与学术人员之间产生了矛盾,成为大学管理中的一个新的和永久性的问题。②

二、树立人文主义的高等教育管理理念

所谓人文主义,产生于文艺复兴时期的意大利,强调人是世界的中心,它是对中世纪的以神为中心的世界观的否定。传统的高等教育管理强调严格的等级制度和组织的权威性,规定了应该干什么,不应该干什么,而忽视了人在组织中的主动性与创造性。③ 这种传统的管理理念,以规章制度为本,以纪律规约为纲,强调规则和纪律是不受个人情感影响而在任何情况下都适用的,强调制度高于自由,纪律高于权利。毛泽东认为,在世界上一切因素中,人是最宝贵的因素;因为一切工作都离不开人,我们干工作不要只见物,而不见人。④ 在高等教育管理中,对学生、教师和管理人员的人文关怀,就是应当尊重学生的主体地位,尊重他们选择自我发展方式和途径的机会,努力为他们创造空间发展成为人格健全、品格高尚、素质全面的人才;就是应当充分调动教职工的积极性和创造性,为他们的智慧和才能的发挥创造机会和条件。在高等教育管理中,我们使用“人文主义”这一词汇,目的就是要张扬、昭示以人为中心的精神,强调和突出人的作用。

在我国的教育管理中,受到传统文化和封建思想的影响,根植于传统师道尊严伦理规范的学生管理制度和规则,忽视了对学生权利的关注和对学生个性的尊重。另外,长期以来我们把大学视为政府的附属机构,习惯于用行政管理的手段进行管理。行政学理论和科层管理理论对我国的高等教育管理有很大的影响。行政学把学校组织视为一种行政实体,按照法律的规定,确定其法人地位以及学校组织内部各部门之间职、责、权的关系。这种管理模式旨在提高行政管理的功能和效率。⑤ 由于科层管理理论以权力为基础和管理过程具有非人情因素的特点,管理学界也

---

① Clark Burton, The Encyclopedia of Higher Education. The Macmillan Company and The Free Press. 转引自阎凤桥:《大学组织与治理》,同心出版社,2006 年,第 278 页。

② 阎凤桥:《大学组织与治理》,同心出版社,2006 年,第 278 页。

③ 陈孝彬:《教育管理学》,北京师范大学出版社,1999 年,第 3 页。

④ 黄济,王策三:《现代教育论》,人民教育出版社,1996 年, 第 341 页。

⑤ 黄济,王策三:《现代教育论》,人民教育出版社,1996 年,第 327 页。

把这种理论称作“官僚模式”。[①] 科层制的行政管理模式,管理的主体就以行政管理人员为主,管理的权力突出行政权力,教育管理依靠行政的权威性、强制性来提高管理的功能和效率,导致“以人为本”的观念淡漠,“人文主义”的管理理念衰微。在“以人为本”为核心的科学发展观中,人是一切的根本,人是一切的目的,发展的出发点是人,发展的落脚点也是人,发展的一切目的根本在于人,体现在高等教育管理中,就是要求树立人文主义的管理理念。

三、树立人性化的高等教育管理理念

马克思主义认为,人性乃是人的自然属性和社会属性的统一。[②] 根据马克思主义的这一观点,每个自然人都有在生理层面要求拥有快乐、在心理层面要求得到尊重和在心灵层面追求远大目标的需求。同时每个自然人作为有理性的个体,又有对自己的行为及其后果的识别和对人生价值实现的社会需求。

人性化管理要求既要认识到和承认人性的自然属性,满足人性自然属性中的基本需求,同时更要关注人性的社会属性方面。只有了解人性中这些自然属性和社会属性,才能充分激发人的潜能,才能使管理更贴近人性,才能对管理对象的行为和动机进行有效的引导和管理。在“以人为本”的视野下,高等教育管理应当树立人性化的管理理念,强调以人为本、注重人文关怀和个性发展的“人性化管理”也将成为高校学生管理工作的必然选择。[③] 教育管理是教育管理人员的自觉主体性的行为。[④] 在管理中,要肯定人的主体性,尊重人的主体地位,通过情感激励、成就激励、奖惩激励等多种形式,调动管理人员的积极性、主动性、创造性,才能实现管理目标。同时,人性化管理中要注意体现规章制度的严肃性和公正性,将人性化管理寓于制度管理之中,真正做到“以人为本”。

四、树立个性化的高等教育管理理念

人的个性是个体行为中的一个重要内容。个性是具有一定倾向性的人的心理特性的总合。心理学认为,人的个性差异主要表现在能力、气质、性格等方面。[⑤] 清代诗人顾嗣协的诗作:“骏马能历险,力田不如牛。坚车能载重,渡河不如舟。舍

① 黄济,王策三:《现代教育论》,人民教育出版社,1996 年,第 331 页。
② 程正方:《现代管理心理学》,北京师范大学出版社,2004 年,第 50 页。
③ 王一平:《人性化管理:高校学生管理的必然选择》,《中国教育导刊》,2005 年第 2 期。
④ 陈孝彬:《教育管理学》,北京师范大学出版社,1999 年,第 49 页。
⑤ 程正方:《现代管理心理学》,北京师范大学出版社,2004 年,第 120 页。

长就其短,智高难为谋。生材贵适用,慎物多苛求。"形象地表述了根据不同的个性特点进行管理的原则。树立个性化的高等教育管理,就是要了解人的个性差异,做到人尽其才、因材施教。

在"以人为本"的理论基础上实施个性化管理,是现代高等教育管理的必然趋势。管理强调的是同,个性强调的是异。管理强调的是划一,个性强调的是差序。但差异才见个性,个性才见特色。管理强调的是单一性,个性关注的是多样性,个性化管理就是要实现单一性和多样性统一的管理。个性化管理,就是因人而管,因材施方,区别对待,不能一刀切。个性化管理的要旨在于:不是用同一个标准、同一模式去要求和衡量管理对象,而是在把握整体特征的同时,要研究每个个体的不同特点,采取不同的管理方案和策略。

"以人为本"强调人的全面发展,但全面发展与个性发展不仅不是矛盾的,而且是一致的。全面发展是个性发展的基础,个性发展又是全面发展的条件,这就要求在教育工作中必须把全面发展与因材施教很好地结合起来。① 在高等教育管理中,要具备鼓励学生个性发展的意识。充分认识学生的个性,因人而异、因材施教,尊重学生个性,不要求学生循规蹈矩,同时充分发挥学生的能动性,创造条件发挥学生的特长。管理就是服务,从管理的起点、过程以及到目标的实现,为管理对象提供针对性的个性化管理服务,体现出管理主客体间的个性特征。

五、树立法治化的高等教育管理理念

树立法治化的高等教育管理理念,目的是要服务于教师和学生,以学生为主体,以教师为本位。2003 年 7 月 17 日发布的《教育部关于加强依法治校工作的若干意见》中提出:"实行依法治校,就是严格按照教育法律的原则与规定,开展教育教学活动,尊重学生人格,维护学生合法权益,维护教师合法权益,形成符合法治精神的育人环境,不断提高学校管理者、教师的法律素质,提高学校依法处理各种关系的能力。"高等教育中的以人为本,要关注学生、教师和管理人员的价值和权益。

权利意识和法制观念薄弱,一直是高等教育管理中存在的问题。教育管理者较少从法律角度思考学校与学生的关系,较少用法律的原则和精神管理学生。近年来不断出现的学生与学校对簿公堂的现象,反映了在学校管理过程中的矛盾与冲突,揭示了教育管理的欠规范。

法治化的管理理念,要求树立权利意识。许多高校虽然制定了一系列规章制度,但这种管理是以"义务为本位"的管理。规章制度从整体看,多的是义务性规

① 黄济:《教育哲学通论》,山西教育出版社,2005 年,第 440 页。

范,少的是授权性规范和任意性规范。整个规章制度,呈现刚性的特点。长期的管理实践,重视和依仗内部规章制度的作用,忽视学生权利的保护,缺少的正是权利意识。"以人为本"的理念,就是要以权利作为高等教育管理法治化的逻辑起点,来构建政府与大学之间,大学和学生之间及管理者和管理对象之间的管理关系。

法治化的管理理念,要求树立程序意识。现代法治的一个特点就是既重视实体法,也重视程序法,实体和程序处于同等重要的地位。高校制定的一系列规章制度,其中一个明显的特点就是缺少管理程序方面的制度,重实体制度、轻程序制度,未能将程序制度化和规范化。这就要求我们加强对程序的功能的认识,在制定规章制度时,要有落实制度的程序性规范和流程。进一步转变管理观念和管理方式,要从过去主要依赖权力,逐步转移到依靠法律、法规、规章和学校章程来实行管理,严格行政执法程序,明确执法范围,不断提高管理的法治化水平。

法治化的管理理念,要求树立救济意识。有权利,就有救济。没有救济的权利,不是真正的权利,同样,没有救济的规章制度,也不是真正的规章制度。应当进一步完善有关规定,建立听证、申诉制度,完善复议制度,对复议不服可以提起诉讼,使学生权利得到及时救济。

六、树立与时俱进的高等教育管理理念

以人为本观念的提出,本身就是与时俱进的产物,蕴含了与时俱进的理念。与时俱进的理念就要求不能因循守旧,要根据社会、经济、文化的变化而变化,要随着时代的前进和社会实践的发展而发展。只有与时俱进,才能对管理实践经验进行新的总结,对管理工作的客观规律进行新的探索。我国社会主义市场经济体制的建立,对高等教育管理提出了新的要求。而从大学发展的历史来看,大学的功能的演化大体上经历了三个发展阶段:第一阶段只关注教学;第二阶段关注教学和科学研究;第三阶段才认识到大学应该同时具备教学、科学研究和服务社会的功能。① 这就要求管理理念要适应市场经济和大学功能的转变。大学服务社会的功能,使得各国都比较强调发挥市场在高等教育教育管理中的作用。进入 20 世纪 80 年代以后,在世界范围内人们在认识上有这样一种趋同性,即认为市场机制是资源配置的一种有效形式,这在欧洲国家和英国表现得尤为明显。② 教育管理是动态的、变化的、发展的,它要求每一位管理者必须时时从管理理念、管理方法、管理层次等各个方面全方位地与时俱进。在"以人为本"的视野下转变观念。在传统教育理念

① 韩震:《社会发展与大学组织方式、教学方式及其功能的变革》,《比较教育研究》,2009 年第 4 期。
② 转引自阎凤桥:《大学组织与治理》,同心出版社,2006 年,第 271 页。

之下，社会发展相对于个人，社会的发展具有价值优先性，社会本位的价值观优先于个人主义的价值观；而在“以人为本”为核心的科学发展观看来，人的发展、自身价值的实现与社会发展是一个互动统一的过程，人的发展相对于社会发展来说具有价值优先性，使教育真正成为以人本身为目的的教育。与此相适应的管理理念，也就必然转变为与时俱进的管理理念。

总之，“以人为本”是新时期高等教育管理的指导思想，必将对高等教育管理产生深远的影响。新时期高等院校应坚持“人文主义理念、人性化理念、个性化理念、法治化理念和与时俱进的理念”，实现“以人为本”的高等教育管理。

我国高等教育发展的战略思考

郝国印①

摘　要:本文分析了我国高等教育发展中存在的问题及其原因,高校发展要从战略上考虑以下几方面:(1)我国高校人才培养要更新观念;(2)要明确培养目标,实施科学的培养模式;(3)要加快高等教育现代化建设的步伐;(4)要加快高等教育管理体制的改革;(5)要加快现代校园文化建设。

关键词:高教;发展;战略

一、我国高等教育的发展及存在的问题

中国的高等教育事业在新中国成立60年来,特别是改革开放30年来有了突飞猛进的发展。高等学校数量已由新中国成立初的200所,发展到现在的2 300所;在校生人数已由新中国成立初的11万增长到现在的2 500万。高等教育的总规模已居世界第一,高等教育的毛入学率已超过20%,提前实现了高等教育大众化的目标。

我国在20世纪90年代实施了“科教兴国”战略,21世纪初又实施了“人才强国”战略,现在又作出了“建设创新型国家”的发展决策。科教兴国、人才强国、建设创新型国家,关键在人才,在于尽快从人口大国转变为人才强国。

大学是科技进步和人才培养的基点,在建设人才强国和创新型国家中肩负着巨大的历史使命。创新型人才的成长是个综合的培养过程,教育特别是高等教育是这个过程的源头和关键环节。

为了贯彻科教兴国、人才强国和建设创新型国家的发展战略,国家对教育的投入逐年加大,教育部门也采取了很多决策加快高等教育的改革与发展。近年来,我国高校硬件建设得到巨大改善,特别是“211”和“985”高校有不少已进入国际先进行列。很多国办重点高校的建设规模、建设标准,国外名校都很羡慕。这些无疑都是改革开放30年来高校发展取得的巨大成就。

创新型人才的培养,必须建设一批世界一流的高水平大学。应该说,经过60

① 郝国印,北京黄埔大学校长。

年的发展,就建设世界一流大学的硬件条件来说,不少重点、名牌高校已基本具备。问题是我们高校软件的建设与国际一流相比差距还很大。无论是管理体制、运行机制、人才培养模式、现代大学制度建设,还是教学、科研、师资环境建设都严重滞后于硬件建设,更落后于世界一流大学的水平。所以出现高等教育飞速发展了,高校毕业生增加了几十倍、几百倍,但大约一半的几百万大学生却找不到工作,毕业即失业;另一方面公司、企业、事业单位又找不到需要的人才,这是世界少有的怪现象;出现了国办高校负债2 500多亿,很多高校无力偿还而负债运行,从经济学的角度看高校处于破产边缘的严峻形势;出现了学校资源利用率不高,存在资产流失、浪费甚至腐败现象,科研水平与国际先进水平差距拉大,学生素质不能适应社会经济发展需要等问题。

二、中国高等教育发展的症结何在

新中国成立60年,改革开放30年,特别是从20世纪90年代到21世纪初的十几年间,中国高等教育经历了大变革、大发展、大升级、大合并、大扩招,确实取得了前所未有的成就。

但是,改革发展的结果与期望相去甚远:教育教学质量没有提高,甚至下降;培养的人才不能适销对路,大批学生毕业即失业;60年没有培养出一个诺贝尔奖获得者……为什么会这样呢?问题出在哪里?很多人在思考,在争论。究其原因至少有以下几点:

一是改革和发展的指导思想存在缺失,只重视量的增加,未重视质的提高,特别是没重视现代大学制度的建设。

二是推动高校改革的力量多来自外部(政府、社会),而不是学校内部。没有把学校首先看做是培养创新人才的基地,而首先看做是在意识形态领域争夺接班人的阵地。为了占领好这个阵地,“文革”前是革命家在治校,“文革”后是政治家在治校,学校发展需要的学术自由和民主的氛围很难形成。

三是人才培养观念落后,严重滞后于社会经济发展、科技发展和人才自身发展的需要。

四是大学人才培养模式模糊、缺失,没有把人才培养模式作为教育教学质量提高的首要问题。

三、我国高等教育发展的战略思考

我国的改革开放和发展是从经济领域先行的,经过从1979年至1991年12年

的“摸着石头过河”,经济体制改革的目标和价值取向逐渐明确了起来。这就是要以经济建设为中心,建设有中国特色的社会主义,为此要搞好各方面的配套改革。所以30年来我国的经济建设取得了举世瞩目的巨大成就。

我国的教育改革从《中共中央关于教育体制改革的决定》算起已有25年,除了规模上的扩招和高校硬件建设取得的大跃进式的成绩外,在人才培养质量上反而下降了,在教学科研上与外国的先进水平差距更大了,培养的学生与社会需要严重脱节,造成一方面企业、公司严重缺乏人才,另一方面大批毕业生找不到工作的局面。我们的教育改革没有和国家的经济社会发展紧密结合起来,造成了国家、社会、家庭资源的巨大浪费。

温家宝总理在中央财经领导小组一次会议上谈到国家中长期科技教育规划时指出:“教育的根本任务是培养人才,人才培养观念更新和人才培养模式创新要成为规划的亮点。”可以说温家宝总理一席话切中了我国教育改革的要害和高教发展的关键。

高校是人才培养的基地,十年树木百年树人。人才培养模式决定着人才培养的质量,而人才培养模式又是由人才培养目标和人才培养观念决定的。我国高等教育的软件建设、质量提高必须用比抓硬件建设、规模数量扩张更大的力气,用更长的时间努力。为此,从战略上要作以下几个方面的思考。

(一)高等教育人才培养的观念要更新

观念是指人们行动的价值取向和理念。从人类历史的发展轨迹我们发现,一个国家、一个民族落后挨打表层看是由于经济落后,而经济落后的根源是科技、文化落后,科技、文化落后的根源是人们的观念落后。

刚粉碎“四人帮”时我国经济到了崩溃的边缘,百废待兴。以邓小平为代表的老一辈革命家总结历史经验时发现,我们落后的原因是封闭、不开放,而根子在思想守旧、观念落后,所以提出了改革开放,必须解放思想、更新观念。教育改革25年成效不尽理想,究其根源还是教育部门的管理者、决策者思想未完全解放、观念未时刻更新。

人才培养观念,是教育行政决策者、管理者对大学的使命、责任的价值判断和价值取舍。为此,不仅要重视扩大办学规模,注重高等教育的数量发展,满足大众教育的需求,更要重视教育质量的提高和敢于树立赶超世界先进水平,树立拿诺贝尔奖的精英培养意识;不仅要注意重视系统知识的传授,更要重视创新能力、实践能力的培养;要改革同一个专业、同一个年级全国用同一个教学大纲、同一本教材的一刀切的做法。要给学校以特色发展、学生个性发展的空间。

(二)明确各类学校人才培养目标,实施科学的人才培养模式

科学发展观的核心和本质是以人为本,高等教育是培养人才的基地,更必须坚持以人为本。要把高校营造为有利于个性发展、人才成长的家园。学校和教育行政部门的一切工作都要从为学生健康成长服务出发,改变对学生管、批、压的培养模式。

培养目标是大学人才培养的规格和标准,也是大学一切工作的出发点和归宿。培养目标要具体不能空泛。不同学校人才培养的标准既有共性,更要有个性,不能以共性代替个性,更不能全国几千所高校用一个标准衡量,用一个模式培养。为社会主义建设培养德、智、体、美、劳全面发展的人才是各类学校的共同培养目标,是共性目标。各教育主管部门、学校的管理者、教职工要把主要精力放在确定各校的个性目标、具体目标上。

在明确各类、各个学校人才培养目标的前提下,必须采用科学的培养模式、方法。如果还是采用教师满堂灌,学生恭耳听,上课记笔记,下课对笔记,考试背笔记的方式,再明确的目标也培养不出创新型人才。因此,首先要改变和提高教师、教育教学管理人员的教育教学管理方法,不断学习、掌握创新型人才培养的方法。要把学校人才培养的目标任务落实、分解到每一个教师、教育教学工作者的教材、课程和教学教育管理工作中,形成从政府到社会、到学校全力配合的人才培养模式,合力培养出国家社会经济建设和企业、公司、单位需要的创新型人才。

(三)加快高校现代化建设的步伐

党的十七大提出:要提高教育现代化的水平。温家宝总理提出:“要立足于我国现代化的要求,从我国教育实际出发,办出具有中国特色、中国风格、中国气派的现代化教育。”我们应该把教育,特别是高等教育现代化建设作为教育发展规划的战略重点。

教育现代化特别是高等教育现代化可说是整个国家现代化的关键环节。本来国家现代化应以教育现代化先行,但实际情况是我国的教育、人才培养严重滞后于经济建设和社会发展,已经明显拖了经济建设社会发展的后腿。

加快高校现代化建设首先要解放思想、更新观念,要使教育思想、教育观念现代化。首先在教育观念上既要注意引进、吸收国外先进的教育思想、教育观念,也要注意吸收我国传统教育思想、教育观念中好的东西,结合我国当前和未来一段时间社会主义现代化建设对人才需求的实际,确定教育现代化的思想、观念。既不排外,也不忘祖,特别对我国传统哲学、传统价值观念中很多适应今天和今后信息化社会需要的东西,我们更要有取舍、有批判地加以继承,吸收其精华,去除其糟粕。要从思想观念和制度上解决教育领域姓资姓社的模糊认识。对各类教育一碗水端平,使各类教育公平、有序竞争,健康发展。其次要加快师资队伍现代化建设。现在世界各国,特别是发达国家都在用高薪聘请院校领导和重要专业的学科带头人。在这方面我们也不能怕花钱,要比到国外更舍得在人才引进上投资;当然也要加

强、加快现有师资的培训、提高、调整。

（四）加快教育体制的改革

要从改变一切不利于创新型人才培养和成长的外部、内部环境入手，改革高等教育的管理体制和机制，加快教育结构、专业结构、教材结构的调整；加紧教学内容、教育方法的现代化建设，要加快教育领域产权管理体制的改革，尽快解决国办教育依然存在的端铁饭碗、吃大锅饭的弊端。

教育体制改革的一个重要内容是简政放权，要把办学的自主权交给学校。教育行政部门的主要精力要放在制定国家教育发展的规划、政策上，给学校创造宽松的办学环境，减少各方面的干扰；对学校的办学目标、任务完成情况检查、监督；纠正、查处违法、违规办学行为。学校的具体办学过程不必管得过多、过细，更不要用同一把尺子衡量、评价所有学校，要从根本上改变千校一面的状况。

（五）加强现代校园文化建设

文化是价值观念和哲学思想的集中表现，它是潜移默化影响人们思想观念、行为举止的巨大软实力。

好的大学必然有充满正气，具有向心力、凝聚力，使人积极向上的校园文化。校园文化是看不见摸不着的，但它又是学校师生都感觉得到的影响人、塑造人的一种社会价值力量和哲学思维方式。校园文化既有共性的东西，更有因校而异的个性化东西。努力建设充满活力的、积极向上的、健康的、深入人心的、感染人的现代校园文化是建设创新型人才培养基地的重要环节，一定要高度重视。

论大学和谐发展与科学管理

陈锡坚①

摘　要：传承和谐教育思想，以科学发展观为指导，统筹规模与质量、人才与环境、教育资源等有利因素，推进大学和谐发展。发展是硬道理，科学管理促发展、出效益。因此，应凸显大学本质，重视大学文化建设管理，增强大学软实力；遵循大学规律，强化办学管理，确保大学的可持续发展。

关键词：大学；和谐发展；科学管理

一、传统文化中和谐教育思想与和谐发展理论内涵

和谐是中国传统文化的基本理念，主要有两层意思：一是指事物存在和健康发展的理想状态。在和谐的状态中，事物各要素之间的力量均衡，不偏不移，相辅相成；二是指新事物产生的内在动力，是事物内部矛盾不断由对立、冲突、斗争，走向同一，趋于融合，并不断完善自身的动态过程。早在我国西周时代就形成了包括"礼、乐、射、御、书、数"的"六艺教育"内容。由此可见，当时的教育就强调受教育者的全面修身，既重视思想道德也重视文化知识，既注意文化传统又注意实用技巧，既重视文事也重视武备，既符合礼仪规范也要求内心情感修养，包含着多方面的和谐教育因素。《大学》开宗明义："大学之道，在明明德，在亲民，在止于至善。"这是《大学》的中心内容之一"三纲领"；另一个内容是"八条目"，就是"格物、致知、诚意、正心、修身、齐家、治国、平天下"。这两方面内容充分体现了"大学"的和谐教育思想。秦汉以降至元明时期的"学而优则仕"之风窒息了和谐教育思想的活力，一直到蔡元培提出："以军国民教育、实利主义教育为急务，以道德教育为中心，以世界观为终极目的，以美育为桥梁，进行体、智、德、美四育和谐发展的教育。"他认为教育的功能应使人"养成健全的人格"，在培养全面发展的人时提倡"养个性，尚自然"。至此，和谐教育的思想再度成为我国教育的重要理念。

所谓和谐发展，是指人类在物种平等思想指导下，自觉汲取大自然的生存和发

---

①　陈锡坚，肇庆学院教务处副研究员。

展智慧，使组成生态系统的各子系统之间以及各子系统内部不同部分之间良性互动、协调共进，从而使生态系统不断优化，因而能够为未来进一步发展积蓄能量。和谐发展理论认为：和谐是在不同层次整合力的作用下不断升华的结果，不同事物内在与外在关系的和谐既是事物存在的最佳状态，也是事物发展的最佳途径；所有存在的发展共进则又是和谐的必然回归，发展既是事物变化的最优方向，也是事物存在的最优态势。和谐发展哲学的核心思想是：天地万物、社会人生的最佳状态就是和谐与发展。社会主义和谐社会是指人与人、人与社会、人与自然和谐发展的社会，是一个全体人民各尽其能、充满创造活力的社会，是各方面利益关系不断得到有效协调的社会，是社会管理体制和社会服务网络不断创新和健全的社会，是稳定、有序、安定、团结、各种矛盾得到妥善处理的社会。大学不但是一个学问的中心，而且是一个有机体，是知识分子聚集的场所，是和谐社会发展的重要组成部分。

二、凝心聚力，跨越发展，统筹发展规模和提高质量的内在要求

发展是硬道理，目前是高校发展最快的时期、最好的时期，也是竞争最激烈的时期，其发展凸显了大众化、信息化、产业化、国际化和规模扩大化的特征。这五大特征对于高校的发展具有战略意义。跨越式发展已成为高校最鲜明的特征。因此，发展是兴校强校的第一要务，必须牢固树立发展的理念，加快学校发展的步伐。发展理念，就是主体对客体的发展和适应性变迁问题进行观念把握和理性认识而形成的思想观念，是全面表达主体关于客体现实存在的本质内涵、未来发展的目标定向和价值倾向，以及以改造客体为目的的实践操作方式等问题的观念体系。高等教育发展理念是通过全面统一主体对于高等教育实践的客观认识和未来发展走向的理想预期而形成的，是集高等教育存在状态的应然与实然于一体的思想观念体系。树立并传播科学、先进的高等教育发展理念是推动高等教育改革、发展的重要动力。科学发展观的核心是发展，没有发展，其他一切就失去了意义，也就谈不上科学发展观。

对于高校而言，发展速度是一个十分重要的问题。高校的发展速度主要应体现在以下三个方面：人才培养质量的快速提高、科研水平的快速提升、为社会发展不断作出重大的贡献。一所高校能否赢得较高的社会声誉也主要决定于这三个方面。目前，在我国高校建设发展过程中，发展规模和提高质量是一对比较棘手的矛盾。无论高校发展到什么样的规模，质量永远都是第一位的。注重质量和内涵的发展是增强学校竞争力的必然选择，也是培养高素质、高层次人才的根本要求。但是，如果能够正确地认识并妥善地统筹规模与质量的辩证关系，实现两者良性的转

化和互动,规模和质量就可以起到互相促进的作用。规模是质量的基础,质量是规模的生命。

三、团结协作,优化环境,统筹人才队伍建设与学术环境建设的协调发展

团结才能凝聚人心,团结学校才有希望,构建和谐校园才会更加全面。要善做团结工作,把一切可以团结的人都团结起来,使学校的发展基础更加牢固。要加强师德师风建设,通过团结协作,形成尊重人才、重视人才的氛围,做好育才、用才、引才和聚才的工作,为人才的成长、稳定和引进创造良好的条件,在事业发展的良好环境中培养人才,在学校建设的良好环境中造就人才,在优惠的政策环境中吸引人才,实现人才培养、稳定和引进的融合,创造和谐的学习、工作和生活环境。科学发展观落实在人才观上,就是要坚持以人为本的理念。在学校中,以人为本具体地体现为以师生为本,以师生的根本利益为出发点,以促进师生的全面发展为目标,使师生的积极性和创造性得以充分发挥;使广大教师感到有用武之地而无后顾之忧,有苦练内功的动力而无应付内耗的压力,有专心谋事的成就感而无分心谋职的疲惫感,从而专心致志做学问,一心一意搞教学。好的大学应该营造比较民主、自由、宽松的学术环境,尽量给教师提供较好的教学、科研和生活条件,在学校上上下下真正营造出为教师服务、尊重教师的氛围和条件;努力营造浓厚的学术氛围,促进校内外学术的广泛交流,搭建学术交流合作的平台,以此不断激发教师奋进的事业心和拼搏精神。

四、面向未来,内外发展,统筹内部资源和外部资源的优化配置

学校的发展主要还是要依靠自身的力量,首先要使自己的内部资源发挥出最大的效益,自力更生的精神永远也不会过时,这是自我发展最可靠的保障。但是,面对当今国际化、多元化、信息化的知识经济时代,大学更需要有开阔的胸襟、长远的眼光和善于学习、善于合作、博采众长的智慧和品格。一是要用科学发展观统揽开放办学的战略,统筹利用好内部和外部的人才资源。统筹内部资源和外部资源的优化配置,必须进一步解放思想,必须有辩证思维和开放眼光,实施走出去和引进来的战略规划。要积极创造条件,向社会开放,向世界开放,引进国内外先进的办学经验和科学技术,引进大量高水平的海内外学者,引进更多的社会力量和办学资源,不断提高学校参与国内外竞争和合作的能力。二是在人才培养上要统筹利

用好内部和外部的教育资源。坚持积极探索新型合作办学模式,拓宽联合办学领域。三是要注重与国内外合作对象的实质性合作。利用国内外的资源、寻求相互间的合作。因此,必须注重在利用和合作上的实际效率,必须是实质性的合作,而不是形式上的合作。

五、凸显大学本质,重视大学文化建设管理,增强大学软实力

大学的本质是一种与社会的经济和政治机构既相互关联又鼎足而立的功能独特的文化机构,传承、研究、融合、创新高深学术的高等学府。在当代,大学的存在有两种哲学基础:以认识论为基础的哲学要求大学必须崇尚学术,以政治论为基础的哲学则要求大学应当适应社会。大学文化是大学在长期办学实践的基础上积淀和创造出的一种独特的社会文化形态,它以大学人(含校长、教授、学生和管理人员)为主体,以知识及其学科(专业)为核心和基础,主要凝聚在大学拥有的深厚的文化底蕴之中,包括大学精神文化、大学物质文化、大学制度文化和大学环境文化。它是人类文化中的一种高层次文化,具有前瞻性、多元性、批判性和先进性的基本特征,始终站在学科发展的前沿,以学术自由和文化机制作为其活力的源泉,具有一种独特的探究真理和着眼未来的批判精神,是人类先进文化的重要组成部分。因此,大学文化是大学核心竞争力之所在,是大学赖以生存、发展、办学和承担重大社会责任的根本。所以,创建一所一流或高水平的大学,成为发展人类先进文化的重要基地,就必须崇尚学术,全面加强大学文化建设,不断提升大学拥有的深厚的文化底蕴的水平和品位,创建一流或高水平的大学文化。这里从 4 个方面推进大学文化建设。(1) 关于大学领导文化。在大学发展诸因素中,大学领导者对大学的领导与管理是一个极为重要的因素,领导既可以从管理中独立出来,又是管理的一个重要的部分。领导与管理最大的区别在于,领导是一个激发革故鼎新的力量,而管理则是一种程序化的控制作用。基于管理科学的发展趋势,大学作为一个以学术和文化为特征的社会组织,其管理不仅是科学管理,更主要的是文化管理,大学领导者不仅要管理大学,更重要的是领导大学。大学领导者的文化管理不是对校园文化的管理,其实质是以自已的思想、理念和品质等个性化特质影响教职员工,使他们自觉贯彻大学领导者的办学指导思想并实现大学远景目标的过程。(2) 关于校园学术文化。学术文化所追求的是文化的永恒,是经得起历史打磨的理性文化,是人类崇高的文化形态,旨在追求真、善、美。它历史地展示着学术人的学术信念与追求、学术立场与态度、学术人格与勇气、学术知识与能力等。大学是社会组织中复杂的文化复合体,一般来说具有三大职能,即培养人才、发展科学和服务社会。其中,培养人才是为学术的传承,发展科学是求学术的发展,而服务社

会则是学术的推广与应用。因此，要弘扬学术，则必须为大学师生创设一个适宜于学术生长与发展的宽松的学术环境。(3) 关于校园环境文化。大学环境形象不但影响社会公众对大学的认识，而且具有规范大学师生员工的教育行为、育人质量和学术成就的作用。面对激烈的高等教育竞争，大学必须注重形象设计与建设，塑造良好的大学形象，以增强大学的竞争力。创造一个优雅、宁静、有浓厚文化气息的学习环境，培养创造性的高级人才是大学的根本目的。(4) 关于大学质量文化。大学质量文化是大学文化在教育教学质量管理上的积淀和凝聚，是大学在长期的教育教学实践中，借鉴国内外大学的优秀经验，结合本校的实际情况，不断创新而形成的，具有鲜明的个性和特色。大学的质量文化建设，首先要抓好居于深处的精神层面的质量文化建设。要逐步形成具有自身特色的质量价值体系，包括办学思想、办学理念、人才培养的质量目标、教职工的质量意识以及教风、学风等。其次要抓好制度层面质量文化建设，建立和健全各种质量行为规范和制度，逐步使其成为全体教职工共同的行为规范，使"质量第一"成为教职工工作准则。这样就形成了学校在质量空间精神层面的软约束和制度层面的硬约束，从而共同保证了教育教学的质量。

六、遵循大学规律，强化办学管理，确保大学的可持续发展

大学应当适应社会，自大学走出"象牙塔"逐步融入社会中去以后，大学在办学实践中面临的两难选择就是如何既积极主动地应对文明社会众多领域不同层次的广泛需求，又坚持大学应有的基本的理性和学术价值。因此，走多样化的发展道路，就是用大学办学的多样化去应对社会发展的多样化需求，每所大学都要通过竞争实现科学定位，努力办出各自的特色。坚持大学应有的高品位，就是无论大学办学如何多样化，所有大学都必须在各自的岗位上坚持大学应有的基本的理性和学术价值，弘扬"以人为本"的人文精神、"求真务实"的科学精神、"着眼未来"的超越精神和"自强不息"的奋斗精神。(1) 按大学发展的规律办学。按大学发展的规律办学是对大学发展的总体要求，必须重视三方面的问题。一是明确并坚守大学的基本属性。大学本质上是一个集中储存、创造和传播高深知识，以追求人力资源开发和积累为目的的学术和教育机构，根本不同于以追求行政效率最大化的政府机构和追求物质利益最大化的商业实体。大学的核心使命是传播和发展科学，这就要求大学必须有坚定的崇尚科学、追求真理的科学信仰。二是适应、满足、促进社会经济的发展需要。大学办学一方面要受社会经济发展规律的制约，另一方面又必须适应、满足和促进社会经济发展的需要，按社会经济发展的需要及所提供的条件办学，这就是大学发展不能逾越的经济、社会规律。三是确定大学办学的科学定

位。所谓“科学定位”，就是大学根据自己办学的历史和现实条件、所处社会的发展需要以及大学自己的理想追求，设定符合现实条件和大学规律的长远发展目标。具体地讲，应当明确5个方面的办学定位：① 服务面向定位。服务面向定位是指高校在履行人才培养、科学研究和社会服务职能时所覆盖的地理区域或行业范围。② 发展目标定位。大学发展目标是指在一个较长的时期内，大学发展所要达到的数量、质量、规模、速度以及内部结构和比例关系的综合指标体系，科学合理的发展目标能凝聚人心，催人奋进，确定学校的发展目标要坚持实事求是、量力而行的原则，既不可妄自菲薄，又不能好高骛远。③ 办学类型定位。目前，我国对高校的分类标准有多种。按隶属关系分，有教育部直属高校、地方高校；按学科含量分，有单科性院校、多科性院校、综合性大学；按学术水平分，有研究型大学、教学研究型大学、教学型大学。不同类型的高校不应有高、低，好、坏之分。当然这也不是一成不变的，到一定程度可以不失时机地向更高层次攀升，这也符合大学成长的规律。④ 人才培养规格定位。对高校来讲，不同类型、不同规格、不同专业的人才的质量标准是不同的。因此，高校应当认真做好专业建设和人才培养方案的研究工作，既要确定所培养人才规格的基本定位，又要根据专业的不同，确定各自具体的人才培养规格。⑤ 办学特色定位。教育部关于本科教学工作水平评估方案的表述是：“特色是指在长期办学过程中积淀形成的、本校特有的、优于其他学校的独特优质风貌。特色应当对优化人才培养过程，提高教学质量作用大，效果显著。特色有一定的稳定性并在社会上有一定影响、得到公认。”名校、强校之所以声誉卓著，为世人所共知，在于其彰显的鲜明的办学特色。特色可体现在不同方面：治学方略、办学观念、办学思路；科学先进的教学管理制度、运行机制；教学模式、人才特点；课程体系、教学方法以及解决教改中的重点问题方面。(2) 按人才培养的规律教学。人才培养即育人是大学的基本价值，凡大学都必须抓好人才培养工作，将学生的全面发展视为自己必须集中精力担当的社会责任，这既是大学的立身之本，亦是大学落实科学发展观之首要。(3) 大学按科学管理的规律治校。大学是一个极其复杂的智能型组织，从组织属性而言，它是一个教育学术机构；从组织特征而言，它无法回避行政管理；从组织环境而言，它与社会高度关联；从组织运行而言，它需要巨大资源的支撑。正是现代大学的组织复杂性、使命统一性、目标多样性、活动开放性等复杂特征的日益突出，决定了大学更需要科学管理治校的组织。其中，大学的依法治校、民主治校和经济管理治校尤为紧迫。总之，大学不能遗世独立，但却应该有它的独立与自由，大学不能自外于人群，但却不能随外界政治风向或社会风尚而盲转、乱转。大学应该是“时代之特征”，它应该反映一个时代之精神，但大学也应该是风向的定针，有所守，有所执著，以烛照社会之方向。

参考文献:

[1] 王良平.和谐教育思想理论探讨及其在高等学校的应用研究.《社会科学论坛.学术研究卷》2007(3).

[2] 孙培青.中国教育史(修订版).上海:华东师范大学出版社,2000.

[3] 杨晓燕.高等教育的和谐发展研究.高等建筑教育,2003(4).

[4] 卢晓中.现代高等教育发展论纲.广州:广东教育出版社,2005.

[5] 赵晓和.构建和谐校园.在安庆师范学院第四届教代会上的讲话.

[6] 王冀生.文化是大学之魂——对大学理念的再认识.高教发展与评估,2007(7).

[7] 胡显章.先进文化建设中的大学文化研究. 北京:高等教育出版社,2009.

[8] 胡国铭.大学校长与大学发展研究.武汉:华中科技大学出版社,2004.

[9] 韩延明.大学理念论纲.北京:人民教育出版社,2003.

[10] 别敦荣,田恩舜.论大学核心竞争力及其提升路径.复旦教育论坛,2004(1).

[11] 杨良梁.对高校质量文化的思考.大庆师范学院学报,2007(1).

[12] 眭依凡.科学发展观与大学按规律办学.教育研究,2008(11).

[13] 不同类型大学的发展战略及其与社会的契合.教育部中外大学校长论坛领导小组.大学校长视野中的大学教育.北京:中国人民大学出版社,2005.

[14] 教育部高等教育司.第二次全国普通高等学校学校本科教学工作会议资料汇编.高等教育出版社,2005.

[15] 金耀基.大学之理念.北京:生活·读书·新知三联书店,2001.

政策转型:高等教育改革研究的一个视角

史 朝①

摘 要: 中国高等教育改革30年,实际上是一个政策转型的过程。本文以20世纪80—90年代中共中央、国务院发表的三个最重要教育改革文件为依据,分析了高等教育是如何实现政策转型的。最后就政策转型对中国高等教育发展的影响发表了作者的认识。

关键词: 中国高等教育;政策转型

通过教育政策的发展变化来研究1978年以来的中国高等教育改革,在国内的论文中还不多见。但是自改革开放以来,中国的教育政策数量又太大,如果不加以限制,此研究就无法进行。本文主要集中在高等教育领域,又限制在办学体制的政策方面,以几个最为重要的文件,如1985年《中共中央关于教育体制改革的决定》、1993年中共中央、国务院《中国教育改革和发展纲要》等为样本,对近30年来的中国高等教育改革的轨迹,尤其是对政府与大学的关系——办学体制展开研究。

20世纪80年代中期以来,我国的教育政策无论在数量还是在质量上都有了很大的发展,但是,这种发展呈现出较大的波动性和非连续性,这种现象在一定程度上反映了政府意志的方向以及控制教育改革与发展的力度的大小。本文把教育政策作为一种非常重要和独特的资源,通过教育政策的文本分析,研究教育政策的类型、层次、性质以及高等教育改革等问题,并从政策的变化中分析教育发展的规律和内在机理,并对教育政策的发展方向进行预测。

一、《中共中央关于教育体制改革的决定》与高等教育管理体制改革的开端

通过文献研究可以看出,中国高等教育政策的大发展是在1985年后,1985年我国颁布了具有重要意义的《中共中央关于教育体制改革的决定》,学界一般把它

① 史朝,国家教育行政学院国际教育部主任、教授、博士。

作为我国教育体制改革的起点。1985 年后,我国高等教育政策主题领域不断拓宽,政策数量显著增长,参与联合制定政策的部门及政策制定的数量明显增多,综合反映了我国高等教育改革事业的不断深入。1985 年成为我国高等教育政策发展的一个标志点。

《中共中央关于教育体制改革的决定》中相关主要政策有:①

改革管理体制,在加强宏观管理的同时,坚决实行简政放权,扩大学校的办学自主权。

国家及其教育管理部门要加强对高等教育的宏观指导和管理。

为了调动各级政府办学的积极性,实行中央、省(自治区、直辖市)、中心城市三级办学的体制。

学校逐步实行校长负责制,有条件的学校要设立由校长主持的、人数不多的、有威信的校务委员会,作为审议机构。要建立和健全以教师为主体的教职工代表大会制度,加强民主管理和民主监督。

改革教学内容、教学方法、教学制度,提高教学质量。改革同社会主义现代化不相适应的教育思想、教育内容、教育方法。

改革劳动人事制度。改革教育体制要调动各方面的积极性,最重要的是调动教师的积极性。

在今后一定时期内,中央和地方政府教育拨款的增长要高于财政经常性收入的增长。

改革大学招生的计划制度和毕业生分配制度。改变高等学校全部按国家计划统一招生,毕业生全部由国家包分配的办法。

高等学校后勤服务工作的改革方向是实行社会化。

为了加强党和政府对教育工作的领导,成立国家教育委员会,负责把握教育的大政方针,统筹整个教育事业的发展,协调各部门有关教育的工作,统一部署和指导教育体制的改革。

加强教育立法工作。

地方发展教育事业的权力和责任更大,各级党委和政府都要把教育摆到战略重点的地位,把发展教育事业作为自己的主要任务之一。

通过《中共中央关于教育体制改革的决定》有关政策的规定,我们就可以理解,进入 20 世纪 80 年代之后,在中央提出改革开放,尤其是经济体制改革全面展开之后,教育体制改革为什么被提上议程,而且该文件成为高等教育改革的标志性文件。

---

① 康宁:《中国经济转型中高等教育资源配置的制度创新》,教育科学出版社,2006 年,第 371 - 372 页。

1985年5月，中共中央颁布的《关于教育体制改革的决定》，其有关高等教育体制改革的基本精神是：(1)高等教育体制改革的关键，就是改变政府对高等学校统得过多的管理体制，在国家统一的教育方针和计划指导下，在加强国家对教育的宏观管理的原则下，扩大高等学校的办学自主权，加强高等学校同生产、科研和社会其他各方面的联系，使高等学校具有主动适应经济和社会发展需要的积极性和能力；(2)改变高等学校全部按国家计划统一招生，毕业生全部由国家包分配的办法，实行国家计划招生、用人单位委托招生和在国家计划外招收少数自费生三种办法；(3)为调动各级政府办学的积极性，实行中央、省（自治区、直辖市）、中心城市三级办学的体制；(4)为了加强党和政府对教育工作的领导，成立国家教育委员会，负责把握教育的大政方针，统筹整个教育事业的发展，协调各部门有关教育的工作，统一部署和指导教育体制的改革；(5)鼓励各民主党派、人民团体、社会组织、离退休干部和知识分子、集体经济单位和个人，遵照党和政府的方针政策，采取多种形式和方法，积极自愿地为发展教育贡献力量。与1979年9月重新颁布的《关于加强高等学校统一领导、分级管理的决定》相比，该文件明确了对高等学校实行中央、省（市、自治区）和中心城市三级办学的体制，扩大了地方和高等学校的办学自主权，从而使高等学校面向社会需要的主动性和活力增强。

《关于教育体制改革的决定》颁布之后，中国高等教育的改革全面展开，尤其是管理体制改革。教育政策的滞后性在这一政策文件上体现得尤为突出，在经过近20年后，这一改革文件提出的一些政策，如三级办学的体制、扩大高校办学自主权等仍然在中国的高等教育改革上发挥着重要作用。

二、《中国教育改革和发展纲要》与深化高等教育体制改革

进入20世纪90年代之后，中国的改革步伐明显加快。特别是邓小平的南方讲话和党的十四大的召开，确定了90年代我国改革和发展的主要任务，明确提出“必须把教育摆在优先发展的战略地位，努力提高全民族的思想道德和科学文化水平，这是实现我国现代化的根本大计”①。而为了实现这一伟大目标，中共中央、国务院于1993年2月颁布了《中国教育改革和发展纲要》这一重要政策文件。

该文件的主要政策规定有：②

要采取综合配套、分步推进的方针，加快步伐，改革包得过多、统得过死的体制，初步建立起与社会主义市场经济体制和政治体制、科技体制改革相适应的教育

① 康宁：《中国经济转型中高等教育资源配置的制度创新》，教育科学出版社，2006年，第379－380页。
② 康宁：《中国经济转型中高等教育资源配置的制度创新》，教育科学出版社，2006年，第379－380页。

新体制。

改革办学体制。改变政府包揽办学的格局,逐步建立起以政府办学为主体,社会各界共同办学的体制。

深化高等教育体制改革。主要解决政府与高等学校、中央与地方、国家教委与中央各业务部门之间的关系,逐步建立政府宏观管理,学校面向社会自主办学的体制。

改革高等学校的招生和毕业生就业制度。(1)改变全部按国家计划统一招生的体制,实行国家任务计划和调节计划相结合。(2)改革学生上大学由国家包下来的做法,逐步实行收费制度。(3)改革高等学校毕业生"统包统分"和"包当干部"的就业制度,实行少数毕业生由国家安排就业,多数学生"自主择业"的就业制度。

完善研究生培养和学位制度。

改革对高等学校的财政拨款机制,充分发挥拨款手段的宏观调控作用。

积极推进以人事制度和分配制度改革为重点的学校内部管理体制改革。

学校的后勤工作逐步实现社会化。

深化人事劳动制度改革,同教育体制改革相配套。

加快教育法制建设,建立和完善执法监督系统,逐步走向依法治教的轨道。

坚持党对学校的领导,加强学校党的建设。

改革和完善教育投资体制,增加教育经费。

作为一项重要的教育政策,它提出要深化高等教育体制改革"主要是解决政府与高等学校、中央与地方、国家教委与中央各业务部门之间的关系,逐步建立政府宏观管理、学校面向社会自主办学的新体制"①。而在这一政策指导下,高等教育在管理体制上开始了一系列的改革。1995 年 7 月,国务院办公厅转发国家教委《关于深化高等教育体制改革的若干意见》,肯定了前一阶段高等教育管理体制改革取得的进展,并提出:"高等教育管理体制改革的目标是,争取到 2000 年或稍长一点时间,基本形成举办者、管理者和办学者职责分明,以财政拨款为主地多渠道经费投入,中央和省、自治区、直辖市人民政府两级管理、分工负责,以省、自治区、直辖市人民政府统筹为主,条块有机结合的体制框架。"②这一阶段高等教育管理体制改革的主线是淡化和改革学校单一的隶属关系,加强省级人民政府的统筹,变条块分割为条块有机结合,通过"共建"、"合作"、"合并"、"协作"和"划转"等形式

① 《中国教育改革和发展纲要》,何东昌编《中华人民共和国重要教育文献(1991—1997)》,海南出版社,1998 年,第 3470 页。

② 《国家教委关于深化高等教育体制改革的若干意见》,何东昌编《中华人民共和国重要教育文献(1991—1997)》,海南出版社,1998 年,第 3852 页。

推进改革。据统计,到1997年末,全国已有30个省、自治区、直辖市和48个中央部委不同程度地进行了高教管理体制改革的探索,涉及400多所普通高等学校、200多所成人高等学校。① 但是,由于部门办学体制的改革步履维艰,目前条块分割的体制还没有实质性的转变。

1997年9月召开的党的十五大十分重视高等教育改革,提出了“优化教育结构,加快高等教育管理体制改革的步伐,合理配置教育资源,提高教育质量和办学效益”的改革思路,成为新一轮高等教育改革的指导思想,高等教育管理体制改革也进入全面推进的新阶段。为落实十五大精神,大力推进高等教育管理体制改革,国家教委于1998年1月在扬州召开了全国高教管理体制改革经验交流会,会上李岚清副总理提出高教管理体制改革要实行“共建、调整、合作、合并”的八字方针。②1998年3月,第九届全国人大一次会议通过了国务院机构改革方案,国家教育委员会改建为教育部,其他部委也作了相应的调整。1998年7月国务院颁布《关于调整撤并部门所属学校管理体制的决定》,1999年3月国务院办公厅转发教育部、国防科工委、国家计委、财政部《关于调整五个军工总公司所属学校管理体制的实施意见》,1999年12月国务院颁布《关于进一步调整国务院部门(单位)所属学校管理体制和布局结构的决定》,规定除教育部以及外交部、国防科工委、国家民委、公安部、安全部、海关总署、民航总局、体育总局、侨办、中科院、地震局等部门和单位继续管理其所属学校外,国务院部门和单位不再直接管理学校;决定对原机械工业部等9个部门和5个军工总公司所属学校的管理体制,通过共建、合并、合作、调整等方式进行调整,在对有关部门和单位所属普通高等学校管理体制调整的同时,调整学校布局结构,优化教育资源配置。

三、《中共中央、国务院关于深化教育改革全面推进素质教育的决定》与高等教育的跨越式发展

随着世界科技的发展,知识经济已见端倪,国力竞争日趋激烈。教育在国家综合国力的形成中处于基础地位,国力的强弱取决于劳动者的素质,取决于各类人才的质量和数量,这就对我国的教育尤其是高等教育提出了更为迫切的要求。1999年党中央、国务院审时度势,召开了第三次全国教育工作会议,并发表了重要的教育政策文件《中共中央、国务院关于深化教育改革全面推进素质教育的决定》。

---

① 邓晓春:《中国高等教育体制改革的回顾与展望》,《辽宁高等教育研究》,1998年第1期。

② 严燕:《世纪之交的回顾与前瞻:全国高等教育管理体制改革经验交流会述要》,《扬州大学学报:高教研究版》,1998年第1期。

该文件的主要政策规定有：

构建与社会主义市场经济体制和教育内在规律相适应、不同类型教育相互沟通和衔接的教育体制，为学校毕业生提供继续学习深造的机会。

高等学校和中等职业学校要创造条件实行弹性学制，放宽招生和入学的年龄限制，允许分阶段完成学业。

进一步简政放权，加大省级人民政府发展和管理本地区教育的权力以及统筹力度。继续按照“共建、调整、合作、合并”的方式，基本完成高等教育管理体制和布局机构的调整，形成中央和省级人民政府两级管理，以省级人民政府管理为主的新体制。

切实落实和扩大高等学校的办学自主权，增强学校适应当地经济社会发展的活力。加强对高等学校的监督和办学质量检查，逐步形成对学校办学行为和教育质量的社会监督机制以及评价体系，完善高等学校自我约束、自我管理机制。

这一政策的直接后果，就是促使了中国高等教育的跨越式发展，中国高等教育迅速进入大众化阶段。

（一）高等教育大众化与跨越式发展

自1999年开始，中国高等教育的发展出现了一个新的转折，即从“精英化”高等教育向“大众化”高等教育的转折。中国高等教育的规模在1999年以前基本处于平稳发展状态，招生数量年平均增长9%左右。改革开放后，高等教育的毛入学率从1980年的1%缓慢上升到1990年的3.4%。从1990年到1998年，高等教育规模虽有所扩大，全国普通本专科招生规模由61万人发展到108万人，同期在学校生由206万人增加到341万人，但这个发展规模和速度还远远不能满足我国人口、经济社会发展对高等教育的需求。为此，根据国际高等教育发展理论以及中国人力资源建设的需要，从1999年开始，中国政府作出了进一步扩大高等教育招生规模的重大决定。

对于这次扩招和实现高等教育大众化的过程，时任国务院副总理李岚清在其教育访谈录中回忆到：

大幅度扩大高等学校招生规模，是1999年6月上旬朱镕基总理主持召开的国务院总理办公会议决定的，是在6月中旬中共中央、国务院召开的全国教育工作会议上朱镕基总理宣布的。为什么作出这样的决定？有四个主要原因：一是我国持续快速发展的经济需要更多高素质的人才，这也是党的十五大所要求的。二是广大群众普遍渴望子女都能受到高等教育，政府有责任尽量满足他们这种愿望。三是扩招也可以推迟学生就业，增加教育消费，是拉动内需、带动相关产业发展的重要措施。四是由于过去招生比例低、录取人数少、考大学难，迫使基础教育集中力量，因此影响了素质教育的全面推行。所以，高校大幅度扩招是客观的必然，也是

民心所向,势在必行。①

1999 年 6 月 24 日,国家计委、教育部联合召开新闻发布会,宣布在年初扩大招生规模的基础上,进一步扩大高校招生计划,计划 1999 年普通高校招生规模从 1998 年的 108 万人扩大到 156 万人,由此,我国高等教育正式进入了大发展的轨道。接着国家连续三年进行扩招,使我国高等教育的规模得以迅速扩张。2002 年,我国普通高等学校招生 320 万人,截至 2002 年秋季,全国各类高等教育在校生已达 1 600 万人,比 1998 年翻了一番。高等教育的毛入学率由 1998 年的 9% 提高到 15%,历史性地跨入国际公认的高等教育大众化阶段。

从 1999 年至 2004 年,我国本专科招生的年平均增长率平均为 26.1%,研究生招生的年平均增长率为 28.6%。1998 年,我国的在校大学生只有 780 万人,2008 年达到 2 800 万人,初步实现了高等教育由精英阶段向大众化阶段、由高等教育规模小国向高等教育规模大国的两个历史性转变。

以 1999 年为开端的普通高等学校的扩张,是中国政府在面对有限资源的约束与高等教育发展这一长期矛盾,打破常规作出的一项跨世纪重大战略决策,是在极其困难和各种矛盾交错的局面中开拓出的一条新路。高校扩招也是中国教育史上具有里程碑意义的重大事件。在这方面,美国用了 30 年(1911—1941 年)成为世界上第一个进入高等教育大众化的国家,韩国用了 14 年(1966—1980 年),日本用了 23 年(1947—1970 年),巴西用了 26 年(1970—1996 年)实现了高等教育毛入学率从 5% 到 15% 的飞跃。中国的高等教育从落后奋起直追,大约用了十多年时间,高等教育毛入学率已从 1990 年的 3.4% 提高到 2002 年的 15%。这一进程说明,中国高等教育的发展速度不仅快于其他发展中国家,而且超过了一些发达国家。通过几年的扩招,中国高等教育的总规模已经列世界第一位,高等教育总规模占世界高等教育规模的比例从新中国成立之初的 1/46 提高到目前的 1/7,成为名副其实的高等教育大国。

(二) 高水平大学建设与高等教育强国

随着高等教育规模的急剧扩大和高等教育大众化的实现,高等教育质量问题日益引起社会各界和党中央的高度重视。

通过分析已经进入高等教育大众化乃至普及化的国家,我们发现这些国家既有大众型、普及型、技能型的高等教育机构,也有精英型、研究型的高等教育机构。世纪之交随着中国高等教育大众化时代的到来,我们除了要着重发展具有大众型、普及型教育机构特征的高职教育、社区大学等,也要重视精英型、研究型高等教育机构的发展。而作为国家的发展战略,就是在推进高等教育大众化的进程中,继续

---

① 李岚清:《李岚清教育访谈录》,人民教育出版社,2003 年,第 119,9,10 页。

通过“211 工程”和“985 工程”等重点建设项目，推动高水平大学的建设。20 世纪 90 年代中后期以来，中国在重点建设 100 所左右大学，创建高水平大学和建设重点学科方面进行了一系列探索，使中国高等教育在质量提升方面有了巨大的进步。

1. 实施“211 工程”

为迎接世界新技术革命和日益激烈的国际竞争，促进我国高等教育的发展，提高高等学校的教育和科研水平，1993 年 2 月，党中央、国务院颁布的《中国教育改革和发展纲要》提出，集中各方面力量办好 100 所左右重点大学和一批重点学科专业。随之国家教委也颁布了《关于重点建设一批高等学校和重点学科点的若干意见》，积极落实《中国教育改革和发展纲要》提出的原则和方针。

1994 年 6 月，全国教育工作会议召开，时任国务院总理李鹏和副总理李岚清在讲话中指出，要面向 21 世纪，重点建设好我国的 100 所大学。1994 年，由中央财政拨出专款作为启动资金，并要求各级政府和有关部门要为这一高校发展工程作出统筹安排。1995 年 5 月，《中共中央国务院关于加速科学技术进步的决定》提出要“坚定不移地实施科教兴国战略”，“切实加强对基础性研究的支持和投入”，对高校的基础性研究和高水平人才培养寄予了希望。同年 11 月，经国务院批准，由中央拨出专项资金实施“211 工程”，并将其作为教育领域唯一的国家重点项目列入“九五”计划。

2. “985 工程“和高水平大学建设

世纪之交，世界开始进入以信息技术为标志的高科技和新经济时代，各国间对高层次人才的争夺日趋激烈，科学技术水平成为国家综合国力的重要标志。建设世界一流大学和高水平大学，是推动中国高等教育整体水平提升，实现跨越式发展的重要举措，是实施科教兴国战略和人才强国战略的重要组成部分。

1998 年 5 月，经过充分准备，江泽民在人民大会堂举行的北京大学百年校庆的讲话中宣告：“为了实现现代化，中国要有若干所具有世界先进水平的一流大学。这样的大学，应该是培养和造就高素质的创新型人才的摇篮……”江泽民的讲话开启了中国建设世界一流大学的探索事业，“985 工程”由此诞生。

与“211 工程”不同，“985 工程”是在前者努力的基础上向更高的奋斗目标前进的具体行动纲领，创建世界一流大学和一流学科是其核心目标。其一期工程侧重学校的整体建设和重点学科建设；二期工程任务则是“巩固一期建设成果，为创建世界一流大学和一批国际知名的高水平研究型大学进一步奠定坚实基础，使一些学科达到或接近国际一流学科水平”。“985 工程”的任务规定具体而有系统，“985 工程”对这些高校的可持续发展具有重要的指导意义。

对“985 工程”院校的确定，在方式上和数量上均与“211 工程”不同。“985 工程”确定的院校更为集中和有限，一期工程最后确定 34 所，二期工程确定 38 所。

多数入选院校都经历了"211 工程"的建设过程。在资金投入上,"985 工程"的力度也比"211 工程"有了大幅度提高,其一期投入为 255 亿元人民币,二期投入为 426 亿元人民币(其中中央投入 189 亿元人民币,所属部门和地方投入 140 亿元人民币,院校自筹 97 亿元人民币),三期投入为 200 亿元人民币,总计 881 亿元人民币。仅北京大学在一期投入中就获得资金 18 亿元人民币,对这些院校的发展给予了重要的支持。

3. 实施高等教育质量工程

教育质量问题,是高等教育在"大众化"阶段遇到的比较突出的问题。增强质量意识,提高教育教学质量也是高校发展的永恒主题。中国高等教育在世纪之交快速发展过程中,我国政府始终把提高教育质量放在重要位置,开展了许多工作。特别是教育部先后出台了两个重要文件:一个是 2001 年印发的《关于加强高等学校本科教学工作提高教学质量的若干意见》,即 2001 年"4 号文件",就加强教学工作提出了 12 条针对性意见;二是 2004 年 12 月召开了第二次全国普通高校本科教学工作会议,印发了《关于进一步加强高等学校本科教学工作的若干意见》,即 2005 年"1 号文件",强调必须坚持科学发展观,牢固树立质量是高等教育生命线的基本认识,把提高质量放在更加突出的位置。

为了切实把高等教育的重点放在提高质量上,经国务院批准,教育部、财政部又联合下发了 2007 年的"1 号文件",决定实施"质量工程",也就是"高等学校本科教学质量与教学改革工程"。同时,教育部还下发了《教育部关于进一步深化本科教学改革全面提高教学质量的若干意见》,作为 2007 年的"2 号文件",面向全国 1 000 所本科院校、全日制 1 000 万本科学生,目的是进一步推动本科教学工作,切实提高本科教学质量。2007 年"2 号文件"针对目前教学工作当中存在的主要问题,提出了 6 个方面 20 条的具体要求,突出强调要进一步加大教学投入、强化教学管理、提高教师素养、深化教学改革,目的就是在"质量工程"建设中抓好提高质量的关键"点",并在此基础上做好"面"的整体推进。

四、政策转型:中国高等教育改革的未来走向

上文以 20 世纪 80 年代中期到 90 年代末期中国教育发表的最重要的三个政策文件为文本,对高等教育的体制改革进行了分析。实际上这个时期中国发布的教育政策是非常多的。[①] 这从一个方面说明了中国教育改革的艰巨性,各种问题

① 谢维和,陈超:《中国教育改革发展的政策走向分析——20 世纪 80 年代中期以来中国教育政策数量变化研究》,《清华教育研究》,2006 年第 3 期。

都需要出台政策加以解决;另外一个方面,又说明了中国教育政策的不稳定性,在各种利益集团的压力下,政策处在不断调整之中。

而本文所说的政策转型,与国内学术界的理解不同。笔者是指与经济转型和社会转型一样,中国的教育政策也处在转型之中,即教育政策的制定是国家意志的一种体现,而随着中国各种改革的进行,教育政策也不断发生变化。这种变化,一个是体现在数量上,即教育政策发布的数量越来越多;一个是体现在内容上,即教育政策已经从一种"软的文件",变得越来越具有类似法律"硬的约束"的特征。

教育政策数量变化研究对于教育的意义和价值,主要是根据这样一些基本的假设。首先,教育政策本身实际上是一种非常重要和独特的教育资源。这种教育资源的重要特点是,它具有一种"合法性"的功能。这种合法性主要体现在两个方面:一是它能够赋予某些教育活动以合法地位,也可以否定某些教育活动的合法地位;二是它能够在各种教育活动的价值序列中赋予某些教育活动以更高的地位,而给予某些教育活动次要的地位。这样一种合法性功能可以使不同的教育活动在获取其他类型的教育资源上形成不同的地位,进而成为一种教育资源的配置原则,同时,它本身还可以对整个社会教育资源的变化产生一种积极的带动作用。更重要的是,教育政策是实现整个国家教育发展目标的重要手段,它本身承载了非常明确的价值取向,因而也具有一种十分重要的引导功能。

其次,教育政策作为政府的一种垄断性资源,它的数量变化在一定程度上反映了政府意志的方向,以及控制教育改革与发展的力度的大小。显然,与其他教育资源比较,教育政策是政府所具有的一种垄断性资源,因而它具有唯一性。然而,也正是这种垄断性和唯一性,使得教育政策的变化在一定程度上体现了政府对教育改革和发展的意志和愿望。尽管教育政策本身的形成和变化也包含了不同利益集团和力量的协商,甚至是冲突与妥协等,但就总体上看,教育政策仍然反映了政府对教育的要求,体现了政府的意志。由于教育政策的这种基本属性,所以教育政策的数量及其变化客观上也反映了政府对教育活动的一种控制和主导的力度。显然,教育政策的数量越多,表明政府对教育活动的控制或主导程度越大;反之,则说明政府的这种控制或主导程度越小。而且,如果按照不同领域中教育政策的数量及其变化进行分析,我们也可以进一步了解在某些领域中政府对教育活动的控制或主导的情况。由此,它也构成了教育政策分析中的一个重要维度。

对于教育政策内容或者说性质的变化来说,进入21世纪之后,有关教育管理体制、宏观教育调整的政策趋于减少,而有关教学管理、学生思想工作、大学生就业等方面的政策则趋于增加。以中共中央、国务院为主体发布的教育政策趋于减少,而由教育部、省级政府教育部门发布的教育政策却开始增多。这从一个侧面说明我国的教育政策开始转型,由一种中央集权的方式向"政府放权"、"大学自主"的

方向转变。尤其是1998年《中华人民共和国高等教育法》公布之后，扩大高校各种办学自主权更成为必然趋势。而这一政策转型又产生了新的问题，如大学贷款建设新校园问题、扩大招生带来的大学生就业难问题等。在政府控制与大学自主之间始终处在一种不平衡状态，而高校出现的管理失调问题、教育质量问题、社会声誉问题等，也往往与这一政策转型，权力处于"真空"有关。

在政策处在转型的21世纪，中国的高等教育改革还会像经济改革、社会改革一样，继续不断进行改革，但改革的思路应该说是清晰的。一是强调高等教育立法，包括制定《大学法》、《终身教育法》等，对高等教育的权力、性质、与政府的关系进行明确的规定，让高等学校真正成为独立的"法人"。二是减少各种教育政策的数量。对于大学可以自己做到的事情，如招生、学生管理、毕业生就业等，尽量不需中央用政策文件的形式公布，而是由大学自己独立解决。三是给予大学更多的自主权，包括自己选拔校长、经费的筹措使用、教师的聘任等，使大学成为名副其实的"学术组织"。

试论大众化高等教育阶段高校教学质量管理的策略

——以华东交通大学为例

高海生　刘晓伟①

摘　要：在高等教育大众化阶段，教学质量问题成为当代高等教育的重大理论与实践问题。本文结合华东交通大学教学质量保障与管理体系的构建，阐述高等教育大众化阶段高校应树立特色化、多样化、发展性与整体性的新型教学质量管理理念，立足高校实际，合理定位，建立全面的教学质量管理理念，坚持以人为本，构建统一的质量标准系统、全面的教学质量管理体系和高校内部的教学质量监控和评估体系。

关键词：大众化；高校；教学质量；质量管理

一、大众化阶段高等学校教学质量管理的重要性与必要性

《中华人民共和国高等教育法》第31条规定："高等学校应当以培养人才为中心开展教学、科研和社会服务，保证教学质量达到国家规定的标准。"这就明确指出了培养人才是高等教育的根本任务和高等学校的工作中心，保证教学质量达到国家规定的标准是高等学校必须履行的法律义务。大众化高等教育阶段，由于高等学校为了实现社会、受教育者对高等教育的多种需求和不同要求，它们的目标应该是多样化的。相应的，它们的质量标准也应该多样化，但是都必须达到国家的教学质量标准这一基本的要求。我国自从20世纪90年代开始新一轮高等教育改革以来，高等教育规模得到了快速的发展，步入高等教育大众化阶段。在这一时代背景下，高等学校之间的竞争日益激烈，生存的竞争、教育资源和办学资金的投入的竞争、就业市场的竞争等均日益激烈，这些竞争归根结底都是人才培养质量的竞争。人才培养质量是一所高校综合实力作用的结果，也是学校综合实力的体现。人才培养质量往往依赖于高校自身的教学质量管理体系，依赖于高校的教学管理水平。

---

①　高海生，华东交通大学副校长、华东交通大学高等教育改革与发展研究所所长、教授；刘晓伟，华东交通大学人文学院教师、华东交通大学高等教育改革与发展研究所研究员。

一所学校的教学质量可能形成良性循环,也可能形成恶性循环,一旦形成恶性循环,在激烈竞争中学校就会失去竞争实力,终有一天被社会淘汰。因此,必须真正认识到教学质量是高等学校生存与发展的生命线,要把提高教学质量作为高等教育永恒的主题,不断加强和改进教学质量管理。

数量的发展与质量的提高,是一个世界性的问题,是当前高等教育改革与发展中人们最为关注的问题。一方面人们对高等教育的需求量持续增长;另一方面人们在质量上对高等教育质量的要求越来越高,而且呈多样化特征。接受优质高等教育的要求和实际供给不足仍然是高等教育的主要矛盾,并且在某种程度上更加凸显,这就使质量问题更加突出。我国高等教育从"精英教育"向"大众化教育"的跳跃式过渡,是在原本基础就比较薄弱的情况下进行的,高等教育的资金投入、教育观念、教师数量、教学条件、课程内容、教学管理等都不能适应数量的快速增长,教学质量出现了下滑的趋势,引起了社会各界的关注与思考。因此,如何加强高等学校高等教育质量管理,提高高校的教学质量成为我国建设高等教育强国的核心和关键。

二、大众化阶段高等学校教学质量管理理念

教学质量管理观是人们在特定的社会条件下,基于一定的教学质量价值选择对教学进行有效管理的观念。高等学校教学质量管理观不仅影响着人才培养目标及办学效益,而且也直接制约着高等教育的方法、内容和模式等。而在高等教育大众化时代的特定条件下,我们应从思想上转变对高等教学质量的认识,树立适应大众化高等教育阶段新的教学质量观与教学质量管理观,保证高等教育的持续、健康发展。

1. 特色化的教学质量管理观

特色是高等学校教学质量的重要标志,特色化的教学质量是高等学校生存和发展的重要基石。在大众化教育和需求日益多样化的背景下,高等教育若要取得效益最优化就必须要办出特色,并提倡特色化的教学质量管理观。高等教学质量应该是特色纷呈的质量,高等教育的需求者主要来自用人单位和学生,这两者需求呈多样化、个性化,要求各个高等学校办出特色,在办学、人才规格、学科专业等方面都具有不同的特点,以区别于其他高校。学校要解决好自己的办学定位与发展方向,在人才培养方式、教学过程、教学管理、科学研究、社会服务等方面办出自己的特色;在人才规格上要有不同于其他高校的质量标准,表现为人才的独特性、自主性与创造性;在学科专业上要有自己的优势学科专业,并以此带动一系列相关专业学科群。世界高等教育发展的实践证明,一流大学同时也是特色大学,追求特色

性大学是推进我国高等教育整体质量和水平提高的重要途径。追求特色化的教学质量,达到培养具有特色的人才,就必须有相应的特色化的教学质量管理观念。

2. 多样化的教学质量管理观

1998年在巴黎召开的首届世界高等教育会议所通过的《21世纪高等教育展望和行动宣言》就指出:"高等教育的质量是一个多层面的概念",要"考虑多样性和避免用一个统一的尺度来衡量高等教育质量"。由于社会经济对人才的规格、类型、层次需求的多样化,人们学习需求的多样化,办学形式的多样化,以及服务主体与评价主体的多样化,在大众化教育阶段,如果仍坚持统一式的精英教育阶段的质量标准,显然难以适应社会发展和高等教育自身发展的需要。

潘懋元先生曾疾呼:"高等教育大众化的发展前提是多样化,多样的高等教育应有各自的培养目标和规格,从而也应当有多样化的质量标准。"①培养目标和质量规格是衡量教学质量的制约因素,不同的培养目的所设定的教学质量标准也不同。根据社会发展对人才知识、能力和素质的需要,高等学校的培养目标主要有技术型、复合型以及大众素质型教育目标等;质量规格主要有博士、硕士、本专科等层次及知识、能力和素质方面等具体规格要求。各高校根据教学主体自身的实际情况,来确定本院校的培养目标和质量规格,从而建立相应的教学质量标准体系,加强教学质量管理。因此,建立多样化的质量观与多样化的教学质量管理观成为21世纪高等教育改革与发展的必然选择。

3. 发展性的教学质量管理观

发展的教学质量管理观有两重含义:一是用发展的眼光来加强教学质量的管理,通过管理机制与体制的改革,来解决高校发展中的教育质量。二是教学质量管理观本身就是不断发展与变化的,质量管理必须为高等教育发展服务,以高等教育的发展为核心。精英化高等教育和大众化高等教育由于培养目标与规格不同、社会适应面不同,因而其质量的标准必定不同,教学质量管理观也就不同。高校教学质量管理是一个发展的概念,应该围绕通过发展高等教育来最大限度地满足人民群众的受教育需求这一时代主题来进行。把满足广泛的教育需求,提高人民群众的受教育程度和劳动者的素质,促进经济发展,作为当前高等教学质量管理优先考虑的问题。发展的教学质量管理观,满足了当今社会进步和广大人民群众的需求,符合高等教育大众化的时代主题。

4. 整体性的教学质量管理观

整体性的教学质量管理观主要包括4个方面:一是"全面素质质量管理观"。所谓"全面素质质量管理观"就是为既要达到各层次、各类型高等教育培养出来的

---

① 潘懋元:《高等教育大众化的教育质量观》,《江苏高教》,2000年第1期。

人才都必须达到的一般的基本质量，又要达到高校具体的人才质量标准而进行的教学质量管理。二是“全过程教学质量管理观”，它把教学质量管理贯穿于人才培养的全过程，特别是全过程中的主要环节。人才培养过程中的主要环节，是全过程教学质量管理的关键，忽视主要环节的教学质量管理，会直接影响到整体教学质量的提高。高素质的人才是设计和“生产”出来的，只有保证人才“生产”全过程的工作质量，才能保证最终的人才质量。三是“全方位教学质量管理观”。教学质量包括了教学质量、学生管理质量、社会服务质量、后勤保障服务质量等所有与人才培养质量有关的所有工作的质量。进行全方位的教学质量管理，就是要对影响教学质量的内部与外部因素进行全面的质量控制。全方位教学质量管理观就是要树立对从教学内容与课程体系到教学方法、手段与方式；从教学基本建设到教学工作评价；从师资队伍建设到人事管理制度建设；从校园文化建设到教学环境建设；从管理队伍建设到管理组织与制度建设等方面都进行质量管理的观念。四是“全员教学质量管理观”。所谓“全员教学质量管理观”就是教师、学生、教学辅助人员、教学管理人员以及所有为教学服务的人员都要参与质量管理，做到质量第一，人人有责。从教学质量形成的各环节、各方面入手，把学校制定的各种类型人才培养质量目标，层层分解落实到各部门、各环节直到每个人，并建立各种规范性标准，使全体教职员工重视质量、重视过程，提高全员的工作质量。

三、大众化阶段高等学校教学质量管理的策略

1. 立足校情、科学定位，大众化阶段高校教学质量管理的前提

大众化高等教育条件下教育质量观的重要内容之一就是目标的多样化和质量标准的多样化，那么进行教学质量管理，建立教学质量保证与监控体系就必须符合校情，必须具有学校自己的个性与特色。

高校必须有切合实际的定位。高校科学定位是其生存和发展的重要基石，也是高校教学质量管理的前提与基础。“科学定位”是指各个学校应根据自身发展的历史和现状、优势和特色、国家和地方经济的社会发展需求以及文化和科技发展趋势，在正确办学理念的指导下确定各自的发展目标和发展战略。在人才培养方面也是如此，应该根据社会需求、学校发展定位和战略目标来确定人才培养的目标、规格、标准和模式。

华东交通大学的学校定位就是在总结办学的历史经验基础上，认真分析铁路行业的需要，认真分析江西省的省情与江西省经济社会发展情况，特别是江西省交通运输业发展的需要，认真分析在大众化高等教育条件下受教育者全面发展的需要，考虑学校的实际如建校历史比较短，相当长一个时期隶属于铁道部，相当长时

期办学指导上片面强调为铁路行业服务，相当长时期受封闭保守的办学思想影响，为社会、为江西省服务的意识与联系较少，管理体制由隶属铁道部向中央与地方共建、以地方管理为主转变等，形成了自己的办学指导思想，并进行了科学的定位。在学校目标的定位上，力争到2010年将学校办成特色学科在全国有优势的教学研究型大学；在服务面向的定位上，在坚持原来的铁路行业特色、坚持为铁路行业服务的基础上，更多的是为江西省的区域经济与社会发展服务，突出为江西省的大交通服务；在办学层次上，坚持以本科教育为主，积极发展研究生教育，适度拓展成人、职业、继续教育；在人才培养目标上，以培养应用型专业人才为主，以培养实践能力较强、创新务实的高级专门人才为目标，学生毕业以后主要从事第一线的技术与管理工作。华东交通大学的教学质量管理工作，都是基于这一校情与目标定位而开展的，坚持以教学质量为主线，以提高人才培养质量为目标，建立了具有学校特色的教学质量保证与监控体系，2005年顺利通过国家本科教学水平评估。

2. 强化质量意识，建立全面教学质量管理理念，是大众化阶段高校教学质量管理的保证

高校只有具有强烈的质量意识，进行全面质量管理，大众化阶段的高等教育质量才能得到基本保证。全面教学质量管理理念是教学质量保障与管理体系的重要理论基础，基本核心就是提高教职员工的素质，增强质量意识，通过抓好教学、科研等工作质量来保障和提高教育质量；建立校、院（系）两级教学质量监控和管理体系；完善教学督导制度和教师教学评估制度；学校内部的教学质量由校、（院）系承担，对专业的规划、设置、监控严格把关，并实行审查。学校设立质量监控中心、学术委员会，（院）系也设立相应的职能部门，目标分解，层层把关，及时纠正出现的问题，确保教育质量。

高校党政一把手要亲自抓教育质量，把更大精力、更多财力投入到提高教学质量上来。要健全和完善教育质量管理的各项规章制度，建立用人单位、学生、教师共同参与的教学质量保障机制，确保提高教学质量的要求落到实处。华东交通大学基于全面教学质量管理理念，建立了由校长负责、教务处牵头、院系为基础、制度为保障、各职能部门通力合作、协调一致的教学质量管理工作体系。学校的党政第一把手作为学校教学质量第一责任人，非常重视开展教学质量保证和监控工作，亲自提出建立课题组（获得全国教育科学规划课题）并担任课题组负责人，进行教学质量保证与监控的理论与实践的研究；主管教学的副校长亲自抓教学质量保证与监控体系的构建与运行，教务处承担牵头工作，构成教学质量保证体系的组织系统和保障系统的各单位、各部门在思想与认识上高度统一，具有高度的质量意识与服务意识，共同致力于抓教学质量工作。2006年以来，逐步建立与完善了教学督导工作、期中教学检查、课堂教学质量评估、各级领导听课、教学事故认定与处理、优

秀主讲教师违纪处理、学生教学信息员制度、学生成绩复查、教学档案管理等有关教学质量管理的制度与规范，并建立了由控制要素系统、质量标准系统、统计测量与评价系统、组织系统和保障系统5个子系统构成的教学质量保证与监控体系，实现了目标设定、过程管理、质量监控的一体化。

3. 坚持以人为本、强化专业设置与专业结构，是大众化阶段高校教学质量管理的根本

以人为本，是科学发展观的核心，也是大众化高等教育条件下高校教学质量管理工作贯彻科学发展观的基本要求。高等教育在精英教育阶段，注重学生的理论和专业性教育，大众化高等教育阶段终身教育和终身学习观念不断深入，“以人为本”的教育理念正在形成，“以学生为中心”的教育机制正在成为国际化的教育模式。比如通过实行学分制和弹性学年制，允许学生跨系、跨专业选择适合自己发展的课程和教师，允许学生提前毕业或延长学习年限，进一步修订和完善教学计划，优化课程结构，完善公共课、专业课与选修课的比例结构，实行双学位制、双专业制、主辅修制，拓宽学生的专业口径，增强学生的一次性就业能力和再就业能力，建立能使创新型人才脱颖而出的平台和机制。这些都体现了以学生为本，以培养学生的全面综合素质为本。近年来，华东交通大学以人的全面发展为目标，以适应国家、企业特别是江西省大交通与铁路行业对人才的需求为己任，不断探索并建立了学分制、辅修制、双学士学位制、双专业制、转专业制度等多种个性化人才培养模式，特别是探索出一条独具特色的“三个明确、三个接轨”的国防生培养模式。

学科是高校的基本组成元素，是高校办出特色的基础。按照“优势突出、特色鲜明、新兴交叉、社会急需”的原则，大力推进特色专业建设，并以此为契机，加大专业结构调整力度，使专业设置和专业建设更加符合学校的办学定位、办学优势和办学特色，更加适应经济社会发展不断变化的需要。华东交通大学坚持把学科建设置于学校建设的龙头地位，以学科建设的发展带动其他各项工作。根据人才市场的需要，建立基础牢靠、应变灵活的专业设置机制。结合自身的长期办学传统，形成并提出了“特色兴校”的办学理念。学校以服从服务于铁路行业、瞄准交通运输领域作为自己的办学特色。2006以来，在学科定位上确定了以工学为主、以与大交通有关的学科专业为特色，积极发展支撑学科和相关学科，逐步将学校建成以工学为主、以交通运输为特色的多科性大学，形成与此相适应的学科体系群。

4. 构建统一的质量标准系统与全面的教学质量管理体系，是大众化阶段高校教学质量管理的关键

要保证和监控教学质量，就必须有一整套教学质量的标准与全面的评价体系，特别是各主要教学环节的质量标准。教学质量标准必须符合大众化高等教育条件下科学的教学质量观，符合学校的实际情况，符合学校的定位和人才培养目标。教

学质量标准必须是定性与定量的结合,所有纳入教学质量的各个主要环节都要有明确的质量标准。华东交通大学各主要教学环节的质量标准是在广泛征求广大师生员工特别是广大教师和教学管理人员意见的基础上,结合学校的实际,最后以教学管理文件的形式确定下来的,并形成了《华东交通大学教学管理文件汇编》、《华东交通大学教师手册》、《华东交通大学学生手册》等,使这些质量标准真正成为全校师生员工共同遵循的准则。

另外,必须构建高等教育全面教学质量管理体系。以前,我们较注重教学及学生工作第一线环节对质量的保障与监控,对其他环节关注较少,各环节之间没有形成配套、协调、反馈的循环系统。对此,必须引进企业的全面质量管理理论,以保障和提高教学质量。这体现在高校的人才培养、科学研究和社会服务等主要职能的运作过程,如人才培养过程的基本环节:从招生到在校学习、再到毕业考核、就业,以及用人单位的信息反馈都应该进行质量管理。要将预防与检测、控制结合起来,把教学质量贯穿于人才培养的全过程中,实现在线的、动态的管理和质量控制。

5. 构建学校内部的教学质量监控、评估机制与制度,是大众化阶段高等学校教学质量管理的重点与中心

科学合理的教学质量监控体系不仅可以激励教学工作中人的积极性,同时可以实现教学质量管理的高效化、艺术化,使教学质量持续地提高并进入良性循环轨道,这才是高校优质资源共享健康发展和长期存在的根本保证。在我国现行的质量保障制度中,教学质量控制主要来自外部,政府在高等教学质量管理和保障方面有绝对的权威,其结果是学校本身高度重视外部评价,而忽视自身内部的自我评价,高校普遍缺乏加强教学质量管理的内部动力。从管理学理论角度看,高校内部全体员工自觉的质量控制才是持久的,仅依靠外部的质量监控是很难保障其教学质量的。

首先,建立和完善高校内部的教学质量保证与监控体系。教学质量监控应以校、院(系)教学工作、教师教学质量及学生学习质量监控为主要内容。校、院两级教学工作监控主要包含教学培养计划执行情况、教学工作中各项建设(专业、课程、实验室、教材、师资队伍建设等)情况,管理制度及文件的制定情况及管理水平等。教师教学质量监控主要包括课堂教学质量和实践性环节的质量情况、教风情况、学术水平等。学生学习质量监控主要包括学风情况、能力、素质等。教学信息的收集、整理与分析是教学质量,保证与监控体系的一个重要工作环节,也是整个教学质量保证与监控工作的基础。所获取的信息、资料与数据应能够准确地反映学校教学工作状态和教学质量的基本状况。华东交通大学收集的信息、资料与数据主要有教师的教学质量、学生学习效果、学生的就业情况、教学教学资源配置和利用状况、教学规章制度的执行情况以及教学过程设计状况等一些基本能够反映学校

的整个工作状态与教学基本状况,并在此基础上建立校院两级的督导制度、干部听课制度、学生信息员制度、教学检查制度等监督系统,最后由教务处把全校的教学信息进行整理与统计分析。

其次,建立学校内部的教学评估制度。通过学校内部的教学评估,不仅可以判断学校教学工作的社会价值的高低,而且还可以获得教学系统的输出信息,建立信息的反馈渠道,使教学工作系统真正成为一个循环系统。评估联系了教学质量,保证体系的各个工作环节,是整个教学质量保证与监控体系的中心。但一个学校的评估要抓住学校教学工作的重要问题,突出重点。华东交通大学根据自身的教学工作情况,制定了一整套的评估方案(包括评估指标体系与评估实施方案),重点抓好学院教学评估、专业建设评估和课程建设评估三种学校内部的经常性的评估工作,并将其规范化、制度化。抓住教育部2005年对华东交通大学本科教学工作水平评估的契机,构建了学校的教学质量监控、评估体系,并且建立了独立于教务处的教学质量评估中心。通过建立周期性的定期评估制度,使各项教学评估工作可以持之以恒地进行,使学校师生员工真正牢固确立起质量是高等教育生命线、教学是高等学校中心工作的意识,以保证教学质量的不断提高。

参考文献:

[1] 张安哥.教学质量保证与监控体系的理论与实践.北京:北京交通大学出版社,2004.

[2] 孙建恒.试析高等教学质量管理存在的问题及对策.国家教育行政学院学报,2007(5).

[3] 房　海.高校本科教学全面质量管理体系的构建与实践.中国高教研究,2007(5).

[4] 刘群志.论高等教育大众化阶段的教育质量保障.黑龙江高教研究,2005(10).

[5] 彭未名.大众化阶段:高等教育质量保障的发展态势.黑龙江高教研究,2005(8).

[6] 郑南宁.高等教育大众化阶段提升教育质量需从多方努力.中国教育报,2008-1-11(3).

国外大学发展战略规划对我国地方高校规划工作的几点启示

——以美国罗德岛大学发展战略规划为例

朱正亮　龚发云　陈子珍①

摘　要：21世纪是充满变革与希望的世纪，面对新的机遇与挑战，地方高校如何根据自身的历史背景、所处环境、学科特色、资源结构等实际情况，通过现状分析和对竞争对手的认识，制定既立足国情又符合校情的发展规划具有重要的现实意义。美国高等院校在制订发展规划方面起步较早，本文引介罗德岛大学发展战略规划在规划理论、规划与院校研究等方面丰富的经验，供我国地方高校思考借鉴。

关键词：罗德岛大学；地方高校；战略规划；发展；规划

当今世界，科学技术日新月异，大学教育、科技、经济一体化的趋势日益加强。不断发展的环境变化，使大学的运作处于一种更加充满活力的竞争之中。面对新的机遇与挑战，地方高校如何根据自身的历史背景、所处环境、学科特色、资源结构等实际情况，通过现状分析和对竞争对手的认识，制定既立足国情又符合校情的发展规划具有重要的现实意义。

20世纪50年代，美国的高校就开始了以制定院校中长期发展规划为标志的战略理论研究与实践经验总结。经历了50年代的权威性年代、60年代定量技术年代、70年代实用主义年代和80年代至今的前瞻性战略年代，美国的高等教育实现了从单一的精英阶段走向以多样化为主要标志的普及化阶段，高等教育从社会的边缘进入社会的中心，成为美国经济的强大引擎。本文以罗德岛大学发展规划为例，介绍美国高校在制定高校发展战略方面的丰富经验，来指导我国地方高校科学制订发展规划，促进高校又好又快地发展。

---

① 朱正亮，湖北工业大学党委书记、研究员；龚发云，湖北工业大学发展规划处处长、教授；陈子珍，湖北工业大学发展规划处主任科员、经济师。

一、美国罗德岛大学发展规划介绍

(1) 罗德岛大学简介。该校是一所4年制公立综合大学,位于罗德岛金斯顿市,成立于1892年。学校有9个学院,学术声誉全美排第120名,被《美国新闻与世界报道》评为三级国家级大学,《纽约时报大学指南》给予两颗星的学术评价。2008年《美国新闻与世界报道》评价的全美最好大学中,罗德岛大学位于全国性大学第三层级。在上海交通大学世界大学学术排名中位列第305~402位间。该校地球科学专业2008年在美国大学排名第43,机械工程专业排名第82,生物科学专业排名第136。

(2) 罗德岛大学战略规划。该校战略规划期为期三年,历经了2000—2003年"平衡使命与资源"的战略规划、2003—2006年"衡量进展"战略规划阶段,以及2006—2009年"转型步骤"的战略规划。2006—2009年战略于2005年10月20日由教师评议会签发;2005年11月1日校长批准;2006年1月23日高等教育董事会批准。该规划结构相对简单,内容清晰明了,分愿景、使命、组织价值观和4项战略行动计划等部分。

① 罗德岛大学愿景。在知识的渴求中力求建立一种新的学习文化,激发我们的创造力,并为我们把学生培养成为有创造性的领导者提供有利的条件。我们的研究、质疑、创新为罗德岛、全国乃至全世界服务。

② 罗德岛大学使命。我们的学生、员工及校友拥有同一个目标诉求,那就是共同学习和一起领先。我们培养的各类人才以及从事的研究工作,为罗德岛及其他地区提供服务。我们重视以下4个方面:创造力和学术成就;差异、公正和尊重;全身心地投入学习;德才兼备的领导才能。

③ 组织价值观念。我们相信以下7点:一是教学、研究、服务做到优秀而有特色;二是提供差异、公开和公平的宽松环境;三是培养优秀的学生;四是运用学习成果和考核来获得知识;五是承诺给学生提供一个接受高等教育的机会;六是校园建设体现学校可持续发展、审美观点和追求进步的承诺,创建一个新英格兰式的大学环境;七是坚持服务地方的传统。

④ 4项战略行动计划。该校从扩大招生规模,提高人才培养质量;改善大学的财政状况;创建一个更加宽松的环境;提高科研服务社会的效率及效果4项战略行动计划着手,分解战略目标,明确战略举措,确定衡量标准。切实做到了发展战略明晰化、具体化,保障战略目标的具体落实。

二、罗德岛大学发展战略规划的特点

(1) 重视规划,明确方向。美国罗德岛大学的战略规划工作是由规划服务与专业发展办公室下设的联合战略规划委员会开展的。委员会由校长任主席,有4位分管不同工作的副校长参加,成员由校长任命,包含有教师、学生和员工代表。学校坚持以规划为导向,从根本上保证学校人力资源、学术规划、学术事务、资金筹集等方面的工作,服务于学校整体战略目标。

(2) 集思广益,服务地方。该校战略规划具有开放性,注重听取多方面的声音。通过出版物、新闻报道、广告、特别活动以及其他宣传形式,使众多不同的公众获得该校的信息并参与到学校发展中来。由此产生的规划与高等教育董事会提出的目标和任务以及罗德岛高等教育委员会、代表大会及州长表达的本州愿景始终保持一致。

(3) 目标清晰,始终如一。罗德岛大学持续发展的一系列战略规划,都围绕着建设一个什么样大学的来分阶段、有目标、有步骤地进行组织并实施。每个战略规划下都有明确的行动计划,从不同的角度制定战略举措及衡量标准。这些细化的具体目标对学校战略总目标形成了有力的支撑,使学校的整个战略规划成为一个有机整体。

(4) 加强监督,及时修正。该校联合战略规划委员会负责监督大学战略规划的发展过程,适时根据战略进程的控制与反馈,对战略目标、重点、举措作出适时调整。修改后的规划过程将大学高级领导层与教师评议会领导、学生会代表和大学员工召集在一起,共同协作,引导学校的可持续发展。

三、对我国地方高校发展规划制定工作的几点启示

美国学者寇普认为,大学战略规划"是一种开放的系统论,指引院校之舟在前进的道路上顺利通过变化多端的环境;它是一种行为,对未来外部环境状况可能引起的问题预先提出解决议案;它也是一种手段,在持续的资源竞争中争取有利的地位。它的主要目的是把院校的前途和可预见的环境变化联系起来,使资源的获得快于资源的消耗,从而能够成功地完成院校的使命"。在高等教育市场日益激烈的竞争环境中,地方高校只有制定出科学有效的发展规划,辅之以相应的领导权威和组织文化,才能真正提高高校的核心竞争力和实现可持续发展,为地方经济社会的进步与发展作出应有的贡献。罗德岛大学发展战略规划的引介将对中国地方高校科学制订发展规划具有积极的借鉴意义。

（一）明确规划是学校科学发展的前提

“凡事预则立，不预则废。”发展规划作为学校一种未来导向的目标设定和行动方案，在高校内部管理中发挥着行为导向、资源分配、决策协调、参与动员和效率评价的作用。制订规划是手段，科学发展是目的。地方高校只有重视规划工作，抓好顶层设计，推行战略目标管理，充分发挥规划的导向作用，才能不断提高学校领导班子谋划未来、引领发展、驾驭全局的能力，真正提高学校宏观调控水平。

（二）制订规划引领学校科学发展

不可否认，大学校长在战略规划制定过程中发挥着不可替代的领导作用。校领导直接参与到学校发展规划制定过程，本身就是一个对学校使命和愿景的认识过程，通过对学校的优势、劣势、面临的机会、挑战进行现状分析，提出未来一个时期的（一般是5～10年）目标任务与发展思路，围绕“建设一个什么样的大学”和“如何建设这样的大学”的问题，逐步明确和凝练学校的办学指导思想、总体目标、办学思路、办学定位、发展战略等方向性、原则性的重大问题，从长远发展、事业全局和顶层设计上，明确了学校发展的方向和办学道路，引领学校科学发展。

（三）规划目标内化为学校发展的动力

目前我国地方高校普遍实行的是“1+X”规划，“1”代表学校的事业发展规划，“X”是学校根据自身发展的需要制定的专项规划，如学科建设、科技创新、队伍建设、校园建设等。制定专项规划的目的是为实现学校的事业发展规划服务，每个专项规划必须支持学校事业规划中至少一个目标的实现，或为其实现提供条件。学校发展规划部门要建立规划目标的衔接机制，引导学院朝着学校既定的规划目标发展，以此促进学校总规划与专项规划、总目标与分目标之间的有效对接。有了明确的发展目标，才能让员工的激情与能力做到有的放矢，充分发动每一位员工为实现学校的整体目标而努力奋斗。

（四）规划执行是一个动态的过程

实施学校发展规划的过程是一个不断“行动—反思—再行动—再反思”的循环往复，是一个指引学校不断走向成熟的过程。高校发展规划是对未来发展的部署和安排，由于未来变化多端，难以完全准确预测，在执行过程中也难免会受政策及环境的变化、实施者的主观因素变化、规划本身设计缺陷等许多不确定性因素的影响或制约。校领导及规划部门应及时对学校发展规划内容和实施举措进行必要调整，在进行规划调整的时候，需要密切关注国内经济环境、政策变更、竞争对手发展，以及国内外高等教育的发展动态，并及时将调整结果细化到各级组织和部门工作计划中去，从而开始一个新的实施计划，以推进学校整体规划的有效实施。

参考文献：

[1] http://www.uri.edu/pspd/ps_jspc.php.

[2] http://www.uri.edu/pspd/planserv/masterplan.
[3] 杨　嫣.美国六所研究型大学战略规划研究.上海交通大学,2008.
[4] 刘志民,杨友国.大学发展规划的衔接、评估与控制探索.国家教育行政学院学报,2008(3).
[5] 陈建华.如何制定学校的发展规划——西方教育发达国家的SDP项目及启示.全球教育展望,2004(4).
[6] 楚江亭.学校发展规划:内涵、特征及模式转变.教育研究,2008(3).

经验·理论·流派

——《西方当代教育管理理论流派》读后①

关仲和②

摘　要：科学主义教育管理理论、人文主义教育管理理论以及自然连贯主义教育管理理论有着明显的哲学基础，其主要研究内容是学科论与知识论、组织与管理理论、领导与决策理论、培训理论等。对西方当代教育管理理论的评介，使我们进一步认识到，高等教育管理要处理好经验与理论、理论与流派的关系，要静下心来，联系中国教育管理理论的实际，在科学的基础之上，从事艰苦细致的理论研究和实践探索，形成、建立和发展具有本土特色的相对独立的教育管理理论体系与流派。

关键词：高等教育管理；理论流派；科学基础

问思教育深层次问题，当然包括教育管理和高等教育管理。这里既有行政管理，也有院校管理。为了把问题想得更清楚、弄得更明白一些，于是就翻阅了几本教育理论的书籍，孙锦涛教授、罗建河博士所著《西方当代教育管理理论流派》（以下简称《理论流派》，若无特别注释，本文引文均出于该书）就是其中印象较为深刻的一本。由于长期从事高等教育的管理工作，接触更多的是具体事务，缺乏理论学习和研究，也就造成了阅读和理解的困难。但尽管如此，笔者还是有了一些肤浅的感受。

一、西方当代教育管理理论的发展与流派

一般认为，现代管理科学起源于以泰勒的《科学管理原理》为代表的科学管理理论。其产生的背景之一是，19 世纪末至 20 世纪初，传统手工业的经验式管理思想和管理方式无法适应大工业生产的需要。科学主义的管理思想就是为适应大工

① 北京信息科技大学高教研究室马丁老师对本文作了细心修订，特致谢。

② 关仲和，北京信息科技大学原副校长、研究员。

业生产对科学管理思想和管理方式的需要而产生的。① 教育管理理论与流派的形成与发展无疑受到了科学主义的管理理论很大的影响。

通过作者在书中的介绍,我们知道西方近一个世纪,特别是近半个世纪以来教育管理理论研究所关注的问题与争论,主要是围绕科学主义和人文主义的观点而展开的,从而也就形成了科学主义教育管理理论、人文主义教育管理理论以及为调和两者而形成的自然连贯主义教育管理理论。西方人文主义教育管理理论又有主观主义教育管理理论、教育管理价值理论、教育管理批判理论、教育管理文化理论和后现代主义教育管理理论等流派之分。

这不禁使人联想起华东师范大学陆有铨教授1993年撰写的《西方教育哲学》一书所介绍的西方教育哲学流派:进步主义、要素主义、永恒主义、改造主义、新行为主义、存在主义、分析教育哲学和当代西方"新马克思主义"教育观等。② 对此,钟鸣在《教育哲学滋养深层教育智慧——当代欧美教育哲学流派管窥》一文中又提出"当代欧美教育哲学流派主要以5种哲学为基础:理想主义、现实主义、人文主义、实用主义和经验主义"③的观点。

这些给笔者这样一个教育实践者以强烈印象:欧美西方国家在教育哲学以及教育管理上不仅有较为完整的理论体系,而且流派繁多。这里值得问思的问题是:繁多的教育理论流派与大学的变革与发展是否存在着正相关关系?教育管理理论的繁荣对高等教育的发展发挥了怎样的推动作用?这些都值得做进一步的研究。

二、西方当代教育管理理论的主要研究内容

《理论流派》一书的作者在"导论"中说:"在研究内容上,西方当代教育管理理论流派在理论研究上虽然各具特色,但大体上都是围绕学科论与知识论、组织管理论、教育管理领导论和培训论等几个方面来展开论述的。"从该书的目录结构和对各理论流派的评介分析看,全书写作也是按照以上几个方面展开的。所以据此我们可以认为,西方当代教育管理理论流派的主要研究内容是:学科论与知识论、组织与管理理论、领导与决策理论、培训理论等。有的理论流派还有价值分类学、组织文化理论等内容。这使我们能够对西方当代教育管理理论流派所关注和研究的内容有一个大概的了解。

在西方当代教育管理理论的三个主要流派中,"科学主义的管理理论发轫于泰

---

① 孙锦涛,罗建河:《西方当代教育管理理论流派》,重庆大学出版社,2008年。

② 陆有铨:《西方教育哲学》,河南教育出版社,1993年。

③ 钟鸣:《教育哲学滋养深层教育智慧——当代欧美教育哲学流派管窥》,《中国教育报》2008年11月15日(3)。

勒等人的科学管理理论而形成于西蒙的实证主义的管理理论”。“科学主义教育管理理论流派关注组织及其结构，关注人的理性特别是认知理性方面的不同”，倡导的是管理研究的“去价值”，将管理“技术化”，其“最大的贡献就在于提出了决策是管理的核心”。

人文主义教育管理理论与“霍桑实验”及人际关系学说有着内在的联系，其更加关注人，关注人的非理性方面，如人的意志和情感等。在关于理性的论述中，人文主义者更关注价值理性和伦理理性，表现出对人的因素、人的重要性的特别关注，认为不能离开人来谈组织的管理与决策，应该重视人的价值和伦理理性在管理与决策中的作用。

由于人文主义教育管理理论最终走过了头，在其知识论和认识论基础上过于夸大了认识的主观性，因而导致了不满，促使一些学者另辟蹊径。他们提出了建立在对知识的整体性与人的脑神经活动，及其对人的认知活动产生影响的系统分析基础上的自然连贯主义教育管理理论。该理论试图从改造科学主义教育管理理论和人文主义教育管理理论的知识论基础入手，实现这两大流派的理论整合，从而使教育管理学成为一门既不同于科学主义的教育管理理论，也不同于人文主义的教育管理理论的整体合法的科学。

读完孙锦涛教授、罗建河博士对西方当代教育管理理论流派的评介后，很自然地就关心起国内教育管理理论的现状和问题来。从笔者查阅到的文献资料看，一些是“论文集”，一些是“管理学”和“管理学教程”。仅对目录稍作浏览就会发现，西方教育理论所涉主要问题与我们的“学”和“教程”还是有着许多差异的。一是架构体系。以某“管理学”为例，其目录主要是：高等教育管理的本质特征、高等教育管理的规律性和基本原则、发展观和高等教育的发展方针、高等教育发展战略与规则管理、高等教育体制、市场机制对高等教育管理的作用、政府对高等教育的宏观管理、高等学校面向社会自主办学、高等学校内部管理体制改革、高等学校的领导与决策、高等教育管理者的职能和素质等。二是理论基础与支撑。以某“管理学教程”为例，只在其中一章中介绍了现代管理理论的四大基础和与高等教育管理相关的若干理论与原则，而将“高等教育院校的教学管理、人事管理与财务管理”和“高等教育院校的若干热点问题”单独列章；全书篇幅约 1/3 是“美国著名大学教育相关学科及机构介绍”。三是关于管理科学的定义。国内管理科学界一方面普遍认可“科学管理之父”的“泰勒制”以及泰勒的基本观点，可一方面对现代管理理论的界定却变成了“以‘系统理论’、‘决策理论’、‘管理科学理论’等学派为代表，其特点是以系统论、信息论、控制论为理论基础，应用数学模型和电子计算机手段来研究解决各种管理问题"①。这里尤其看不到西方当代教育管理理论流派明显的以至不可或缺的哲学基础和哲学主张。

笔者曾在《大学管理中的几个问题》中涉及大学泛行政化倾向、软环境建设和学生在大学中的地位等三个问题②,实际上是更多地从感性上对所见所闻之事予以关注和描述,远没有从理论上进行剖析与探究。我们现在需要的恰恰是有研究气质的教育实践者和有实践精神的理论研究者对大学管理作深层次的问思与研究,以推动高等教育的变革与发展。

三、西方当代教育管理理论流派有着明显的哲学基础

就像教育理论中的教育哲学一样,西方当代教育管理理论流派有着明显的哲学基础,或者哲学主张与哲学背景。这种哲学气质在《理论流派》一书中处处可见,譬如,作者在"导论"中就是按照教育管理理论产生背景及过程上的特点、内容上的特点和哲学基础上的特点等三个方面来分析其主要特色的。

"科学主义教育管理理论的哲学基础是实证主义",它是在形而下的理性哲学即实证主义哲学开始抬头、形而上的理性哲学开始走下坡路的哲学发展背景中产生的。"西蒙的管理理论处于科学管理的形成阶段而且还具备实证主义的哲学基础。"西蒙的"科学知识论就是实证主义哲学主张的知识观,即理论是对事实的抽象,而且这种理论只有靠事实才能检验"。

"人文主义教育管理理论观主要是以主观主义的哲学作为哲学基础的。""到20世纪70年代,具有不同哲学背景的人文主义学者对科学主义的管理理论提出了全面的挑战,形成了与科学主义教育管理理论流派相对立的人文主义教育管理流派。""'格林菲尔德的革命'也有着社会历史与哲学理论逻辑上的必然性";19世纪末尼采意志哲学的产生、非理性哲学和存在主义哲学的长足发展,都对主观主义教育管理理论最卓越的代表——格林菲尔德的教育管理思想的形成有着重大影响。

"后实证主义和自然主义哲学是这种新科学主义教育管理理论(即自然连贯主义教育管理理论)的哲学基础。"

这里一个值得重视的现象是西方近一个世纪,特别是近半个世纪以来关于教育管理理论的争论,也使许多哲学流派卷入其中,譬如实证主义、主观主义、批判主义、自然主义以及后现代主义;"各个哲学流派也主要是站在科学主义和人文主义

---

① 百度百科:《管理学科》,转引自 http://baike.baidu.com/view/576723.htm。

② 关仲和:《大学管理中的几个问题》,《国家教育行政学院学报》,2007年第12期。

的立场,以及为调和这两种立场上来阐释各自对教育管理的哲学主张”。我们不禁要问、要思:哲学基础与西方教育理论、教育管理理论有着怎样的关系?为什么西方教育理论、教育管理理论有着如此鲜明的哲学背景与主张?我们又是怎样的情况呢?

值得期待的是,中国高等教育缺乏明确的哲学思想指导、缺乏教育哲学的意识与自觉的问题,已经引起了研究者们的关注,并且在高等教育理论研究和改革实践以及大学管理的研究与实践中得到重视,有关研究成果也已开始多起来,不断见诸报刊。譬如:李盛兵教授的《从高等教育哲学到院校哲学——寻找面向院校实践的哲学指导》、钟鸣的《教育哲学滋养深层教育智慧——当代欧美教育哲学流派管窥》、钟能文的《以哲学方式问思教学方法》①以及钟勇为的《对大学教学改革取向的哲学思考》②等。

四、教育管理理论要建立在科学的基础之上

在经验与理论的关系上,经验虽然来自于实践,是实践活动的一种总结和概括,但不能简单地把经验等同于理论,从这个意义上说,理论是超经验的。

西蒙始终强调管理理论要建立在科学知识论的基础上。他和格林菲尔德认为,泰勒等人的著述及其“知识是科学的,并将他们的管理智慧用‘管理原则’的形式加以表达”的,这些理论“确实比传统的经验管理先进得多”,“但他们所追求的真理主要是依据自己的见解和推断而不是建立在科学的基础之上的”,“主要是对自身实践经验的总结而不是通过科学研究所得出的理论”。而在教育管理领域,“直到20纪40年代以前,人们主要还是凭着经验对教育进行管理,大学中所讲授的教育管理学主要还是如何当教育行政官员和如何当校长的经验汇编”。

“泰勒制”的管理原则有些被用于教育管理并对教育管理产生过影响,科学主义教育管理理论的产生也可以追溯到泰勒的科学管理理论及其实践;而人文主义教育管理理论则与“霍桑实验”有着内在的联系;自然连贯主义教育管理理论“将逻辑经验主义关于知识与确证的4个假说进行了修正,以作为判定教育管理理论的科学性的依据”。其中假设4是“经验的价值负载性与观察的理论负载性”。它认为“在事实与价值之间没有十分绝对的界线”,而其“科学性不仅在于经验上的充足性,还要具有连贯性、全面性、简明性、多产性、解释的统一性和可学习性等超经验的属性”。

---

① 钟能文:《以哲学方式问思教学方法》,《中国教育报》2009年2月19日。

② 钟勇为:《对大学教学改革取向的哲学思考》,《国家教育行政学院学报》,2009年第4期。

既然经验不等于理论，理论是超经验的，那么我们的教育管理者和教育实践者就不能满足于经验和经验的总结，就不能只依据自己的见解和推断来进行管理，就要学习和研究教育理论和教育管理理论，就要做有研究气质的教育管理者和教育实践者。既然理论来自于实践和经验，那么我们的专家学者就要做有实践精神的理论研究者，不能满足于搞些“经验汇编”和“论文集”，不能满足于只是系统地介绍和客观地评价旁人的理论与流派，而要密切联系我们的实践与经验，尤其要重视教育管理理论的哲学基础，要形成、建立和发展具有本土特色的相对独立的教育管理理论体系和流派。

在理论与流派的关系上，没有流派的理论是不会繁荣的。

理论流派问题也是《理论流派》一书给予笔者的一大启迪。理论流派繁多是笔者的第一个感受。笔者尤其想问思的是理论流派与理论繁荣之间到底存在怎样的关系。

笔者曾听一位院士说过，要评价一所大学的办学水平和学科建设，只要问问他们有没有学派就清楚了(大意)。这里的学派可不可以理解为学术流派，或许可以认为学派即流派。因为学派和流派都不是争权夺利的宗派，它们只是学术上的不同意见而已。事实上，在教育变革和发展的实践中存在各种不同的做法与方案，在教育理论和思想观念上存在各种不同的见解与推断，但它们还不能等同于理论流派。理论流派是不同观点与认识的更高层次或阶段，它们应该自成体系，应该有明显的理论支撑和哲学基础。

没有学派或者流派的问题，既有近亲繁殖带来的学生对老师的敬畏，也有理论工作者缺乏静下心来联系中国教育管理的实际，从事艰苦的理论研究，超越经验和实践，在分析、提炼各种不同的做法与方案、各种不同的见解与推断的基础上形成相对独立的理论体系的精神与定力。就像没有学派的大学是不可能建成和接近世界一流大学一样，没有流派就不会有教育管理理论的繁荣。同样，我们要在国家的扶持、社会的关心、大学的努力下，建立和形成中国学派的教育理论体系的同时，发展中国的教育管理理论与流派，以繁荣我们的教育管理理论与实践。

以上所谈的感受只是笔者个人的见解与推断，即在教育管理上要处理好经验、理论和流派的关系。当然，中国有中国的现实，西方的东西也不一定适合我们的实际。但是，笔者以为，如果关于教育管理理论要建立在科学的基础之上，要建立在实践与经验的基础上，要通过科学研究建立和形成具有本土特色的理论体系与理论流派这个基本认识能够成立，那么也就可以称得上是读书有得了。

Ⅲ 现代大学制度与运行机制

地方大学实行“专家治校、教授治学”模式的建构路径与难点探析①

金红梅　刘红琳　韩占生②

摘　要： 随着高等教育大众化阶段的到来，大学的管理方式发生了巨大的变化，传统的“教授治校”或“校长治校”模式已不能适应时代的要求，“专家治校、教授治学”应成为现代大学的理想治理模式之一。本文探讨了地方大学建立“专家治校、教授治学”的校内治理模式的必要性、可行性、技术路线和可能面对的困难，以期为我国现代大学制度的创新提供理论和经验上的参考。

关键词： 现代大学制度；大学治理模式；“专家治校、教授治学”

大学治理，即大学内外利益相关者参与大学重大事务决策的结构和过程，它是大学内关于权力配置和行使的制度安排，是现代大学的一项核心制度③。大学治理模式与大学本身一样，是多层次、多样化的，在不同制度安排背后体现的是不同的理念或价值选择。因此，如何构建一个适应社会发展要求、符合本国本校实际的大学治理模式，是我国现代大学制度建设的根本任务。本文主要探讨地方大学建立“专家治校、教授治学”的校内治理模式的必要性、可行性、技术路线和可能面对的困难，以期为我国现代大学制度的创新提供理论和经验上的参考。

---

① 本文为全国教育科学“十五”规划重点课题“我国‘现代大学制度’建设的创新方向与体系架构研究”（项目编号：DIA050141）的子项目的研究成果。

② 金红梅，高等教育学博士；刘红琳，北京石油化工学院教务处处长；韩占生，北京石油化工学院副校长。

③ 郭卉：《反思与建构：我国大学治理研究述评》，《现代大学教育》，2006 年第 3 期。

一、问题的提出

“专家治校、教授治学”作为高校内部的有效管理模式，是在大学校长领导下，专家与教授各有分工、联合治理学校的模式。它包括两层含义：一是在大学内部事务的管理中，以校长为代表的管理专家和以教授为代表的教师分工而治，专家主要负责治校，教授主要负责治学；二是管理专家和教授代表联合起来，在校长的领导下对大学内部事务进行共同管理和决策。随着高等教育大众化阶段的到来，我国地方大学实行“专家治校、教授治学”模式的必要性与紧迫性有以下三点。

1. 时代和环境的变化使传统的教授治校模式的局限性日益凸显

“教授治校”是源于中世纪巴黎大学的一种传统大学内部治理模式①，强调由教授集体全权管理大学和大学内部事务。教师们既是决策者，同时又承担决策的执行与监督任务。在大学规模和事务都有限的情况下，“教授治校”有利于弘扬学术精神，调动广大教师开展学术的积极性、主动性和创造性，因而曾是许多发达国家大学内部治理的主要模式。但20世纪以来，这种“教授治校”的理念受到了巨大的冲击和挑战。随着大学规模的膨胀、管理幅度的增大、组织结构的复杂，其内部管理的难度越来越大，非专门化人才难以胜任。再加上由于功能的拓展，大学需要频繁地接触外部社会去筹措经费、进行产学研合作等，这也造成了专攻学术的教授们在处理内外部事务时的忙乱。

“专家治校、教授治学”模式提出的理论依据是马丁·特罗的高等教育大众化理论。马丁·特罗指出，随着学校规模的扩大及功能的复杂化，大众化高等教育不仅需要行政管理人员与教学脱离成为专职的人员，而且为了缓解财政压力、实现有效管理，高校需要任用越来越多的管理专家，如系统分析学家和规划预算专家，通过理性的大学管理，提高高等教育的产出效益。② 简而言之，高等教育规模的扩张对大学内部管理提出了专业化分工的要求，管理人员的专业化成为现代大学管理的重要方向。而教授则主要担负起教师和学者的本职工作：教书育人、科学研究和参与决策。可见，由于时代和社会环境的变化，中世纪大学的“教授治校”模式已不能适应新的教育形势的需要，“专家治校、教授治学”两者分工而治，才是顺应时代潮流的合理选择。

2. 现有的校长负责制存在诸多弊端

目前，我国地方大学的校长作为强有力的行政长官，代表主管部门来行使权

---

① 田联进：《教授治校与校长治校探析》，《教育评论》，2006年第6期。

② 马丁·特罗：《从精英向大众高等教育转变中的问题》，《外国高等教育资料》，1999年第1期。

力,校党委通常把握的是学校办学的政治方向,参与决策学校重大的行政和学术事务。学校一般都下设学院或系,其负责人由党委和校长委任,对校长负责。这种校长负责制具有明显的优点,但也存在一些弊端。比如,由于大学的校长和党委书记都是由政府部门自上而下任命,而非面向社会广泛竞聘产生的,由此产生的校长和党委书记,能满足既懂教育、学术上超群而又懂管理者寥寥无几。现在地方大学的校长,大多是某一专业领域的专家,在任校长之前在学术上也有一定的知名度和影响力,但谈到抓教育、搞管理则未必是其所长。这也不是地方大学所独有的现象。在现在的中国,大学校长绝大多数都具有一定的学者头衔或身份,他们身兼学者与管理者双重职务,被人们称为"双肩挑"①。随着高教大众化阶段的到来,大学的内外环境发生了很多革命性变化,这种"双肩挑"已经日益凸显其制度性的缺憾,因为今天的大学不同于几十年前的大学,现在大学校长面临的任务更为艰巨,困难也更多,这不仅要求校长们将大部分的时间、精力用于处理学校公务,而且对校长的管理水平提出了更高的要求。在这种情况下,如果不对校长身份进行重新定位并进行相应的制度性调整,将严重制约大学的改革和发展。

"专家治校"强调大学校长及其管理层的专业化,认为一个大学校长群体更应是一些对高校发展战略规划、财政预算与编制、行政管理、教学运行、公共关系等方面内行的管理行家,这是一个职业化、专家型的管理群体。可见,与传统的"教授治校"模式相比,"专家治校"强调的是以校长为代表的管理人员群体的专业化、职业化。而与目前高度集权的"校长治校"模式不同的是,它不认为校长作为个体有权来管理大学的主要事务,而是强调由专家团体来共同对大学事务进行管理和决策。这是由校长统领、发挥专家作用、强调广泛参与的民主治校模式。可见,"专家治校、教授治学"模式的实质是民主管理,是尊重知识、尊重人才,并让各类人才发挥最大价值和作用的模式。

3. 已有的高校内部管理体制改革没有从根本上解决问题

近10年来,我国高校的内部管理体制改革以人事制度和分配制度改革为突破口,以理顺关系、转换机制、调整和精简机构、增强学校内在的办学活力等为目标,在定岗、定编、全员聘任制以及岗位津贴制等方面进行了积极的探索,并取得了一定的成效。但这些改革的落脚点主要还是提高效率,而从推行高校内部管理的民主化和专业化方面,主动进行的优化学校内部治理结构的深层次改革还很少触及。

体制改革的结果一定是要有利于提高人的积极性、创造性。对于大学的发展来说,教师队伍和管理职员队伍是不可缺少的两翼,应该让这两支队伍都有明确的

① 李树:《现代大学校长身份的定位——职业管理者》,《教育研究》,2005年第5期。

发展和努力方向。但现实地讲，这两支队伍的发展是不平衡的。高校对教师的聘任、考评、管理等方面已形成了一套比较完善的和可供国际比较的制度，教师可通过自身的努力从讲师晋升到副教授、教授。而在高级管理职员队伍专业化建设方面还鲜有系统的思考，为人诟病的问题也最多。这主要表现在：(1)在学校高层管理人员(副校长层)的聘任上，主要还沿用类似政府官员的选聘办法和考核内容。(2)在学校职能部门中层领导干部的选拔和聘任上“双肩挑”现象严重。一些地方院校由于人才短缺等原因，校领导往往喜欢选拔一些优秀的骨干教师到行政管理部门从事管理工作，并保留他们的教师编制，让他们同时承担教学科研任务。但人的精力毕竟有限，“双肩挑”容易导致两边的工作都没有做好。同时由于“双肩挑”现象的广泛存在，致使高校中学术组织(如学术委员会等)的成员大多是校院两级行政权力的代表，普通教授和教师仍然缺乏参与学校学术管理的权力和机会。这实际上造成了学术管理在许多层面上已被行政管理所代替。① 这个现象在地方大学尤为突出。(3)普通管理职员的职业生涯发展路径不明、专业化路径不畅的问题还很严重，致使他们从动力上缺乏安心钻研管理、做管理专家的意愿。许多大学在制定针对学校管理人员的聘任办法时，对受聘资格规定得比较宽泛，一般只有学历层次要求，而没有专业素质要求，这在客观上就造成了学校管理工作业务性不强、谁都可以干的假象。显然这在很大程度上制约了高校管理队伍素质的提高和专业化建设进程。

总而言之，随着高等教育大众化阶段的到来，大学的管理方式发生了巨大的变化。在大学内部，继续坚持对大学校长们和高中级管理人员用教师兼管理者身份定位的方式，已不再适应现代大学发展的要求。大学需要有专门的职业管理人员来处理高等学校与外部的沟通、协调关系，并与以教授为代表的学术力量、学术权力一起共同面对社会，共同把握高等学校的发展方向。本文认为，在这种背景下，“专家治校、教授治学”应该是我国地方大学适应形势发展的一种比较理想的校内治理模式。

从实证研究的角度来看，国外有学者调查发现，教授参与管理学术事务的程度越高，学校的业绩表现就越好；而教授参与管理行政事务的程度越高，学校的业绩表现就越糟糕。② 这也从一个侧面说明了“专家治校、教授治学”模式在现代大学中存在的合理性。

---

① 张德祥：《高等学校的学术权力与行政权力》，南京师范大学出版社，2002 年，第 149 - 155 页。

② 张意忠：《教授治学：大学内部治理模式》，《航海教育研究》，2008 年第 1 期。

二、“专家治校、教授治学”模式的建构路径

“专家治校、教授治学”作为一种理想的治理模式，在我国要想顺利转化为现实的大学治理模式，需要有明确的建设思路和遵循一定的建构路径。本文认为应主要包含以下几个步骤：

(1) 思想观念转变阶段。应该明确“专家治校、教授治学”的内涵和外延，让全校教职员工和学生都清楚了解什么是“专家治校”，什么是“教授治学”，二者有什么内在的联系。在改善学校治理结构的愿景方面，凝聚足够的共识。

(2) 需要顶层设计。明确“专家治校”和“教授治学”各自的权限，即在学校事务中，确定哪些是学术事务，哪些是行政事务，哪些是专家治理的权力范围，哪些是教授治理的权力范围，又有哪些是二者可以或者必须共同治理的范围。

需要指出的是，在现代大学中学术权力和行政权力都是分层的，体现出一定的等级性。具体表现为两种权力在校、院(系)、学科等不同层次间的分配，也决定了专家和教授在不同层次间对学校事务治理权限的不同。一般认为，在行政事务的管理上，学校层的行政部门所管理的事务层次更高，专家管理的含量也更高；院(系)层的行政部门，管理的是具体性事务，专家管理的含量稍低一点。而在学术事务的管理上，情况又有所不同。教授对学术事务的管理应实行自下而上的管理，学术权力的重心应放在基层。因此，“教授治学”主要体现为在学部和基层的教授拥有对所在基层组织学术事务的决策和管理权力。这也提示高校在推进校院两级管理体制改革的过程中，权力下放应遵循以学术权力下放为主、行政权力下放为辅的原则。

(3) 重新整合相应的组织机构和制度，赋予其权力，使之成为“专家治校、教授治学”的实际载体。有必要通过设立校(院)务委员会、教授委员会等专门的行政和学术组织，以及对国内大学现有的行政组织架构按照担负行政权力的内容和权限进行根本性重组，把“专家治校、教授治学”理念落实，把学术权力和行政权力落到实处。同时，还必须建立一套完善的制度予以保障，确保两种权力本身运行机制的规范化和可操作性，避免随意性和流于形式。此外还要加强校(院)务委员会和教授委员会的队伍建设，要遴选有热情、有责任心、能够维护正义的教授出任教授委员会委员，减少“双肩挑”的现象，应该规定无行政职务的教授在教授委员会中的比例占多数。在校务委员会人员的遴选上，除了要对专家的学术、品德、能力等进行考察外，还要突出对其专业管理能力的考核。他甚至可以不是“学科专家”，但必须是“教育行家”；他不但要长于学校内部的学术化运作，而且更要长于大学外部的产业化运作，如筹集资金、挖掘教学资源、促进校际交流、提高学校的社会声望、拓展学生就业渠道等等。

三、地方大学建立"专家治校、教授治学"模式的难点

无论从理念上还是实践上,"专家治校、教授治学"模式在我国都尚处于探索阶段,没有很多成功的经验可以借鉴,再加上时代和社会环境的变化使得目前地方大学面临的问题更加复杂,因此,在实施过程中会面临诸多的困难。

第一,如何划分学术事务和行政事务。因为在实践领域,有一些事务很难单纯地归结为属于"教授治学"还是"专家治校"的范畴,如教师职务的评聘,它既涉及对教师进行学术水平的判断,又有关于人事编制和名额分配的行政问题。高校管理中的这种"权力模糊现象"①,是由现代大学的本质属性(即兼有学术性和科层性)所决定的。需要我们在处理各种权力问题时,淡化对两种权力"异同"的比较,而将焦点集中在所处的高等教育管理的情境中,依据情境的不同和变化作出最为合理的决策。比如,将行政权力和学术权力适当结合起来,共同对学校某些事务进行决策和管理。

第二,学校学术决策机构建设中的难题。地方院校在加强学术权力的过程中,遇到的一个比较普遍的困难是学科不全,校级学术委员会的学术权威在人们心目中的分量不够。实际上,所谓学术权力关键还是要靠内行来行使。因此,如何加强校院两级学术委员会等学术决策机构的建设、借用校外学术资源等,尚待进一步的探索。

第三,管理人才短缺和人事制度创新的困难。这突出地表现在"治校"专家的选拔上。与企业界已经培育出一个职业经理人阶层不同,目前中国高校的管理层尚缺乏一支职业化的队伍。因此,如何建设"专家型"高校管理队伍,成为关系"专家治校、教授治学"模式实施成败的关键。在这方面,发达国家的一些做法值得我们借鉴。在这些国家,人们对大学专职校长的身份定位非常明确,即职业管理者。之所以这样定位,是基于以下逻辑:人的精力是有限的,如果一位学者就任大学专职校长之后仍然从事自己的学术研究并进行教学,就是让一个人做两个人的工作,他们也就无法将自己的全部力量都投入到对大学的管理中。② 为此,美英等国还通过一系列配套的制度,包括遴选制度、分配制度、退出制度等,有效地保障了大学校长们全身心地投入到学校的管理中去。如在遴选制度中,除了学者出身外,校长

① 武立勋,等:《对大学组织特性及行政与学术权力关系的思考》,《山西大学学报:哲学社会科学版》,2004年第3期。

② 李树:《现代大学校长身份的定位——职业管理者》,《教育研究》,2005年第5期。

的管理经验和能力更是受到重视。在学校骨干管理人员如研究生院院长、教务长等的聘任上，也强调面向社会公开招聘，既注重相关学历，更注重相关的工作经历。学校为骨干管理人员提供优厚的待遇，减少"双肩挑"现象，从而使得这些行政管理人员能安心做好学校的各级管理工作，推动学校向前发展。可以说中国高校校长的职业化，乃至大学管理阶层的职业化仍是中国高等教育发展中亟待解决的实践问题。但这个问题的解决，不仅仅涉及学校内部的人事制度改革，还需要政府层面人事政策的支持。

第四，大学办学自主权的有限性。高校拥有足够的办学自主权是实现"专家治校、教授治学"的前提。目前各级政府对高校管得过细，高校办学自主权有限，在客观上制约了高校内部治理模式的改革和调整。新中国成立后，与当时高度集中的政治、经济体制相适应，学习苏联模式，我国高校曾一度近乎于政府的附属机构，几乎没有自主权。高校治理结构基本上是行政权力主导模式，即政府主要靠行政系统、行政权力管理学校，学校完全按政府指令办事。几十年的计划经济体制，使我们缺乏"专家治校、教授治学"的传统。改革开放之后，随着市场经济体制的建立和高等教育宏观管理体制改革的深入，高等学校被赋予了一定的办学自主权，但政府有关部门仍牢牢地控制着诸如大学校长的任命、大学财政预算、招生规模、学科专业设置等方面的直接管理权力，政策"一刀切"的情形还比较严重，大学还很难有足够的"空间"自行制定符合本校实际的内部治理政策，对于地方大学来说尤其如此。

显然，作为一个实践过程，"专家治校、教授治学"不可能一蹴而就，也不可能一劳永逸地解决大学所面临的一切问题。它也需要根据具体情况进行探索和调整。但无论如何，"专家治校、教授治学"应该是高等教育大众化背景下地方高校的一种行之有效的内部治理模式，值得进一步的探索和推广。

大学内部治理结构研究

——一个基于利益相关者的视角

苏守波①

摘　要： 大学是一个典型的利益相关者组织。大学教师、行政人员和学生构成了大学的内部利益相关者。作为协调大学内部各种利益关系的大学治理需要重视利益相关者的权力诉求。大学的发展和目标的实现需要各利益相关者之间的努力合作、和谐共处。从利益相关者的视角，准确把握这些利益群体权力诉求的特点，探究各利益群体权力建立和运作的内部治理结构，是推动高等学校更加合乎理性地实现全面协调可持续发展的当代要义。

关键词： 大学权力；利益相关者；内部治理结构

任何组织都有治理的问题，大学也不例外。伴随着治理理论在20世纪90年代的兴起与发展，大学治理作为治理理论由公司或公共事务向高等教育领域的一种移植和延伸，也逐渐成为近年来学者们普遍关注的研究对象。所谓大学治理，张维迎在《大学的逻辑》中指出“大学与企业不同，通常是一种非营利性机构，不过，大学的目标也需要通过一整套的制度安排来实现，这些制度安排就是治理结构，就是大学的治理”。而现代大学制度本质上是一种利益制度，即用于解决高等学校内部各利益群体或利益主体冲突的制度。② 也就是说，大学治理的核心是协调大学内部各种利益关系的一系列制度安排。由此，从利益相关者的视角研究大学治理，特别是大学的内部治理或内部治理结构就成为本研究的题中应有之义。

一、利益相关者理论与大学的内部利益相关者

利益相关者（Stakeholder）作为一个明确的理论概念最早是由斯坦福大学的一个研究小组于1963年提出，并率先在美国、英国等长期奉行外部控制型公司治理

---

① 苏守波，山东理工大学教育科学研究所所长、副教授。

② 于文明：《中国公立高校多元利益主体的生成与协调研究》，高等教育出版社，2008年。

模式的国家中逐步发展起来的。进入20世纪80年代以后,该理论受到了经济学家和管理学家的高度重视,其理论体系也逐步完善。1984年,美国经济学家弗里曼给出了一个利益相关者的广义定义,这一定义成为此后关于利益相关者界定的一个标准范式。他认为,利益相关者是“那些能够影响企业目标实现,或者能够被企业实现目标的过程影响的任何个人和群体”①。也就是说,对于企业来讲,存在着这样一些利益相关者,如果没有他们的积极参与和支持,企业的目标就很难实现。

大学尽管不是企业,没有严格意义上的股东,但大学作为一种学术性社会组织,其主体本身包含了不同诉求的利益群体。阿特巴赫曾经指出:“大学不是一个整齐划一的机构,而是一个拥有一定自治权的各种团体组成的社会。”②换句话说,大学就是由利益相关者组成的社会机构,或者说大学在一定意义上是一种典型的利益相关者组织。正是在这个意义上,国内外学者从不同的视角对大学利益相关者进行了分析。美国学者亨利·罗索夫斯基在《美国校园文化——学生、教授、管理》一书中认为,大学的利益相关者是由与大学有利害关系的人或群体组成的。按照与大学之间的重要程度或关联度,可以将这些人或群体分为最重要群体、重要群体、部分拥有者和次要群体等4个层次。其中,第一层次是教师、行政主管和学生,他们是学校最重要的利益相关者;第二个层次是董事、校友和捐赠者,他们是学校重要的利益相关者;第三个层次是政府和议会,他们是“部分拥有者”的利益相关者;第四个层次则是大学利益相关者中最边缘的一部分,即市民、社区、媒体,是次要层次的利益相关者。教师、行政主管和学生之所以是学校最重要的利益相关者,是因为“大学教师常常认为他们就是大学。教学和研究是高等教育最重要的使命,而这使命正掌握在他们的手中。没有教授,就不成其为大学”。此外,行政主管实际上控制着美国大学,“在美国,有许多的董事长、总校校长、教务长、院长、校长、副校长等等,在控制着他们的私人领地”。还有,学生也属于最重要的群体,“大学是学校,如果没有学生,学术成就终归会枯萎”③。北京大学张维迎教授在《大学的逻辑》中明确指出,大学作为一个非营利组织,是一个典型的利益相关者组织,包含教授、校长、院长、行政人员还有学生以及毕业了的校友,当然也包括我们这个社会本身(纳税人)。④ 1998年的巴黎《世界高等教育大会宣言》指出:“有关各方——国家的和学校的决策者、教学人员、研究人员、学生及高等院校的行政与技术人员、职业界和社会团体——之间的合作伙伴关系与联盟是进行改革的一种强大力量。

① 弗里曼:《战略管理:利益相关者方法》,上海译文出版社,2006年,第63页。

② 菲利普·阿特巴赫:《比较高等教育:知识、大学与发展》,人民教育出版社,2001年,第5页。

③ 亨利·罗索夫斯基:《美国校园文化——学生、教授、管理》,山东人民出版社,1996年,第5-6页。

④ 张维迎:《大学的逻辑》,北京大学出版社,2004年,第19页。

以共同利益、相互尊重和相互信任为基础的合作伙伴关系，应成为改革高等教育的主要方式。”这里的合作伙伴实际上指的是大学的利益相关者。

从以上分析我们不难看出，大学作为一种利益相关者的组织，就其内部利益主体的组成而言，大学教师、行政人员和学生是其当然的利益相关者。同时，鉴于我国大学发展的自身特点，就其内部利益阶层而言，大学内部的利益相关者还应当包括大学的行政机关与大学内部的学院，因为二者的权利主张不同。重视和加强这些利益群体的权益诉求，建立适合于各利益群体积极性和创造性竞相发挥的治理结构，对于大学目标及其使命的实现具有非常重要的作用。

二、大学使命及大学内部治理结构现状分析

任何组织，无论大小都有自己的使命。使命是一个组织所承载和努力达到的目标和任务。伴随着知识经济时代的到来，大学作为我国培养高层次创新人才的重要基地，作为我国社会基础研究和高技术领域原始创新的主力军之一，作为解决国民经济重大科技问题、实现技术转移、成果转化的生力军，已从社会的边缘走向社会的中心，成为推动经济社会发展的驱动器和动力源。大学的这一功能和地位正是现代大学赖以存在的基础，是现代大学使命的价值趋向所在。一般而言，现代大学使命的实现有时在很大程度上要受到社会发展的影响和限制，但是从现代大学的发展历史来看，大学使命的实现在根本上取决于大学内部的制度设计和与之相适应的运行机制。英国历史学家科班在对中世纪大学的兴衰进行个案考察后认为，大学的发展与制度之间有着必然的联系，有的中世纪大学之所以能走向繁荣，一个重要的原因在于其对制度建设的重视。他认为：“中世纪大学的历史加强了这样的观点，如果要使智力活动的契机不被消散，那么在取得学术成就之后，必须作出制度上的反映。缺乏巩固的组织，在开始时也许为自由探究提供了机会，但是经久不息和有控制的发展只有通过制度上的构架才能得到。”①因此，建立什么样的现代大学制度，或者说建立什么样的大学内部治理结构就成为保证现代大学使命实现的关键。

马克思曾经说过：“把人和社会连接起来的唯一纽带是天然必然性，是需要和私人利益。”②而利益在本质上是权力的一种外在体现。因此，如何建立一种能够协调大学内部各利益相关者之间的权力关系，解决大学内部各利益群体之间的权力冲突，保障各利益群体权力和责任的合理配置，促进大学共同体内所有人积极

---

① 刘理：《制度建设是大学特色发展的关键》，《复旦教育论坛》，2005 年第 2 期。

② 《马克思恩格斯全集：第 1 卷》，人民出版社，1956 年，第 439 页。

性、创造性和潜能的发挥，进而形成有共同愿景和目标认同的内部治理结构是现代大学发展的内在要求和终极价值取向。就我国大学治理的历史和现实而言，尽管从1985年以来，我国始终将体制改革作为高等教育改革的重点并取得了明显进展，但是总体上我们在优化高等学校自身组织结构，创新管理机制，建立有利于创新人才培养和创新能力培养、人尽其才、人才辈出的运行机制方面至今尚未取得根本性的突破，权力失衡的现象仍很严重。其主要表现在以下三方面。

（一）校院两级权力的失衡

我国高校现行的内部权力结构，突出表现为金字塔式的科层式治理方式，治理重心集中于学校层面。尽管这种治理方式在有效贯彻执行国家政策等方面有着重要的作用，但是伴随着我国教育体制改革和高等教育大众化的实现，尤其是伴随着大学职能的演变，这种管理方式的弊端日益凸现，特别是在作为学术组织的大学中，校、院之间构成了一个自上而下的权力系统，治理结构呈现出明显的行政化倾向。在大学的权力运行机制中，代表学校权力的行政主管部门居于权力的最高层，成为学校各种权力的支配力量。而作为大学办学主体的学院，办学地位不明确，责、权、利三者之间的关系与其所承担的任务相比极不协调，学院在人事任免调配权、专业设置调整权、内部机构设置权、经费分配使用权以及教育资源的配置权等方面明显存在不足。这在一定程度上限制了学院办学的主动性和积极性，扼制了院系的社会适应能力，不利于以学科和专业为基础的大学目标的实现。

（二）行政权力与学术权力的失衡

行政权力和学术权力是大学权力系统中重要的一对权力，是办学理念在大学制度层面的集中表现。行政权力与学术权力关系代表了大学内部不同利益主体——行政人员和学术人员（教师）在大学内部治理结构中的地位与作用。大学作为以知识为基础运作的学术组织，学术权力主导是大学内在逻辑的客观要求。然而，我国高校现行的科层式治理方式造成了行政权力在高校治理中居于主导地位，重行政权力，轻学术权力。一方面，行政权力泛化，主要表现在行政权力既主导行政事务，又主导学术事务，尤其是对学术事务过多地介入，很大程度上妨碍了学术权力对学术事务的管理。这造成高校大部分学术事务的决策权掌握在行政权力手中，而且行政管理人员与其他利益相关者产生矛盾或问题时，多采用行政手段来解决的现象。由此出现了在大学里“人们普遍缺乏一种对科学与学术的敬畏之心和虔诚之心，取而代之的是对行政权威的羡慕”①，从而大大降低了大学学术水平的发挥，造成大量教育资源的无谓消耗，在很大程度上抑制了大学的办学活力。另一方面，学术权力的弱化，主要表现在教师权力未得到充分的重视。教师作为大学

---

① 吴增基：《论我国高校的官本位倾向及其克服的条件》，《学术界》，2006年第6期。

学术特性表现的重要代表,理应在大学的人才培养目标制定、学科专业建设、课程改革等方面发挥着重要的作用,在这些事务中享有参与权和决策权,但是现实中教师权力的赋予却未得到应有的重视,从而使大学教师在大学决策中置身于事外,教师的权力得不到有效发挥,教师的利益得不到保障,导致教师对大学目标任务缺乏认同感,大学缺乏应有的凝聚力和向心力。

(三) 行政权力、学术权力与学生权力的失衡

学校的发展与学生息息相关,学生应该是大学发展中的重要利益相关者,应成为学校权力的主体之一。但就我国大学内部治理结构的现实来看,学生权力是最被人们忽视的权力。一方面是多数研究者已经习惯于将大学权力分为政治权力、行政权力和学术权力,而往往将学生权力漠视或排斥在学校权力结构之外;另一方面,从我国高等学校内部权力的现状看,高校学生权力的配备尚缺乏法律依据。作为我国教育领域重要法律文本的《中华人民共和国教育法》和《中华人民共和国高等教育法》都没有涉及学生对学校事务的知情权、参与权以及监督权等问题,而更多的是强调学生应服从学校的管理。有关学生参与学校管理的方面只在教育部1990年颁布的《普通高等学校学生管理规定》中有两条浅层次表述,即"鼓励学生对校工作提出批评和建议,支持学生参与学校的民主管理。学生对国家政务和社会事务的意见与建议,学校应负责向上级组织和有关部门反映"、"学生对有关切身利益的问题应通过正常渠道积极向学校和当地政府反映"等等。尽管教育部在2005年对原有的《普通高等学校学生管理规定》作了修改,提出"学校应当建立和完善学生参与民主管理的组织形式,支持和保障学生依法参与学校的民主管理",但在现实生活中,当学生权力与行政权力、学术权力发生冲突时,尤其是涉及学生根本利益的管理制度与决策时,学生很少或几乎无权参与,学生只能被动地接受。这无疑影响了学校决策的科学性和民主性,以及学生"校园意识"的形成与和谐校园的建设。

三、大学内部治理结构的重构

在利益相关者看来,大学内部治理结构就本质而言,体现的是权力和责任在高校内部校院两级和高校内部各利益相关者之间的分配,以及它们相互间的权力作用和责任分担关系。与影响大学发展的其他因素相比,大学内部治理结构对大学目标的实现具有直接的决定性作用,是影响大学发展的内生变量。为此,如何立足大学发展的特点和实际情况,通过大学内部治理结构的重新调整和优化,对大学内部各利益相关者的权力和责任进行合理配置,规范权力的运行方式,明确校院以及教师、学生与行政人员的关系,改变现有大学内部的权力失衡现象,促进各利益相

关者对大学目标的高度认同以及大学核心竞争力的提升,就成为当前急需解决的问题。我们认为要实现大学内部治理结构的合理重构,必须从权力的合理配置入手。正如美国哥伦比亚大学著名教育专家亨利·莱文指出:"从世界范围来看,最好的大学都是能够适当放权,相信并发挥教师和学生才能的学校;在一个学校统一的大构架内应该充分放权,让最接近实际层面的人做与之相关的决策。"①

1. 向学院放权,赋予学院相应的办学自主权,增强学院的办学主动性

大学是底部厚重的学术性组织,院系是学校最基本的进行教学、科研、社会服务以及学生管理的单位,承载着完成大学使命的主要任务,是高校赖以生存和发展的基础。但在传统的治理模式下,尽管大多数高校按照校、院、系三级进行划分,但校、院、系之间往往职责不明,权责不清,学院缺少相对的办学独立性和一定的办学自主权,特别在经费使用自主权和组织人事管理权方面显得尤为突出。因此,在大学内部治理结构的重构过程中,学院作为大学内部一个重要的利益相关者或群体,应该重视和维护它们的权利主张,把人、财、物等权力下放至各个学院,尽可能使他们拥有更大的决策权和自主权。正如斯坦福大学荣誉校长卡斯帕尔教授认为的那样,大学应由院(系)一级组织作出最重要的决定,因为它们这一级最了解具体情况,这是信息不对称原理决定的。向学院放权,首先要明确校、院两级的管理权限与职责;其次,在治理方式上要实现由过程管理向目标管理的转移;再次,建立学院的内部治理结构和运行机制。通过权力下放,真正实现学院责、权、利的统一,推进学院实体化运作。同时,在权力下放的过程中,促进学校各部门的职能转变,增强谋划与服务功能,形成有利于学科建设和师资队伍建设,有利于提高人才培养质量和办学效益,有利于实现学校发展战略目标的职责明确、决策科学、管理规范、权责统一、有效监督的运行机制。

2. 向教师放权,激发教师教学科研的积极性

大学作为学术组织,教师是第一资源,是高等学校办学治校的主体,是高校提高人才培养质量、科研水平以及社会服务能力的关键性要素。前哈佛大学的校长科南特曾说过:"大学的荣誉不在于它的校舍和人数,而在于它一代一代教师的质量,一个学校要靠得住,教师一定要出色。"因此,毫无疑问,掌握着知识资本的大学教师对高等学校的发展自然拥有一定的支配权和控制权。1998 年 10 月在法国巴黎发表的《世界高等教育大会宣言》也认为,高等学校应当尽可能确保全体教师参与管理学校事务的权力。就我国高等学校的现实而言,尽管《中华人民共和国高等教育法》中规定了教师可以通过教职工代表大会、学术委员会等组织参与大学各种

---

① 温宁,盖志毅,陈世林:《关于高校内部管理体制改革——重心下移及激励约束机制问题的研究》,《内蒙古农业大学学报:社会科学版》,2007 年第 3 期。

事务的管理以行使自身的民主管理权力、监督权力以及学术权力，但就目前现状来看，这些组织多为咨询性机构，多停留在提供信息、咨询服务的层面上，很难真正参与到大学事务的决策中。向教师放权，就要让教师真正行使育人主体的权力，参与到与教师紧密相关的各项业务中去，使教师真正成为既是学校发展的提供者、参与者、组织者和合作者，又是决策者和受益者。一方面，赋予教授委员会、学术委员会以及学位委员会等学术性组织在讨论、审议学院的学科建设、专业建设、师资队伍建设的规划和学院的本科生、研究生的教学计划和培养方案方面，在研究决定学院教师引进、专业技术职务聘任和研究生导师遴选以及研究决定学院上报的教学研究项目、科学研究项目的立项和奖励等方面的决策职能；另一方面，不断完善教职工代表大会制度，进一步明确职责和运行程序，扩大教师的知情权、参与权、决策权和监督权，切身维护广大教师的合法权益。

3. 向学生放权，调动学生支持学校发展的民主参与性

《世界高等教育大会宣言》指出：在当今这个日新月异的世界，高等教育要采取以学生为中心的新思路和新模式。国家和高等院校的决策者应把学生及其需要作为关心的重点，并应将他们视为高等教育改革主要的和负责的参与者。这应包括学生参与有关高等教育问题的讨论、参与评估、参与课程和教学法的改革，并在现行体制范围内，参与制定政策和院校的管理工作等。也就是说，在现代高等教育的办学过程中，学生不仅是受教育的主体，而且是大学服务的主要对象和大学教育活动的主要参加者。就我国高等教育而言，伴随着大众化趋势的蔓延和高校学费政策改革的推进，高校与学生的关系已由原来单一的主从管理关系朝着平等的契约关系转变，由此使得作为学校重要利益相关者的学生与大学的权责关系越来越凸显。与此相适应，学生对学校教育教学与管理工作尤其是涉及自身利益方面诉求一定知情权和发言权的愿望也变得越来越强烈。为此，重视学生权力的诉求就成为大学建设和发展的重要命题之一。当前影响学生权力发挥的制约因素除了观念之外，缺乏有效的渠道和制度保障也是问题的主要根源。为此，一方面要通过建立各种有效的学生组织，不断拓宽学生进行权力主张的途径。在与学生有关的教育教学、学生管理、后勤服务、学生收费等各项事项的决策过程中吸收学生代表参与，广泛听取他们的心声，发挥他们的民主参与作用，尤其在决策涉及学生的重大问题时，学校可允许学生代表列席校党委常委会和校长办公会，以及参加学生工作的相关会议，扩大学生的知情权和参与权；另一方面，要建立一种适合学校自身发展的一套学生参与机制来增强他们的主人翁意识，保障各种学生权力组织的正常运行，避免学生权力流于形式，形同虚设。正如有学者所言，高等学校中的权力主体应该在平等的主体间性（Intersubjective）环境里，建立一种合理的权力结构和表

达方式,把学生权力作为新的制度设计和保障的重要参考因素。①

总之,大学内部治理结构的重构是一个复杂的系统工程。从利益相关者的角度进行建设也并非是一蹴而就的事情,需要我们在实践当中进行认真探索;既要解放思想,敢于创新,维护好各利益相关者的权益,发挥好他们的办学积极性,又要实事求是,找到符合本校发展的内部治理结构,处理好放权与限权、权力使用与监督以及各利益相关者之间的权责关系,促进学校健康有序的发展。

① 胡赤弟:《高等教育的利益相关者》,《教育研究》,2005 年第 3 期。

论高等学校组织非智力因素建设

郑其绪①

摘　要: 组织非智力因素建设既是一个新的研究领域,又是一个与人本管理、柔性管理、文化管理、软实力建设相联系的课题。高校组织非智力因素建设从全新的角度,诠释了组织自信、组织意志、组织思维、组织学习、组织网络和组织特色对于高等教育发展的重大而现实的意义,指出了高校组织非智力因素建设的水平使组织有了平庸与杰出之分的道理。

关键词: 高等学校组织;非智力因素;建设

高等学校寄托着国家的希望和民族的未来,它的天职是育人,是传承和创造知识,引领社会前进。这是高校的历史使命,又是民族现实的重托。高校的管理水平将直接决定高校履行使命、承载重托的能力。

随着时代的前进,管理的新理念不断出现,前美国国防部助理部长、哈佛大学教授约瑟夫·奈在20世纪80年代末提出了建设国家"软实力"的问题。1982年,美国的迪尔和肯尼迪提出了文化管理的理念,文化管理成了人类管理的最高境界。笔者在1996年编著出版的《柔性管理》一书中也较为详细地介绍了一个新的管理领域——柔性管理。所有这些都反映了人类为了向管理要效益,对新型管理模式的渴求和探索,反映了人类对管理中的柔性因素应用的觉醒和重视。

组织非智力因素的研究就是在这种情况下催生的。事实上,组织非智力因素已经成为客观存在,已经成为组织管理中一个若明若暗的概念。原教育部部长周济同志讲到组织建设时指出:班子素质的好坏及水平的高低,起决定作用的已不是智力因素,而是非智力因素。他在这里已经明确指出了领导班子的组织非智力因素问题。一度风靡全球的《第五项修炼》也多次讲到组织思维、组织意志、组织愿景等一系列组织非智力因素问题。于是,一个毋庸置疑的现实、一个不容回避的问题,就是在全世界都在加强软实力建设,重视柔性管理和文化管理的大背景下,高校如何加强组织非智力因素建设,以便将管理中的柔性因素发挥到最佳状态。

---

① 郑其绪,中国高等教育管理研究会副理事长,中国石油大学(华东)原党委书记、现任学校校务委员会主任,教授、兼职博士生导师,山东省政协常委,中国人民解放军预备役大校。

实践证明,高校的发展是人才、管理和文化三要素的集成效应。人才凝聚必有良好的社会环境,高效能管理必将把各元素的作用发挥到极致,理性文化带给组织永恒的个性与前进的动力。所有这些都是高校组织非智力因素的体现,是高校柔性因素的组合发挥,它在内部具有潜在的说服力、鼓舞力、亲和力和规范力,在外部具有广泛而持久的感召力、宣传力、竞争力和示范力。

一、非智力因素

1935 年,美国心理学家亚历山大在其《智力:具体与抽象》一文中首次提出非智力因素问题。此后,韦克斯勒于 1943 年又提出了“智力中的非智力因素”概念,并于 7 年后发表了《认知的、欲求的和非智力的智力》一文,专门就非智力因素问题进行了探讨。此文被心理学界作为非智力因素概念正式诞生和进入科学研究领域的标志。20 世纪 70 年代末,非智力因素概念基本上被国际心理学界所接受。进入 80 年代以来,对非智力因素的研究越来越受到人们的重视,大量研究成果被发表。对非智力因素的研究主要集中于欲望、学习热情、自尊心、自信心、好胜心、责任感、义务感、荣誉感、自制性、顽强性、独立性等 11 项因素,这些因素集中表现为自觉自知能力、理解平衡能力、自我激励能力、抑制冲动能力和人际公关能力。

非智力因素是相对智力因素而言的,而且长久以来研究的对象是自然人。一般认为,智力是一种综合的认识能力,它包括注意力、观察力、记忆力、想象力和思维力 5 个基本因素,抽象思维能力是智力的核心,创造力是智力的最高表现。非智力因素是指除智力因素之外,影响智力活动和智力发展的那些具有动力作用的个性心理因素。它主要包括需要、动机、兴趣、情感、意志、气质和性格等。诸多非智力因素组成了彼此联系、相互制约、相互作用的动力系统,是人的个性中最活跃、最积极的因素,它决定着一个人进行活动的积极程度乃至事业的成败兴衰。非智力因素的研究极大地帮助了人们走向成熟和成功,这不能不说是人类的大幸!

人们曾对世界 500 强的企业家进行考察,发现他们成功的原因是“极度的谦和 + 顽强的事业意志”。人们还做过这样的比较:罗斯福一流的情商,二流的智力成为卓越领导人;而尼克松一流的智力,二流的情商却黯然下台。显然,这些都是非智力因素在起作用。所以,许多成功者在总结自己的成功之路时,所强调的常常不是智力因素,而是非智力因素。

二、组织非智力因素

非智力因素在一个人身上的存在和作用,人们已经没有疑义,而且产生了众多的研究成果。与此形成鲜明对照的是,组织的非智力因素问题尚未引起人们的充分注意,研究成果就更少。事实上,组织的非智力因素同样有其客观的存在,尤其是在今天,人们倾注于组织的软实力建设,重视柔性管理和文化管理等柔性因素发挥的时候,对其研究就具有更加重要而现实的意义。

(一) 组织智力因素

组织智力因素和组织非智力因素是两个相对应的概念。组织智力因素是组织直接参与认识过程的因素。这些因素主要是人才、技术和设备。

人才是组织智力因素最核心、最活跃的因素,他们是人力资源中的佼佼者,在一定社会条件下,他们能够以其创造性劳动和创造性认知为社会发展或科技进步作出较大贡献。

技术和设备作为“组织工具”也直接参与组织的认识和思维活动。它们是人才的直接和得力助手,同时连同人才一起又构成了组织社会地位的依据和标志。

(二) 组织非智力因素

组织非智力因素是非直接参与组织认识活动,又对组织认识活动深具影响力的因素。这些因素主要是组织结构、组织形象、组织特色和组织环境。

组织结构是指组织的体制、机制和制度。一个组织,如果体制不顺、机制不活、制度不力,就必然从宏观上制约组织智力因素的发挥和发展。因此,多少年来组织的改革无一例外地都在体制、机制和制度上下工夫,因为这是组织结构的核心要素。

组织形象主要指组织作风、能力和首长形象。这些因素综合起来足以决定一个组织的成败。组织形象能否深具魅力、能否充满活力、能否持久不衰,这是评价组织形象的基本指标。组织形象的缔造者和代表者常常是组织首长,从这个意义上讲,组织形象好在首长,坏也在首长。

组织特色是一个组织不可替代的品牌,是组织影响力和实力的表现,是组织的无形资产。所以说,特色是质量,特色是实力,特色是优势,特色是旗帜。它具有鲜明的激励效应、广告效应和区分效应。

组织环境是组织生存发展的时空和氛围,它包括政治环境、经济环境、人文环境、自然环境和心理环境。一个组织的发展形势、政策制度、市场份额、资金状况、地理位置以及文化传统、人际关系、思维方式等等构成了它的生存空间。组织环境像空气一样置万事万物于其中,影响着人、制约着人。环境好可以造就人、造就成功;环境不好可以毁灭人、毁灭事业。

三、高校组织非智力因素建设

高校是一个高智群体,在这样的群体中一般地区分智力高低是没有意义的。相反,非智力因素的差异所导致的不同结果却是随处可见。所以,作为一个巨型组织的高校,如何将管理中的柔性因素综合应用,以提高高校的软实力,必须系统而自觉地开启对非智力因素的研究。这些非智力因素集中表现在6个方面:组织自信、组织意志、组织思维、组织学习、组织网络和组织特色。

(一)志在必得的组织自信

一个组织必须具有非我莫属、志在必得的自信。如同一个人一样,一个组织若失去了自信,就失去了灵魂,失去了动力之源,失去了追求成功的冲动。这些年来,面对着权威被强化、权威被固化、权威被泛化的现象,常常使人感到无奈。所以,组织的自信必须建立在无畏与反叛的基础上,相信自我、不畏权威、敢于突破,以至于我行我素、一览众山小。对于一个组织而言,这不是狂妄,而是一种积极的思维方式,一种难能可贵的组织自信。

大数学家希尔伯特在谈到爱因斯坦的相对论时,曾经说过这样的话:"为什么在我们这一代,爱因斯坦说出了关于空间和时间最卓识、最深刻的东西?因为一切有关空间和时间的哲学和数学他都没有学习过。"可以想见,爱因斯坦面对未知领域是多么的自信。所以,高尔基主张:"在劳动和创造的领域里,不要担心大胆鲁莽和奋不顾身。"美国前总统罗斯福说得更好:"害怕,这是我们唯一应当害怕的东西。"

面对成败并存的风险,面对充满重重困难、不定因素的现实,我们必须强调一种源于自信的胆识和勇气。然而,中国的传统恰恰是老守田园,乐知天命;安于现状,与世无争;以不变应万变,毋敢越雷池一步。步子大了怕"枪打出头鸟",步子小了怕被说"群众的尾巴"。瞻前顾后、犹豫不决,欲退不忍、欲进无力,并且还视为谦虚谨慎的高风亮节、安分守己的传统美德。岂不知这恰恰是组织非智力因素的缺失。我们必须倡导一种义无反顾的精神,向着一切未知领域、向着一切困难放开胆量冲刺!

(二)愈挫愈勇的组织意志

自信与意志不同,充满自信不一定意志坚定。一个组织的自信固然重要,但还不够,还要发挥组织的韧性,全力投入、不屈不挠,表现为组织的意志。

在痛苦无助、孤立无援的时候,在矛盾无人知晓、千山我独行、随时有可能放弃的时候,组织内部会慢慢产生一种主导性的情绪:要么互相鼓励、处处充满了理解带来的感动,支撑着继续攀登;要么是裹足不前、时时感到回天无力而随时准备放弃。一个意志坚定的组织必定具有稳定、抗干扰的能力，它不能时而踌躇满志、时而心灰意冷；时而欣喜若狂、时而痛不欲生。伦理学家瓦西列夫说过：失去理智控制的炽烈感情会烧毁心灵。因此，拒绝任何借口，养成抗干扰能力，时刻保持群体的专注力和执著力，敢于面对、敢于挑战、敢于坚持，学会自我说服、学会主动放弃、学会耐心等待，咬定目标、无怨无悔、孜孜以求、皓首穷经，神话中的皮格马利翁效应就一定会出现！

我国第一颗原子弹的研制，是几万大军在政治、技术、生活、环境的多重压力下，“上不告父母、下不告妻儿”，将非智力因素组合发挥到了极致，成就了令世人关注、令国人自豪、令敌人丧胆的伟大事业，这是组织意志的完美结晶。因此，一个组织必须具有逆境下的坚韧、顺境下的理智、常境下的有恒！这是对组织意志最全面、最深刻的诠释。

（三）客观适度的组织思维

思维决定行为，思维方式决定行为方向，思维深度决定行为力度。环顾现实，在这个世界上，众多思维主体的思维理念和方式都出现了问题。首先，二值逻辑使相斥选择随处可见，非此即彼的排中律被硬性地使用，思维蒙上了浓重的思辨色彩；其次，区分思维将事物人为地割裂。事物本来是整体的、交叉的、互依的、边界模糊的，然而，人们却在津津有味地区分：天与人本应和谐，却非要天人割裂；知识本来互相交叉，却人为地将学科无限地分化；计划经济与市场经济本无矛盾，却硬是区分姓社姓资……，导致了思维的形而上学。再次，极端思维将矛盾激化——天人关系的激化导致环境破坏，天人竞争已到尽头；人人关系的激化导致隐形冲突增加、社会群体生活质量差距扩大；国家关系的激化导致民族利益冲突、民族矛盾增加。

组织发展中所遇到的问题常常是模糊的、灰色的乃至混沌的，这些不确定因素常常使组织的发展面对模棱两可、真假难辨的选择，常常使组织氛围变得山雨欲来或扑朔迷离。我们必须倡导严谨的求实态度、辩证的认知能力、理性的批判精神、处世的宽容原则。否则，这个组织的思维就是不健康的。

严谨的求实态度是科学思维的起点，思维离开了求实、失去了严谨，就会变得漫无边际、放荡不羁，就会主观臆断、充满思辨。辩证的认知能力是科学思维能够进行到底的保证，它引导着组织的思维一直沿着正确的道路前行，以至最终作出正确的决策、得出正确的结论。理性的批判精神是科学思维的力量，没有对错误思想的批判——理性的批判，就不能抑恶扬善、伸张正义，就不能明辨是非、以理服人。处世的宽容原则是保证组织人际协调的基本原则。一个组织有量则谅、多容则融、善合则和，体现组织的和文化、法文化、公平文化、赏识文化、宽容文化和感恩文化。

(四) 萃取众智的组织学习

组织学习不是平时一般意义上的学习,也不单是圣吉在《第五项修炼》中所讲的学习。它立足于人才资源是第一资源、人才存在群众之中、人人皆可以成才的信念;立足于以人为本、尊重劳动、尊重知识、尊重人才、尊重创造的愿望;立足于不唯学历、不唯职称、不唯资历、不唯身份,着力创新的态度。将社会需求原则、人民公认原则、实践标准原则和客观辩证原则做了天衣无缝的结合。在这个基础上,组织及时的、主动的、大量的集中众人的意志、萃取众人的智慧,实现真正意义上的使众智、使众能、使众为,这就是组织学习的全部内容。这是组织的人才战略,使组织不断从人力资源向人才资源转化;这是组织的学习战略,使组织突破传统的学习观,给组织注入了永恒的生机与活力。

组织学习包括传统的学习形式——自学和培训,包括传统的学习内容——政治学习、业务学习和相关知识学习。组织必须有足够的知识储备。知识广博,组织才能富有生气;知识精深,组织才能富有理性;如若再能快速获取、更新和检索知识,则组织就可以在许多时候、许多问题上缩短成功周期。我们强调知识的存量与增量平衡,认为存量是银,增量是金;我们还强调知识的积累与检索匹配,认为积累是银,检索是金。

组织学习还有传统学习以外的形式,这就是形成民主的氛围、制定民主的制度、创建民主的机构,随时随地发挥众智、众能、众为的魅力。民主的氛围是弥散在组织内部的组织意志和组织倾向,它的魅力在于无形胜有形、无声胜有声。在这种氛围中,人人都在潜移默化地接受教育,树立民主意识,学会民主思维。民主的制度是实施民主的法定依据。如何行使民主权利,如何及时、有效、最大限度地集中众人的"智、能、为",还需要制度的明示,从而把组织的意志统一起来,把众人的行为规范下来,形成法定的、和谐有序的组织行为。民主的机构是具体的执法者。制度要靠相关的机构去贯彻落实,这是民主氛围和民主制度的终极目标,是民主氛围和民主制度物化为成果的组织形式。

总之,组织学习是组织的继续教育,是组织的民主管理,是及时、全面、有效地注入和萃取组织能力和智慧的形式。

(五) 协调双赢的组织网络

我国高等教育的指导方针已经由"共建、调整、合作、合并"转变为"巩固、深化、提高、发展"。其目的是既要使我国高等教育大众化,又要使我国高等教育国际化;既要使我国成为人力资源大国,又要成为人力资源强国。在实施大众化教育的同时,打造一批一流学校和一流学科,实现"规模、质量、结构、效益"协调发展,这是国家高等教育的发展战略。这样的高等教育将是培养和造就世界一流科学家、思想家、科技领军人才和一线优秀人才的摇篮,将是知识创新、推动科技成果向现实生产力转化的重要力量，将是推动文化大发展大繁荣的坚强阵地。这样的高校必然是经济发展的“加速器”，社会进步的“推动机”、政府决策的“思想库”。

面对如此宏伟的目标，小家碧玉式的思考是不行的，闭关自守、因循守旧更是不可取。它必须把自己置于国际的大坐标系中，登高望远把握世界潮流，建立起协调双赢的组织网络，与世界共舞，与时代同步。这些网络主要是国际合作网、国内共建网、校友支持网和信息采集网。

建立切实可行的、相对稳定的、开放的和对等的国际合作网，筑起一个学者交流、学生互派、科研合作、学科共建、学术交流的平台，这是学校发展国际化、信息化、现代化的需要。

国内共建网是学校与政府、军队、企业、地方形成的一系列责任和利益关系。它包括人才培养、科研合作、信息咨询、资金投入、项目建设、资源共享等一系列形式，所有这些形成了一个社会办学的巨大网络。

校友支持网是指分布在世界各地的校友靠社会责任、靠母校情结，以不同的方式支持学校办学，所形成的各种组织及关系。这些网络的结点可以是校友会、基金会以及各种以校友为主导的社会团体、企业、事业单位，也可以是校友个人以及由校友延伸出的子女、亲属、同乡、同学、战友等。

信息采集网是在第一时间、第一现场、第一知情人那里及时地获取有效信息的网络。众所周知，在信息社会里，及时有效的信息可以大大提高工作的针对性、主动性、有效性。许多时候，胜负不是水平问题，而是看谁强占了先机、先行了一步。道理是不言而喻的。信息采集网的建立，可以通过设立办事处、与协作单位约定、指派专人或设立“代言人”等举措。所有这些，都是现代科技取代不了的。因为这是主动行为，是明确的目标行为。

（六）不可替代的组织特色

组织不论规模大小、不论历史长短，皆因具有特色而存在、而闻名。英国萨瑞大学仅有5 000 名学生，却可以制造人造卫星；原莱阳农学院并非重点大学，却掌握世界最先进的克隆技术；西安翻译学院是一所民办大学，毕业生却一直供不应求……它们皆因特色而发展、而闻名。所以，特色就是优势和实力，特色就是品牌和资格，特色就是区别和文化。

堪称特色的东西大概就是平时所说的“你无我有，你有我优，你优我特”。总之，就是我的东西永远具有不可替代性、不可超越性。我们也必须明白：一个组织不可能十项全能，它的发展不可能齐头并进，组织者不可能也不能平均用力。因为这不是事物发展的规律，更不是事物发展的必然。明白了这些，我们就要毫不犹豫地选准目标，迎着各种阻力进行精力倾斜、人员倾斜、资金倾斜，最终实现特色发展、个性发展。

组织特色可以是一个,也可以是多个;可以是人才的,也可以是技术的;可以是有形的,也可以是无形的;可以是继承的,也可以是新创的。切记,一个组织一定要有可以向世人宣示的特色,切不可平平淡淡、毫无个性,千篇一律、毫无区别。群龙无首就不会形成力量,群山无峰就永远没有高度。这就是为什么这些年来领导讲特色、专家谈特色,强调有所为,有所不为;有所先为,有所后为的道理。

总之,非智力因素不仅使人有了平庸与杰出之分,而且使组织也有了平庸与杰出之分。这就是"小胜靠智慧,大胜靠德"的道理。这应当成为组织的共识,认识到位才能行动有力,否则一切都是"外生变量"。

高职高专院校的章程建设

王纪安①

摘　要： 高职高专现代大学制度的建立既有一般大学的共性特征，也有符合其自身办学目标的个性特征。这种制度的核心是学校章程的制定，其内涵应该具有高等职业教育的鲜明属性。

关键词： 现代大学制度；大学章程；高等职业教育；院校治理

现代大学制度是指为保障大学有效运行而形成的大学体制、法规和内部规程的总称，这种制度的核心是学校章程的制定和在章程指导下的内部治理制度体系。目前在我国 1 924 所普通高等学校中，高职（专科）院校已达 1 169 所，高职高专教育在我国高等教育体系和经济与社会发展中正在发挥越来越重要的作用。但同时我们也看到，这些高职高专院校除了少数院校办学历史较为久远外，大多数成立时间短，办学积淀少，特别是对现代大学制度的认识与实践还比较浅，这在一定程度上已经制约着院校自身的改革与发展，研究建立适应发展要求的高职高专现代大学制度已迫在眉睫。

学校章程是高职高专院校实施学校内部管理运行的全局性、纲领性文件，是学校自主管理、自我约束、依法接受监督的基本依据，对明晰学校与社会以及学校内部各种关系，确立学校的法律地位和办学自主权，规范学校行为，维护各方合法权益，提高办学水平具有重要的引导、规范和保障作用。建立和完善学校章程，实现学校"按照章程自主管理"，是《中华人民共和国教育法》赋予学校的一项基本权利。特别是随着依法治校进程的加快，依法制定和完善学校章程，已经成为高职高专院校当前面临的迫切任务，是学校从传统人治走向现代法治、从自上而下的行政管理走向上下互动的和谐善治，实现管理的民主化、科学化、制度化、规范化的重要举措。笔者所在的学校前身是北洋工艺学堂。学校于 1903 年创办之初就拟定了《工艺学堂详订暂行章程》，1904 年 9 月，首任总办（校长）周学熙重新制定了《直隶高等工业学堂试办章程》，章程规定："本学堂专以教育培植工艺上之人才，注重讲

---

① 王纪安，承德石油高等专科学校党委书记、高等教育研究所所长、教授，华中科技大学教育科学研究院博士研究生。

授理法，继以实验，卒业后能任教习、工师之职，以发明工业为宗旨。”明确了应用化学、机器等学科学制，课程设置，考试要求，毕业要求，入学考试，升级和退学等各项规定。后又数次修订、制定章程。当时学校办学类型是高等实业教育，既办学校，又办工场；教学模式是“学理与实习相资并进”。从一开始章程就在彰显治校的作用和特色。

一、章程建设是高职高专院校的根本制度建设

大学章程是伴随着欧洲中世纪大学诞生而产生的。当时教皇或国王为大学颁发特许状，承认或赋予大学一定程度的自我管理权力。后来，英、美国家的大学章程都是由此中世纪大学的特许状发展演变而来的。虽然世界各国高等学校章程纷繁多样，名称不一，但它基本上是指由学校的最高权力机构根据学校设立的特许状及国家或地方政府教育法律法规而制定的、有关大学组织性质和基本权利并具有一定法律效力的治校总纲领。它是一所高等学校个性特征的缩影，并对大学办学目标、性质、方针、人才培养、学科专业设置、经费筹措、学校各类成员管理起规范作用。高校章程是上承国家法律、教育法规，下启学校具体规章制度的“基本法”。

高等学校章程是现代高等教育制度文明的重要体现。国内外高等教育的发展史表明，章程在学校发展中有着举足轻重的地位和作用。学校章程是学校内部管理的全局性、纲领性文件，是学校自主管理、自我约束、依法接受监督的基本依据，对明晰学校与社会以及学校内部各种关系，确立学校的法律地位和办学自主权，规范学校行为，维护各方合法权益，提高办学水平具有重要的引导、规范和保障作用。章程对承载学校精神、明确学校定位、突出学校特色起着引领作用，是高等学校依法治校的重要环节和实现办学自主的重要保证。学校章程要对学校制度和学校结构作出规定，这些规定不仅是学校具体管理制度的根据，也是衡量学校是否依法办学的主要依据。只有使学校的决策和工作方式转变到以学校章程为依托的轨道上来，才能避免因人为治、以言代法的现象，才能使学校在法律、法规、规章赋予的权力范围内履行法定的责任和义务。章程也是建设优秀高等学校的基础。不同类型不同层次的学校有着不同的一流标准。一流高等学校的重要特征就是办学特色鲜明、办学理念明确、目标定位准确、学科专业建设领先、师资队伍整体素质很高、管理科学规范等等。学校章程就是明确学校的办学理念、办学目标、学科专业设置、有关教师学术权力等规定的学校治理的“宪章”，具有高度的权威性和严肃性，是实施有效管理、实现办学目标的重要保证，因此是建设一流高等学校的基础。

高职高专院校章程建设的基本程序一般要经历起草（含征求意见、讨论修改）、教代会审议、党委讨论通过、主管部门核准和公布等几个阶段，一所学校的章

程是否合理合法、是否得到大部分学校成员的认可,与这些阶段的工作直接相关。学校修改、废止章程中的内容也应经过同样的程序。这样做能保证章程体现学校成员的共同意志,使校内事务的处理保持规则和程序上的相对稳定。要加强章程起草制订的组织领导工作,党委统领,党政工团各部门和各二级单位的领导同志都要参与,通过宣传教育和组织工作,动员广大教职工参与学校章程的制定工作。师生员工参与章程起草制定的过程,是学校办学思想观念广泛深入研讨的过程,是普遍进行依法治校和民主政治建设的教育过程。因此要以此为契机,组织学习法制知识、教育理论、管理理论,研讨学校的高等职业教育办学理念,提高广大干部、教职工依法治校的意识,提高学校的民主管理水平。

二、高职高专院校章程的特色所在

《承德石油高等专科学校章程》(以下简称《章程》)于 2007 年 9 月 29 日正式颁布。《章程》分序言和正文两部分,正文共 7 章 69 条 5 000 余字符,现以此为例对高职高专院校的章程特色作以分析。

1. 框架体例与序言的特色

依据《中华人民共和国高等教育法》有关高校章程内容的规定,经过讨论确定章程框架分序言、总则、学校的功能和教育形式、学生学员及校友、教职员工、内部管理体制、经费资产后勤、附则等 8 部分。其主要特色是把学生学员及校友、教职员工两章列在内部管理体制之前,其目的在于体现以人为本的办学理念,强调对学校最重要的两大教育主体——学生及教职员工的尊重。与已见的其他高等学校章程比较,这是《承德石油高等专科学校章程》的一大特点。

各个高职高专院校在其长期的办学历程中都形成了一些重要的、成熟的办学传统和理念,但此类内容不宜在章程正文条款中大量表述。因此,编列序言来概括说明学校的历史沿革、办学理念、办学定位、办学特色、校训、发展目标以及制定章程的目的和依据,旨在阐明学校的传统与理念,宣示学校的理想和目标,突出学校的定位与特色。

2. 章程条款的高等职业教育特色

制定章程既要着眼于高等教育改革和发展,又要体现学校从事的高等职业教育的办学定位。高等职业教育是高等教育的一种类型,它既有高等教育的属性,又有职业教育的特色。在体现学校高等职业教育特色方面,《章程》作了如下规定:

《章程》明确规定了学校办学的人才培养目标和服务面向。第七条规定:学校"培养面向企业、面向基层,基础知识扎实、实践能力强、综合素质高、具有创新精神的高等技术应用性专门人才和高技能专门人才"。第二十八条规定:"学校为学生

提供就业指导和服务,鼓励学生到生产、建设、管理和服务一线就业。"

第十四条第二款规定:"学校实施高等职业教育、成人高等教育、各类非学历的继续教育和职业培训。" 第十五条规定:"学校的教育形式为全日制教育和多种形式的非全日制教育。"第二十九条对没有学历教育学籍的受教育者——学员的管理作出规定,表明在高等职业学校中,学历教育和非学历教育的培训是并重的,非学历教育的培训学员与学历教育的学生是同等重要的。

第十七条规定:"学校积极开展面向职业界的合作办学和应用研究、技术开发及职业岗位培训等社会服务,推进产学研结合。"强调产学研结合是高等职业教育发展的必由之路。

第三十八条规定:"学校从社会聘请专家学者、管理人员、专业技术人员、专业技能人员和知名人士担任兼职教师。"建设具有"双师"结构特点的专兼结合的专业教学团队是高等职业院校师资队伍建设的重点。

第四十八条、第四十九条规定:"学校根据教学、科研、后勤服务、基本建设、生产经营等各方面不同的职能,建立不同的管理模式。""学校积极吸纳社会资源,建立与外界合作办学、合作研究与技术开发、共建实训基地的新机制和新模式。"高等职业学校要按照教育规律和市场规则,探索校企合作办学及建设校内生产性实训基地的校企组合新模式。

将这些条款写入章程是一大创新,不仅将对学校建设示范性高等职业院校起到引领作用,同时也是对建立中国特色的现代高等职业教育制度体系作出的积极探索。

参考文献:

[1] 牟海松,杜惠平,凡奇. 对建立现代大学制度中若干问题的思考. 国家教育行政学院学报,2004(3).

[2] 胡国铭. 制度性文化建设:中国建立现代大学制度的基本途径. 鄂州大学学报,2004(1).

[3] 周衍安. 公办高职院校内部治理探析. 黑龙江高教研究,2007(1).

高等教育自学考试机制研究

佛朝晖①

摘　要: 在高等教育大众化和学习型社会到来的今天,"自学考试机制研究"对自学考试改革具有重要的价值。本文从自学考试机制的内涵和逻辑路径出发,分析了自学考试机制的构成与运作,揭示自学考试的本质,最后提出进行自学考试机制改革应注意的几个问题。

关键词: 高等教育;自学考试;机制;本质

在高等教育大众化和学习化社会到来的形势下,高等教育自学考试正进行积极的改革。改革能否成功,取决于我们对高等教育自学考试本质的认识正确与否。作为教育理论研究者,我们应探讨对自学考试发展起决定意义的因素、各因素之间的关系及运行规律,从而揭示高等教育自学考试的本质,为自学考试改革指明一条理性道路。这就是本文将要探讨的"自学考试机制"问题。

一、高等教育自学考试机制的界定

高等教育自学考试是具有中国特色的高等教育形式,也是一种的复杂的社会活动。与其他社会活动一样,它在发展过程中受到来自内部和外部诸多因素的影响。内、外部诸多因素对自学考试的影响如同施加于某一物体的不同方向的力一样,这些力之间相互影响,彼消此长,最后形成一股合力拉动物体前进。因此,在内、外因素合力的作用下,高等教育自学考试不断革新和发展。我们把这种体现"合力"内涵的概念称之为"高等教育自学考试机制"。

(一) 高等教育自学考试机制的内涵

"自学考试机制"就是指与自学考试相关的内部要素和外部因素相互联系、相互制约,对自学考试发展产生直接或间接影响的教育活动控制系统。这种由内、外因素构成的控制系统,是一种多层次、多维度、多方面、有机的系统结构,其活动呈现多形态、多模式的螺旋式发展状态。

---

① 佛朝晖,国家教育行政学院教育行政教研部讲师、博士。

自学考试机制对自学考试制度的影响是本质性的、全方位的，深刻且持续，而不是阶段的、局部的。第一，自学考试机制是由包括与自学考试相关的外部要素和内部要素组成的教育活动体系。这些要素中的内部要素包括终身教育理论、学习型社会理论、传统的自学成才观念、千余年的科举考试的历史传统、社会助学、普通高校参与自考助学、个人自学、学习资源、学习服务、国家组织考试等；外部要素包括来自政治、经济、科技和文化等方面的影响，如我国正处于计划经济向市场经济的转型阶段、知识经济时代的到来、信息技术高速发展、国际化发展趋势等。内部和外部因素共同作用，形成一股综合性的力量，引导自学考试的发展。第二，自学考试机制囊括了自学考试中制度性内容和非制度性内容。制度性内容包括自学考试的根本制度，由各级教育行政部门、自学考试机构和助学单位等所组成的管理教育实施及评价活动的机构系统，自学考试教育体系、自学考试学习支持服务体系和自学考试质量保障体系的框架和运作等；非制度性内容包括将自学考试看做构建学习型社会的重要途径，自学考试中以学习为中心、以考试为手段，努力培养创新精神和实践能力等自学考试理念。自学考试机制体现在自学考试的理念中然而又不仅仅是理念，体现在自学考试制度中又不完全是自学考试制度，体现在各体系的运作中又不完全是运作框架和体系，而是一种具有社会性、历史性和逻辑性的社会关系形态，揭示自学考试发展的本质属性，解决自学考试制度改革中遇到的内外部的阻碍。

（二）自学考试机制的逻辑路径

自学考试机制的逻辑路径是在终身教育和学习型社会理论指引下，形成新型自学考试观；这种自学考试观认为，自学考试是社会进步和个体发展的教育过程，是保障个体学习机会和条件的学习支持服务体系。在这种自学考试观的影响下形成的自学考试制度是融学历教育、非学历教、职前教育、职后教育、继续教育和终身教育为一体，以自学考试教育体系、学习支持服务体系、质量保障体系为主体的自学考试体系；在这种自学考试制度的基础上，再发展成为决定自学考试发展和进步的自学考试机制（如图1所示）。这样形成的自学考试机制才能够清晰地、令人信服地解释清楚自学考试发展变化的根本原因。

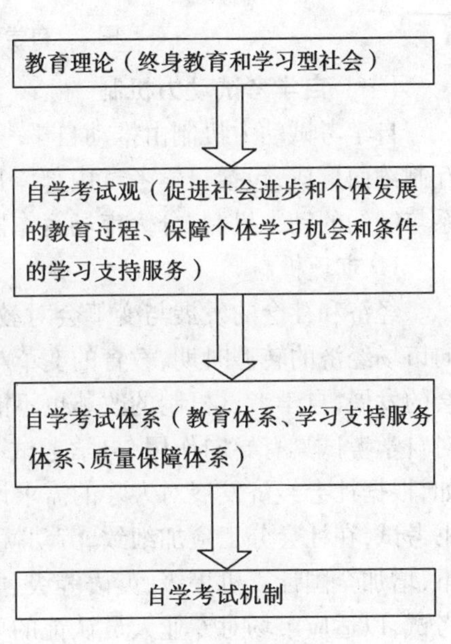

图1　自学考试机制的逻辑路径

二、高等教育自学考试机制的运作

自学考试机制包括动力机制和运行机制。动力机制中包括市场机制和创新机制;运行机制中包括目标机制、自考教育体系、学习支持服务体系和质量保障体系,如图2所示。

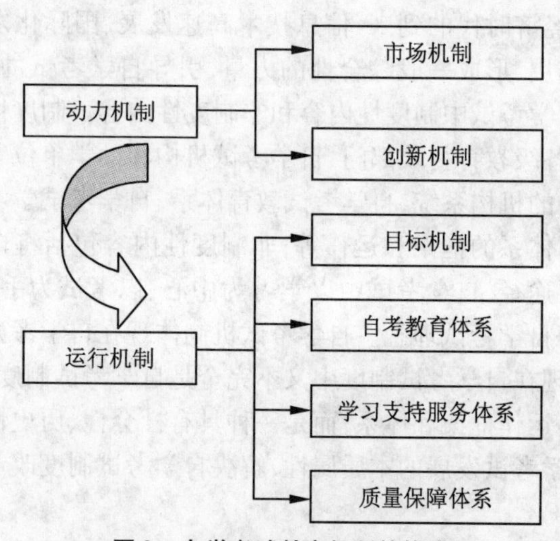

图2　自学考试教育机制的构成

(一)自学考试动力机制

自学考试动力机制由推动自学考试机制改革与发展的内外因素相互联系、相互制约而形成,包括自学考试内部矛盾运动机制和与经济、文化、社会发展相互联系与制约的动力机制,分为市场运作机制和创新机制。

1. 市场机制

经济和社会的发展与变革会对教育产生重大影响,尤其是我国处于计划经济向市场经济的转型时期,教育的变革与发展只有满足市场经济的需要,才能促进社会的发展,自学考试机制的改革也不能脱离市场经济发展的大局。也就是说,市场对自学考试具有导向作用,自学考试必须按照市场需求和特点积极进行改革。例如,根据社会经济发展对人才的需求设立专业体系和课程体系;增加开设非学历证书考试,在社会分工愈加细致、劳动就业岗位对特定能力的需求更加专业化的趋势下,增加全国计算机等级、英语等级、电子商务、商务管理、金融管理等非学历证书考试,以适应市场对专业人员认证的要求;根据市场和社会对人才的评价和需求,确定人才培养的方向和目标。

2. 创新机制

自学考试机制的改革与发展是多种因素协同作用的结果,市场和社会的变革因素是其变革的外部因素,为自学考试机制改革提供了一种客观的外部环境,是自学考试机制改革的潜在动力。要把这种“潜在的动力”转化成“直接的动力”,就必须通过自身的改革与创新,建立有效的内部运行体系和管理、评价、监督的制度规范。创新机制就是将自学考试机制改革的潜在动力转化成直接动力的多维度、多层次的系统结构。首先,确立符合建构学习型社会的自学考试观,必须以人的全面发展为出发点和归宿,将自学考试看做是社会进步和个人发展的教育过程,保障个体学习机会和条件的学习支持服务体系。其次,在社会助学的基础上形成自学考试支持服务体系,组织和利用各种资源与媒体,满足考生学习过程中的各种需求并提供学习条件。第三,延伸自学考试教育体系,将自学考试与中等职业教育相衔接,积极探索研究生层次的自学考试。

(二)自学考试运行机制

自学考试运行机制是自学考试机制的主体部分,在自学考试动力机制的调节和推动下,自学考试教育体系在目标机制的指导下,通过学习支持服务体系的协助、质量保障体系的保障与监控,朝既定的目标,按一定的性质、宗旨、方向、路线和速度发展。因此,自学考试运行机制离不开目标机制、自学考试教育体系、学习支持服务体系和质量保障体系,如图3所示。

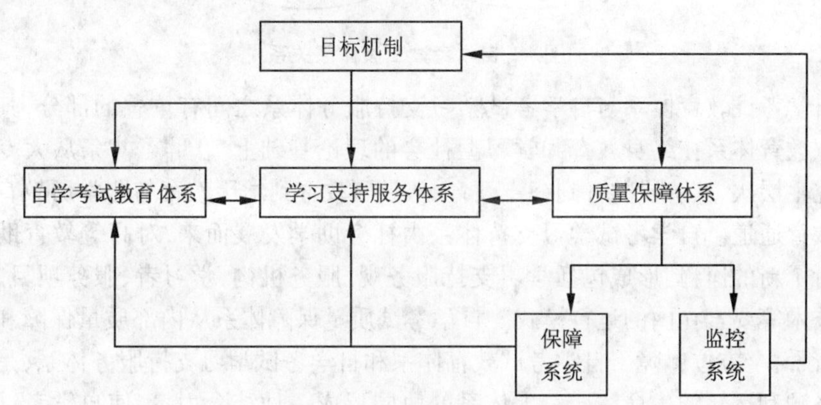

图3 自学考试运行机制

1. 不断修正目标,完善自学考试机制

目标机制是自学考试机制改革的导航灯,指引着自考机制改革的方向,是自学考试运行机制中三大体系构建的出发点和归宿。与此同时,自学考试目标机制接受监控系统中的监督与反馈,不断修正、完善自学考试目标机制。在目标机制中,三大体系围绕中心目标分别设立自己的具体目标,形成总目标指导下的一张目标达成网络和一个目标达成过程。随着目标机制不断调整，自学考试机制日臻完善。

2. 相互依赖、相互监督，保障自学考试机制良性运转

从当前自学考试的运行实际与发展构想出发，自学考试运行机制主要分成三大体系：自学考试教育体系、学习支持服务体系和质量保障体系。

自学考试教育体系由大专层次教育、大学层次教育、研究生层次教育和终身学习层次教育组成，是以自学考试为主体的教育通道；学习支持服务体系是助学机构为满足学生学习过程中的各种需要而提供的学习条件、学习环境、学习材料等各种学习资源及全方位的帮助与服务；自学考试质量保障体系是按照自学考试一定的规格标准，通过自学考试特有的方式，培养学生的知识、能力以及促进学生个性、情感的发展，包括保障系统和监控系统。自学考试三大体系的关系如图4所示。

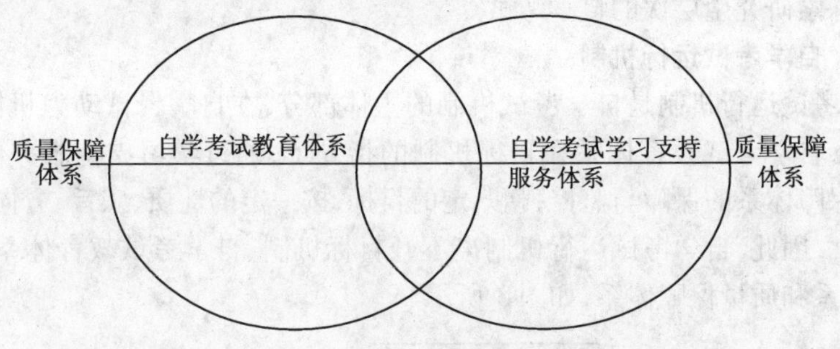

图4　自学考试三大体系关系

自学考试教育体系与自学考试学习支持服务体系之间有重叠的部分，其中自学考试教育体系在终身教育和学习型社会的理论基础上，开辟了一条从大专层次到研究生层次、从阶段教育到终身教育、从学历教育到学历教育与非学历教育相结合的教育通道。自学考试学习支持体系由社会助学发展而来，对高等教育助学理念进行了新的诠释，形成包括学习支持服务观、服务机构、学习者、服务项目、教育信息技术等要素在内的运行模式。自学考试质量保障体系从内部质量保障和外部监控着手，全方位保障了自学考试教育体系和自学考试学习支持服务体系，是前两大体系顺利运转的生命线。三大体系的协同形成一种综合力量，使自学考试朝着既定的方向，依照一定的路线、速度、规模、方式，形成"非此不可"的发展趋势。

三、高等教育自学考试机制改革中应注意的问题

自学考试制度在建立之初，其主要目的是通过考试检验学习成果，以利于发现和选择人才。但是在人类社会向终身学习和学习型社会迈进的过程中，在新的经

济、社会背景和新的教育理念的影响下，自学考试机制发生了变革：自学考试不再仅仅是一种个体学习成果认证制度，更是促进社会进步和个体发展的教育过程，提供和保障个体学习机会和条件的学习体系。在这一背景下，自学考试机制改革应注意哪些问题呢？

1. 将学历考试和非学历证书考试相结合

学历考试是自学考试最初和最主要的考试类型。但是，随着社会发展，自学考试还要根据社会、个人的需求，实施并发展各类等级证书、专业证书、岗位证书、职业证书考试，促进非学历教育的发展，改变自学考试以往重视理论知识、轻视操作技能，重视学历文凭，轻工作经验的状况，应适应社会多种能力鉴定和人才市场多层次、多形式的不同工作岗位的教育需求。当前应发展社会经济发展前沿出现的新行业、新岗位群的资格证书考试。

2. 重视自学考试的教育功能

自学考试经过20多年的发展，为我国的社会主义经济建设和社会发展培养选拔了大批合格的专门人才，受到了国家的高度重视和全社会的普遍欢迎，极大地发挥了自身的社会功能：提高全民族的科学文化素质，推动社会主义精神文明建设，促进教育体制改革的顺利实施，提高社会生产力。在终身学习和构建学习型社会的大背景下，自学考试的教育功能逐渐受到人们的重视。作为促进社会和个体发展的教育过程，自学考试在依托普通高校实施社会助学的基础上，还与中等职业教育相衔接，积极探索研究生层次的自学考试制度，扩大社会助学的范围，整合社区教育资源，让职业技术学院和社区学院进入社会助学的行列，打通个体学习的帮助渠道，创造有利于个体学习的良好环境。另外，在考试专业、考试科目、考试内容和形式的设计上，注重培养学习者的创新能力和实践能力，将知识的获得和能力的发展融为一体。

3. 加强自学考试的学习支持体系

自学考试内部运作机制在社会助学的基础上形成学习支持体系，为个体学习者提供信息与咨询服务、学习媒体服务、考务服务和学后服务。自学考试作为提供和保障个体学习机会和条件的学习体系，以学习者为中心，使每个学习者都得到发展；为学习者提供丰富的学习资源，建设与开发多媒体学习材料，建设网络化学习媒体，给予学习者更大的学习选择空间；鼓励高校参与助学活动，加强主考院校与行业部门或各类社会助学机构的联合办学；最后，还要将学习支持服务的功能向农村地区延伸，根据农村地区自学考试的特点与状况，建立乡镇自考联络站、自考学习活动室、农村自考网络等。

高等教育自学考试机制改革中值得注意的问题还有很多，教育工作者应认清自学考试机制的本质特征，根据实际采取措施。

参考文献:

[1] 王长乐.应该注意建设教育机制.教育科学研究,2003(2).

[2] 曹学明.试论教育机制现代化.辽宁教育研究,2001(6).

[3] 郭光明.论自学考试学习支持体系的建构.现代远距离教育,2004(4).

[4] 张峰.自学考试的内涵发展与功能拓宽讨论.成人教育,2002(4).

[5] 夏青.关于构建自学考试社会化服务体系的初步探讨.辽宁教育研究,2005(6).

[6] 吴农.论自学考试的定位、现状及走向.浙江师范大学学报:社会科学版,2001(2).

论我国高等教育质量标准的多样性与统一性

董泽芳①

摘　要：高等教育质量标准是多样性与统一性的结合。首先，多样性的质量标准是高等教育大众化的必然结果。其次，统一性的质量标准是保证高等教育质量的迫切要求。第三，两种标准和谐统一是我国高等教育发展的应然选择。两种标准既相互联系，又相互区别，是相辅相成、相互促进的辩证关系：多样性必须建立在统一性之上，也就是创造个性必须保证基本规格；统一性必须落实在多样性之中，统一性越强越有利于个性特色的形成。

关键词：高等教育；质量标准；多样性；统一性

提高质量的前提是保证质量，而保证质量的前提是具有公信力的高等教育质量标准。高等教育质量是一个多维度、多层次和多变化的概念，也是一种具有从属于价值主体倾向的价值判断，具有很大的主观性与相对性。但这些并不能否定高等教育质量标准所具有的能够被人测量的客观实在性和基本规定性。本文认为，高等教育质量标准应该是多样性与统一性的结合、客观性和主观性的统一。本文着重探讨高等教育质量标准的多样性与统一性的关系。

一、多样性的质量标准是高等教育大众化的必然结果

质量至今仍是一个存在争议的概念。一般认为质量就是对于某一客体是否能够满足特定主体需要及其程度所作出的肯定性价值判断。因此，衡量质量高低的标准也主要取决于客体本身的性状和特定主体的需要。

无论从客体本身的性状讲，还是从特定主体的需要讲，高等教育质量都是一个复杂的、多维的、动态的概念。从高等教育本身的性状看，它是一个多层次、多类型、多形式的系统。不同类型、不同层次、不同形式的高等教育具有不同的教育目

---

① 董泽芳，华中师范大学高等教育研究所所长、教授、博士生导师。

标、不同的培养规格和不同的教学任务，相应的就会有不同的质量标准。从高等教育的主体需要看，它要同时满足国家、社会及个人等多方面主体的需要，也就是高等教育要适应国家、社会及个人多样化的需要，并且能为国家、社会及个人提供多样化的人才选择。如国家在经济、科技、文化和军事等各种活动领域对人才有不同层次的需要；社会的不同行业对人才的类型与规格有不同的规定；每个希望上大学的人也会依据自身的兴趣、爱好、天赋、基础等条件来选择不同质量标准的高等教育。

高等教育大众化的历史背景进一步促进了高等教育质量标准的多样性。从高等教育自身的性质来看，高等教育大众化的重要前提是高等教育多样化。高等教育的多样化表现在两个方面：一是高等教育系统的层次、类型与形式进一步复杂。高等教育大众化时期不同于精英化时期，高等教育系统的目标和任务不再是只造就少量的科学家、政治家与工程师等高层次专门人才，同时要造就数以千万计的各级、各类一般层次的专业技术人才，高等教育系统的层次、类型与形式必然要多样化。二是为了造就数以千万计的各级、各类专业人才，高等院校内部学科、专业结构与教学、科研、服务等功能必须进一步分化，由此使得高等教育质量的标准也更加多样化。从高等教育办学主体的变化来看，高等教育大众化必然打破传统的公办格局，形成以国家办学为主，民办、公有民办、社会办学、中外合作办学等多种形式共同办学的格局；从高等教育主体需求的变化来看，高等教育大众化的重要目的就是为了更好地满足国家与社会，尤其是广大青年对高等教育日益复杂多样的需求，让更多的社会成员不仅具有接受高等教育的机会，而且能够更好地选择自己的成才方向与途径，高等教育大众化时期的教育质量更主要地体现在所提供的产品和服务能否满足社会和个人需要的程度上。因此，办学主体需求的多样化与个体学习需求的个性化必然要求高等教育质量标准进一步多样化。

高等教育质量标准的多样性主要反映在三个层面：一是国家层面质量标准的多样性，主要是依据国家对高等教育的总体要求，针对不同层次、不同类型、不同地域、不同形式高校的性质与任务，对各级、各类高级专门人才培养质量提出不同的标准。《中国教育改革和发展纲要》正是根据我国现阶段高等教育已经分化为研究型、教学研究型、教学型、职业技术型等，以及大学内部的学科、专业与功能不断分化的实际情况，不能单纯运用学术标准或应用性标准统一衡量它们，而是要因“校”制宜，区别对待，提出要“制定高等学校分类标准和相应的政策措施，使各种类型的学校合理分工，在各自的层次上办出特色”。

二是专业层面质量标准的多样性，主要是依据社会各个行业、部门对不同层次、类型高级专门人才培养规格的要求，提出的不同专业、不同学科、不同课程必须达到的质量标准。国家《关于实施高等学校本科教学质量与教学改革工程的意

见》也指出:要按照“分类指导、鼓励特色、重在改革”的原则,加强内涵建设,提升我国高等教育的质量和整体实力。这些规定既为各类高校的专业设置和专业建设指明了方向,也为制定多样性的高等教育专业质量标准提供了依据。在现行教学质量评估中,英语、计算机全国等级水平考试应是较为成功的范例,这两科由于对实践能力的界定较为明确,既促进了英语、计算机教学质量的提高,也使用人单位有了评价大学生英语及计算机能力的标尺。但从总体来看,关于学生基本能力的评价标准和方法都有必要加强研究和进一步完善。

三是个体层面质量标准的多样性,主要是依据社会成员的不同条件和意愿,提出的对不同形式高等教育在适应性上的不同规定。这种质量标准强调的是质量内容的适应性。任何事物都包含着特定的适应性,每一个适应性就会对应一个质量内容。由于高等教育的质量最终体现在培养人才的质量,而人才最终都要进入社会,因此高等教育质量内容的“适应性”主要表现为培养人才的社会适应性。针对多种多样的主体需求必然要求多样性的质量标准。测定个体层面质量高低或好坏的标准是社会对高等教育质量的满意度。多样性的质量标准为高等教育发挥创造性提供了广阔的空间,是使高等教育富有时代活力的必由之路。如果按一把尺子衡量人才,就会导致“千人一面”,高等教育也就会“死水一潭”,最终导致高等教育质量的下降。

在高等教育大众化的背景下确定多样性的质量标准,首先,有助于促进高等教育发展与社会发展、学科分化相适应。传统的由国家制定的单一的精英型质量标准,是阻碍我国高等教育发展及其与社会发展相适应的重要原因。确立多样性的质量标准不仅能有效地促进各级、各类高等教育共同发展,而且顺应了当今社会及学科发展既高度分化又高度综合的趋势,使培养出的人才更好地适应了社会发展和学科发展的需要。其次,有助于促进高校各安其位和办出特色。高等教育质量标准的多样性实质是质量标准的差异性,具有差异性的质量标准有助于鼓励那些目前实力相对较差的高校,在专业设置和学科建设上针对本地区特有行业的特殊需要,充分发掘自己的优势,扬长避短,努力培育和形成自己的学科特色与专业品牌,以促进不同层次、类型的高校各得其所、各展其长,都能发挥自己的优势,确保自己的质量。其三,有助于满足不断增长的国民高等教育需求。多样性的质量标准能比较充分地考虑到市场中不同主体对质量的需求,更好地促进具有不同条件、不同志趣的人的发展。

二、统一性的质量标准是保证高等教育质量的迫切要求

大众化的历史条件下强调多样性的质量标准,既有必然性,也有合理性。但如

果过分强调质量标准的多样性而忽视了必要的统一性，多样性就变成了随意性，就会使高等教育质量失去应有的标准“底线”，就会对保障质量的条件与行为缺乏必要规定与制约，就可能在利益驱动下使高等教育系统出现重量轻质的情况。当前，人们普遍感到高等教育质量呈下滑之势，重要原因之一就在于缺乏统一性的高等教育质量标准，致使人们对高等教育质量的认识模糊、评价失范、行为无序、成效难以认定。

提高质量的前提是保证质量，而保证质量的前提是制定出统一的、具有公信力的高等教育质量标准。因此，我们在强调质量标准的多样性时，更要注重质量标准的统一性。统一性的质量标准既要体现高等教育质量内在的品质与因有的特性，又要反映出特定时期国家和社会对所有高等教育基本的质量要求。它是国家为评判各级、各类高等教育的质量设置的一个基本底线，也是各级、各类高校必须遵循和确保的一般质量标准。

从质量是“客体是否能够满足主体的需要及其程度”的价值取向看，制定统一性质量标准必须依据现阶段国家的教育法律、方针与政策对高等教育提出的基本要求，因为这些要求反映着这一时期社会与个人发展对高等教育的要求。《中华人民共和国宪法》规定：“国家发展社会主义的教育事业，提高全国人民的科学文化水平。”《中华人民共和国高等教育法》指出，高等教育的任务是“培养具有创新精神和实践能力的高级专门人才，发展科学技术文化，促进社会主义现代化建设”。中共中央《关于教育体制改革的决定》对高等教育人才培养质量提出了更具体的要求，即“所有这些人才，都应该有理想、有道德、有文化、有纪律，热爱社会主义祖国和社会主义事业，具有为国家富强和人民富裕而艰苦奋斗的献身精神，都应该不断追求新知，具有实事求是、独立思考、勇于创造的科学精神”。党的“十六大”报告对教育方针的表述补充了“坚持育人为本、德育为先，实施素质教育，提高高等教育现代化水平，培养德智体美全面发展的社会主义建设者和接班人，办好人民满意的教育”等内容；对高等教育质量则提出要“造就数以亿计的高素质劳动者、数以千万计的专门人才和一大批拔尖创新人才”。党的十六届六中全会通过的《中共中央关于构建社会主义和谐社会若干重大问题的决定》，指出高等教育发展要“保持高等院校招生合理增长，要注重增强学生的实践能力、创造能力和就业能力、创业能力”。

根据上述文件精神，我国现阶段对高等教育质量的基本要求主要反映在三个方面：一是对大学生基本素质的要求，这就是德、智、体、美全面发展；二是对符合时代要求的各种能力的要求，总体讲是创新精神和实践能力，具体讲则是实践能力、创造能力、就业能力与创业能力；三是对人才层次的要求，即“高级专门人才”。概括而言，我国现阶段统一的高等教育质量标准就是培养德智体美全面发展、创新精神和实践能力较强的高级专门人才。这也是当前国家对大学生的共性质量要求。

制定我国现阶段统一性的高等教育质量标准,必须认真分析上述要求,并将这些要求具体化为可以操作、可以测量、可以评价的指标体系。从对大学生基本素质,即"德智体美全面发展"的要求看,具体讲应包括思想道德素质、文化素质、专业素质、创业素质和身体心理素质等多方面,每一方面又可以结合时代要求提出若干具体指标。如思想道德素质就可以具体化为"四有"、"两热爱"、"两精神"等。从对"创新能力和实践能力"的要求看,近年来虽然讨论甚多,但对其具体内涵的规定并不明确。我们认为创新能力是指大学生为了适应社会进步、知识创新与自我发展的需要,充分利用、开发已有的知识、技能和内外条件,创造出具有价值的思想、观点、方法、理论、技术、工艺和产品等新颖成果的一种综合性能力。它包括创新意识、创新思维和创新技能等三部分,核心是创新思维;实践能力则包括表达能力、动手能力、适应能力、交际能力、决策能力与管理能力等。大学生的实践能力还应结合学科与专业特点来确定。从对"高级专门人才"的要求看,所谓"专门人才"是指大学生应具有从事某一专业工作的专业知识、专业能力与职业道德;所谓"高级"是以前两项要求为基础提出的,也就是相对于中学生,大学生在学问、创新精神、科研能力与人品等方面都要达到较高的水平。诚然,所谓"较高的水平"也可以通过研究确定出一些相应的衡量指标。

在注重多元发展的背景下强调统一的质量标准,对保证高等教育质量具有重要的现实价值。首先,有利于规避过分强调多元质量标准的危害。近年来,我国高等教育有了快速发展,但发展主要表现在规模扩张方面,质量、结构、效益问题没有得到很好的兼顾,有人甚至认为在高等教育大众化背景下,必然出现多样化的质量标准。而所谓多样化就是因"校"制宜、因人而异,即无论什么样的质量都是可以的。可见,过分强调多样性质量就等于没有质量要求,由此必将带来不可估量的问题及危害。制定统一的质量标准,也就是对高等教育人才培养的基本规格,包括知识结构、创新精神、实践能力与思想品德等方面提出明确的质量要求。有了标准就可以明确政府、高校在保障办学条件、提高教育质量等方面的责任,规范其行为,从而为高等教育达到一定的基本质量提供了认识基础和制度保障,也为同一类型、同一层次、同一形式的高等教育提供了比较和衡量质量的依据。

其次,有利于建立具有公信力的高等教育质量评价体系。我国当前关于高等教育质量的争议很大,重要原因之一就是没有建立起严格意义上的具有公信力的高等教育质量标准与相应的质量评价工作体系。近年来,由教育部组织的"高校本科教学工作水平评估"、社会某些民间机构发布的大学排名,以及许多高校开展的课堂教学质量评价,虽然同高等教育质量有一定相关,但从性质上讲,皆属于过程与条件评价,而不是高等教育质量评价。这些评价不仅难以作出具有客观性和公信力的高等教育质量评价以求得人们的共识,而且往往因评价信息失真而导致反馈功能失灵,甚至决策失误。为了提高高等教育质量评价的客观性和公信力,充分发挥教育质量评价的功能,推进高等教育的发展与改革,建立我国高等教育质量评价体系已势在必行。

第三,有利于增强我国的综合实力。一个国家的综合实力归根到底取决于国民素质的全面提高。高等教育大众化的意义在于有效扩大高等教育的规模,使更多的人获得接受高等教育的机会。但高等教育发展仅有数量没有质量,对于全面提高国民素质并没有真正的意义。正因为如此,教育部于 2003 年启动高等教育"质量工程"。2007 年 1 月 22 日,教育部、财政部联合下发文件,决定全面实施"质量工程"。温家宝总理在《百年大计,教育为本》一文中再次明确指出:"从长远看,我们不仅要不断扩大高等教育的规模,满足群众对高等教育的需求,更重要的是要提高高等教育质量,把提高高等教育的质量摆在更加突出的位置。"

第四,有利于促进大学生的健康发展。统一的质量标准对高等教育人才培养质量规格有具体、刚性的规定,是对大学生健康成长提出的导向性要求,可以有效地引导学生学会学习、学会做事、学会生活、学会发展。

三、两种标准和谐统一是我国高等教育发展的必然选择

高等教育质量标准中的多样性与统一性即哲学中的特殊性与普遍性,二者既相互联系又相互区别,是相辅相成、相互促进的辩证统一关系:一方面,普遍性寓于特殊性之中,并通过特殊性表现出来,没有特殊性就没有普遍性;另一方面,特殊性也离不开普遍性,世界上任何特殊事物总是有与同类中其他事物的某些方面有相同之处的,总要服从于这类事物的一般规律,不包含普遍性的特殊性是没有的,即特殊性也离不开普遍性。

高等教育质量标准中多样性与统一性相辅相成:质量标准的多样性也必须建立在统一性之上,也就是因"校"制宜、因人而异、创造特色必须以保证基本规格为前提;质量标准统一性又必须落实在多样性之中,统一性质量标准是国家对高等教育整体的质量基本要求,反映的是高等教育内在的、共同的本质。统一性越强,越有利于个性特色的形成。高等教育质量标准中多样性与统一性相互促进:高等教育质量的多样性是统一性的目的和发展,没有多样性的统一是高等教育质量的僵化;高等教育质量的统一性则是多样性的基础与保障,没有统一要求的多样性是高等教育质量的退化。在高等教育质量标准中,片面强调任何一方面的标准都不利于高等教育的发展,都不能很好地促进高等教育与社会、群体及个人的不同需求相适应。

构建多样性与统一性和谐统一的质量标准是我国现阶段高等教育发展的必然选择和唯一途径。在实现高等教育大众化过程中，必须高度重视这一点：没有多样性的质量标准，用传统的单一的精英教育标准来衡量多种形式的高等教育质量，显然是不科学的；没有统一性的质量标准，片面强调多样性质量标准就等于放弃质量要求，同样是对高等教育大众化的误导。

我国当前构建多样性与统一性和谐统一的高等教育质量标准，除了需要转变传统的单一化的精英教育质量观，树立科学的多元统一的高等教育质量观外，当务之急是尽快建立具有公信力的高等教育质量标准与相应的质量评价工作体系。这一体系应包括国家、专业学术组织、高等学校三个层面。

从国家层面讲，主要任务有三：一是依据我国现阶段的教育法律、方针与政策对高等教育提出的总体要求，研究和确定我国现阶段基本的、统一的高等教育质量标准；二是依据国家对高等教育的总体要求和"合理分工、分级办学、分类指导、鼓励特色、重在改革"的原则，针对不同层次、不同类型、不同地域、不同形式高校的性质与任务，对各级、各类高校人才培养质量提出不同的标准；三是建立完善、科学的定期采集和公布本科教学状态数据库的制度，加强社会对高校办学的监督。

从专业学术组织层面讲，主要任务是以在国家总体要求的指导下，依据学科专业的特点和社会各个行业、部门对本专业人才培养规格的要求，研究和制定本专业，以及本专业中的不同学科、不同课程必须达到的质量标准，并定期采集和公布本专业教育教学质量的相关数据，以供全国范围内不同学校之间在教学质量上的专业比较。

从高等学校层面讲，应成立专门的高等教育质量监控处或评估处，并建立由高校教师、学生与用人单位共同参与的高等教育质量自我评估、自我保障与自我监督机制。其主要任务是根据国家的总体要求，从各大学的培养目标定位出发，结合自身办学条件、师资结构和水平、服务面向、生源质量等方面的实际，研究和确定本校的教育教学质量标准；同时不断完善高校内部的质量管理的相关制度，以促使高校把主要精力和财力投入到提高高校教育质量上来。

参考文献：

[1] 潘懋元.高等教育大众化的教育质量观.江苏高教，2000(1).

[2] 蔡克勇.大众化的质量观：多样性和统一性结合.高等教育研究，2001(7)

[3] 王保华.分类发展：高等教育发展的理性选择.中国高等教育，2002(11).

[4] 杨德广.树立正确的教育质量观推动高等教育健康发展.高教探索，2003(3).

[5] 王宪平，应若葵.高等教育质量统一性与多样性的辩证关系分析.理工高

教研究,2004(5).
[6] 贺晓波.大众化高等教育的新质量观探讨.黑龙江高教研究,2006(1).
[7] 冷余生.从质量争议看高等教育质量评价的现状和任务.高等教育研究,2007(3).
[8] 李志宏.建立与新时期质量观相适应的高校质量保障体系.中国高等教育,2007(9).
[9] 陈至立.以增强创新能力为核心提高研究生教育质量.http://www.gov.cn/ldhd/2008-01/15/content_858894.htm.
[10] 教育部.关于进一步加强高等学校本科教学工作的若干意见(高教〔2005〕1号).
[11] 教育部,财政部.关于实施高等学校本科教学质量与教学改革工程的意见(教高〔2007〕1号).
[12] 教育部.关于进一步深化本科教学改革全面提高教学质量的若干意见(教高〔2007〕2号).
[13] 董泽芳.高等教育的生命线.武汉:武汉大学出版社,2009.

构建现代远程教育质量保证体系的研究与探索

刘步俊　徐爱国①

摘　要：在考察我国现代远程教育质量管理现状的基础上，本文以全面质量管理理论为指导，提出建立现代远程教育质量保证体系的基本思想，并分析了保证体系的构成要素。

关键词：远程教育；质量保证；全面质量管理

近年来，现代远程教育取得了长足发展，已经成为我国高等教育体系和终身教育体系的重要组成部分。在办学规模日趋扩大的同时，质量保证的问题日益凸显出来。本文拟考察我国现代远程教育发展现状和质量管理状况，以全面质量管理理论为指导探索建立现代远程教育质量保证体系。

一、我国远程教育质量管理状况

经过20多年的发展，我国远程教育取得了令人瞩目的成绩，目前形成了由普通高校、成人高校、广播电视大学、自学考试、民办教育机构及各类培训机构构成的多形式、多层次、多类型、多渠道的办学体系，成为我国高等教育体系和终身教育体系的重要组成部分。

我国远程教育的发展，大致经历了三个阶段：1999—2001年为起步阶段，各高校争相开办远程教育，网络教育成为热门话题；2001—2005年为快速扩张期，广播电视大学的开放教育试点本、专科招生数达267.5万人，67所高等院校网络学院1999—2003年累积招生数达79.8万人；2005年以后为网络教育的转型期，表现为招生人数不再直线攀升，而是趋于平稳，广播电视大学和网络学院从高度重视规模发展，转向更加注重教学质量。2005年4月，教育部副部长吴启迪强调，要处理好规模、质量、结构、效益四者的关系，要将前一阶段高度重视规模发展，转移到在规

① 刘步俊，山东广播电视大学副书记、副校长，教授；徐爱国，山东广播电视大学党办、校办文秘科科长，副研究员。

模持续发展的同时,更加注重教学质量。

我国远程教育的质量管理也具有阶段性。最值得考察和分析的是有着30年发展史的广播电视大学。结合相关的史料和文件,从质量管理角度,可以将广播电视大学的发展大致分为三个重要阶段。

(一)计划管理阶段

时间从1979年创办到1990年代初期。在广播电视大学(下文简称"电大")创建及发展的相当一段时期内,"五统一"在电大教学质量保证上发挥了关键作用。这是由当时的计划经济环境和电大层级管理模式(行政模式)决定的。浓缩这一阶段教学质量管理特征的文件是1988年5月原国家教委印发的《关于颁发〈广播电视大学暂行规定〉的通知》(〔88〕教计字063号)。此外,学生所在单位的"带薪脱产学习"、"半脱产学习"政策对保证教学质量发挥了重要作用。这一时期质量管理特征可以归纳为以下两点。

(1) 重在行政管理:电大是在教学上实现统筹规划、分级办学、分级管理的远距离教育系统。

(2) 强化"五统一"质量标准:即"统一教学大纲、统一教材、统一试题、统一答案及评分标准、统一考试时间"。

(二)后计划管理阶段

时间从20世纪90年代初到20世纪90年代末。这一阶段的标志性事件包括1993年广东省实施的电大、自考等学分互认和转学,以及全国电大1995年开始的"注册视听生"和"专升本"试点。这一时期质量控制的特征是有以下两点。

(1) 教考分离:教学环节由电大负责,考试环节由国家考试中心负责;

(2) 免试入学,宽进严出:高中、中专以上学历者免试注册。

(三)质量控制阶段

时间从20世纪90年代末至今,这一阶段的标志性事件是"中央广播电视大学人才培养模式改革和开放教育试点"。1994年4月,教育部办公厅印发《关于"中央广播电视大学人才培养模式改革和开放教育试点"项目研究工作的几点意见》(教高厅〔1999〕1号)。2004年,电大在试点研究的基础上,提出了保证教学质量的5大要素,即教学资源、学习过程控制、学习支持服务、教学管理和系统运作,其中教学资源是关键,学习过程控制是重点,学习支持服务是核心,教学管理是保证,系统运作是基础。这一时期质量控制的特征有以下两点。

(1) 过程控制特色显著:特别是"考核与监控"和"教学检查与评估"。考核与监控包括形成性考核、学习行为跟踪等;教学检查包括在线检查与实地考察,定期检查与专项检查,考试的"巡考与抽考"等。

(2) 行政与市场相结合:管理引入市场手段,各级电大间协议管理,分工负责,

利益共享,包括中央电大与合作高校签订合作专业和课程建设的协议,中央电大与省级电大签订试点工作协议,明确各自责、权、利,按照中央电大的统一规定和要求共同开展试点工作。在"省开课程"的资源建设上,分工合作,明确职责,分摊成本,分享收益。同时,检查、评估等行政手段发挥了重要作用。

我国普通高校的网络学院创建时间不长,各院校的发展很不平衡,有的还没有真正将质量管理提上日程,有的则开始在较高的起点上进行质量管理。2003 年,北京大学医学网络教育学院率先引入"ISO9001"质量管理体系,并成为我国首家通过 ISO9001:2000 认证的试点高校网络教育学院。该院制定的质量方针是:"管理规范,资源优秀,服务满意,技术可靠,提供一流的医学网络教育"。

在宏观管理层面,教育部采取了一系列措施:开展公共服务体系建设;抓紧制定各项现代远程教育的技术标准;实施质量评估工作;实施现代远程教育的部分基础课统考制度;对于那些教学质量达不到要求,且在招生等办学过程中存在违规行为的试点高校,教育部采取了以"停止招生"等措施为主的"摘牌"制度。上述措施主要体现在系统建设和评估、监控两个方面,总体上倾向于质量检验和控制。

从以上分析可以看出,无论是电大的质量管理,还是普通高校网络学院的质量管理,目前都处于"质量控制"阶段,尚未进入"全面质量管理"阶段。教育部对远程高等教育的管理也倾向于质量控制。目前,我国远程教育形成了函授教育、电大教育、网络教育三种相对独立的形态,及其各具特色的教学模式、管理模式和运行机制。但这三种形态的远程教育却在教学信息化水平、质量控制体系建设、教育质量的社会认同度等方面存在着一定的差异,出现了质量滑坡的情况。远程高等教育质量控制有所松懈、质量结果不尽如人意的原因是多方面的,既有高等教育盲目"扩招"的负面影响,也有"教育市场化"的冲击和社会不正之风的侵袭,还有学校自身办学指导思想和质量控制体系建设等方面的原因。

(1) 高等教育盲目扩招的负面影响。高等教育大众化是世界高等教育发展的潮流和我国现代化建设的客观需要。充分发挥函授教育、电大教育、网络教育等远程高等教育在推进我国高等教育大众化进程,为全面建设小康社会培养各类应用型专业人才的作用,无疑是我国高等教育改革发展的重要决策。但在推进高等教育大众化的进程中,有的成人高校以及一些普通高校的网络学院,不顾自身办学条件盲目扩大招生规模,四处设点办学,使办学规模和网点布局出现了失控的情况。甚至有的网络学院把办学权交给以追求办学利润最大化为目标的企业,致使办学质量严重失控,这不能不引起社会的关注。

(2)"教育市场化"的无情冲击。一段时期以来,"教育市场化"的声音空前高涨,作为对在职成人进行知识更新和学历提升的函授、电大、网院等远程高等教育更是首先被推向了市场。学校缺乏财政资金支撑,办学支出主要靠招收学生收取学费,通过拼命招生来获取经费以维持办学的基本支出。一些学校用于改善办学条件和控制办学质量的经费明显不足,加之社会上文凭贬值、弄虚作假等不正之风的侵袭,出现了不惜放弃质量、盲目扩大办学规模的情况。

(3) 个别远程教育院校自律不够。远程高等教育办学走向市场后,学校的自律也出现了不同情况的放松。有的学校办学指导思想不端正,重招生、轻管理,重规模、轻投入,甚至把办学作为谋取福利的重要手段;有的出于生存的需要,办学目的仅仅停留在增加经济效益上,教学质量控制若有若无;有的质量控制体系严重缺损,而相应措施又十分乏力。事实上,无论是函授教育,还是电大系统、普通高校的网络学院,都具有点多面广、摊子大的共同特点,除电大系统已建立中央、省、市、县多级办学控制网络外,函授和网络学院对跨省市区设立的院外办学点的质量控制,都不同程度地存在着心有余而力不足的情况。

(4) 质量控制手段参差不一。无论是在专业设置的质量保证流程、课程质量保证的组织架构、课程开发的质量保证、学生成绩评价的质量保证、教学质量控制体系的构建和完善,还是质量控制的信息化水平等方面,在不同的远程教育形式和不同院校中都存在着较大的差异。如函授教育仍然主要采取集中定点面授教学、随教随考的模式,教学质量控制主要依靠授课教师进行自律,其质量效果显然取决于教师个体的教学水平和质量意识,具有较大的随意性和不稳定性。而电大教育质量控制的社会性、规范性和质量控制体系的相对完整性,以及具有较高的信息化水平,无论是质量控制的效果,还是控制信息的传输与反馈,都具有明显的优势。同样,在函授教育、电大教育、网络教育内部,各办学主体之间质量控制能力和水平也很不一致。

二、以全面质量管理理论为指导建立远程教育质量保证体系

(一) 建立远程教育质量保证体系的基本构想

依据 ISO9000 标准内容(质量保证主要分为产品和过程两个方面),我们把现代远程高等教育的核心分为两大子系统:活动子系统和资源子系统。活动子系统分为资源建设活动(资源建设过程)、教学活动(教学过程)以及其他的各种支持活动(管理、评价、学生相关服务等);资源子系统是指构成活动子系统的资源集合。这两大子系统是有机的整体,相互依存,相互联系。资源通过一定的设计从而完成一定的活动;活动的产品或者结果也有可能是资源。现代远程高等教育系统通过资源子系统和活动子系统为学习者提供教育服务。在整个现代远程高等教育系统中,管理子系统对现代远程高等教育的各个子系统进行协调组织。评价子系统通过不同的评价方式来评价现代远程高等教育的各个实施细节,并为之提供反馈意

见,使系统的各个要素得到及时修正。另外考虑到现代远程高等教育质量保证体系的开放性和外部质量保证体系的有机统一性,在保证质量的整个体系中还应该包括更高层次的保证:学历认证和顾客与社会认同。

远程教育院校是一个服务系统,服务系统的产出(输出)取决于投入(输入),以及系统的结构和服务过程。首先是系统的结构,对电大教育和网络学院这样的大系统来说,系统结构是至关重要的。现行的电大系统是在计划经济体制下建立起来的,这种"层级式"结构与其说是教学系统,不如说是行政管理架构。这种架构已表现出多种不适应和不协调,运行成本高、效能低,成为制约远程教育质量提高的"瓶颈"。在系统结构不变的情况下,任何投入的大幅增加,都不太可能带来"产出"的明显改善。其次是投入。尽管经费投入、物质技术装备投入也是十分重要的,但最重要的投入是人力资源。"教育的成功是资源导向的",而人、财、物等资源的有效配置最终还是有赖于人力资源的质量。此外还有一个影响系统"产出"的关键问题——过程性质量(包括教学资源、学生支持服务等)。中央广播电视大学近些年特别强调教学过程,"宽进严出"的内涵首先强调的是过程,考试要严格,但同时必须用更大力气落实教学过程。

(二) 质量保证体系的构成要素

现代远程高等教育质量保证体系包含 4 个层次:资源标准、过程控制、学历认证、社会认同。资源标准与过程控制对现代远程高等教育的实施过程和产品提供指导性和规范性的要求,减少现代远程高等教育质量保证的随意性。资源的标准化可以提升管理的深度和精度,将不可控因素降至最低;过程控制为过程实施的主体提供可操作的行为规范,二者是保障现代远程高等教育服务水准和教学质量的有力手段;学历认证相当于对现代远程高等教育质量的总结性评价,是现代远程高等教育质量保证的内部终极目标;社会认同是整个现代远程高等教育质量保证的终极目标,质量保证体系以此为准绳,建立相关的标准体系和管理规范。评价和管理是远程高等教育质量保证体系的实现手段。

(1) 资源标准。教育产品和资源主要包括人力资源和物力资源。

人力资源主要包括:学科专家、课程的创作者、主讲教师、技术人员、管理人员等。在现代远程教育实施的过程中,从业人员的素质将直接影响远程教育的质量和顾客对于远程教育质量的满意度。人力资源的标准主要包括人员基本素质规范、人员职责等。人力资源标准的主要作用在于为从事现代远程教育的相关人员建立完善的基本要求及其相关标准。物力资源主要包括:基础设施、教学资源及其相关资源。我们通常所说的标准一般指各种物力资源的标准。目前国内外的现代远程高等教育标准研究主要集中在技术标准方面。实际上,资源标准应该包括形式(技术)与内容(教学特性)两个方面。与技术标准相比,内容标准的制定必须考虑更多的教学特性。由于文化因素、教学环境、教学理念等因素的差异，各个国家地区甚至某一个院校都应该有自己的教学特色，表现在资源上就是内容标准的特色。内容标准的制定需要在共性与特色之间取一个平衡点。因此质量标准体系是一个统一与特色结合的综合体。在标准建设过程中应该尽量做到形式上高度统一，内容上在抽取共性的基础上保持原有教学特色。

（2）过程控制。根据ISO9000的定义，过程是将输入转化为输出的一组彼此相关的资源和活动。从某种意义上来说，教育活动就是交互。现代远程高等教育是基于一定的教育资源，通过媒介进行交互的集合。它不仅包括现代远程高等教育资源的设计、开发过程，还包括运行这些资源的过程以及其他各种相关支持的过程等。这些过程是一个有机的整体。某一个过程实施的不当将影响现代远程高等教育最终的质量。因此保证现代远程高等教育质量的一个重要方面就是对教育过程质量的有效保证。为了确保现代远程高等教育质量，过程控制可以适时进行控制和调节。对系统的控制，就是按一定目标对系统状态在时空中的各种可能进行选择。对教学系统控制的最终目的是追求远程服务效益最大化，要求在现代远程高等教育实施的活动中保证每一个活动与预期目标相吻合，把质量问题出现的可能性最小化，并在问题形成的初期解决问题。过程控制是一个系统控制的过程，对过程本身及其产品都要进行评价，为前期的工作进行修正提供依据。评价过程是发现问题的过程，针对这些问题，过程的实施者及时地对整个过程的相关要素进行修正。

（3）管理模式。现代远程高等教育的管理需要建立以质量保证为中心，管理范围全程化、全面化的，管理手段信息化、协同化的，管理组织责任化、扁平化的全新管理模式。要建立健全的组织，明确各层管理人员的确切责任，建立明确的管理手册，做到有人负责、有章可依、有据可查。组织形式扁平化，减少信息通道的节点，使管理和反馈信息流畅，提高管理效率。在教学点的管理方式上应该加强引导，同时建立完善的管理机制，防止教学点管理的失控。要以质量为管理核心，建立以质量为核心的管理体系，树立质量第一的管理理念。加强信息化管理手段，建立基于网络的协同式管理模式，使远程教育管理信息化。

（4）评价模式。以现代远程高等教育资源标准和过程操作规范为主要评价指标，同时注重定性评价的重要性。评价主体包括活动的实施者、院系级的评价组织以及学生家长、第三方、社会等，形成一个全方位的多元的评价体系，并从不同层面对同一个过程或者结果进行评价，保证评价的全面性、公正性。评价要素主要包括过程和结果。评价的最高标准是外部的认同，它需要自我评价和院校评价的支撑，而评价的最终目的在于改善每一个细节，并且具体到每一个活动及活动的结果。

（5）学历认证与社会认同。学历认证为现代远程高等教育的最终产出提供一

个标准,相当于内部质量保证体系中的总结性评价,对现代远程高等教育起引导的作用。因此学历认证是现代远程高等教育提高质量的一个重要的保证措施。在学历认证中应该注意对能力培养、素质教育的导向。顾客与社会认同属于外部质量保证,但由于质量保证体系是一个系统的整体,因此在内部质量保证体系的设计过程中,应该同顾客和社会建立起一条流畅的信息反馈通道,及时地了解外部需求,改善和提高内部的质量水平。

三、提升现代远程教育质量的措施

(一)制定与远程教育相适应的全面的教育质量标准

教育质量标准是衡量质量的具体尺度,也是对教育质量进行有效控制的基本前提和依据。现代远程教育在对象、教育模式、教学形式、教学评价等方面有别于传统教育方式,因而其在质量标准的设置上也应该突出其特点,建立与之相适应的全面质量标准体系。教育质量标准应该贯穿整个教育过程,要对教育投入要素、教育过程、教育结果三个主要方面设置具体可行的标准:

(1) 教育投入要素标准。在教育投入要素标准上,应对专业设置、课程结构、教学大纲和教学教材、师资力量、基础设施和培养目标等方面作出不同的要求。就专业设置而言,必须强调专业的适应性、整合性、兼容性,同时还应对专业的办学条件作出规定。就课程设置而言,专业的设置和培养目标需要有对应的门类相当、深度适宜的课程结构,在学科上处理好兼容关系,在目标上处理好"贴近"与"超前"的关系,在基础知识上处理好"必需"与"够用"的关系,在教学设计上突出理论知识的应用和实际动手能力的提高。就教学大纲与教材方面而言,应制定符合培养目标和人才规格的教学大纲和教学资料,尤其是多媒体课程资源的开发。就师资力量而言,师资力量标准主要是指对教师、教学管理人员和教育技术人员的标准,他们素质的高低是影响教育教学质量的根本因素。对于远程开放教育来说,更应该建设一支精干、高效、懂教育、善管理的教职工队伍。就基础设施而言,现代远程教育的突出特点是利用先进的教学技术和教学设备实现教育方式的现代化,高质量的现代远程教育离不开先进的信息通信技术基础设施,应对远程教育的硬件设施、系统环境、教育平台、软件工具作出具体要求。

(2) 教育过程质量标准。为保证教学质量,教学过程的管理越来越受到重视。对教学过程的质量制定一些标准,主要是教师课程实施、学生支持服务、学生考核、学籍管理的指标设置。在教师课程实施上,根据远程教育方式的特点,对教师利用多媒体技术进行的课程教学设计、教学方案、多媒体课件的制作与运用等要有适宜学生接受的标准,此外也应对教师帮助学生制订学习计划、组织多种媒体教学的面授辅导课程、安排小组活动、作业布置、阶段性测验等作具体要求。学生支持服务是在教学分离下保证以学生为中心的教育方式质量保证的关键一环,应对学习过程中的及时辅导、答疑、咨询等学生支持服务的内容和方式,以及对教师作出的交互响应及时性等方面内容有具体要求,还应对校外学习中心设定评估系统,完善对学生的机构支持。在对学生学习效果的考核上,考试是最为有效和重要的手段,因而一方面要对课程平时作业的质量监控,包括作业的设计、作业的完成和批改的质量,以及作业批改后的反馈时间作出规定,另一方面还应对终结性考试在试题的内容、手段方法、远程监考、虚拟实验、考试环境等设置有指导作用的指标,以考试质量的提高促进学生的自主学习。

(3) 教育结果标准。主要应对社会认同度和学生满意度两个方面作出一定要求。社会认同度要从用人单位的满意度、人才市场对学历的认可以及在进一步深造中远程教育所获学历的认可、学生就业率等方面提出一定的目标要求;而学生满意度则是基于学生对教育的一定评价,在学习中掌握的知识技能,对是否有利于就业的有效性评价。

(二) 切实加强教育过程动态控制

远程教育的控制是由事前控制、教育过程控制、反馈控制构成的一个动态系统,它在保证远程教育的质量方面发挥着重要的作用。要加强对教育过程的动态控制,建立以专门督导机构为主的多层次的控制主体。

事前控制,即预防性控制,是对应于教育要素投入和准备工作质量标准的控制,包含对学生入学资格、教育资源投入、对学生入学测试与教育的检查控制。

教育过程控制,即基于教育过程标准进行的控制,包括对教师课程实施、学生支持服务、学生考核、学生学籍管理等方面的控制,形成教师对学生的学习控制、教务监督机构对教师教学中课程实施的控制、教务监督机构对学生的控制、学生自主控制4个控制层次。教育过程的控制通过对照教师课程实施、学生支持服务、学生考核三个方面制定的标准检查教育的实际效果,对于其中一些偏差通过落实责任、进行惩处、教育、引导、修改等方式纠正这些偏差。

反馈控制,是通过对教育结果的考核和评价,从社会认同度和学生满意度两个方面对照预期目标检查远程教育是否在学生就业、知识技能提升、用人单位对学生的满意度等方面的成果,评定现行的质量标准下的教育是否能够满足各个层次的需求,以及与社会期望的差距,重新调整相应的标准,并且采取变革专业设置、课程设置、教学方法、设置投入等措施。

设立专门督导机构,落实对远程教育的具体控制措施。远程教育机构实行教学督导制度,建立自我约束的教学质量监控机制,有利于确保远程教育教学质量。首先,应该建立一支专门的督导机构。其次,要形成一支稳定的督导队伍。要保证

督导工作的稳定性,必须有专职督导员,并且他们熟悉远程教育的特征与规律,能确保教学督导的针对性与有效性。第三,要明确督导的具体职责与任务。督查是对学校内部各部门和系统内部各级办学单位贯彻执行教育部方针、政策和学校教学安排的监控与督办。指导是指对各基层办学单位工作人员建立新的教育教学观念、按远程教育规律办学、具体实施远程教育教学的引导与培训。

(三) 加强质量控制的反馈

任何一种质量控制体系,都应该是能够及时准确地反馈质量控制结果的闭合系统,只有加强质量控制的反馈,才能使办学主体及时调整教学行为,加强影响教学质量各要素的监管,确保各个层次的教与学行为按既定目标或标准运行。

构建现代远程教育质量保证体系是一项系统工程,这就要求在全面质量管理理论指导下,统筹规划,全员参与,实施全过程、全方位的管理。体系的建立绝非一朝一夕的事情,也并非一劳永逸,需要在实践中不断修正和完善。

参考文献:

[1] 徐辉富. 国内外远程开放教育质量保证研究概述. 中国电化教育,2004(10).

[2] 张立国. 现代远程高等教育内部质量保证体系的理论模型. 中国电化教育,2007(3).

[3] 蒋国珍,匡贵秋. 远程教育质量管理:阶段性与突破口. 中国远程教育,2007(5).

高校本科教学评估:成效·问题·对策

梁金霞①

摘　要: 本文以我国首轮高校本科教学评估为基础,总结了此次教学评估取得的成效和存在的问题,探索了在高等教育大众化语境中的本科教学评估体制改进的对策。

关键词: 本科教学评估;成效;问题;对策

确立并实施周期性的教学评估制度,是在高等教育大众化进程中保证和提高教育教学质量的一项重大举措,顺应了转变政府职能、加强宏观管理、依法行政的要求,也是高等教育自身发展的客观要求和发展趋势,其出发点和落脚点都是着眼于提高质量。从2003年启动的为期5年的高校本科教学评估工作,其在促进高校建设、改革、发展和提高质量中发挥了重要作用。通过评估,各高校对本校的发展思路与定位有了清醒的认识,对教学投入的促进、教学工作中心地位的加强、教学管理的规范、教学改革的深化均起到了积极作用。同时也应看到,在评估工作中还存在一些问题和不足。首轮教学评估工作已经结束,在科学发展观的引领下,总结评估工作取得的成效,理性对待存在的问题和不足,依据高等教育发展的客观规律探索评估工作的对策建议,建立我国高等教育本科教学工作科学、可行的评价体系,推动我国高等教育持续健康发展。

一、首轮本科教学评估工作取得的成效

首轮普通高等学校本科教学工作水平评估指标体系包括办学指导思想、师资队伍、教学条件与利用、专业建设与教学改革、教学管理、学风、教学效果等7个一级指标、19个二级指标、44个观测点和特色项目。开展教学评估工作以来;各高等学校按照"以评促建、以评促改、以评促管、评建结合、重在建设"的方针,依据教育部制定的评估方案标准和指标结合自身实际情况,转变教育思想观念,加强教学基本建设,深化教学改革,规范教学管理,学校教育教学工作发生了积极的变化,取得

① 梁金霞,国家教育行政学院社会科学教研部副教授。

了显著的成效。

1. 办学思路、学校定位进一步明确

办好一所大学,需要先进的办学理念、正确的办学定位、明确的发展目标。本科教学评估的开展,推动高校广泛深入地开展了教育思想观念大讨论,进一步端正了办学思想,梳理了办学思路,明确了发展目标和办学定位。一些重点高校确立了建设国际知名高水平研究型大学、建成一批世界一流学科、取得一批高质量的科研成果、培养创新型人才的发展目标;一般本科院校确立了立足地方(行业)、建设教学型(教学研究型)大学、培养大批服务经济建设和社会发展的高素质应用型人才的发展道路;初步形成了高校分类发展、多样化办学、多模式人才培养的格局。以人为本、质量立校、服务社会、注重特色等意识,已现实地成为指导学校工作的主导理念。

2. 高校本科教学工作得到了重视和加强

本科教学工作是高校教育教学质量的基础性工程,本应在高校受到重视。但是随着经济社会的发展,高等教育逐步由社会边缘进入了中心,高校工作也越来越受到多元利益的影响乃至诱惑,一段时间以来本科教学工作受到了冲击。通过本科教学评估,广大高校都把教学工作作为学校工作的重中之重,集全校之力做好迎评创优工作,教学工作的中心地位有了较好的落实。普遍形成了"领导重视教学,政策倾斜教学,经费优先教学,科研促进教学,后勤服务教学、舆论支持教学"的局面,使学校存在的领导、教师过度偏重学科建设、科学研究而对本科教学投入不足,以及教学经费投入不足的现象有所扭转。

3. 教学投入增加,办学条件得到改善

开展教学评估以来,各级教育行政部门和高等学校以评建工作为契机,通过多种渠道筹措资金,高校教学条件显著改善。以 2006 年 133 所参评高校为例,近 3 年生均教学行政用房、宿舍、运动场的面积累计增长均超过 20%,生均 4 项经费、百名学生配计算机台数、生均教学科研仪器设备值累计增长均超过 30%,百名学生配多媒体教室和语音室座位数、生均年进书量累计增长均超过 60%。而 2007 年 198 所参评高校 3 年来生均 4 项经费总增长也超过 27%,生均教学仪器设备值总增长超过 33%。教学评估对促进教学条件的建设起到了极大的推动作用,基本满足了 1999 年扩招后对办学基本条件的需求,为提高教学质量提供了条件保障。

4. 本科教学管理制度化和规范化得到加强

评估使本科教学管理制度化和规范化得到了加强。本科教学评估方案规定了一所高等学校基本的办学条件标准,同时还提供了一套高等学校教学和管理诸方面的理论、观念、方法和技术。各高等学校以评估方案为依据,进一步梳理教学和管理思路,加强了高校教学管理力度,健全了教学管理规章制度,开展了一系列旨在促进教学管理规范化的行动,教学管理信息化水平也得到了较大的提升;建立了内部教学质量标准和监控体系，为教学和管理工作规范高效运行提供了有力的制度保证。

5. 办学特色得到了进一步展现

"办学特色"是学校在长期办学过程中积淀形成的、本校特有的、优于其他学校的独特优质风貌，在优化人才培养过程、提高教学质量方面起着非常重要的作用，办学特色是一个学校的重要标志和核心竞争力之一。形成办学特色不仅是大学的生存战略，更是大学的发展战略。教育部在评估指标体系设计时，有意识地将其作为一项关键指标，用以评价高校的办学水平，只有办学特色鲜明的学校，才具备评估结论达到优秀的必要条件。因此，教学评估是促进大学凸显办学特色、走特色发展之路的助推器。各高校都以迎评为契机，系统总结办学历史、办学传统，凝练办学特色，并在办学实践中发扬光大，取得了显著成效。

同时，首轮本科教学评估工作对教师队伍建设、高校管理制度、体制、机制创新等方面也起到了促进作用。

二、首轮本科教学评估工作存在的问题

首轮高校本科教学评估工作已经结束，在总结经验的同时，我们也要理性查找存在的问题，以进一步推动评估工作的健康发展。

1. 评估标准单一缺乏针对性

我国目前存在多类型学校，学校所处的环境也各不相同，现行的普通高校本科教学工作评估指标体系比较单一，不利于分类指导。从近几年的评估实践看，现行的评估标准存在单一、针对性不强的问题。不论是重点高校还是一般高校，研究型大学还是教学型大学，学校地处东部还是西部，都使用同一个评价标准，不仅使评估方案对研究型大学的创新人才的培养指导性不强，对医学、艺术、体育等类型的学校针对性不够，而且还容易造成趋同化的倾向，影响正确的导向和教学评估工作的效益。

2. 评估方法和技术需要改进

过分强化专家进校考察。专家组在校期间要完成考察学校办学基础设施、听课、查阅试卷、毕业（设计）论文和支撑材料、进行学生基本技能测试、走访院（系）和部门、召开各类座谈会、考察校外实习基地等工作。在短短一周时间（实际考察时间只有 3 天，还有 2 天专家组开会讨论形成考察评估意见、建议结论和向学校反馈）内完成上述任务，专家组的负担的确较重；评估方案有些软件指标，如办学指导思想、学风、思想道德修养以及 4 项经费的统计口径等不好把握，缺乏区分度；平时教学状态监控不够；省级教育行政部门作用发挥不够。

3. 存在形式主义、弄虚作假和铺张浪费问题

在评估工作中存在搞形式主义和弄虚作假的现象，主要表现在为了达到评估

要求,学校的试卷、论文、教案造假,师资队伍数据造假;兴师动众,影响正常教学秩序,如有的学校让师生放弃正常的假期进行迎评准备;超标准超规格接待评估专家;过分注重整理评估材料,有的学校光支撑材料就搞了几百盒,浪费了大量人力和物力,做了一些无用功,而在提高教学质量的内涵上下工夫不够;部分高校大拆大建、添置设备,为评估专家提供无微不至的接待服务,临走时甚至送上贵重礼品。

4. 评估结论有悖客观现实

在评估结果中存在优秀率过高的问题,有悖我国高校客观现实。例如,2007年有198所高校接受评估,优良率达100%,其中优秀学校160所,优秀率达80.8%,如表1所示。

表1 2003—2007年被评学校优秀率统计结果

年度	2003	2004	2005	2006	2007
被评学校数	42	54	75	133	198
优秀率/%	47.6	55.6	57.3	75.2	80.8

过高的优秀率,客观上促使被评学校之间的盲目攀比和弄虚作假,同时对评估结论的权威性造成了一定的影响。事实上各个专家组的水平和把握的标准确实也存在不一致问题。专家组进校考察的建议结论很重要,也促使各个学校千方百计地和专家组成员特别是专家组长搞好关系,也有的学校通过各种方式影响来校评估的专家组的组成。

三、建立科学规范的本科教学评估机制的对策

新的高校本科教学评估工作,要在科学发展观引领下,以提高教育质量为目的,加强分类指导,统筹院校评估及专业认证,丰富评估手段,规范评估行为,不断提高评估专业化水平,形成具有中国特色的高等教育质量保障体系。

1. 形成制度化、规范化的评估机制

要依据高等教育发展规律,建立起制度化、规范化的评价机制。有学者针对当前高校评估泛滥,不仅有本科教学评估,党建、研究生工作、就业等每一条线都有评估,学校领导的主要精力都放在了对付评估上的现象,提出教育部不仅对高等学校,包括中小学,都要尽可能地减少评估。最好是把所有的评估都放到一个部门,防止政出多门,让校长有时间做些长远的事情,把校长从繁杂的事务中解脱出来。必须使评估工作制度化、规范化,真正建立起高等教育质量监控体系和高等学校内部教育质量保障体系,保证评估工作的科学和规范,为教育教学质量的提升保驾护航。

2. 以提高教育质量为核心,改革评估模式

针对首轮本科教学评估存在模式简单的问题,有学者积极主张要改革评估模

式,提出要实施:“公布标准,学校自评,社会公开,实地检查,奖励责罚”的评估模式,即:一是教育部公布评估标准;二是学校按照标准进行自评自建;三是学校把本校实际办学条件对社会公开,接受监督;四是专家实地检查(不要提前通知);五是根据评估结果奖励责罚。同时,要加大专项评估和对学生质量的追踪评估。教学建设最主要的是专业建设,要创高水平的学校,一定要创高水平的专业。专业评估相对来说可比性强,而综合性评估可比性差,且容易导致趋同化。同时增加对学生质量的追踪评估,因为一个学校的教学水平最终要落实到学生长远的发展上。

3. 推动评估的开放性,鼓励社会力量和中介机构介入

高等教育事业的发展既要遵循自身发展规律,更要为经济社会进步服务,同时其质量和水平也要接受社会的检验。因此,教学评估要坚持开放性,鼓励社会力量和中介机构介入。从发达国家对高校的评估经验来看,大多是通过社会评估机构、社会团体、新闻媒体参与来进行的。我们国家也应逐步建立高等教育的社会评估机构,积极引导新闻媒体对高等教育质量的评估和监督,要大力推行“阳光评估”,主动接受媒体和社会的监督。当然,也要对社会力量、中介机构的资格、信用度、可靠性等进行有效监管。

4. 完善法律法规,提高评估专业化水平

要努力提高评估的专业化水平,加快完善高等教育评估的法律法规;加强评估专家的业务培训,提高专家的评估水平;加强评估机构自身建设,增强其研究、决策和实施评估工作能力;广泛开展和不断扩大评估领域的国际交流与合作。

同时,在今后的评估中,对专家组进校考察的内容和程序要进行优化;要定期公布学校教学状况基本统计数据;要加大对学校评估工作的宣传力度,增强社会对高等教育的了解和支持;要构建起政府、高校和社会协调发展的高等教育质量保证体系和评估长效机制。

参考文献:

[1] 周济.高校评估有待改进,要实施阳光评估.中国青年报,2008-5-9.

[2] 钟秉林.肯定成绩,正视问题,不断完善教学评估制度.引自 http://www.pgzx.edu.cn/upload/files/yuanxiao pinggu/prof/ZhongBingLin.pdf.

[3] 高校评估意义重大,成效显著.中国教育报,2005-10-31.

[4] 高校教学评估回顾与展望.光明日报,2009-2-5.

[5] 朱永新.改进高校教学评估工作从四方面着手.人民日报,2008-5-13.

关于高校德育工作评估的思考

魏金陵①

摘 要：如何对高校德育工作的成效进行科学评价，是实施德育的一个难题。进行评估是解决评价的有效途径。评估指导思想的提出、评估指标体系的设定，还有评估过程的组织，都是关键性环节。在一个时期内集中力量大范围实施对高校的德育评估，也是一个创举。回顾和总结这项工作，对推进德育，进而实现全面育人，具有重要的意义。

关键词：高校；德育评估；总结回顾

山东省委高校工委于2002年开始对山东省高校德育工作开展检查评估。这是山东省委高校工委深入贯彻中共中央《关于进一步加强和改进学校德育工作的若干意见》和中共中央、国务院《关于进一步加强和改进大学生思想政治教育的意见》等一系列文件精神，牢固树立"学校教育、育人为本，德智体美、德育为先"的教育思想，不断强化"全员育人，全过程育人，全方位育人"意识，落实教书育人、管理育人、服务育人工作，推进高等教育事业全面协调可持续发展，培养中国特色社会主义事业合格建设者和可靠接班人的重要举措。从已经通过检查评估的学校来看，这一举措取得了明显成效。德育意识进一步强化，德育理念有所创新，德育内容不断拓展，德育载体更加丰富，德育措施得到强化，德育效果进一步增强。在迎接和实施评估的过程中，各高校认真总结德育经验，提炼德育特色，构建长效机制，促进了德育工作规范化、制度化、科学化建设。同时，大力推进师德建设，加强德育工作队伍建设，形成了良好的校风、学风、教风。

最初提出德育评估概念，是出于几个方面的考虑。第一，德育工作是高校一项具有战略意义的重要工作，不仅要有明确的指导方针、指导思想，而且要有实际的落实措施，要有具体的、可操作的要求，否则难以实现其目标。第二，尽管在各种文件和会议上，德育工作占据了重要位置，但是在实施过程中，高校对德育重要意义的认识并不完全一致。应当有一种有效形式来加强、加深高校各级领导干部、师生员工对德育重要性的认识，进一步统一思想，以提高工作的自觉性。第三，高校德

① 魏金陵，山东工商学院党委书记，研究员。

育工作体制尚不明晰,尤其在建立"校长及行政系统为主实施的德育管理体制"这一问题上,可以说基本没有破题,亟须认真研究落实。第四,高校从事德育工作的干部、教师要求主管部门提出一个相对稳定、基本统一的标准,在实现德育系统性、规范性、科学性上有参照系,以适应新的形势要求,继续加强和改进德育工作。

为什么是在2002年开始提出和推动德育评估,也有几个重要的前提。首先,党中央、国务院和国家教育主管部门对德育高度重视,多年来一直保持强大的政策正压,一直致力营造浓郁的宏观舆论氛围。在一个时期里,最高决策层和国家教育主管部门以如此大的力度、密度反复强调一项工作,实属罕见。足以见得中央对高校德育的高度重视。其次,德育工作本身在发展变化。在新形势下,高校德育工作的范畴发生了变化,其外延更加宽泛,内涵更加丰富。以往对德育的理解,比较多的集中在思想道德领域,注重在思想引导、道德修养上下工夫。这也与高校学生工作的模式有密切关系。从高校辅导员的称谓可以看出他们的主要职责,其全称是"政治辅导员",也就是说,对学生实施思想政治教育是主要工作任务。随着宏观形势的变化,高校学生工作的指导思想日趋明晰,以培养全面发展的人才,推进素质教育作为目标,逐步提出管理、教育、服务三位一体的工作思路,尤其突出服务功能,要求德育工作者在对学生的服务中实现教育和管理。新的形势和任务要求我们必须对高校德育工作作新的界定,明确新时期德育工作的范围和定位。德育已经不仅仅是思想道德教育,而是涵盖了学生工作的方方面面。当然,评价德育工作的标准也应随之变化。此时的德育工作,较之过去更易于实行量化的评价标准,增强了德育评估的可行性。再次,山东的高校经过5年多的文明校园评估,不论高校还是主管部门,都参照精神文明建设的量化指标的制定和测定,掌握了德育工作指标的量化,对于评估这种形式也给予了认可。更重要的是,大家看到了文明校园评估给高校精神文明建设带来的正面效应,希望以此为契机,用相同的方式促进德育工作的进展。正是在这样的背景下,山东省委高校工委审时度势,下发了《山东省委高校工委关于在山东省高校开展德育工作评估的通知》,在山东省高校正式启动德育评估工作。

相比文明校园评估体系,德育评估指标体系的设计有更大难度。文明校园评估,多数指标是对硬件设施的要求,易于量化,适于操作。而德育评估,对软件建设的要求多,量化指标的制定和评价都有较大困难。因此,德育评估指标体系的设计,与文明校园评估指标体系的设计有较大差异。在设计上,遵循了几项原则:一是指导性。指标体系设计的指导思想和主要要求,严格按照中央、省委、高校工委关于高校德育和思想政治工作的文件精神,保证正确方向。二是导向性。保持鲜明的政策导向,引导学校坚定不移地贯彻育人为本、德育为先的准则,落实德育工作的基本要求。三是操作性。力求便于学校实施,能够以数据表达的要求尽量量化,能够作出具体评价的要求尽量细化,使学校可以相对准确和精确地实施。四是

简便性。不设计繁琐的程序,不拘泥过度细微的细节,充分考虑学校工作实际,做到实事求是、务实易行,最终出台了具有22个项目、73项具体指标的,比较科学和客观,又易于操作的评估标准。其后又适应变化的形势和任务要求,针对不同类型和层次的高校作了多次修订,使指标体系日臻完善。

山东省委高校工委作为高校党建与思想政治工作主管部门,在整个德育评估的过程中,从制定标准、编制程序到组织实施,开展了大量的深入细致、科学的工作。在制定标准时,做了周密的调查论证,听取了各方面的建议,反复修改,几易其稿,又在各个层面征求意见后方成文。在编制评估程序时,做到了两个充分:充分考虑到评估过程操作的可行性,便于专家实施;充分照顾到学校工作的特点,尽量使学校方便操作,不影响正常教学和秩序。在组织实施时,明确评估的指导思想,以评促建,重在建设。以落实文件精神,促进学校工作为目的,不搞花架子,不搞形式主义,不演化为惩罚措施,这是保证德育评估始终健康运行的最重要前提。

德育评估专家在实施评估过程中,以严谨的态度、扎实的作风、朴实的风格开展工作,对照山东省高等学校德育工作评估标准,采取听取汇报、实地察看、查阅资料、问卷调查、召开座谈会以及个别访谈等多种形式,力求全面、客观、准确地掌握被评估学校的德育工作情况。专家组在进行评估时,还非常注意把学校德育工作的有效经验、做法总结出来,把学校德育工作的特色提炼出来,把学校德育工作存在的问题找出来,确实把评估检查过程变成了建设过程。学校的同志反映,他们在迎接德育评估的时候,有的做法并没有明确的指导思想,没有认真提炼概括,也没有及时总结,但是评估专家在评估过程中帮助学校系统总结凝练了这些经验做法,有的甚至上升到理论高度。无疑,这些工作为学校德育增添了更多的理性成分,有力促进了德育向深层的发展。由于评估专家多来自高校德育工作一线,在实施评估时专家们也在其他高校的做法经验中得到了很多有益启示,将原先的以评促建、重在建设的原则进一步演绎为以评促建、重在建设、评建相长、实现双赢。

当然,在迎接德育评估中最大的赢家是学校广大的德育工作者。上述谈到,德育工作评估指标体系的设计初衷是建立起稳定的带有强制性的政策导向,提示学校毫不动摇地贯彻育人为本、德育为先的准则,督促学校坚定不移地落实德育工作的基本要求。在迎评建设过程中,各高校的德育工作发生了很大变化,德育环境、德育硬软条件、德育氛围、德育观念等都上升到新的高度。变化之一是教育思想的更新,教育理念的进步。德育评估指标体系明确把德育纳入整个教育框架,与智育、体育、美育并行,明确"育人为本、德育为先"的理念,在一些基本概念上统一了全体教职工的思想。比如,缺失德育的教育便不能称其为教育;素质教育最重要的内容是思想品德教育;教会学生做事,首先要教会他们做人;教师应该自觉承担学生德育工作,做到既教书又育人;学校的根本任务是育人而不仅仅是传授知识等,不一而足。实际上,这是还原了教育的本质,是教育思想的回归。变化之二是德育体制更加完善。在很长时间里,相当一部分高校的行政和业务工作者对建立"校长和行政系统为主实施的德育工作体制"心存疑虑,总感到德育就是党委的事情,是党务干部和思政工作者的事情,因而将德育工作划出行政工作领域。很多思政工作者所说的"两张皮"现象,其根源在于对体制的误解,并且规定了行政的职责,阐发了校长应当抓德育,教师就是德育导师的概念。大家开始认识到,德育是行政工作题中之意,校长和行政系统不抓德育就是失职。体制的理顺为德育落实奠定了组织基础。变化之三是德育条件明显改善。德育评估指标体系对德育工作条件作了详细规定,在组织机构、人员比例、经费投入、学生活动场地、设备器材、图书资料等方面均有量化标准,只要按照标准建设即可达标,不按标准设置就失分。经过迎接评估,各高校的德育条件有了较为明显的改善。变化之四是推动了德育创新。在评估指标体系中有一项特色德育的内容,而且赋予了较高的分值。实际是鼓励高校创新,促进学校探索特色。不同类型、不同层次的高校,甚至处在不同地域、具有不同的办学历史的高校,在教育上都有自己的特色和优势,德育亦如此。为了避免用一把尺子去衡量不同的学校,也为了强调德育创新的重要性,在评估指标体系中专门增加了"特色德育"一项。很多高校针对这一标准,着力发掘本校德育的特殊规律,做了许多有益探索。比如艰苦行业高校对学生的艰苦奋斗教育;在革命老区的高校强化优良传统教育;地处欠发达地区高校的吃苦耐劳教育;培养特殊职业从业人员高校的敬业和职业教育等。变化之五是推进高校整体办学水平的提高。德育的规范化、科学化、制度化,也是学校人才培养水平,尤其是管理水平提高所追求的目标。德育作为学校整个工作的重要组成部分,不会孤立发展,而是与其他工作紧密联系在一起。没有德育体制、机制的完善,没有德育措施的落实,学校整体工作势必受到影响。同理,德育的改进和提高必然促进学校整体工作。实践证明,德育工作的长足发展不仅保证了高校育人根本任务的实现,而且直接推动了办学水平的全面提升,对高校深入学习实践科学发展观也起到了积极的促进作用。

德育评估取得了具有历史意义的成果。但是,评估毕竟只是一种促进工作的方式,而德育工作也只是高等教育领域的一个方面,对德育评估工作应该有一个客观的实事求是的评价:意义重大,成绩斐然,瑕不掩瑜,仍需改进。一个不争的事实是,近年来德育评估工作取得的成就,与高校工委呈扁平式推开的文明校园评估、大学文化建设等工作的成果交相辉映,相得益彰,构成了新时期高校党建和思想政治工作的崭新格局。这"三大工程"作为内涵建设的重要组成部分,对推动高校科学发展具有不可替代的作用。可以预言,伴随高等教育大众化的步伐,德育工作将越来越引起重视,对德育规律的研究将取得更加深入的进展,其实效性也将日益深刻地显现出来。

Ⅳ 高校品牌建设与特色发展

苏州大学建设相互作用大学的探索与思考

高祖林①

摘 要: 在经济区域化和国际高等教育体制改革的大环境下,实现高等教育与区域经济的互动发展已成为人们的共识。近年来,苏州大学在改革发展过程中,从"自我中心"模式向"社会中心"模式转变,从牢固树立"以他方为中心"观念、调整优化学科专业结构、积极引入社会优质资源、推进科技创新和产学研结合、服务地方文化建设和社会发展等方面,全方位服务地方经济社会发展,初步成为了一所真正意义上的相互作用大学。并在此基础上,从创新理念、完善机制、搭建平台、整合资源、夯实基础几个方面提出了地方高校建设相互作用大学的对策建议。

关键词: 地方高校;服务社会;苏州

在经济区域化和国际高等教育体制改革的大环境下,实现高等教育与区域经济的互动发展已成为人们的共识。近年来,苏州大学坚持"以服务求支持,以贡献求发展,以合作求共赢",积极践行开放融合的办学理念,一方面积极引入地方的优质资源推进自身的建设与发展;另一方面深入推进科技创新和产学研结合,拓展服务功能,提升服务能力,成为地方经济社会发展的智力库和动力源,学校与地方互动互赢取得了突出的成效,初步成为了一所真正意义上的相互作用大学。

一、相互作用大学:地方高校与地方共生发展的大学模式

对高等教育史的简要考察表明,国外高校与地方经济社会发展的主要互动模

① 高祖林,苏州大学党委副书记兼纪委书记、教授。

式经历了“威斯康星”为代表的高校主导模式——以“硅谷”为代表的产学研三结合模式——以“相互作用大学”（Interactive University）为代表的地方大学与地方共生模式。[①] 威斯康星大学与地方经济建设互动模式的主要特征是高校积极为地方经济建设提供服务，其核心特征是以高校为地方经济的单向服务为主导；以“硅谷”为代表的产学研三结合模式把高校的教学、科研、生产整合协调起来，形成了独具特色的产学研联合体，高校与地方经济实体、政府等达成了休戚与共的伙伴与兄弟关系。

作为20世纪90年代在美国产生的一种新型大学模式，相互作用大学是指实行相互作用战略的大学，其基本发展战略是使学校与所在社区的企业界、公众及政界的领导建立一种积极的、双向作用的伙伴关系，为实现社区经济繁荣和社会公正的共同目标而努力，相互作用大学的主导方针是以他方为中心的。[②] 20世纪80年代，美国缅因州的路易斯顿-奥伯恩市还没有高等院校，社会也面临严重的经济问题。后来，南缅因大学在路易斯顿-奥伯恩市设立了分校。路易斯顿-奥伯恩市和南缅因大学根据社区的需要，结合学校的实际情况，建立了一个富有特色的学院，双方都得到了很好的发展，当地社区又恢复了活力，南缅因大学也有了很快发展。弗吉尼亚州的乔治梅森大学曾经是一所典型的“以自我为中心”的地方高校，学校与周围的社区联系较少。后来，乔治梅森大学接受了社区的要求，积极主动地适应社会，学校与地区之间建立了一种新型关系，联合组建了乔治梅森研究所和信息技术与工程学院，结果乔治梅森大学所在的地区获得了巨大发展，学校建设也取得了很大成效。

相互作用大学在形成过程中有5个标志：确立大学的基本结构、大学与社区相结合、大学获得社区的尊重、社区的尊重对大学的挑战、以他方为中心的积极态度。确立大学的基本结构，就是大学要具有合理的规模和相当完全的专业设置；大学与社区相结合，就是大学要致力于社区的重要发展，解决社区面临的问题；大学获得社区的尊重，就是要看社区各界的领导人是否愿意把他们自己的孩子送到这所大学来上学，或建议他们的朋友或助手的孩子到这所大学去上学，尤其是看那些有条件去外地任何大学上学的社区上层人士的孩子，是否会以选择这所当地大学而感到自豪；社区的尊重对大学的挑战，就是大学要应对社区提出的新要求，发挥大学在繁荣社区经济、提高人民生活质量方面的作用；以他方为中心的积极态度，就是大学不仅愿意而且能够吸收社区公民成为学校发展的“利益相关者”或“共同产权人”。

相互作用大学的生长机制是与当地社会经济发展紧密结合并谋求共同的利益，其内容包括以下5项基本原则：校长们致力于发挥学校的优势与潜力去解决社区的

---

① 吕京：《地方高校与地方经济共生发展研究》，《特区经济》，2008年第4期。

② 葛守勤，周式中：《美国州立大学与地方经济发展》，西北大学出版社，1993年。

问题，从而使学校成为社区发展的一支生力军；学校与社区建立合作关系，联合解决当地的具体问题；学校重视研究与解决全国性的重大社会问题，如经济发展、环境保护、失业与贫困等；学校的行政领导人与教师确立"以他方为中心"的新观念，克服仅仅考虑学校的需要与利益的旧观念；学校制定了一项周密的、明确的与社区相互作用的战略，经过一段时间的实践，使之成为一种新的传统并持之以恒。

美国相互作用大学与社区建立了一种新型关系，一方面社区的经济、文化、科技等得到了巨大发展，另一方面学校也得到了社区的支持，自身有了很大提高。如果说"相互作用大学"思想的提出有价值的话，恐怕最突出的一点就在于从理论上对社会服务的职能给予了概括与总结，并把它升华为一种模式。① 美国相互作用大学的出现，使地方高校从"自我中心"模式走向了"社会中心"模式。

二、苏州大学建设相互作用大学的探索与实践

1. 牢固树立"以他方为中心"的观念，与地方建立积极的战略伙伴关系

20 世纪 60 年代以来，随着经济发展从主要依靠物质资源和劳动力投入向主要依靠劳动者素质提高和科学技术进步的转变，知识经济逐渐成为人类经济社会的主导方面。与此相应，承载培养人才、科学研究、社会服务三大职能的现代大学，则逐步从社会边缘转变为社会的核心。大学通过科学研究创造知识，通过教学传播知识、培养高素质人才，通过发挥科技成果产业化的技术中心作用而成为知识经济社会发展的引擎。正如世界著名社会学家曼纽尔·卡斯特斯曾指出的，如果说知识信息是新的世界经济的电流，那么，大学就是产生这种电流的发动机之一。美国纽约州立大学埃茨克维茨教授则在观察、分析和总结全球知识经济发展经验的基础上，提出了著名的、并被广泛认同的"三螺旋理论"，即大学、企业、政府三者动态的、相互渗透的交互作用，形成了三力交叉、螺旋纽结的网络关系，这是推动知识经济发展的主要动力和结构。《苏州市国民经济和社会发展第十一个五年规划纲要》明确提出将苏州建设成为国际新兴科技城市，而苏州国际新兴科技城市建设面临的最大瓶颈是内生自主创新能力的缺失，核心技术基本上掌握在外资企业和外地的科研院所手中，且这些技术还没有转化成为苏州的内生技术。根据苏州市的上述战略目标定位，苏州大学在"以他方为中心"观念指导下，从地方的需要出发来思考校地合作问题，先后与苏州市、苏州工业园区、张家港市、常熟市等签订了全面合作协议，从学科建设、人才培养、科学研究、社会服务等方面全面接轨苏州，建

① 唐斌，尹艳秋：《走出象牙塔：从"威斯康星思想"到"相互作用大学"》，《辽宁高等教育研究》，1997 年第 4 期。

立起了与地方密切合作的运行机制，将学校的发展融于区域经济社会发展之中，使学校与社会融合成为相互依存、相互制约、密不可分的有机整体。

2. 调整优化学科专业结构，为地方经济社会发展提供坚实的人才支撑

20 世纪 80 年代初，苏州大学抓住由师范院校改办为综合性大学的历史机遇，进行了专业布局和结构的调整，先后增设了诸多的应用专业，全面拓展学校的服务领域，开辟了多学科人才的培养新路。进入新世纪以来，苏州大学主动适应苏南地区经济结构战略性调整和人才需求的变化，遵循高等教育发展的规律，紧密结合江苏和苏州的实际，按照“保老、改特、创新”的思路再次对专业结构与布局进行了调整，增设了社会工作、旅游管理、人力资源管理、城市管理、高分子材料与工程、电子信息科学与技术、微电子学、光信息科学与技术、医学检验等专业，培养了数以万计的高层次专门人才，为地方经济社会发展提供了坚实的人才支撑。据统计，苏州大学 2003 年以来 4 届本科毕业生在苏州市就业的人数分别为 2 594 人、2 454 人、2 720 人、1 440 人，占当年就业人数的比例分别为 43.35%，37.02%，40.77%，24%，短短 4 年即为苏州培养了近万名高素质专门人才；在苏锡常地区即苏南地区就业的人数分别为 3 950 人、3 984 人、4 380 人、2 075 人，所占比例分别为66.01%，60.11%，65.65%，34.59%，而在长江三角洲地区就业的人数则占就业总人数的 80% 以上。苏州大学现有 103 个本科专业，其中应用型专业占 80% 以上。为适应长三角地区尤其是苏州市城市轨道交通的发展，苏州大学与苏州市轨道交通建设有限公司联合组建了城市轨道交通学院，重点建设和发展轨道交通相关专业，培养轨道交通方面的专业人才。

3. 积极引入社会优质资源，改善和优化人才培养条件

随着高等教育大众化进程的深入推进，苏州大学办学规模急剧增长，办学资源不足成为制约学校发展的根本因素。学校充分发挥地处苏南的地域优势，充分利用社会参与办学的积极性，大力探索吸纳社会资源参与学校办学的特色发展之路。20 世纪 90 年代中期，苏州大学先后与原锡山市、原通州市、昆山市、太仓市人民政府签订协议，5 年内共为各市定向培养 1 300 名紧缺人才，有关地方政府则出资在学校建造了昆山游泳馆、锡山公寓、通州公寓等教学、生活设施，改善了学校的办学条件。先后与两家民营企业合作共建了两个独立学院，拓展了学校的办学规模。进入新世纪以来，本着互惠互利、共同发展的原则，苏州大学全力推进与企业的合作，与东吴证券有限责任公司合作共建金融工程教学与科研基地，先后与有关企业合作共建了 SMT 实验室、科达程控与网络实验室、Wind River 嵌入式系统联合实验室、诺基亚通信实验室、无线通信辐射测试研究中心、XILINX 先进媒体处理联合实验室等；与旺宏电子股份有限公司签订了合作培养微电子学专业技术人才的协议，制定了微电子学专业人才一体化培养方案，成立了微电子专业指导委员会，并与摩

托罗拉、诺基亚、安德鲁电信、华硕电脑、明基电脑等在苏通信电子类企业联合，成立了IT专业企业指导委员会，在实验设备、科研基金、奖学金、实践实习、人才培养、学术交流等方面进行合作，促进了包括微电子学专业在内的IT专业的建设与发展。

与此同时，苏州大学不断创新校企合作的办学模式：与苏州金螳螂建筑装饰股份有限公司合作共建了"金螳螂建筑与城市环境学院"，在学科建设、人才培养、科学研究、行业培训和社会服务等方面开展全方位的合作，探索出一条"集产学研优势为一身，具有中国特色校企合作双赢"的办学新路；与香港凤凰卫视集团合作共建的凤凰传媒学院将以双方的资源优势和品牌影响力为基础，立足市场需求和现代传媒理念，致力于培养具有国际视野和专业技能的新闻传媒人才，同时借鉴国际先进传媒教育经验，把凤凰卫视节目资源导入学院教学科研中，打造独具特色的产学研一体化的节目制作基地和文化传媒产业孵化基地。

4. 推进科技创新和产学研结合，为地方经济社会发展提供原动力

经过多年的建设和发展，苏州大学在光机电技术、辐照技术、生物医药、化工技术、新材料等方面形成了自己的优势和特色。以科技成果为依托，学校先后成立了华东辐照有限公司、维格数码光学有限公司、明视光学有限公司、赛尔免疫生物技术有限公司、苏豪生命科学技术有限公司等16家高科技公司，产值已连续多年位居江苏高校前列。其中作为产、学、研一体化标志项目的苏大维格数码光学有限公司，成功开发了微纳米结构数字激光图像光刻系统和相关技术，其成果具有原始创新性和自主知识产权。作为我国精密激光图像行业的关键核心技术，它有着每年超过200亿元人民币的巨大市场前景和产业化价值。

苏州大学以大学科技园为载体，充分释放自身的科技资源和机制优势，加快科技成果转化和高新技术产业化步伐，增强自主创新能力，服务苏州产业结构的升级和转型。成立于2007年的大学科技园已有50余家企业入驻；成立了技术转移中心，为周边地区的高新科技成果寻求市场对接，目前已洽谈项目近40个，成功签约4个；成立了化学电源公共技术服务中心、丝绸技术服务中心、医疗器械临床研究与评价公共技术服务中心等省级科技公共服务平台和江苏省纺织印染节能减排与清洁生产工程中心等，为科技成果转化打开了更为广阔的空间；开发了包括"863"重大专项研究项目"阳光自动导入系统"等在内的50余项节能研究项目，与苏州市联建了苏州节能技术研究所；集中科研力量对太湖水体修复进行研究，以原位生物治理与生态修复水体为主的新技术已研发成功并投入应用；与苏州工业园区加强对接，引进中科院李述汤院士及其团队，成立纳米与软物质（材料）实验室，积极参与生物纳米园项目；先后在江苏华佳集团、江阴海江纺织有限公司、盛虹集团设立了产学研创新基地，在沙钢集团等7家企业设立了研究生工作站，在恒力集团设立

了研发中心,与中国丝绸总公司、仪征化纤集团等 30 多家大中型企业建立了稳定的合作关系。

5. 充分发挥人文社会科学优势,服务地方文化建设和社会发展

作为地处具有深厚历史文化底蕴之古城的高等学府,苏州大学有效整合学校人文社会科学方面的力量,积极投身于苏州的文化建设和社会发展,取得了较为显著的成绩。苏州大学根据苏南文化特色和自己的学科基础,先后成立了吴文化国际研究中心、昆曲研究中心、非物质文化遗产研究中心、园林文化研究室、苏州园林遗产保护研究所等,切实加强对吴文化、园林文化、昆曲评弹的研究,并在《苏州大学学报:哲学社会科学版》开设了吴文化研究专栏,在吴文化研究方面产生了明显的凝聚效应,使学校成为吴文化研究的重镇。

苏州大学充分发挥丰富的人才资源和知识资源优势,不断加强对苏州地区社会现实问题和经济发展前沿课题的研究和探索,有多名专家被聘请为苏州市政府决策智囊团成员,为苏州市委、市政府的重大决策起参谋作用和助手作用。成立了乡镇经济研究所,切实加强对乡镇企业的研究,为苏南模式的提出作出了贡献;随着中新合作苏州工业园区的成立,学校适时成立了中国—新加坡比较研究中心,加强对新加坡经验的解读和剖析,为工业园区借鉴新加坡管理模式提供了理论指导;和着苏南模式转型和城镇化推进的节拍,学校先后成立了苏南发展研究院和中国特色城镇化研究中心,将全球化背景下区域发展道路和区域公共管理研究进一步推向前进。近年来,苏州大学先后与苏州市有关部门合作组建了人口研究所、人力资源研究所、基层党建研究所、社会公共文明研究所、廉政建设与行政效能建设研究所等研究机构,全方位对接苏州经济社会发展的需求,将理论创新与工作创新有机结合起来,推动了苏州经济建设、政治建设、社会建设、文化建设的协同发展。

三、地方高校建设相互作用大学的对策建议:基于苏州大学实践的思考

建设相互作用大学是一个不断实践、不断探索的过程,建成真正意义上的相互作用大学也必然是一个长期的过程。苏州大学的实践和探索还在不断地深入,而已有的实践已可以给地方高校诸多的启示。

1. 创新理念,强化校地互动、合作共赢的意识

任何一场伟大的变革,解放思想、创新观念必然是先导。建设相互作用大学所要求的观念变革的责任主体包含了高校和地方两个方面,而且必须通过双方的互动来实现,但最主要的责任在高校。传统的办学模式所依据的办学理念是:大学是社会的上层建筑,是社会的“象牙塔”。似乎“清静”和“纯洁”才是大学的本色,大

学的门对社会关得多开得少，专家学者也把在书斋做学问作为正统的选择，保持着自己的一份“清高”，疏于与社会的交往与联系，重基础理论研究、轻应用性工作成为一种较为普遍的倾向。因此，建设相互作用大学，首要的是大学人，主要是大学的管理者和业务教师要转变观念，真正从“象牙塔”中走出来。主要要确立两个方面的理念：一是牢固确立“以他方为中心”的理念，真正从地方经济社会发展和企业管理与技术的需要出发来思考问题，主动拓展合作的途径，积极投身于校地合作，热心为地方基层和企业解决实际问题作出实质性的贡献。二是校地合作互利双赢的理念。大学为地方服务，当然是为地方作贡献，但绝不是地方的单方面受益，而是地方和大学的互利双赢。大学在为地方服务中，可以更多地获得社会办学资源，破解办学资源紧缺的瓶颈。专家学者投身于为地方和企业的服务，不仅开辟了科研和服务的广阔天地，也让他们呼吸到社会的新鲜空气，更深入地了解和认识了社会，对于改进大学的教学工作，提高人才培养质量也有十分重要的作用。

2. 深化学校内部改革，完善政策导向和运行机制

地方大学不仅以各种方式强化校地合作的意识，更要通过各种政策导向和运行机制引导和激励广大教职工投身于校地合作。大学现有的内部结构和一些制度是传统办学理念指导下的产物，不利于校地合作的开展，必须进行大力的改革。一是以保护好教师利益为出发点，制定和完善校内保护和激励政策，让更多优秀教师积极参与地方服务工作。改革现有对教师考核的评估体系和职称职务聘任制度，坚持基础研究与应用研究同等重要、科技创新与成果转化同等重要的原则，彻底改变重论文、轻专利，重纵向科研、轻横向科研，重数量指标、忽视实际创新贡献的做法。二是组织落实。改革机构配置，成立地方服务与合作工作的专门机构，专司与地方沟通联络之职，加强对与地方合作工作的领导和管理。学校有关的部门增设专门人员，负责所承接地方服务任务的落实工作。三是创新人才培养模式，建立与重点企业人力资源的共享机制。鼓励重点学科与重点企业、地方科研单位联合开展人才培养，把教育科研扩展到企业车间、社区，将为企业、社区提供的人才培养与培训工作与全日制教育相结合，从而形成教学和服务的统一、学校与企业的双赢，达到“政府有需求，学校有行动，学校有困难，政府有扶持”的和谐统一。

3. 搭建各种互动平台，促进校地全面对接，合作常态运行

以往，地方高校与地方也有种种合作，但较多的是零打碎敲，难以整体推进，其中的重要原因是平台建设抓得不够。平台是抓手也是载体，没有抓手和载体，合作就难以充分，甚至会流于形式。平台可以由高校搭建，也可以由地方搭建，但最好是由双方共同搭建。一是创新形式，搭建科技合作平台。地方、企业和高校产学研合作可以创造更多的形式。大学科技园可以吸收优秀的企业、优秀的人才入驻，转化高校科技成果。大学以科技项目为依托，与地方合作成立股份公司，可以发挥各

自的优势，加快推动大学科技成果产业化，直接产生经济效益。江苏省建立的由高校向地方乡镇选送科技特派员制度，有力地加强了高校与地方基层的沟通和联系，对协调高校的科技人才为中小企业解决技术难题，促进技术进步发挥了良好的作用。二是搭建积极参与地方文化和社会建设的平台。当前，随着经济全球化和市场经济的深入发展，地方经济社会生活中也出现了大量新情况、新问题，地方文化和社会建设的任务越来越繁重，地方高校理所当然应该参与这些工作，成为地方政府的思想库。地方政府成立智囊团，聘请大学的知名专家参与决策的咨询论证。各个地方都有自己的文化遗产和文化特色，所在地高校对此进行研究和保护是义不容辞的责任，为此可成立专门的研究中心。针对地方经济社会发展中的热点难点问题，地方高校与地方政府全方位对接，合作组建各种研究所，将理论创新与工作创新有机结合起来，为破解难题出谋划策，合力推动地方经济社会的协同发展。三是搭建吸纳人才资源参与学校教学科研、地方和企业参与学校建设的平台。地方、企业集聚着诸多优秀人才，他们一般也乐意参与高校的工作。高校应按照不求所有、但求所用的原则，创新制度设置，以聘请担任兼职教师、兼职博、硕士生导师等形式把他们吸纳进来，发挥作用。这一点对于高校的人才队伍建设和自身的发展一定具有非常重要的意义。地方和企业有很多的资源，关键是要找到好的合作方式，调动他们参与学校建设的积极性，苏州大学与苏州地方政府和诸多企业合作共建的诸多方式是可供借鉴的。

4. 整合地方和高校资源优势，在交叉、渗透、融合、互补中迸发最大效能

地方和地方高校都拥有自己的优势资源，但往往因为体制分割而各自为政、分散使用，利用效率不高，浪费比较严重。因此，整合地方和高校各自的资源优势，在交叉、渗透、融合、互补中发挥最大效能，是建设相互作用大学所要解决的一个重大课题。

高校具有学科建设、人才队伍、人才培养、科学研究等方面的资源优势，其中人才资源是最重要的资源。建设相互作用大学，高校就是要把所拥有的资源引入到为地方服务中去，为地方经济社会发展作贡献，将高校的优势转化为地方发展的优势。具体的办法有：一是可根据地区的发展要求，统筹利用地方高校教育资源进行非学历教育培训，如干部职工岗位培训、农民实用技术培训和农村应用型人才培养等，使地方高校成为本地区继续再教育的阵地。二是大力推动高校的科技成果向地方转化，推动高新技术产业化，增强地方的自主知识产权的创新能力。鼓励和支持高校的科技人员承接地方和企业的研究课题，为其解决生产中的难题，推动企业的技术进步。三是整合各类资源实行共享。地方、企业、高校的科学研究机构、学术团体及管理机构通过整合，统一调配，做到你中有我、我中有你，以形成新的资源优势和强势。地方政府与地方高校共建、共享图书馆、博物馆、体育馆、艺术馆等大

型科技文化、体育设施,实行统一管理,向社会公众开放,普及科学文化知识,传播合乎时代要求的思想道德观念和健康文明的生活方式。

高校的资源要投向地方,地方的优势资源也要引入学校。每个地方具有其得天独厚的资源,很多资源正是高校所紧缺的。以苏州大学所坐落的城市为例,苏州经济发展快,国内外的知名度高,财政实力强,老百姓比较富裕;优秀的企业多,技术、管理等各方面的人才高度集聚;有深厚的文化底蕴,老百姓普遍重读书、重人才、重和谐。这些优质资源既有其地方性,也是非本地高校所难以获取的,对于所在地方高校就有其独特的使用优势,因此,用好这些资源对于地方高校自身的发展具有非常重要的意义。问题在于如何去"拿来"?简单的伸手要是不能持久的,只有求合作、促服务、作贡献,通过自身的努力更多地展示高校对于地方的价值,从而达成一种休戚与共的伙伴与兄弟关系,只有在共赢中地方的资源才会源源不断投向高校,才能使高校拥有永不枯竭的发展动力。

5. 夯实自身基础,增强服务地方的本领

建设好相互作用大学,最重要的基础是地方大学自身的实力、影响力和吸引力,即能否成为地方和当地民众所尊敬的大学。要赢得尊敬,决定性因素是自身建设和发展的状况,主要体现在两个方面:一是增强办学实力。没有实力,想做、可做的事情做不了、做不好,地方就只能另请高明。因此,地方大学必须大力加强学科建设、人才队伍建设,搞好教学科研,切实提高人才培养质量,上水平,上层次,其中特别重要的是要办出特色,形成鲜明的个性。办出特色就是要合理定位,不要一味求高、求全;就是要有所为有所不为,资源投入有重点,要根据地方的特点和发展需要来设置专业和发展学科,在某些点上做强做大,突出并形成自己的优势学科和专业。二是建设好校园文化。文化是软实力,具有更深层次的影响力和吸引力。一个大学的学科、专业、人才、硬件设施固然重要,但良好的校风、制度、精神和环境氛围更会受到人们的尊重。地方大学长期扎根于一个区域,接受地方文化的熏陶,在校园文化建设方面可以形成自己鲜明的特色,而这种带有地方色彩的校园文化一旦养成,因为其与地方有明显的血缘关系,必然更会得到地方和当地民众的青睐,也会对地方文化建设产生良好的强大的辐射作用。因此,地方高校的校园文化建设,要努力实现对地方文化的内生转化,就是要主动吸纳扬弃区域文化,将地方文化内生到地方高校有机体之中,并通过有机体的运行,转化为地方高校具体的思想、氛围和办学行为。在此基础上,再用高校良好的学习氛围和奋发向上的精神品质,努力塑造学习型和文化型城市,引导校内文化向校外转移,发挥大学的外向辐射作用,在体制外引领地方文化发展。可以相信,只要地方大学这两方面的建设取得良好的成效,就一定会获得尊重,而当地方的许多民众为孩子选择这所当地大学而感到自豪的时候,也可以说是该校相互作用大学建成的时候。

打品牌 创特色 谋发展

——关于科学发展哈尔滨工业大学(威海)的战略思考

唐安阳 刘 枫①

摘 要: 经济全球化和科技一体化,使高等教育国际化、大众化、市场化,大学之间的竞争日趋激烈,在这种竞争激烈的环境中,大学应当选择什么竞争战略,如何科学发展,已成为大学亟待解决的重要课题。本文主要围绕如何全面理解、运用和贯彻落实科学发展观,论述了高校应坚持以打品牌、创特色、谋发展,不断推进大学科学发展,实施科学发展战略,办人民满意的大学。

关键词: 科学发展观;大学;品牌;特色;战略思考

科学发展观,是新世纪新阶段党中央提出的重大战略思想。全面准确地理解科学发展观,是贯彻落实科学发展观的前提,科学发展观的核心是发展。高等学校必须树立科学发展观,用科学发展观指导学校的改革和发展,认真研究带有方向性、根本性和战略性的重大问题,在新的更高的起点上实现全面、协调、可持续发展,这是大学管理者应当首先思考的问题。

近年来,哈尔滨工业大学(威海)按照"大哈工大"发展理念,以科学发展观为指导,以彰显理工特色、服务国防和地方为己任,精心谋划,主动实践,各项事业呈现出科学、协调、可持续发展的良好势头,科学发展观已成为保证学校全面、协调、可持续发展的理论依据。因此,继续深入学习科学发展观这一新的战略性的科学思维,对于指导我们今后的工作具有重大的现实意义。思路决定出路,笔者认为,贯彻落实科学发展观,科学发展哈尔滨工业大学(威海)需要实施三大战略:即品牌战略、特色战略和发展战略。

一、品牌战略:打品牌,质量至上

大学品牌是大学在长期发展的过程中逐步积淀下来的、凝聚在大学名称中的、

① 唐安阳,哈尔滨工业大学(威海)党委常务副书记;刘枫,哈尔滨工业大学(威海)宣传部主任编辑。

体现学校教育服务水平的社会认可与美誉程度。① 大学品牌创造拓展的过程，就是其水平升级和发展的过程。大学要从发展建设，升华到大学品牌的创造阶段，不但需要树立大学良好的社会形象，更要托起促进区域经济建设和发展的脊梁，发挥好服务社会的功能。科学发展观是大学发展的灵魂，对于高等教育发展具有重要的战略指导意义。大学在科学发展观的引领下，实施品牌战略是大学决胜未来之根本，它具有时代性、社会性、先进性、科学性和战略性。

1. 以哈工大精神传承品牌

哈尔滨工业大学（下文简称哈工大）是国家“211 工程”和“985 工程”重点建设的9所大学之一，是国家按照世界一流大学的目标重点建设的著名高校。近百年的辉煌历史，充分显示了哈工大在各个重要的历史时期，紧密地与民族的命运和祖国的建设相连，为新民主主义革命、社会主义革命和社会主义建设作贡献的过程，也就是哈工大精神形成的过程。大学精神是大学的办学理念和价值追求，②哈工大精神是中华民族优秀文化的一部分，哈工大在社会主义革命和社会主义建设的各个时期，都表现出哈工大人热爱祖国，与祖国同生死共命运，以国家和民族的振兴为己任的伟大的爱国情操，哈工大品牌是一代又一代哈工大人宝贵的无形资产和精神财富。

2. “一校三区”战略拓展品牌

为了不断满足人民群众对优质教育资源的需要，发挥品牌的示范和辐射作用，更好地继承和发展哈工大品牌，改革开放后，哈工大以高度的战略目光选择威海、深圳异地办校区，并且已经取得了良好的开局。目前，三个校区团结协作，优势互补，已经形成了“大哈工大”的办学系统，为创建世界一流大学的共同目标，打下了坚实的基础。哈工大（威海）和深圳研究生院的建立，使哈工大实现了哈尔滨、威海、深圳“一校三区”的品牌战略格局。哈工大人在办学实践中结合时代和社会发展的要求，不断拓展和丰富着哈工大精神，造就“一校三区”的“大哈工大”的品牌。

3. 一流校区，打造品牌

24 年来，哈工大（威海）以科学发展观统领全局，瞄准国内外一流大学的目标，立足教育、发展科研、服务地方，进一步推动学校的科学发展，努力建设一流校区，打造哈工大（威海）品牌，使学校的规模和质量等方面实现了又好又快地发展。

二、特色战略：创特色，服务为先

发挥特色是新世纪高等教育发展的重要战略之一。当今时代，大学已从象牙

① 刘亚敏：《大学精神探论》，中国海洋大学出版社，2006 年，第 21 页。

② 陈丽：《学校发展策略》，重庆大学出版社，2005 年，第 139 页。

塔走向社会的中心,因而要面临方方面面的竞争。现代战略管理理论认为,差别性是竞争的基本战略。科学发展、办出特色、办出优势,应该是大学发展的重要思路和理念。

1. 突出特色,科学定位

同台竞争,凭的是实力和特色。大学必须形成自己的办学特色,才能在发展中常盛常青。哈工大(威海)坚持以科学发展观制定学校的发展目标,站在与哈工大校本部相同的目标之下,根据自己所在区域的文化背景和社会经济发展需求,在深入分析和研究哈尔滨、威海、深圳三地特色后,哈工大领导亲自带队与山东省政府磋商,并在院士集体考察的基础上,于2002年暑期在威海召开了党委常委会,进一步确定了学校的发展目标,将"哈工大威海分校"改为"哈工大(威海)",即采取"一校多区"的形式,统一规划,各具特色,科学发展,建一流的研究型"大学系统"。

2. "一校三区"发挥各自地缘优势

黑龙江广阔富饶的黑土地,孕育了东北灿烂的文化,谱写了可歌可泣的民族历史。哈工大在这片黑土地上创造了既具有中华传统,又吸收有俄、日等文化营养的哈工大文化;在素有"中华民族精神家园"和"孔孟之乡"美称的齐鲁大地——山东威海以及中国改革开放的窗口——深圳,创办哈工大(威海)和深圳研究生院,既传承和延伸了哈工大文化,又深深地汲取了齐鲁大地蕴涵的传统文化底蕴,汲取了中国改革开放前沿的深圳中西文化交融之精华。威海校区和深圳研究生院将构成哈工大品牌航母之双翼,必将为中华民族大业的振兴而展翅腾飞。

3. 特色文化创新哈工大品牌

哈工大在哈尔滨、威海、深圳三个校区都有根据自己的区域特色形成的优势学科,哈工大发挥校本部的航天、国防特色,横向经济开发服务主要集中在中国的北方,直接面对"振兴东北老工业基地"的技术市场;哈工大(威海)有汽车、船舶、海洋、信息等特色学科,还建有电子信息工程研究所、国际微电子研究中心、企业智能计算研究中心、山东省汽车零部件研发中心、能源与环境研究所等38个科研机构,可与地方知名企业强强联合;深圳研究生院以国际化和全英语授课为特色,直接面向国际技术市场的窗口。开拓中国南北中三大科技市场使哈工大的新老"八百壮士"和后来居上的"精英人才"在不同学科共享良好环境下,形成优质资源互补的崭新格局,搭建起了哈工大人竞显十八般武艺,向世界一流大学冲击的广阔舞台,使哈工大的办学特色更加突出,文化品牌更加丰满。"一校三区"优势互补,开创了中国高校发展的新模式,创新了哈工大品牌。

4. 哈工大(威海)在山东凸显工科特色

哈工大(威海)作为哈工大的重要组成部分,不仅是高层次创新人才的重要培养基地,同时也是基础研究和高技术领域在山东省原始创新的重要场所,对于环渤

海地区的经济发展具有强大的辐射作用。广大教师在认真做好人才培养工作的同时,紧紧围绕国家科技发展纲要、国防科技工业需要和地方经济发展需求开展科学研究,为国防和区域经济发展,提供了强大的技术和人才支持。

(1) 服务国防航天,攻克高端技术难点。哈工大(威海)依托学科优势,服务国防,其技术指标达国际先进水平:涉及航天领域的特种容器研究所在航天员训练中心中性浮力水槽、KM5、KM6、KM7 空间环境模拟器制造等方面作出重大贡献,探月工程项目正在进行中;先进材料研究所承担的国家自然科学基金和英国皇家学会女王研究基金等项目,解决了我国航天防热材料发展中的关键问题。

(2) 服务地方经济,取得多项成果。哈工大(威海)多年来积极开展新材料、医疗、节能、信息安全、车辆工程、信息技术等领域的开发和研制工作。由杜善义院士研究的 T300、T500、T1000 等碳纤维复合材料的国产化技术,在汽车结构、船舶结构和风机叶片等方面复合材料应用到新领域;在蔡鹤皋院士主持的机器人研究所与威高集团联合成立了医疗装备研发中心进行医疗装备的开发,带来巨大的经济效益和社会效益;基于人手协调动作的海带打结机器人等特色成果,解决了地方难题;秦裕琨院士完成了国家“863”计划项目、山东省科技攻关项目、威海龙港纸业有限公司20 t/h工业锅炉烟气脱硫工程,并获国家发明专利;方滨兴院士面向山东、围绕政府和企事业单位的网络与信息安全技术研究,取得多项国家重点课题的研究成果;在汽车现代设计理论及其应用、汽车电子技术、交通工程与交通运输等研究成果产业化方面成效显著,为地方经济作出了贡献;微芯片、ERP、嵌入式系统研究取得成功;与山东电力工程咨询院联合成立的哈工大—慧通企业应用软件进行研究院,为山东海阳核电站开展应用软件进行技术研发,取得阶段性成果。

三、发展战略:谋发展与时俱进

科学发展观第一要义是发展。目前,哈工大(威海)全面贯彻落实科学发展观,紧紧围绕“大哈工大”发展战略,继续推进改革,着力加强内涵建设和外部合作共建设,努力探索可持续发展之路。

1. 明确思路,科学发展

按照2008 年哈工大党委书记王树权视察威海校区时提出“明确发展定位,紧紧跟随哈工大发展步伐,努力建设与一流大学相适应的大学校区”的要求,哈工大(威海)认真学习贯彻科学发展观,深入研究和探讨自身的发展,切实把全校师生员工的思想统一到“建设与哈工大发展相适应的大学校区”的目标上来。以促进学校又好又快发展为目标,在哈工大总体规划的框架下,进一步充实和完善校区的发展规划和发展战略。

2. 加强合作,促进共建

积极推进部省共建,促进工业和信息化部、山东省、威海市三方共建是哈工大(威海)发展进程中具有历史意义的一件大事。继续争取"三方共建"工作,为学校可持续发展奠定坚实基础。"共建先要贡献",要在哈工大本部的带领下,积极主动地做好工作,加速推进工业和信息化部、山东省、威海市"三方共建"哈工大(威海)。

3. 人才强校,师生为本

一流大师创造一流的大学,人才是强校关键。在牢固树立"人才强校、师生为本"的理念基础上,站在世界一流学科的前沿,以建设与哈工大发展相适应的师资队伍为标准,研究制定有利于师资队伍建设的政策措施,科学搭建激励创新的平台,不断完善吸引人才、凝聚人才的良好环境。为进一步提高师资队伍水平,必须完善相应的人才引进政策,严格执行教师准入制度,吸引国内外一流师资,提高博士化率。在积极引进高素质人才的基础上,重点探索做好中青年骨干教师培养工作的途径和方法,切实提高教师水平,保持学校可持续发展。

4. 调整结构,突出特色

以宋健科学技术研究院作为科研平台,围绕"立足山东,拓展国防,为国民经济服务"的思想,以社会需求为立足点,以地域优势为切入点,借助哈工大本部学科和人才优势的推动作用,整合哈工大(威海)现有学科资源,调整结构,突出特色,重点建设好汽车、船舶、海洋、材料、电子信息等学科,形成与哈工大优势互补、特色鲜明的学科体系,努力打造哈工大(威海)学科品牌;紧密依靠工信部、山东省、威海市和哈工大本部的领导,密切加强与地方政府、大型企业的产学研合作与共建,不断创新合作模式,建立长期、稳定、深入的产学研合作平台,以适应国防建设和区域经济社会发展的需求。

5. 创新机制,依法治校

树立科学发展观,按照建设与哈工大发展相适应的大学校区的目标要求,进一步研究探索符合高等教育办学规律的运行机制,科学制定与学校发展相适应的教学、科研、师资队伍建设等方面的管理制度,提高管理水平,努力形成"党委领导、学术指导、民主管理、科学决策、教授治学、依法治校"的思想共识,通过制度建设保证学校科学、廉洁、高效运行。

6. 加强领导,构建和谐

认真探索新时期党建工作的特点、规律,大力加强党委领导班子建设,不断提高领导科学发展和建设和谐校园的能力;加强社会主义核心价值体系建设,不断增强思想政治教育的实效性,全面提高大学生思想政治素质;加强校园文化建设,坚持把传承和弘扬哈工大精神作为哈工大(威海)校园文化建设的重要内容,用健康

向上的思想文化占领学校思想文化阵地，促进和谐校园建设。

发展是硬道理。又好又快地发展哈工大（威海），必须坚持贯彻落实科学发展观，实施科学发展战略，坚持以打品牌、创特色、谋发展为主导思想，把握学校发展建设大局，着力转变不适应、不符合科学发展观要求的思想观念和作风，扎实抓好各项工作的落实，立足新起点，开创新局面，实现新发展，努力按照科学发展观的要求，按照哈尔滨工业大学制定的发展目标，与时俱进，科学发展，将哈工大（威海）办成人民满意的大学，为国防、航天和区域经济作出重要贡献。

关于公安高校特色化发展的思考

吴跃章①

摘　要：特色化发展已经成为公安高校重要的战略选择。公安高校特色化发展，必须从当代公安工作和警务机制变革的实践需求出发，深刻认识和切实把握公安高校的三个基本特性，即行业型院校的基本定位、公安职业化教育的本质要求、国家政权建设的重要属性，着力在公安学科专业建设上形成特色，在培养现代职业化警务人才上形成特色，在学生养成教育管理上形成特色，更好地适应当代高等教育改革发展形势，满足公安队伍职业化、公安工作专业化发展的迫切要求。

关键词：公安高校；特色化发展；职业化教育；行业型院校

当代公安工作和高等教育改革发展对公安教育的科学发展提出了迫切要求。公安高校贯彻落实科学发展观，实现又好又快发展，核心是遵循高等教育规律，突出公安实践需求，办出鲜明的公安特色，提高教育质量。

近年来，关于高校特色化发展的讨论越来越受到重视。公安高校特色化发展，同样成为重要的战略选择。一方面，这是高等教育全面、协调、可持续发展的形势要求。随着我国高等教育进入大众化阶段，高校发展更加呈现多样化，更加注重结构、质量、速度、效益相统一。办学特色作为高校软实力和重要竞争力，是内涵建设的重要内容。另一方面，公安高校特色化发展，也是公安工作和公安教育自身发展的迫切需求。由于公安高等教育起步较晚，公安高校以往学习借鉴普通高校的办学模式多，体现公安工作特殊要求不足，办学特色不明显。当前，随着公安队伍职业化和公安工作专业化的迅速推进，公安高校如何适应形势，走出一条特色化发展道路，是亟待解决的现实课题。

实践证明，公安高校特色化发展，必须从当代公安工作和警务机制变革的实践需求出发，从当代高等教育改革发展的客观形势出发，深刻认识和切实把握公安高校的三个基本特性，即行业型院校的基本定位、公安职业化教育的本质要求、国家政权建设的重要属性，紧紧围绕公安高校的基本职能，认真研究、积极规划和培育

---

① 吴跃章，江苏警官学院院长、研究员。

鲜明的特色,从而更好地发挥公安机关人才库、思想库、实验场的作用。

一、切实把握行业型院校的基本定位,在公安学科专业建设上形成特色

公安高校在类型定位上属于行业型院校,其特征具体表现在三个方面:一是由行业部门即公安机关进行管理和指导;二是其学科专业主要围绕公安工作和公安队伍建设需要设置;三是人才培养、科学研究主要服务于公安事业发展。应当说,公安行业背景是公安高校最明显的优势,是公安高校自身独特价值所在,也是公安高校特色化发展不应忽视的重要方面。实践证明,公安高校如能充分利用这一优势,努力为公安事业又好又快发展提供有力的人才和智力支撑,在创特色、上水平上就容易实现突破。这里,基础和关键是建设行业特色鲜明的学科专业。因为,学科专业不仅是高校办学的基础,而且是行业发展的支撑。公安高校必须从服务和引领公安事业发展出发,强化学科专业建设,形成鲜明的公安特色。

(1) 围绕公安工作需求设置学科专业。公安高校学科专业设置应突出主业,集中力量办好侦查、治安、刑事科学技术、安全保卫、交通管理等公安类学科专业,同时也要根据实际需要,积极发展部分非公安类学科专业,实现多学科协调发展。公安高校发展非公安类学科专业,应当围绕学校的主干学科、优势学科,绝不能一味追求学科专业设置大而全,更要避免因追求经济效益而设置与公安工作完全不相关的所谓热门学科专业。发展非公安类学科专业,关键在于坚持为公安事业服务的基本方向,从与公安工作关联性来考虑,才能办出特色,避免和其他院校雷同。比如,江苏警官学院设置管理学专业,侧重警察管理、涉外警务管理方向;设置法学专业,侧重社会公共安全方面;设置计算机专业,侧重计算机安全监察方向;等等。总之,应努力发挥自身强项,突出公安行业优势。

(2) 打造公安类特色品牌学科专业。公安工作是自然科学和人文、社会、管理等多种学科的综合运用,公安高校应牢牢把握公安学科综合性高、实践性强的特点,增强公安学科专业建设的开放性、兼容性,通过与相关学科交叉、融合、渗透和嫁接,促进公安学科建设发展。一方面,可以借助相关基础学科特别是运用法学、管理学、社会学等元学科、母学科理论和研究方法,借鉴运用相关成熟学科作为平台,提升公安学科的理论含量,完善公安学科体系;另一方面,积极运用信息技术、生物技术等现代科学技术来改造充实传统公安学科专业,提升公安学科专业的科技含量,提升公安学科专业建设整体水平。按照上述方向,近年来,江苏警官学院从凝练学科专业方向、培养学科专业带头人等方面多措并举,取得了积极成效,实现了省级重点学科零的突破,形成了一批国家级、省级特色(品牌)专业。

(3) 夯实公安学科专业建设基础。公安高校的学科专业建设,应紧紧围绕培养人民警察的根本任务,以培养人才为中心,打牢公安学科专业建设基础。一方面,要狠抓软件建设,以课程和教材建设为重点,努力提高教学基本建设质量水平。近年来,江苏警官学院通过实施系、校、省、国家四级课程梯度建设,实现了国家级精品课程零的突破,一大批公安类专业课程、教材被评为省、部级精品课程、精品教材。另一方面,切实搞好硬件建设,根据公安学科专业和人才培养特点,重点加强实践教学场所、科研基地。按照综合化、现代化要求,大力加强实验室建设,完善警务技战术、体能技能训练以及心理训练设施。依托行业优势,建设覆盖公安机关不同警种和省、市、县及基层科(所、队)等不同层面的校外实习基地、调研基地。近年来,江苏警官学院还建立了国内第一个指纹主题博物馆——南京中华指纹博物馆,开发建设了多个公安特色文献数据库。这些为公安高校教学、研究提供了重要平台。

二、切实把握公安职业化教育的本质要求,在培养现代职业化警务人才上形成特色

公安教育虽然不完全简单等同于我们目前所认为的普通职业教育,但公安高校培养公安人才本质上具有职业教育特征,主要表现在以下三个方面:第一,培养目标方向具有职业确定性。职业教育的重要特点是与职业紧密相关的。公安高校培养人民警察的目标方向是明确的,毕业生总体上从事警察职业也是确定的。第二,职业能力是公安人才培养的本质所在。公安工作是政策性、专业性很强的复杂的社会管理工作,这对公安人才的职业能力提出特殊要求。虽然职业能力不只存在于职业教育之中,也存在于任何专业教育之中,但培养警察职业能力无疑是公安人才培养的根本,这也正是职业教育的本质所在。第三,人才培养模式类型对应职业需求。职业教育总体上培养应用型人才,并且一般直接对应于特定职业的相关岗位或某类岗位,具有订单式培养特点。公安工作实践性、应用性强,警务人才总体上属于应用型人才。公安高校一般针对公安工作具体警种、岗位需求,主要培养复合型、应用型人才,而非研究型、理论型人才。公安高校人才培养模式类型与警察职业需求总体上一致。当前,公安高校进一步明确培养职业化人才的方向,既适应了当代经济社会发展对高等职业教育的迫切要求,又符合当前公安队伍职业化和现代警务机制变革的迫切要求。公安高校应当以开展公安职业化教育为契机,努力在人才培养上形成鲜明特色。

(1) 制定充分体现警察职业能力的学业标准。明确警察职业能力素质标准,是培养职业化警务人才的前提。公安高校应根据警察职业和公安工作特点要求,

系统研究、科学确定公安人才能力素质标准，并转化落实到学业标准中。公安人才的学业标准，除了需具备应有的政治理论、文化水平外，还应当突出执法能力、群众工作能力、警务实战能力等，以及从事公安工作所必需的身体素质、体能技能、心理素质等。在此基础上，还可针对公安机关不同警种、岗位（如刑侦、治安、交通等）对人才的特殊要求，研究确定相应专业的核心能力素质要求，避免简单套用社会普通院校的学业标准。为了从源头上保证公安队伍素质，公安高校可结合不同专业的学业标准，建立警务人才职业资格考核达标制度。学生经过严格考核取得相应职业资格证书，才能毕业、上岗，有利于学业标准与职业资格相衔接。

（2）构建战学研相结合的人才培养模式。培养职业化警务人才，需要最大限度地让学生参与特定的警务活动或至少在模拟的职业情境中，使学生对已有知识、技能、态度等进行整合并内化为职业岗位能力。公安高校应继承长期办学形成的教学与办案相结合、教学融入实战的传统，大力推进教学、科研与公安实践紧密结合，融为一体。第一，教学内容、教学方法应贴近实战、精讲多练，尤其要加强实践教学，强化射击、车辆驾驶、查缉战术等警务实战技能训练。开展各类模拟实战演练、野外生存训练、“魔鬼式”训练。运用多媒体等现代教育技术手段，广泛采用案例分析、模拟演练、讨论辩论等多样化教学方法，提高学生实践能力、创新精神和综合素质。第二，实行训战合一的管理模式。学员实行警队建制，并作为公安机关一支应急机动力量，随时参与处置突发性事件和承担重大活动的安全保卫任务。加大学生到公安机关见习、实习和调研力度，组织学生经常广泛投身公安实战。第三，科研面向实战、围绕实战、服务实战。强化政策导向，真正把公安实战中的热点、难点和前沿问题作为科研工作的重点和主攻方向。发挥公安高校的人才、技术、设备优势，密切与公安机关的合作，针对实战需求，突出应用开发研究和前瞻性研究，加快成果推广应用，努力成为公安理论和公安科技创新的重要阵地。

（3）建设实战型教师队伍。实战型师资是开展公安职业化教育的重要保证。实战型师资要求既能从事实战教学、实战研究又能承担公安实战任务。实战型师资的来源，首先靠公安高校自身培养，要围绕实战需求，在提高教师师德水平、学历职称、教学水平、科研学术水平的同时，提高公安业务实践能力。同时，积极从公安机关选聘实战教官。建设实战型师资队伍，关键是建立公安高校与公安机关人员双向转化交流机制。一方面，要拓展学校教师参与公安实战的渠道，通过到公安机关挂职锻炼、业务调研、当民警等，深入公安工作一线，参与实际工作，研究实际问题，培养既有理论又有公安工作实践经验的“双师”型教师。为此，对教师队伍可以实行“轮值轮训”制度，即在工作任务安排上，教师轮流承担教学任务、到基层公安机关实践锻炼、开展警务研究等，促进学校教师与公安实战交流融合。另一方面，要制定政策，吸引公安实战部门的专家骨干参与学校的人才培养、科学研究等。

这方面可以采取专职、兼职等多种形式，在经常邀请公安机关领导、专家来校开设讲座的同时，适当聘请一些教官固定一段时间在学校专职从事教学、研究工作，加深学校与实战部门人员互动交流。

三、切实把握国家政权建设的重要属性，在学生的教育管理上形成特色

公安高校承担培养公安后备力量、培训在职民警、开展警务研究的职责，直接为公安工作、公安队伍建设服务。因而，公安高校发展已经超出单纯高等教育范畴，成为国家政权建设的重要组成部分，事关维护社会稳定的大局。我国在加入WTO的教育服务贸易协定中，把公安教育同党校教育、军事教育一起作为特殊教育列入不开放领域，充分说明了国家对其特殊性的认识。公安高校的特殊性质、使命，决定了公安高校管理具有特殊性，也有利于在校园文化建设上形成特色。具体可以从以下三个方面加以落实：

（1）坚持政治建警、铸造忠诚警魂。这是公安高校办学的核心和灵魂，其根本原因在于，我国国情决定了我们培养人民警察的目标要求，与西方国家的警察有本质区别，决定了公安队伍建设和公安人才培养更加强调政治意识、忠诚意识。集中体现为必须强化4个观念：一是党的观念，坚持党对公安工作的绝对领导，人民警察始终听党指挥，做党的忠诚卫士，巩固党的执政地位，这是公安机关的根本政治原则；二是国家的观念，警察是国家暴力机器，是维护国家政权统治的武装力量，公安机关是我国人民民主专政的重要工具；三是人民的观念，人民警察的根本宗旨是全心全意为人民服务，必须牢固树立人民公安为人民的思想，忠实维护人民群众的根本利益，努力做人民群众的贴心人；四是法律的观念，公安工作的本质是执法活动，警察行为的本质是执法行为，人民警察必须严格、公正、文明执法。综上所述，公安高校对学生教育管理，绝不能停留在一般大学生行为规范层面，必须按照培养忠诚卫士、永葆政治本色的根本要求，教育学生自觉做到忠于党、忠于祖国、忠于人民、忠于法律，并在实践中能够做到有机统一。

（2）强化纪律作风、职业精神养成教育。公安机关是具有武装性质的刑事司法和治安行政力量，承担维护政治稳定和社会安定的重要职责，是惩治违法犯罪的战斗实体，公安机关的性质、职责、使命、工作特点，都不同于一般国家行政机关。人民警察要时刻面对形形色色的违法犯罪活动。这些决定了公安队伍必须实行比一般国家行政机关更为严明的纪律、更为高效的组织管理体制和运行机制等。《中华人民共和国人民警察法》、《公安机关组织管理条例》等对此都有明确规定。因而，公安高校学生管理必须适应上述要求，大力加强学生纪律作风、职业精神的养

成教育,养成服从命令、听从指挥、英勇顽强、雷厉风行的战斗作风,形成具有警营特色的校园文化。

(3) 弘扬以无私奉献精神为核心的警察职业道德。警察是和平年代吃苦多奉献多、风险大牺牲大的职业,“天天有牺牲,时时在流血”是现实公安工作的真实写照。警察职业的特殊性,决定了具有奉献精神是做好公安工作的前提,也是人民警察职业道德的集中体现。因而,公安高校对学生的教育管理,绝不能停留在普通公民思想道德修养层面,也不能停留在对一般国家公职人员职业道德要求的层面,而是必须把培养以无私奉献精神为核心的警察职业道德作为重要内容,提出更高要求。

以上三个方面,密切联系,相互影响,不可分割。公安高校应当把人民警察的政治立场、纪律作风和职业道德三者有机结合起来,融入学生学习、训练、生活及服务社会的各个方面和全过程。一方面,通过日常思想政治教育和实施严格的警务化管理,强化学生警察意识和行为习惯养成教育,打牢思想基础和行为规范,形成忠诚奉献的价值导向和浓厚氛围。另一方面,采取多种形式,通过多种渠道,强化学生思想道德实践。比如,江苏警官学院每学期轮流安排劳动课,学生集中参加校内值勤、治安巡逻、卫生保洁等义务劳动。平时利用节假日组织学生到社区、公园、体育馆、纪念馆、敬老院、车站等,开展形式多样的警民共建活动,参与志愿服务、义务鲜血、便民服务、扶贫助困、社会救助等活动,让学生在服务他人、服务社会的过程中经受锻炼,增强警察意识、服务意识和奉献精神,这些活动都取得了明显效果,学生无论在校期间还是在工作中,都涌现出一大批不怕吃苦、不怕牺牲的英雄典型,受到用人单位和社会广泛好评。

高等职业教育特色创新的必由之路

汪振国　王宗宝①

摘　要：高等职业教育作为我国高等教育的一种类型存在，有其他普通高校不可替代的特质。正是这种特质，使高等职业教育在我国的经济与社会建设中起到不可替代的作用。要发挥这种作用，高等职业院校就必须大胆探索校企合作的办学模式和工学结合的人才培养模式。

关键词：高等职业教育；特色创新；校企合作；办学模式

一、影响高等职业教育特色创新的几个问题

在我国全面建设小康社会，构建和谐社会，加快社会主义现代化建设的新形势下，高等职业教育加快发展，发挥在经济社会发展中的重要作用，已是一项紧迫的战略任务。目前，国家对于大力发展高等职业教育的政策已经十分明朗。高等职业教育拥有良好的发展环境，现在的关键问题是高等职业教育自身要走出特色发展之路。

长期以来，尽管国家非常重视高等职业教育的发展，但社会对高等职业教育的认同并不高。其中一个重要原因是高等职业院校的办学水平与经济社会的发展需求有很大的差距；高等职业教育没有创建起自己的人才培养体系，技能型人才的成才道路实际上还没有真正开通。从高等职业院校的现状来看，人才培养模式陈旧、适应市场的能力还比较薄弱。

据湖北省劳动和社会保障厅统计，到“十一五”末，湖北省技能型人才缺口将达200万，其中高技能型人才缺口将达80万，招工难已成为制约湖北省经济发展的瓶颈。与此同时，作为职业教育大省的湖北，被知名企业“订购”的优秀毕业生八成流往外省。究其原因，从高等职业教育本身存在的问题来看，高等职业教育的人才培养与就业市场的人才需求不对接，高等职业教育办学理念、办学机制、办学模式不能适应市场需求。在企业急需高技能人才的背景下，高等职业院校毕业生

① 汪振国，武汉商业服务学院院长助理、副教授；王宗宝，武汉商业服务学院财务处副处长。

并没有出现供不应求的状况(指整体而言)。

从总体上看,我国高等职业院校或脱胎于普通学校体系,或脱胎于计划经济下的学校体系,高等职业教育是建立在一个传统农业比较发达,第二、第三产业发展不充分,市场经济要素发展欠缺的经济社会基础之上的,这种历史传承和社会基础对高等职业教育的办学产生了深刻、长远的影响。这表现为:学校在办学上,自成体系,自我封闭,与市场结合不紧密;在教学上,片面强调学科知识的系统性、完整性,忽视职业和岗位的能力需求;在专业设置上,专业趋同的现象相当严重,千校一面的现象比较普遍,部分学校尚未形成自己的特色和专业品牌;在课程设置、教学内容上,因循少变,没有形成根据市场需求及时调整的应对机制,许多新技术、新方法、新工艺、新标准未能及时进入课堂,毕业生的就业竞争力不强;在人才培养的途径上,部分学校仍然存在与生产实际脱节的现象,校企合作、工学交替的培养途径尚未形成。因此,我们要解放思想,明确方向,找准问题大胆改革,勇于创新。

二、校企合作是高等职业教育特色创新的必由之路

高等职业教育作为我国高等教育的一种类型存在,具有其他普通高校不可替代的特质。正是这种特质,才能够使高等职业教育在我国的经济与社会建设中起到不可替代的作用。如果不改变上述现状,不解决目前存在的问题,高等职业教育就没有必要作为一个单独的类型。因此,高等职业教育如果要作为一个类型合理的存在,关键是特色创新,它是当前高等职业教育内涵建设的逻辑主线,只有走特色之路,才有可能成功。

教育部《关于全面提高高等职业教育教学质量的若干意见》(教高〔2006〕16号)中明确指出高等职业院校的培养目标是:“全面贯彻党的教育方针,以服务为宗旨,以就业为导向,走产学结合发展道路,为社会主义现代化建设培养千百万高素质、技能型专门人才,为全面建设小康社会,构建社会主义和谐社会作出应有的贡献。”就当前而言,实现这一培养目标,走特色创新之路的一个重要的切入点,就是校企合作、工学结合。

校企合作是制造业发达国家职业院校办学的基本模式,在德国,校企合作是培养高技能人才的基本手段。目前,湖北省高等职业教育学校的校企合作仍表现为一种自发性行为,层次较浅,长效机制不完善,缺乏具体政策指导和制度保障。

校企合作,是指在办学模式层面学校与企业的携手共建,重点在于办学体制的创新,校企合作的重点主要体现在以下4个方面:一是办学理念的更新。既然高等职业院校是以“服务为宗旨,以就业为导向”,就必须强调学校“以他方为中心”的办学行为以及争取企业在办学过程中的积极参与(或者说是实质性的合作),改变

传统的以学校和课程为中心的培养模式。二是组织结构的设计。找准企业与学校的利益共同点,探索校企合作的持续发展机制,建立学校和企业之间长期稳定的组织联系制度,校企双方"你中有我,我中有你",实现互惠互利、合作共赢。三是校企资源的共享。可以是学校根据企业需要培养人才,提供实习学生,企业为学生提供教学实训条件;可以是学校依托企业培训教师,参加企业生产实践,企业选派工程技术人员为学校提供教学服务;鼓励企业在学校建立研究开发机构和实验中心,促进学校的专业建设和课程改革;企业可以依托学校进行员工的培养培训。四是以企业需求为依托的开放式运作。如校企双方不仅有由双方领导组成的董事会、专业指导委员会等组织,不仅有由第一线操作人员组成的学生实习、实践等运作层面的合作小组,而且建立规范的运作制度,把校企合作的思想和理念转化为行为规范和具体操作规程,使办学模式的改革真正落在实处,真实有效,绝不能仅停留在纸上。

最近,湖北省劳动和社会保障厅、湖北省经济委员会、湖北省人民政府国有资产监督管理委员会联合颁发《关于积极推进校企合作加快高技能人才培养工作的通知》,提出了到"十一五"末全省规模以上企业都要与职业院校建立校企合作的工作目标。我们要牢牢抓住这一发展契机,积极探索和实践校企合作集团化的发展道路;积极探索和实践顶岗实习式、订单式、定向式、定制式等多种有效的合作培养方式,真正实现专业设置、教学计划、师资建设、实习教学、能力评价、教学研究、招生就业、学生管理等个环节的"一体化"。

三、工学结合是高等职业教育特色创新的关键所在

工学结合主要体现在人才培养模式层面,是关系到建设有中国特色高等职业教育的一个带有方向性的关键问题。它的主要功能是提高学生的职业素养,使学生从学校步入职业生涯时就有一定的工作能力,努力实现与就业岗位的零距离对接。它的本质是学校通过企业,实现与社会需求的紧密结合。

当前,我国高等职业院校的工学结合主要形式是顶岗实习。所谓顶岗实习就是学生到真实的工作环境中像职业人一样参加工作。因此,顶岗实习要求"真实的工作环境",不是模拟虚设的场景,让学生在真实的工作环境中不仅得到相关的工作经验,还要获得一定的劳动报酬。

当前,顶岗实习的困难之一是企业无法完全提供与学生所学专业对应的岗位。较好的解决办法只有分散实习。很多学校将时间安排在第六学期,与学生寻找就业单位结合起来,既能最大限度保证学生的"顶岗",又能解决学生的就业。有的还与毕业设计(论文)结合起来,将毕业设计(论文)改成要求学生就自己顶岗实习

单位的某一产品的生产或管理流程等作一些详细的调查和论述，并结合所学知识作出评价和改进建议，从而将教学与顶岗实习结合在一起。

顶岗实习的困难之二是管理。首先是学生顶岗实习的分散管理的难度大大提高，解决这一困难的办法有两点：一是加大师资管理中的责任驱动和利益驱动双重管理力度；二是加强与用人单位的紧密合作，聘用企业师傅为实训指导老师，严格过程管理。其次是学生顶岗实习中的安全等问题。目前，我国尚缺乏规范工学结合行为的相关法规，但是学校作为第一责任人，在与企业签订实习合同时，按相关的政策、法规应充分考虑维护保障学生合法权益不受侵害。

专业建设中的工学结合体现在“与学习相关的要素”和“与工作相关的要素”两者的结合，主要包括师资建设、实训基地建设、课程建设、质量管理等。所谓“要素”是指与“学”和“工”相关的各种资源和活动，如双方的人员、场地、信息、标准等。

师资队伍建设目前的重点有两方面：一是在高学历、高职称的基础上增加现有教师的企业工作经历，要熟悉企业、了解企业，参与企业相关活动，从而提高教师的职业教育能力；二是大量聘请行业企业的专业人才和能工巧匠到学校担任兼职教师，逐步加大兼职教师比例，逐步形成实践技能课程主要由相应高技能水平的兼职教师讲授的机制。

实训基地建设是改善办学条件、彰显办学特色、提高教学质量的重点。实训基地建设主要包括校内、校外两个方面。按照教育部的要求，“要积极探索校内生产性实训基地建设的校企组合新模式”，它的第一要义是为学生在校内创造真实的工作环境，使学生的“学”与“工”有机地结合在一起。这种生产性实训基地的建设内涵是经营主体的多元化和经营方式的市场化，附带的功能其中之一是带动校企合作办学体制的改革。校外实训基地建设是校企合作的主要内容，包括两个方面：一是建设成为学生集中进行教学实习的基地；二是建设成为顶岗实习的基地。这种基地建设除了学校自身努力之外，国家还应出台相应的政策和规定作为支撑。

课程建设的重点是打破传统课程结构框架，构建符合高等职业教育特点和生产一线高素质技能型人才需求的新课程体系，同时加强以工作、生产过程为导向的专业课程改革。单门课程是课程体系的基础，两者必须有科学的、内在的密不可分的联系，应两者兼顾，整体设计。尤其要重视课程建设过程中的企业参与，包括企业人员的介入、企业标准的引进、职业证书的融合等。

教学环境管理的重点是实践环节的控制。由于高等职业教育的特点之一是注重实践，因此能否保证实践环节的质量，是保证高等职业院校人才培养质量，实现培养目标的重中之重，必须重视管理过程的参与。要完善与企业合作的管理机制，要有规范的、操作性强的管理流程和运作方法，使管理落实到每一个具体环节，逐步形成自我约束、自我修正、自我检测、不断改进的管理机制。

现阶段我国高等职业教育可持续发展的关键是类型特色的创新,其基本动作框架应该是以校企合作办学模式为体制基础,以工学结合人才培养模式为平台、以重点专业建设为龙头,以课程建设为核心、相关专业为支撑的专业群,在国家相关政策和法规的支撑下,努力促进高等职业教育持续健康的发展。

女子大学的特色经营与管理

罗　婷[①]

摘　要： 目前，我国女子大学办学面临着高等教育市场化、大众化和国际化的严峻挑战，走特色经营与管理之路是女子大学应对这种办学形势挑战的有效策略。本文从如何把握特色经营与管理的内涵、认识采取特色经营与管理战略的必要性和紧迫性，以及特色经营与管理的主要策略等三个方面，初步探讨了女子大学的特色经营与管理。

关键词： 女子大学；特色经营；管理

发轫于20世纪初的中国女子大学，在1949—1978年间曾经中断办学，改革开放后，随着人们社会性别意识的增强和对高等教育多样化需求的增大，再度复出和兴起，并经过20多年的发展，形成了多层次、多形式、多体制的办学格局，办学实力不断发展壮大。但是，在当前高等教育市场化、国际化、大众化的严峻办学形势下，女子大学的生存和发展面临着前所未有的挑战。女子大学在这种严峻办学形势下如何争取到生存和发展的办学空间？这是摆在女子大学管理者和研究者面前急需回答的现实问题。本文从女子大学走特色经营与管理之路的视角，对这个问题进行初步探讨。

一、理解女子大学的特色经营与管理的内涵

女子大学的特色经营与管理，就是女子大学为了有效应对高等教育市场日益激烈的办学压力，获得生存和发展的办学空间，遵循市场经济条件下的办学规律，树立大学经营与管理意识，对外部环境，认真调研、科学论证，发掘市场空间；对内部环境，认真总结分析，进行历史与现状、自身与市场、自我与竞争对手的全方位估价与论证，凝练出“人无我有，人有我优，人优我特”的办学理念，并以办学特色为市场核心竞争力，宏观上对女子大学的办学理念、发展战略，微观上对女子大学的内部管理进行的运筹和谋划。应该从三个向度来理解女子大学特色经营与管理的

① 罗婷，湖南女子大学校长、教授、博士，四川大学比较文学专业博士生导师。

内涵：

首先，女子大学特色经营与管理是在市场经济办学环境下女子大学为争取生存机会和拓展发展空间而实施的运作机制。在市场经济的办学环境下，大学的生源来源、毕业生就业机制、大学的资金投入体制、学生和社会对大学的角色期待、产学研结合等方面，都发生了深刻的变化，大学的运作机制，应该应和市场经济的律动，主动改革。

其次，女子大学特色经营与管理的核心是转变计划经济时代落后的管理观念，树立市场、成本、质量、国际、特色等大学经营意识，将企业的核心经营与管理思想及方法引进到女子大学运作过程中，重新设计管理内容与过程，运用市场机制对女子大学资源及资产等实行优化重组和高效运营，提高大学管理的资金利用效益和成本意识，提高大学运作的社会效益。

第三，女子大学特色经营与管理的关键是在女子大学的运作中彰显自身的特色，努力凝练和创新办学特色，使女子大学办学特色成为吸引生源、师资人才、用人单位的“磁力场”，在市场经济形势下，在教育大众化、国际化的背景下，站稳脚跟，扩展发展空间。

二、认识女子大学必须走特色经营与管理之路的原因

（一）市场经济背景下大学体制改革与办学理念滞后的矛盾

在市场经济的作用力下，目前，我国的大学与政府、社会的关系发生了根本的变革，大学办学体制打上深刻的市场经济烙印。在举办体制上，大学由单一的政府举办体制正转向以政府举办为主、社会各方积极参与和多种举办主体并存的体制；在投资体制上，正由单一的政府拨款转向以政府投资为主渠道，包括私人投资举办学校、私人或社会团体捐助、收取学费、校办产业收入等多渠道筹资的投资体制。多种举办体制的并存、办学自主权的扩大、投资体制的多渠道、政府和社会总投入资源的有限性，这些因素与市场体制因素互相作用，客观上导致高等教育市场竞争日益剧烈，这要求大学必须清醒认识和主动树立大学经营与管理的办学理念。但是，大学的举办体制、投资体制和毕业生就业体制等大学基本体制的市场化转变和改革，是由政府主导的、由上而下的改革，这种改革是一种由外到内的带有被动性质的改革，目前体制改革了，但大学办学的思想意识还远未转变到市场经济所要求的大学经营与管理的意识上来，未能充分利用自身优势结合市场环境而获得要素支持，这是大学目前生存和发展面临的生死攸关的挑战。

（二）高等教育大众化发展的结构性难题亟待破解

我国高等教育大众化发展到现在，凸显了亟须我们破解的三个发展难题。首

先,大众化导致的规模扩张速度、人才培养质量及所培养人才的专业,同产业发展之间出现了不相吻合的结构性矛盾。一方面是大量的毕业生不能及时有效就业,另一方面是相当一部分工作岗位招聘不到适合的大学毕业生工作。其次,大学办学经费投入与大众化规模持续发展所需庞大经费之间的结构性矛盾。我国高等教育由精英化教育向大众化教育转型,教育规模和所需办学经费在短短几年间成倍扩张,但政府的经费投入并没有相应地增长,况且,教育部属大学在本科生扩招上控制很严,很大程度上是地方大学包括民办大学和独立学院在承担大众化发展任务,但地方大学并没有得到相应的投入,主要靠收费和贷款来维持运作,贷款额度大,还款压力大,严重阻碍了大学持续健康发展。① 再次,在大众化进程中,大学办学经费严重短缺,导致大学的基本建设、师资队伍建设、教改与科研建设等各方面都跟不上大众化发展的需要,不可避免地要影响人才培养的质量,动摇大学生存和发展的根基。这个结构性矛盾难题,需要我们从实践科学发展观的高度,创新办学思想,创造性地破解这个难题。

(三)高等教育国际化导致大学办学不断增大竞争压力

加入世贸组织后,教育国际化发展开始深入影响我国大学办学市场的宏观环境。首先是生源市场的竞争。很多西方国家放宽接受我国留学生政策,吸引我国留学生,进一步打开了我国的教育市场。其次是国际办学市场竞争。随着我国教育市场的开放,国外富有成效、充满活力的高等教育运行机制,与国外优质教育资源一起构成竞争合力,占领我国一部分国际生源市场、资金市场,我国大学的生存和发展面临着激烈的国际市场竞争。再次是国际人才市场的竞争。高层次人才的流向总是从发展中国家流向发达国家,教育市场的开放导致出国留学人员大幅增加、大量资金外流、大批高智能人才外流。② 这些教育国际化的竞争压力,如果应对不当,就会对我国的大学包括女子大学的发展规划、发展战略、办学思想、办学定位、人才培养模式等方面的设计和创新,产生不容忽视的消极影响,从而挤压大学发展的有效空间。

(四)女子大学与男女合校大学的竞争比较劣势

目前,女子大学一直处于高等教育的边缘地位,与男女合校大学相比,办学竞争力相差悬殊。首先,从举办体制来说,女子大学大多是由妇联或妇联与教育部门联合兴办的,妇联在女子大学的生存和发展中发挥了极其重要的作用,但也由于部门办学,主办部门办学财力投入相当有限,导致女子大学的基本投入普遍没有良好

---

① 徐辉:《高教改革成绩显著问题不少》,在 2005 年 12 月 8 日民盟中央召开的"高等教育改革得与失"专题座谈会上的发言,引自中国民主同盟网站 http://www.mmzy.org.cn,2006 年 4 月 10 日。

② 张振助:《高等教育与区域互动发展论》,广西师范大学出版社,2004 年,第 102 - 194 页。

的保障,办学基本条件不能满足学校进一步发展的需要,另外一些女子院校是民办、民办公助的办学体制,其办学经费保障机制的脆弱性显而易见;男女合校大学大都是教育部和各级政府主办,办学经费有长效制度保障。其次,女子大学办学层次较低,以专科层次院校为主,目前,只有一所独立设置的本科和研究生层次院校,办学形式相当一部分是高专、职高、成高形式。再次,一些女子学校的办学定位不明确、办学特色不突出,基本上是仿效男女合校学校的做法和模式,办学特色也未进行针对性地研究和提炼,在办学中作为市场竞争力突显出来,对女子院校存在的价值和理由不能作出强有力的回答。①

(五)女子大学之间的办学资源和空间竞争日益激烈

在市场经济办学背景下,女子大学之间也存在着三个方面的生存和发展竞争。首先是生源的竞争。大学扩招到今年,生源竞争日益激烈。其次是各女子大学毕业生就业市场上的激烈竞争。就业率是一个大学声誉和品牌的风向标,关系到吸引生源、吸纳办学投资等方面的大学命脉,对以部门办学、社会投资为主要投资渠道的女子大学的生存发展意义更为重大。再次是师资人才市场的竞争。女子大学的毕业生,能否最终在就业市场上取胜,关键在于女子大学的人才培养质量的高低,而人才培养质量的高低却主要取决于大学的师资水平的高低。吸引、稳定、提高师资水平,要靠增强女子大学的影响力和综合实力,如何增强大学实力,就成为女子大学的管理者需要重点思考和破解的女子大学生存与发展的基本命题。

要破解女子大学上述5个主要的生存发展矛盾和难题,方法之一就是提炼办学特色,加强和创新女子大学管理,增强女子大学综合实力,提高女子大学的声誉和品牌影响力,吸引总体有限的生源、师资人才,提高人才培养质量,抢占毕业生就业市场。

三、把握女子大学的特色经营与管理的具体策略

(一)以市场为导向,提炼女子大学办学特色

女子大学的办学特色,是从长期办学进程中的历史积淀中自觉提炼和培育而成的,本校特有并优于其他女子大学和男女合校大学的独特优质的风貌。在市场经济办学环境里,办学特色是女子大学经营中的核心竞争力,决定女子大学的生存和发展方向。可以从以下几个方面挖掘和培育女子大学办学特色,提升女子大学市场核心竞争力:第一,办学思想和理念。改造传统的办学理念,将女子大学特色经营与管理的思想,作为创新和构建女子大学办学理念的基本维度,理性回答办什

---

① 杜祥培:《我国女子大学的历史、现状和未来》,《当代教育论坛》,2007年第3期。

么样的女子大学和怎样办好这样的女子大学的问题，具体从现行办学政策空间、借鉴他校经验、体现时代要求、继承与创新传统等途径，理性思考和抽象概括，挖掘和培育适合市场经营和市场竞争的女子大学办学理念，为女子大学特色经营与管理做好顶层架构。第二，办学定位。以提高女子大学办学效益、拓展女子大学办学空间为目的，用特色经营与管理为效用工具，从女子大学办学传统、现状和预期培育的办学特色以及办学政策与人文经济环境出发，深入论证，科学确定女子大学的办学定位。首先，女子大学要在办学层次类型上准确定位，如果定位准确，就能在该层次类型的女子大学中独树一帜；定位模糊，或盲目攀求高大全，就可能陷入生存发展危机。从女子大学的办学历史和现状来判断，只有极少数学校适合办教学型或教学研究型的大学，在一段时间内，大多数女子大学要定位为专科或高职层次应用型的学校。其次，根据女子大学所在的区域结构，选准学校的面向区域。区域面向直接决定大学培养的人才就业去向和前景，关系到人才培养与人才市场结合的紧密程度。再次，根据自身的办学现状和办学潜在的空间，正确选择女子大学的科类结构，大部分女子大学适合办多科性大学，而不宜盲目办综合性大学。第三，女性特色学科专业建设。以市场为导向，以特色经营为着力点，认真论证，科学构建符合社会发展需要和女性性别特征的学科专业体系。从女子大学发展现状和未来发展空间看，应该重点发展与第三产业相关度大的学科专业，开发和改造专业，培育适合女性发展的特色专业和优势专业。第四，女性人才培养模式。根据社会和人才市场对女性人才的需求，确定女子大学建立适应女性成才要求的人才培养模式。首先，按照因“性”施教的原则，合理确定教学内容和构建女性特色课程体系，加强对学生的社会性别意识与女性气质修养教育。其次，紧扣女性人才市场，突出实践能力和职业技能的培养，加强实践性教学。第五，女性特色的科学研究。女子大学的科学研究要以女性研究为特色，紧扣社会和市场，以男女合校大学和其他女子大学作为参照系，采取差异化战略，建立以市场为导向的科研服务体系，提高大学的资金补给能力，使科学研究产生很好的社会效益和经济效益，提升女子大学的品牌美誉度和市场竞争力。第六，女校特色的大学文化环境。应该从自身历史和借鉴国内外先进女子大学或者男女合校大学文化环境模式与特点，科学营造以秀美、隽永、朝气、自尊、自强为特征的女校特色大学文化环境，潜移默化地促进女性人才培养，使文化环境成为女子大学的软实力之一。

（二）以效率和效益为准绳，降低女子大学的办学成本

大学经营必须加强成本核算意识，追求基本建设、教学科研和管理经费等办学投入的效益最大化，达到大学资本保值与增值的经营要求，实现大学经营和管理的目标，在高等教育市场竞争中获胜，争取和拓展办学空间。对财力不强的女子大学来说，增强大学经营意识、严格控制办学成本的意义更为重大。社会通过大学的毕业生就业与业绩状况来评价大学的影响力，这个影响力决定大学对生源和就业市场的吸引力，由此决定前一阶段大学经营的经济效益，即大学经营的经济效益具有滞后性。因此，女子大学经营必须确定具有前瞻性的经济效益实现框架，即通过对毕业生就业状况和结构的调研，在办学规模、专业设置、课程设置、师资队伍来源和专业学历结构等方面，深入分析，遵循特色经营与管理规律，确定下一个建设发展时期的前瞻性办学决策。女子大学经营的学术效益和管理效率，在时间上基本可以同步，在实现方式上是以特色经营与管理为着力点，通过资源配置使用效率的最大化，尽可能避免资源配置的重复投资和使用效率低的现象，在财务预算中实施效益核算和成本控制，强化岗位责任制，控制过高的用人和管理成本，根据可行和优化的办学目标，科学确定软件建设和硬件建设投入的比例。

（三）以人才培养质量和社会服务质量为生命，增强女子大学的核心竞争力

在市场经济环境里，大学的竞争力主要由人才培养和社会服务的质量来决定，质量是大学价值与尊严的起点。人才培养和社会服务的质量决定大学在生源市场、师资人才市场、就业人才市场的竞争力，从而决定大学生存和持续发展的空间。因此，人才培养质量和社会服务的质量是大学的生命线。尤其对办学资源相对男女合校大学薄弱、培养对象面窄的女子大学来说，人才培养和社会服务的质量更为重要。大学经营中研究的质量问题，当然首先是普遍意义上的绝对质量，其次是差异化发展战略中由特色发展带来的比较意义上的相对质量，或称特色质量。女子大学应在注重普遍意义上的绝对质量的同时，采取差异化发展战略，着力特色经营与管理，求得比较意义上的相对质量。提高女子大学人才培养和服务社会的质量的具体策略。首先，要建设好一支特色师资队伍。根据学校的总体规划目标、学科专业设置，建设一支体现特色和具有经营竞争力的师资队伍。其次，根据自身的办学历史和办学现实市场环境，科学论证，做好优势和特色专业设置，构成以数个优势特色专业为支撑的特色专业体系。再次，以特色为指导思想，建设好女子大学经营框架中的特色课程体系。最后，统一规划，以研究队伍的专业分布和研究专长现状为出发点，以优势和特色为突破口，建设一支女性特色科研队伍。

（四）以创新机制和竞争机制为抓手，提高女子大学的管理水平

首先，优化和创新决策团队。在女子大学的决策团队里，要吸纳学术力量，尤其要做好制度安排，让研究和从事特色经营与管理理论和实践的专家、教授参与决策，共同探讨特色经营与管理规律，科学确定特色经营与管理的架构。这样才能使学校的重大决策符合女子大学经营和办学实际，保证决策的客观和科学有效。

其次，树立精细管理理念。以服务学生为本，从女校学生的性别特征和身心发展规律出发，强化精细管理意识，在管理的精确、细致、深入、规范方面着力，达到贴近女生性别实际、针对学生个性需求、促进女性全面成才的管理效果，致力于管理

的个性化、人性化服务,追求女子大学学习生活环境的和谐、稳定和安全。

再次,引入竞争机制。转变大学管理模式,以竞争求生存,以市场争发展。按照管理成本最小化的原则,科学设置岗位,实施全员竞聘上岗,薪酬与岗位挂钩,以竞争的压力和动力激发员工的积极性和创造性,提高女子大学的管理水平。

综上所述,应该清醒地认识到,当前高等教育市场化、国际化和大众化趋势,导致大学之间在生源市场、办学资本投入市场、毕业生就业市场、科研成果市场等办学要素市场上竞争日益激烈。大学,尤其是办学整体实力较薄弱的女子大学,必须转变计划经济时代的运作和管理模式,有效借鉴企业经营与管理模式,并借鉴国内外大学特别是国内外优秀女子大学的成功经营与管理经验,结合自身办学历史经验和办学现状,提炼自身办学特色,以办学特色再造其运作新模式,走特色经营与管理之路。在特色经营与管理运作新模式中,办学特色是灵魂和基础,必须在办学定位、学科专业、课程、人才培养模式、育人环境等方面形成自身特色;经营是效用工具,必须在运作过程中有效引入市场机制、竞争机制,注重降低办学成本,追求提高办学效益;管理出效率,管理是经营的基础,要实现女子大学经营目标,必须重视提高大学管理水平。当然,在特色经营与管理中,不能将特色、经营、管理三个向度孤立起来,必须作为一个有机整体来认识和实践,在办学竞争市场上,争取到女子大学生存与发展的最大空间。

地方高校特色发展的探索与实践研究

河北理工大学

摘　要: 当前,高等教育大众化和国际化进程日益加快,地方高校要想在激烈的竞争中占得优势,就必须以特色发展为突破口,集中有限资源,打造特色品牌,提升核心竞争力,从而达到快速健康发展的目的。本文结合实践,从办学传统特色、学科专业特色、区域服务特色、人才培养特色4个方面对地方高校的特色发展进行了阐述。

关键词: 地方高校;特色发展;探索;实践

近年来,我国高等教育规模持续扩大。截至2007年底,全国2 321所高等学校中,教育部和其他部委主管的共计107所,其余的2 214所均为地方高校,占全国高校总数的95.4%,地方高校已经毫无疑问地成为我国高等教育系统的主体部分。正是地方高校的发展使我国高等教育的毛入学率在短时间内迅速接近而后又立即超过15%,支撑我国高等教育基本实现了数量意义上的大众化。但是,目前地方高等学校的发展境况堪忧,普遍存在"求高"、"求大"、"求全"、"趋同"的现象,很多学校盲目追求综合化,争创研究型,从而失去了自身优势,导致其原有的特色逐渐消退,直接影响了地方高校的持续健康发展。

随着当前高等教育大众化和国际化进程的不断加快,社会对人才的多样化需求日益增长,竞争已经成为大学获得经费投入、优质生源和高水平师资的重要途径。地方高校要想在日益激烈的竞争中占得优势,就必须以特色发展为突破口,集中有限资源,打造特色品牌,提升核心竞争力,从而达到快速健康发展的目的。可以说,高等教育发育越完善、竞争越激烈,特色发展的重要性也越突出。

特色发展不仅是一种立校战略,更是一种强校战略。所谓特色发展,就是要求这所高校有区别于其他高校的"独特"所在。特色是一所大学的历史积淀,是一所大学的品牌优势,是学校立足发展的根本,又是学校生存竞争的前提。特色可以体现在许多方面,在此结合河北理工大学实践,择其要者作一些阐述,仅供交流。

一、办学传统特色

传承办学传统是高校的特色创建之道，是高校创新发展、历久弥新的原动力。一所大学确定特色办学目标、建设办学特色的过程，往往是一个认识传统特色、发展与创新传统特色并形成特色优势的过程。归根结底，“特色”之所以应该成为大学矢志不渝的理想追求，就在于“特色”沉淀着历史底蕴，秉承着大学精神，蕴涵着时代灵魂，彰显着大学个性，其终极目的在于坚持育人为本，遵循大学发展的内在逻辑，在人才培养、科学研究、社会服务三大职能中，凝聚办学的核心价值，提升学校的核心竞争优势，凸显服务社会的辐射功能及智力支撑功能，最终彰显学校办学的独特性和杰出性品质。

“任何类型的大学都是遗传与环境的产物。”河北理工大学办学历史可追溯到1895年成立的、中国近代第一所大学——天津北洋西学学堂矿务学学门，至今已有115年的历史，可谓是身出名门，历史悠久。学校建校之初就汇集了茹誉敖、汪公勤、王子周、董毓秀等一批大师，早期的毕业生也很快在采矿、冶金、机电、化工等行业中发挥了重要作用。到1976年7月，一所设施齐全、功能完备的大学基本形成，在矿冶及相关行业中享有盛名。然而，天有不测风云。1976年，举世罕见的唐山大地震，使校园瞬间殁于瓦砾，1 000多人失去生命，70多户断门绝烟，图书资料化为灰烬，教学设备全部损毁，几十年艰苦卓绝的努力毁于一旦。灾后，幸存的师生相濡以沫，匍匐以救，拖着伤残之躯，强忍失亲之痛，扒救亲人，掩埋尸体，清理废墟，重建家园。当年9月，便在用砖头、苇箔、油毡搭建的地震棚里艰难复课。

地震毁坏了学校的物质系统，但留存的是理工人的精神。震后30余年，几代理工人百折不挠，勇往直前，根植采矿、冶金，弘扬抗震精神，用鲜血和汗水凝成了“艰苦奋斗，自强不息”的理工精神。这一精神成为学校提升办学水平、提高人才培养质量的不竭动力。今天的河北理工大学，设施齐全、学术精湛、师资雄厚、硕果累累，已经从“地震棚办学”蜕变为“千亩校园、万人大学”，发展成河北省重点建设的骨干大学。胡锦涛、江泽民、温家宝等党和国家领导人曾先后来校视察，对河北理工大学的发展建设给予了关注，全校师生员工备受鼓舞。“艰苦奋斗，自强不息”的理工精神薪传不息。

二、学科专业特色

学科结构与专业设置是学校办学特色的集中体现。任何一所大学都不可能办齐所有学科，也不可能在所有学科领域都保持一流水平。尤其是地方高校，在教学资源有限、教育经费短缺的艰苦环境下，更应该充分发掘利用所有办学资源，走有自己特色的学科发展之路，将特色优势学科做大做强。当前，全国高校经过前一阶段的快速扩张，学科相似、专业雷同的现象比比皆是。面对这种形势，更要想方设法把自己的学科和专业办出特色，办成一流，努力做到"人无我有、人有我优、人优我特"。多年来，河北理工大学一直坚持"根植矿冶，积极拓展学科专业领域"的学科发展定位，依托矿业、冶金等优势学科，围绕矿冶这一主线，配套相关专业，使学科具有鲜明的特色，形成了区别于其他学校的特殊研究领域。

河北理工大学的冶金工程学科为硕士学位授权一级学科，所含的钢铁冶金、冶金物理化学、有色金属冶金二级学科为河北省唯一的硕士学位授权点，拥有国家级特色专业和省级本科教育创新高地。在长期的办学实践中，该学科主动适应地方经济社会发展和冶金及相关行业的需求，注重成果转化和技术应用，早在 20 世纪 70 年代就攻克了我国连铸工艺的诸多技术难关，80 年代完成了"钢的水平连铸"、"小方坯连铸工艺"等国家重大科研项目，曾荣获国家"三委一部"的嘉奖和冶金部科技进步特等奖。近年来，该学科将绿色生态和循环经济理念引入钢铁生产工艺改造之中，在冶金领域形成了冶金节能与资源优化、冶金过程热力学与动力学、凝固理论与铸坯质量控制、固体电解质的制备及应用、炼钢新技术与品种钢冶炼、有色金属提取及应用 6 个特色鲜明的研究方向。

矿业工程学科是河北省唯一的硕士学位授权一级学科，拥有国家级特色专业、省级重点发展学科、本科教育创新高地和省级重点实验室。该学科于 20 世纪 60 年代就承担了"符山铁矿地下开采"等国家重大科研课题，80 年代初完成了具有国际先进水平的"贫红铁矿选矿技术"等研究课题，曾获得国家"三委一部"奖励。多年来，该学科始终坚持"立足河北，服务行业"的学科定位，致力于学科前沿和矿山领域关键技术的研究与开发，形成了矿山岩石力学、矿区生态恢复与重建、矿山安全理论与技术、矿业城市与工程安全减灾、矿物加工与资源高效利用、矿物材料等 6 个特色鲜明、前景广阔的学科方向。在煤层赋存一氧化碳机理、矿山岩石受力灾变过程规律、尾矿库生态恢复机理及技术、采矿塌陷区土体修复关键技术、城市防灾技术、矿物制备及应用关键技术等学科前沿领域确立了重要学术地位，在国内外产生了较大影响。

依托矿冶两学科，学校积极拓展学科专业覆盖面。依托矿业学科相继发展了安全工程、环境工程、环境科学、交通工程、地理信息系统等与矿产开采密切相关的安全类、环境类专业；依托钢铁冶金专业按照大冶金综合发展的思路发展了金属材料加工、热能工程、材料成形与控制专业。这些专业与传统专业优势互补，资源共享，形成了"以老带新、以新促老"协调发展局面，构建了与地方经济社会发展紧密结合、特色鲜明的学科专业体系。正是由于学校在学科专业上所具有的其他高校

不可替代的特点,才在激烈的竞争中站稳了脚跟,获得了持续发展。

三、区域服务特色

地方高校在区域经济社会发展中也具有非常重要的地位和作用。初创时期,各地办学的目标和宗旨就非常明确:为地方经济和社会发展服务。当时,地方大学与地方之间的这种服务与被服务的关系被人通俗地称之为"地方大学地方办,地方大学为地方"。这一表述生动地阐明了地方大学与地方之间关系的本质:地方政府是地方大学的举办者,是办学资金的主要提供者;地方大学的办学目标则是为地方经济的发展提供服务,其根本任务是培养地方建设的所需人才;两者是互相促进、共同提高、一体化发展的。多年来,河北理工大学始终坚持"服务地方"的宗旨,紧密结合区域经济建设和社会发展的实际,以为区域和行业经济发展培养优质人才和科技服务为目标,形成了立足河北,面向全国,主动为环渤海、河北省特别是冀东经济区和唐山市经济社会发展服务的服务面向定位,为地方经济结构调整与社会可持续发展提供了大量的高素质人才和较强的科技支撑。

河北理工大学所处的河北省唐山市,是环渤海经济区、河北省冀东经济区和曹妃甸工业区的重要一极。当前,伴随着天津滨海新区的建设,环渤海经济区正在迅速崛起;河北省打造冀东经济区,建设曹妃甸科学发展示范区的战略部署也正在抓紧实施。为更好地为地方、区域经济社会发展服务,学校依据区域特色,建立了动态的教学计划机制,改革了教学内容和课程体系,创新了产学研发展模式,强化了实践性教学环节,使学校的学科专业更加适合区域的经济社会发展。2008 年,我校毕业生出现了供不应求的局面,相关专业毕业生一次签约率达 90% 以上。

学校注重发挥科技服务职能。与邯郸钢铁集团、唐山钢铁集团、宣化钢铁集团、开滦(集团)、冀东水泥集团等近百家大中型企业单位建立了长期紧密合作关系,成功转化科研项目 120 余项,累计创造经济效益近 10 亿元。学校教师进行了大量的社会服务、科学研究、教育、咨询、调研培训等活动,有上百人在唐山市人大、政协、民主党派和群众团体中任职,有近千人参加了唐山市专家服务团、采矿学会、冶金学会等学术团体。唐山市城乡一体化发展研究中心、唐山市院士工作站、中科院唐山发展研究院均设在河北理工大学,在唐山市目前组建的 15 个市级重点实验室中,河北理工大学便占有 10 个,学校对地方经济建设的支撑作用可见一斑。

四、人才培养特色

高校要在激烈的竞争中持续发展,其核心的竞争力在于人才培养是否满足社会需求。依据学校办学层次、办学水平及服务对象的实际需求，河北理工大学把应用创新型人才培养作为学校的人才培养特色品牌。应用创新型人才培养是以适应广大用人单位实际需要为导向的，既注重创新意识、创新能力、创新思维的培养，又重视实践动手能力的培养。相比综合性大学、多科性大学培养的学术型人才和科技型人才，应用创新型人才培养更强化实践能力和动手能力的培养，贴近基层，服务生产一线；相比高职高专培养的应用技能型人才，应用创新型人才具有更宽的知识结构和更强的自主学习能力，不仅具有胜任某种职业岗位的技能，更具有应用知识进行技术创新和技术二次开发的能力。这样的人才培养目标定位，使河北理工大学毕业生具备了“下得去、留得住、干得好、擅创新”的特点，凭借素质高、能力强、作风实、适应社会需求，具有创业、创新能力的优势，受到了用人单位一致好评。

近年来，河北理工大学学生在国际、国内各类竞赛中获奖励 400 余项，其中美国大学生数学建模竞赛、全国英语演讲比赛、全国电子设计竞赛等国际级、国家级奖励近百项。建校以来累计为国家培养输送 9 万多名毕业生，经过社会实践锻炼，他们当中涌现出著名经济学家胡鞍钢、国家煤液化技术首席科学家杜铭华、全国十大杰出青年丁立国等一大批高级学者和优秀管理、技术人才。河北省五大煤业集团、六大钢铁公司、大中型焦化企业的总（副）经理、总（副）工程师、矿长多数毕业于我校。经过半个多世纪的努力，河北理工大学已经发展成为河北省乃至华北地区能源、原材料、基础工业高素质应用型人才的重要培养基地，被誉为河北省矿、冶、化工、无机非金属材料行业总经理、总工程师的摇篮，为国家和河北省的经济建设和社会发展作出了突出贡献。

随着高等教育大众化水平的不断提高，高校毕业生也在以两位数的速度不断递增，人才供需矛盾正在发生这一系列本质性的变化，“大量”人才的需求，正在迅速让位于“优质”人才的需求。相信在未来激烈的竞争中，地方高校的办学特色必将是使其永远立于不败之地的发展之路。

对公安院校办学特色的探索与实践

——以湖北警官学院为例

赵志飞①

摘　要：在新形势下，湖北警官学院贯彻落实科学发展观，以姓“警”特色为导向，坚持“面向实战、贴近实际、务求实用”的教学培训特色，“立身做人、乐于服从、服务大众”的警察文化特色与“理念优先、设施优良、技能优秀”的警察体育特色，打造学校核心竞争力，以实现科学发展上水平。

关键词：公安院校；办学特色；探索；实践

一所大学的办学特色是影响学校地位和社会知名度的重要因素。特色反映质量，特色体现水平。纵观国内外，凡得到社会广泛认可的高校，都有自己的特色。当前，公安院校发展面临的机遇与挑战并存，危机和生机再现，在一定意义上讲，挑战大于机遇，危机多于生机。湖北警官学院坚持特色办学，推进科学发展，对解决自身改革发展所面对的问题方面进行了一些探索与实践。

一、作用的凸显：公安院校办学特色之必然

办学特色是学校赖以生存和发展的基础。公安院校办学特色是在办学过程中表现出来的独特的色彩、风格，既包括校园文化、校园群体价值观念和精神风貌，又包括所培养的学生的规格、质量、特点，同时还包括院务管理、师资队伍、办学模式、教育内容、教学方法、课程设置等方面内容。

（一）办学特色是构建“大教育、大培训”工作体系的坚实基础

纵观公安教育几十年的发展历程，由于强调政治建警，推行警务化管理，公安院校大多已形成十分鲜明的行业教育特点，学员在政治素质、警察意识、业务能力以及对公安工作的整体适应性等方面具有非常突出的优势，这已成为公安教育培训持续发展的成功经验，是公安部党委关于构建“大教育、大培训”工作体系的前提和基础。

① 赵志飞，湖北省公安厅党委委员，湖北警官学院党委书记、研究员，中南财经政法大学硕士生导师。

当前,为加强政法工作和政法干部队伍建设,维护国家长治久安,中央作出了在中西部地区和其他经济欠发达地区选择部分政法院校进行政法干警招录培养体制改革的重要部署,公安院校应主动调整重心,明确主业,逐步把加强警务专业教育教学和在职民警培训作为学校工作的中心,坚定招改的信心和决心,保证招改工作的顺利推进。同时,在进行招录体制改革的过程中,公安院校应坚持自己的办学特色,把特色与改革统一起来,在改革中凸显办学特色。

(二)办学特色是培养应用型、复合型与创新型公安专门人才的活力源泉

从人才成长的规律来,环境对人的素质发展影响至深,公安专门人才的成长需要创设特定的氛围,这种特定氛围即是育人的环境特色。从学员和老师的角度来说,学校特色是一种隐性课程,它对学员和老师的影响具有排异性、隐藏性、持久性、累积性,能够在不知不觉中直接或间接地作用于学员和老师的心灵深处,产生持久不灭的精神影响。从学校内部建设看,办学特色本身具有一种感召力,能够凝聚师生的上进心和创造力,有效地促进学校工作的整体优化,全面提高教育质量,增强学校的综合实力,进而促进学校树立良好的公众形象,使学校取得并巩固自己为他人所不能替代的地位。

(三)办学特色是公安院校发展中不适应问题的解决之道

当前,公安院校在发展过程中也存在一些突出的矛盾与问题,这要求进一步强化办学特色以解决。

(1)理论研究和实战需求紧密结合的现实要求与相对封闭的院校管理体制之间的矛盾——"公安人才交流的壁垒问题"。

公安理论研究必须依托现实公安工作,同时理论研究的成果应指导或服务于公安实际工作。但公安院校现行的人事管理体制,无法实现学校与实战部门的资源共享和人才流动。即使是公安部已出台了相关的警务人才双向交流机制,但具体落实起来也仍大多是短期性行为。应从政策上鼓励和支持公安实战部门与学校优秀人才的交流任用,这既使公安研究成果有了"试验田",又使公安实战经验有了"传播器",可双向促进公安工作更好地发展。

(2)学科专业的涉密性、特殊性与国家宏观的市场化人才培养选拔机制之间的矛盾——"公安专业学生就业难问题"。

一方面公安专业教学具有涉密性和特殊性,但另一方面公安院校被纳入整个市场化资源配置体系;一方面对学员进行警察意识培养和警察素质的构建,但另一方面又要求学员转变就业观念,适应市场化人才选拔机制;一方面公安院校培养的大量专业人才受编制所限严重积压,另一方面基层公安机关警力严重不足导致警务工作效率低下。矛盾的凸现对公安院校教育改革与强化办学特色的要求显得尤为迫切。

(3) 传统教学、培训模式与公安工作对人才知识结构要求之间的矛盾——“教学模式不适应公安实战需求的问题”。

传统公安教育培训注重理论性，而现代世界警察教育培训和中国现实公安工作要求注重实证性和可操作性，以往这种“重课堂教学，轻实战操作”的教学培养模式、教学内容模块设计已不能适应现实公安工作需要。相应的，有深厚理论功底但缺乏公安实际工作历练，对现实公安工作不了解的师资队伍也越来越不适应公安教育形势的需要。因此，加强教育教学模式的改革与转型是公安院校教育改革的重点。

(4) 生存发展压力与相对滞后的财务保障之间的矛盾——“教育保障机制不完善问题”。

公安院校建设发展要以科学发展观为指导，坚持“改革创新、质量特色”的内涵式可持续发展道路。但是，我国在高等教育大众化阶段对整个高等教育规模化效应的要求使得公安高等教育也必须紧跟形势，符合国民教育对高校评估的系列标准，规模的扩展对整个公安高等教育的发展起到了积极的作用，但相应滞后的公安教育保障却使得公安院校不得不“自谋生路”，从而引发了一系列次生问题。

二、体系的构建：公安院校办学特色之支柱

公安院校正处在机遇和挑战并存、困难和希望同在的十字路口，要在强校如林、百舸争流的高等教育蓬勃大潮中扬长避短，化解危机，抓住机会，发展壮大，就必须做到“人无我有，人有我特，避我所短，扬我所特，创新观念，打造特色”，靠特色来彰显优势，突破困局，提高质量，谋求超越。湖北警官学院从以下6个方面构建了办学特色支撑体系。

(一)“以警为主、服务公安”的学校定位特色

公安院校姓“警”。公安院校的名称本身已经决定了它在定位上的特色。要真正把“服务公安工作、服务公安现实斗争、服务公安队伍建设”作为公安院校的重要使命，只有与公安工作协调、同步甚至是优先发展，才是公安院校的唯一出路。根据这一特色，湖北警官学院强化以警务需求为导向的警察教育理念，自觉主动地贴近公安一线，瞄准公安需求，依托公安发展，支撑公安实战，突出公安行业特点，遵循高等教育规律，将此两者有机结合、积极探索，创建出“公安满意、社会满意、人民满意”的公安教育模式。从公安需求属性上，真正把湖北警官学院建成湖北省公安机关的“警务人才培养基地、警察实战训练基地、警学理论研究基地、警用科技开发基地、警务化管理示范基地”；而从高等教育属性上，则是力争逐步把湖北警官学院办成国内有影响的教学研究型、多科型公安院校，培养应用型、复合型、创新型

人才。

（二）"以人为本、三风熏陶"的校园文化特色

人是环境的产物，大学生能否成才与其所处的校园文化环境有着密切的关系。大学校园文化是一切以校园为主要空间，以校园精神为主要特征，在高校的各项活动中共同培育和营建，并通过理想信念、群体行为、生活方式、舆论氛围、校园环境等所蕴含、表达或体现出来的具有趋同性心理特征和价值取向的校园精神文化、制度文化和物质文化的总和。它具有整合大学资源、引导价值观念、传承文化成果、规范行为方式、熏陶师生员工、促进学校发展的重要功能和作用。每个大学的校园文化因其办学特色不同，也应形成适应各自学校的不同文化特色。

湖北警官学院的校园文化以"以人为本"为核心内涵，引申出"立身做人、乐于服从，服务大众"的"人·从·众"文化理念，这是落实"三个代表"重要思想在校园文化中的具体体现。"人"——立身做人，是对师生员工的基本素质要求，"从"——乐于服从，是对师生员工的职业纪律要求，"众"——服务大众，是对师生员工的从警宗旨要求。通过一系列全方位、大特色、高品位、多亮点的校园文化建设，进行舆论宣传、活动引导、环境熏陶和制度规范，将复杂的道理简单化、抽象的理念形象化、严肃的说教生动化，春风细雨，润物无声，让"德才兼备、文武双全"的校训深植于师生员工的心田，让清新健康的"师风、学风、校风"在校园内外蔚然成风，让独具特色的湖北警官学院校园文化真正起到励志警人、养心育人的巨大作用。

（三）"以实为要、需求引导"的教学科研特色

"面向实战，贴近实际，务求实用"的"三实"特色，是湖北警官学院以需求为导向进行教学、科研改革的基本原则。

一是在课程设置上求实。要克服与普通高校趋同的现象，有所为有所不为。按照公安工作的实际需求和学校的专业优势，干什么学什么，缺什么补什么，并聚焦强势领域和专业，力争打造若干在全国同类院校中叫得响的优质精品课程和特色专业。

二是在教学模式上求实。重点是培养学员的学习能力和动手能力，减少和改革传统的书斋式课堂教学模式，多采用案例式、问题式、现场式、情景式、模拟式、启发式、互动式等生动活泼、学员喜闻乐见的教学方式，尽可能激发学员们的学习兴趣和钻研热情，提高学习效率和质量。

三是在科技实验上求实。首先改革实验中心运行方式，使学员们真正把实验中心作为提高动手能力的第二课堂；其次要围绕公安实战部门需求，主动为他们提供科研、办案及各种情报信息资源的服务；再次要与公安实战部门组建科研团队，如建好李昌钰工作室和部、省重点实验室，打造国内有较高水准的实验中心和司法

鉴定中心。

四是在课题研究上求实。到一线找课题,和一线做课题,回一线检验课题。真正提高学校研究课题的原创性和实用性,最大限度地发挥研究课题的社会效益和业务效益。

(四)“以德为先、重在激励”的师资建设特色

“三风”(师风、学风、校风)建设,师风为先! 教师是高校最宝贵的资本。“以德为先、重在激励”的师资建设,是湖北警官学院的又一办学特色。此特色在强化教师队伍的“四个意识”上得以充分体现。

一是强化警察意识。很难设想连警容风纪都不能以身作则、对公安工作特别是当代警务一问三不知的人会培养出好警察。因此湖北警官学院要求老师必须带头进行警务化训练管理,并实行与基层公安机关有计划交流和全员参与警务实践相结合的“三基工程”(下基层、打基础、苦练基本功)。

二是强化师德意识。大学要有大师大楼,更要有大德大爱。湖北警官学院的做法主要体现在对学员教学、管理的敬业爱生上,扎扎实实开展好身边对典型的学习活动。

三是强化危机意识。当前,学校的相对机遇、优势不少,但相对危机、劣势也很多。如果以教师为主体的教职员工不能与学校同忧乐、共荣辱、安本位、谋事业。

四是强化竞争意识。竞争是大至国家民族小至团队个人奋发向上的原动力。要建立和完善一系列适应高等教育规律、真正科学配套的教师激励机制。湖北警官学院正通过教学质量考评办法、教师绩效计酬办法、学员评教办法、优师名师考评办法以及鼓励师资深造办法等,以精神和物质的强激励、强配置,建设一支高素质的公安院校教师队伍。

(五)“警务化、创新性、复合型”的学员培养特色

大学生是高等院校的第一产品和终极产品,也是评价一所学校优劣的主要观察目标。高校一切工作,必须围绕“以培养高素质大学生”的终极目标来展开。因此,湖北警官学院以严格的警察职业标准,对公安专业学员进行了充分有效的“警务化、创新性、复合型”综合培养。

“警务化”就是一切言行举止和日常生活的准军事化。警务化培养就是要通过对学员进行严格的警务化教学、训练和管理,培养学员坚定的政治方向、严明的组织纪律、完备的警务知识、基本的职业技能、积极的团队精神以及非凡的毅力情商,使其初步具备做一个合格警务人员和其他方面人才所必须具备的各种优秀素质。

“创新性”就是追求更高境界发展的思想和物质的创造和突破。创新性培养就是要通过对学员进行创新性意识和思维方式的教育训练,培养学员的创新意识、创新思维、创新技能、创新情感和创新人格，使其变得更善于思考，更有追求的理想和深刻的洞察力，不断探索产生创新的观点和思路，成为在任何领域都是更完善、更能成功的人。

"复合型"就是人的多种知识、能力和才艺的同时具备。复合型培养就是要根据学员的特点，开展丰富多彩的学术、人文和体育、艺术的各种活动，鼓励学员拓宽知识视野，突破专业局限，丰富自己的知识积累，力争做到对世界上的任何事情都不陌生，以适应未来社会对人才综合素质的多元需求。

（六）"制度化、透明性、服务型"的校务管理特色

科学、严谨、高效、亲和的校务管理是建设现代和谐高校必须具备的基本条件，是保证学校既定目标得以全面实现的重要保证。因此，湖北警官学院的校务管理充分体现了"制度化、透明性、服务型"的三大基本要求。

"制度化"就是对学校的各种内部管理工作都要做到有章可循、有文可依。要按照"有用、有效、先进"的原则逐一制定和完善学校的工作目标管理、人事分配管理、财务后勤管理、教学科研管理、校园文化管理等各项制度规范，并公诸全院。同时建立严格的检查反馈监督机制以保证落实，实现真正意义上的学校工作规范化和标准化管理。

"透明性"就是使学校的一切管理工作都"公平、公正、公开"，以提高校务管理工作的透明度和合理性。尤其是在涉及师生员工切身利益和制定、实施分层次、评档次的竞争激励措施时，更要全方位"阳光操作"，既激励竞争、效率优先，又兼顾公平、促进和谐。

"服务型"是定义一切校务管理工作的重要内涵和标准。所有行政后勤管理部门及其所属工作人员都要围绕"以科研为先导、以教学为中心、以教师为主体、以育人为目的"展开全方位服务效率和质量的承诺和竞赛，并通过全体师生和相关部门的评议、监督，严格考核，奖优罚劣。

三、功能的扩展：公安院校办学特色之延伸

实践证明，公安院校只有坚持办学特色，并不断深化，才能统领全局，抓好各项工作。

（一）围绕特色抓学科专业建设

公安院校应按照"人无我有，人有我优，人优我特"的原则，寻找特色发展方向，科学定位，制定并不断完善整体学科专业发展规划。同时，公安院校还应抓住当前公安工作的热点和难点，立足实际，服务公安实战需求，积极调整学科专业布局，强化优势学科，拓展新兴学科，努力搭建学科专业建设的创新平台，发挥重点学

科的示范带头作用，推动特色学科体系的构建。

目前，湖北警官学院正以省级重点学科"诉讼法学"、立项建设硕士点"诉讼法学"、"行政管理"学科建设和国家级特色专业建设点"侦查学"专业以及"侦查学"、"治安学"、"刑事科学技术"省级品牌专业建设为重点，不断加强公安专业建设。为适应处置公共危机事件的应急警务需要，提高公安机关和人民警察的临战处置能力，培养应用型、复合型的公安专门人才，湖北警官学院举全校之力创建了"警察临战"新型警察学科，建设了开展警察临战教学训练的29个实战训练点，进行了一系列警察临战的研究、教学和培训，受到公安实战部门的普遍欢迎。

（二）围绕特色抓教学培训质量

公安院校应全面推行并不断完善教学质量管理办法和评价体系，加强教学督导、督察，进一步规范教学秩序，创新教学方法，更好地发挥系部在教学和教学管理中的实体作用以及教研室的基础作用。公安院校还应进一步加强实践教学环节，加强实践教学基地建设，规范教学实践环节，提高学员的实践能力，推进教学训练方式改革。

当前湖北警官学院积极整合教育资源，改善培训条件，努力建设好湖北省政法干部和公安基层所队长培训基地，完成好省公安厅机关干部主体培训和全省公安派出所长培训等在职民警培训任务；同时，围绕公安中心工作和一线需求，组织进行专题立项、调研，大力推行在职民警培训专题教学，把提高教学培训质量做深做透。

（三）围绕特色抓师资队伍建设

公安院校应制定并完善学校岗位设置实施方案，加强干部队伍建设；稳步推行人事分配制度改革，节约人力成本，盘活人力资源，完善以岗位管理为基础的人事制度和以绩效奖惩为目的的分配制度，最大限度地调动教职工参与学校建设的积极性。进一步加强和改进师德师风建设，净化学术风气；大力推行教师下派和选聘教官的双向交流制度，加强"双师型"教官的培养培训工作，落实教官到基层公安机关参与警务实践的制度，继续开展教师下基层警务实践活动，及时总结经验，推广典型，把提高队伍素质和能力做专做精。

（四）围绕特色抓警务化管理

公安院校应深入推进中国特色社会主义理论体系进教材、进课堂、进学员头脑，深入开展世情、国情和社情教育，进一步改进和加强学员思想政治教育工作，进一步加强警务化管理，严格养成教育，强化警察意识。公安院校还应重视和加强学员心理健康教育，有针对性地开展心理健康咨询辅导工作，注意人文关怀和心理疏导，不断提高学员思想政治素养和自我教育、自我管理、自我评价、自我约束、自我发展的能力，不断创新学员工作机制，实现常规工作规范有序、重点工作突出有力、创新工作鲜明有效的工作目标。同时，紧紧围绕培养“应用型、复合型、创新型”公安专门人才的目标，把严格警务化管理做稳做严。

(五) 围绕特色抓服务保障水平

只有科学有效的服务保障才能达到人力、物力、财力等资源的最佳配置和最大效用。公安院校要不断完善各项管理制度和具体操作规程，加大管理体制和运行机制的改革，推进管理重心下移，科学治校、民主治校、依法治校，加强督办、督察和统筹协调，保证政令、警令畅通；完善学校规章制度体系，把提高服务保障水平做细做实。

目前，湖北警官学院虽然已经形成了较为明显的姓“警”特色和一定的优势，但与居于国内外领先地位的警察院校还有一定距离。建设一流的警官学院，为湖北经济社会全面发展培养、培训更多的“应用型、复合型、创新型”公安专门人才，是一个长期、艰巨的过程。以“服务公安工作需求，提高教育训练水平，创建一流警官学院”为主题的深入学习实践科学发展观活动要求我们紧紧抓住历史机遇，以学科建设为龙头，抓住师资队伍建设这个关键，在强化姓“警”特色上寻求突破，努力创建和谐警院，早日实现创建一流警官学院的奋斗目标。

知名高校异地分校区的可持续发展瓶颈探析

杨东霞　唐安阳[①]

摘　要：知名高校在异地办重点大学性质的分校区的工作已获得了较大发展，取得了较好成绩，但也存在一些特有问题，可持续发展存在瓶颈：资金渠道不畅，投入没有保障，共建关系尚需理顺，管理体制有待于进一步探索。解决这类学校可持续发展的瓶颈问题，需要国家、地方、校本部三方共同重视和支持，进行三方共建。国家应将其真正列入国民教育体系的大视野中去，按照国家重点大学来建设，并寻求合适的共建管理体制，充分调动三方积极性，真正做到各负其责，合作共建。

关键词：知名高校；异地办学；可持续发展；瓶颈

重点高校异地办学是我国高等教育大发展过程中出现的一个引人注目的现象，也曾引起过不少争议。笔者近年在这方面做了一些思考和探讨，撰写过相关论文，主要是集中探讨重点高校异地办学的发展途径、其特殊性带来的在和谐校园建设中面临的任务以及质量建设、学科特色发展等。在以上思考中里，笔者主要是从正面总结其发展中积累的经验，探寻学校发展和某个方面工作具体运行的途径等，本篇将主要针对其发展过程中存在的问题及可持续发展的瓶颈进行初步的探讨。

首先界定一下本文探讨的对象：知名高校在异地承办的重点大学性质的分校区——目前，在重点高校的异地办学中存在不同的形式，大致可分为以下几种类型：一是也是一本生源的重点大学；二是独立学院类的三本学校或专科学校；三是与企业合作程度较高的研究生院；四是预科或部分年级在校的培养基地。本文探讨的对象为第一类，即异地办学的分校或校区也是完全遵循校本部招生、培养计划的一本重点高校。这类学校先后创建有山东大学威海分校、哈尔滨工业大学（威海）、东北大学秦皇岛分校等。

---

① 杨东霞，哈尔滨工业大学（威海）人文学院副教授；唐安阳，哈尔滨工业大学（威海）党委常务副书记、教授。

一、知名高校在异地办重点大学性质分校区的必然性和贡献

重点高校异地办学是在改革开放的时代背景下,应大力发展高等教育的社会需求而产生的教育新成果。1983 年 4 月,国务院批转了教育部和国家计委《关于加快发展高等教育的报告》,提出要采取有力措施,尽快扭转我国高等教育与国民经济和社会发展不适应的局面,多层次、多规格、多形式地加快高等教育发展,从此掀开了我国高等教育发展新的一页。正是在这样的大背景下,1984 年,山东大学威海分校建立,1985 年,哈尔滨工业大学与威海市签订了创建分校的协议,1987 年东北大学也在秦皇岛创建了分校。它们具有共同的特点:都属于知名高校借改革开放机遇跨区域办学,是与地方共建的教育新成果。校本部都是全国知名的进入"211","985"的重点高校;分校所在地都经济发达、发展迅速但高等教育资源相对欠缺的沿海城市;分校都是从专科起步经过短暂的过渡发展为以一批录取本科生培养为主,集硕士、博士研究生教育为一体的多学科、多层次教育的重点大学,是校本部的有机组成部分;未来长远发展的目标都是和校本部整体一道朝着国内外知名高水平大学的目标迈进。

回顾其创建和发展的历史,可以得出创建这类大学的必然性:重点高校异地办学顺应的是时代发展的需要。一方面,新兴城市的经济发展和综合实力急需高水平大学的加盟,另一方面,主校区处于各省中心城市的重点高校也在寻求自己新的发展空间。经过 20 余年的不懈努力,尤其是进入新世纪以来,这三所大学开始了跨越式发展,各方面工作取得了喜人的成绩。各校均为多学科性特点,全日制统招在校生都为万人左右,山东大学分校达到了 14 000 余人。各校均已形成了培养博士生、硕士生、本科生、留学生等多层次人才的教育体系,为国家和地方培养了大量人才,培养质量也得到较广泛的认可,为地方经济、文化的发展和我国高等教育发展作出了有目共睹的贡献。此外,通过发展积累了一些办学经验:知名高校异地办重点大学校区,必须坚持与校本部同根、同源、同文化,继承校本部的办学传统和文化,充分用好校本部的无形资产,共享校本部的学科优势和师资优势,建立自己的高水平师资队伍,突出自己的学科特色,与校本部学科互补;坚持"一个大学"的管理理念,保持分校区与校本部办学长远目标和层次的同一性;努力为区域经济发展服务,以贡献寻求地方支持;在一个大学的管理理念下,校本部给分校区充分的自主权;异地校区对自己要高标准、严要求,保证育人质量,以实力和成果取得支持和认可,要抢抓机遇,积极主动地拓展自己的生存空间。尤其难能可贵的是,这几所学校在艰难发展过程中,在继承和发扬校本部优秀的办学传统和大学文化的同时还形成和凝聚了一种自力更生、主动出击、奋发图强的开拓进取精神。

总之,这一类学校有着自己明显的办学优势,是知名高校和沿海城市两种优质资源的有效利用,比起重新办一所地方大学,它在人力资源上、在办学理念上、在学校的传统和文化上、在办学层次上都可以保持高起点、快发展,为中国的高等教育事业、地方的高等教育发展以及人才培养作出了自己的贡献。

然而,这类高校在发展中也存在不少问题,尤其在可持续发展方面遇到了一些特有的困难,存在着制约下一步发展的瓶颈。

二、存在的主要问题和可持续发展瓶颈

(一) 总体实力与校本部有差距

虽然这类学校在20余年的发展中已经获得了喜人的成绩,但毋庸讳言,在整体的科研实力、学科建设、师资队伍、硬件条件上还是与校本部有一定的差距。首先是因为时间的局限,毕竟校本部都是近百年的老校,各方面积淀深厚;其次是目前发展所获得的各方面支持还很有限,硬件条件也有较大差异,异地办学的分校区面临着一些特有的困难。

(二) 管理体制不顺,分校区处境尴尬

从总体来看,共建大学在管理体制上不是很通畅,面对与地方共建的分校,人们常常搞不清:谁是共建大学的办学主体?办学主体应负什么责任?其他相关方负什么责任?这一切若尚未理清,就有许多难以解决的矛盾。比如说,分校区是校本部的有机组成部分,而众所周知,知名大学有着自己被社会公认的、独特的、优良的办学传统和文化,有着在教学运作中创立的行之有效的管理方式、方法和模式,有着教学科研的实力和精神底蕴,那么分校区的这一切由大学负责没有问题。但基本建设投资、教学设施等硬件投资谁来负责?我国的知名重点高校都是公益性质的大学,除学费和科研经费以外没有额外的收入,那么,靠一个重点大学来办另一个重点大学,在资金上肯定是没有保障的。

学籍现在大都是属地管理,山东大学分校本身不存在问题,因为校本部就在山东。2004年,哈尔滨工业大学(威海)也将学生学籍管理从黑龙江省转到山东省,摆脱了异地办学与高等教育区域化管理的矛盾。学籍管理转移后学校是校本部一个校区的事实没有改变,但在省内就可以算作一个相对独立的部属院校,就应该可以在省里争取各项政策,申请各项基金以及投资项目,这将对学校的可持续发展产生较大影响。学生工作方面有一些内容也可以纳入到山东省的管理体系,国家助学贷款得到了彻底解决,使国家和地方给学生的利益和优惠政策得以落实。但在具体运行中,依然存在不少问题,知名大学的分校区并没有真正地融入地方,所属地也并不会把它完全看做自己的学校。比如,分校区的一些学科被评为省重点学

科,但省里不可能给该学科建设以资金支持,因为教育经费紧张,连省属大学都在互相竞争,更何况一个不属于本省的学校呢?又如分校区可以参加各种评奖,但评委组里很难有分校区的人,大家对这个异地办学的分校区还是有隔膜的,并不十分了解。

另外,由于分校区的特殊性,在所在省的地位和其他部属院校也是不完全一样的,所在省并不会真正将其看做是相对独立大学。而作为一个名校的分校区,我们在这三个学校校本部的网页上会发现,其中两个是在院系一栏里找到的。其实,不论从师生数量还是专业数量以及运行模式来看,分校区显然并不能与校本部的学院画等号。

从学校级别和干部任命来看:这三个分校区的级别基本上都算做副厅级单位,山东大学威海分校的书记、校长是由山东大学的副书记、副校长兼任的,哈尔滨工业大学(威海)和东北大学秦皇岛分校有自己的专任校长、书记,由校本部派任,级别待遇一般为副厅级(也有个别为正厅级干部待遇)。1991 年 6 月,航空航天工业部曾在〔航计 1991〕0889 号文件中确定哈尔滨工业大学威海分校为副厅级单位,但归属国防科工委和公信部以后却还未得到确认。三校的副校长级别则一般均为正处级,他们的处境往往比较特殊,既很少有与社会交流工作岗位的机会,也缺乏进一步发展的空间,被卡在这个职务上,很难有进一步发展的途径,而且有些学校的副校级与自己的下属——各院系部处的正职同为一个行政级别,因为各院系部处的正职在有的分校是副处级,在有的校区是正处级;这些中层领导有的是由分校考查,总校任命,有的是由分校区直接任免,校本部备案。本来高校没有必要如此讲究行政级别,但在目前我国高校管理仍然比较行政化的现实中,干部级别的不清不楚也会造成分校区在对外交流联络时的尴尬处境。

(三)“分校”校名招来误解,本部与分校师生存在一定隔膜

从毕业证和学位证来看,哈尔滨工业大学(威海)即使在改名之前(2002 年前为哈尔滨工业大学威海分校),毕业证、学位证都一直是和校本部完全相同的,这也是能够吸引好的生源和学校引以为自豪的地方,从这一点来看,更强调了异地办学的是本部的一个校区。山东大学威海分校从 2009 年开始毕业证也和总校完全相同,这也是多少年来学生们盼望的结果。东北大学秦皇岛分校这方面也正在争取中。究其原因,就是因为“分校”二字曾经给这些学校带来过不少误解和歧视:社会上许多人把分校和“二级学院”、“录取分数很低”是画等号的,以为这类大学也是校本部和地方企业合作办学招收三本或专科的“独立学院”。如在网上经常会看到诸如此类的发帖:“ ××大学的软件学院是二级学院么?就是像分校那样,招生分数不高的”、“全国只有哪些大学没有搞二级学院啊(就是分校啦)”等,个别用人单位一看到分校字样,就会想当然地认为学生质量肯定不如本校,而不是客观地

去考察毕业生的实际能力，这自然会让同为一本招生的分校区学生感到十分无奈。有的人会认为：分校单独招生，分数往往会比校本部低，但事实上并不是所有的专业和所有的年份都如此，其实，有些专业在某些省份的招生分数有时也有超过校本部的。而且，分校区在本科生教育方面下的工夫会更大，教授上本科生讲台几乎是百分之百，相应的教育质量方面也是完全有保证的。

校本部师生与分校师生之间也容易存在不同程度的隔膜，由于地域的距离问题，校本部和分校区教师尤其是学生之间大规模或大范围、经常性的交流是不可能的。出于根本性的需要，分校区会从师生进校开始就进行关于校本部各方面文化、传统、成就的教育和宣传，一些相关学科之间或教师之间也有合作，但对于大部分校本部的学生来说，对分校区的情况并不清楚，相互之间缺乏更多的沟通和深入的了解，容易使两者之间产生不同程度的隔膜。

（四）办学经费不足，可持续发展资金严重短缺

在存在的问题里，最关键的是资金问题，投资渠道体制不畅是资金问题的缘由，而投资渠道的不畅也是由管理体制不顺造成的。

高等教育是一项需要巨大资金投入的事业，教育经费是高等教育发展必不可少的物质保障，直接影响着教育质量的提升和可持续发展。由于近年来高等教育办学成本递增，扩招又直接带来国家投入的相对减少，面对发展带来的财政压力，政府大量持续的拨款希望不大，校友或慈善捐赠只能是杯水车薪，而近年来学费已经涨到现实所能接受的极限，所以，银行贷款成了许多高校发展的主要资金来源。然而，贷款一方面给高校带来了日益增长的国有固定资产，一方面也使高校背上了沉重的债务负担。据2005年《经济要情》中的一篇名为《大学经济破产走上不归路》的文章透露，目前，全国90%的公立大学纷纷陷入财务危机。那么作为在异地办学的分校，校本部的硬件设施是无法共享的，若再按一个学院来投资和建设的话，那资金的短缺更是可想而知的。

这三个学校的资金来源主要靠财政拨款和学费收入，再加上有限的科研经费。其中山东大学威海分校与东北大学秦皇岛分校在教育部那里是投资计划单列，通过总校转下来。哈尔滨工业大学（威海）没有单列，由校本部划拨。三校财政拨款这一块都主要只有事业费，就是按照每招一个学生国家主管部门补贴多少钱的政策，这个是可以保障的，再一个就是学费收入，而其他的专项经费是没有保障的。由于学科发展有限，国家给“211”，“985”学校投入的学科建设费等单项费用分校区是很难享有的，人才引进等方面的经费更没有着落。占有较大比例的基础建设费原来都一直没有拨款，近一两年来，各校才开始以专项申请得到一点建设修缮费用，可硬件还是不能完全满足学校迅速发展的需要。分校区仅靠人头费和学费来解决学校的可持续发展，显然是远远不够的。而之所以能够运转，还是由于历史短,包袱轻,离退休人员少,后勤和机关尽量压缩人员之故,所以办学效率高。对于其中贷款较多的学校来说,拿出省下来的这部分钱可以还利息,但原贷款的本却往往只能是以贷还贷。而这些欠缺如果再以贷款来解决,学校将不堪重负,搞不好就要牺牲教育质量。因为经费的短缺,会造成师资不足,而教师全部满负荷工作量用在教学上,科研就势必受到影响,科研上不去的话,不但学校经费中重要的一块——科研经费就少,而且直接影响学校向高水平大学迈进的步伐。

(五)宣传力度不够,学校的社会影响相对较小

相比较而言,由于经费有限,这类学校的对外宣传力度就不够,社会影响相对比较小。因为对外宣传工作往往也需要较大的投入,如校内电视、报纸、网络的建设,校外与媒体之间的沟通和联络等都是需要投资的,而对于资金本来就比较紧缺的分校区来说,有限的资金一定也必须要投到最关键的教学工作需要上,对外宣传这样的"虚"的工作就很难得到重视。

总而言之,我们认为制约这类学校可持续发展的瓶颈是:在共建过程中,上级主管部门、校本部、地方三方关系没有理顺,管理体制有待进一步的探索,资金渠道不畅,投入没有保障,使得人才引进、学科发展、科研水平的提高等都难以持续发展。

三、对策及建议

知名高校在异地办重点大学分校区由于其特殊性无疑会有许多困难,所以存在以上问题是必然的,因为当年的异地办学在国内毕竟也是一种摸着石头过河的改革创新。现在来看,河过了20多年了,这三艘乘改革开放之风扬帆起航,在异地办学逆水行舟的年轻船只不断地确定新目标,调整新航线,寻找新能源,补充新动力,乘风破浪,已行千里,正在朝着未来前行,正如"开弓没有回头箭"一样,既回头无岸也完全没有必要回头,因为毕竟已形成规模,有一定的声誉,取得了不小的成绩,得到了家长、学生和用人单位的认可,为国家和地方培养了大批的人才。应该如何对待这一类学校?我们认为上级主管部门、校本部、地方政府各方要从认识上重视起来,积极面对现实,多方面统一认识,应该从一切为了它的健康发展角度出发,共同努力,以负责的态度合作共建。

(1)国家应大力支持这三所创建20余年而且办学已经取得较大成果的分校区,把它真正列入国民教育体系的大视野中去,按照国家重点大学来投资,从政策上、资金上给予有序、持续的支持,保证其日常运转的各种费用。

(2)国家主管部门要真正重视其未来的发展前景,面对现实,组织人力对其存在的问题和发展瓶颈进行深入调研和探讨,结合已有实践,总结经验教训,借鉴国

外相关案例和我国高等教育政策，从理论上进行探索，破解这类学校的发展瓶颈，寻找真正的可持续发展途径。

(3) 作为属地，所在省份应该把在自己地方上办学的分校区看做相对独立的学校，看成是自己的学校，给予同省内其他部属院校相应的待遇，支持力度更大一些，不仅仅是资金方面，其他方面的政策也很重要，并将其看做自己的异地办学原来的共建方是省里的下属地级市。它们在学校的校园规划、建设、土地征用、拆迁及基础设施配套等方面，已经给了学校大力的支持，帮助协调和解决过许多困难和问题。如果要求继续大量的支持也是不现实的，毕竟一个地级市的财力和对教育政策的掌控权是有限的。

(4) 作为校本部，应该积极努力把分校区列入正式的发展规划中，真正把它看做自己发展中的主要部分，积极争取省部的支持，促进三方共建。

(5) 必须创新管理体制，理顺合作共建关系。

要彻底解决这类学校可持续发展的瓶颈问题，需要国家、地方、校本部三方的共同重视和支持，由国家主管部门、校本部和所在省三方共建。但共建各方都会有自己的难处，如由一个重点大学来办一个重点大学是很难的，其有的只是无形资产，能给的也只有这些。再如一个省，它自己所属的地方大学也都需要支持，孰轻孰重，各省自然心里有数。所以还要就办学体制方面进行深入的探讨，寻找合适的共建管理体制，充分调动三方的积极性，使得三方能够积极合作共建，各负其责。而分校区的行政级别及校级领导干部管理体制也有待于进一步理顺。

总之，面对知名高校在异地办的重点大学性质的分校区这样一个独特的存在，国家、地方和校本部都应该有一些特殊政策的支持。

参考文献：

[1] 邢志杰. 中国大学异地办学的发展与问题研究. 现代大学教育,2005(3).

[2] 王国均. 美国多校区大学研究及其启示. 比较教育研究,2002(2).

[3] 山东大学威海分校二十年志. 济南:山东大学出版社,2004.

[4] 哈尔滨工业大学(威海)校史.

[5] 东北大学秦皇岛分校简介. 东北大学秦皇岛分校校园网站,http://www.neuq. edu. cn/index/index/html.

网络环境下高等教育课程资源开放共享平台分析研究

张　虹[①]

摘　要：本文对当前主要的开放课程资源平台进行了介绍，并从课程开发主体、所有者性质、运行机制、课程开发、课程应用与课程评价角度进行了对比分析，以期为今后我国高校课程资源平台的开放共享提供借鉴。

关键词：高等教育；课程资源；开放共享；平台

教育质量是高等教育发展的生命线，而提高课程质量、建设优质课程资源是提高高等教育质量的重要手段。在信息化社会，依托计算机技术、网络技术等先进技术，实现本国乃至全球优质课程资源的共享，进而推动高等教育质量提升，已成为各国大学的共同追求。以 MIT OCW（MIT Open Course Ware，开放式课程网页计划）为代表的课程共享运动就是在这样的背景下发展起来的，并从此引领了全球优质课程资源实现网络共享的浪潮。

一、开放课程资源平台简介

1. MIT OCW 简介

2001 年 4 月 4 日，麻省理工学院（MIT）院长查理斯·韦斯特对外宣布 MIT 计划在 10 年内将本科生和研究生全部的课程资料上网（约 2 000 门），供全世界的人们免费使用，由此揭开了 MIT OCW 的序幕，也为世界范围内高等教育课程资源开放共享开了先河。

MIT OCW 提供的内容包括教学大纲、教学日程、课程讲义、实验、阅读资料、作业、专题、相关资源、讨论小组、考试以及课程视频、音频等。世界各地的学习者都可以直接登陆开放式课程网页，只要遵守“创作共享”的理念，注明出处和作者、用于非商业用途、同样与人共享，就可以自由取用相关资源，包括免费下载、使用、更改。至今，MIT 公开课程已达 1 900 多门，涉及建筑与规划学院，工程学院，人文、艺

---

① 张虹，国家教育行政学院教育行政教研部讲师。

术与社会科学院，史隆管理学院，理学院，怀泰克健康科学与科技学院等院系所的30多个学科。

MIT OCW在世界范围内引起了广泛反响，并卓有成效。随后，美国的约翰霍普金斯大学、犹他州立大学，日本的东京大学、京都大学等都纷纷推出了各自的开放课程。同时，在MIT OCW引领下，2005年，麻省理工学院、犹他州立大学、约翰霍普金斯大学、中国开放教育资源协会等约20个致力于课程资源开放共享的大学、组织、基金会联合成立了开放课程联盟（OCW Consortium）。2006年，其门户网站正式发布，通过为世界各地提供课程资源的"使用、共享、支持"等方面的服务，来推进世界范围内的高等教育资源的开放共享。目前，已经有35个国家的200多个大学、机构、协会等参与其中。

2. 中国台湾OOPS简介

OOPS（Opensource Opencourseware Prototype System）即开放式课程计划，是在奇幻基金会（由《魔戒》*The Lord of the Rings Trilogy*中文版译者朱学恒成立，其主要宗旨是为鼓励创意及知识分享）之下执行的一个计划。它起源于一个"将麻省理工学院开放式课程计划翻译成中文，以便与更多中文使用者分享"的想法。2004年底，OOPS与麻省理工学院签订了正式的合作协议书，成为全世界第三个与其建立合作关系的合作伙伴。截至2009年4月，OOPS的麻省理工学院开放式课程已经与MIT同步到1 100门，并且即将完成今年第二次同步，已翻译完成和正在翻译的课程达到998门。目前OOPS中文化的网页包括了麻省理工学院、约翰霍普金斯大学、犹他大学及日本开放式课程联盟等大学与机构的内容。OOPS在执行上几乎是以零预算的方式进行，所有的翻译、校对、网页架设都由义工完成，目前，已经形成由世界各国数千人组成的庞大的义工团队。

3. 中国大陆国家精品课程建设项目简介

2003年，我国大陆启动精品课程建设项目，目的是建设具有一流教师队伍、一流教学内容、一流教学方法、一流教材、一流教学管理等特点的示范性课程。国家精品课程采用学校先行建设，省、自治区、直辖市择优推荐，教育部组织评审，授予荣誉称号，后补助建设经费的方式进行。国家精品课程依托国家精品课程资源网（www. jingpinke. com）集中展示，全国高校依照"资源共建、成果共用、信息共通、效益共享"的原则进行合作建设和资源共享。从2003年至2008年，教育部已批准国家精品课程2 467门。其中，普通本科课程1 675门、高职高专课程614门、网络课程99门、军队（含武警）课程79门。通过国家精品课程建设带动起省级精品课程1万多门，北京、河北、安徽、江苏、湖北、黑龙江等省、市先后建立了省级精品课程建设与资源共享专题网站，很多高校也建立了专门的精品课程网站。

4. 中国大陆 CORE 简介

CORE 是中国开放教育资源协会(China Open Resources for Education)的简称,是在国际教育资源共享运动潮流的推动下诞生的,致力于推广应用开放教育资源,成员包括部分中国大学及全国省级广播电视大学,成立于2003年10月,非盈利机构。CORE 引进以美国麻省理工学院为代表的国外大学的优秀课件、先进教学技术、教学手段等资源,并应用于中国的教学中,同时将中国高校的优秀课件与文化精品推向世界,旨在搭建一个国际教育资源交流与共享的平台。

二、开放课程资源平台分析

1. 课程开发主体

按照是否是开放课程的开发主体,我们将上述开放课程资源共享平台分为自主开发式、委托开发式或依托式。所谓自主开发式,就是组织自已的团队进行开放课程的开发、管理、维护、更新,团队成员或团队对所开发课程拥有所有权或相关权益,如麻省理工学院的开放课程或其他国外高等院校的开放课程都属于自主开发式。委托开发式,是指组织自身不承担课程开发任务,而是有偿或变相有偿委托其他多个单位或组织,如高等院校等来承担开发任务,该组织负责组织、协调、应用推广等工作,我国的精品课程资源平台则属此类,精品课程由各开发单位发布,该网站提供链接或镜像。依托式即自身并不承担课程开发及与课程开发相关的组织、协调工作,而是经授权直接引用或翻译其他单位或组织开发的课程,通过镜像或链接等技术手段在自身平台进行集中展示,如我国台湾的 OOPS 及大陆的 CORE。

2. 所有者性质

按照开放课程平台所有者性质不同,我们将其分为政府组织行为与民间志愿组织行为。我国的精品课程建设项目、国外各大学的开放课程都是典型的政府或组织推动行为。精品课程在建设方式上,由各高等院校自行组织建设,经教育部专家组评审后,进行课程开发的经费补助并授予荣誉称号,因此自始至终都是政府或组织引导下的行为。国外各大学的开放课程也属此类,以 MIT OCW 为例,在 MIT 决定实施开放课程项目后,其争取到了 William 和 Flora Hewlett 基金会、Andrew W · Mellon基金会的支持, MIT 教育技术委员会承担了全校开放课程的设计、开发与管理,全校教师自愿报名。MIT 在初期为参与教师提供象征性的经费资助,在得到全校教师的积极响应后,对后继课程不再提供资助,相对于教师而言,这项工作完全转变为无偿自愿行为。

我国台湾的 OOPS 与大陆的 CORE 属于民间志愿组织行为。OOPS 由来自中国台湾省的《魔戒》译者、奇幻基金会执行长朱学恒倡导建立,号召了来自世界各

地的义工,以前所未有的新义工模式将麻省理工学院等世界一流大学的开放式课程翻译成中文。OOPS 从 2004 年发起至今,影响逐步增大,在朱学恒先生的推动下,OOPS 也不断得到外界的资助。

大陆的 CORE 是在国际教育资源共享运动潮流推动下诞生的。2003 年 9 月,国际工程技术基金会(International Engineering Technology Foundation 简称 IETF)、麻省理工学院(Massachusetts Institute of Technology 简称 MIT)和北京交通大学在北京共同举办了"MIT 开放课件(MIT OCW)国际论坛"。北京大学、清华大学及广播电视大学等都对 MIT OCW 表示出极大兴趣,并讨论成立联合机构,来协调国内外高校在开放教育资源方面的合作。会后由北京交通大学、北京大学、清华大学、中央广播电视大学等 12 所大学联名上报教育部。经教育部认可,成立了推广应用开放教育资源的高等学校联合机构——CORE。CORE 的成立历程决定了 CORE 虽然也是民间志愿组织,但在后期发展中也得到了政府机构的诸多关照与宣传。

3. 运行机制

MIT 成立了专门的项目组负责 MIT OCW 的运行。项目组由核心组、院系联络组和顾问委员会三部分组成。核心组依托校教育技术委员会建立,负责开放课程的联系、开发及平台的运转、维护、更新等,院系联络组由各院系人员组成,作为核心组与教师的桥梁,协助核心组与教师完成课程设计与开发的相关工作。顾问委员会由校内人员和校外人员共同组成,为 MIT OCW 提供专业指导。

精品课程平台由国家精品课程资源中心负责,中心常务机构设在高等教育出版社。为进一步推进精品课程共享信息技术的标准与规范、促进优质课程资源的共建共享,资源中心正在探索以"全国高校课程资源联盟"的形式来促进共建共享机制的完善。"全国高校课程资源联盟"由国家精品课程资源中心主持建立,全国各高校以团体成员的身份加入。联盟成员享有在国家精品课程资源网上在线浏览共享资源的权利,也承担向联盟提供本校优质课程资源供其他成员在线浏览或下载的义务,成员学校教师采用实名制管理,教师可通过国家精品课程资源网向联盟上传个人的教学资源,平台希望借此方式集全国高校之力推动高等教育课程资源的建设、共享、应用工作。

OOPS 在中国台湾奇幻基金会下运作。基金会董事长、执行长官和董事都是不支薪的义务工作,设有三名低薪工作人员负责日常事务工作。目前,来自全世界的数千人的义工群承担了国外开放课程的翻译、校对编辑、审定、网站架设等工作,OOPS 在运作上几乎是以零预算的方式进行。

CORE 设有理事会作为最高权力机构,下设工作部,负责日常工作。经费来源主要有:美国 Hewlett 基金会、IETF 基金会的赞助,国内外基金会和企业捐赠、会员会费,及培训服务与其他收入等。

4. 课程开发

我们在自主开发类型中来探讨课程的开发、应用和评价。

MIT 为所有的课程提供了统一模板,学科教师只需提供课程资源,所有技术相关的操作完全由技术专业人员来完成,流水线生产,课程外在表现形式统一。课程开发流程为:申报—规划—开发—内部试用—公开发布—反馈—更新,各环节之间顺序进行或前后环节有交叉。

我国大陆的精品课程建设由教育部发起,教育行政部门自上而下推动,高等院校等组织承担具体的开发任务。一般情况下,学科教师在开发某一门精品课程时,既是课程的设计者、授课者,也是课程数字化的技术操作者。课程开发中的一系列技术问题都要依靠教师自己解决,精品课程建设既是对教师教学能力、学科专业能力的考量,同时也是对教师技术操作能力的考量,在这个过程中只有少部分教师能够得到学校相关技术力量如计算机网络中心等部门的支持。教师所开发的课程经过层层申报、评审后被授予精品课程称号,通过各高校网站对外发布,精品课程平台对全国精品课程进行集中展示,但对于视频等内容只提供链接。因此,即便是来自同一高校的精品课程,我们所看到的课程界面、内容模块、设计风格也完全不同。精品课程建设流程为:学科教师开发—申报—评审—发布。

5. 课程应用

MIT OCW 由该校教育技术委员会负责课程的管理、维护、更新以及技术支持,所有使用者只需登陆页面,无需注册即可免费下载所有资源,因此,凡是已经公布的开放课程都处于正常状态下,可正常使用,下载便捷。

我国的精品课程资源平台,需要注册才能获取视频、课件等资源,并且很多课程只有链接到高校的网站中才有视频、课件,而很多视频、课件并不提供下载。同时,并非所有学校都设置了维护课程正常运转的技术力量支持,页面链接失败等现象时有发生,也就是很多课程在发布后,缺少后续技术力量的支持,相对而言,获取资源费时费力。笔者在注册为普通会员后,仍无权观看很多页面提供的课程资料如视频等内容,即站内所有的资源并非对所有会员开放。

6. 课程评价

MIT OCW 设置了课程的反馈系统,虽然 MIT OCW 并不承诺任课教师会对所有反馈进行回复,但对于课程有建设意义的反馈还是会被教师采纳,对已发布的课程进行持续更新。可以说,MIT OCW 采用的是形成性评价的方式,即在过程中不断地接受评价,做出修改。

精品课程在建设中采用了总结性评价的方式,即教师自行建设,在申请精品课程,经层层评价最终胜出后,就可赋予该课精品课程的称号,一经精品课程资源平台发布,不再进行更新。课程开发者、资源平台管理者、课程使用者间没有建立起反馈的通道。对于很多时讲时新的课程而言，更新的内容并不能即时反映在开放课程中。

三、结　　语

综上分析，我们看到我国高校课程资源正在与国际接轨，其自身的开放共享性也在不断增强，但课程资源的开放共享还处于初步发展阶段，其建设、管理、应用的有效模式还有待探索，开放共享性还有待进一步增强。

参考文献：

[1] MIT OCW. http://ocw.mit.edu.
[2] 中国开放教育资源协会. http://www.core.org.cn.
[3] 开放式课程计划. http://www.myoops.org.
[4] 国家精品课程资源网. http://www.jingpinke.com.
[5] 丁兴富，王龙. 麻省理工学院开放课件运动评述. 中国电化教育，2004(10).
[6] 明均仁. MIT OCW 对我国高校数字化教育资源建设的启示. 农业图书情报学刊，2006(3).
[7] 李向荣，李蔚，陈刚. 开放，共享，提高——MIT 开放式课程的运行机制、特色及启示. 清华大学教育研究，2007(6).

行业特色型高校学科发展与品牌专业建设研究

——以中国传媒大学为个案

王保华　耿益群①

摘　要： 行业特色型高校是依托行业而发展形成的具有鲜明特色的高等院校，是面向某一行业的知识创新基地、技术创新基地和人才培养基地。这类高校在某个行业领域具有突出的学科优势和各方面与行业的天然联系。在高等教育大众化的背景下，行业特色型高校的学科发展成为院校发展的关键。本文从学科发展和品牌专业建设的角度论述了行业特色型高校学科发展的可行性路径，认为品牌专业建设是行业特色型高校学科发展的重要策略。

关键词： 高校；学科发展；品牌专业；精品课程；师资队伍建设

人才培养从某种意义上说，已经越来越明显而集中地体现在学科实力和水平上。行业特色型高校的办学特色和优势集中体现在学科建设之中，"行业背景、学科高峰是这类院校的最明显的优势"②。这类高校学科专业数量少，专业面窄，在专业设置、课程体系、实验条件、培养模式等方面都具有较强的行业性特点，强调专业对口。因此，此类院校必须高度重视学科建设，瞄准行业需求前沿，发挥本院校的学科优势与特色，创建品牌专业，使学科沿着科学合理的轨迹发展。

一、行业特色型高校学科建设现状

当今科学技术呈现既高度分化又高度综合的现象，并以高度综合性、整体性为主要特点，而科技发展主要表现为突破和融合两种方式。在此背景下，学科发展呈现出学科融合的趋势。学科融合是指不同学科或同一学科门类不同子学科之间不

---

① 王保华，中国传媒大学高教所所长、教授；耿益群，中国传媒大学高教所研究员、副教授。

② 邱高：《行业特色型大学与创新型国家建设——"第二届高水平特色型大学发展论坛年会"综述》，《教育发展研究》，2009 年第 5 期。

断打破学科壁垒,进而相互渗透、相互交叉,最终融为一体,逐步形成新学科的动态发展过程。① 学科融合的大发展始于20世纪80年代,与学科融合相对应的是新兴学科和跨学科层出不穷,以及与之相伴的跨学科研究和研究机构的蓬勃发展,学科组织出现重大变革。这些都对高等院校的学科发展具有深远的意义。

行业特色型高校是我国高等教育的一大特色,是由20世纪50年代院系调整过程中组建的院校发展起来的,这些院校为我国高等教育的发展和经济建设作出了重要贡献。自1993年开始,我国对高等教育管理体制进行改革,有21所学科优势明显的高水平行业特色型高校划归教育部管理,中国传媒大学就是其中一所。目前,这些院校在原有基础上准确定位,以优势学科为依托,成为我国国家创新体系的一个重要组成部分,并引领某些学科和行业的发展。

目前,各行业特色型高校积极建设高水平特色大学,都将创建世界一流学科作为提高教育质量的重要举措。在办学方针上强调在办出特色的同时争创一流,强调学科发展要做到"有所为,有所不为"。与综合性研究型大学相比,行业特色型高校在学科类别、数量及综合实力等方面还有差距。由于行业的发展,有些传统学科已被淘汰或面临淘汰;有些传统学科正处于转型过程之中;具有发展潜力的新兴交叉学科则正处于萌芽和发展阶段。同时,由于行业特色型高校自身条件限制以及外部支撑不足,在学科建设上还存在一定程度的片面强调大而全的现象,造成资源支持不足,存在不能将有限的资源用于重点学科专业建设发展的问题。因此,行业特色型高校的学科发展还有很长的路要走,任重而道远。但这类院校根据自身的条件、历史积淀、学科特色与优势,以及凭借行业资源优势,在学科发展上都立足某一(些)优势重点学科和新兴交叉学科,成为某一(些)学科发展的引领者。在学科发展中,中国传媒大学等行业特色型高校以品牌专业建设为基础,在实践中通过品牌专业建设,推动大学学科的总体发展。

二、行业特色型高校学科发展的路径选择:品牌专业建设

著名品牌大师奥格威认为,品牌是一个错综复杂的象征,它是品牌属性、商标、包装、名称、价格、历史、声誉、广告风格的无形总和。根据美国营销学会1992年给出的定义,品牌是一个名称、名词、符号或设计,或者是它们的组合,其目的是识别某个销售者或某群销售者的产品或劳务,并使之同竞争对手的产品和劳务区别开来。② 为此,品牌强调其竞争性和独特性。品牌专业是指专业特色鲜明、人才培养

---

① 卢虎胜:《学科融合及其对高校学科建设的启示》,《当代教育论坛》,2008年第3期。

② 丁谦:《高等学校品牌专业的品牌特性研究》,《重庆工商大学学报:社会科学版》,2009年第2期。

质量高、毕业生就业率高、社会声誉好的专业。品牌专业本身有一定的基础，往往由历史文化积淀而成，专业配置力量较强，如集聚了一流的师资、拥有先进的教学设备和条件。品牌专业的形成需要基础、需要精心筹划、需要集中各方力量着力打造。

学科建设与专业建设之间的关系是相辅相成的。学科的划分遵循知识体系自身的逻辑，学科是相对稳定的知识体系。专业是按照对不同领域和岗位的专门人才的需要来设置的。学科知识是构成专业的原料，不同领域的专门人才需要什么样的知识结构，专业就通过对相关的学科知识进行切块、组织来形成课程以及以一定的课程组合的方式来满足需求。所以，专业以学科为依托，有时某个专业需要若干个学科支撑，有时某个学科又下设若干个专业。一个专业是由适用于其需要的若干学科中的部分构成，而不是由若干学科中的所有内容构成。从这个角度看，学科建设与专业建设密不可分，学科建设是基础，专业建设是成果。市场对人才规格要求的变化引起专业的调整，是促进学科建设的动力之一。① 学科建设具体落实到专业建设，专业建设的理论支撑则来自学科。因此，必须在学科建设过程中，形成学科发展与专业建设的互动机制，通过学科发展提升专业建设水平，提升专业的社会声誉与竞争力，建构品牌专业。院校因优势学科而闻名，因品牌专业而赢得竞争力。学科发展是品牌专业建设的基础，品牌专业需要优势学科的支撑，有了高水平的学科，才可以衍生出品牌专业并决定高水平的教学与科研。品牌专业需要实力雄厚的学科资源作为学术支撑和发展的平台，需要有高水平的科学研究成果和良好的学术环境。在优势学科资源的支撑下，品牌专业可以形成一批高水平的教学名师和创新团队，建设一批精品课程、精品教材和人才培养基地等标志性教学成果，从而提升院校的核心竞争力和社会声誉。

2008 年，在由北京邮电大学发起并承办，由教育部直属的 22 所学校参加的首届高水平特色型大学发展论坛上，北京交通大学、中国传媒大学、北京林业大学、中国矿业大学等院校都根据本院校的特色，对各院校的学科建设提出了明确的战略。创建一流学科，提升大学的办学水平，建设高水平特色大学，成为行业特色型高校的共识。创建一流的学科，落实到具体的实践层面，就是品牌专业的建设。品牌专业建设成为行业特色型高校学科发展的战略选择。

---

① 唐纪良：《"学科—专业"一体化建设：动因与路径——"学科—专业"一体化建设研究之二》，《广西大学学报：哲学社会科学版》，2008 年第 3 期。

三、中国传媒大学品牌专业建设的实践

(一) 明确大学定位,打造品牌专业

明确的院校定位,在学科发展中具有举足轻重的地位。综观国内外著名院校,都将明确的院校定位,作为大学学科发展的重要前提。只有院校发展目标定位明确,才能真正形成本院校的学科特色和优势。美国各研究型大学都有非常明确的院校发展目标定位,重视形成特色优势学科,注重从自身的实际出发,注重历史的积淀,注重在长期的办学实践中形成、保持和弘扬自己独特的学科特色,而不是一味追逐时尚,追求学科发展得大而全。普林斯顿大学是美国最好的研究型大学之一,但该校并没有炙手可热的法学院、医学院和商学院,而是注重形成自己的特色。在 1969 年美国教育协会发表的研究报告中所提到的 26 个系中,普林斯顿大学有 20 个系的博士培养项目被列在全美头 10 名之内;12 个系被列在头 3 名之内;数学和哲学两系被公认为首位。在 2000 年,2001 年,2003 年全美最好大学排行中,普林斯顿大学连续 4 年均位居榜首。① 此外,为了发展重点学科,在财政方面还给予重点学科以大力支持。如加州大学伯克利分校在经费分配上,给重点建设学科增加 3% ~5%,其他学科则减少 3% ~5%。这一点对于我国行业特色型高校的学科发展来说,非常关键。

行业特色型高校一般都有较为突出的学科优势,我国的农、林、地、矿、油、交通、邮电、传媒、纺织等院校在国际同行中享有较高声誉。目前,这些行业特色型高校都在对自身的学科基础、国内外学科发展趋势、行业发展趋势进行充分研究的基础上,制定了科学的院校发展战略,明确了学科发展在院校发展中的地位,以优势学科发展为依托,着重打造品牌专业。

中国传媒大学是一所典型的行业特色型高校,是教育部直属国家“211 工程”重点建设大学,其前身是直属于广电部的北京广播学院。在长期的发展过程中,大学形成了以新闻传播、广播电视艺术、信息科学与技术为龙头,文学、工学、管理学、法学、经济学、理学等多学科协调发展、相互交叉渗透的学科体系。目前,共有经济学、法学、教育学、文学、理学、工学和管理学等 7 个门类的学科,有新闻学、经济学、社会学、广播电视艺术学、通信工程等 78 个专业。为了提升大学的水平,在大学制定的《中国传媒大学“十一五”发展规划》中,明确将“建设世界知名高水平传媒大学”作为大学的发展目标,并在“办学类型、人才培养目标、学科结构、人才培养层次、服务面向”等 5 个方面明晰了学校“十一五”期间的发展定位,确定了“大传播

① 许迈进,杜利平:《美国研究型大学的学科发展战略及其启示》,《中国高教研究》,2005 年第 4 期。

的理念,全媒体的视野"的学科发展思路。充分发挥传媒领域学科特色和综合优势,坚持将建设世界一流学科作为学校未来发展的首要任务和目标。学校瞄准学科发展前沿和国家、地区经济社会发展的需求,以新闻传播学、艺术学、信息与通信工程为重点,文、工、管、经、法、理、教等多学科协调发展。在此基础上,学校明确了重点建设的品牌专业:新闻传播学、广播电视艺术学、通信与信息工程。同时,学校组织相关人员进行这三个学科的品牌专业建设的具体研究与实践工作。目前,研究工作已初见成效,具体实践也成绩斐然。

(二)加强学科群建设,为品牌专业建设营造良好的学科氛围

建设学科群有利于各学科综合效应的发挥,能够优化学科结构,拓宽学科领域,加快优势学科的发展,促进品牌专业建设的进程。20世纪70年代,在日本筑波大学诞生了"学科群"。学科群是由若干相关学科围绕某一共同领域,以一定形式结合而成的学科群体,其框架一般由带头学科—支撑学科—相关学科递进构成。① 学科群的组建能够集中人才,发挥学科优势,有利于培养创新性人才。学科群是适应当代科技发展和现代大学组织变革的需求而产生的一种学科组织形式。因此,各行业特色型高校都非常关注学科群的建设。在学科群中,不同学科能彼此找到相关学科中的营养点,是一种生态共生关系。

从大学学科整体发展战略出发,中国传媒大学在2003年前后实施了学科群方案,将一些相关学科整合起来,以重点学科建设带动相关学科发展,加强各学科间的交叉与渗透,对新闻传播学科学科群、广播影视艺术学学科群、传媒语言及信息处理学科群、媒体经营与管理学科群等四大学科群进行了卓有成效的建设。通过凝练学科方向,打破院校界限,整合学科队伍,形成了力量较为雄厚的教学科研队伍和层次分明、布局合理的人才培养体系。为了适应学科群的建设,大学还曾尝试成立新闻传播学、广播影视艺术、信息科学与技术三大学部,以融合学科资源,集中力量建设重点学科,完善学科布局,推进学科群建设。四大学科群均取得了一批标志性和创新性科研成果,部分成果被政府或行业采纳。良好的学科群的建设,成为品牌专业成长的沃土。2008年,中国传媒大学广播电视编导、广播电视工程两个专业被评为国家级特色专业。并且,新闻学、广播电视两个国家重点学科顺利通过教育部验收,传播学列入国家重点培养学科;传播学、语言学及应用语言学两个北京市重点学科顺利通过北京市验收。在新一轮北京市重点学科申报中,中国传媒大学动画学成为交叉学科北京市重点学科,新闻传播学成为一级学科北京市重点学科,通信与信息系统成为二级学科北京市重点学科。

---

① 王鲜萍:《资源的结构性整合与高校学科群的产生》,《教育评论》,2009年第2期。

（三）改革院校学科组织机构，创建品牌专业建设的平台

为了适应学科融合和新兴学科的发展趋势，大学学科组织形式必须进行相应的变革，以促进研究和教学的发展。学科是一个开放的共同体而不是一个封闭的学术堡垒，传统的学院制的学科组织形式面临着极大的挑战。国外一些大学都纷纷废除传统的学院制，加强学科间的融合，建立学科群和跨学科研究中心等组织形式。他们在传统的院系结构之外，大量设置研究机构，如美国加州大学伯克利分校传统的院系结构有14个学院，大多数学院下面还设有系，全校共有130多个系和课程计划。在这些传统的学院和系之外，伯克利分校设立了3个国家实验室（劳伦斯伯克利实验研究中心、劳伦斯弗莫尔实验室、阿拉莫斯科学实验室），160多个研究所、研究中心、研究小组等机构。① 此外，有些新兴、交叉学科正处于不断发展之中，很难用院系的编制确定下来。因此，很多大学通过建立研究中心，促进这些新兴学科和交叉学科的发展。这些机构的设置有利于整合学科发展所需的各方面的人力资源、财政资源，有利于进行跨学科的重大攻关项目的研究，同时也为品牌专业的形成与建设提供了有力的学科环境、人力资源和财政保障。

中国传媒大学认识到了学科组织变革在学科发展和品牌专业建设中的重要地位，瞄准科技前沿和国家战略需求，组建高水平科研平台和基地，提出了建设"科研特区"的思路，并在大学中设立了5个科研特区，为国家和地区传媒事业发展服务。科研特区以基础性、原创性的学术研究、高新技术研究及成果转化作为主攻方向，取得了较大成绩，如京隆广播技术研究所在大功率微波无源器件的研发领域中达到了世界一流水平。学校还制定各种制度，进一步整合学科资源，完善机制，建设好了教育部人文社科研究基地——广播电视研究中心、教育部广播电视数字化工程研究中心等研究基地。

为了促进学科发展和品牌专业的建设，整合校内外资源，学校还创建了新型的学科组织机构，将大学的学科优势与行业资源相结合，促进了新兴学科的发展。中国传媒大学于2008年12月正式成立文化产业研究院这一独立的校属研究机构，以广泛整合校内外资源、推动产学研一体化为宗旨，以文化产业理论研究、人才培养、项目研发、高端培训与社会服务为主要功能，致力于推动文化产业学科体系建设，构建文化产业学术研究队伍，培养高层次、复合型的文化产业人才，全面服务于国家和区域的文化产业发展。

（四）精心筹划，建设品牌专业

为了建设品牌专业，促进大学学科整体水平的提升，中国传媒大学组织进行品牌专业、特色专业的评选活动，制定了品牌专业、特色专业评选办法，促进品牌专业

---

① 刘宝存：《国外大学学科组织的改革与发展趋势》，《教育科学》，2006年第2期。

建设的科学化与常规化。

1. 制定人才培养方案

建设品牌专业首先要进行人才培养方案的改革。中国传媒大学积极推进“本科教学质量与教学改革工程”、“研究生教育改革创新工程”，调整专业设置和课程体系，修订了2009版本科生培养方案和2009版研究生培养方案，以适应我国传媒业的发展，培养高质量的传媒人才。

研究生院要求各个学位点制订新的人才培养方案，出台了具体的文件和措施，要求各学位点以研究课题的形式，对国内外学科专业的现状进行广泛的研究和分析，并在此基础上形成新的人才培养方案。在品牌专业建设中，学校重点建设的三个品牌专业，也以校级课题的形式进行研究，并在此基础上制定新的人才培养方案。以通信与信息工程品牌专业建设为例，中国传媒大学通信与信息工程学科发展的历史可以追溯到50多年前。通信与信息工程学科1980年开始招收硕士研究生，2000年起，开始招收博士研究生，2002年，设立了博士后流动站，2003年，开始招收工程领域的工程硕士研究生。经过50多年的发展，传媒大学通信与信息工程学科在传承传统的无线电专业的基础上，将学科专业扩展到了整个电子信息技术领域，创建和培育了一批以技术为依托的新兴专业，促进了学科的交叉与融合，构建了博、硕、本科各级完整的办学层次，已经成为培养广播电视及传媒科技领域高级技术人才与高层次专门人才、进行知识创新和技术创新的重要基地。根据学科发展和行业对传媒人才的需求，新的人才培养方案的培养目标明确定位为以“厚基础、宽专业、强能力、有特色”为指导思想，“广播电视工程专业”人才培养的定位是培养具有扎实的数、理学科基础和宽厚的电子信息、计算机专业基础，具备广播电视技术、网络视音频技术和数字媒体技术等方面专业知识与技能，具有一定创新能力、较强实践能力和专业上手能力，能在广播电视行业和现代传媒相关领域从事技术研究、系统设计、应用开发和数字内容制作等工作的高级应用型技术人才。新的人才培养方案为品牌专业建设提供了明确的方向。

2. 加强教师队伍建设和创新团队建设

教师队伍建设是学科发展的根本，大学的学科体系和水平要通过教师梯队的建设来体现。另一方面，大学要保持学科的优势地位，就必须保证学科的有价值性、稀缺性和不可模仿性。因此，要注重对学科带头人的选拔和培养，通过加强创新团队的建设，集中人才资源和创造人才优势，促进学科发展和品牌专业建设。为了解决重大问题和集中力量攻关，需要集中各学科领域的优秀人才，创新团队建设成为品牌专业建设的重要环节。

为了加强教师队伍建设，中国传媒大学修订了《中国传媒大学引进高层次人才工作的暂行办法(修订稿)》，成立了以书记、校长为组长的高层次人才引进小组，

出台了《中国传媒大学"长江学者"特聘教授与讲座教授岗位设置及管理办法(试行)》。2007 年,一名教授入选教育部"新世纪优秀人才支持计划"。目前,学校有 11 人进入国家和省部级"人才工程",1 人入选长江学者特聘教授,1 人获得青年突出贡献专家称号,4 人获得国家级教学名师奖和北京市教学名师奖,24 人获得北京市优秀教师等荣誉称号。此外,学校还实施了"382 人才工程",造就和培养了一批杰出的中青年骨干教师、学科带头人和知名学者。学校采取的这些措施促进了教师队伍的发展,有利于形成多学科、高层次交叉融合、高水平协调发展的学科布局,进一步促进了品牌专业建设的进程。

大学制定了《中国传媒大学关于"创新团队"的暂行管理办法》,按照"优化结构、明确重点、形成梯队"的原则,以"大师 + 团队"的建设模式,大力发展一批重点学科和重点项目,形成了以学科带头人领军的多个创新团队,促进品牌专业的建设,成绩卓然。由黄升民和丁俊杰教授领衔的创新团队承接了 6 项北京市重大社科研究项目,以路盛章教授、吕锐教授、蔡超时教授、张勤教授、孟子厚教授领衔的创新团队等在本学科领域都取得了突出的成就。创新团队成为学科发展的人才基础,是品牌专业建设的动力所在。

3. 抓好课程建设这一关键环节

学科、课程与专业之间在教学上的联系是以课程为桥梁的,主要体现在课程设置上。课程的设置直接影响到培养本科生和研究生的知识基础与知识结构。因此,在品牌专业的建设中,应根据人才培养的类型和规格来确定课程结构,应以学科发展的内在逻辑来组合课程,同时要与社会需求变化相适应。课程建设是品牌专业建设的关键环节,也是提高教学质量的根本途径。品牌专业的建设以精品课程建设为先导,必须通过精品课程的建设促进品牌专业的建设。2007 年,中国传媒大学制定了《中国传媒大学本科精品课程评选办法(修订)》,规定了校级精品课程评选标准和评选程序,将精品课程的建设工作制度化,通过校级精品课程建设推动精品课程的建设和发展,从而有力地推动了品牌专业建设工作的顺利进行。2007 年,中国传媒大学评出国家级精品课程 4 门、北京市精品课程 3 门、校级精品课程 14 门。在此基础上,2008 年,广播电视节目制作、电视艺术学、中国古典文学(上)(网络课程)、电视摄影构图(网络课程)、非线性电子线路(网络课程)被评为国家级精品课程,有 3 门课程被评为北京市精品课程。2008 年,世界电影史获得国家级双语教学示范课程。以广播电视工程专业品牌专业建设为例,课程建设的总体思想是在加强学科基础和专业基础上,着重突出特色和培养创新能力。优化基础课和专业基础课体系,在优化课程体系的基础上,精炼课程内容、压缩课程学时,保证学生有时间参加科研活动和创新团队活动,加强创新能力培养。在课程设置上,减少必修课,增加专业选修课,扩展专业口径,改变专业划分过细的问题,通过理性地设计课程体系,给学生充分的自主空间。

4. 加强教材建设

课程建设和教学内容的改革相辅相成,互相支撑。在课程建设中,教材建设是基础。教学内容是通过课程体现的,教材是教学内容的载体。中国传媒大学非常重视教材建设,2008 年,教材建设立项项目共48 项。在品牌专业的建设过程中,也以教材建设作为课程建设的基础。长期以来,广播电视工程专业教材主要由该专业教师编写。随着数字电视技术的快速发展,专业教材的更新速度也相应地加快了。近5 年,已经编写出版了 18 本广播电视工程专业教材。教材内容也不断更新,体现了传统技术与现代技术、基础性和先进性的结合,及时反映了电视技术最新的科技成果。其中,《现代电视原理》为国家“十一五”规划教材、《数字电视广播原理与应用》和《多媒体与电脑动画》被评为北京市精品教材,6 本教材获广电总局高校优秀科研成果奖。这些教材不仅为提高广播电视工程专业的本科教学质量打下了良好的基础,还在广播电视技术领域有较大影响,在社会上享有较高的声誉,为我国广播电视事业技术发展作出了贡献。在未来的 5 年内,中国传媒大学还计划完成编写一套6 部广播电视工程专业系列教材。

5. 重视实践教学环节建设

教学实践环节建设是品牌专业建设的一个重要方面。长期以来,中国传媒大学与业界建立了良好的合作关系。作为文化传播的主力军,学校一直秉承着“主动面向社会,实行开门办学,实施双向服务,追求长期效应”的方针以加强与产业界的联系,建立稳定的教学科研实习基地,提高学生的创新实践能力和青年教师的一线工作能力。为了提升教学活动的组织效率,确保实践教学活动的顺利展开,促进公共选修课和辅修/双学位课程教学时间的正常化,学校还从 2009 年开始实行“三学期制”。2008 年,中国传媒大学还重点建设传媒科技领域复合型人才培养模式创新实验区和多元文化背景下的传媒应用型人才培养模式创新实验区这两个人才培养模式创新实验区,以及三个实验教学示范中心。2008 年,有 20 项大学生创新实验项目获国家大学生创新实验项目立项。在品牌专业建设的进程中,各专业都非常重视教学环节的改革,从改革观念入手,综合课程设置改革,对课程计划进行合理调整,以提高学生创新能力。

为了促进学科发展,加速品牌专业的建设,学校还进行了人事制度改革,建立教学与科研相平衡的教师评价与激励机制,平衡教师的教学科研工作,促进学科的发展。通过科学合理的激励机制激发团队积极进取、团结协作、开拓创新的热情,为教师创造良好的发挥创造力的条件和空间。同时,学校还致力于营造良好的学科文化氛围,促进品牌专业的建设。

立足北部边疆　突出办学特色　打造服务平台　增强服务能力　努力为高教强省建设贡献力量

孙先民①

摘　要：为区域经济社会发展培养高质量的人才，是地方高校的首要职能。黑河学院依托独特地缘优势，以高教强省建设为契机，加强“四项建设”、搭建“四个平台”，切实提高服务区域经济能力和水平，不断探索服务社会的途径与方法，充分发挥地方高校在地方经济社会中的独特作用。

关键词：高校；高教强省；服务；社会

建设高等教育强省是黑龙江省委、省政府深入贯彻党的十七大精神、全面落实科学发展观的重要战略部署，是黑龙江省教育发展史上具有里程碑意义的重大决策。黑河学院在开展深入学习实践科学发展观活动中，按照更新发展观念、理清发展思路、破解发展难题，推动科学发展的要求，紧紧依托学院的地缘优势，在突出办学特色上做文章，在搭建创新平台上找突破，在提高服务能力和水平上下工夫，在为经济社会提供智力支撑中求发展，结合自身优势将高教强省建设规划真正落到了实处，努力为高教强省建设贡献力量。

一、明确发展定位，坚持突出办学特色

黑河学院根据自身的发展历史、传统优势、办学特色以及所处的区域环境，确定了“立足北疆、服务地方、面向大众、突出应用”的发展定位。这一定位进一步明确了黑河学院作为一所地方性大学，也是中俄 4 300 公里边境线上第一所本科院校的位置，要充分利用好学校特殊的区位优势，把服务地方作为学校的目标选择，把面向大众作为学校的时代使命，把应用型人才培养作为学校的根本任务和价值追求。

办学特色是指高等学校在长期办学过程中形成的适应社会经济发展规律，有

① 孙先民，黑河学院院长。

利于自身生存和发展的独特的办学特征。黑河学院注重在办学理念、办学思想和学科、专业等方面突出自身的特色，确定了“教学以学生为本、办学以教师为本”的办学理念，实施“质量立校、特色兴校、人才强校”的发展战略，把培养基层“用得上、下得去、留得住”的应用型人才作为人才培养的目标，坚持打特色牌，走特色发展之路。

黑河学院虽地处经济欠发达的祖国北部边疆，存在着远离中心城市、高层次人才缺乏、办学条件相对较差、办学成本相对较高等不利因素，但毗邻素有“大学城”美誉的俄罗斯远东第三大城市－－布拉戈维申斯克市又成为学院发展的独特优势。近年来，学校与俄罗斯10余所高校开展教育文化交流与合作，并不断拓展合作领域，提高合作层次。特别是在学科专业建设方面，积极引进俄罗斯优质教育资源，推动了学校的课程建设、教材建设、教师队伍建设和科学研究工作，并取得了丰硕的成果。黑河学院的俄语、绘画专业被确定为省级重点专业，俄语专业被教育部确定为一类特色专业。音乐学专业被教育部初步确定为“全国普通高校音乐学(教师教育)本科课程教学试点单位”。这三个专业在建设中都大量借鉴了俄罗斯高校同类专业的教育成果，在国内同类专业中办出了自己的特色。学校的其他专业也都在积极地与俄高校开展合作，不断扩大合作成果。

二、加强“四项建设”，不断增强办学实力

黑河学院把落实“高教强省”建设规划作为推进学校发展的重要动力，充分挖掘并发挥现有优势和特色，认真实施教学质量与教学改革工程，通过加强内涵建设，不断提高教育教学质量和水平，增强服务社会的能力。学院以加强“四项建设”为切入点，整合资源，突出重点，分步实施，全力推进。通过学科专业建设的不断加强，为区域经济发展提供高质量人才储备和智力支持；通过加强人才队伍建设，不断提高教育教学水平；通过加强研究基地建设，积极开展区域特色文化研究；通过加强教学基本条件建设，为人才培养和社会服务提供保障。

(一)加强学科专业建设，提高人才培养质量

黑河学院重点加强了俄语和绘画两个省级重点专业的建设。与俄罗斯布拉戈维申斯克市国立师范大学共建国家级俄罗斯语言中心，大大提高了俄语专业的建设能力；与布拉戈维申斯克市美协合作在该市建立美术创作基地，加强了与俄罗斯艺术界的合作；充分利用俄罗斯在舞蹈、声乐、钢琴、冰球、滑雪、花样滑冰等项目的突出优势，在音乐、体育等专业加强对俄交流；加快与区域经济主导产业直接相关专业的建设，增加投入，在经济、旅游等方面突出地方特色，努力为地方发展培养适用人才；巩固师范教育的传统优势，强化师范教育的精品意识和服务意识，多年来，

为基础教育提供数以万计的合格中小学师资和教育管理人才。

（二）加强人才队伍建设，打造优秀教学团队

黑河学院出台了一系列奖励政策，鼓励优秀人才脱颖而出。通过落实“黑河学院高素质人才培养与引进计划”，努力打造出一支高水平、高素质教学与科研队伍；通过实施“黑河学院教学团队培养与激励计划”、“黑河学院教学名师奖励计划”、“黑河学院科研奖励计划”，建设了一批高水平、高素质教学团队、科研团队和创新团队；通过与哈师大开展共建活动，推进了教师队伍整体水平的提高。目前已有三名教授被哈尔滨师范大学遴选为硕士生导师，提升了学院教师队伍的层次。

（三）加强研究基地建设，做好区域特色研究

结合学科发展优势和地缘优势，学院成立了“黑龙江流域历史与文化研究所”、“俄罗斯研究所”、“中俄比较教育研究所”、“环境艺术设计研究所”、“TRIZ 理论研究所”等 5 个研究机构，在黑龙江流域历史与文化，鄂伦春等少数民族的民俗、民风等非物质文化遗产的抢救性研究，日本侵华罪证及爱国主义教育题材的挖掘研究，黑龙江上游区域中俄跨界民族的比较研究及其物质和非物质文化遗产的发掘保护研究等方面形成了研究特色，推出了一批特色研究成果；与黑河市联合成立的“TRIZ 理论研究所”在软件开发、教材编写和创新人才培养、培训等方面的工作得到了上级的充分肯定。

（四）加强基础设施建设，努力改善育人环境

学校的环境是育人的一个重要载体。黑河学院充分考虑未来发展和现有能力，积极筹措资金，加大教学基本设施建设，努力改善办学条件，为学生提供有利于成长的校园环境；增加仪器设备投入，进一步完善实验条件，做好省级示范性实验中心的建设工作，提高学生的实际动手能力；加大数字化校园建设，搭建网络教育资源共享和学习支持服务平台、创新教育服务平台、俄语多媒体网络教学平台、汉语多媒体网络教学平台，突出学校发展特色，提高应用型人才培养质量。

三、搭建“四个平台”，努力提高服务水平

学校认真落实高教强省建设规划，制订了实施方案，方案中明确了要在现有条件基础上，充分发挥大学服务社会功能，立足为区域社会经济发展服务。结合学校的自身特点和优势，在加强建设的基础上，重点构建好新农村建设、文化建设、中俄交流、创新人才培养“四个服务平台”。“四个服务平台”建设的宗旨就是要充分发挥黑河学院在区域人才培养、科技创新、社会服务和文化引领方面的优势和作用，为高教强省建设作出贡献。

（一）积极构建新农村建设服务平台

实施“村村大学生计划”，为新农村建设培养农村“下得去、留得住、用得上”的各类专门人才。黑河学院自2005年起，在省内农村招收“村村大学生”近300人，专业涉及普师、计算机、艺术等专业。这些学生回到农村后，受到普遍的欢迎和重视。

开展师范生顶岗实习支教工作，解决城乡教育的不均衡问题。自2008年3月以来，学校选派三批共343名师范生到黑河地区的爱辉区、孙吴县、五大连池市、北安市等4个县区的50多所农村乡镇中小学校顶岗实习支教。支教学生在帮助农村中小学校解决师资短缺问题的同时，自身也受到教育和锻炼。顶岗实习学生发扬吃苦精神，积极奉献，爱岗敬业，努力工作，为当地农村教育带来了新的生机和活力，得到了社会、支教学校、学生和学生家长的普遍好评。很多乡镇中小学都希望学校能够经常性地安排顶岗支教活动。黑龙江省委宣传部和教育厅对黑河学院的定岗支教工作给予了高度重视和支持，派专人亲临学校指导和调研；黑龙江省市媒体也对黑河学院的定岗支教工作经验给予了报道。学院将把顶岗支教工作推广到全市各县。

学校在开展对农村科技的推广情况调研的基础上，有针对性地开展新农村建设实用技术服务。理化系发挥教师测土施肥、蔬菜传染病预防知识的专长，赴瑷珲区张地营子乡开展农业专业知识讲座，为农民朋友及时提供科技服务。同时，他们还结合家电下乡活动，对农村家电维修等进行培训，受到了农民的欢迎。

（二）积极构建文化建设服务平台

学校充分利用学科和资源优势，发挥高校在文化引领方面的作用，努力搭建文化建设服务平台。学校采取共建的模式，与瑷珲区、五大连池风景区和张地营子乡达成了院区共建和院乡共建协议，重点在文化建设方面开展合作。2008年10月，围绕黑河市建设北方文化名城的工作目标，学校充分利用自己的文化优势，发挥高校在文化引领方面的作用，与省级新农村试点单位张地营子乡共建农村文化基地，依托学校教育教学资源优势和张地营子乡深厚的群众文化活动基础，以文化建设为启动点，积极开展院乡文化共建活动，努力把张地营子乡打造成边陲文化新村。目前已经开展了多项活动，多家媒体对该项活动进行了报道。学校还将结合文化共建，在张地营子乡的中小学教师培训、文化大院建设、中小学生艺术团体建设、农村基层文艺骨干培养等方面开展一系列的工作。学校还将与五大连池风景区合作，共建五大连池世界地质遗产文化研究基地，依托社会科学系、教育系、中文系对五大连池风景名胜区历史与文化、经济与旅游价值等方面进行研究，同时在五大连池建立艺术类及旅游专业大学生实习实训基地，积极参与五大连池风景区的各项文化旅游活动，扩大风景区的影响，推动黑河地区旅游事业的发展。学校与瑷珲区

在社区文化建设方面将开展全面的合作，每年都承办广场音乐会等大型文艺活动，提升了城市的文化品位。

学校依托艺术专业的优势，积极开发保护鄂伦春民族艺术。音乐系聘请鄂伦春等少数民族艺术家来学校讲学，对挖掘、传承、弘扬鄂伦春民族音乐、民族舞蹈起到了积极的促进作用，丰富了音乐教育教学内容。

（三）积极构建中俄交流服务平台

黑河学院与俄罗斯布拉戈维申斯克市国立师范大学已有20年的合作历史，有着深厚的合作基础。近年来，又相继与阿穆尔国立大学、远东农业大学、阿穆尔国立人文师范大学、维亚特卡国立师范大学、哈巴文化艺术学院等10余所高校建立了长期稳定的合作关系。学校与俄合作高校之间广泛开展了互聘专家、互派教师、互派留学生和实习生、合作开展科学研究、学术交往、联办学刊、联办学术研讨会、联合培养本科生、互换图书资料、互建实习实践基地等活动。俄语专业聘请俄罗斯高校的资深教授为学院的学科带头人，共同制定学校俄语专业的建设规划，积极引进原版教材并在教材编写上进行合作。美术系长期聘请俄罗斯美术家、功勋画家来学校任教，引进俄罗斯教学方案和课程，分别在两国境内举办两国高校间的联合画展。国内其他高校如中央美院、中国书画院、南京师范大学美院、哈尔滨师范大学艺术学院的著名教授、画家也纷纷到我校讲学并通过我校与俄罗斯高校进行交流。音乐系在与俄罗斯高校的合作办学过程中，在引进教师、教材的同时，不断进行文艺交流。由俄罗斯外教伴奏或指挥的文艺会演，成为黑河学院以及黑河市文艺舞台上的一大看点。

2007年5月，黑河学院在俄罗斯布拉戈维申斯克市国立师范大学建立了孔子学院。这是我国在俄罗斯建立的第三所孔子学院。学校以孔子学院为依托在俄罗斯举办了汉语角、学术研讨会、中国书法讲座、中国武术表演、中国诗歌吟赏会等一系列丰富多彩的活动，推动了中俄教育交流和合作。2008年，学校成功承办全国对俄交流工作干部培训和中俄大学生文化艺术节，提升了学院社会知名度和认同度。2009年，黑河学院正式被教育部确定为国家级中俄大学生交流基地和国家级俄罗斯语言中心。作为中国俄语年活动的重要内容，黑河学院在今年6月成功承办了"俄罗斯语言文化周"活动，举行了黑河学院与俄布拉戈维申斯克市国立师范大学友好往来20年庆典，并进行了"中俄大学生交流基地" 和"俄罗斯语言中心"的挂牌仪式。

学校每年都邀请俄布拉戈维申斯克市国立师范大学、远东农业大学和阿穆尔国立大学等远东高校参加我校的田径运动会。在落实灾区部分学生赴俄罗斯疗养工作中，教育部选拔了我校两名优秀俄语专业教师担任疗养团的首席翻译，受到了教育部的好评和媒体的高度关注，为学校争得了荣誉。

（四）积极构建创新人才培养服务平台

学校积极加强 TRIZ 理论的研究和推广力度，并将这一创新方法在人才培养模式改革中有所体现，成为创新型人才培养的重要尝试。学校已将该理论作为选修课列入教学计划，并将 TRIZ 理论与创新人才培养作为一项重大课题组织专门人员进行研究，以期通过对前苏联的这一科研成果的推广在创新人才培养方面有所突破。我校还与俄罗斯阿穆尔共青城国立工业大学合作建立了“TRIZ 研究推广基地”。

黑河学院根据沿边开放的需要，整合教育资源，通过加强俄语中心的建设，培养了一批语言精、专业通的高素质、应用型人才。学校承担黑、吉、辽、蒙 4 省区中学俄语骨干教师培训工作，现已举办 4 期，培训教师 200 多人。为黑河市委组织部、海关、边检、旅游等政府机关、经贸部门培训了大批对俄交流干部及俄语专门人才。并且承办了首届俄罗斯油画大师班，邀请俄罗斯美协主席、功勋画家为来自国内高校的美术教师进行培训，提高了国内油画专业师资水平和专业素质。

黑河学院高度重视毕业生就业服务体系建设。通过组织供需洽谈会，拓展就业市场，加强就业基地建设，实施“大学生志愿服务西部计划”和“三支一扶计划”等专项计划，加强职业生涯规划教育等措施，实现了毕业生就业基本稳定、就业人数进一步增长的目标。学校创办了大学生培训就业基地，近处与黑河市、爱辉区人才交流中心，机关、企事业单位建立就业联盟；远处在大连、北京、广东等地建立黑河学院大学生实训和就业基地。

要建设高教强省，提升高等教育的整体实力和水平，不能仅仅依靠某一类型的学校，更不能仅靠一两所或几所大学成为一流大学来实现高教强省，而需要有一大批在国内不同类型的高校中能形成自己的比较优势，办出自己的特色的学校。高校只有办出特色，才有竞争的优势，才能真正地推动高教强省建设。黑河学院虽地处边远，但坚实地走出了一条独具特色的科学发展之路。黑河学院将努力提高办学质量和水平，增强服务社会的能力，通过构建服务平台为地方经济和社会发展作出应有的贡献。

V 高校价值取向与人才素质培养

构建社会主义和谐社会视野下的中国高等教育的价值取向

叶美兰①

摘　要：构建和谐社会是个历久弥新的话题，有着深层次的时代内容和深刻的理论意蕴。高等教育担当着为构建和谐社会培养高素质人才的责任，和谐社会建设与高等教育的价值追求在本质上是一致的。本文思索促进人的全面发展的各种重要途径，在实践中探索高等教育的新发展。

关键词：和谐社会；高等教育；价值取向

时代的发展带来了高等教育价值观的不断变化。我国从"十六大"提出要建设"更加和谐"的小康社会，到十六届四中全会完整提出"构建社会主义和谐社会"的概念，再到十六届六中全会将"和谐社会"建设列为专门议题，直至十七大的重申，构建和谐社会有着深层次的时代内容和深刻的理论意蕴。建设和谐社会的理念落实到高等教育中就是使高等教育和谐发展，更大地发挥高等学校育人的作用。

高等教育的价值及其取向，不仅是教育问题的核心，也是教育的出发点和归宿，它关系到国家的发展战略和民族复兴大计。高等教育担当着为构建和谐社会培养高素质人才的责任，和谐社会建设与高等教育的价值追求在本质上是一致的。

一、中国高等教育价值取向的现实考量

市场这只无形的手，正在主导着高等教育学科专业"菜单"的变化。随着全球化的到来、世界科技革命和我国计划经济向市场经济的转变，中国高等教育面临的挑战不断，知识经济、信息社会、全球化、产业化对高等教育不停冲击，市场经济在

---

① 叶美兰，南京邮电大学副校长、教授。

国内对高等教育的挑战又有了新的内容，表现为大众化、终身化、信息化与教育资源配置不足的矛盾，培养创新人才与传统大学体制之间的矛盾。同时，加入WTO后，生源市场的国际化、教育软件市场的国际化、教育产品市场的国际化等，也给中国高等教育带来了不少的波动与压力。

1. 规模扩张与教育质量

正如陈平原先生所说："目前中国的大学太实际了，没有超越职业训练的想象力。校长如此，教授如此，学生也不例外。"①如果说扩招之前，人们议论的中心是高等教育的发展速度太慢的话，现在人们又担心发展太快了，或者认为这种发展后继乏力。一些省市硬性将具有自己明确发展方向的几个学校合并，以致合并中出现了较大的矛盾和内耗，也未产生良好的效益。人们普遍认为扩招引起了高等教育质量的下降，并且教育的质量标准、质量保证机制也与社会发展要求不相适应。

20世纪"文化大革命"前后我国高等教育发展的大起大落启示我们，在制定高等教育发展的政策时，忽视高等教育自身的发展规律、仅从高等教育外部的某些因素出发，必然会给高等教育的发展带来不利的影响，也将最终波及社会。

2. 教育层次

随着高校招生人数的急增，学生基础参差不齐，给教学、管理带来困难。一些高校不是面向社会办学，不是紧跟时代发展需要办学，而是盲目扩招，故步自封，与社会需求脱节，忽视人才培养质量，最终导致大学生就业困难，很多大学生找不到工作。中国高等教育在大规模的扩招之后，确实使得各大学师资力量减弱、办学条件恶化、教学质量下降；另一方面，国家需要人才、百姓渴望读书。因此，如何兼顾"质量与社会需求，关键是将大学分层评价、分级管理"②。制订专门的培养计划，将学生分为"研究型"、"应用型"和"特长型"加以培养。

日新月异的科技革新促使专业学科不断向纵深方向分化，专业学科又不断地走向综合统一。这就要求社会在注重新兴类专业人才培养的同时，又要注重综合型人才和交叉学科人才的培养。

3. 功利主义

一直以来，我国市场经济发展的"效率优先"原则与高等教育追求的"教育公平"是一对无法回避的矛盾。"工具意义的理性化是西方高等教育从传统形态走向现代化过程的基本价值取向和模式选择"，极端的工具主义理性化的价值取向造成高等教育在价值观、知识观和目的性上功利主义过度膨胀，"大学成了大众的服

---

① 陈平原:《何为大学》,北京大学出版社,2006年,第120页。
② 陈平原:《何为大学》,北京大学出版社,2006年,第121页。

务站”①。高等教育的工具主义理性化的取向，使得高等教育在大众化、普及化的过程中将自身陷入了“经济、道德、学术”三大危机。在高等教育发展的黄金时期，以牺牲质量为代价的数量的急剧扩张性发展所造成的学术质量的滑坡；以单纯青睐科学技术教育而冷落人文教育所造成的两种文化和两种精神的割裂和失衡，是造成危机的原因。

我国高等教育在重视经济价值的同时，相对地对文化价值重视不够。我国文化学科与经济学科毕业生之比例较悬殊，经济建设人才比例过高，文化领域人才比例较低。

二、构建社会主义和谐社会视野下的中国高等教育的价值取向的新渴求

高等教育肩负着培养构建和谐社会所需人才的重任。在和谐社会视野下，高等教育的市场需求是由国家需求、地方（社会）需求和个人需求三部分构成的。陈平原先生在论大学精神时套用王国维的《人间词话》中“词以境界为上。有境界，则自成高格，自有名句”说：“大学以精神为最上。有精神，则自成气象，自有人才”。② 西方伦理思想发展的历史，强调理性精神对道德建构的重要作用，对我们有借鉴作用。今天当我们面临着建立和谐社会的伟大任务，开创一个百花齐放、百家争鸣的繁荣局面时同样也离不开理性思维的弘扬。③ 只有那些重视“育人取向文化”传承的学校，才能培养出具有广泛社会影响的重量级人才，使人才的成长在学校独有的个性化环境文化熏陶中形成独有的特色。育人取向文化也是市场经济环境下，市场经济对人才培养的一种新渴求。

和谐高校建设是一个复杂的系统工程，高校不能千篇一律，我们既要探索和遵循共有规律，也要注意因地制宜、突出重点，做到共性与个性的和谐统一。当今社会对教育改革的目标指向是：确立多样化的教育质量观，力求使学生达到一专多能、复合型、专业素质和人文素质的完美统一，高尚的道德人格、健全的社会人格以及高超的技术人格相统一，创新精神、创新能力和实践能力相统一，把受教育者培养成“适销对路”的产品。确保高等教育的主导性优越于其工具性，引领“人的全面发展”和“社会的全面进步”。高校作为社会的智慧生命才能永葆青春。④

---

① Abraham Fiexner. University：American English German. New York，Oxford University Press. 1930：42.

② 陈平原：《何为大学》，北京大学出版社，2006 年，第 120 页。

③ 向玉乔：《人生价值的道德诉求——美国伦理思潮的流变》，湖南师范大学出版社，2006 年，第 1 页。

④ 向玉乔：《人生价值的道德诉求——美国伦理思潮的流变》，湖南师范大学出版社，2006 年，第 1 页。

三、构建社会主义和谐社会视野下的中国高等教育价值取向的实现路径

高等教育是和谐社会中促进人的全面发展的重要途径，高等教育发展的内源性动力在于高等教育的创新。构建和谐社会，必须发展和谐教育，通过教育作用于人，实现个体之间、人与人之间、人与自然之间的和谐发展。这是现代教育的最高目标，是教育的理想价值取向。教育的和谐发展应包括以下具体内容：个体自身的和谐、个体与社会的和谐、个体与自然的和谐。陈平原先生 2005 年 8 月 5 日在中央电视台"双周论坛"做了"大学精神、大学理念与校园文化"的专题演讲，在回答我们需要什么样的大学时，陈先生说："世界上的大学，千差万别，不是命定如此，更不是别无选择。恰恰相反，大学办成什么样子，是一个时代、一个民族主动选择的结果。"①

1. 作为政府何为

原教育部部长周济 2004 年 6 月 8 日在"985 工程"二期建设工作会议上作报告，题目为《构筑创新平台，建设优势学科，加快世界一流大学和高水平研究型大学建设》论及："基于我国的国情，国家必须集中力量，重点支持若干所高校创建世界一流大学，支持一批高校建设高水平研究型大学，支持一大批学校建设重点学科，为现代化建设提供一流的人才和知识贡献，引领中国高等教育水平的前进方向，形成一马当先，万马奔腾的局面。"②

在社会主义和谐社会中，政府应鼓励高校走"内涵发展"与"外延发展"相结合的道路；建立与我国高等教育大众化相适应的"多样化"发展模式；大力培育市场力量，高等教育大众化应由"政府主导"转向"市场主导"；健全我国高等教育质量保障体系，使数量与质量协调发展。在不断培育大学生自主创业意识的同时，进一步加强高校内部改革，转变教育教学理念，实现教育与社会实际需求的接轨。

政府也可以组建新的高等教育机构，充分考虑地方化、区域性，即加强对地方资源、文化、经济等各方面的结合，如美国曾出现社区学院、日本有高等专门学院等。

2. 作为大学何为

有所舍，是为了有所得，学者如此，大学也一样。蔡元培主政北大时，为合理使

---

① 陈平原：《何为大学》，北京大学出版社，2006 年，第 110 页。

② 周济：《构筑创新平台，建设优势学科，加快世界一流大学和高水平研究型大学建设》，《教育部通讯》，2004 年，第 18 期。

用有限的资源，竟然停办了工科；张伯苓办南开大学，故意不设中文系；还有唐文治舍弃南洋大学（即现在的上海交大），跑到无锡来筹办救人心的无锡国专。所有这些，都是有所舍，才有所得。①

高等教育要立足于人的可持续发展。北京大学等一些重点大学已开始进行学科专业的调整与改革，如北京大学的"元培实验班"在大学一、二年级不分专业，学生只分文、理两科，学生可根据各自需要选修课程；不少大学在专业教育方面，采用多模块教育、增加选修课等办法，力求拓宽专业口径，培养"通才"。② 复旦大学等学校允许一部分学生入学之后重新选择专业。这种改革是要改变长期形成的政府（学校）主导的人才培养模式和课程体系，扩大选修课程的比例，让每一个学生真正成为构建自身知识体系与能力结构的主人。

高校设置的培养目标、课程体系都应当超前，教育结构应具有灵活性、弹性、多样性和层次性。突破高等教育的价值取向，加强科研的功能，倡导学术的自由，实施切实有效的人文关怀。与此同时，我们应恰当地协调多元高等教育评价主体，更好地综合其不同价值取向中的合理成分，从而全面促进高等教育质量的提高。

3．作为教师何为

自从商业规则逐渐渗透到高等学府后，从学术腐败到招生黑幕；从乱收费、小金库到兼职、走穴、当顾问，很多人觉得高校教师的商业化、功利性倾向太浓，少了几分正气、书卷气。

在社会主义国家，高校教师不应仅仅是教书匠，还应该是社会的思想库、智囊团，代表着一个社会的人文精神。高校教师是社会的精神航向，他们的价值取向、人生追求直接影响到大学生群体，影响教育的方向，影响社会的进步。因此，高校教师要全面发展自身的专业素养，提升知识系统、教育实践和教育研究能力和高尚的人格，并引导学生个性的完善与发展，以自身修养潜移默化地影响学生。这个过程就最终使教师成为一名知识型、专家型、反思型和学习型的学者，并达到逐渐完善和可持续发展的目标，具有国际视野和国际理解力。

4．作为学生何为

随着市场用人单位计划缩水及就业人数激增，大学生待遇持续走低、热门专业趋冷……在社会整体需求没有明显上扬的大形势下，许多普通岗位不仅挑战着社会的"大学生情结"和"精英观念"，也挑战着处于这一群体中的大学生个人如何正确地看待自己的问题。

---

① 陈平原：《何为大学》，北京大学出版社，2006 年，第 124 页。

② 谷建春：《高等教育的价值取向与学科专业设置》，《高等教育研究学报》，2003 年，第 26 卷第 2 期。

大学阶段是人生中最富活力、思维和情感最为活跃的时期，大学生不仅追求高等教育的未来价值，也看重高等教育的直接消费价值、高等教育学术价值，以及条件与环境的价值。基于此，大学生应对市场经济挑战的关键在于提高综合素质，尽早立志、勤奋学习、努力实践、加强修养，自觉调整预期目标，在这个适应过程中一步步走向成熟，在未来平凡的岗位上创造不平凡的业绩。

以人为本理念指导下的高校本科人才培养模式创新与实践

王雷震 汪晋宽①

摘 要：本文阐述了高校本科人才培养模式变革的必要性，重点介绍了东北大学秦皇岛分校基于以人为本的教育理念，变革传统人才培养模式，构建并实施"3+1"本科人才培养模式教学改革，总结了"3+1"本科人才培养模式的主要特点，最后简要指出了"3+1"本科人才培养模式实施中需要注意的问题。

关键词：高校本科；以人为本；"3+1"人才培养模式；教学实践

按照我国高等教育法的有关精神，高等学校的主要职能是培养人才、发展科技、服务社会，其中人才培养是其基础功能和根本任务，不断提高人才培养质量是高校永恒的主题。高校的人才培养质量在很大程度上受到人才培养模式的制约，随着我国社会、经济以及高等教育事业的发展，高校人才培养模式的改革已经越来越受到国家教育主管部门、各级政府、高等学校自身以及广大师生的普遍重视，成为我国高等教育教学改革的关键环节之一。

一、高校人才培养模式及其改革的必要性

迄今为止，我国高等教育界对高校人才培养模式的认识并不一致，基本处于仁者见仁，智者见智的状态，不同的学者给出了不同的看法，比如："高校人才培养模式是在一定的教育思想指导下的人才培养目标、制度、过程的简要组合，是为实现一定的人才培养目标的整个管理活动的组织方式"；"大学人才培养模式是指在现代大学培养理念和理论指导下建立起来的比较稳定的大学人才培养活动的结构框架和活动程序"；"高校人才培养模式是指在一定的高等教育理论、教育思想的指导下，按照特定的培养目标和人才规格，形成相对稳定的教学内容和课程体系、管理制度和运行方式"；"人才培养模式是学校为学生构建知识、能力、素质结构，以

① 王雷震，东北大学秦皇岛分校教务处处长；汪晋宽，东北大学秦皇岛分校校长、教授、博士生导师。

及实现这种结构的方式”等。一般意义上，高校人才培养模式，可以通俗地理解为高校为实现特定的人才培养目标，而采取的教育教学活动的组织方式与运行机制。其主要构成要素包括教育思想与教学理念、培养目标、培养过程、培养制度等。说到底，高校人才培养模式也就是高校培养什么人才以及如何培养的问题，它集中体现了一所高校整体的治校方略。

由于高等教育受一定社会的经济、政治、文化所制约，并为该经济、政治、文化的发展服务，不同的历史时期，社会对高等教育所培养的人才要求有其差异性，不同的历史时期高等学校应形成不同的人才培养模式，以培养适应不同历史时期需要的各类人才；同一历史时期，不同高校自身人才培养的定位和培养目标不同，又决定着其具体的人才培养模式应有显著的不同。同一所高校，随着社会经济发展对人才需求的不同，为更好地适应社会，也需要不断地对其人才培养模式适时予以变革。因此，高校人才培养模式的不断变迁和创新有其必然性。

二、东北大学秦皇岛分校本科教育人才培养模式的改革与实践

东北大学秦皇岛分校是经教育部正式批准成立，在东北大学统一规划下，面向全国招生，相对独立办学的普通本科高等学校，承担东北大学“211 工程”、“985 工程”建设子项目任务，电子注册、学生毕业统一归口东北大学，是东北大学的有机组成部分。2003 年以来，东北大学秦皇岛分校按照科学发展的理念，以人为本，结合学校实际，考虑学校外部环境的影响，面向社会人才需求，针对学校过去人才培养模式存在的问题，积极探索，精心设计，大胆创新，对传统的人才培养模式进行了较大的系统的改革，逐步形成了能主动适应社会经济发展需要的、反映学校自身办学特色的“3 +1”本科人才培养模式，并取得了良好的实践效果，为深化高等教育改革创出了新路，积累了经验。

1.“3 +1”本科人才培养模式的基本内涵

遵循以人为本的教育理念，以学生为中心，以社会人才需求为导向，确立学校本科人才培养目标，优化课程体系和知识、能力结构，深化教学内容和教学方法改革，建立有效的学校内部教学质量监督与评价体系，使学生能在大学 3 年内完成专业所需的基础理论和专业知识学习，第 4 年根据学生自身的业务发展方向，在教师指导下，通过专题培训、运用社会实习实践以及毕业设计（论文）教学工作，有的放矢地强化学生专业知识的综合运用和技能训练，提高专业综合应用能力，增强学生在就业市场的竞争力、专业实际工作的适应力以及未来职业的发展力。

2. “3 +1”本科人才培养模式实践

(1) 确立学校人才培养目标。

人才培养模式要素中,培养目标是先导。不同类型的高校,所满足社会人才需求的层次不同,因而其人才培养定位和培养目标也有所不同。东北大学秦皇岛分校是一所以教学为主的大学,人才培养面向主要以工程技术和经济管理实际领域为主。考虑国家现阶段社会经济的发展要求,学校经过对校内外环境因素的深入调研分析,最终确立了“厚基础、宽口径、强专业、重实践”的人才培养思路,明确了复合型、应用性、多样化高级专门人才为本校的本科人才培养目标。

(2) 构建“3 + X”型课程体系。

为保证上述人才培养目标的实现,体现人才培养的共性要求和学生个性发展的需要,我们对传统的专业课程结构进行了系统的调整和重构。实行弹性学分制,构建了分阶段实施的“3 + X”型课程体系。学生前 3 年实行两学期制,所学课程分为文化素质教育课群(包括卫生心理健康、艺术、文献检索与写作专题学术讲座、军事理论、职业规划与就业指导等)、基础教育课群(包括自然科学、工程技术、人文社会科学课程)、专业平台课群(包括重要的专业基础课和专业核心课)、专题选修课群(分专业方向的模块化课程)四大课群,总课程学时控制在 2 400 学时,此外还包括认识实习、专业实习及军训、课程设计等实践课程教学环节。各类课群占总学时的比例大致为:文化素质教育课群占 5% 左右,基础教育课群占 55% 左右,专业平台课群占 30% 左右,专题选修课群占 10% 左右。第 4 学年完成“X”课程的教学工作,所谓“X”课程指的是学生在认识实习和专业实习的基础上,根据自己的专业发展方向,紧密结合毕业实习中、社会生产实践中的实际课题,在教师的相关专题培训以及具体指导下,自行修读完成课题所必需的专门知识,强化专业知识的综合运用和技能训练,完成毕业设计(论文)工作。第 4 学年从传统的暑假开始实施 3 学期制,小学期之间为学生社会实习和就业休假时间。上述课程体系的设置和教学安排,一方面确保了人才培养的基本规格和人的全面发展共性要求,体现了学校“厚基础、宽口径”的培养目标;另一方面,一年的“X”课程教学,体现了学生专业个性发展的需要,保证了“强专业、重实践”培养目标的实现。同时,灵活的 3 学期制安排,既保证了学生有足够的休假时间,又有效地解决了高校学生大四课程教学、毕业实习、毕业设计(论文)与国内大学生人才就业市场在时间上存在的冲突和矛盾。

(3) 优化教学计划和教学内容。

培养过程是人才培养模式的关键要素,教育思想与理念、人才培养目标与专业培养方案、课程体系设置与培养途径等,都要体现和落实在人才培养过程之中。而教学计划和教学内容则是人才培养过程的最核心要素,它是人才培养过程的实体化展现。人才培养模式的效果,很大程度上取决于教学计划和教学内容。

东北大学秦皇岛分校在"3+1"人才培养模式之前,以学生为本,以教师为主体,围绕专业培养目标,从建构学生合理的优化的知识、能力、素质结构角度,开展了各个专业教学计划和教学内容的调整工作,前后梳理了各个专业基础课群、专业平台课群、专业选修课群中前后课程之间的时序逻辑关系,研究了同一专业不同课程内容之间的内在逻辑关系,建立了课程教学内容及时修订和更新机制,形成了有利于学生知识和能力建构的、教学负荷更为均衡、课程结构更为合理的专业教学计划。并且每年根据社会经济科技的发展,召开校学术委员会,对专业培养计划进行适当修订,使各专业4年教学总学时控制在2 400学时左右,周学时控制在22~24学时,每学期各专业考试课程门数控制在4门以内,为学生自主学习和个性发展留下了较为充足的空间。同时,根据中央将思想政治理论教育贯穿大学教育始终的精神,在总学时不变的前提下,把各专业公共基础课——思想政治理论课程由原来的1~2学期开设,分散在1~5学期开设,实现课堂讲授、课外导读和社会实践的有机结合,这样既提高了思想政治理论课程教学质量,又为专业基础教育延伸到第2学期、甚至第1学期留出了合适的空间,促进了学生专业适应能力的提高。

(4) 建立健全校内教学质量监督与保障体系。

培养制度和培养评价是人才培养模式有效实施的保障。几年来,伴随着东北大学秦皇岛分校"3+1"人才培养模式的实施,分化出目标子系统、制度子系统、组织子系统、过程子系统以及信息子系统,逐步建立了较为全面的校内教学质量监控与评价系统,建立健全了包括教学运行规章制度、专项教学评价制度、教学质量激励制度在内的校内各类教学规章制度。重点加强了专业人才培养目标与培养方案、教学主要环节教学质量、课程考核、毕业生综合素质和能力以及就业质量等方面的教学质量监控与评价,确保了"3"阶段的培养质量。

(5) 实践效果。

东北大学秦皇岛分校2003年开始在信息管理与信息系统专业首次开展了"3+1"人才培养模式试点工作,之后在全校进行了推广,取得了显著成效。由于新的人才培养模式注重强化基础、拓宽口径、加强专业与实践创新能力培养,同时增加了学生的自由发展空间,学生的学习积极性明显提高,校园学习风气浓厚,学生基础理论、基本技能以及综合素质得到全面增强,实践创新能力得到明显提高。近年来,东北大学秦皇岛分校学生在国际、国家各类大学生科技文化大赛中获奖数量和获奖等级大幅提高,学生保送、考取"985工程"或"211工程"高校的硕士研究生比例持续上升,一批本科生在校期间公开发表了较高质量的学术论文,学生毕业率、学士学位授予率一直保持在100%。东北大学秦皇岛分校所培养的本科学生以其综合素质高、业务能力强、就业适应性好等特征受到了国内社会用人单位的欢

迎和好评，就业率和就业质量连年在河北省名列前三位之内。2005 年，在教育部本科教学水平评估中，东北大学秦皇岛分校被评为优秀。

三、“3+1”本科人才培养模式的主要特点

经过几年来的人才培养模式改革实践，我们认为，“3+1”本科人才培养模式具备以下几个方面的明显特点或优势。

(1) 体现了高等教育以人为本的科学发展观。

以谁为本曾经是我国高校教育人才培养工作中长期悬而未决的重大问题。传统的人才培养模式，基本属于“专业知识储备型”，大学生进入高校，按照过细的专业设置，按照学校自行制订的教学计划和相对固化的教学内容安排，前两年封闭式地完成基础知识、专业基础知识的学习；后两年完成专业知识的学习，学校是知识的灌输者，学生是知识的被动接收者，学校不重视学生实践能力和创新精神的培养，忽视学生个性化发展的需要，加之不同课程知识之间的割裂性以及教育固有的滞后性，致使许多高校毕业生呈现千人一面的现象，缺乏对所学知识的系统性认识和综合运用训练，不了解知识间的相互关系，难以对所学知识融会贯通，缺乏探究问题的激情与能力，不具备足够的职业适应能力，难以满足社会对专业高级人才的实际需求。这种人才培养模式实际上体现的是以学校为本、以专业为本、以知识为本的教育思想。“3+1”人才培养模式，着眼于学生个人自主发展和未来职业需要，在加强基础、拓宽专业面向、增强专业能力的同时，注重学生素质、知识、能力的有机构建和协调发展，将理论知识和生产实践相结合，大大缩短了学生适应社会，重塑自我的过渡期，学生成为“3+1”本科人才培养模式的最大受益者。该模式集中体现了以学生为本、促进人的发展的教育思想，符合科学发展观的要求。

(2) 较好地解决了本科专业人才培养中“博通”与“专精”之间的矛盾。

长期以来，在我国高等学校本科教育培养目标中，“博通”与“专精”是一对难以解决的矛盾，如何在有限的 4 年时间内，使学生既能“博通”，又能“专精”，是高校办学实践中经常引起争论又令人颇伤脑筋、无所适从的一个难题。“3+1”本科人才培养模式前 3 年兼顾“博通”教育和“专精”教育，后 1 年强化“专精”教育。实现了“博通”教育基础上的“专精”教育，突出了人才的市场导向作用，避免了“学生一出炉就滞后”的尴尬，符合国家和社会对本科人才的现实需求。同时，宽厚的博通教育以及学生自主学习空间的加大，又避免了传统本科毕业生专业过窄、知识结构单一、社会适应力弱的局面，培养制度上的柔性为学生今后专业发展和个人自主发展提供了成长空间。从目前来看，“3+1”本科人才培养模式不失为实现“博通”与“专精”教育均衡的好途径。

(3) 有利于促进教师的专业发展。

"3+1"本科人才培养模式内在要求教师既要具备深厚的专业素养和专业基础知识,又要不断地跟踪和学习掌握不断发展的先进的专业技术知识,还要积极开展课程教学方法的改革和课程教学内容的更新,提高教书育人的效果。因此,该人才培养模式的实施,会激发教师工作的积极性和工作潜力,促进教师教学工作水平和自身业务水平的不断提高,促进师生共同成长。

(4) 有利于创新人才的培养。

"3+1"本科人才培养模式的最后一年的教学工作,不是以信息传授、知识讲解为中心,而是以综合运用所学理论知识和技能解决生产实践中的实际问题为导向,强调学生个人价值和个性的解放,满足教育者和受教育者双方的价值实现和自我发展。学生在较长的一个时间段内系统地经历一个教师指导下发现、分析、解决生产实际问题的过程。期间的专题培训;相关知识的自行修读获取;问题的提出;相关研究成果的收集、分析和评价;问题的分析与解决方案的探讨等研究式教学活动,有助于学生形成开拓创新、勇于实践的精神风貌,有助于促进学生形成一种螺旋式上升的智能结构。实践证明,该人才培养模式对于培养学生的创新意识、创新精神和创新能力起到了很好的载体作用。

四、结束语

高校人才培养模式的变革是一项涉及学校全体师生、全部教育过程各个环节的较为复杂的系统工程,东北大学秦皇岛分校几年来的人才培养模式创新实践表明,"3+1"本科人才培养模式设想容易,完成实际构建并有效实施取得预期的良好效果,需要付出巨大的努力,需要扎扎实实地做好各方面的相关工作。另外,如何进一步提高"3"阶段的教学质量,如何将"1"阶段的文章做足、做实,需要在实践中不断探索。

论高校校园商业活动的公益性选择

周 忠①

摘 要: 近年来,大学生在校园从事商业活动频繁,干扰了学校正常的教学秩序,影响了大学生学习、生活和身心健康,破坏了校园良好的育人环境,存在危机。高校管理者要辨析大学生在校园开展商业活动与大学生社会实践的本质区别,对大学生在校园从事的商业活动加以引导,建立严格的准入制度,校园商业活动应坚持公益性选择。

关键词: 高校;大学生;校园商业活动;准入制度;公益性

近期"大学里的10个怪现状"走红网络各论坛,各大报刊也进行了相关转载,其中大学生"不论贫富都经商"的现状引起了众多学者的热议。在全球经济市场化的今天,商品经济已渗透到社会的各个方面,大学生在校园从事商业活动的现象非常普遍,并有愈演愈烈的趋势,校园商业活动已成为校园管理的难点和广大学生关注的焦点。

一、校园商业活动的现状

(一) 校园商业活动的表象

校园商业活动的表象主要体现在5个方面:(1) 校园商业活动内容众多。既有生活用品方面,也有精神需求方面;既有直接推销书籍、化妆品、电子产品、食品等的,也有各类派出促销、培训招生、产品代理宣传和广告发布等的,五花八门,不一而足。(2) 校园商业活动频繁。时间不只局限于周六、周日,周一至周五也时有发生,特别是新学期开学和新生报道日,各个院系的学生都有,各个年级的学生都有。(3) 校园商业活动场地杂乱。不只局限于生活区,教学区也有,特别是生活区,学生随意摆摊设点,标语、横幅、广告牌等杂乱无章,偶尔还载歌载舞,商业气氛浓厚,为争夺有利场地学生间争吵事件也时有发生。(4) 校园商业活动形式多样。既有个体单兵作战,也有群体出击;既有未经任何部门批准的私下活动,也有经个

① 周忠,扬州职业大学润扬后勤总公司副总经理,助理研究员。

别部门同意的公开行为;既有电话和网上预约送货,也有进宿舍直接推销,形形色色。(5) 校园商业活动格调参差。既有一些文明高雅的活动,也有一些低级庸俗的活动,参差不齐。

(二) 校园商业活动管理的无序

目前,高校对大学生在校园从事商业活动的行为没有设立专门的管理机构,存在多头管理、界别不清的状况,看似谁都能管,实质上谁也没法管,谁也不愿负责,造成欲管无章,管理不严,监控不力,放任自流的混乱局面。院系把它作为大学生社会实践和贫困生自我救助的渠道,学生处把它作为大学生社团活动看待,极少数后勤部门把它作为创收的小途径收取场地管理费,保卫处则认为学生从事商业活动已征得了学生处和院系的同意,后勤部门也收了场地管理费,安全出了事与我保卫处无关,因此睁一只眼,闭一只眼,加剧了校园商业活动愈演愈烈的趋势。

二、校园商业活动频繁的原因及危害

(一) 校园商业活动频繁的原因

造成校园商业活动频繁的原因主要有 6 点:(1) 校园贫困生人数的骤增。因高校近几年的扩招,校园贫困生人数大幅上升,贫困生为获得生活费用,最先在校园搞起了商业活动,这是校园商业活动频繁的直接原因。(2) 学校管理的松散。随着高校的扩招,学生人数倍增,学校只能够满足最基本的教学需求,学生管理工作却是有心无力,这是校园商业活动频繁的关键原因。(3) 校园文化活动的匮乏。随着高校的扩招,校园原有文化活动设施变得相对缺少,部分学生业余生活枯燥,受"从众"心理影响,便加入了从事商业活动的行列,这是校园商业活动频繁的重要原因。(4) 部分学生追求高消费。这些学生生活上过多地讲究物质化,希望通过商业活动赚取用于攀比的资金,这是校园商业活动频繁的间接原因。(5) 大学生成长过程的特殊性。大学生成长过程的特殊性主要体现两个方面,一是饮食结构的变化、独生子女的孤僻、大学前学习的紧张造成大学生生理与心理发展"异步",即生理成熟提前,心理成熟相对滞后,独立生活能力低下,辨析意识薄弱;另一方面是进入高校后理想、专业和就业三者矛盾交错,造成大学生对前景迷茫。大学生成长过程的特殊性导致部分大学生"价值引导"失衡,也加入了商业活动的队伍,这也是造成校园商业活动频繁不可忽视的原因。(6) 学生把校园商业活动等同于职业生涯先期规划尝试,这是校园商业活动频繁的非主流原因。

(二) 校园商业活动的危害

首先,校园商业活动扰乱了教学秩序,破坏了育人环境,影响了大学生的学业。高校是学术和精神的圣殿,是传统文化积累和延续的主要场所,校园开展的一切活

动都必须有利于“教书育人”,高校围绕“教书育人”要创建“书香校园”,营造能让大学生安心学习、热于求知的校园文化氛围,而校园商业活动却冲淡了高校的“书香氛围”,降低了教学活动的有效性,使部分大学生“心境”失衡,情绪上心浮气躁,学业上不思进取,热衷于搞商业活动,浪费了宝贵的学习时光。其次,校园商业活动不利于大学生形成正确的世界观、人生观、价值观。校园商业活动绝大多数以赚钱为目的,从事商业活动的大学生不只局限于贫困生,不少家境富裕的大学生受“从众”心理影响,也加入校园商业活动一族,有的大学生在赚了钱之后,生活上过多的讲究物质化,搞攀比,“拜金主义者”流行,加大了高校对大学生思想道德教育工作的难度。最后,校园商业活动破坏了校园安全稳定的局面。校园内摆摊设点既干扰校园安全秩序,也影响了校园长期以来创造的安静环境,同时,部分大学生阅历太浅,容易上当受骗,自身的利益得不到保障,个别不法商人甚至利用大学生推销一些违规商品,如过期食品、盗版书籍影像制品等,制造了校园新的安全危机。

三、校园商业活动的认知

(一)校园商业活动与大学生社会实践的本质区别

大学生社会实践活动在目的、内容、形式等方面与校园商业活动有着本质的区别。校园商业活动以赚钱为目的,内容简单粗糙,具有商业性、功利性、投机性,校园商业活动的盛行扰乱了高校的教学秩序,影响了高校的育人环境,破坏了高校的安全稳定局面。大学生社会实践是指在校学生利用假期(主要指暑假)及课余时间,深入到工厂、农村、街道、部队、医院等进行考察,了解社会,并利用所学专业知识为经济建设和社会发展服务的实践活动。大学生从事社会实践活动可以将课堂上学到的专业知识、技能融进社会,学以致用,经受考验和挫折,学会面对困难,提升实践能力和自我创新精神,这种社会实践对培养大学生科学文化知识、专业技术能力、职业生涯先期规划、社会责任感等综合素质以及促进大学生就业都具有重要的意义。

(二)校园商业活动与高校的教育属性相矛盾

高校是通过对大学生进行科学文化知识、技能和思想道德品质等方面的教育,培养具有实践能力和创新精神,为社会建设服务的人才的场所。高校的主要功能为教学、科研、社会服务,而教学是它的基本功能。所以,高校应以人才培养为目标,通过各种机制优化资源配置,努力创建“宜教型”和“宜学型”的校园文化环境,要有利于教师的“教”和学生的“学”。大学时代是大学生人生事业的奠基时间,是大学生世界观、人生观的形成阶段,环境教育起着至关重要的作用,营造“书香型”的环境教育氛围,可以使大学生处于一个高雅的休息、学习、生活场所,让他们拥有一个好的心境去提升思想意识和陶冶情操。校园浓厚的商业活动氛围必将影响学生学习的激情、耐心和毅力,不利于高校形成严肃的"学风",与高校的教育属性相矛盾。

(三)校园商业活动与高校的政治属性相矛盾

高校是培养"社会精英"的主要场所,是引领社会主流意识形态的重要阵地。高校在社会重大政治活动、"政治敏感期"往往起到触点作用,高校稳定工作一直受到党和政府的高度重视,特定历史条件下高校的稳定工作带有明显的政治属性。高校管理者如果不对校园商业活动愈演愈烈的趋势加以抑制,就会影响高校对大学生进行思想政治教育和道德品质教育,使大学生容易形成"金钱至上"的人生价值观,贪图安乐享逸,缺乏刻苦学习的清贫精神,缺乏对自已和社会应有的高度责任感,产生自我价值与社会价值的分歧,一旦遇到挫折和失败,就不能正确对待,怨天尤人,消极情绪严重。这给高校的稳定工作留下隐患,不利于建设"和谐校园",与高校的政治属性相矛盾。

部分高校管理者对大学生在校内开展商业活动持肯定态度。他们认为大学生在校内开展商业活动,一方面可以充分发挥学生的知识和智力优势,为在校大学生的生活基本需求服务,培养学生的劳动观念和价值观念;另一方面可以合理利用课余时间,丰富业余生活,通过商业实践全面提高自身素质,为就业做好准备;另从物质角度看,商业活动也成为家境窘迫的大学生减轻家庭负担的途径之一。

四、校园商业活动的管理

(一)校园商业活动的公益性原则

高等学校肩负着传承文化和启发民智的重要使命,是中华民族振兴的基石,其公益性不言自明。在高校,当大学生从事商业活动的赚钱利益与高校教育功能能否顺利实施相矛盾时,应保证高等教育的公益性目标,净化"教书育人"的环境,因此,只有对那些破坏高校"教书育人"环境,干扰大学生学习激情,影响大学生身心健康发展的校园商业活动给予坚决禁止,才能体现高校的教育属性和政治属性,所以,依托于高校的校园商业活动必须以公益性为前提,要坚持公益性原则。

(二)建立校园商业活动准入制度

管理是一种无形的力量,校园商业活动的管理工作,要有高校各类管理者去协调、执行和操作。为了便于对大学生在校园从事的商业活动进行审核、监督、检查,确保校园商业活动安全有序,符合高校自身特色,高校应建立大学生在校园从事商业活动的准入制度,对大学生在校园从事商业活动的内容、形式、规模、时间、地点等进行规范,成立大学生在校园从事商业活动的管理领导小组,参加部门有院系、

学生处、后勤集团、保卫处。这样,高校管理者对大学生在校园从事商业活动的前移管理就有章可依,而且通过对其设置严格的审批监管程序,可以形成良性循环,"书香校园"才能得以保障。

(三)校园商业活动的引导

高校各类管理者要运用一定的手段和方法对校园商业活动进行引导,要把校园商业活动的管理工作与大学生思想道德教育、心理疏导、教学实践和对贫困大学生的关心爱护结合起来,综合考虑。首先,校园商业活动要严把准入关,领导小组各部门要按章审批,严格程序,商业活动的内容必须是积极健康的公益性服务,如"中国麦田计划"、"毕业生跳蚤市场"、"主题义卖活动"等,当然即使是公益性商业活动,考虑到高校的特殊文化氛围要求也应"适度"进行。第二,校园商业活动的形式和场地要控制,形式必须是净雅的、严整的,场地必须在生活区,而且远离学生宿舍,教学区应禁止任何形式的商业活动。第三,校园商业活动要统筹兼顾,一方面校园商业活动要结合教学实习和大学生社会实践等活动进行公益性选择;另一方面对热衷于从事校园商业活动的贫困大学生要加大扶持力度和优先提供勤工俭学岗位,解决他们的后顾之忧,让他们能够安心学习。最后,高校管理者应当引导大学生进行健康消费。当前,一些大学生追新求异,唯恐落后于潮流,不懂得量入而出,而且虚荣心的驱使又形成无休止的攀比心理,这些都是让人感到忧虑的方面。另外,恋爱支出过度也成为大学生经常难以理性把握适度消费的重要因素。高校管理者要加强对大学生消费观的教育,树立正确的消费观。当代大学生的消费观应该是一种充满感性而略掺有理性的消费观。

高校是大学生学习、生活、休息的重要场所,承担着教书育人的神圣使命,高校应创建适宜大学生学习、生活、休息的"书香校园"、"和谐校园",主动抵制校园商业活动对高校传统"校园文化"的冲击,坚持校园商业活动的公益性选择,建立校园商业活动长效准入制度,引导大学生珍惜大学时代的宝贵时光,安心学习,提升品质,树立正确的世界观、人生观、价值观。

参考文献:

[1] 刘 建. 大学生社会实践运行机制研究. 中国西部科技,2007(11).

[2] 周 川. 简明高等教育学. 南京:河海大学出版社,2006.

[3] 谭顶良. 高等教育心理学. 南京:河海大学出版社,2006.

[4] 张秋山,王宪明. 大学生职业生涯规划实用教程. 人民出版社,2007.

现代远程开放大学与传统大学校园文化建设的比较与对策研究

罗大中①

摘　要： 远程开放大学在强调抓好内涵建设的同时，必须切实有效地进行校园文化建设。从传统的意义上讲，校园文化建设的内容一般包括精神文化、行为文化、物态文化、制度文化4个方面。突显大学精神、呈现多元化、突出物态文化建设是传统大学在文化建设层面上的特征。现代远程开放大学与传统大学校园文化建设的差异主要体现在校园文化建设的受众对象不同、校园文化建设的侧重点不同、校园文化建设的内涵不同。现代远程开放大学校园文化建设的途径是，树立新型的远程开放教育校园文化观，赋予远程开放大学校园文化以新的形式和内容，营造健康和谐的远程开放大学网络文化氛围，完善远程开放大学校园文化建设的技术支持服务。

关键词： 远程；开放大学；传统大学；校园文化；差异；特征；途径

党的十七大提出要推进社会主义文化大发展、大繁荣，这就对高等学校校园文化建设提出了更高的要求。高等学校校园文化是人类社会长期积累的优秀文化缩影，是社会主义文化的重要组成部分，是直接影响大学生成长的环境因素，是高等学校教育机制中的一个十分重要的环节。现代远程开放大学作为高等教育的重要组成部分，其教育宗旨是为"人的全面发展与全面的人的发展"服务，因此，在强调抓好内涵建设的同时，必须切实有效地进行校园文化建设。然而，现代远程开放大学的特点决定了其与传统大学校园文化建设的差异，必须在比较的基础上，采取相应的对策，才能使现代远程大学校园文化建设具有独特的色彩。

一、关于校园文化建设的一般概念

从传统的意义上讲，校园文化有广义和狭义之分。广义的校园文化是指学校生活和存在方式的总和，是以生活在校园内的学生、教师、干部为主要群体，在物质

---

① 罗大中，沈阳广播电视大学党委宣传部部长、副教授。

财富、精神产品和氛围以及活动方式上具有一定独特性的文化类型。狭义的校园文化是指学校历史发展过程中形成的反映人们在生活方式、价值取向、思维方式和行为规范上有别于其他社会群体的一种团体意识、精神氛围,它是维系学校团体的一种精神力量。

校园文化建设的内容一般包括4个方面:一是精神文明建设,包括师生员工的价值观念、集体舆论、文化传统、学术风范、精神信念和校风、教风、学风、校训等,它反映出学校的个性和风貌,是校园价值体系的精华;二是行为文化建设,是指校园内人们的日常言行以及娱乐性、学术性、科学性的实践活动,是师生员工精神状态、行为操守、文化品位的体现;三是物态文化建设,包括校园环境、校园建设、教学科研设备和文化设施,是校园文化的"硬环境",也是学校的"第一印象";四是制度文化建设,既包含各种规章制度、组织机构和各类非正式群体,也包括固化和物化了的校徽、校标、校歌等,是学校基本特点和基本精神的历史沉积和总结。物质文化建设是精神文化、行为文化、制度文化建设的基础;精神文化、行为文化、制度文化建设是物质文化建设的支撑。它们既相互联系,又各有特点,共同构成校园文化的基本内容和体系。

二、传统大学校园文化建设的特点

就一般而言,校园文化建设主要有以下几方面特征:一是稳定的继承性。校园文化尤其是核心部分,往往具有十分稳定的继承性,这就是人们通常所说的"传统"。每所大学,尤其是历史比较长的大学,都有自己的传统沿袭下来,形成具有本校特色的校园文化。这种传统具有很强的继承性,可以代代相传。二是鲜明的时代性。当今的校园文化建设,都以适应时代潮流为出发点,紧密围绕提高大学生的素质,包括思想素质、道德素质、专业素质、文化素质、创新素质、心理素质和身体素质等综合素质而展开。三是明显的超前性。大学的师生具备较高的科学文化素质,是社会中最富有想象力、创造力和生命力的群体,他们在思想观念和价值取向上的变革,往往在一定程度上超前于社会的发展,因此,校园文化既反映社会文化,又具有明显的超前性。四是模式的多样性。主要反映在不同风格学校的不同特色上,如学科不同、规模不同、办学时间不同的学校,都具有不同的特色。即使是同规模、同性质的学校,其校园文化的特色也各有差异。五是参与的自主性。大学校园文化形式多样、丰富多彩、生动活泼、寓教于乐,适应了师生的心理特点,广大师生都自觉地融入这个文化当中来,成为校园文化整体的一个支点。六是教育的渗透性。校园文化形成于无形也作用于无形之中,对于校园中的群体或个体的影响和教育,是一个日常性的、渐进性的过程。如果校园文化在这个过程中得到积极的富有成效的建设,那么这个文化因素就会在无形中把对人才的基本要求和育人目标渗透到大学生文化活动的各环节当中,起到潜移默化的教育作用。

在以上6个方面基本特征的基础上,作为传统大学,在文化建设层面上还有其独有的特征。

(1) 突显大学精神是传统大学校园文化建设的主旋律。传统大学办学历史长,文化底蕴深厚,形成了自身的办学特色和风格,因此,传统大学的校园文化建设主要体现在大学精神上。大学精神是一所学校在特定的社会背景下在长期发展的过程中形成的,它不仅通过大学生活的方方面面展现出来,而且内化为学校全体成员的精神气质和文化品格。它建立在对教育的本质、办学规律和时代特征的深刻认识的基础上,是办学理念的集中体现,是经过大学师生员工长期努力积淀而成的稳定的共同追求、理想和信念,是校园文化的精髓与灵魂,是大学办出水平、办出活力的源泉和动因,体现了大学的凝聚力、创造力和生命力,具有价值导向、精神陶冶、规范约束、凝聚群体、辐射社会等一系列重要作用。大学精神反映出一所学校特有的哲学思想、办学理念、育人方针、学术追求、管理模式等。通过大学精神的塑造,对学校的"文化体"和"文化群"的意识形态进行整合、凝练和升华。

(2) 呈现多元化是传统大学校园文化建设的时尚。大学校园文化作为一种社会亚文化,与社会文化密切联系,社会上最新的思潮与时尚都会敏感地被大学所接收。同时,经济成分和经济利益多元化所导致的社会文化多元化,大学校园文化主体的价值取向、文化修养、知识结构、志趣追求的差异,以及大学生民主意识增强,思维更加开阔,接触的事物更广,思想活跃,独立性强,个性突出,最终使得大学校园文化呈现多元化、多层次化的特点。

(3) 突出物态文化建设是传统大学校园文化建设的共性。从传统大学角度讲,"硬件建设"在大学物态文化建设中处于重要地位,没有完备的"硬件"系统,校园文化也得不到健康发展。优雅的校园环境可以陶冶学生的性情,塑造学生美的心灵,宽敞的校园、别致的建筑可以使师生对学校产生一种自豪感和责任感。近些年来,传统大学不断加大投资力度,进行大规模的扩建、换建、新建,其中"大学城"的建设使传统大学在物态文化建设上显得更加突出。

三、现代远程开放大学与传统大学校园文化建设的差异

现代远程开放大学的教育既不同于传统大学,又区别于其他成人高校。在校园文化建设上,有其共性的东西,但由于在教育对象、教育环境、教育内容上的差异,也决定了远程开放大学与传统大学校园文化建设的差异,主要表现在以下几方面:

(1) 校园文化建设的受众对象不同。远程开放大学学生与传统大学学生相比较,具有自身的特殊性。一是差异性。远程开放大学的学生来自社会各阶层,成分复杂,在年龄、知识背景、个人阅历、学习目的、学习方式等方面都存在较大差异。二是自主性。远程开放教育大学的教育对象以职业人为主,具有相对成熟的世界观、人生观、价值观,有较强的思维能力,学习过程的自主化和个别化的趋势强。三是多重性。远程开放大学的学生具有多重身份,承担着多重社会角色,在学习过程中工学矛盾较突出。四是松散性。远程开放大学学生的学习时间和学习方式相对不固定,学生和教师处于"相对准永久性分离"状态,校园文化的效果和影响力较之传统大学相对较弱。

(2) 校园文化建设的侧重点不同。一是校园文化底蕴不同,所反映的文化内涵也不同。远程开放大学没有传统大学那么长的历史,虽然在文化建设中也强调大学精神,但其内涵发生了很大变化,主要还是体现在新的办学理念和教育理念上。二是传统意义上的校园概念和班级概念被弱化。与传统大学比较,学生主要是自主学习,学习者长期处于一种时空的孤立状态,互联网交际变成了人际交往的主要方式,教师和学生的交流主要是通过网络这个虚拟课堂而非校园课堂来实现,同学之间、师生之间的交流和知识的交往变成人与机器的交流。三是网络文化建设成为远程开放大学校园文化建设的重点。远程开放大学虽然也注重物态文化建设,但与传统大学比较,它所注重的不是高大的建筑和大面积的草坪,而是利用网络搭建虚拟的"校园围墙",在虚拟的环境中凸现开放教育独特的文化风貌。

(3) 校园文化建设的内涵不同。在远程开放大学校园文化建设中,除了强调网络环境中的双向互动功能外,根据教育对象的特殊性选择适当的校园文化建设内容也显得十分重要。与传统大学不同的是,除了基于人文素质的培养外,远程开放教育学生和社会接触面更深、更广,面临的问题也更加复杂多样,需要得到更多的关于家庭、事业、人际关系、学习方法等方面的探讨与帮助,而这些内容的选择因学生的年龄、阅历、思维方式等因素,不可能照搬照抄传统大学的校园文化建设内容,而要针对远程学习者的特点,更加注重学生的个性特征和自主选择,开展具有人文关怀精神的网络文化建设。强调发挥学生的主动性、积极性、创造性,学生可以不受时间、地域限制,根据个人需要有选择地在网上随时随地参与各种集体活动。

四、现代远程开放大学校园文化建设的途径

如何营造一种健康活泼向上、文化气息浓厚、教育效果独特的远程开放大学校园文化氛围？在分析了远程开放大学和传统大学校园文化建设的差异之后,可以

确定，现代远程开放大学应结合自身网络化、虚拟性等特点，建构独具特色的虚拟校园文化，形成自身的校园文化精神品格。

（1）树立新型的远程开放教育校园文化观。建立在网络环境下的现代远程教育具有仿真性、交互性、即时性、便捷性、广泛性、开放性、趣味性等特点，应突破传统大学的概念，摆脱传统大学模式的局限和有形的物质文化形态校园建设的影响，注重虚拟环境和现实环境的结合，强化虚拟环境的延伸，充分利用现代信息技术，开展符合远程教育特色的校园文化建设，形成跨越时空的校园文化理念，构筑新的校园文化模式。

（2）赋予远程开放大学校园文化以新的形式和内容。创新文化是大学文化建设的精髓，更是远程开放大学校园文化建设的灵魂。远程开放大学校园文化建设首先要在形式上创新，即主要是在网络的交互中体现出来，要充分利用网络的功能，吸引学生参与网络文化活动。其次，在内容上创新。一是在精神文化层面上创新。大学是特别需要精神支撑的组织，创新精神是现代大学的精神核心。与传统大学相比较，远程开放大学在精神文化创新上应侧重办学理念，形成办学特色。办学理念是一个开放的观念体系，不断吸取时代精神、顺应时代要求、深化其内涵是远程开放大学理念的内在要求，因此在办学理念上要不断有所突破和创新。二是在教学文化层面上创新。远程开放大学的学习者是高等教育中比较特殊的群体，作为在职、成人的业余学习、远程学习，其经济、社会、文化背景都有其特殊性。要着重对远程学习者的学习环境、学习动机、学习态度、学习方法、学习习惯及其文化特征进行探索和创新。应将素质教育贯穿于人才培养的全过程，培养学习者的学习能力，激发他们积极的思维活动方式，促进学习方式、学习习惯的变革，帮助他们树立自主学习的主体意识。

（3）营造健康和谐的远程开放大学网络文化氛围。网络技术作为一种文化已经渗透到远程开放大学教育的各个环节，给远程开放大学的发展提供了契机和有力的支撑，同时也对远程开放大学的校园文化建设产生了深刻的影响。在远程开放大学校园文化建设中，不仅要注重作为实体存在的“现实校园”，更要注重作为虚拟现实存在的“虚拟校园”，努力营造健康向上、和谐有序的网络文化环境。一是要努力建设融思想性、知识性、趣味性、服务性于一体的校园网络文化；二是要切实组织好网上的正面宣传报道，及时宣传国家及学校发展建设取得的成就；三是要开展丰富多彩的校园网络文化活动，要从校风、教风、学风建设入手，充分发挥校园文化的亲和力、感染力、渗透力及价值引导、素质提升、人格完善的功能；四是要抵制各种不良信息的传播，加强网上舆论引导，形成健康向上的网络文化氛围。

（4）完善远程开放大学校园文化建设的技术支持服务。网络技术是远程开放大学物态文化建设的一个重要组成部分。远程开放大学校园文化建设是建立在技

术基础上的网络学习文化,校园文化建设总是随着网络技术的发展而不断更新的,因此,网络技术的投入是校园文化建设的先决条件。在远程教育中,教学资源和学习支持服务系统必不可少。教学资源不仅是文字教材,更主要的是视听教材、媒体资源、IP课件、网络课件等;学习支持服务系统包括学习者个别化学习的教学环境、教师与学生交流的环境、学习者之间交流的环境。远程开放大学要充分利用网络优势,通过完善技术支持服务,模拟现实校园文化生活的内容、形式和场景,开发接近于真实世界的虚拟教学环境,实现对现实世界的直接模拟或数字再现。

参考文献:

[1] 孙绿怡,孙福万,王淑娟.略论现代远程教育文化的内涵.中国远程教育,2007(11).

[2] 崔凌云.论现代远程教育中虚拟校园文化的建构.湖北广播电视大学报,2007(2).

[3] 张一军.远程开放大学校园文化建设的探索与实践.远程教育杂志,2007(2).

[4] 李　华.现代远程教育校园文化建设思路.高教论坛,2003(5).

[5] 何效先.高职院校与普通本科学校校园文化建设比较研究.四川职业技术学院学报,2007(3).

论地州本科院校校园文化生态建设

宋焕斌 梁 明①

摘 要：大学校园文化是社会文化的重要组成部分。地州本科院校校园文化建设存在一手硬一手软的现象，科学协调地建设地州本科院校的校园文化迫在眉睫。本文强调了大学校园文化的重要性，分析了地州本科院校校园文化的局限性，进行了对建设地州本科院校校园文化的思考。

关键词：地州本科院校；校园文化；建设

一、大学校园文化的特征和意义

大学校园文化不仅是社会文化的重要组成部分，而且理应成为人类文化的前沿形式。大学校园文化以特定的校园方式和大学精神为特征，是每所大学在办学实践中逐渐孕育和不断凝练而成的独特的道德规范和人文风貌，是体现全校师生员工价值取向的人文生态环境。

大学校园文化内容的建构和对其价值意义的认定，不能仅仅局限在一时间席卷全国文化建设的浪潮中，也不能降格在一般意义的中小学普遍开展的文体活动之粗泛层次上。由于高校质的特殊规定和高素质人才的培养要求，高校文化建设的内容不能见子打子，局限于吹拉弹唱、打球照相等文体活动形式。因为高校的文化建设，旨在营造一种开放的、多元文化兼容的、可持续发展的、既具有高等教育特质又彰显自身办学个性的创建机制，从而凝练出一种渗透于学校各个环节，并为广大师生员工认可并自觉遵守、积极践行的精神指南，锻造成一种社会认同、影响久远的大学品牌和标志。大学精神正是校园文化建设的结晶，如北京大学的校训“爱国、进步、民主、科学”，所形成的大学精神是“勤奋、严谨、求实、创新”；清华大学校训“自强不息，厚德载物”、复旦大学校训“博学而笃志，切问而近思”、同济大学精神“同舟共济，自强不息”等，无不蕴含着丰富多彩的文化理念，无不积累着多年办学过程中所形成的厚重文化积淀。鉴于此，我们就必须将大学校园文化建设的意

---

① 宋焕斌，红河学院副校长，教授、博士生导师；梁明，红河学院副校级巡视员，教授。

义从诸如活跃校园生活的一般认识上向纵深领域挖掘，才不致将大学校园文化建设停留在表面、肤浅的层面上。地州本科院校尤其要避免浅尝辄止或者舍本逐末。

二、大学校园文化的作用

大学的校园文化体现着学校的精神，引导着师生的行为主流。大学校园文化的作用至少可以归纳为以下几个方面。

首先，树立一种文化理念。理念可视为每所高校办学的原则、主旨或指导思想，而渗透着文化因素的理念比起充满政治色彩的理念更耐人寻味而心驰神往。以云南大学为例，若云南大学的“会泽百家、致公天下”其中没有熔铸了有容乃大、海纳百川的儒家“达则兼济天下”的文化传统，同时又缺失了放眼世界、兼收并蓄的异质文化的深刻启示，那么，所谓“立一等品格，求一等学识，成一等事业”的办学主旨，就失去了最能激励斗志的文化支撑。我们相信，进入云南大学工作或学习的每一位师生，乃至每一位进入该校的造访者一旦接触“会泽百家、致公天下”这8个发人深省的大字时，油然产生的体验绝对远比那些“奋进、团结、进取、求实”之类的校训要震撼和深刻得多。

几千年形成的中华民族的文化传统，在漫长的历史发展过程中，通过不断的否定之否定的扬弃过程，已深深融入中国人的血液，已形成了极为稳固的思维定势，同时也成了凝聚民族精神的聚焦点，并在中国人尤其是知识分子的心目中构成极易发生共振的心灵敏感点。一旦浸润着某种文化内涵的大学理念触动了这种心灵的敏感，唤起了师生潜在意识中的景仰情感，这种文化理念就将成为其规范行为、调整思维、树立理想的精神力量。可见树立大学文化理念，已经不再等同于提出一个政治口号那么简单，因为这种文化理念可以升华为人生路标和道德取向，从而对师生产生一生一世的深刻影响。

其次，提倡一种文化精神。如果说理念是一种主旨明确的指导思想的话，那么，精神就是一种可以穿透一切的生命力量和道德操守，而渗透着中华优秀文化内涵的精神则可以成为彰显思想理念、实现理想追求的澎湃动力。人需要一点精神，同样，大学也需要一种精神，这种精神是居于大学这一特殊层面上的精神。农民需要吃苦耐劳的老黄牛精神，工人需要团结协作的团队精神，士兵需要视死如归的拼搏精神，这些精神因素对知识分子的品质塑造自然也大有裨益。但作为大学这一特定环境中人们的精神追求，却不能仅仅局限在农民、工人和士兵的特定追求上。大学师生由于长期沐浴在浓厚的文化环境中，始终接受着中外优秀文化的深度熏陶，由此而形成的心理企盼和精神期待自然也就会集中在饱含文化特质的精神描述上。如复旦大学提倡的“博学而笃志，切问而近思”、南京大学提倡的“诚朴雄伟,励学敦行”、南开大学提倡的“允公允能,日新月异”等无不蕴含着深厚丰厚的中国传统文化的精神底蕴。正是这些老牌名校长年对此精神意蕴的忠实坚守和发扬光大,才形成了这些学校引以为豪的校园文化,勉励着一代又一代师生的成长。

第三,营造一种文化氛围。无论理念或精神还仅仅是务虚的意识形态,都必须将其物化为具象性的识别标志,这就涉及校园文化氛围的具体营造。校园文化氛围的营造必须突出“文化”的特质,就是在文化理念和文化精神的指导下,通过具象化的建筑、标语、雕塑、校园媒体、专栏及浓缩文化精神内涵的校风、教风、学风的反复宣传和校训、校歌等的推行流传,各类学术讲座的频繁举办,再辅之以行为规范和道德标准的要求,使学校的各个环节和校园环境都充满着文化影响因素,从而构成环境育人的稳定形态和长效机制。

营造校园文化环境可以对师生的思想行为产生直接的影响,师生在浓厚的文化氛围潜移默化的影响下,通过视觉、听觉、触觉的直接撞击,逐步引发感情共鸣,达成共识,继而产生坚守、弘扬文化精神的自觉行动。但须强调指出的是,以上表述还仅仅是氛围营造中的硬环境构建,而至关重要的是软环境的构建,其中主要指的是倡导者的言传身教,以及管理者和教师自身素质的外在表现。所谓“学高为师,身正为范”突出的正是这一点。一旦校园形成了浓烈的积极昂扬的文化氛围,对学生所产生的心灵净化、情感陶冶、行为约束、道德示范、认识纠偏的作用也就事半功倍了。

第四,彰显一种文化个性。校园文化个性必须依托办学的宗旨、发展的理念、倡导的精神、建校的传统、学校的实际和地域的特点来构建。云南大学提出的“会泽百家,致公天下”决非空穴来风,其中既有会泽楼的启示,又有百年建校历史的文化积淀。趋同划一的文化精神表述不仅难以形成独树一帜的社会名片,更难形成烛照师生灵魂、启迪学生心智、引导思想行为的文化旗帜。具有突出文化个性的校园精神不仅有利于提升学校的知名度和社会影响,更重要的是它可以强化师生的心理认同程度,容易激发学生的情感趋向和培育他们的自豪感、荣誉感以及成就感。然而,所谓文化个性也绝非人为强制决定,而是多年坚守文化理念和发扬文化精神的自然溢出。大学校园文化的个性究竟该如何追寻和树立?笔者认为,校园文化个性的确立重点在于不断确立、认识的过程,而不是结论表述的人为认定,一旦精神理念成为师生共识和自觉行为,其归纳性表述便能水到渠成,脱颖而出。个性在于创造,在于出新,在于追求,必须基于本校的文化精神和文化理念,校园文化个性才可能标新立异,成为本校师生高瞻远瞩的精神依托。

三、地州本科院校校园文化的局限性

（一）缺失文化底蕴

校园文化主要以物质、精神、制度和人物等形式体现出来，我国地州本科院校大多数属于新建学校，办学历史普遍较短，缺失文化底蕴是客观事实。校园文化是通过历代师生员工的创造、传承和发扬所逐渐积累的精神成果和蕴涵这种精神成果的物质体现，办学历史短，无疑制约了优秀校园文化的萌芽和成长，使得新学校在一种自发而不成熟的校园文化环境中徘徊。新学校的校园文化通常表现为活跃的文体活动与深邃的文化内涵之间的差异，我们应对其主动设计，努力去缩小这种差异，尽快实现两者的协调与统一。

（二）地域限制

顾名思义，地州本科院校地处地级城市，少数学校地处县级城市。由于校址一般远离中心城市，在地域上处于劣势。具体表现为信息相对闭塞、文化形式单一、民俗风俗趋同、近亲繁殖普遍等。当前，我国每个地州基本上只有一所本科院校，有的地州甚至一所也没有。这种一城一校的独校办学格局，使校与校之间缺乏互相学习和影响的作用，无法进行校园文化的直接交流、碰撞和渗透。长期如此，容易产生单一甚至僵化的文化背景。这是制约校园文化发展的一个致命弱点。由于地域因素，大学行政化倾向在地州本科院校中似乎更为突出，行政权力与学术权力的博弈，往往是前者更占上风，这对地州本科院校校园文化的构建也是有着重要利弊关系。

（三）对校园文化建设的重要性认识不够

地州本科院校都在中小城市，在校园用地方面摆脱了大城市老高校的困境，都拥有宽阔美丽的校园。然而，地州本科院校在办学初期，兴奋点主要在校园建设和规模扩展上，容易陶醉在现代建筑和绿化效果的表面特征上，忽略了或者还没有来得及顾及校园文化的内涵建设。为此，有必要重新审视自我，充分认识校园文化的综合性和全面性，更加注重校园文化的精神塑造和内涵建设，让宽阔的校园和美丽的环境尽快蕴含其自身有特色的文化。

四、建设地州本科院校校园文化的思考

（一）制定科学的校园文化建设规划

校园文化建设既是一项基础性的工作，又是一项战略性和长期性的任务。优秀校园文化的形成需要具有前瞻性的设计。所以，为了尽快营造地州本科院校的校园文化氛围，促进这类学校的全面发展，必须制定科学的校园文化建设规划。制

定校园文化建设规划要站在学校可持续发展的战略高度，对校园文化进行总体的规划和系统的设计，并且分阶段、有重点的实施。要注重内涵建设，避免做表面工作和形象工程。

校园文化建设不是孤立的，它涉及全校的教学、科研、管理、学生活动、建筑等各个方面，要把校园文化建设与学校其他方面的建设结合起来，使其符合环境发展的生态需要。因此，要在明确校园文化建设的目标和任务的基础上，建设与学校定位及发展目标相适应的校园文化，并且在学校的各项建设中充分体现校园文化。

（二）加强校风建设

校风作为学校的风气，是校园文化的一个重要组成部分，是校园文化在学校物质和精神领域的折射。校风通过师生员工心理状态和日常行为体现出来。优良的校风对于师生的心理和行为具有潜在的号召力和约束力，有着潜移默化的教育作用。然而，好的校风是长期办学过程中优良传统的积累，一旦形成，它不仅得到大家的公认，而且是相对固化和稳定的，具有持久的生命力，犹如市场作为经济学中"无形的手"调节着经济活动，校风也成为激励和约束师生无声的号召和无形的制度。谁违反或破坏了校风，谁就会有悖于公众行为准则，并且受到舆论的指责。所以，地州本科院校要充分重视校风建设，一定要采取综合措施，主动引导好风气的形成，遏止不良风气的滋生，塑造大学精神，形成一种良好的校园文化氛围，逐渐形成学校自身的优良风格。

（三）营造学术氛围

校园要着力营造学术氛围。大学是年轻人集中的地方，校园呈现出热烈而充满活力的景象是理所当然的。但是，热烈、欢快和奔放的背后，必须有宁静的学术环境。无论是老师还是学生，都要适时适地静得下心来做学问。理想的校园文化应该是"动"和"静"的完美结合。这里的"动"包括文艺活动和体育活动等热闹奔放的场面，而"静"包括在图书馆学习和在实验室做实验等潜心学习和研究的氛围。新建地方本科院校往往表现出以"动"为主的校园文化特征，而由"静"体现的学术特征相对不够。我们曾经称学校是一块净土，其实，"净土"只是相对的，如果学术不去占领这块净土，其他东西就必然会去充斥它。近些年来，不完善的市场经济导致商业和官僚气息不同程度地蔓延和渗透到一些高校中，大学校园商场化和官场化的现象有增无减，这是一个值得引起重视的问题。我们一定要努力探索营造学术氛围的方法与途径，千方百计营造高校浓厚的学术空气。

（四）加大改革开放力度

改革开放在我国经济建设中取得了举世瞩目的成效，地州院校的发展也必须走改革开放之路。尤其是在校园文化建设方面，地州院校进行改革开放显得尤为重要。如前所述，地州院校地处中小城市，远离大学群体，校园文化环境在客观上

相对封闭。因此，通过开放形式，海纳百川，广泛吸收其他大学的异地文化，充实和改良本土文化是十分必要的。另一方面，地州院校多数是在专科学校的基础上发展起来的，其实都已经基本形成有自己的校园文化个性。但是，专科学校的校园文化与本科学校有较大的差别，这就要求这类地州院校在校园文化上进行改革，保留好的传统，抛弃与本科层次不相适应的东西，充实新的更高层次的文化内容，使得校园文化尽快适应本科学校的要求。

（五）加强师资队伍建设

地州院校普遍存在师资队伍薄弱的问题。传统师资队伍的建设主要强调结构，包括学历结构、职称结构、专业结构、年龄结构、学缘结构和性别结构等。当然，这些结构反映了师资队伍的总体状况，但高校更应注重师资队伍的内涵建设，包括教师的教育思想、学术水平、治学态度、敬业程度、团队精神和教学效果等，一定要把队伍结构形式与内涵建设结合起来。①

师资是学校的第一财富，师资队伍对校园文化起着主导作用，教师文化是校园文化的集中体现。从正面说，优秀的教师在各自的领域从事着前沿科学研究，是学科和专业建设的带头人；优秀的教师能以其学术造诣和人格魅力影响周围的教师和学生；优秀的教师给学校带来良好的声誉。正如哈佛大学第 23 任校长科南特指出的："大学的荣誉不在于它的楼舍和人数，而在于它一代又一代的师资质量。"②从反面说，教师水平低，不仅制约学生的成长，更为严重的是还会误导学生。此外，师出同源不利于多元文化的出现与并存，所以要改善师资队伍的学缘结构，以利于接受更多的外地文化。

（六）加强生源建设

生源对高校的校园文化有很大影响。犹如制造业选用的材料一样，好材料是制造优质产品的一个先决条件。由于多数地州本科院校缺乏社会知名度，在优秀生源的竞争中处于不利地位，所以地州本科院校要采取各种措施，在生源方面下工夫。国外的高校非常注重生源的质量，高校与中学有着频繁联系，千方百计让社会了解学校，如开展校园"开放日"（open day）活动、教授到中学去作讲座、请校长亲自与优秀中学生谈话等，以此来吸引优秀的高中毕业生。中国的地州院校一定要有生源意识。否则，地州院校各方面的条件都比较薄弱，如果生源质量太差，对学校校园文化建设十分不利。

---

① 宋焕斌，何云仙，冷革华：《试论新建高等院校发展重点与禁忌》，《昆明理工大学学报：社科版》，2006 年第 2 期。

② 宋焕斌，张云平，黄丽，等：《现代大学的发展特点》，《教育发展研究》，2003 年第 2 期。

以科学发展观引领本科人才培养工作

禹奇才　刘　晖①

摘　要： 文章认为大学的科学理性是人们关于大学及其发展的本质、目的、内涵和要求的科学思考和认识，从内涵发展、以人为本、和谐发展、统筹兼顾等视角，阐述了如何正确处理好人才培养8个方面的关系，树立大学的科学理性。

关键词： 科学发展观；本科；人才培养

全国各个高校正在进行学习实践科学发展观的集体教育活动，抓住这一良好契机，认真分析高等教育大众化初期高校人才培养面临的新情况、新问题，反思学校过去的人才培养工作是否符合科学发展观的要求，以科学发展观为指导来调整今后人才培养的思路，破解人才培养过程的难题，是学校的当务之急。

一、高校本科人才培养状况的审视

面对高等教育从精英教育向大众化教育转变过程中，办学条件和师资队伍的紧张状况，目前的高校人才培养工作已不适应经济社会发展的多样化要求。教育部和各高校都十分重视办学条件和师资队伍建设，同时，在调整学科专业结构、加强内涵建设、提高教育质量等方面，做了大量卓有成效的工作，高校人才培养工作基本上形成了健康发展的态势。尤其是近10年来，教育部采取的"两大举措"为持续提高高校人才培养质量提供了保障。

第一，全面开展本科教学工作水平评估，夯实人才培养基础。上一轮全国范围的各本科高校必须参加的本科教学工作水平评估，需要改进的地方不少，如过于讲求形式、过于重视材料准备等。但无论有多少问题，其主流应该充分予以肯定，至少在以下三方面有巨大的推动作用：一是促使各级政府重视高校办学，加大财政投入；二是促使高校树立教学工作的中心地位，重视研究办学规律，加强办学条件和师资队伍建设；三是促使高校教学管理部门健全教学质量内部保障体系建设，促使

① 禹奇才，广州大学副校长、教授；刘晖，广州大学高教所所长、教授。

教师增强质量意识、规范意识,加大精力投入。

第二,启动“质量工程”,提高人才培养质量。教育部2003年启动的本科教学质量和教学改革工程,牢牢抓住教学质量这一生命线,大大调动了高校探索教学改革的积极性,激发了广大教师投入教学的热情。一是树立标杆,建立教学激励机制。开展教学名师、教学团队评选,促使广大教师尤其是学术大师和高水平教授更加重视教学研究,更加投入教学工作。二是促使各高校积极探索多样化的人才培养模式改革和教学方法改革,如评选特色专业建设点、人才培养模式创新实验区,核心是提高学生的实践应用能力和创新精神,使高校的人才培养与经济社会发展接轨,增强人才培养的社会适应性。三是以教育信息化为手段,促进教学模式的改革,实现优质教育资源的共享,如精品课程建设、实验教学示范中心建设、大学英语教学改革等,都促进了优质教育资源的共享,使广大教师能够借鉴名师的教学理念,提升教学水平,拓展了学生学习的时空。

在肯定成绩的同时,应该看到高校本科人才培养工作还存在比较突出的问题,概括起来为三个不适应。

一是不适应学生全面发展的需要。(1)缺乏人文精神和科学精神的培养。在本科人才培养中没有将通识教育和专业教育很好地结合起来,学生学到的东西大都属于知识性、工具性的东西,不少学生不去探究生命的价值,缺乏理性的思辨能力,大学四年浑浑噩噩、一片茫然,说到底是人文精神和科学精神的缺失。(2)专业面窄。不少专业的学生无论是知识、能力、素质都局限于狭窄的专业甚至是专业方向上,难以适应学生全面发展的需要。(3)教学方法落后导致学生思维僵化。大多数教师仍然固守三个“中心”(课堂中心、教师中心、教材中心),采用“填鸭式”的教学方式,不是把学生当成学习的主体,而是当成灌输的对象,培养不了学生探索真理、追求知识的兴趣,更无法启迪学生的创新思维。

二是不适应经济社会发展的需要。(1)学科专业设置不合理。不少高校盲目增设热门专业,普遍开设办学成本低的人文社科专业,造成大学生就业市场“人才短缺”与“人才过剩”的结构性失衡问题。(2)高校与企业、行业等社会用人单位缺乏有效的联系和互动。社会对人才的要求难以反映到培养方案中,用人单位所需要的实际应用能力在学校很难得到有效的训练。

三是不适应科学技术的发展。(1)不少教师教育观念落后,授课内容陈旧;固守原有的学科、课程的封闭体系,没有及时将科学技术的最新发展反映在教学内容上,所传授的专业知识,学生毕业后就过时了。(2)没有培养好学生学会学习的能力、学会研究的能力,学生毕业后很难跟上科技发展的步伐。

高校本科人才培养存在上述突出问题的根源是:(1)不少高校对人才培养工作仍然重视不够,教学工作中心地位不巩固。不少高校领导班子没有很好研究人才培养规律和教学规律。(2)不少高校重科研、轻教学,忽视了学科建设本应涵盖的人才培养这一重要内涵,没有引导教师用心、用情、用力教学。(3)政府和教育行政部门对高校的评价重科研、轻教学,重显性指标、轻隐性指标。同时,政府没有牵头整合行业、社会力量,对人才结构需求形成定期调查和公布制度,不能有效地引导高校进行学科、专业结构的调整和优化。

二、把握科学发展观的内涵是提高人才培养质量的关键

高校人才培养存在上述种种偏差,根本问题是没有把握高校坚持科学发展观的内涵。科学发展观的核心是以人为本,作为培养人才的高校,深入落实科学发展观的本质要求是树立以人为本的教育理念,建设和谐兴旺的校园,培养适应经济社会发展的高素质人才。

1. 坚持科学发展观,重新认识教育的本质和功能

高校人才培养的误区在于高校只是将高等教育从旧时代培养王公贵族转化为现代培养学生获取谋生的手段,对教育的本质、功能和价值缺乏认识。教育的本质是培养人的主体性、人的德性和智性,教育最重要的功能是为消除人与人之间的差别提供起点和机会,教育的价值在于其是构筑社会公平和正义的一种生态。① 肩负人才培养这种神圣使命的高校领导班子最首要的任务是要认真研究人才培养规律和教学规律,构筑一种理想的适合本校的教育模式,创设一种良好的育人环境,关注学生的心灵,让他们学会探索生命的价值、社会进步的规律和科学的真理,成为全面而自由发展的高素质人才。

2. 坚持以人为本的核心理念,提高对人才培养这一根本任务的认识

高等学校的根本任务是培养人才,基本职能是教学、科研和社会服务。无论教学、科研还是社会服务都要围绕人才培养这一根本任务来进行。大学首要的、也是最根本的属性是育人,放弃了育人,大学也就不再是大学。教学是育人的主渠道,教学、科研和社会服务的目的一方面是为国家科技创新和社会进步,另一方面也是不可或缺的方面就是“反哺”教学,将科研成果转化为教学内容,通过吸收学生参加科研和社会服务,培养学生的创新思维和实践应用能力。因此,高校要始终做到“四个坚持”,坚持教学工作的中心地位,坚持教学改革的核心地位,坚持教学质量的首要地位,坚持教学投入的优先地位。但不少高校实际上把科研、社会服务提到高于教学的地位,而且游离于教学之外,与人才培养的根本职责相背离,这是很不正常的。

---

① 徐显明:《关于大学教育中德性问题的思考》,《中国高等教育》,2008 年第 5 期。

坚持以人为本的核心理念,在高校就是要树立"教育以育人为本,以学生为主体;办学以人才为本,以教师为主体"的办学理念,充分重视发挥教师的作用,将学生的发展放在首位。因为人是教育的中心,又是教育的目的;人是教育的出发点,也是教育的归宿;人是教育的基础,更是教育的根本。①

3. 广州大学努力践行科学发展观,人才培养质量显著提高

回顾广州大学近5年的发展历程,我们深深感到如何科学地谋划发展相当重要。广州大学合并不久就树立了"教学立校、科研兴校、人才强校、服务荣校"的办学理念,在"以学生为本,使学生享受更优质的教育"的教学理念指引下,通过实施"三重一严"(重基础、重实践、重质量,严管理)的治教方略,本科教学工作的中心地位进一步得到巩固和提升,形成了"生生日新、德业并举"的校风和"专通相融、崇实崇真"的学风,本科教学工作水平评估取得优秀成绩。在学校教学工作走上良性发展的轨道后,学校又适时提出大力加强学科建设和科研工作,2004年以来公开招聘近10名院长和一大批高层次人才,出台激励措施,实行特聘岗位制度,学科建设和学位点建设取得了突破性进展,成为博士学位授权单位,全年科研经费从2004年的不到1 000万增加到今年的上亿元。近一年来,学校又开始实施"服务荣校"战略,把学校的发展融入广州发展的大局,加强校区合作、校企合作,更好地为广州经济社会发展服务。站在新的历史起点上,以科学发展观来审视学校的发展尤其是人才培养工作,我们深感任重道远。让我们坚持在科学发展观的指引下,将广州大学办成一所令广州人民引以为傲的大学。

科学发展观的本质要求和广州大学的改革与发展历程告诉我们,高校人才培养要全面、协调、可持续发展,必须要统筹兼顾,处理好以下8个方面的关系。

三、按科学发展观要求处理好八个方面关系

如何处理好以下8大关系既是老生常谈,是长期以来困扰人才培养工作的老大难问题,是分管教学副校长工作中最棘手的问题,但又是常谈常新的问题,在新的发展阶段,用科学发展观重新审视,应该有新视角、新思路、新举措,取得新突破。

1. 正确处理好人才培养与经济社会发展的关系

这是人才培养最关键、最核心的问题,它涉及高等教育的价值观问题,人本位、知识本位和社会本位三者的统一,实质上是高校人才培养规律的问题。这里涉及几个方面的问题。一是培养规格定位,每一层次的高校人才培养规格都有基本定位,但同一高校不同专业由于专业类别不同,学科基础不同,定位就不完全一样。

---

① 田建国:《高校深入落实科学发展观的战略思考》,《中国高等教育》,2007年第18期。

就拿工科专业来讲,重点高校培养应用与创新兼备的人才,面向的是大型企业和重大工程;一般高校主要面向中小企业和一般工程培养应用型人才。二是学生知识、能力和素质的结构问题。作为现代文明公民所应具有的人文、科学、品德素养,作为本专业的技术人才所应具有的专业素养,为了今后适应行业变化和继续深造所应具有的潜质,在人才培养方案中均应有所体现。在此基础上,根据每一方面的知识、能力、素质具体培养方式在课程体系和实践环节中均应体现出来。这就要求高校必须组织校内各学科、专业的专家认真研究,同时还需要这些专家和社会用人单位的专家充分交流,将用人单位对本行业技术人才的核心要求反映在培养方案里。目前,我们有多少本科院校做了这些工作?恐怕为数不多。三是学科专业结构优化问题。教育行政部门应该组织力量,深入行业、企业和用人单位,定期开展需求调查并加以公布,使高校的专业设置减少盲目性,避免人才浪费,达到优化的目的。作为高校来说,应尽可能培养社会急需的人才,至少应该保证培养的人才有用武之地。

2. 正确处理教学、科研和社会服务的关系

高校人才培养是根本,教学、科研和社会服务是其三大职能,但教学是人才培养的主渠道,科研和社会服务应该为教学服务,同时也应为社会进步和科技发展作贡献。但不少高校领导对教学重视不够,认为科研是学科建设的核心,忽视了人才培养的重要性。在不少高校,教学是分管教学副校长的事,而学科建设和科研除了分管的一二位副校长之外,校长也格外关注,不少场合还亲自出马,到处跑项目,反观学校领导班子很少研究人才培养规律和教学规律。政策导向和激励机制也将重点放在科研上,各学院进而效仿,院领导和学术带头人也将工作重心放在科研上,教学成了良心活,这种现象亟须纠正。

3. 正确处理德、智、体、美的关系,坚持德育为先

教育最本质的含义是引领人的灵魂,使人的德性不断增强。联合国教科文组织1998年发表的《21世纪的高等教育:展望与行动》中明确指出:“高等教育本身面临着巨大的挑战,而且必须进行最彻底的变革和革新,以使我们目前这个正在经历的一场深刻价值危机的社会可以超越一味的经济考虑,而注重深层次道德和精神问题。”道德能力是人的全面发展的基础和前提,①促进学生全面发展应以德育为先导,不断提高学生的道德认识、道德情感、道德意志和道德行为。作为中国特色的社会主义大学,不可能不重视学生的思想道德,但思想道德教育不光要依靠专职的思想政治教育工作者,更要依靠教师,每一位教师都是德育工作者,都有责任和义务帮助学生增强德性,使之成为品行高尚、对社会、对公众有益的人。思想道

---

① 陆士桢:《道德能力:全面发展的基础和前提》,《光明日报》2005年4月6日。

德不能停留在政治说教上，更应该融合在教学中，人文社科和自然科学都蕴含着深刻的人文精神，求真、向善、尚美是科学追求的最高目标。中山大学全国教学名师王金发教授是新时代教书育人的典范，他说教学是科学、是责任、是艺术，也是文化。他心路向着学生，心力倾注教学，心智为了育人，受到学生的深切爱戴。

4. 正确处理教与学的关系，坚持以学生为中心

目前大多数教师仍然采用满堂灌的方式向学生传授知识，不管学生是否能够接受，更不用说培养学生的智慧和情感。笔者认为教学方法问题，实际上是教育观念问题，是将学生当成教学的主体，还是当成灌输的“容器”问题。真正的教育是以人为本的教育，让人体验成功，培养鲜明的价值判断、丰富的思想内涵、积极的创造性思维和高尚的审美情趣。因此，教育应该是引导，而不是灌输；是影响，而不是支配；是感染，而不是教训；是超越，而不是苟同。教学应该从“三个中心”（教师中心、课堂中心、教材中心）转变为“一个中心”（学生中心），教师要从灌输者变为组织者、引领者、帮助者，将启发式、探究式、案例教学、合作学习等多种方式与传统的灌输式教学结合起来。没有这种转变，培养学生的个性和创造性就是一句空话。大学的领导和管理者应该花大力气来推动这种转变。

5. 正确处理好教师、管理干部、教辅人员三支队伍的关系，坚持以教师为主体

高层次、高水平教师对于学校发展的重要性应该说所有高校都认识到了，学校的科研、申报重点学科和学位点主要靠他们来支撑，但教学要靠广大教师，人才培养要靠教师、管理干部、教辅人员这三支队伍。处理好三支队伍的关系，就要在职务晋升、福利待遇等方面通盘考虑，统筹兼顾。坚持以教师为主体，就是要坚定不移地保障和突出广大教师的地位和利益。同时，教师又是教育的重点。现在，在不良社会风气影响下，急功近利、浮躁、金钱至上之风在高校中蔓延。从教师的职业动机看，不少教师是为功利、为谋生，相当一部分是凭良心、凭兴趣，唯学术和对国家、民族有使命感的教师比例不高。从另一个角度讲，高等教育改革的难点是课程体系、教学内容和教学方法，改革的主体是教师，改革的阻力也来自教师。高校在抓师资队伍建设时，千万不能忽视师德建设和教师的教育思想、教育观念的更新。还有一点需要大声疾呼，以引起政府教育行政部门和高校领导的重视：高校教学管理干部地位低下，主要在于手中没有权力、没有资源，又没有任何晋升的机会，与其任务繁重、责任重大的现状不相匹配，同一层次的干部，都不愿从事教学管理工作。如不及时改变这种状况，将影响教学工作的正常开展，教学工作的中心地位将名存实亡。

6. 正确处理好文化建设与师资队伍建设、学科专业建设、校园硬件建设的关系，坚持以文化建设为本

人们常说，要办好一所高校，硬件是基础，学科建设是龙头，师资队伍建设是关

键,但恰恰忽视了文化的灵魂作用。首先,大学的最高职能是传承和引领文化,传播和创造知识。大学人应该拥有4种品质:独立的人格、自由的精神、创新的能力、守承的责任。大学文化是大学发展的原动力。其次,大学是社会的良心和灯塔,应该与社会的世俗潮流保持一定的距离。若大学热衷于迎合社会、攀附权贵,重物质、轻精神,重形式、轻内涵,重现实、轻历史,就会失之文化的厚重,难为社会的文化旗帜。在大学文化建设中,最重要的是要培育引领大学人灵魂的大学精神。

7. 正确处理学术权力和行政权力的关系,坚持学术自由的大学本源

大学是学术机构,学术是大学的立身之本,生命之源,坚持大学的学术理性,才能建立起崇尚学术、崇尚知识、尊重人才、维护学术尊严的学术环境。坚持大学的学术理性,最重要的是要保障学术权力的有效行使。大学的学位与职称评定、项目的立项与奖励评审,均属于学术范畴,应该由相关学科的权威专家组成的学术组织来评定。当然,大学是一个十分复杂的组织,大学的内部治理及各部门之间的关系,要靠行政权力来协调,以保障学术权力的有效行使,中国特色社会主义大学还有一个办学方向问题,它更需要行政权力来保障。现在的问题是大学越来越行政化或者官僚化。一是"官本位"现象,使学术权威的地位与作用受到削弱;二是原本属于学术评定的事务,但政府部门经常操控力度过大,学校内部作为学术权威的校领导往往也有明显的导向作用。这些都扰乱了学术权力与行政权力各自生效的范畴,在学术权力生效的范畴,应该保障学术权威和专家独立行使学术权力。

8. 正确处理分管工作与学校统筹、制度配套的关系,坚持服务教学、服务师生的根本前提

教学工作是中心工作,但又是"求人"的工作。教学工作需要各种条件,还有大大小小的各种评估、检查、申报项目需要方方面面的配合、支持。毫无疑问,需要分管教学的副校长有相当的组织协调能力,才能取得各方面的支持,调动方方面面的积极性。但涉及人、财、物的问题,教学工作的政策激励问题,不是一个分管副校长所能解决的,其他分管副校长以所谓"屁股指挥脑袋"为由,经常对教学工作的正当需要置之不理。这就需要党政一把手高度重视,在领导班子内部经常研究教学工作的重大问题和突出问题,树立全校一盘棋的观念,统筹兼顾,通过制度配套来解决,从而使各部门真正坚持服务教学、服务师生的大方向。

地方财经院校人才培养的现实困境与创新策略

杨 虹[①]

摘 要: 人才培养是大学的本质职能,高校目前在这个核心的大学理念上存在偏差,地方财经院校人才培养更面临诸多现实困境。要推进人才培养创新,地方财经院校应坚持以人为本的教育价值观,推进通识教育与专业教育的整合;坚持"主动纳入"地方经济发展的培养理念,强化理论教学与实践教学的并举;坚持创新人才培养模式,促进学科体系教育与创新教育的融合。

关键词: 地方财经院校;人才培养;困境;创新;策略选择

一、人才培养是大学的本质职能

大学是人们根据社会发展的需要建立起来的社会机构,大学职能则是社会需要与大学内部逻辑统一的结果。自中世纪伊始,大学职能"在内部逻辑与外部压力的对抗"中,从单纯的综合性传授"高深学问"到将"教学与科研相统一"再到进一步"服务社会",其演进始终与社会需要密切相关并与社会进步、社会需求的多样化同步。英国高等教育史学家哈罗德·珀金(Harold Perkin)曾说过:"一个人如果不理解过去不同时代和地点存在的大学理念,他就不能真正理解现代大学。"的确,正是在历史的演进中,现代大学担负起培养人才、发展科学、服务社会三大职能,这三大职能随着社会变革的需求又在不断调整其内涵与外延,以增强与社会的最大关联度。但不管大学理念如何变革,不管教育规格、内容和方式方法发生怎样的变化,三大职能始终既相互独立又相互联系,其关系正如我国高等教育家潘懋元先生所指出:"高等学校三个职能的产生与发展是有规律性的。先有培养人才,再有发展科学,再有直接为社会服务。它的重要性也跟产生的顺序一般,产生的顺序也就是它的重要性的顺序。"换言之,人才培养始终是大学固有的、本质的职能,是大学

① 杨虹,湖南商学院副院长、教授。

区别于其他社会机构之所在，具有不可替代性。正因为如此，《中华人民共和国高等教育法》明确指出，我国“高等学校应当以培养人才为中心”，人才培养定位也因而成为高校办学定位的逻辑起点。这样一来，培养什么样的人才、怎样培养人才理所当然成为大学理念中的核心命题，如何切实落实人才培养在大学中的重要地位，自然也成为摆在大学面前的重要课题。

然而，随着高校在社会经济发展中的地位与作用的日益增强，我国高校目前在人才培养这个大学理念的核心问题上却存在偏差，不少高校往往忽略大学独特的“内部逻辑决定它只能有选择地满足社会需要、承担有限的职能”的事实，弱化人才培养这一本质职能，特别是在怎样培养人这个根本问题上存在过重的功利主义导向和过强的共性制约。这正如孟明义先生曾经在《有色金属研究》杂志上所言：“众所周知，大学是培养人的，但培养什么样的人呢？作为工具的人，还是作为人的人？两者既密不可分，又有重大区别。迄今为止，大学还是在培养作为工具的人即‘制造工具’。”也就是说，由于培养理念、培养目标、培养模式的偏差，大学往往成为“制造机器”而不是培养“作为人的人”的场所。在这一方面，地方财经院校面临的问题更为突出。

二、地方财经院校人才培养的现实困境

1.“理念”迷失现象严重

在我国改革开放30年的历史进程中，把社会需要作为教育的出发点和落脚点的教育社会价值观一度占主导地位；至“以人为本”的科学发展观的提出，把为经济社会发展服务与为人的发展服务统一起来，教育功能才回归了教育价值的本源——为人的发展服务。这一变革表明，培养具有高尚品德、博雅精神、专业特长和创新能力的一代新人已成为时代对高校的热切呼唤，高校必须坚持培养“作为人的人”，“站在高处看风景”，充分发挥自身对整个社会人才培养的导向功能。这正如温家宝总理在同济大学演讲时所指出：一个民族有一些关注星空的人，他们才有希望；一个民族只是关心脚下的事情，那是没有未来的。高校的人才培养就是要“关注星空”，培养一代又一代能推动社会前进的人。然而，由于观念、体制和运行管理机制的诸多困扰，在经济市场化、行为功利化、价值多元化的时代面前，“关注星空”的人才培养理念正日益迷失——尽管这本是关乎高校生存的根本理念，而急功近利、“重术轻道”的理念却在地方财经院校弥漫：市场导向往往成为人才培养的唯一方向标，教育的着力点不是人的全面发展，不是学生综合素质的提升、个性和潜能的发挥，而是工具理性视阈中单一化的专业知识与技能培养，其目的似乎只在培养“有用”的人，进而功利化地去对应市场需求、追逐社会声誉。这种“只见

才,不见人”的教育,其结果正如爱因斯坦所说,学生可以成为一种有用的机器,但不能成为一个和谐发展的人。更普遍的问题是,在市场经济某些负面因素的影响下,有些学校办学的价值取向发生偏差,甚至不惜牺牲教育质量,损害学生利益。形成这种现象的深层次原因就在于人才培养理念的迷失、责任的缺失以及利益的驱动,其影响直接导致学生作为高等教育服务主体的地位的缺失。

2. 培养目标模糊、结构失衡

地方财经院校肩负着为地方培养具有创新精神的高素质专门人才,促进经济社会健康、协调、可持续发展的特殊历史使命,其人才培养目标必须贴近地方经济发展需求,才能切实提高为地方发展服务的针对性与实效性。然而,由于个性化、特色化办学理念的缺失,加之处于高等教育体系“中间地带”而易引发的认识误区,许多地方财经院校普遍存在人才培养目标定位模糊的现象:要么在人才规格设定上盲目攀高,将目标锁定在造就高层次人才而非培养基于分层分类的、各有特色的人才,表面上强调“应用型”,内容上却照搬名校老校那套“宽口径”、“创新型”的设计,结果把自己推向与名校老校“同台比武”的境地,在竞争中陷入不利地位;要么定位太低,着力强调高技能的培养,忽视基础理论的夯实,忽视知识、能力、素质的协调发展,这样做的结果是使自己列位于职业院校的行列,却又无法旗帜鲜明地直接对接企业的现实需求,无法彰显自身人才培养的目标优势,办学形象与效益均大受影响。与此同时,人才培养结构与社会、市场存在明显错位现象:有的重考虑办学成本,轻地方经济发展需求,学科和专业设置与地区需求之间结合较差且调整滞后;有的盲目攀比,片面追求综合性、学科齐全,不顾现实条件和需要去上新学科、新专业,只求拥有不求可为;有的重形式改造,轻内涵创新,“新瓶装老酒”。这种人才培养结构上的失衡,直接导致地方行业企业急需的适用人才短缺与毕业生就业难现象并存。学生即使顺利就业,也会因适应面窄、创新能力差,很难适应工作内容和工作岗位的变化。

3. 培养模式趋同,重“标准化生产”

培养模式直接影响着人才培养目标的实现和人才培养质量。由于受各种观念性、体制性障碍的束缚以及教育理念、教育理论发展滞后的影响,地方财经院校人才培养模式趋同且墨守成规的现象依然普遍存在:构建模式的要求趋同而宽泛,如厚基础、宽口径、高素质等,大多未结合学校自身优势设定具体的育人规格;培养方案大都以专业特征为出发点,核心内容基本上是偏系统化、知识化、理论化的专业“学科知识体系”,较少系统考虑社会实际需要的有效知识总量、人才素质特征及其背后的能力结构;培养方法上都是重知识传授,轻能力培养,重“标准化生产”,忽视学生的个性化培养;教学手段上,旧教学方式的惯性和以教学时间为指标的激励机制使得满堂灌的教学方法不仅没有改观,反而在一些方面进一步强化;质量考核上仍然坚持单一的质量标准,重视以考查知识掌握为主的考试,轻视对学生综合能力和素质的考察,学生的应用与创新能力被忽视。如此等等,陈规旧制一时难以革除。

三、地方财经院校人才培养创新的策略选择

1. 坚持以人为本的教育价值观,推进通识教育与专业教育的整合

"以人为本"的教育价值观是科学发展观在教育领域的生动体现,是地方财经院校推进人才培养创新的指导思想。坚持以人为本的教育价值观,意味着培养目标要坚持人的社会化与现代化,这无非要解决两个问题,一是让学生学会做事,一是让学生学会做人。前者主要是生存及劳动经验、知识与技能的传授,后者主要是理想人格的培养与塑造,这两者是不可或缺的。为此,必须坚持把学生适应社会、全面发展的状况作为判断教育教学质量和水平的主要标尺,这个标尺不仅包括作为个体的学生的体力与智力、专业才能与志趣、思想与品德、性格与特长及综合素质的全面而自由地发展,也包括作为群体的学生集体的共同进步与协调发展,教育不仅对学生的成才负责,更对其成人负责,为学生一生的幸福奠基。为达此目标,必须积极推进素质教育理念指导下的通识教育与专业教育的整合。

通识教育以培养学生的公民意识、学术视野、社会活动能力与完善人格为目的,是培养学生"做人"的素质教育;专业教育的目标是使学生获得专业知识与技能,获得学术体验,是培养学生"做事"的素质教育。未来社会人才竞争的关键点在人才的全面素质,比如会计师不仅要懂会计专业知识,更要不做假账,有职业诚信。正因为如此,地方财经院校要推进人才培养创新,首先应变革传统的专业教育理念与教学模式,从培养目标入手,改变培养模式,改革课程设置,在传授"学科知识"之时,重视学生的社会适应性教育,在传授"学科知识"之外,加强对学生的创新意识、沟通能力和团队意识等的培养,从而推进通识教育与专业教育的整合,使两者实现辩证统一。通过整合,将系统化、知识化、理论化的专业"学科知识体系"与以"学术知识和职业伦理"为核心的"职业素质体系"融合起来,不仅仅满足于"厚基础、强能力、高素质"的一般培养要求,更致力于培养学生应对地方经济发展所需要的实践能力和创新精神,使之成为既"术业有专攻"又具有健全的人格心智和高尚的道德情操的人,即"作为人的人"。只有这样,才能在与功利社会博弈的过程中将教育的终极关怀落在由智慧和理性提升的人格上,真正保证人才培养质量。

2. 坚持"主动纳入"的培养理念,强化理论教学与实践教学的并举

进入高等教育大众化时代,高等教育的社会期待发生了根本性转变,学生及其家长从对"进得来"的期待转变为对"去哪里"的期待,行业与企业对毕业生的关注则从"是学什么的"转到了"能做什么",要求毕业生要有"真本事",而不是考试成

绩、身份、资格及文凭等。社会期待的转移凸显出高等教育人才培养逻辑转换的必要性与迫切性。为适应这种变化,地方财经院校的人才培养必须形成主动纳入国家、地方经济发展战略的培养理念,科学定位人才培养目标,重塑人才培养逻辑。

首先,要把服务国家与地方战略需求作为实现人才培养创新的重要动力与首要目标。地方财经院校要克服自我循环的封闭式思维,主动贴近地方宏观战略制定、产业调整升级和企业行业发展,建立健全专业建设和结构调整与社会需求之间的良性互动机制,将人才培养过程自觉融入地方经济、科技、社会的循环体中,增强人才培养的适应性。以湖南为例,建设教育强省的目标导向、推进新型工业化和建设"两型社会"对经济结构和产业结构调整的现实需求,都对地方财经院校的人才培养提出了新使命。地方财经院校应立足校情,深入研究新型工业化和建设"两型社会"战略对人才和智力贡献的需求,集成内外资源,加快调整学科专业结构步伐,实现人才培养的多样化、特色化。譬如,目前席卷全球的金融危机为中国的服务外包产业提供了发展机遇,曾经在"中国制造"的经济竞争中落后的湖南期盼在这一不受地域制约的现代服务业的高端领域抢占先机,而人才的匮乏将成为制约竞争力的瓶颈。对此,地方财经院校如能坚持"主动纳入"的培养理念,发挥专业优势,调整课程设置,有针对性地强化信息技术、管理技能、外语水平等综合素质培养,完全有机遇占领这一领域的人才培养高地。

其次,要坚持理论与实践教学的并举,着力培养学生的实践能力和发展后劲。大众化时代的高等教育由"卖方市场"转入了"买方市场",用人单位获得了绝对的主动权和决定权,社会关注的焦点是毕业生是否具备可雇佣的素质与能力,这对教育的人本化、实践性、创新性提出了更高要求。在"主动纳入"地方经济发展战略的培养理念指导下,地方财经院校要依据地方经济建设发展需求,重塑人才培养逻辑,致力于使毕业生具有"真本事",而不仅仅是考试成绩与文凭。为此,一方面要坚持基础理论学习与基本能力训练的重要地位不动摇,积极训练学生抛弃那种"知识袋"的学习模式,代之以一种基于行动的自主探究、自我发现问题与解决问题的创造性学习模式,切实培养与提高学生的专业发展后劲和可持续发展能力;另一方面要将实践学习全面渗透到教育教学中,把深化实践教学改革作为提升教育教学质量、构筑人才培养特色的重要途径,对实践教学体系进行系统设计,整体优化,彻底改变传统教育模式下实践教学处于从属地位的状况,真正把理论教学和实践教学摆在同等重要的地位,努力重塑学生课内和课外的学习经历,并最终转化为毕业生的就业综合竞争力。

3. 坚持创新人才培养模式,促进学科体系教育与创新教育的融合

创新人才培养模式,首先必须确立创新教育思想,把培养学生的创新精神、创新思维和创新能力放在突出的位置,努力实现人才培养模式从计划经济时代的"供

给主导式"向创新主导国力时代的"需求诱导式"转型。在这一过程中，地方财经院校要面向区域特定发展阶段对人才的差异化需求，从片面遵循学科逻辑转向着眼于区域的特色发展，把专业调整、建设的准星定在社会发展之需，突破传统的标准件式的人才培养模式，坚持知识的生产性与创造性理念，打破现行的统一框架的教学模式，设置多层次、开放化、具有选择性的模块式课程与教学方案，改变灌输为主的教学方式，引入创新导向的人才评价机制，大力培养学生自我构建知识结构和能力结构的能力，全方位推动教学内容、教学方法和管理体制的变革。

其次，必须强化学科体系教育与创新教育的融合。众所周知，当前新型工业化时代所表现出的学科交融、关注"持续发展"、关注"人的发展"的特点已向高等教育提出严峻挑战，高等教育的人才培养必须从"学科为本"转变为"人才为本"，从"知识为本"转变为"素质为本"，必须立足创新教育。但我国现行的高等"教育"体系实际上是一个"学科"或"专业"体系，它与工业化时代的人才需求相适应，且已形成规范化、统一化的教学模式，其教学环节因为没有对培养创新能力加以深入细致的考量，很难培养学生养成不拘泥于条条框框，不懈追求、敢于挑战权威的精神，很难将创新培养成一种长期习惯。因此，必须着重考虑如何在正常的教学过程中融入创新教育，培养创新能力。地方财经院校可从优化课程体系入手，打破第一课堂与第二课堂相互割裂的局面，将创新教育纳入人才培养方案，设立专门的创新创业学分，在学科体系教育与创新教育的交融中，一方面为学生的创新实践奠定理论基础，另一方面加强创新创业实践空间和活动机制建设，培育学生内在的创业意识和创新素养。

"天意君须会，人间要好诗。"人才培养是高校永恒的使命，推进人才培养创新是高校科学发展的现实选择。在高等教育向内涵式发展的时代背景下，面对全面提高人才培养质量的新使命，地方财经院校必须牢固树立以人为本的教育理念，在推进人才培养创新的策略选择上顺时趋势，革旧布新，才能不断谱写人才培养的新诗篇。

参考文献：

[1] 潘懋元. 多学科观点的高等教育研究. 上海：上海教育出版社，2001.
[2] 刘宝存. 大学理念的传统与变革. 北京：教育科学出版社，2004.
[3] 张维迎. 大学的逻辑. 北京：北京大学出版社，2005.
[4] 潘懋元，肖海涛：中国高等教育思想发展30年. 教育研究，2008.
[5] 刘道玉. 论大学本科培养人才的模式. 中国地质大学学报，2008.
[6] 孙　玮. 人的发现：改革开放以来我国教育价值观的发展历程回顾与反思. 中国教师，2008.

大学生非正式群体的教育障碍与对策

陆彩兰　吉万年①

摘　要： 大学生非正式群体的形成是多种因素综合作用的结果，其存在具有一定的合理性和不可替代性。但非正式群体在发挥积极作用的同时，也不可避免地产生一些负面影响。本文在分析大学生非正式群体的成因与问题的基础上，从道德教育、强化非正式群体的服务功能、营造良好的校园文化氛围等方面提出了教育对策。

关键词： 大学生；非正式群体；成因；障碍；教育对策

非正式群体这一概念是由现代管理学的先驱者梅奥（G. E. Mayo），在霍桑实验研究（1924—1932 年）中首先提出来的。所谓大学生非正式群体是相对于正式群体而言的，是指没有经过学校批准的，以某种共同利益、观点、爱好为基础，以感情为纽带而自发形成的有较强内聚力和行为一致性的群体。这些非正式群体有一些共同的基本特征，概括起来有以下几个方面：（1）群体规模小；（2）成员目标的一致性；（3）群体成员间交流的直接性和经常性；（4）伙伴关系的密切性与地位的平等性；（5）“领袖人物”的号召性。

一、大学生非正式群体的成因

大学生非正式群体的形成，是多种因素综合作用的结果。具体地说，学生非正式群体的形成主要是受以下主客观因素的影响。

（一）客观因素的影响

随着经济体制改革的深入发展和我国社会转型速度的加快，人们的生活水平、思想观念和行为方式都发生了越来越深刻的变化。首先，人文社会科学知识的发展催生了各种形式的大学生社会实践活动。社会考察、勤工助学、社区服务等活动的开展促使大学生渴望走出校园，以结群形式迈向社会。其次，高教体制的改革促使大学生对集体观念进行新的审视。随着高校完全学分制的推行和大学生总体人

① 陆彩兰，扬州职业大学经贸学院讲师；吉万年，扬州大学旅游管理硕士。

数的不断增加，学生学习的地点开始不固定，班级概念渐趋模糊，正式群体如部分党、团支部和班级活动形式和内容单一，不能充分满足大学生个体发展的需要。其次，社会竞争的加剧推动各类兴趣小组的形成。当前，用人单位需要的是"重实际动手能力"的人，要求大学生改变过去"高分低能"的状况，成为"一专多能"的复合型人才，因此，部分学生如自发结群参加电脑协会、英语角、文学社等培养各种能力。最后，亲缘、地缘、学缘和历史关系等构成非正式群体形成的时空因素。从实际情况来看，大学生在校的活动轨迹基本上是"四点一线"即教室、图书馆、餐厅、寝室，彼此相互接触的机会比较多。另外，大学生多数远离家乡，对于来自于同一地域，有共同语言、习惯和风俗的同乡自然就表现出亲和感，容易形成"同乡会"等类似组织。同寝室的学生由于相处的空间距离比较接近，交往的机会比一般的同学多；或者家庭背景相近，比如父母是同事、朋友，家庭经济状况、文化教养相同等，也容易建立友谊、结成伙伴。

（二）主观因素的影响

1. 兴趣和志向的趋同

兴趣是一个人力求认识、研究、获得某种知识的比较稳定的态度和倾向。入校后，大学生基本摆脱了沉重的升学压力，各方面的兴趣和爱好都得到了充分发展。同时，大学生一般思想已渐趋成熟，大家有着共同的目标追求和明确的专业定向，容易形成一个较为稳定的志向型友伴群。因此，共同的兴趣爱好和共同的目标追求，容易使一部分同学除学业以外产生共同的语言，进而志同道合，聚集在一起。

2. 依附心理和交往的需要

大学生一般刚步入青年期，在远离父母亲友、失去家庭依托的情况下，面对陌生的环境与陌生的生活，在一段时间内会感到无所适从，心理上难免产生失落感和孤独感。加上传统观念的影响，使得学生已经在不知不觉中意识到了群体的优势。依赖于自己的小群体，可以免受其他同学的欺负，有安全感，因而渴望得到他人的认可和接纳。①

3. 自我价值观念的萌生

一方面，随着大学生兴趣爱好的日益广泛，自我实现意识也迅速发展，但在正式群体中，由于被肯定的机会太少，加上个别正式群体不太重视满足大学生的一些正常心理需求，很多大学生倾向于从非正式群体中寻找施展才能的舞台和机会。另一方面，高校毕业生就业制度的改革，特别是"双向选择"的实现，使大学生感到了压力。他们希望通过非正式群体的活动来培养各种能力，进行更广阔的实践锻炼，以提高综合素质，为今后顺利就业打好基础。而非正式群体平等、宽松的环境

---

① 沙志平，郑培钢：《大学新生非正式群体的形成及导控》，《江苏高教》，1994 年第 4 期。

迎合了他们的这一特点。

4. 从众和模仿心理的影响

大学生非正式群体的形成还存在一种盲从状态。入校后，各种新观念和社会思潮的冲击，各种信息的广泛涉猎，都给不同背景的学生增添了新的思想活力。部分大学生思想开放，喜欢索新猎奇，喜欢广泛接触社会，而现代传播媒体如网络对学生的影响很大，特别是影视情节及明星使得一些学生出于好奇和羡慕而竞相模仿。还有些学生看到同班或同一宿舍中某个有影响的同学或自己的好友加入了某非正式群体，便也相随参加。这种“随大流”的情况在学生非正式群体的形成和扩展中也是常见的。

由此可见，大学生非正式群体的产生具有主客观必然性，作为社会组织的一种形式，其存在具有一定的合理性和不可替代性。

二、大学生非正式群体的教育障碍

应该肯定的是，大学生非正式群体绝大多数是健康的，能够对所属成员在心理上产生一定的制约、改造和激励作用。但由于大学生自身心理素质和思想行为的不成熟，加上非正式群体一些固有消极因素的影响，也容易对大学生健康心理的形成和良好素质的培养造成障碍，严重的甚至影响到某些学生不顺利完成大学的学习任务。

1. 道德行为的失范

一方面，非正式群体成员接触比较直接，相互之间的信任和认同感强，但非正式群体往往忽略成员的认知品质和道德品质，影响正式群体内部的团结，严重时会造成邪气上升、正气受抑，妨碍学校的工作。另一方面，大学生非正式群体成员具有重感情、重义气的特点，对一些事物缺乏理智的、冷静的分析和判断，容易导致其思想和行为的偏激和冲动。比如，在校园内拉帮结派，甚至与社会青年里应外合，发生起哄、打群架等群体行为，使得一些大学生的行为偏离正确的轨道，品德发展受阻，妨碍其正式目标的实现。

2. 兴趣追求的盲目

非正式群体中的成员大多是因兴趣爱好相同而集合在一起的。从目前高校教育教学情况来看，课堂教育正面指导不够，效果欠佳。学生第一课堂缺乏吸引力。比如，选修课程存在着课程数量偏少，学生人数限修的问题，无法最大限度地满足学生多种兴趣和爱好，因而有些学生在课余甚至上课时间自然地组成能满足自己追求的各类小群体。阅历的缺乏很容易使他们的追求带有盲目性和自发性，如若不慎加入不健康非正式群体，不仅可能导致某些学生无法完成学业，甚至可能由于堕落而危害社会和人们的日常生活。

3. 感情寄托的欠缺

随着时代的发展,现代家庭正迅速地小型化,相互之间缺少沟通和了解。同时由于生活和工作节奏加快,现代的父母往往疏于与子女进行思想交流。而作为独生子女的学生,则往往缺乏同胞的欢聚与心灵的交汇,加上父母的教育方法不当,父母难以了解子女的心态,与子女难以产生思想共鸣,使子女很容易有孤独感、空虚感,感觉在家里缺乏自由。一旦离开家庭,他们的自主选择权显然增大,但由于大学生自身阅历和社会经验欠缺,对事物的辨别和判断能力相对较差,当发现自己所追求的理想与现实差距太大时,部分学生感情容易受挫,表现为意志消沉,无心学业,感情无所寄托,对自己的未来充满失落感。

4. 不良文化氛围的侵蚀和人际交往的淡化

在当代,高校轻松的氛围和颇具吸引力的周边环境,使得大学生的思维和日常学习生活受到不同程度的干扰。网络聊天和游戏已经成为一些自制力较弱的学生所热衷的活动。当在现实生活中遇到困难时,一些学生更倾向于在网络中寻求安慰或解决方法,但这样做会使得他们逐渐丧失现实交往的技巧,导致人与人之间关系的疏远,淡化同学间横向和纵向交往的广度和深度。更有甚者,部分网络群体成员通宵上网,沉溺在其中不能自拔,白天无心上课,经常旷课,导致学业荒废,严重的甚至退学。①

5. 核心人物的权威不当

非正式群体的核心人物大都是自然形成的。群体成员,特别是新生加入群体后一般均受他们的言行所左右。一旦非正式群体的核心人物的意见和决策发生偏差,其权威性易造成群体行为的整体偏移和失误。像这样的非正式群体行为会使正式群体、班级、学校乃至社会蒙受损失。比如在高校发生的聚众斗殴,大多与非正式群体中少数核心人物的意见有着直接的关系。②

三、教育对策

针对目前大学生非正式群体的教育障碍,笔者认为,应结合其成因,采取恰当的方式和方法对之进行教育管理,以取得较好的教育效果。

1. 消除偏见,加强对非正式群体的道德教育

学校中的非正式群体是学生心理发展到一定阶段时的必然产物。在实际工作中,针对非正式群体道德行为失范的问题,教师应正视非正式群体的客观存在,全

① 王刚:《大学生非正式群体的引导与规范》,《榆林学院学报》,2005 年第 4 期。

② 张洪萍:《高校学生非正式群体及其教育管理》,《四川教育学院学报》,2003 年第 1 期。

面准确地分析班级中非正式群体的思想倾向及其特殊需要，尊重学生的人格和自尊心，区别对待班级非正式群体。比如，对具有正确目标、良好情趣爱好、交往正常、积极向上的学生非正式群体，教师要予以鼓励和扶持。同时，教师要以身作则，可以根据具体情况，对消极的非正式群体采取感情投入和批评教育并举的措施。但在与消极的非正式群体联络感情时，不应使用粗暴、生硬和简单化的办法，而应对他们多加关心和理解，主动接近他们，消除隔阂，赢得信任，然后通过各项实践活动，帮助他们树立正确的道德价值观，培养其辨别和判断是非善恶的能力，从而使非正式群体的目标和班集体的目标协调一致。另外，还可以利用成员之间互相信任、有共同语言的特点，引导他们开展批评与自我批评，克服缺点，发扬优点，有效发挥个人的主动性和创造性，以提高成员的思想水平和工作能力。

2. 健全机制，强化正式群体的服务功能

一般来说，学校正式群体的组织机构比较健全，约束力较强，对成员的目标要求明确，能较好地发挥教育管理的功能，但往往难以兼顾群体成员多样化的心理要求。目前高校学生会、班集体、团组织普遍存在着活动场所少、活动经费拮据的困难，使得这些正式群体缺少吸引和服务青年学生的物质基础。因此，需要赋予正式群体服务广大学生的手段和条件，使之能经常开展内容丰富、形式多样的课余活动，做到寓教于乐，从而使正式群体的教育和管理功能发挥得更好。比如针对新生适应性差、依赖心理强等特点，正式群体应精心计划和组织各种各样的交流、座谈和联谊等活动，帮助新生缩短适应期，以便在同学之间建立起正常的交往关系，使他们确信学校能实现小群体无法实现的目标，能使他们在健康的集体活动中享受到更大的交往乐趣和成功喜悦。只有这样，才能使正式群体在发挥其服务功能的过程中赢得教育学生的主动权和信任感，提高正式群体在大学生心目中的地位，从而有效避免其成员游离于正式群体之外，增加集体成员角色的吸引力。

3. 创造条件，发挥非正式群体的正当功能

如前所述，非正式群体是自发产生的，人数较少，情感性质比理智性质强，自觉程度比强制程度大，有时不需要言语手段，仅借助某种手势、暗号即可达到交流信息的和情感的目的，因而具有较强的内聚力和默契性。对此，我们要创造条件，尽可能利用非正式群体的这些特点来完善大学生的个性，发挥非正式群体的积极作用，使非正式群体成为正式群体的重要补充。比如，利用其感情密切的特点，引导他们互相取长补短，互帮互助，学好专业知识；利用成员之间互相信任、有共同语言的特点，引导他们开展批评与自我批评，克服缺点，发扬优点，不断提高成员的思想水平和工作能力；利用非正式群体凝聚力强的特点协调内部关系，将学生兴趣小组、沙龙等非正式群体转化为有组织的学生群众社团，并通过组织开展丰富多彩的活动，引导他们成为班级的骨干力量，从而有意识地把一些工作交给他们去做。

4. 净化环境,营造良好的校园文化氛围

环境不仅是学生生活的空间,也是培养学生文明素质的载体。苏霍姆林斯基说过:“对周围世界的美感能陶冶学生的情操,使他们变得高尚文雅。”一个良好的校园环境则有利于学生的学习进步和综合素质的培养,对形成健康的人际关系、有效避免学生参加消极的非正式群体也有极大帮助。虽然这种影响是间接的,但其力量是巨大的。因此,优化育人环境不仅仅被看做是一种管理,更应该说它是培养人才的重要手段之一。比如,我们可以成立校园电视台,组织“小记者团”,让团员们走出校园生活,亲身感受和描绘外面的世界;组织校园文化艺术节,让学生自编自演;定期组织社会实践,让学生走进社区,参观工厂,学会观察和思考,学会与人相处,提高动手能力;指导学生参加读书征文比赛,组织书画摄影活动,举办心理讲座等。这些活动不仅可以展示学生的青春活力和个性特长,而且可以激发其想象力和创造力,促进学生综合素质的提高。另外,加强校园文化建设,优化育人环境还需要注意学校、社会和家庭的密切配合。只有大家都重视校园文化建设,以人为本,环境育人的功能才会得到真正加强,学生才能真正健康地发展。①

5. 利用典型,做好非正式群体核心人物的工作

非正式群体中的核心人物一般是凭本人的魅力而赢得同伴的拥戴的,最能集中鲜明地体现出群体的色彩或性质。引导好了学生非正式群体中的核心人物,这一群学生的问题也就解决了。因此,要充分做好学生非正式群体核心人物的教育引导工作,热情关心他们的思想成长。经常与这些同学接触交谈,注重吸取和采纳非正式群体核心人物的合理建议。通过他们把握该群体的思想动态,听取他们的呼声。对其中有号召力或具有一定的组织能力,并且符合班集体干部条件的人要委以重任,也可根据他们的特长安排在正式群体内担任一定的职务和工作,使之集正式领导与非正式领导于一身,成为正式群体中的积极分子和合格的学生干部,并利用他们去做好其他成员的工作,从而把整个非正式群体纳入实现正式组织目标的轨道上。②

6. 贴近学生,注重网络群体的教育管理

随着信息技术的发展,网络对大学生的影响日趋明显,给高校学生管理带来了机遇和挑战。针对热衷于网络的学生非正式群体及其成员,学校应不断完善校园网络。比如,可以根据实际情况,开辟校园网吧,让学生中“上网一族”的上网行径纳入可以掌控的范畴;建立内容丰富、健康的工作网站,让老师与学生、学生与学生进行互动式的交流讨论,从而吸引学生加入有主题的讨论社区、虚拟社区,有针对

---

① 张克永:《大学生非正式群体现象透视》,《安徽农业大学学报:社科版》,1994 年第 2 期。

② 朱前永:《班级非正式群体的成因、特点和对策》,《中华女子学院山东分院学报》,2003 年第 2 期。

性地进行教育，重视提高学生对各种信息的筛选和过滤能力；建立心理咨询室，特别是在网站上建立"网络心理咨询门诊"，开展各种心理咨询与辅导，使学生能主动选择良性发展的非正式群体的活动。与此同时，还要对学生加强宣传教育，促使学生远离网络聊天和游戏，远离社会不良倾向的影响，明确奋斗目标，将更多精力投入学习和健康有益的实践活动中。①

① 邹绍清，苏如娟：《试论网络条件下的大学生非正式群体》，《广东青年干部学院学报》，2004 年第 1 期。

高职院校学生职业价值观的“大课堂”教育模式

仇文利①

摘　要： 对高职院校学生职业价值观教育采取“校园大课堂”和“社会(校外)大课堂”的“大课堂”教育模式，是拓展教育空间、丰富教育内容、全方位地培养高职学生职业价值观的最佳路径。

关键词： 高职院校；学生；职业价值观；校园大课堂；社会(校外)大课堂；教育模式

职业价值观(Vocational Value)是人们对待职业的一种信念和态度，或是人们在职业生活中表现出来的一种价值取向。② 在新的教育思潮的冲击和影响下，教育不再局限于学校的围墙之内，教育不再是学校的特权，教育也不再是课堂45分钟的内容。随着人们价值观念、行为追求、生活方式的转变，单靠课堂的教育力量已远远不够，学校的教育开始由刚转柔，开始变得不拘形式。高职院校的职业价值观教育在此影响下，也出现了正规教育、非正规教育的整合倾向。③ 为了更好地拓展职业价值观的教育空间，丰富教育的内容，应当创新教育理念，采取“大课堂”教育模式，全方位地培养高职学生的职业价值观。

“大课堂”教育模式包括“校园大课堂”教育和“社会(校外)大课堂”教育两种。具体方法如下：

一、“校园大课堂”的教育

“校园大课堂”主要是由第一课堂和第二课堂相互渗透、相互融合而成的。第一课堂是职业价值观最主要的教育渠道，第二课堂是第一课堂的有益补充，“第二课堂”不再是一般意义上的学生课外文体活动或校园文化活动，而是“第一课堂”

① 仇文利，扬州市职业大学讲师。

② 凌文辁，方俐洛，白利刚：《我国大学生的职业价值观研究》，《心理学报》，1999年第3期。

③ 王晓霞，阎成美，翁庐英，等：《强化知识经济理念 推动护理教育创新护理研究》，《护理研究》，2004年第11期上半月版。

的自然延伸和拓展。①

（一）校园第一课堂的教育

校园第一课堂是职业价值观最主要的教育渠道，在第一课堂教育过程中，以培养学生创新精神和实践能力为导向，大力推行自主学习、探究学习、合作学习的教学方式，构建符合素质教育要求的课堂教学模式。与一般普通高校相比，高职院校学生的课堂教育时间更短些，因此，难以在有限的时间内安排专门的职业价值观的课堂教学。为了能使高职生更好地接受职业价值观的教育，应该在第一课堂的各种学科教学过程中，安插与学生实际状况相适应的职业价值观的内容。

在思想政治课教学过程中，通过道德教育，确立高职生应遵循的价值导向和行为准则，强化为社会主义、为人民服务和集体主义的根本思想，引导学生把个人的发展同社会的需要相结合，在实践中攀登更高道德境界。通过理想教育，鼓励高职学生树立较高的奋斗目标，加强职业理想教育，学会区分职业理想与理想职业之间的差异；应使学生能意识到，要实现职业理想，要进行成功的职业选择，要在激烈的社会竞争中取得成功，必须全面提高自身的综合素质，增强社会的适应能力。这不仅需要建立合理的知识结构，提高自身的专业技能，熟练掌握一门技术，还需要正确的职业价值取向与评价。价值教育可使学生认识到自我价值与社会价值的统一，认识到劳动是创造幸福生活的唯一途径，只有把自我价值与社会价值、劳动与个人利益结合起来，才能获得个人事业的成功。②

除了思想政治课教学外，其他的基础课和专业课都有承担培育高职生价值观的义务，而且每一位教师都会不同程度地拥有这方面的素材和资源，可以形成良好的价值观教育氛围，加强学生学习策略指导的研究，优化学生的学习策略，为学生的终生发展奠定基础，把这些有意义的素材和资源引进课堂可以提高职业价值观教育的针对性。

在基础课的各门课程当中，都有强调德育的内容，如积极的学习态度、创新意识与能力、爱国主义、合作意识与团队精神、正确价值观念、科学世界观、科学态度与精神等。可以看出在这些课程中都有德育的渗透教育，它可以促进个体的道德判断能力和道德实践能力的发展。因此，基础课教师可以将授课内容中所蕴涵的丰富的德育因素，特别是与职业价值相关的因素，与该课程的知识传播、能力培养相结合；也可以通过对课堂环境的安排、课堂气氛的控制、师生之间的交流以及教师本人的教学方式和独有人格魅力去影响学生，将显性课程与隐性教育相结合，使学生在学习基础知识的同时，也接受职业价值观的引导。

---

① 苏志武：《“校园大课堂”——润物无声 全空间育人》，《中国教育报》2007 年 9 月 7 日第 3 版。

② 全哲洙：《积极探索“全方位育人”的大学生思想政治教育新路子》，《求是》，2005 年第 16 期。

高职院校的专业课不仅教给学生一定的职业技能,同时也是进行一定的职业指导的过程。专业课程中,学生可以更多、更全面地了解自己将来所从事的职业。一方面,教师可以灵活运用深刻的具有时代感的问题或吸引人的职业案例,引导高职生领略丰富而复杂的职业世界、自我世界和职业与自我所构成的价值世界;另一方面,教师也可以让高职生在各种活动中,理解并学会职业价值评价与选择的方法,从而提高其职业能力。①

(二)校园第二课堂的教育

校园第二课堂与第一课堂相比,在学习方式上更为灵活。它既是第一课堂的有益补充,又是开发学生综合素质的平台。它可以不受时空的限制,从各个方面对高职生进行职业价值观教育。它采用多种学习方式,激发学生对理论学习的兴趣,开展形式新颖、内涵深刻的社团文化活动吸引和塑造青年学生,让学生们在轻松有趣的活动中完全感觉不到理论上的抽象和枯燥。

第二课堂活动是校园文化的一项核心内容,也是校园文化建设的重要标志。它包括校园的物质文化、精神文化和网络文化。丰富多彩的、高水平的第二课堂活动可以丰富校园文化的内涵,提高校园文化的水准和高职生文化素质,提升校园文化品位;还可以增加师生之间沟通、促进相互之间的了解,增进学生对学校、学生对老师之间的情感。对学生的职业价值观、行为方式以及独特气质的培养带来潜移默化的影响。

1. 校园物质文化

校园的物质文化是校园文化的载体,它是校园文化建设的基础前提和外在标志。与一般的普通高校相比,高职院校在构建校园物质文化时,在物质层面上处处突出"职业"的特点。② 例如,加强实习实训场地的建设,使学生有更多的机会置身于职业环境中,提高学生的职业素养和创造能力;强化职业实践,着力突出、彰显实现"服务社会"这一宗旨,树立学生强烈的社会使命感与责任感。因此,校园物质文化的建设不是目的,而是手段。高职院校可以根据实际情况,将校园内的楼、教室和实训基地等,以人名或是有业务往来的企业命名,将学校产业产品的标志、交通与实训工具上的标志等都印上无声的文化,或是在校内、教室、实训场所等地悬挂教育宣传标语,使学生走在校园里无时不受到正确职业价值观的教育和熏陶。通过各种类型的技能大赛,可以培养学生的自主性与进取心,展示学生非凡的职业创造力。同时积极参加全国技能比赛,让学生们感受专业的无穷魅力,激发其钻研

---

① 全哲洙:《积极探索"全方位育人"的大学生思想政治教育新路子》,《求是》,2005 年第 16 期。
② 王晓辉:《高等职业技术院校校园文化建设的研究与探索》,《教育与职业》,2007 年第 36 期。

能力，确立本专业的职业前景和职业规划，培养职业自信力。①

2. 校园精神文化

校园的精神文化是校园文化的核心，它包括体现学校特色和精神的校风、学风、校训等。②

校风可以渗透在职业理想、职业追求的理念之中，激发高职生对未来职业的热切向往和对未来职业方向的不懈追求。首先，要确立核心价值观。核心价值是学校在追求教育过程中所推崇的基本信念和奉行的目标，更是一所学校教育思想和办学理念的具体体现。通过总结、提炼形成有特色的教育理念，培养学生的职业意识，认识到普通大学生与高职生的区别，准确把握自己在职业上的定位，注重挖掘自身潜能，主动适应职业要求。其次，关怀师生的发展。关怀师生的生活和情感，关怀师生的心理感受，形成良好的育人环境。例如，学校的管理制度从制定到最终的实施都由师生全程参与，既能使学生的主体性得以体现，又能使学生在全程参与的过程中培养起协作意识，更有益于学生对各项制度的认同和遵守。

学风则体现了学生的学习习惯、学习态度和精神风貌。高职生中有相当一部分学生在中学时，行为上养成散漫、自由放纵的恶习，自律性较差，进入高职院校后，脱离了家长的管教和中学严格的管理制度，更是我行我素。对班集体和学校的校风影响很大。因此，高职院校在校园文化建设过程中，应该从狠抓学风入手。如对学生迟到、早退、旷课、作弊等这些不良的学习习惯和学习态度，学校应制定相应的处罚措施，并坚决实施。在处罚的同时，不能产生一种一罚了事的心态，而是要让学生从处罚中学会评价、学会选择。高职院校可以把对学生的处罚与其考试成绩结合起来，与学校内对学生的各种评价指标结合起来，端正学生的学习态度，培养其认真负责的意识，促使有意识教育向无意识教育转变。让学生在平时的生活、学习中逐渐形成这些良好的习惯与态度，为他们职业选择做好准备。

物化形态的名言警句只是一种文字符号，只有当它被师生认同并转化为内在需求体现为外在行为的时候，才能成为本校的校园文化，才能成为陶冶人、激励人、提升人的精神食粮，因此，应注重校训、名言警句的生成过程。学校可向全体师生征集校训、名言警句、校旗、校徽、校歌、道路名称，征集的过程其实就是比较、选择、认同并遵循的过程，班级内的艺术化的名言警句，校门口石碑上雕刻的校训等，已成校园文化的一道风景线。③

---

① 胡颖颖：《高职院校职业价值观教育路径研究——以“三全教育”为维度》，南京师范大学硕士论文，2009年5月，第37－38页。

② 全哲洙：《积极探索“全方位育人”的大学生思想政治教育新路子》，《求是》，2005年第16期。

③ 胡颖颖：《高职院校职业价值观教育路径研究——以“三全教育”为维度》，南京师范大学硕士论文，2009年5月，第37－38页。

3. 校园网络文化

在信息技术时代,网络文化也成为校园文化的重要组成部分。网络因为其自身的交互性、共享性、快捷性、隐匿性和开放性,越来越成为人们尤其是年轻学生生活中不可缺少的一部分。通过网络举办专题讲座、征文、论坛等新颖的活动,可以使文化传播不受场地、人数、时间的限制,极大地拓展了学生的想象和创造的空间,让不同专业的学生参与到感兴趣的活动中,在校友互动交流中增强职业责任感、树立正确的职业价值观。网络也可使青年学生在电脑前畅游世界、了解国际国内形势、博览群书,从而丰富学生的思想,增强其判断能力,以及提高认识和解决问题的能力,实现自我教育,为将来就业打下坚实的基础。① 但是网络也给学生带来了不少负面影响,上网打游戏、涉足黄色网站、滥交网友……因此,建设校园绿色网络文化,设置富有高职院校特色的网页及内容,吸引学生在校园网络世界里遨游是当前校园文化建设的一项新任务。

德育、社团和科技活动等方面的教育以学生为主体,通过开展内容丰富、形式多样、富有特色的课余活动,为学生提供自由而广阔的发展空间,引导学生培养创新精神、提高自主意识、树立正确人生观价值观,使学生的素质获得充分地展示与锻炼。

(1) 进行职业道德教育,培养社会责任感。人们进入职业生活后的第一件事就是要认清对职业的态度,爱岗敬业作为职业道德基本的要求,就是人们对待自己的职业应有的态度。它不仅说明一个人是否具有一定的职业素养,也说明一个人是否具有相应的责任意识。因此,应该加强对当代大学生的责任意识教育,增强其责任心,提高其承担责任的能力。

(2) 参加社团活动,培养合作意识与能力。社会主义市场经济既要竞争又要合作,在当今的社会生活中,人们的竞争意识普遍增强,它有助于激发竞争主体的进取心,有助于竞争主体的不断提高,从而有助于推动社会的发展。同时在经济全球化发展的条件下,合作也是一股不可阻挡的趋势,团结协作是当代大学生应有的品质。学会处理好竞争与合作的关系既能提升高职生的综合素质,又能帮助高职生提高就业能力。所以,应该通过第二课堂让学生在具体活动中认识到团结合作的重要性,鼓励学生为他人提供各种力所能及的服务,引导学生在这些服务中培养各种职业素养,从而形成正确的职业价值观。②

第一课堂与第二课堂的有机融合使课堂讲授与课外实践“你中有我,我中有

---

① 张晓拔,朱志海:《试论高职院校的校园文化建设》,《教育与职业》,2007 年第 36 期。

② 李红:《当代大学生职业价值观与高校价值观教育》,《四川师范大学学报:社会科学版》,2005 年 5 月。

你”,成就了一个理论学习和专业实践相辅相成的独特课堂——校园大课堂。校园大课堂是对以往“课堂”观念和教学思想的升华,它打破了传统的课堂教学与课外活动的界限,拓展了传统课堂的教育空间,也极大地丰富了大学校园育人功能的内涵,①也是高职院校对学生进行职业价值观教育的一个重要路径。

二、“社会(校外)大课堂”的教育

“社会(校外)大课堂”也常称作第三课堂(校外教育空间)。社会大课堂可以充分整合并利用社会丰富的人文、自然资源开展研究性学习、社会实践和社区服务等与学校课程结合的活动,是搭建学校教育与社会教育、学生校园生活与社会生活相连接的桥梁和平台。② 它包括静态和动态两类。

(一) 企业生产实践的教育(静态)

实习、见习、实验等实践课是高职教育的重要环节,在实践活动中能增进对职业的了解,提高对职业的认识,培养独立的工作能力,将专业知识转化为现实的技能,体验和感受职业的荣誉感和责任感。在实践、实习的过程中,要抓好其间的每一个环节和细节,严格岗位操作制度,遵守实习纪律和实习单位工作纪律。培养学生良好的职业行为,纠正不良行为,自觉加强职业道德修养;帮助学生捕捉就业信息,端正就业思想,培养和巩固献身于事业的专业思想。

产学结合人才培养模式是高职教育的本质要求,高职学生的就业去向也决定了高职教育的培养目标必须主动适应企业需要。高职生自身的发展需要具有企业文化素质,这也是高职学生区别于普通大学生的特殊性,也是高职教育突出职业性、针对性的体现。例如,高职院校的订单教育,通过学校与企业之间签订合约,已经将学生视同企业的一员。学校不仅是在培养学生,更是直接在为企业培养员工。这种人才培养模式的职业针对性很强,所以,从专业培养目标、人才培养规格的确定,到教学计划、课程设置的制定,再到人才培养的实施过程都需要企业的参与。企业对员工的要求除了要有与工作相适应的技术能力外,还要有与企业相符合的价值理念。每个企业都有自己的企业文化或是企业精神,其核心就是价值观。它能对企业的员工起到导向作用、凝聚作用、激励作用和约束作用等,只有企业员工树立起积极的职业价值观,才能真正感受到成功的乐趣,因此,企业人本管理的最终目标就是形成企业共享的价值观。因此,可以邀请该企业的相关人员为学生举

---

① 苏志武:《“校园大课堂”——润物无声 全空间育人》,《中国教育报》2007 年 9 月 7 日第 3 版。

② 《北京市将建设 44 个中小学生社会大课堂》,引自 http://www. xue360. com/xuecorp/news/xynews. php? newsid = 6885。

办一些讲座或者报告会,让学生对该企业的理想追求、价值观念、群体信念作一个简单的了解,使学生在校学习期间能有一个明确的价值取向,也便于学生在进入企业后能很快地融入企业的生活之中。实践课堂中教育的主要内容,就是要培养与企业目标相一致的价值观,把企业文化融入职业价值观教育之中,以及职业意识、职业道德、职业责任感和职业技能等。①

校企合作的模式,在实现职业教育的可持续发展中,已成为职业教育界的共识。在校企合作中,增加高职生的职业价值观与企业倡导的价值观之间的相容性。不仅要强调学校的教育作用,也要让企业参与进来。要调动校企双方的积极性,而不能把职业价值观的培养仅仅当做是学校的责任,那将很难形成教育的合力。因此,体制机制要创新使那些进行实习实训的学生自觉成为企业的一员,融入企业文化之中,按照企业的规定和职业道德要求履行自身的职责。

(二)社会偶发事件的教育(动态)

2008年5月12日发生的汶川大地震,虽然震垮了我们的房屋,夺取了我们的生命,但没有击垮我们的梦想。汶川大地震中生还的高中学生,他们努力学习参加高考,有了明确的追求目标;即将走上工作岗位的大学生,改变了人生的方向,重新选择了就业去向;还有在职的工作人员,有了正确的职业价值观,在重建家园中默默贡献一份力量。这些也是学校课堂上所不能给予的一种特殊教育,也是刻骨铭心、终身不忘的一种心灵洗礼,它彻底改变了许多人的人生轨迹,激发了人们沉淀心底的自强不息的精神。去年夏天,许许多多的高校学子带着热爱祖国、热爱人民、热爱大好河山的满腔热血,奔赴到祖国最需要的地方去了。金融危机这样全球性的事件也危及我们国家,人口众多的中国虽然有能力应对危机,但其对我国的就业仍然造成了很大的压力,不少企业大力裁减人员,各行各业的发展都受到了影响。尤其高职学生如果一味按照原有计划择业,将会未就业就先"失业"。重新审视国际国内形势,反省自己的职业选择,从社会最基层干起,进行资本、经验和技能等的原始积累,为将来的更好就业、创业奠定基础。例如,扬州职业大学的毕业生到瘦西湖应聘船娘、船夫,是对原本职业选择的挑战,也是对自我的挑战,更是对传统职业价值观的挑战。社会在进步,时代在前进,在国家和社会各部门的大力宣扬、倡导和正确指导下,高职学生的就业观念也要与时俱进。

社会是一所大学,社会也是一个大课堂,工业、农业科技园以及第三产业的典型示范(如扬州的陆琴脚艺),也都是对高职学生进行职业价值观教育的直接路径,它让学生学到了许多书本之外的东西。

---

① 胡颖颖:《高职院校职业价值观教育路径研究——以"三全教育"为维度》,南京师范大学硕士论文,2009年5月,第39页。

三、结　　语

整合校内外各项资源,采取“大课堂”教育模式,充分发挥其教育功能,是新时期各级各类高校教育践行科学发展观的一项重要举措,也是全方位培养高职学生职业价值观、培养创新型创业型人才的最佳路径。

工学结合护理专业技能培养模式的开发与运作

何旭辉① 张玉兰 吴 艳

摘 要：随着健康观念和医学模式的转变，护理从“以疾病为中心”的功能制护理，向“以人的健康为中心”的系统化整体护理模式转变，对护理人才培养也提出了更高的要求。为了保证护士能适应社会发展的需要，学校围绕培养目标不断进行教学改革，探索以工学结合为切入点，开发护理专业技能培养模式的道路，明确了原则，构建了实践教学体系，围绕核心技能培养，完善了人才培养方案，合理设置课程，突出护理专业特色，取得了良好效果。

关键词：工学结合；护理技能；培养模式；开发与运作

随着健康观念和医学模式的转变，护理从“以疾病为中心”的功能制护理，向“以人的健康为中心”的系统化整体护理模式转变，对护理人才培养也提出了更高的要求。为了保证护士能适应社会发展的需要，大庆医学高等专科学校明确了“压缩中专、大力发展大专、稳定发展本科教育”的护理教育改革思路，加快了发展高等护理教育、培养技能型紧缺人才的步伐。三年制高职专科教育护理专业紧缺人才的培养，旨在面向城乡医疗、保健等卫生服务机构，培养德、智、体、美全面发展，职业综合素质高，技术应用能力强的高等技术应用性护理专门人才。大庆医学高等专科学校开展高职专科护理教育多年，围绕培养目标不断进行改革，探索以工学结合为切入点，开发护理专业技能培养模式的道路，并取得良好效果。

一、工学结合的内涵和意义

（一）内 涵

工学结合是一种以职业人才培养为主要目的的教育模式，以培养学生的全面职业素质、技术应用能力和就业竞争力为主线，充分利用学校和企业两种不同的教

---

① 何旭辉，大庆医学高等专科学校校长、教授。

育环境和教育资源，通过学校和企业双向介入，将以课堂教学为主的学校教育与在企业实际工作经历的学习有机结合。在这一过程中，学生在校内以受教育者的身份，根据专业教学的要求参与各种以理论知识为主要内容的学习活动，在校外根据市场的需求以“职业人”的身份参加与所学专业相关联的实际工作。这种教育模式的主要目的是提高学生的综合素质和就业竞争能力，为生产、服务第一线培养实用型人才，同时提高学校教育对社会需求的适应能力。

(二) 意　义

(1) 工学结合体现了“能力培养专业化、教学环境企业化、教学内容职业化”的职业教育的特色观，体现了“以人为本，全面发展”的教育理念；体现了国家“教育与生产劳动相结合”的教育方针；体现了“以服务为宗旨，以就业为导向”的职业教育指导思想；体现了职业教育新的价值取向，即由封闭的学校教育走向开放的社会教育、从单一的学校课堂走向实际的职业岗位、从学科学历本位转向职业能力本位。

(2) 工学结合体现了具有高职高专特色的人才培养观。高职高专教育的特色在于突出的应用性和实践性，只有坚持教学与生产紧密结合，理论教学与实践能力培养紧密结合，师生与一线技术和管理人员紧密结合，才能实现高职高专教育培养目标。

二、以工学结合为切入点，开发护理专业技能培养模式的原则

(1) 以岗位需求为依据，明确人才培养目标，加强岗位的针对性。

(2) 以岗位能力为基础，设置课程体系，满足能力开展的要求。

(3) 以实用为原则，改革教学内容及教学方法，提高教学的效果和质量。

(4) 以应用为目的，构建专业技能培养模式，体现能力本位。

(5) 以就业为导向，突出护理人才的专业特色，增强社会的适应性。

三、工学结合护理专业技能培养模式的开发

(一) 转变观念，明确高职高专护理专业的定位

高职高专教育培养面向生产、建设、管理、服务一线的应用性人才，其规格要求具有明显的职业导向性，必须以市场需求和就业为导向。护理专业作为紧缺人才在市场上有较大的需求，通过调查问卷分析表明，随着护理理念和护理教育观念的转变及发展，医院更需要有较好职业素质、较强职业技能和较强发展潜力的毕业生。针对护理专业的特点，应突出护理基本技能以及适应岗位要求的专门技能的

培养，加强人才培养的针对性，以适应临床岗位的要求。

（二）护理专业技能结构

护理专业的岗位职业技能由核心技能和拓展技能组成。

核心技能主要有两方面：一是在掌握必要的医学基础知识的基础上，具有观察病情、指导用药、健康咨询等技能，以适应护理岗位护理、监护及健康指导的需求。二是在人文社会知识的基础上，具有人际沟通与交流的技能；在掌握护理学基本知识及专业知识的基础上，熟练进行护理基础操作的技能，以适应临床基础护理需求。

拓展技能为学生今后的发展提供基础，如护理专业方向化的操作技能、护理管理技能、创新改革的技能等。

对于专科护理专业更重要的是在掌握护理核心技能的基础上，培养学生分析问题、解决问题的能力，培养学生的学习能力和职业意识及态度，从而使其逐渐形成拓展技能。

（三）围绕核心技能，制定完善的人才培养方案

1. 明确护理人才培养规格，合理设置课程，突出护理专业特色

优化重组教学内容，按照基础课程以“必需和够用”为度，专业课程突出针对性和实践性的原则，通过精简、融合、重组、增设，打破学科体系，构造新的综合课程，实现人文科学、自然科学和技术科学的有机结合。例如精简与护理无关的内容，增设“护理美学”、“护理与法”、“人际沟通”、“护理礼仪”、“护理伦理”、“护理心理”、“护理管理”等社会人文学科；主要专业课按人的生命周期设置“母婴护理”、“儿童护理”、“成人护理”、“老年护理”等。通过课程与教学内容的整合，把以医学为导向的课程结构转向以护理为导向的课程结构，使课程体系形成突出护理、体现社区、加大人文的护理特色。

2. 构建“五双”教学模式，以实现人才培养的目标

构建工学结合、校院合作的“双元”教学，以培养学生技术应用能力；理论教学与实践教学并重的“双轨”教学；理论教学大纲和实践教学大纲同步的“双纲”教学。为了减少课堂教学与临床护理差距，实行“双师”教学，为了适应岗位的要求，采用“双证”模式教学，以保证学生毕业时既获得毕业文凭，又能考取职业资格证书。

（四）构建与“五双”教学相适应的实践教学体系，抓好实验、实训、实习是三个关键环节

实践教学体系由课堂教学、实验实训教学、系列实习、课外实践4模块构成，具体见图1。

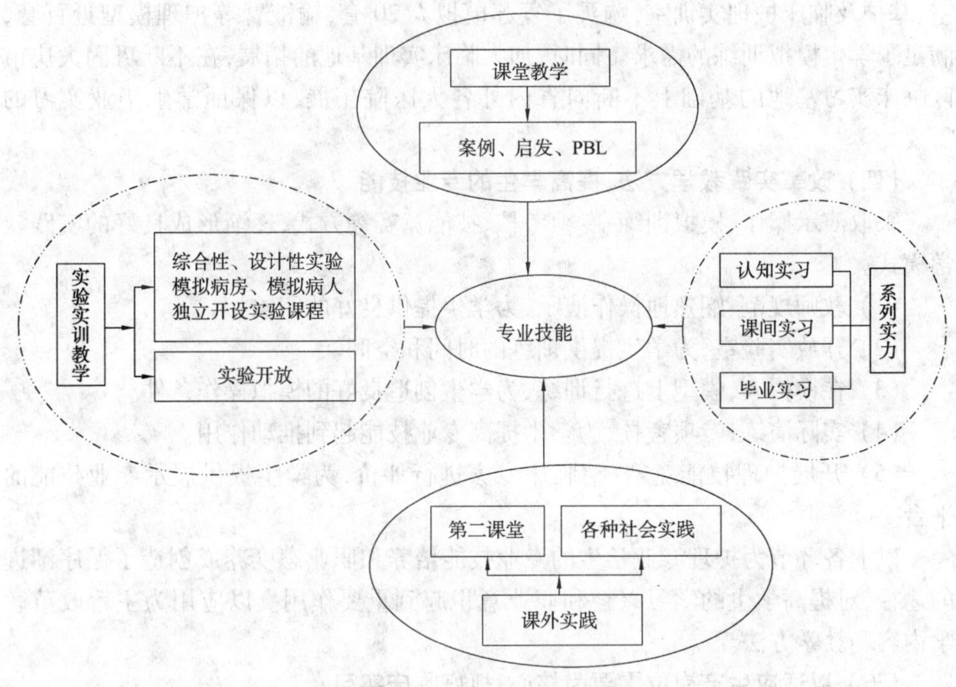

图1　实践教学体系的构成

四、工学结合护理专业技能培养模式的运作

(一)成立护理专业教学指导委员会,加大工学结合的指导

由临床护理专家、护理教学专家及学校专职骨干教师组织学校护理专业教学指导委员会,直接参与人才培养方案的制订、理论及实验实习教学大纲的编写、护理人才的评价分析等工作,从而保证人才培养与临床岗位相适应。

(二)建设"双师结构"专业教师团队,保证工学结合专业技能的培养

高职高专教育的培养目标决定了师资队伍建设的特殊性。从事高职高专教育的教师自身的知识、能力、素质既要符合现代高等教育对高校教师的一般要求,也要符合高职高专教育对技术型人才的特殊要求;不仅要具备扎实的专业理论功底,而且还应熟练掌握相关的专业技能,具有良好的职业道德和综合素质,既是"讲师",又是"工程师"。学校要求专职教师每两年去临床进修半年,提高教师个体的"双师素质"。同时从临床选调优秀的护理专业人才充实教师队伍,从临床聘任大量的兼职教师,逐步形成专兼结合的"双师型"教师队伍。

(三)开发校内实训基地,拓展校外实训空间,为专业技能培养提供保障

学校在护理实训基地建设上,先后投入百余万元,建设了模拟病房、ICU 监护

室、基护及临床护理实训室，购买了复苏模拟人20套，输液臂等护理模型近百套，满足了学生模拟训练的需求。同时，加大临床实训基地的拓展，在不断巩固大庆市区临床实习基地的基础上不断向省内外各大医院拓展，以保证学生毕业实习的需要。

（四）改革实践教学方法，提高学生的专业技能

采取演示操作、模拟训练、专项考核、技能竞赛等方式，逐渐形成良好的实践教学模式。

（1）教师规范、娴熟地操作演示，为学生提供良好的印象。

（2）开放实验室，为学生提供训练的时间和空间。

（3）在模拟人、模型上进行训练，为学生创造良好的模拟操作条件。

（4）实际演练，专项考核，为学生提高专业技能起到推动作用。

（5）开展护理技能竞赛，请临床专家进行评价，为学生提供展示专业技能的平台。

以上各环节为护理专业学生的专业技能培养和职业态度养成创造了循序渐进的途径，对提高学生的学习兴趣和职业意识起到重要作用。以应用为主旨改革教学内容和教学方法。

（五）以适应生产岗位需要为核心，抓好临床实习

以工学结合为途径，在护理专业学生的入学教育中安排临床认知实习，使学生了解临床护理工作的性质，加强对护理工作重要性的认识，培养学生的专业兴趣；在第三、第四学期安排临床见习，通过边学边练边看，加强专业技能培养的目的性和临床适应性；在第三学年安排临床毕业实习，大多数学生能很快顶岗，达到边学边练边提高的目的，使学生的护理专业技能不断熟练提高。同时，增强学生分析、解决实际问题的能力。

参考文献：

[1] 刘琮阳.发展高等护理教育必要性的调查分析.护理学杂志，1999，14(6)：371－372.

[2] 杜学森.论工学结合人才培养模式的运作方式.教育与职业，2007(4)：30－32.

知识视角下的高等教育创新型人才培养

樊平军①

摘　要：本文从知识的视角对高等教育创新型人才的培养进行了探讨，认为创新型知识是培养创新型人才的前提和首要条件；围绕创新型知识，在高等教育领域要通过专业设置和课程安排来对创新型人才培养进行恰当的知识选择；在高等教育知识传授方面，本文认为创造性教学是培养创新性人才的主要方式，并就我国当前的高等教育教学改革提出了建议。

关键词：高等教育；创新型人才；知识视角

从一般意义上来说，创新型人才是指具有创新意识、创新思维、创新能力和创新人格的人才。而所谓缺乏创新精神的人则是常规思维占主导地位，创新意识、创新精神、创新能力不强，习惯于按照常规的方法处理问题的人。② 培养创新型人才、提高学生的创新能力是高校教育教学的重要任务。创新型人才培养模式是一项复杂的系统工程，高素质创新型人才的培养应从教师到学生、观念到制度、环境到设施进行多视野综合构建。但是，知识教育特别是根据不同知识的类别和特点来进行针对性的教育教学，对于培养学生的创造力更为重要。因为“整个教育、教学活动都是围绕知识的传递、掌握和学习而展开的，或者说是以知识为轴心，促进学生各方面发展的，离开了知识的活动便丧失了存在的基本前提，学生的发展也失去了得以可能的客观基础”③。系统合理的科学知识是创新人才成长的前提条件。从“知识”入手，分析创新型人才的培养工作，是本文的关注点所在。

一、高等教育创新型人才培养的知识基础

“知识”是“创新”的本质属性，“创新”从根本上说是基于知识的创新，“知识创新”是“创新”的核心和灵魂，这就是“创新”的“知识基础观”（Knowledge-Based

① 樊平军，国家教育行政学院讲师。

② 王英杰，刘保存：《国际视野中的大学创新教育》，山西教育出版社，2005 年，第 17 页。

③ 潘洪建，王洲林：《知识问题研究二十年：教育学的视点》，《高等师范教育研究》，2003 年第 15 卷第 1 期。

View of Innovation)。① 知识在创新型人才的成长以及创新活动中是不可或缺的,因为创新主要强调的是知识重新组合。从知识形态上看,任何一种创新都是先把原有的知识从固定的结构中游离出来,然后在全新的组织中产生出全新的系统、全新的知识结构。创新总得依托一定的知识和经验,不可能存在能够脱离知识而具备的单纯的能力。所以说,没有知识或者缺少知识,创新型人才就很难成长,创新活动就很难展开,也很难产生创新的成果。② 从高等教育创新型人才培养的角度来看,合理的知识结构是创新型人才所应具备的最基本素质,是形成创新能力的前提和基础。知识是能力的载体,没有知识,能力便成无源之水、无本之木。创新型能力的发挥需要相应知识结构和基本理论的支撑,没有足够的知识底蕴,就无法提升创新实践的能力。因此,高等教育中系统化的知识体系和专业知识深、相关知识博的知识结构有利于学生创新能力的形成与发展。

知识是创新的基础,但并不是任何知识都可以作为创新型人才培养的基础。对创新型人才培养起着基础作用的是创新型知识。所谓创新型知识是指对创新实践活动过程具有工具和手段意义的主体的知识系统及其结构。它理应代表时代发展的方向,在现代知识经济社会中焕发旺盛的生命力,它具有以下特征:③

其一,前沿性。这里所概括的"前沿性",是一个相对的概念,指比已有知识更具有前瞻性的、更接近真理的特征。

其二,整合性。创新型知识作为创新实践的准备,很多时候直接指向问题的解决,因此也必然要具备相应的交叉化、综合化、整体化的趋势。

其三,实践性。相较于一般意义上的知识,创新型知识无疑具有更强的反身性,能够把关于创新实践的新知识、新信息反过来应用于基于这些知识和信息的实践,从而在结构上不断改变创新实践的特征,并由此使得知识成为制度组成和转型中的一项构建要素。

二、高等教育创新型人才培养的知识选择

在当代社会,知识生产不再仅仅是高等教育独此一家,社会正在建构自己对知识定义的界定与理解,知识正日益变成游离于高等教育的一个独立的力量。外部利益相关者指望高等教育提供某种类型的知识(如文学理论、历史编著学),他们也指望另外的社会组织——比如传媒、艺术团体或宗教组织来提供其他类型的知

---

① 马德辉:《创新"知识基础观"》,《情报杂志》,2007 年第 10 期。

② 胡建华:《大学教学改革与创新型人才培养》,《中国高等教育》,2009 年第 9 期。

③ 颜鹂,单珏慧:《知识演进视野下创新型人才培养》,《光明日报》2009 - 02 - 18。

识(如流行文化、高雅艺术和信仰方面的知识)。在某些领域,知识的发展可以由高等教育和另外的社会组织共同完成。比如在生物技术或计算机科学方面,研究型大学和工业企业都参与其中,或作为竞争对手,或作为合作者。尽管高等教育仍然在很大程度上保持了知识合法化的垄断地位,然而这些领域的差异也表明外部利益相关者在看待大学组织的价值上会产生越来越大的分歧,高等教育正在被要求呈现这些外在于高等教育系统的知识定义,而且满足这些要求是高等教育发展的必由之路。①

此外,后现代知识观的出现也在动摇着科学知识的霸权地位。尽管科学知识在高等教育中仍然会保持合法性知识的优势地位,但是科学也正在被看做不是一种完全不同于所有其他知识类型的话语,而是在许多方面与其他话语类似的话语。当科学知识的话语霸权被解构而其他更多的知识类型在高等教育知识体系中的合法性得到承认的时候,可以想见,高等教育将会呈现更加广阔的知识范围。② 这种关于科学知识的后现代理论无疑会导致对科学知识本质和地位的重新评价。

在这样的背景之下,创新型人才培养,首先应是高等教育知识选择的创新,即依据什么样的理由来选择知识,或应该确立什么样的知识教育价值标准。创新型人才的培养要求高等教育选择那些对创新实践活动过程具有工具和手段意义的主体的知识系统及其结构。

从目前我国高等教育知识的选择来看,它首先是在人才培养框架预设的前提下进行的,培养什么样的人才类型,即开设相应的专业并设计课程体系,确定课程教学大纲。

高等教育领域的知识最终以专业设置的形式直接影响着学生学习的内容,进而影响着大学的知识传授功能。专业的设置与调整过程,本质上是知识的排除与筛选过程,通过一连串的排除与筛选,某些知识被淘汰,某些知识被拣选,通过这个过程,高等教育领域的知识内容被进行着控制与分配。现在,新的经济社会发展趋势要求高校培养的不再是只有一门专业知识而其他知识比较贫乏的人,而是自然科学、社会科学、人文科学相结合,具备国际化、现代化、市场化和创新潜能的综合性高素质人才。③ 创新型人才培养的知识选择对专业设置提出的要求是必须根据当代科技进步、知识发展状况以及社会对人才的需求,及时调整学校的专业设置和专业的培养方向。各专业根据相应学科的最新发展,既要尽可能使学科专业知识

---

① Ronald Barnett, The Limits of Competence—Knowledge, Higher Education and Society. Open University Press,1994:22.

② 樊平军:《论大学的知识选择》,《江苏高教》,2009 年第 1 期。

③ 吴树青:《深化高等教育改革增强创新能力促进创新型人才培养》,《清华大学教育研究》,2007 年第 10 期。

完整系统，为学生以后在该领域的创新打下学科专业基础，又要尽可能使学科专业知识体现前沿性、前瞻性，使学生从学习学科专业知识开始就进入创新前沿。

从大学的课程设置来看，创新型人才培养的高等教育课程应当为学生提供一种整全的、相互关联的知识体系，应当使学生的专业能力、职业技能在一种整合的知识背景下获得提升与完善；不仅在专业领域中更具创造性，而且能在一种变化的情境中善于思考、富于想象、勤于洞察。这种既具专业技能与素养，又具整合知识和科学思维的人才是未来社会所需要的创新型人才。美国工程教育协会（ASEE）也明确地要求：高等工程职业教育也要向学生提供一种宽广的、更为普通的高等教育，要为发展学生终身学习的动机、能力和知识基础做好准备，要用更加“整合”或“集成”的课程观念去重组课程内容和结构，要使学生在宽厚的知识积淀与思维能力的基础上生成具备创新品质的专业素养与专业技能。① 根据我国高校的实际，在课程体系设置上，改革的目的应是尽快实现由过去专而窄的微观知识体系向宽而厚的宏观知识体系转变，由封闭的知识体系向开放的知识体系转变，由工具型的知识体系向创新型的知识体系转变，建立培养以创新能力为核心、以满足经济和社会发展需要为目的的课程体系。

培养创新型人才，要注意教育内容的合理取舍和有机搭配。知识之海浩无边际，应该根据不同学科学生培养定位的区别和学生个体特点兴趣的差异，有针对性地设计、规划学科培养方案，兼顾专业性、交叉性、综合性、普适性，最终是要将学生塑造成具有“T”型知识结构的创新型人才。

三、高等教育创新型人才培养的知识传授方式

高等教育通过专业和课程的方式实现创新型知识的选择，但创新型人才的培养最终还是要借由教育活动的实施来进行知识传授，而教学是高校最主要的知识传授方式，以传播知识为主要目的的教学活动在创新型人才培养过程中的重要作用是不言而喻的。

如何建立一种合理的创造性的传授知识方式，对高校培养学生的创造力具有决定性的意义。创新型人才的培养要求创造性的教学。所谓创造性教学主要是指以提高学生创造能力为核心的教学模式。从知识角度来说，创造性教学必须向学生传授系统的规律性的知识，并引导学生灵活地运用知识。创造性教学的开展，主要是通过引导学生在掌握规律性知识的基础上思考问题并发现问题，激发学生的创造精神，开发学生的创造潜力。通过指导学生进行研究问题和解决问题的实践，

① 郭德红：《美国大学课程思想的历史演进》，中央编译出版社，2007年。

来训练和提高学生的创造能力,从而使学生将来有可能立于某一知识领域的前沿,去探讨未知的领域,创造出更具社会意义和价值的新事物。①

我国高校的教学工作当前存在的问题主要是:(1)课堂教学比重大,而且方法单一;(2)实验教学基本是理论验证,缺乏探究创新;(3)实践教学少,学生动手能力差;(4)教师与学生呈单向传授关系,缺乏双向交流。这种状况不适应国家培养创新型人才的要求,因此,对教学方法必须加大改革力度。

首先,应关注学生知识选择的自由。创新是一种不受拘束富有个性的活动,因此培养创新型人才勇于质疑、善于批判、敢于打破常规的能力与素质十分重要。而这些能力与素质的培养需要有一种宽松、自由的学习氛围。所以,重视学生的学习自由是开展培养创新型人才活动的基础。在大学教学过程中,学生的学习自由主要包括选择专业的自由、选择课程的自由和选择学习时间的自由。因此大学教学改革应该向着改变过去的刚性教学制度、建立弹性教学制度的方向发展。改变大学入学时"一考定专业"的状况,建立大学教学过程中的转专业、跨专业制度,进一步扩大选修课比例,实施完全的学分制改革。②

其次,在课堂教学方面,要正确认识和处理教师与学生的关系、教师传授与学生学习的关系,采取灵活多样的教学方法,把更多的时间交给学生,变单纯被动接受知识为主动探究未知领域知识,激发学生求新求异的兴趣,提高学生的创造创新能力。要形成课堂学习的讨论、研习之风,改"一言堂"为"群言堂";要由善于接受教师的传授向勇于表达自己的意见转变。教师也必须改变传统的过于重视讲授的教学观念,以培养创新型人才为目标,灵活运用教学方法,调动学生主动投身学习的积极性;学校也应出台相应的措施,鼓励教师开设讨论课;应创造条件减少大班课,多开小班课,提供开展讨论、研习的必要基础,提高实践教学的研究性;从培养学生的问题意识入手,以解决问题为内容,"在游泳中学会游泳",在研究中培养创新能力。③

第三,在实践教学方面,要从内容和途径两个方面努力。从内容上讲,一是要增加实践教学在整个教学课时分配中的比重;二是围绕提高学生创新能力,增强实践教学的计划性、有效性和目的性;三是加强教师在实践教学中的主导作用;四是创造条件让学生全身心投入到实践中去,实践理论,发现问题,深入研究,找到答案,升华认识,获得新知,提高创新能力。从途径上,要积极鼓励、扶植学生组建各种科技文化社团,开展形式多样的科技文化创新活动;创造条件吸收学生参加教师

---

① 陈章干:《开展创造性教学的若干思考》,《高等教育研究》,1999年第5期。

② 杨俊英:《试论高等教育创新与创新型人才培养》,《教育探索》,2007年第9期。

③ 胡建华:《大学教学改革与创新型人才培养》,《中国高等教育》,2009年第9期。

的科研活动，使学生尽早掌握科研方法，培养学生的创新能力。

第四，在教学手段方面，使用现代化教学手段开展教学活动，是21世纪对高等教育的要求。现代信息技术的突飞猛进，为高等教育的发展创造了极为有利的条件，也为高校培养学生的创新能力创造了极为有利的条件。如多媒体的运用、互联网的开通、现代远程教育网络的构建等，彻底改变了原有教学手段狭窄、单一的局面，一个丰富多彩的世界全方位地展现在学生的面前。它更大限度地满足了学生的需求，使学生的学习不再局限于教室和书本，不再局限于学校和老师，而是可以通过多种渠道和形式来获取知识。应用先进的手段发展和体验未知世界，更能激发学生的求知欲望和创新激情。

总之，只有使传授知识的方式符合发展创造力的要求，才能够使传授知识真正成为促进创造力发展、培养创新型人才的有效手段。

发达国家国际化人才培养模式的改革与启示[1]

刘正良[2]

摘　要: 20 世纪 90 年代以来,发达国家率先掀起了新一轮高等教育国际化的新浪潮。为了培养适应国际化人才的需要,发达国家竞相调整人才培养目标;推进课程设置综合化与国际化;转变教学方式,注重培养学生能力;改革人才培养途径和制度等。发达国家国际化人才培养模式的改革无疑能够给我们以有益启示,我国高等教育应该以创新型、国际化为目标,确立人才培养标准;以综合化、国际化为标准,优化课程设置;以能力为本位,改革教学方法;以产学研结合为导向,拓宽人才培养途径;以学分制为中心,完善人才培养制度。

关键词: 高等教育国际化;人才培养模式;发达国家;改革;启示

20 世纪 90 年代以来,伴随着经济全球化进程的不断加快,人才需求的国际化也不断加强,北美、西欧、澳洲以及日本等发达地区和国家率先起步,拉美、亚洲、非洲等地的发展中国家积极参与,掀起了新一轮高等教育国际化的新浪潮。在国际化过程中,发达国家对各自的国际化人才培养模式作了改革,形成了一些有益的经验,这对于我国高校国际化人才培养的现实具有非常重要的借鉴意义。

一、新一轮高等教育国际化的特征

20 世纪 90 年代后,稳定的政治环境促进了经济的繁荣,经济全球化、区域集团化趋势不断加强,世界各国交流与合作空前频繁。在这样的宏观背景下,高等教育国际化的发展和变革日新月异,出现了一些新的特征。

(1) 高等教育市场化趋势加强,竞争加剧。高等教育市场化趋势加强,竞争越

---

① 2006 江苏省教育科学“十一五”规划重点课题《江苏职业教育国际化的运作机制研究》(批准号:苏教科规领〔2006〕1 号),主持人:刘正良

② 刘正良,国家教育行政学院讲师。

来越激烈，表现在一些发达国家的高校利用雄厚的经济实力和丰富的教育资源在发展中国家创办大学或分校，抢占教育市场；有些高校通过奖学金计划、新增强势专业、放宽签证政策等措施，在世界各地吸纳优质生源。当前，导致高等教育市场竞争加剧的原因有三个：其一，自20世纪80年代开始，部分西方国家大幅度削减教育经费预算，许多高校为缓解财政危机，努力开拓世界高等教育市场，获取大学收入，教育市场化趋势加强；其二，世界贸易组织提出的《服务贸易总协定》(GATS)将“收取学费、带有商业性质的教育活动”纳入教育贸易服务范畴，教育市场的放开将引起实力雄厚的教育集团疯狂“抢滩”，“美国以政府、学校或以基金会名义向外国留学生提供的奖学金，每年金额约为10亿美元，ETS机构每年开支为15亿美元，除去税收等各种费用，美国每年从来自全球的留学生身上直接获益约60亿美元”①；其三，发达国家转变了对发展中国家的援助政策，即由援助逐步过渡到参与教育服务贸易的竞争上，从而形成全球范围的竞争。总之，高等教育市场的激烈竞争是高等教育国际化发展到一定阶段的必然结果。

(2) 高等教育国际化由“政府主导型”向“院校主导型”转变。20世纪80年代之前，高等教育国际化的活动与进程主要受国际政治、外交政策、国防政策等方面的影响，高等教育的交流与合作项目被作为国家政治的延伸。在这个时期，高等教育国际化的主角是政府。20世纪80年代之后，特别是冷战结束，高等教育国际化在经济全球化的推动下，逐渐由政府主导转变为以院校主导。各国高校自主研究国际化的对策，主动寻求与国外高校合作的机会。许多重点大学已经与国外大学签订了合作协议，实行联合办学、互换学生、学分互认等，就连地方高校包括新高职院校也顺应国际化潮流，大力实施国际化策略，如校长经常出访、派教师出国培训、举办国际班等。

(3) 高等教育的形式和手段日趋多元化。就跨国高等教育来说，其表现有多种形式，如授权办学、项目合作、分校、海外学校、国际机构提供的国际教育资助和项目等，这些措施进一步加强了高等教育的国际交流与合作，有利于实现教育资源的国际共享。随着信息技术和网络技术的迅猛发展，高等教育国际化通过互联网触及世界各地，网上虚拟大学、虚拟教室、虚拟课堂可以跨越时空限制，满足求学者个性化需求，并为其提供了终身学习的机会。不同地区、国家之间的网络化教育成为国际教育的崭新技术，一些发达国家在网上提供学位课程已是司空见惯。1993年成立的由全球270多所大学和学院参加的全球网络学院提供1万门以上课程，每天有1.1万人以上访问其网站，国际上也正在筹划提供虚拟课程，建立地区性、次地区性的国际虚拟大学也被越来越多的政府和组织提上议事日程。

---

① 黎琳，吴治国：《高等教育国际化：新概念与新走向》，《江苏高教》，2004年第1期。

二、发达国家国际化人才培养模式的改革

面对新一轮高等教育国际化和新的更加复杂的国际国内形势,为了适应国际化人才的培养目标,发达国家竞相改革各自的高等教育人才培养模式。

(1) 调整人才培养目标。发达国家高校从两个方面进行人才培养目标调整:一方面注重培养创新人才。如法国专门制定相关的法律法规,并加大政府投入,充分利用高校和科研机构的人力资源优势,鼓励创新型人才的培养;又如日本临时教育审议会于1998年指出,为了实现科技创新立国的目标,必须培养富有创造性与独创性的优秀研究人员。另一方面注重培养国际化人才,发达国家采取了一系列的措施加强与世界各国的交流与合作,培养国际化人才。法国为了打破美国、英国对国际高等教育市场的垄断,不断加强与欧盟国家以及法语国家的交流与合作,同时,法国还通过商业化的方式加大与其他国家或地区的交流与合作,特别是加强了与亚洲国家的高等教育交流与合作,以此促进国际人才的培养。德国作为欧盟重要的成员国,积极参与欧盟国家共同制订的伊拉斯谟计划、苏格拉底计划,鼓励学生到成员国从事研究和深造活动,加强国际化人才的培养①。新加坡作为新兴的工业化国家,国际竞争环境已成为企业的主要外部环境,新加坡企业要在国际竞争中占得先机,国际化人才必不可少,因此,具有国际眼光及懂得拓展国际业务的外向型人才成为企业竞相争夺的主要目标,新加坡高校为此加大了人才培养模式的改革力度,加快了国际化人才培养的步伐。

(2) 推进课程设置综合化与国际化。一方面加强课程的综合化,针对经济社会发展和学科自身的发展需要,发达国家的大学普遍对课程设置进行了较大调整,设置了跨人文与自然科学、人文与社会科学等综合性课程。尽管各国对于综合性课程叫法不一,如美国的大学称之为核心课程,日本称之为综合课程等,但其目的和做法大体一致。以美国哈佛大学为例,该校要求学生必须修读历史分析和社会分析、文学艺术、外国文化、道德伦理、自然科学等5门核心课程,使学生了解、熟悉一些知识的主要方面,并使其知道怎样获得和运用知识;以日本东京大学为例,该校的普通教育课程从形式到内容都发生了较大变化:“将以往人文科学、社会科学、自然科学、外国语、体育五大类课程改为基础课程、综合课程、主题课程三大类。”②基础课程主要包括学生必须掌握的基础知识、技能、方式与方法,综合课程主要从多种角度、多种观点介绍现代社会的基本知识,主题课程则围绕某个主题采取系列

① 李兴业:《七国高等教育人才培养》,武汉大学出版社,2004年,第88页。

② 李兴业:《七国高等教育人才培养》,武汉大学出版社,2004年,第185页。

讲座的方式传授给学生,或通过教师与学生围绕某个专题进行探讨的形式增长学生知识。另一方面实施课程的国际化,澳大利亚通过提供多种形式的国际性课程,专门介绍外国历史、地理、风俗等,使学生全面了解国际社会的政治、经济、文化、历史等状况;在传统课程中增加国外的知识或国际观点,并加大国际知识、比较文化和跨文化的比重,同时把国外最新的科技和文化成果补充到教学内容中;规定部分国外学习课程。以澳大利亚的爱迪斯科文大学为例,在2004年,该校组织学生赴中国、印度、印度尼西亚、毛里求斯、美国等地学习考察。①

(3) 转变教学方式,培养学生能力。随着知识数量的增长,以及学科分化、综合的发展趋势日益明显,社会对于高校毕业生提出了新的要求。在这种情况下,学校不可能也没有必要在短短的几年时间里将某一学科或专业的知识全部传授给学生。即使学生在校期间掌握再多的知识,也不能仅仅依靠这些知识用一辈子,毕业以后他们仍然面临不断更新知识的问题。因此,对于学生来说,最重要的不是尽可能地学习现有知识,而是通过学习培养提出问题、分析问题和解决问题的能力。注重能力培养应该说是美国本科教育改革最显著的特点。在对高等教育进行改革的过程中,美国把培养学生能力作为本科生教育的目的之一,尤其注重培养独立思考能力、创造能力、交流能力和信息处理能力,增强学生适应未来科技与经济发展的能力。日本高校在人才培养方面,则强调以学生为主,培养学生科学的思维方法,挖掘学生潜在的科学研究能力。例如,日本高校要求高年级学生必须具有独立进行科学研究的能力。在科学研究过程中,学校要求学生必须学会查阅、读懂大量的科技文献,从中找出有价值的理论和方法来辅助解决科研过程中的难题,而老师在整个过程中只是起提示和辅助的作用。德国高校则非常注重培养学生选择、评价、创新知识的能力与方法,提高他们自主学习、研究的能力、交往能力、创造能力、终身学习和自我教育能力。在教学过程中,教师不再是知识的单向传递者,而更多的是作为学生的对话人和咨询人的角色,这就要求学生应是具有鲜明的个性、自主性、创新性的学习者。

(4) 改革人才培养途径。发达国家有两点经验值得借鉴:一是加强产学研合作,产学研合作是西方高等教育改革和发展的重要趋势之一,美国高校采取了一系列改革措施,开创了产学研新模式,如科技工业园区模式、企业孵化器模式、专利许可和技术转让模式、高技术企业发展模式、工业—大学合作研究中心及工程研究中心模式等;②德国产学研模式强调通过高校、科研机构和企业三位一体,进行科学研究、产品开发,共同培养高水平人才,德国高校相继与科研机构、产业界和地方政

① 孔令帅:《析澳大利亚高校课程国际化》,《世界教育信息》,2005年第6期。

② 刘力:《美国产学研合作模式及成功经验》,《教育发展研究》,2006年第4期。

府建立了区域性“能力中心”①。例如,拜尔公司参与的化学技术能力中心,斯图加特大学、马普研究所与奔驰等大公司组成的汽车技术能力中心等,德国这种产学研的一体化模式促进了各方优势的互补,不仅保证了德国科技产业创新,而且促进了高质量人才培养。二是跨校合作,联合培养人才。日本一些大学为了避免重复建设,开展多种形式的合作办学,充分利用各校的优势资源,培养高质量的人才,合作的内容是跨校修读专业课程、学生可获得其他学校的学位、教师联合授课、合作学校共同开设专题讲座、教师联合指导学生。②

(5) 改革人才培养制度。德国高等教育在长期的发展过程中,形成了独特的教育体制,德国大学教育以前只设硕士和博士学位,也就是说,德国大学生毕业的学习时间是7年。德国这种学制与世界大多数国家不同,阻碍了德国与世界上其他国家的高等教育合作,同时,对于想留学德国的学生来说,也感受到学位制度和学制的不统一所带来的困扰。为了适应国际化需要,1998年5月,新的德国《高等教育总法》决定设立国际承认的学士课程和硕士课程毕业文凭,并依靠学分制改革,实现成绩和学历文凭的互认,通过国际学历和文凭的互认,打通了国际人才流动的通道,加快了国际化人才的培养速度。日本很早便实行了学分制改革,与世界上许多国家高等教育的学制相同,这为日本推进国际高等教育合作提供了前提和保障的作用。不仅如此,日本早在20世纪70年代,便开始学习美国实行学分互换制度,促进了学生的出国留学,亦给来日留学的学生提供了便利。1996年实行学分互换制度的日本大学达90所,公立大学20所,同年共有3 861人在国外取得的学分被日本大学认可。③

三、高等教育国际化对我国的启示

新一轮高等教育国际化在给我国高校的改革与发展产生积极作用的同时,也带来了前所未有的挑战。我国高校人才培养模式受传统教育思想影响,存在一些明显的缺陷和问题,发达国家国际化人才培养模式的改革无疑能够给我们以有益启示。

(1) 以创新型、国际化为目标,确立人才培养标准。随着经济全球化的进一步发展,我国将迎来日益激烈的国际竞争,需要大批具有高素质的创新人才,增强科技创新能力和竞争力,抢占世界科技的制高点。但我国高等教育相对偏重人才与

① 李兴业:《七国高等教育人才培养》,武汉大学出版社,2004年,第90页。
② 李兴业:《七国高等教育人才培养》,武汉大学出版社,2004年,第189-190页。
③ 王留栓,小柳佐和子:《日本大学国际化的进程与回顾》,《日本问题研究》,2001年第1期。

社会工作岗位的适应性,忽视了学生个性和创新精神的培养。我国高校人才培养模式要以创新教育为核心,树立创新人才培养目标,对学生进行以创新精神和创新能力为核心的教育。我国高校的人才培养活动要围绕着创新精神、创新能力的培养展开,使培养的人才视野更加开阔、认识更为新颖、学习更加主动、对新事物的刺激反应更加敏感、实践能力更强,并敢于面对新的挑战,准确把握时机,打破常规,创造性地开展工作。日益激烈的国际竞争对于人才提出了创新能力的要求,但是我们不能忽视它对人才的另一要求,即国际意识、国际交往能力以及国际素质。这是因为,现代的竞争已不再局限于国内的竞争,更多地表现为国际性的竞争,如果我们的创新人才缺少了相应的国际素质,便很难在国际社会上形成竞争力。

(2) 以综合化、国际化为标准,优化课程设置。社会发展综合、分化的趋势日益明显,知识结构单一的人才已难以适应新形势的发展,因此,各国大学在进行课程改革和调整时,普遍开设了跨人文与自然、人文与社科等综合性课程,我国高校课程体系综合化程度不高、课程结构缺乏整体优化。为培养具有探索、创新精神,适应时代要求的创新型、复合型人才,我们必须按照文理渗透、人文与科学结合的思路,加强基础课程、通识课程建设及专业课程的整体优化,开展跨院系合作,开设新型跨学科综合课程。随着高等教育国际化趋势的日趋明显,我国高校应及时增设关于国际主题、世界地理、国际文化等方面的课程,在原有的课程中增加国际性的内容,使课程更加国际化,为学生了解世界创造良好的条件。通过课程的国际化,吸引更多的外国留学生来中国留学,更多的学者来中国教学、研究。同时,我国高校应建设信息网络系统,充分发挥现代网络技术的优势,实现国内外高校优秀教育教学资源的共享:一方面制作优秀网络课程,我国高校应该积极学习麻省理工学院实施开放课程计划,通过网络媒介将自己优秀的教育教学资源传递出去;另一方面共享其他学校,特别是国外著名高校的网络课程,汲取国外高校最新的科技文化成果。

(3) 以能力为本位,改革教学方法。从发达国家高校教学改革的实践来看,他们正在积极探索教学方法,改变以知识为中心的教学方式,更加注重学生能力的培养。而目前我国高校传统的教学过程仍然主要以知识、教师、教材为中心,强调知识的单向传输。在整个知识传输的过程中,学生的积极性和主动性难以得到充分发挥,难以形成独立的学习能力、创新能力。我国高校急需改革传统的"灌输式"教学方式,在教学过程中教师要多采用启发、诱导的方式,充分调动和发挥学生的积极性、主动性,鼓励学生提出问题、分析问题和解决问题;鼓励学生勇敢大胆地提出对于问题的独到见解;减少讲课时间,增加学生自学、讨论和研究的时间,使学生有独立思考和发挥创造才能的机会。如果条件允许,教师可以给学生布置某一专题,让学生充分利用多方资源独自探索、研究,教师只是在适当的时间予以指导。

联合国教科文组织在《高等教育变革与政策性文件》中指出:"为了适应人类社会可持续发展的需要,以及由于知识爆炸引起的高校教学课程的大量增加,高等学校必须加强跨学科性和多样性教学,提高教学方法的有效性。"①我国高校必须打通学科之间的壁垒,寻求学科间的共性,采取灵活多样的教学方式,使学生获得扎实的专业基础知识,具有更强的社会适应性。

(4) 以产学研结合为导向,拓宽人才培养途径。高校的人才培养途径主要包括三个方面:课堂教学、科学研究和社会实践活动。目前,我国大多数高校的人才培养途径是课堂教学和社会实践相结合,用一句概括就是:课堂教学为主,社会实践为辅。从当前的情况来看,社会实践和科学研究在人才培养过程中的功能还没有得到充分发挥,这对于学生社会活动能力、灵活运用理论知识的能力、创造能力的培养都是十分不利的。因此,我国高校应该拓宽人才培养途径,培养学生良好的知识、能力、素质。根据国外高校的改革趋势和国内高校的探索实践来看,模式是一种比较常用的、有效的培养学生实践能力、创造能力的人才培养途径。产学研模式旨在鼓励学生亲身体验,要求学生应用知识于实际的探索性活动、分析并解决实际问题中,使学生在实践中锻炼出良好的社会实践能力和创造能力,这有助于学生毕业后较快地满足实际工作的需求。我国高校不仅要寻求与国内企业的合作,还应积极发掘与国外企业合作的机会,为学生走向国际劳动力市场创造条件,提高学生的国际素质和国际竞争力,实现我国高校国际化的人才培养目标。此外,还要加强第二课堂和其他教学实践环节的学习和研究,广泛培养学生的兴趣和爱好,为发展学生的创造才能创造条件。

(5) 以学分制为中心,完善人才培养制度。从日本和德国推进高等教育国际化的相关经验我们可以得到启示,日本借鉴美国的学分制及学分互换制度,在高等教育国际化过程中取得了成功。而德国高等教育在长期的发展过程中,形成了自己的经验和特色,但是其弊端也十分明显,如德国的学制和学位制度与世界高等教育不相符,给德国的高等教育国际化带来了一些麻烦。针对这一问题,德国政府通过加大人才培养制度改革的力度,改革原有的学位制度,实现学分的互认,促进了高等教育国际化进程。学分制是世界高等教育通行的教学管理体制,我国高校要与国际化相接轨,首先要进行教学管理体制的改革。如果我国高等教育不能适应这一国际高等教育惯例,必然会给国际合作带来阻碍。所以,我国高校必须充分认识到推进、完善学分制改革的重要性,积极、主动与国际相接轨,迎合世界高等教育发展的趋势。加入 WTO 之后,我国在教育准许方面作了包括课程内容的国际化,师生的国际流动与科研的国际合作等重要承诺,这加速了我国高等教育的国际交

① 赵中建:《全球教育发展的研究热点》,教育科学出版社,1999 年,第 157 页。

流与合作。但是,由于当前的国际交流与合作项目的实施必须通过学分的互认才能实现,例如高校间课程成绩的互认、学位互认,需要学分的转换或学分的相互承认,这就要求我国高校必须尽快进行学分制改革,遵循国际高等教育惯例,采取国际通行的教学运行制度,促进我国高等教育国际化。

参考文献:

[1] 毕晓玉,张晓明.内向型与外向型:中美高等教育国际化发展模式分析.现代大学教育,2006(1).

[2] 张寿松.高等教育国际化的十个基本问题.大学教育科学,2003(3).

[3] 吴言荪.高等教育国际化及其思考.重庆大学学报:社会科学版,2000(1).

[4] 陈亚玲.高等教育国际化研究述评.现代大学教育,2001(6).

[5] 张 琦.怎样面对高等教育国际化.21世纪,2005(4).

[6] 邓秀华,陈宇莺.浅谈高等教育国际化中的德育.乐山师范学院学报,2004(1).

“诚朴”百年
——南京大学校训的历史演变及其育人价值

武 薇①

摘 要：本文完整、详尽、深入地对南京大学校训的历史演变进行了研究，按学校名称的更迭将其划分为五个历史时期，并将每个时期与当时的社会政治、教育政策、学校的沿革与主要人物的教育思想、实践相结合，揭示了校训演变过程中突现的特点，体现“诚朴”之风的传承过程。秉承中华传统文化的“诚朴”理念，在历届校长的倡导力行、名家大师的感染培育和学子的自勉践行“诚朴”校训的过程中，“诚朴”之风逐渐形成并贯穿于南大百年发展历程中，在不同的历史阶段得到新的弘扬和拓展。它是在对校训的制定、贯彻、实施过程中彰显出来的，其形成、传承、发扬的过程本身就是“诚朴”校训育人价值体现的过程。为倡导良好的学习风气和诚心向学的校园文化，培养学生健全的道德修养、应具备的人格品质、应承担的社会责任以及拥有的人生追求，引导师生最终实现自己的人生价值以臻于至善，从而使校训的育人价值得以充分发挥，南京大学的历届倡导者和传播者将校训的精神体现于学校各项工作和活动中，在和谐师生关系的沃土上身体力行，以榜样的作用来引导垂范，使“诚朴”校训成为学生认可并自觉约束和规范言行的座右铭。

关键词：南京大学；校训；诚朴

一、校训的缘起

关于校训的含义，许多专家、学者都从不同角度阐述了各自的观点，本文取《辞海》的解释：“学校为训育上之便利，选若干德目制成匾额，悬之校中公见之地，是校训，其目的在使个人随时注意而实践之。”②

---

① 武薇，北京师范大学教育历史与文化研究院博士研究生。

② 舒新城，等：《辞海（上册）》，中华书局，1981 年，第 1493 页。

据古籍资料来看,"校"和"训"二字在古代并未像"家训"那样当做词组出现过。即使存在"校训"二字看似连起来的形式,但由于没有标点符号,它们貌似校训但并非词组校训本身,一经句读,即可看出校、训二字是分开的。如《宋史》卷165中记载:"考校训导如博士之职。"①我国传统的书院教育在办学过程中,将其经验凝练为治学精神的符号,以碑刻的形式公诸于讲堂,镶嵌于壁,作为全院师生所共同谨守的人生格言和警句。如长沙岳麓书院的"忠孝廉节";无锡东林书院的"风声雨声读书声,声声入耳;国事家事天下事,事事关心"。这些"学规"、"院训"虽不是现代意义上的校训,却是校训的古代先声。中国现代意义上的校训是伴随中国近代教育的开始而出现的。1901年3月,由美国监理公会正式创办的东吴大学在创办之初由校长孙乐文从《新约圣经·以弗所书》第四章第十三节中引"Unto a Full Grown Man"("法古今完人")作校训,"悬于校园大门口的上方"。② 1905年,上海圣约翰书院在美国哥伦比亚注册时正式更名为上海圣约翰大学,在更名的同时,也明确了"Light & Truth"("光与真理")为该校英文校训。③ 可见,我国近代教会大学已经产生了"motto"(校训)这一实体,只是没有"校训"这一中国式名称而已。而就查阅的资料来看,将"motto"译成"校训"的是日本学者。史有为在《外来词——异文化的使者》一书中就提到中国"校训"二字是来自日本的外来语。他说:"日本用音读汉字构成新词,表达日本自己创造的概念,一开始并非意译某个欧美语词。如校训,来自日本'校训',音 kokun。"④唐磊在《现代日中常用汉字对比词典》也提到不但"校训"二字,而且连"校风"二字,都属于来自日本的外来词。⑤

至此,通过引入日本"校训"这一名称,借鉴西方"motto"(校训)的实体,在内容和形式上以中华传统文化为基奠,近代中国涌现出了一大批富有传统文化意蕴和时代特点的著名校训。1906年,两江优级师范学堂监督李瑞清提出"嚼得菜根,做得大事"的校训,是所查资料显示由国人办学提出的具有现代意义校训的最早记载。

二、"诚朴"百年——南京大学校训的历史演变

(一) 嚼得菜根,做得大事——两江优级师范学堂

两江优级师范学堂原名三江师范学堂,是现在的南京大学、东南大学、南京师范大学的前身。光绪三十二年(1906年),李瑞清任学堂监督(校长),从此开始了

① 《四部备要·史部·宋史》,上海:中华书局,1936年,第1224页。

② [美]文乃史:《东吴大学》,珠海出版社,1999年,第23页。

③ 金以林:《近代中国大学研究》,中央文献出版社,2000年,第129页。

④ 史有为:《外来词——异文化的使者》,辞书出版社,2004年,第261页。

⑤ 唐磊:《现代日中常用汉字对比词典》,北京出版社,1996年,第1193页。

其前后达6年之久的教育生涯。作为一位教育家，李瑞清以“视教育若性命，学校若家庭，学生若子弟”为最高信条，以“嚼得菜根，做得大事”为校训，开创百年“诚朴”之风。

1. 嚼得菜根，做得大事——两江优级师范学堂校训的提出

李瑞清（1867—1920年），字仲麟，号梅庵、清道人，江西临川人，清光绪二十一年（1895年）进士。长于书法、绘画、金石，是我国近代著名的书画家、鉴赏家，也是中国近代教育肇始时期和南京高师等校肇创阶段的重要人物。菊南山在《清道人传》中叙述李瑞清在与学生共膳时“亲自挥毫，在木匾上写了‘嚼得菜根，做得大事’八个大字作为校训”①。“嚼得菜根，做得大事”在我国古代典籍中早已有章可循，它的提出源于李瑞清多年的教育思想与实践，更是其自身道德修养的体现。怀着俭朴立世，淡泊名利的人生理念，李瑞清视教育若性命，视学校若家庭，视学生若子弟，始终不渝地实践其教育宗旨。

李瑞清将办教育视为神圣的任务，提醒致力于此的有识之士舍弃名利富贵，不以个人利益斤斤计较，应肩负民族使命感，将教育事业与国家、社会紧密相连：“吾辈果能舍身教育中，牺牲富贵名誉无论，国不亡，便可致富强；即使亡，亦有翻身之一日，不能尽铲除吾人之爱国心也。”②有此观念，故其办学之态度诚挚而热切，积极投入，达到舍己忘我的境界。自1905年至1911年辛亥革命爆发、学堂停办这6年间，李瑞清大兴土木、广建校舍的同时，本着提高聘请标准，加强监督管理的原则，亲自赴日广聘有识之士，以“嚼得菜根，做得大事”为训，使学堂整肃严谨，弦诵不绝。他购置农田百余亩、畜耕牛数十头作为农科教学基地，规定全校学生必须兼习农科、参加农业生产实践活动等正是贯彻校训的具体体现；李瑞清视学生若子弟，提倡教员在“言传”的同时，更要重视“身教”。他自奉节俭，淡泊明志，常年穿仿裘粗葛，吃蔬食菜羹，仍怡然自足。1912年，李瑞清辞去两江师范学堂监督职离校时，见有些学生生活贫困，随即卖掉自己的车马，将钱发给贫穷的学生。辛亥革命爆发时，坚持君主立宪制的李瑞清挺身而出，对参加革命的两江学生多方呵护。南京被围期间，李瑞清利用职务之便，取得提督府符令，护送进步学生出城。③ 刘传经在《李瑞清传》中赞誉道：“先生气宇宏深，于人兼容并包，凡事周谘博访，故人乐尽其诚，而事无有不举。”④

2.“诚朴”之风的渗入

菜根味苦，苦中带泥土的质香；菜根味纯，纯如君子的质朴；菜根坚韧，坚韧是

① 菊南山：《清道人传》，《东南文化》，1994年第6期。

② 李瑞清：《兴伍仲文书》，《清道人遗集》，文海出版社，1969年，第338页。

③ 王德滋：《南京大学百年史》，南京大学出版社，2002年，第41页。

④ 黄进：《中国师范教育的开拓者——李瑞清》，《光明日报》2002年8月7日。

成就事业百折不挠的精神。嚼得菜根的人，必是怀有赤诚之心的人；必是勇于承受苦难，甘于淡泊名利，富于坚韧意志的人；必是做得大事的人。“嚼得菜根，做得大事”是李瑞清修身、治校、崇教的准则，也是他对学堂师生的要求与希望：“嚼得菜根”要求师生以朴修身，视富贵如浮云，能够承受艰难困苦，有百折不挠的毅力和决心；“做得大事”则希望师生以诚为本，以天下为己任，有功于国，勇于担当，不达目的决不放弃。

校训的实施和校风的成行需要全校师生的共同努力。两江优级师范学堂在李瑞清的悉心主持和力行感召下，教师淡泊名利，以诚治教；学生俭朴立世，老实求学，形成了“俭朴、勤劳、诚笃”的校风，学堂面貌焕然一新，屡获朝廷的支持与褒奖，其规模越来越大，经费也高居江苏各文学堂之上。“先后毕业者两千余人，考最为各省冠。”①培养出了许多著名的学者和专家，如动物学家秉志、教育学家廖世承、国学大师胡小石、艺术教育家吕凤子等。

1915年，在两江优级师范学堂旧址成立了南京高等师范学校，校长江谦为纪念李瑞清之功绩，于1916年在校园西北角六朝松旁，造三间茅屋，取名“梅庵”，并挂上李瑞清所书“嚼得菜根，做得大事”八字校训。后茅屋拆除，建几间瓦房由柳贻徵先生题匾为“梅庵”，现处东南大学校园内。② 虽几经变迁，两江“诚朴”之风早已渗入南京高等师范学校学风，成为南京高等师范学校师生历久弥新的“南高精神”。

（二）以“诚”为训——南京高等师范学校

1916年全国师范学校校训统一为“诚”，在两江优级师范学堂旧址上建立的南京高等师范学校校长江谦亦以“诚”字为训，赋予其时代特色，将其作为三育之本。在校长本人和全校教师的身体力行与学生的自觉响应之下，“诚朴、勤奋”的南高学风逐渐成行，使两江“诚朴”之风得以发扬光大。

江谦（1872—1942年）字易园，江西婺源人，国学功底深厚，于孔学、阳明之学有深入造诣，又精于文字音韵之学，曾任张謇在南通创办的我国第一所民办师范学堂，即通州师范学堂的堂长、校长。③ 1915年，江谦被教育部任命为南京高等师范学校校长。他上任之后，顺应时代潮流，推行蔡元培“五育”并重的教育主张，以“诚”字作为本校校训，使南高的教育一开始就有了明确的发展方向。

1. 以“诚“为训

在儒家看来，“诚”是万德之总。《中庸》言：“知仁勇三者，天下之达德也，所以行之者一也”；“凡天下国家有九经，所以行之者一也”。④ 由此看来，要达到“诚”

① 蒋国榜：《临川李文洁公传略》，李瑞清编《清道人遗集》，文海出版社，1969年，第225页。

② 朱一雄：《东南大学校史研究》，东南大学出版社，1989年，第34页。

③ 朱一雄：《东南大学校史研究》，东南大学出版社，1989年，第43页。

④ 王夫之：《读四书大全说》，中华书局，1975年，第135页。

的标准,还须从知、仁、勇三方面入手。子曰:“知者不惑,仁者不忧,勇者不惧。”①这是孔子视君子的三条标准,也是孔子对“仁”、“知”、“勇”的人格特征最生动、最全面的表述。《论语注疏》中释为:“智者明于事,故不惑乱;仁者知命,故无忧虑;勇者果敢,故不恐惧。”②以此为理论基础,江谦在《关于南京高等师范学校开办状况报告书》中提出:“本校校训所用诚字,诚者自成,所以成物。先圣至言,实为教育精神之根本。”③他在南高校歌中写道:“大哉一诚天下动,如鼎三足兮,曰知、曰仁、曰勇。”④认为诚涵盖知、仁、勇,贯穿于训育、智育、体育之中,因此全体师生须做到以诚进德,以诚修业,以诚健体,“养成国民模范人格”。⑤

江谦继承孔子“仁”的思想,渐次扩张学生的责任感和服务观念,从要求学生“修己”到“爱人”再到“爱校”,直至上升到将以“诚”救国作为历史和时代赋予的新使命的高度,在“精研学术”的同时,不忘“为国效劳”;他将孔子对“知”的阐述作为智育的标准,告诫学生首先要具有渊博的知识,多备参考书籍。对于偏科问题,他认为:“真正的教育家,常欲防止特种学科的专制。而尽其力之所及,以开放全部之智识,使学生有充分的自由,以选择其最能发展其个性的学科。”⑥在认识、分析、解决问题上,江谦要求学生尽力做到“不惑”,“必使学者能思想以探智慧之本源,能应用以求智识之归宿”⑦,以培养学生的独立性、灵活性和探究性;在培养“勇”的品格的同时,江谦更强调南高师生以勇猛强健的身躯为基本:“盖以师范为教育事业,以教育为精神事业,非有完全强健之躯干为真实之基本……而孱弱之肢体不足以发展其文明之思想……于教育前途影响甚巨。”⑧学校设各种体育会,定期检查身体,期望学生毕业之后,以强健之身躯行教育之事业。

2.“南高学风”——“诚朴”之风的传承

一所学校学风的形成,无外乎三方面的条件:学校的历史传统;办学者自身的

---

① 杨伯峻:《论语译注》,中华书局,1980 年,第 95 页。

② 李学勤:《十三经注疏·论语注疏》,北京大学出版社,1999 年,第 113 页。

③ 江谦:《关于南京高等师范学校开办状况报告书》,南大百年实录编辑组《南大百年实录》,南京大学出版社,2002 年,第 46 页。

④ 参见由江谦作词,李叔同作曲的《南京高等师范学校校歌》,全文如下:大哉一诚天下动,如鼎三足兮,曰知曰仁曰勇。千圣会归兮,集成于孔。下开万代旁万方兮,一趋兮同。踵海西上兮,江东;巍北极兮,金城之中。天开教泽兮,吾道无穷;吾愿无穷兮,如日方暾。该校歌 2001 年被定为南京大学校歌。选自王德滋《南京大学百年史》,南京大学出版社,2002 年。

⑤ 江谦:《江谦关于南京高等师范学校开办状况报告书》,南大百年实录编辑组《南大百年实录》,南京大学出版社,2002 年,第 46 页。

⑥ 张其昀:《南高之精神》,《国风》,1935 年第 7(2)期。

⑦ 南京大学校史资料编辑组:《南京大学校史资料选辑》,《南京大学 1982 年内部交流资料》,第 50 页。

⑧ 江谦:《江谦关于南京高等师范学校开办状况报告书》,南大百年实录编辑组《南大百年实录》,南京大学出版社,2002 年,第 46 页。

人格品质、教育思想和教育实践;全校师生的道德修养和精神面貌。反之,优良风气的形成,又有助于学校优良传统的传承和学校师生素质的提高。

"人才之产生与其周围之山水风土,常相适应,自来山明水秀之地,多产生伟大之人物,此考之往事而可征信。"①南京高等师范学校建于原两江优级师范学堂旧址之上,为明代国学之遗址,南京的自然风光,鸡鸣山的校园景色,都能济人以精神力量。江谦任南京高等师范学校校长期间,以"诚"为训,提倡振兴教育事业要以诚始,以诚继,以诚终,非仅教育有赖于诚,凡立身、为学、待人、处世皆须以诚相对。他修"梅庵",将两江学堂监督李瑞清所书"嚼得菜根,做得大事"的八字校训,做成木匾挂于门前,将两江"诚朴"之风与自身崇尚俭朴、言行一致的思想相结合,以身作则,身体力行。学生中贫寒子弟居多,他们学习勤奋,生活俭朴,布衣草履,洒扫劳作。南高教授刘伯明常说,南高校舍尽管破旧,但保持了一种"朴茂"的精神,无浮华轻薄的习气,实纨绔之子所不能及也,这种风尚最为可贵,亦是南高显著的优点之一。② 20 世纪 30 年代,在纪念南京高等师范学校成立 20 周年之际,南高毕业生对南高"诚朴、勤奋"③的学风记忆犹新。陈训慈在《南高小史》中写道:"略以言当时共通之佳风。曰诚、曰爱、曰勤、曰俭。"④张其昀在《南高之精神》中说:"南高所给予我们的究竟是什么?若舍枝叶而求根本,便是南高之普通精神。"⑤

(三)止于至善——国立东南大学

1920 年前后,美国教育理念对中国教育的影响日益加深,师范教育独立与合并之争的风潮愈演愈烈。留美博士郭秉文接替江谦担任南京高等师范学校校长之后,本着"寓师范于大学"的办学理念,"搜集前清至今日兴新教育之经验,再参用欧美制度之所长,以及保存吾国自古教育之所宜是也"⑥,在南京高等师范学校的基础上,建立了当时具有国际声誉的综合大学——国立东南大学,并在南高校长江谦以"诚"为训的基础上提出"止于至善"的东南大学校训,引领全校师生持诚至善,贯之以恒,使"诚朴"之风更加完善。

1. 持诚至善,鸿声东南

郭秉文(1880—1969 年),中国近现代著名的教育家,字鸿声,江苏江浦人。1896 年毕业于上海清心书院,1908 年获庚款资助赴美留学。1915 年郭秉文任南高

---

① 张其昀:《南高之精神》,《国风》,1935 年第 7(2)期。

② 朱微星:《标高硕望,南雍君子——南高学风与刘师伯明》,朱一雄《东南大学校史研究》,东南大学出版社,1989 年,第 187 页。

③ 冒荣:《至平至善 鸿声东南——东南大学校长郭秉文》,山东教育出版社,2004 年,第 167 页。

④ 陈训慈:《南高小史》,《国风》,1935 年第 7(2)期。

⑤ 张其昀:《南高之精神》,《国风》,1935 年第 7(2)期。

⑥ 郭秉文:《中国教育制度沿革史》,上海书店,1991 年,第 5 页。

教务主任期间，协助校长江谦制定了“诚”的校训，在他执掌南高——东大之后，继承并进一步阐发了江谦以“诚”为训的思想，并对训育、智育、体育提出了更为明确的标准、方法和执行措施，为“止于至善”校训的提出奠定了基础。

东南大学建立以后，郭秉文提出“止于至善”的校训。“止于至善”出自《礼记·大学》开篇：“大学之道，在明德，在亲民，在止於至善。”①宋朱熹云：“止者，必至於是而不迁之意。至善，则事理当然之极也。”②“止”，在此引申为“达到，以……为目的”；“至善”，即善的最高境界，是最高的道德目标和道德准则的体现。这里的“至善”所指的对象既是对己，又可及人；既是平民百姓，又可以是王者圣人；既适用于个人，也适用于一家乃至一国；既有伦理道德含义，又有政治生活的规定。“大学之要，诚意而已矣。诚意之极，止于至善而已矣。”③“止于至善”是“诚”的最终目的，是“至诚”的具体体现，它的提出源于老校长江谦和郭秉文本人主持南高时期教育教学的经验总结，暗含于南高——东大的三育标准的制定和实施过程中。

对于三育标准的制定而言，德、智、体三方面皆做到“诚”，达到优秀国民之完全人格，就是达到善的最高境界，也就是“至善”。此外，郭秉文对学生学术、才识的要求突破只强调修身的狭隘框架；联系社会需要培养学生独立思考和实践以及坚强体魄和充实精神并重等做法本身就是“止于至善”的体现。对于三育实施过程而言，无论是训育、智育还是体育在实施过程中皆非一蹴而就，而是循序渐进地达到至诚至善的境地。以训育为例，郭秉文要求学生在提高自身道德修养的基础上规劝他人、巩固校风乃至改良社会风俗，在明德、亲民的过程中使个人、学校、社会达到“至善”的境界。

2. 止于至善——“诚朴”之风的完善

郭秉文推行以“诚”为本、“止于至善”的校训在东南大学恰逢适宜的沃土和气候。他在建校之初遍游欧美，考察教育，访求名师，延揽50位留学生，每一位都精通他自己所教的学科，如国学名家柳怡徵、姚孟埙、陈钟凡；理化部吴忆琴、胡刚复、熊正理；教育科陶行知、孟宪承、陈鹤琴等。这些人相当部分是海外留学而归的学者，或是国内知名宿儒，皆能“一面潜心渺虑，致力于专门之研究”，“一面感觉人生之价值与意义，具有社会之精神及意识”。④ 他们大都重气节，淡名利；以德服人，严谨治学。如严济慈在《南高东大物理系之贡献》一文中回忆胡刚复“自批习题，亲阅报告，教诲之勤与负责之诚，良非粉笔一抛即挟书以去者所可以论”。郭秉文

① 朱熹：《四书章句集注》，辽宁教育出版社，1998年，第1页。

② 朱熹：《四书章句集注》，辽宁教育出版社，1998年，第1页。

③ 朱熹：《四书章句集注》，辽宁教育出版社，1998年，第1页。

④ 朱微星：《标高硕望，南雍君子——南高学风与刘师伯明》，朱一雄《东南大学校史研究》，东南大学出版社，1989年，第186页。

本人更是言传身教，以身作则，以“乐观进取精神感召学生”，以爱子之心爱护学生。

五四运动兴起，在民主和科学两大旗帜的引导下，东大校园思想活跃，学者学子勇于争鸣。恐出现空谈，弃学业，思想动荡之风，郭秉文要求师生具备“钟山之崇高、玄武之恬静、大江之雄毅”的风度和气节，“惟真是求，惟美力修”的崇高理想和共同目标。① “学校如有一种共同的理想，则学生随教师之后，自能积极上进，历史既久，无形中自能形成优良的校风。”②东大学生在郭秉文“至诚”的三育标准鼓励下，训育注重自动、智育注重自明、体育注重自强、生活上自立和自理；受名师大家高风亮节、才华知识的熏陶，真正做到“专心致学，艰苦卓绝，日进不已，不贪权势，不嗜铜臭，不以学问炫骇俗流，不把学校作为贩卖知识的场所，超然于名利之外”，形成东大“诚朴、勤奋、求实”的学风，使得南高“诚朴”之风更加完善。③

（四）诚、朴、雄、伟——国立中央大学

1928 年 5 月国立东南大学正式命名为国立中央大学。此后中大七易校长，历次整顿，直至 1932 年 8 月罗家伦“临危受命”出任校长，提出“诚、朴、雄、伟”四字校训，整顿校风、励精图治、锐意革新，才使中大得以“安定”、“充实”、“发展”，诚朴之风得以回归和发扬。

1. 负担民族的使命——“整风运动”与校训的提出

罗家伦（1897—1969 年），字志希，浙江绍兴人。1920 年赴美英等国留学，1928 年 8 月被任命为清华大学校长。1932 年 8 月出任中央大学校长。罗家伦出任校长，乃受任于动乱之际，奉命于危难之间。当时国运风雨飘摇，中央大学在学潮和易长风波中难以为继，与郭秉文掌东南大学时相比，学风发生了巨大的变化。曾长期求学于南高东大、讲学于中大的张其昀评论到：“中央大学的学风比起南高时代，差得远了，现在大学生既乏良师又乏益友，其实谈不到学风了。”④为矫正时弊，树立新风，罗家伦在中央大学第一次全校大会上发表就职演说——《中央大学之使命》，倡导中大形成“诚、朴、雄、伟”四字学风，⑤后来被定为国立中央大学的校训。⑥

“诚朴”是自两江优级师范学堂以来多年的校风、学风传承，罗家伦针对当时中大学生热衷于政治活动，学风散漫，过于世故等时弊，重做阐释，赋予新意。更根

---

① 冒荣：《至平至善 鸿声东南——东南大学校长郭秉文》，山东教育出版社，2004 年，第 165 页。

② 朱微星：《标高硕望，南雍君子——南高学风与刘师伯明》，朱一雄《东南大学校史研究》，东南大学出版社，1989 年，第 187 页。

③ 朱微星：《标高硕望，南雍君子——南高学风与刘师伯明》，朱一雄《东南大学校史研究》，东南大学出版社，1989 年，第 186 页。

④ 张其昀：《教育家之精神修养》，《国风》第 1(9) 期。

⑤ 罗家伦：《中央大学之使命》，《国立中央大学日刊》1932 年 10 月 20 日第 1 期。

⑥ 南京大学校史博物馆所摄照片，2007 年 9 月 11 日。

据当时之国情加以“雄”、“伟”二字，希望全体师生认清民族使命，心念民族危亡，完成复兴中华民族的伟大事业。罗家伦所谓的“诚”，一指对学问有诚意，不以为升官发财的途径，不以为文饰资格的工具；二指对使命的诚意，不作无目的的散漫动作，坚定地守着认定的目标走去。朴就是质朴和朴实，旨在鼓励师生树立起“朴厚的学术气象”。而“雄”解释为“大雄无畏”的气魄，必须从“善养吾浩然之气”着手，经过相当时间的培养蕴蓄才能形成。它既包括精神方面也包括身体方面，既要有不可征服的精神又要有雄健的体格。“伟”就是伟大崇高，在民族危亡的时候，大家应集中精力、放开眼光，看到整个民族文化的命运。罗家伦对四字校训的诠释可归纳为：崇高伟大的目标、“大雄无畏”的气魄、朴厚的学术气象和对使命学问的诚意，体现了其心目中“理想人格”的基本特质。

2. “诚朴”之风的回归

罗家伦在纷乱之际执掌中央大学，以负担民族使命为号召，提出“诚、朴、雄、伟”的4字校训，通过整顿校风、校纪努力培养新风，使动荡中的中央大学得以安定下来。拿当年学生自己的话来讲，“一九三三年的中央大学，可说是风平浪静，不像前几年的干戈扰攘了。”①在“安定”的基础上，罗家伦马上对师资、课程、设备等诸方面进行“充实”，经过全校师生的共同努力，几年之后的中大群英荟萃，学术欣欣向荣，向全面建设的“发展”时期迈进。

罗家伦在要求师生达到“诚、朴、雄、伟”的理想人格标准的同时，自己以身作则，身体力行。原中大毕业生谈起校长时曾有这样的评价：“其实罗校长是典型的中国的士：有救世济人的热情与抱负，有服膺真理与知识的勇气与精神，有尊敬前辈爱护后辈的德性。他知识渊博，志向远大，生活平淡，是标准的中国读书人，士大夫。”②由于校长注重聘请人才，很多名师感言中大“兼容并包，各家争鸣，无门户、宗派之见”③，纷纷前往从教。陶大镛先生在《难忘的沙坪坝》一文中回忆：“当时中央大学拥有很多具有学术权威地位的名教授，对学生们影响很大。……教授们教学认真，中午也不回家，他们生活相当清苦，常常是吃一碗阳春面就当了午餐。学生们课余去请教，他们也不怕麻烦，因此师生间感情深厚，关系十分融洽。”④可谓粗食布衣，生活俭朴；言传身教，以诚待人；振兴学术，不遗余力。

在师长们人格魅力的感化下，肩负着民族复兴伟大使命的中大学子人人以天下为己任，不忘“诚、朴、雄、伟”的四字箴训，在抗日战争的艰苦岁月里，经常处在

① 德良：《一九三三年的中央大学》，《大学生言论》，1934年第2期。

② 王作荣：《沙坪之恋》，张宏生、丁帆《走近南大》，四川人民出版社，2000年，第54－56页。

③ 刘达人：《怀念朱润东老师》，高澎《永恒的魅力：校友回忆文集》，南京大学出版社，2002年，第130页。

④ 陶大镛：《难忘的沙坪坝》，高澎《永恒的魅力：校友回忆文集》，南京大学出版社，2002年，第187页。

空袭威胁之下，虽衣着褴褛，面有菜色，仍旧不分酷暑寒冬、白天黑夜，努力用功读书，由两江、南高传承至东大的“诚朴”之风得以回归。中大校友谢森中回忆当年：“虽然校舍简陋，惟教学精神及求学风气旺盛。大部分学生……生活清苦，惟读书风气很高，很少不良少年或所谓太保学生，更少闻学生械斗或打架情事。……而中大校风，素以诚朴相尚，或有致之。”①

（五）诚朴雄伟、励学敦行——南京大学

在新的历史时期，中央大学的优良传统在南京大学得以传承发扬。2002 年南京大学百年校庆之际，“诚朴雄伟，励学敦行”被定为南京大学新的校训，它在传承南大百年精神的基础上，为时代赋予新的寓意，使“诚朴”之风与时俱进，与南大人一同进入新世纪。

1. 新中国成立后的 50 余年——“诚朴”之风的发扬

1949 年 8 月 8 日，国立中央大学更名为国立南京大学；1950 年 10 月 10 日按教育部规定去“国立”二字，定名南京大学；1952 年，南京大学与金陵大学合并，组建为新的南京大学，并将校址从四牌楼迁至鼓楼金大原址。

新中国的成立使南京大学焕发出勃勃生机，虽然在 2002 年“诚朴雄伟，励学敦行”校训出台以前的 50 余年时间内，南京大学没有制定出明确的校训，但是学校从来没有放松对校风、学风的整顿与讨论，由两江延至中大的优良传统和“诚朴”之风在南京大学得以传承下来。1963 年匡亚明被任命为南大校长，明确提出的“坚持勤俭办校的精神”、“雄心大志与埋头苦干相结合的学风”②，正是要求全校师生发扬“嚼得菜根，做得大事”的“朴茂”之风。历经“文革”10 年浩劫，1978 年匡亚明复职后立即重新整顿校风、学风，提出南京大学的校风、学风应该具有“高度的政治空气、高度的学术空气、高度的文明空气、高度的文娱体育空气”③。1991 年，在广泛征求师生意见和总结南大办学传统的基础上，曲钦岳校长倡导南大形成“严谨、求实、勤奋、创新”④的风气。正是在这种风气的滋养下，南京大学不仅自己源源不断地培养学术精深的老师，还广招名士，聘请名士硕儒、学界泰斗来校任教，奠定学科的坚实基础，营造浓厚的学术氛围，一批批优秀的人才便在这里诞生成长。作家叶兆言回忆当年南大学子苦读的情景，将大家比作“做生意的小商贩”⑤，早早赶到

---

① 谢森中：《沙坪坝之恋》，高澎《永恒的魅力——校友回忆文集》，南京大学出版社，2002 年，第 197 页。

② 南京大学高等教育研究所：《匡亚明教育文选》，南京大学出版社，2000 年，第 94 页。

③ 南大百年实录编辑组：《关于整顿校风校纪 大力提倡文明空气的通告》，《南大百年实录》，南京大学出版社，2002 年，第 290 页。

④ 南大百年实录编辑组：《关于确定我校校风正式提法的报告》，《南大百年实录》，南京大学出版社，2002 年，第 341 页。

⑤ 叶兆言：《对母校的回忆》，高澎《永恒的魅力——校友回忆文集》，南京大学出版社，2002 年，第 341－342 页。

阅览室，稍稍迟一点就可能没位子。戏称如果不是定时熄灯制度，废寝忘食的莘莘学子，不知会用功到几点。

2. 诚朴雄伟励学敦行——"诚朴"之风的与时俱进

在广泛征求意见的基础上，经过反复甄选，南京大学于百年校庆之际将"诚朴雄伟，励学敦行"作为校训，不仅寓意深刻，富有哲理，能继承南大百年"诚朴"的优良传统；又继往开来，与时俱进，提出了更高的理念和追求。

"诚朴雄伟"原是中央大学时期的校训和学风，以此为训，不单是复旧，而是立意在当下，并立足于长远。"诚朴"取两江之"朴"，南高之"诚"，是南大传统精神中最本质的东西，随着历史发展和社会进步，时代对"诚朴"提出了更高的要求：在人才培养方面，"诚朴"要求有独立人格；在科研和教学方面，"诚朴"要有实事求是的科学精神，严谨、勤奋的治学态度；在社会服务方面，"诚朴"标志以真实、可靠、可信的成果，为国家的经济文化发展、社会文明进步提供全力支持。"雄伟"是一种自强不息、厚德载物的人生态度，它立足于"诚朴"，指为人、为学要有远大志向和崇高的责任感、使命感，将个人奋斗的目标与国家的发展、人类的进步紧密结合。同时要具有不惧险阻、坚毅自强、开拓进取、敢于争先的"大雄无畏"的精神和气概。

励学敦行出自中国古代先贤名句，又是罗家伦所作的中央大学校歌的歌词①，是实现"诚朴雄伟"这一远大目标的途径和手段。"励"是勉励、激励的意思，"励学"就是勉励师生勤奋求学，要求为学者勤于自勉，刻苦磨砺。所谓"敦行"，就是勉力而行，强调动手的能力、实践的作风和对道德的践履。"励学"强调的是发挥主观能动性认识真理，"敦行"则强调发挥主观能动性坚持实践。蒋树声校长认为，这4个字主要还是强调做人、做学问要励学、笃行，人品学问，德才兼备，学行合一。本着知行统一的原则，为学者不光要胸怀大志，而且还要身体力行，在实践中展现自己的知识与品格。②

"诚朴"上接"嚼得菜根"，"雄伟"上接"做得大事"，表明校训承上启下的立意，反映南大的优良传统和自身特点；"励学敦行"4字又强调南大人立足现在面向未来的态度和实现远大目标的途径。"诚朴雄伟，励学敦行"校训的提出，是对南大长期以来的优秀传统与时代内容的科学概括，是百年来从两江优级师范学堂到今日之南大师生优秀的思想情操、道德风范、作风修养、精神风貌的总合体现，是全校宝贵的精神财富——"南大精神"的光辉结晶。

---

① 参见由罗家伦作词的《国立中央大学校歌》，全文如下：国学堂堂，多士跄跄；励学敦行，期副举世所瞩望。诚朴雄伟见学风，雍容肃穆在修养。器识为先，真理是尚。完成民族复兴大业，增加人类知识总量。进取发扬，担负这责任在双肩上。选自王德滋：《南京大学百年史》，南京大学出版社，2002年。

② 蒋树声：《诚朴雄伟 励学敦行——百年传统与南京大学校训》，《江苏高教》，2002年第4期。

三、"诚朴"百年的育人价值

大学在自身的发展过程中,经过历史的积淀,必然会产生许多任凭风云变幻而永不丢弃的精神传统。这些精神传统作为一种内生的精神成果,长期作用于学校的教学、科研、管理以及大学人的日常生活中,在校园生活的各个环节发挥着独特的潜移默化的作用。南京大学肇始于1902年创建的三江师范学堂,在此后百年的时间里,伴随着时代与社会的重大变革,历经风雨变迁,学校也几合几并,几易校址,但却始终保持着优良的传统和鲜明的特色,集中体现为一脉相承的"诚朴"之风。它贯穿于南大的各个历史时期,体现在校长治校、教师治教、学生求学的各个方面,对全体师生产生隐性的引导、激励、鞭策作用,它的传承是南大精神文化的具体体现。

1. "诚朴"理念——中华文化一脉相承

在中国传统文化中,"诚"具有丰富的内涵,它构成了我国传统文化的最高哲学范畴和道德范畴,是个体立身、为学、行事、处世的根本道德原则;"朴"的内涵丰富而深邃,为先哲老、庄终身所思考和探索,是他们思想和智慧的浓缩与凝结。中华文化博大精深,全面辉煌。校训以传统文化为内容,能够唤起师生潜在的道德情感,更容易为他们所接受,并自觉转化为内在的道德信念、道德追求。南京大学校长蒋树声指出:诚朴二字,源自中国优秀文化传统。儒家以诚为本,诚意正心,诚信待人,修齐治平。道家复归于朴,真实自然,不事造作,朴实无华,都倡导铸就独立完善理想人格,立足于日常和当下的生活,尽个人最大的努力,实现人生理想和社会理想,即所谓"极高明而道中庸"。秉承中华传统文化的"诚朴"理念,在历届校长的倡导力行、名家大师的感染培育和学子的自勉践行"诚朴"校训的过程中,"诚朴"之风逐渐形成并贯穿于南大百年发展历程中,在不同的历史阶段得到新的弘扬和拓展,激励历代南大人不懈探索前进。

2. "诚朴"之风——南大百年一以贯之

南京大学建校105年之际,校长陈骏总结学校优良传统时强调,南大之所以为南大,正是因为有一种穿越时空的南大精神,在一百多年的岁月中一以贯之,如金线穿珠般代代相传,并在不同的历史阶段得到新的弘扬和拓展,这种南大精神,既包括创新之意识、批判之精神以及科学与人文之传统,也包括历代南大人孜孜探求的真理、立志建设世界名校的远大追求,坚实端正、朴厚诚恳的品格风骨和勤奋创新、严谨治学的求知态度。① 其中最为关键的就是一脉相承的"诚朴"之风。"诚

---

① 陈骏:《以创新精神促进一流大学建设》,《南京大学学报》,2007年第6期。

朴”之风是在南大百年历史和地域文化的影响下，在知名教育家和学者的推崇下，经过历代南大人共同孕育而成的特有的精神财富，是南大精神文化的本质与核心。它的一以贯之不只是优良校风的传承，还包括它的缩影：学风的传承、教师教学作风和学术作风的传承以及校领导、职工工作作风的传承与发扬。“诚朴”之风在校训的引导下产生，在贯彻、实施校训的过程中形成、发扬、传承，是校训演变过程中“神聚”的体现，它的形成、传承和发扬本身就是校训育人价值的体现。

3. 止于至善——“诚朴”校训育人价值

校训作为育人的目标和准则，是约束和规范全体师生员工言行的座右铭。从两江优级师范学堂到今日之南京大学，“诚朴”校训的育人价值始终体现在其对受教育者全面发展的培养，以达到至善的境界。高校的主要培养目标之一就是努力使德育对象具有健全的品德素养(道德、思想和政治品质)，以形成自身道德水平的提升和适应社会发展的需要。倡导良好的学习风气和诚心向学的校园文化，从而对于推动学生学业发展有着积极的作用，也是南大“诚朴”校训所追求的目标。“诚朴”校训还具体地昭示了受教育者应该具备的人格，应该承担的社会责任，应该拥有的人生追求，从而帮助师生明确人生的奋斗方向，引导师生最终实现自己的人生价值。“诚朴”校训的育人价值不只体现在学生在校的学习、生活中，也体现在学生道德修养和人格品质的培养、意志的磨炼以及良好的学习、生活态度和方法的养成中，使其走上社会后的学习、工作、生活也受益匪浅。

4. 身体力行——南大学人自觉践行

校训不是只将其刻在石头上、拓在石碑上或是喊几句口号就能体现它的育人价值，发挥它的作用，而是要让全体“大学人”能够真正认同、践行，将其自觉作为约束自身言行的准则。南大百年“诚朴”之风的一以贯之正是知名校长和学术大师所倡导和身体力行的“诚”的精神。以和谐师生关系为基础，通过办学者的办学思想和实践的知行合一、名师风范的熏陶感染、知名校友的垂范和优秀学生的榜样作用，历届南大学子自觉按照校训的准则调节和规范自身言行，在不断的学习、实践中逐步养成良好的行为习惯，严明的组织纪律及健全的身心素质，日积月累潜移默化，使得“诚朴”之风贯穿于南大百年历史之中。

高校创业教育与队伍建设

大力推进创业教育 培养学生创业能力

徐宇琼①

摘 要: 随着社会的发展,创业教育已经成为当前我国高等教育领域的热点话题。本文首先对创业力与创业教育的含义进行了界定,分析了当前开展创业教育的重要意义,在此基础上对创业教育的内容和路径进行了探讨。

关键词: 高校;创业力;创业教育

高等教育大众化目标实现后,以能力培养为核心,切实提高学生的综合素质成为各高校人才培养的共识和着力点。随着经济的快速发展,人才市场供需结构发生了重大变化,金融危机的发生更凸显了大学生就业难问题已成为我国当前最大的民生问题之一。加强对学生创业教育的研究已成为高校教学管理者认真研究的重点问题。

一、创业力与创业教育的界定

(一) 创业力的含义

笔者认为,创业是一种复杂的劳动,需要创业者具有较高的智商和情商,具有创业能力是创业成功的必要条件。创业力,一般说来是指成功创业的能力或力量,是一种高层次的综合能力。从创业能力的形成角度上说,应该包括创业价值观、创业行为能力以及创业资源条件,三者缺一不可。其中,创业价值观是源创业力,属于意识形态范畴,是创业力形成的核心要素;创业行为能力是创业者创业的能力条件,是创业力形成的基础要素;创业资源条件是创业者创业的物质条件,是创业力形成的关键要素。

---

① 徐宇琼,湖南商学院教务处教师、管理学硕士。

（二）创业教育的内涵

基于上述对创业能力含义的解读，在影响创业力的三个因素中，高校可以努力引导学生的创业价值观，并重视学生创业行为能力的提升，为其成功创业提供智力支持和保障。由此，笔者认为，创业教育应该是以引导学生形成创业的心理理念，以开发、诱导、挖掘学生的创新潜能，提高学生创业的基本素质所进行的系列教育实践活动，其中尤其要关注学生创业意识、创业心理品质、创业能力和创业知识结构等的培养。创业教育是一种全新的教育理念，它是激发学生创新思维和创新能力的重要途径，面对当前巨大的就业压力，我们的教育教学不仅要强调就业教育，更要强调创业教育。创业能力的培养应该成为当前我国高等教育发展的重要方向。

二、创业教育重要性的再认识

结合当前的时代背景，加强学生的创业教育显得十分重要和紧迫，具体表现在以下几方面。

（一）严峻的就业形势迫切呼唤创业教育

随着知识经济的到来，高新技术的发展、用工制度的改革、经济体制的转轨和产业结构的变化、就业结构性失衡等已经成为当前我国十分突出的问题。最近4年，我国大学毕业生从2006年的413万，增长到2009年的611万，这对经济社会发展形成了巨大压力。根据2008年12月中国社科院发布的2009年《社会蓝皮书》介绍，当前我国大学生失业率已经超过12%，是登记失业率的3倍左右，到2008年底，大致有150万大学生不能就业。而与此同时，自主创业型就业极少，根据有关媒体报道，我国大致只有1.2%的大学毕业生选择自主创业。另据预测，全国每年需要就业的人数将在2 000万左右。受金融危机等因素影响，预计2009年我国经济增长为8%~9%，若按照GDP增长9%左右计算，最多能够安排1 200万人就业。因此，年度劳动力供求缺口仍然在800万人以上。面对如此巨大的就业压力，要实现充分就业，除了积极发展经济、保持较快的经济发展速度、提供更多的职业岗位外，更应注重创业教育，加大力度培养大批具有强烈的创业意识和创业能力，敢于创业，善于创业的人才，使其在市场经济大潮中，走自我谋职、自我发展的创业之路。

（二）经济增长客观上需要有更多的创业型人才

美国经济学家库兹涅茨认为：一国经济的增长，可以被定义为给居民提供种类日益繁多的经济产品的能力长期上升。从上述意义上说，鼓励更多的人创业，培养更多的创业型人才将有利于增加就业，提供更多的就业岗位，更好地利用社会资源,提供更多、更好地满足居民生活、生产需要的产品,这无疑有利于我国经济的快速发展和人民生活质量的提高。同样,奥肯定理也证明失业率与国民收入增长率之间存在着反方向的变动关系,即失业率减少,国民收入增长率上升,经济发展走向繁荣,从这个意义上说,增加自主创业,减少失业有利于促进经济的发展。就业是民生之本,"充分就业"是小康社会的重要目标。实践证明,经济发达地区普遍有一个重要经验,那就是全民创业是实现地区经济发展的关键所在。

(三)创业政策的不断出台为成功创业提供了难得的发展机遇

党的十六大将实现社会就业比较充分作为到2020年全面建设小康社会的重要目标之一,十六届六中全会将实现社会就业比较充分作为构建和谐社会的9大目标和任务之一。党的十七大提出:"实施扩大就业的发展战略,促进以创业带动就业……完善支持自主创业、自谋职业政策,加强就业观念教育,使更多劳动者成为创业者。"在这个大背景下,各地纷纷出台相关举措,鼓励创业。以长沙为例,2008年9月17日,长沙正式出台旨在大力推动创业富民,加快建设创业之都的纲领性文件——《关于大力推动创业富民加快建设创业之都的若干意见》,动员全民创业、扶持初始创业、鼓励"二次创业",放宽创业限制条件,降低准入门槛。诸多利好的创业政策,为创业者提供了优良的创业环境。

三、创业教育的内容思考

根据对创业教育内涵的理解,创业教育应该着重培养学生的创业意识,传授相应的创业知识,培养学生的创业能力以及相应的创业品格。笔者认为,创业教育的内容大致包括以下几个方面。

(一)培养学生的创业意识

创业意识是大学生主动创业的前提和基础。有学者指出,成功的创业建立在社会道德感、社会责任感、社会使命感基础上,创业意识的培养不仅仅是创业自我意识的培养,更需要培养创业的社会意识。根据对当前我国劳动者失业的情况进行分析,笔者认为结构性失业十分典型,在很多人失业的同时却有很多岗位无法找到合适的人,随着我国经济的发展,就业的机会或者说创业的商机在不断出现,关键的问题在于学生应该有创业的意识和准备。因此,创业教育首先要培养学生的创业意识,并要引导学生把自己的需要、兴趣、理想同社会的需要紧密结合起来。

(二)传授创业的基本知识

创业是充满艰辛的历程。创业者在经营过程中需要处理多方面的情况和问题,需要涉及的知识面十分广泛,尤其是现在商业竞争的激烈更是对学生的知识结构提出了很高的要求和挑战,可以说,金融、财会、营销、法律、公关等方面的知识都

显得十分需要，这也是很多学生在毕业后常有“书到用时方恨少”感觉的原因。当然，大学的教育无法教会学生所有在创业中用到的知识，但是高校可以对创业者进行基本的知识教育，如创办企业需要办理哪些执照，需要经过哪些相关流程；指导学生如何确立创业项目，如何发现商业机会，如何进行项目论证；企业的产品推广可以从哪些方面入手，销售渠道如何建立；企业如何进行财务管理，如何进行经营核算……这些都是学生创业所必须掌握的基本职业知识。

（三）提高学生的创业能力

创业能力是创业教育的核心环节。一般意义上说，创业能力包括多种，如专业技术能力、驾驭市场的能力、经营管理能力、社交沟通能力、风险承受能力、自我发展能力等。归纳起来看，创业能力可以分解为专业能力、方法能力和社会能力三类能力。其中，专业能力是企业管理岗位必备的从业能力，如掌握行业法规、质量、安全、经济、劳动等方面的专门知识与技能的能力；方法能力是创业过程中所需要运用的工作方法，包括信息的接受和处理能力、捕捉市场机遇的能力、分析与决策能力等；社会能力则是指人际交往能力、谈判能力、合作能力等。总的来看，创业教育应该帮助学生拓宽自己的知识面，培养良好的创业技能，挖掘自己的潜能，找到适合自己充分发挥才华的职业。

（四）塑造良好的创业品格

创业品格包括积极探索、开拓创新的改革意识，锐意进取、敢为天下先的竞争意识，励精图治、百折不挠的奋斗精神和积极乐观的人生态度，是支撑大学生创业活动的灵魂。具有良好的创业品格，可以让大学生在创业过程中信念坚定、目标明确、意志顽强，走向成功的彼岸。我们必须看到，市场经济是高素质人才的竞争，这不只是知识、智力的较量，更是毅力、意志的较量。创业过程是艰辛的，仅有较高的智力水平不一定能取得成功，只有对自己所从事的工作充满信心，有着不屈不挠的坚强意志和顽强毅力，才是取得成功的关键。因此，创业教育中尤其要注重学生意志和情感的培养，帮助学生正确认识社会，认识自己，认识到创业的艰难，形成坚韧不拔、知难而进的创业心理，并不断提高对市场变化的心理应变能力。

四、创业教育的路径选择探讨

（一）提高认识，充分认识创业教育的科学内涵

我们要充分认识到，创业教育不仅仅是一种专业技能教育，更是一种使人素质不断提高、不断升华的终身性教育。创业能力是当代大学生应该具备的基本素质之一。高校应将培养创业型人才提到与培养研究型人才、应用型人才同样的高度，把创业能力纳入大学生综合能力的一部分来进行培养和提升。

（二）加强组织领导，形成创业教育合力

为加强对创业教育的组织领导，学校应该成立创业教育领导小组，加强对创业教育的指导与协调，教务处、团委、招生就业处、学工处及各二级学院等部门共同参与，各职能部门和院系要高度重视，群策群力，通过各种渠道不断培育学生的创新、创业意识，引导注重创新与创业的优良学风的形成，提高人才培养的针对性与实效性。

（三）加强课程建设，建设创业教育课程群

以"创业与实践"等课程为基础，在全校范围内建设包括创业通识类、创业技能类和创业实训类课程在内的创业教育课程群，编写创业教育系列指导书和以案例为主的创业教育教辅教材，构建具有学科专业特色的创业教育课程体系，通过必修与选修相结合的方式，普及创业教育培养学生的创业精神和创业能力。

（四）加强校内创业与实践教学中心建设，提供更多的实训场地

在就业压力不断增大的背景下，社会无法提供足够的学生创业实践基地，校内创业与实践教学中心也就有着特殊的意义。高校应该通过加强硬件设施建设，完善相关环境，建立校内创业与实践教学中心等方式，让学生在学校更好地掌握创业过程中所可能需要的知识和能力，为学生走向社会顺利创业准备条件。

（五）组织创业实践活动，提高学生创业能力

创业实践的活动包括创业设计大赛、社会调查、成立商务模拟公司等。创业实践是大学生增强创业能力的主要途径。通过社会实践活动，将所学知识运用到创业实践中，获得知识的巩固与扩充。在这些活动中，学生充分运用所学的创业知识，展现想象力，以一个创业者的身份开展市场考察，进行创业设计，充分激发学生的创业意识，并通过教师的点评以大大提高学生的创业能力。

（六）加强创业教育师资培养，构建创业教育教学团队

由于创业教育的内容具有极强的专业性，涉及的知识面广，创业指导活动课的教学应由各方面的专家组成。一方面，学校内部应该打破院系界限，跨学科组建创业教育师资团队，开展创业教育教学；另一方面，学校也应该聘请具有丰富实践经验的专业人员、官员、专家担任兼职教师，打造创业教育的精英教学团队。

（七）加大创业教育宣传，形成创业教育的良好氛围

学校可以通过举办专题报告、专题讲座及创业教育座谈会等方式加强学生对创业的认识和了解，还可以通过邀请一些创业典型及毕业生中的创业典型人物回校现身说法，讲述自身的创业经历、经验和体会，开启学生思路，树立学生的创业精神和奉献精神，实现真正的创业。学校建立学生创业辅导咨询室，安排专门的创业指导老师为学生提供创业咨询服务，解决学生心中的困惑，开阔他们的创业视野。

总的来看，实施创业指导教育是市场经济发展的客观要求。面对严峻的就业

形势,高校应该适应形势的需要,加强创业教育,培养学生良好的创业品质,掌握创业的知识和技能,这对于学生的发展前途、缓解就业压力、促进经济发展、维护社会稳定具有重要意义。

参考文献:

[1] 朱顺德,杨鸿波.高校创业教育模式的创新.民办教育研究,2009(1).
[2] 陈石清,伊文斌.加强创业能力培养力促大学生就业.江西理工大学学报.2008(10).
[3] 姚多忠.在创业实践中培养创业能力.中国大学生就业,2008(20).

大学生创业能力培养的路径选择探讨

杨水根①

摘　要:随着高等教育大众化目标的实现,创业教育已经成为当前我国高等教育理论研究和实践探索的崭新领域。本文试图从教育观念、教学实践、教学改革、教学管理等方面探讨如何培养学生的创业能力。

关键词:大学生;创业能力;路径选择

创业是当今社会的发展趋势,国际社会早已经将创业能力列为21世纪个人发展的核心能力。一般来说,创业教育是指通过系统的课程教学和实践教学活动等手段增强大学生的创业意识,使其掌握必备的创业知识,具有较高的创业能力和相应的创业心理品质,成为懂经营、会管理的创业者的一种素质教育。在当前形势下,大力推行创业教育,对推动高等教育大众化进程、促进高等院校人才培养模式改革具有重要意义。尤其是当下金融危机的发生更促使大批企业裁员,就业难成为当下我国最大的民生问题之一,如何培养学生的创业能力成为当前高校必须认真思考的重大问题。

一、以转变观念为前提,进一步把握好创业教育的内涵

社会经济的快速发展与高等教育的大众化促进了社会人才观、质量观的多元化,在全面提高高等教育教学质量的战略方针指引下,高校应该积极转变教育观念,站在解放思想、落实科学发展观的高度认真审视创业教育的问题。高校作为培养高素质人才的地方,不仅要传承知识,更重要的是要发现知识、发展知识、应用知识。随着高校的扩招,大学毕业生数量日益增多,社会所能提供的现成就业岗位却越来越少,培养既能求职又能创造新工作岗位的创业者应当是高等教育人才培养的新理念。换句话说,在当前形势下,我们的教育教学不仅要强调就业教育,更要强调创业教育,高校应将培养创业型人才提到与培养研究型人才和应用型人才同样的高度,把创业能力纳入大学生综合能力的一部分来培养和提升,通过强化"应

---

① 杨水根,湖南商学院教务处办公室主任、管理学硕士。

用能力是基础，创新能力是核心，就业能力是关键，创业能力是目标”的应用型人才培养理念，努力为构建有利于学生的学习能力、实践能力、创新能力整体优化的人才培养体系夯实思想基础。

二、以能力培养为核心，进一步深化创业教育教学改革

（1）开设创业教育类课程，帮助学生比较系统的掌握创业知识。课程是实现培养目标的重要载体，笔者认为，创业教育的课程包括创业教育概论、创业学、大学生创业导论、创业法律基础、创业管理学、市场营销学、创业个案研究等，其中可以在培养方案中设置1～2门必修课，其他的采取选修课形式开设。

（2）优化创业教育师资的配备。由于创业教育内容广泛，特别是经营管理能力、综合性能力的培养以及创业计划的设计和实际操作的咨询过程都具有极强的专业性，在师资的配备上，除了配备具有较强专业理论功底的师资外，创业指导活动课的教学应当聘请具有丰富实践经验的市场学、会计学等各方面的专业人员参与。

（3）充实教学内容，完善教学方法。在创业教育的内容设计上，应当把创业意识和创业知识的培养放在指导课的中心位置，有机、有序、有效地引导学生培养创业意识，掌握创业知识，培养创业的良好心理品质，变重“教”为重“学”、变重“知”为重“思”、变重“灌输”为重“兴趣”、变重“模仿”为重“创造”，创造健康有序、开放高效、激励上进的课堂氛围，让学生成为具有较强竞争力的创业型人才。

（4）加强对教学方法的探讨与改革。在具体的教学方法上，应该根据具体教学内容和社会发展的基本要求开展教学方法的改革，重视开展案例教学，要通过组织讨论甚至辩论，加深学生对融入案例中的有关知识的理解，同时通过开展以自身体验为主的教学活动，培养学生的创业意识和创业品质。

（5）改革考试办法，重视学生实际能力的考核。学校应该将学生是否具有创新能力作为考核的重点，把学生的创业意识、创业实践活动作为评价学生学业成绩的重要依据，考试形式应围绕学生的能力不断进行改革，灵活多样。

三、以创业实践为抓手，进一步完善创业人才培养模式

创业的成功必须要经过市场的检验，创业实践对学生的创业能力和创新精神的培养起着其他环节无可替代的作用，同时，创业实践活动也有利于帮助学生了解自我、了解企业、了解社会，为成功创业奠定基础。

（1）建立校内实践中心，开展创业实践活动。在就业压力不断增大的背景下，

社会无法提供足够的学生创业实践基地，校内模拟实践中心也就有着特殊的意义，它也成为学生走向社会、成功创业的前提和基础。为培养学生的创业能力，高等学校应该结合不同学科和专业的特点，建设相应的创业实践中心，配备专职的教师，借助沙盘演练等方式，让学生掌握企业经营过程中的基本流程与环节，了解校外创业的阶段和经历，为学生走向社会顺利创业准备条件。

(2) 组织创业设计大赛，提高学生竞技能力。通过组织创业设计大赛有利于学生将理论与实践紧密结合起来。在竞赛的过程中，学生充分运用所学的创业知识，展现想象力，以一个创业者的身份开展创业设计，对广告设计、经营特色、营销策略、资金来源、经营场所、雇员分工、成本核算和利润指标等方面进行科学决策、反复论证，这将充分激发学生的创业意识，并通过教师的点评，大大提高学生的创业能力。

(3) 组织开展各种形式的社会调查。社会调查的过程是一个学生良好心理品质、社会交际能力、创造性思维和创新能力提高的过程。在社会调查的过程中，学生可以充分地接触社会，了解社会发展的基本情况，能潜移默化地培养学生的创业素质和能力。要使社会调查取得良好的效果，除制订具体计划、确定好指导教师外，笔者认为应该针对不同年级的学生提供不同的参考选题，一年级学生应该关注自己身边的生活，围绕生活中的社会热点问题展开调查，以了解社会的基本情况；二、三年级学生应该选择与所学专业相关的问题进行调查，加强对相关企业、专业市场、工商、税务、金融、政府等的了解，掌握经济政策导向，提高学生对项目投资可行性的分析能力。在时间的选择上，可以将暑假、寒假时间确定为社会调查的时间，亦可在平常假日有选择地进行。

(4) 利用相关资源，建立商务模拟公司。为使学生更真实的感受到公司的运作，高校可以考虑通过校企联合等资源建立商务模拟公司，有组织、有计划、有选择的人为创设模拟仿真开放式商务活动环境。在这个环境中，公司开展业务活动的各个环节都应该遵循现实企业运作模式，让学生充分掌握和熟悉相应的商贸规则与市场机制，自己安排和设计企业的战略规划、人事招聘、商品促销、财务风险控制等各项事务，使学生在没有风险的情况下掌握市场经济的法则。

四、以制度建设为手段，进一步强化创业教学管理

创业教育的实施离不开有效的保障，教育制度的建设主要包括学校创业教育组织机构和相关管理制度的建设。

(1) 出台创业教育的相关管理制度，为创业教育的开展提供政策保障。高等学校创业教育管理制度是推进创业教育的规程和准则，具有引导、激励和规范作

用。学校应该出台促进创业教育的指导性意见，从创业教育的师资条件、经费支持和后勤保障等方面给予支持。

（2）成立相应的创业教育领导和指导机构，加强对相关工作的组织协调。

首先，学校应该成立由党政领导、有关职能部门及各教学单位负责人组成的创业教育领导小组，负责领导、协调全校创业教育工作，对推进创业教育中牵涉全局的规划、政策、表彰等重大事宜负有决策权力，负责对全校创业教育工作和下级创业教育组织或团体进行宏观管理和监控。

其次，学校应该建立大学生创业指导中心，宣传大学生创业政策和信息，开展创业指导和专题讲座，推广成功创业者的经验。同时，构建创业咨询辅导网络，设立专门的学生创业咨询室，安排专门的创业指导老师，为学生提供创业咨询服务，解决学生心中的困惑，启发他们的思维，开阔他们的创业视野，增强他们创业的信心，并通过与人才市场、劳动人事、工商、税务、金融等部门的合作，为学生在创业项目、场地、技术、营业执照、资金等方面进行多方面的咨询和辅导。

最后，学校应该成立创业教育研究中心，负责组织创业教育的学术研究，申报各类创业教育研究课题，组织创业教育论坛，为创业教育的理论研究和交流提供园地。

总的来说，笔者认为创业教育的核心在能力的培养，要把创业教育的要求作为深化专业教育教学改革的思想基础和发展导向，一方面着眼于学生创新能力和创造性的培养，在专业教学的各环节贯彻创新原则和个性原则，使学生在学习专业知识的同时，拓展知识视野，奠定创新创业的理论基础；另一方面以学生所学学科专业知识和理论为基础，以项目为载体，加强创新创业实践空间和活动机制建设，引导学生积极参与专业延伸实践，培育学生内在的创业素质和能力，提高其就业综合竞争力，引导注重创新与创业的优良学风的形成，努力构筑“学业是关键、就业是导向、创业是目标”的良性互动机制。

参考文献：

[1] 安俊学，董凤丽，闫明. 构建我国大学生创业教育模式的有效途径探析. 高等农业教育，2009(1).

[2] 朱顺德，杨鸿波. 高校创业教育模式的创新. 民办教育研究，2009(1).

创业教育的国际视野与发展对策

李志永①

摘　要：创业教育是一项系统工程，其发展的层次、水平取决于我们的视野。在国外，尤其是美国、日本、英国这些创业教育发展的先进国，在发展创业教育过程中积累了大量有益的成功经验，如体制机制保障、创新模式、资金提供、全民参与等。这些经验为正处于创业教育质量提升关键阶段的我国提供了思路。中国发展创业教育还是要结合国内的实际情况，充分利用好已有的资源，从创业环境、体制机制、课程实践等环节入手，通过系统资源的整合，充分调动政府、社会、高校、企业、非营利组织等的广泛参与，实现创业教育质量的提升。

关键词：创业教育；国际视野；发展对策

当今时代，创新与创业活动作为科学技术最终转化为现实生产力的桥梁，已经成为经济增长的一个积极的促进因素和潜力因素。它不仅给国家经济的发展、地区经济的繁荣、社会就业的增加带来了无限的生机，同时为青年一代创新能力、挑战精神、革新素质的培养和教育提供了良好的平台，通过系统的创业教育以及课程的学科渗透，提高学生的创业意识成为各国争相效仿的方法。

一、国外可借鉴的创业教育经验

20世纪90年代，美国、英国、日本、韩国、澳大利亚、新加坡等国政府纷纷将创业教育作为本国未来富有挑战性的人才培养战略，积极部署高校阶段创业教育的实施，取得了显著的效果和成绩。这些有益的经验可以成为中国发展创业教育的参照。

（一）从创业教育的体系机制保障角度，学习美国

自1940年美国高校导入创业教育以来，经过20世纪80年代的迅速普及和推广，积累了许多成功的创业教育经验，形成了两种不同的模式：即聚焦模式（focused

① 李志永，浙江大学教育学院比较教育专业博士研究生。

model)和普及模式(university—wide model)。① 聚焦模式只对MBA、商务、工程等个别专业学生开放,而不面向其他专业的学生开放。普及模式则是面向所有专业的学生开设创业教育课程,而不局限于上述几个专业领域的学生,其中普及模式有磁铁式、辐射式和混合式三种不同的做法。②

美国社会对大学生创业实践活动时刻给予高度的关注和支持,形成了一套完整的约束、服务与保障机制。它们包括创业管理体制、创业课程开发机制、创业师资培养机制、创业学术研究机制、创业评价机制等,这些机制在保障创业教育开展方面发挥了重要的作用。

在创业管理体制方面,政府不仅鼓励高校从事创业学和创业教育的研究,而且通过相关政策的制定促进小企业的产生和发展,美国中小企业局(SBA)专门负责企业设立的相关事宜,各种公益性基金会为创业者者提供了全面的服务。学校成立专门的创业中心,负责独立的教学和发展,而非中国附设在学生工作部或就业指导中心的形式,更有利于规范管理。

在课程开发机制方面,形成了由众多中介组织开发创业课程的模式,中介机构可以从更加专业的角度研究创业,根据企业和学校的不同需求,设计高质量的课程。学校可以根据需求引进课程和相关教材。

在创业师资培养方面,美国更能从创业教师成长的角度考虑,为教师提供终身学习的机会,如美国管理学会创业学部提供的"创业学博士项目"和由考夫曼基金会与一些大学联合提供的"创业教育者终身学习计划"项目,而中国只有比较短期的教师培训(劳动部提供的SYB师资培训项目)。③

在创业教育实践中,美国高校重视创业实习(学生对企业的咨询实习以及和企业家的直接意见交换)、重视科学课合作、重视创业教育研究(创办了多种有关企业家研究的学术杂志)、重视课程种类的多样性和系统性。

(二)从保障创业风险资金来源角度,学习英国

在开展创业教育的过程中,英国大学得到了众多政府、民间基金会的资助,为保障创业风险投资提供了渠道,其做法值得我们学习。

为支持大学生创新创业,英国政府2001年启动了总数为1.4亿英镑的"高等教育创新基金"(Higher Education Innovation Fund)。该基金是高等教育基金委员会与科学与创新办公室的联合项目,用于支持大学周围建立各种科技网络群,大学内部建立专门机构以从事专利申请与保护、资金启动、公司筹建和市场开发等活

① Deb0rall H. Streeter John P. Jaquette, Jr. Kathryn-Hovis. University wide entrepreneurship Education: Alternative Models and Current Trends, http://epe.comel1.edu. March, 2002.

② 梅伟惠:《美国高校创业教育模式研究》,《比较教育研究》,2008年第5期。

③ 教育部高等教育司:《创业教育在中国试点与实践》,高等教育出版社,2006年,第24-25页。

动,在一、二轮的基础上,2006 年该基金以公式拨款和竞争拨款两种形式资助了 2.34 亿英镑。

英国科学与创新白皮书宣布“科学创业挑战基金”于 2001 年启动,用于激励科学创业和创业教学,建立创业中心网络,其专注于创业教育和知识技术转化活动。新创业奖学金由学习和技能委员会提供,由全国创业联盟、商学院协会和“王子基金”共同管理,旨在通过全面的支持和指导,鼓励和支持创办企业和新企业成长,新创业奖学金的目标群体很广泛。

全国科学技术和技术捐赠基金对创业领域也表现出极大兴趣,提供各种发明和创新项目、创造力先锋项目、点燃项目(Ignite!)、青年项目、未来实验室项目。此外,还有一些慈善组织,如“王子基金”,帮助提供 14 ~ 30 岁的年轻人提高技能、实现就业和创办自己的企业的所需资金。①

(三)从创业教育的全社会参与角度,学习日本

在参与创新创业教育过程中,日本全社会都表现出了较强的参与意识。“官产学”密切配合的社会性,不论在思想观念,还是自觉性方面都值得我们学习。

政府方面,经济产业省、文部科学省、厚生劳动省将其作为国家发展的重要课题,共同研究、共同思考、共同行动,实现了改革效率的最大化。从“青年自立挑战计划”的“政策联合部署”,到“技术专业促进法”教育科研体制的系统改革,再到创业教育的研究的“国际参与”,政府始终扮演着指导者、推动者和协助者的角色。②

产业方面,许多大企业和中介机构为大学创业教育作出了突出贡献,从向学校提供人才需求意见,为学校学生见习提供“实习基地”,到为有潜力创业计划提供“风险资金”,再到企业和大学联合开发创业教育教材、课程,设计创业型人才的培养方案和实施方案,企业以主动的姿态出现在大学校园之中。许多中介机构在将创新成果转化为产业的商业运作中,扮演着桥梁的角色。例如整合技术与企业需求的产业合作办公室、以大学研究成果专利化与技术授权为业务的技术转移机构、提供商业层面支持的创业辅导机构、提供作业场地与商业设施的科学园区以及风险投资、人力中介及律师服务等,为有创业意识的学生提供全方位的保障。

学校方面,不断改变大学的教育、研究理念,甚至创立了全新的办学思想,在学校原有基础设施的基础上,加强创业孵化器、创业辅导机构等基础设施的建设,加强与学校有广泛联系的校友资源联系;同时在原有专业的基础上结合本校特色,开展创业计划,开设广泛的创业课程;结合本校特色开设交叉学科,在创业师资方面导入具有优秀创业家资质和创业经历的“双师”,提升教育质量。可以说,日本创

---

① 牛长松:《英国高校创业教育研究》,学林出版社,2009 年,第 67 - 69 页。

② 大和総研:《拡充すすむ大学の起業家教育》,《大和総研新規産業レポート》,2006 年,第 41 页。

新创业教育得到了社会网络的广泛援助和配合,真正体现了大学创业教育的时代必要性和社会参与度。①

二、中国发展创业教育的对策

国外发展创业教育的经验为我国创业教育提供了借鉴的思路,但如果全部吸收恐怕也会“水土不服”。中国发展创业教育还是要结合国内的实际情况,充分利用好已有的资源,通过系统资源的整合,实现创业教育质量的提升。

(一)政府、学校、社会广泛参与,形成创业良性系统环境

一个良性的创业创新环境是开放的系统,在这一系统中,各部分分工明确、良性互动,形成了一个开放的工程体系。体系内的畅通和各部分功能的实现是保证整个体系正常运转的必要条件。

1. 政府以项目和基金为平台,引领创业教育开展

为了解决大学生创业前期面临的“死亡之谷”和守业的“达芬奇之海”,政府必须有所作为。② 政府部门作为创业环境的首要塑造者和鼓励创业的动力机制,应该在引领创业创新文化、培育创业创新项目、树立创业创新典型方面发挥重要作用。在创业教育过程中,政府要充分扮演好穿针引线的作用,引导更多的力量来关注和帮助大学生创业,并把握见好就收的态度,及时放手,让大学生创业者自力更生。此外,政府和社会的指导、扶持和保护应该贯穿大学生创业的前、中、后三个时期,建立一条有效引导青年创业、有利于培养创新创业人才的“绿色通道”,通过资源整合形成有利于大学生创业的项目、基金平台。

2. 学校以课程和实践为依托,组织创业教育实施

学校作为创业教育的践行者,在组织创业教育的实施中更具主动性。在践行创业教育的过程中,学校要以创新的改革思路、积极的实践行动引导学校开展创业教育。充分利用好课程和实践两大平台,为更多的学生提供学习创业、实践创业机会。

首先,作为创业教育系统工程的枢纽和核心,课程改革在一定程度上决定培养目标的达成程度,决定着学校的生存空间和发展价值。由于创业教育和专业教育存在一定的差别,根据学科、地域、环境的不同开展创业教育的模式也不尽相同。作为一门涉及多学科、跨学科的研究,对创业教育课程体系的构建也应体现出综合和丰富。在围绕课程进行创业教育的过程中,要在课程参与对象、课程内容、课程

---

① 李志永:《日本大学创业教育的发展与特点》,《比较教育研究》,2009 年第 3 期。

② 松田修一:《ベンチャー企業》,日本経済新聞社,2001 年,第 41 页。

性质等方面体现出多样性，使课程真正成为学习创业知识、增长创业技能的重要平台。

其次，大学生创业中心（基地）是推动创业教育发展的重要运动机构，它不仅在场地提供、资金、信息、培训等方面提供了有力的服务保障，而且与专业、企业紧密结合，是大学生创业的真正孵化器和培养平台。学校要充分利用好创业园、创业工作室等实践平台，提高基地的利用率和入驻率。让一些真正有科技含量和市场前途的创业企业成为学校创业基地的榜样，让更多的同学在基地的实际模拟锻炼中提升创业创新的实力和活力。

最后，树立"大创业教育"的观念，开展多种形式的创业实践活动。[①] 在传统形式的学术报告、科研竞赛、创业竞赛、暑期社会实践、举办各种形式的创业园、科技公司的基础上，从小处着眼，通过开展更为普及性质的创业实践活动，如公共活动的设计与组织、观点的提出、小实验、小制作和一些活动的方案等形式，来激发更多学生投入到创业的热潮中来。

3. 社会以合作和支援为手段，保障创业创新教育进行

社会作为创业教育潜在的支持群体，通过与学校开展合作、向学校提供援助等手段，为创业教育提供全方位的服务支援，保障创业教育的进行。众多的中介机构、社会组织在创业创新教育中应该有所作为。

首先，劳动局保障局、中小企业局、财政局、青年企业家协会等作为企业创办的主管部门，在创业创新教育中意义重大。要重点鼓励银行业金融机构加大对小企业创业信贷支持力度，鼓励中小企业信用担保机构为学生创业贷款提供担保服务，扩大小企业贷款风险补偿范围，积极为初创型中小企业提供服务和政策支持。在鼓励创业的过程中，自主创新、科技创新起着非常关键的作用。科技类组织可以搭建平台提供科技工作者与创业者交流和合作的机会，将科技人员和实业家、创业者集聚一起，共同研发一些急需的关键技术，解决一些疑难问题，将一批具有竞争力的科技项目及科技成果转化为现实的生产力。

其次，新闻媒体在创新创业教育过程中，应该积极投入到宣传工作中来。充分利用网络、报纸、杂志等平台宣传好青年创业创新行动，宣传好青年创业创新精神，宣传好优秀青年创业创新项目，宣传好青年创业创新典型，努力营造全社会关心和支持大学生创业创新的良好氛围和环境。

再次，从创业教育的组织建构角度来说，要充分利用校友企业等社会资源，与企业建立创业教育合作伙伴关系或同盟。广大企业单位应该以主动的姿态出现在大学校园之中，为学校创业创新教育提供必要的实习、实践机会，为有潜力创业计

---

① 杨宝忠:《美国大学生的创业实践活动及其启示》,《外国教育研究》,2005 年第 11 期。

划提供“风险资金”，在开发创业教育教材、课程以及设计创业型人才的培养方案和实施方案方面可以大有作为。

（二）改革教育体制机制，使创业融入学校整体育人体系

体制机制是确保创业教育实施的关键。从目前情况来看，高校内部各部门的创业教育往往自成体系，资源利用率低，投入成本高。所以应整合资源，形成整体优势，把创业教育的实施导入良性运行轨道。在体制机制上，可采取更为积极灵活的措施，促进创业实践。例如实行弹性学分制、创业可以申请休学、为创业者保留学籍等，使创业教育纳入到学校整体育人体系中。

1. 积极探索创业创新型人才培养模式

全面发展是实施大学生创业行动的出发点和落脚点，要坚持在创业实践中发现人才、在创业活动中培育人才、在创业事业中凝聚人才。积极探索创新创业人才的培养模式，适应经济和社会发展需要，培养具有厚基础、宽口径、高素质、强能力的，特别是具有创造、创新、创业精神和能力的复合型专门人才。各学校根据本校学科、专业实际，从创新的视角出发，构建基于专业基础上的人才培养模式，改变传统的专业和创业“两张皮”的现状，使创业教育从理念到模式到课程再到实践形成一套完整的培养模式，从而更好地指导创新创业实践。

在创业人才的培养模式中，师资队伍是一个重要的环节。必须把选拔与培养创业教育的优质师资作为创业教育的重中之重。采用“走出去”和“引进来”的思路，加强对创业骨干教师的专业培训，制定激励措施，管理在职教育到创业一线兼职或有计划地派遣有潜质的教师直接参与创业实践，同时聘请一些企业家、成功的创业者、技术创新专家到创业基地任兼职教师，或兼职从事创业方面的教学与研究工作，扩大创业教育的师资队伍。密切企业、社会和学校的联系，使创业型人才培养成为高等教育人才培养体系的一个重要组成部分。

2. 完善创业教育教学、评价、服务体系

有关创业的调查显示：有 92.1% 的大学生迫切希望国家、高校等有关部门成立集引导创业、指导创业、创业成果转化为社会效益等一整套完整的服务体系、教学体系、评价体系的创业组织。①

首先，在教学体系、教学内容和教学方法等方面不断深化改革，逐步建立并形成较为完善的教学体系、充实的教学内容和丰富的教学方法。充分利用校内资源与校外企业的有机结合，注重与企业的共建。突出教学内容职业化，与就业需求紧密结合，尽量缩短学校与实际工作之间的距离，力求模拟企业经营实际过程，让学生从感性上了解企业的主要资源，认识企业运作的基本环节和基本流程，将所学专

① 刘宣如，孙怀伟，卢请华，等：《大学生创业意义的调查思考》，《中国大学生就业》，2005 年第 15 期。

业理论知识运用于经营企业的模拟实践活动，让学生在体验中学习、提升学生知识的综合应用能力、表达与沟通能力以及应变能力。

其次，在创业理论的教学上，要注重与专业课程之间的联系，体现渗透性。用创新的教学方法（如头脑风暴、案例分析）、多样的教学形式来丰富创业创新教学课堂。在教学方式上，注重创新和实践，摒弃陈旧的教材和教学方法，加大实验和社会实践等教学环节在整个课程体系中的比重，以构建更能提高学生综合素质和创业能力的新型教学模式。

再次，逐步建立起比较规范的评价体系。在对创业创新教育进行评价的过程中，突出多维性，不以成败论英雄。在注重创业成果、效率等客观指标的基础上，重点突出一些隐性指标的变化。如学生学习前后的水平提高、教学和实践过程中学生创新性思维的表现等，评价重点放在学生创新创业知识的增长、创业技能的提高和创新创业素质的提升上。此外，整个评价体系中应体现科学性。① 将评价创业过程的风险性、创新性作为评价指标体系的核心，科学的设定评价教师、学生创新创业教育的指标，形成体系，从而引导创业教育的高水平发展。在课程评价方面不以数量为主要标准，要关注课程的质量。

最后，逐步完善创业教育培训、咨询、基地、孵化等服务项目，建立系统的服务体系，全面为学生提供方方面面的服务，尤其是学校的创业孵化部门要利用好自身资源，为学生创业提供必要的帮助，使学生的优秀创业项目脱颖而出。

（三）构建合理的课程体系，促进学科渗透和实践活动开展

创业教育课程是实施创业教育的核心和载体。也就是创业教育开展的实质性步骤。美国教育家布鲁贝克在其著作《高等教育哲学》中认为，无论采取什么教学形式，都有必要对课程的选择、组织、结构及其内容的逻辑和动机作深入的分析。大学课程的适切性和大学教育的适切性不无关系。② 因此在开展创业教育的各个国家都将创业课程的开发作为创业教育的重点，有的还设立了专门的创业课程开发中心负责创业课程的研发。

关于创业课程的基本结构的研究，取得了一些典型的研究结论，如美国学者Ronstadt在1990年提出了一种创业教育课程设计的模式：从纵向维度看，创业教育课程包括从结构化到非结构化的过程。在结构化的一端，创业教育的课程特点接近传统的学术性课程；而在非结构化的一端，个人的创造性对创业成果和计划的形成起重要作用。从横向维度看，创业教育课程包括从“创业技术性能力”

---

① 刘铸：《构建大学生创业教育和服务体系研究》，《辽宁教育研究》，2006年第1期。

② 王承绪：《高等教育哲学》，浙江教育出版社，2001年，第103－106页。

(entrepreneurial know-how)到"创业社交能力"(entrepreneurial know-who)的过程。① 又如美国学者 Carolyn Brown 则认为创业教育的课程应有三个部分构成,即认识机遇、整合资源和创造操作型商业组织。② 在众多课程模式中关于创业教育的模块课程研究比较具有灵活性,可根据不同的水平开发种类齐全的模块课程供同学进行有针对性地选择和学习,在模块学习中既有创业基本技能和专业技能的学习模块,也有开发创业资质和能力的拓展模块课程。模块之间相互补充,为创业学习者提供了一个全方位的学习模式,在创业课程体系的构建中意义很大,针对创业所需各方面知识开设不同的模块课程,学习者可以根据自己的需求选择适当的课程进行学习。另一种模式是通过把所学专业与创业教育课程进行整合、渗透,形成一类关于专业内的创业教育课程,如创业工学、医学创业、IT 创业等,更加具体的指导各个专业的创业,使学习者了解本专业创业的基本规则。这两种模式代表了创业课程发展的方向。

合理的创业教育体系中,创业实践课程应该占有很大比重,模拟实践模式和创业基地模式是比较常用的两种模式。通过模拟真实创业的程序,积累创业经验,不失为创业教育的好方法,但由于在模拟情景中风险意识淡薄,使参加者不能真正地形成风险意识,而不能学习到创业的真谛。基地实训通过边学习、边实践、边教育的形式,使学习者进步很快,但限于基地建设费用较大,有实施困难。此外,还可通过团队服务、市场调查等多种实用形式,开展创业实践。从课程体系的合理性角度来看,每种模式都是利弊参半,有其独特的适用性,学校在选择的过程中还应量力而行。

创业课程的实施要充分发挥课堂教育主阵地作用,同时根据学校实际,结合学生特点进行多渠道、多层面的开展,通过教授报告、互动讨论、观摩模拟、问卷调查、案例分析、主题设计等课程模式,形成一个结构合理、体系完善、形式多样的课程体系,一个文化课、专业课、创业课相互渗透、功能互补的立体多元化创业教育体系。

总之,创业教育是一个非常系统的工程,其质量取决于系统中各部分之间的配合与协作。唯有通过有限资源合理的整合,保障创业教育在环境、机制、资源、运行等方面的畅通,才能有创业教育质量的提升。

参考文献:

[1] Deborall H. Streeter John P. Jaquette, Jr. Kathryn – Hovis. University wide

---

① Robert C. Ronstadt, Entrepreneurship, Dover, MA: Lord Publishing, 1984:28 – 35.

② Carolyn Brown, Entrepreneurial Education Teaching Guide. The Center for Entrepreneurial Leadership Clearinghouse on Entrepreneurship Education. http:// celee. edu.

entrepreneurship Education: Alternative Models and Current Trends, http://epe. comell. edu. March,2002.

[2] Robert C. Ronstadt. Entrepreneurship. Dover, MA: Lord Publishing, 1984: 28 - 35.

[3] Carolyn Brown. Entrepreneurial Education Teaching Guide. The Center for Entrepreneurial Leadership Clearinghouse on Entrepreneurship Education. http:// celee. edu.

[4] 大和総研. 拡充すすむ大学の起業家教育. 东京:大和総研新規産業レポート,2006.

[5] 松田修一. ベンチャー企業. 日本:日本経済新聞社,2001.

[6] 教育部高等教育司组编. 创业教育在中国试点与实践. 北京:高等教育出版社, 2006.

[7] 王承绪. 高等教育哲学. 浙江:浙江教育出版社,2001.

[8] 刘　铸. 构建大学生创业教育和服务体系研究. 辽宁教育研究,2006(1).

[9] 刘宣如,孙怀伟,卢请华,潘坚. 大学生创业意义的调查思考. 中国大学生就业,2005(15).

[10] 牛长松. 英国高校创业教育研究. 浙江大学博士学位论文,2006.

[11] 梅伟惠. 美国高校创业教育模式研究. 比较教育研究,2008(5).

[12] 李志永. 日本大学创业教育的发展与特点. 比较教育研究,2009(3).

[13] 杨宝忠. 美国大学生的创业实践活动及其启示. 外国教育研究,2005(11).

高校创业教育的困境与对策

张严方①

摘　要: 本文试从以下几个方面来研究高校创业教育。首先通过对我国创业教育的现状的了解谈创业教育的内涵,然后分析我国高校创业教育存在的主要问题及产生原因,进而对我国高校创业教育提出一些看法,最后通过分析论证得出高校创业教育能够促进我国经济的发展,可以改善我国目前面临的高校就业困境。

关键词: 高等教育;资源整合;创业教育

从1999年高校实行扩招政策后,我国高校毕业生人数逐年增长,根据教育部的统计,在2002年这一数字为145万,而到了2009年这一数字达到了610万。但是,社会对大学生的需求却并没有达到如此惊人的增长速度,尤其是在席卷全球的金融海啸后,大学生就业形势雪上加霜。这一现状使得社会需要更多的创业人才去创造就业岗位,注重培养高校大学生的创业精神和创业能力,积极开展创业教育已经迫在眉睫。

一、高校创业教育概述

(一)创业教育的内涵

1989年底,联合国教科文组织在北京召开了面向21世纪教育国际研讨会,会上提出了教育第三本护照(enterprise education)的概念,强调教育要培养学生开拓事业的精神和能力,后来"enterprise education"被译为创业教育。会议指出,"创业教育是指充分挖掘学生潜能,以开发学生创业素质、培养学生创业综合能力为目标的教育"。

创业教育在欧美等发达国家已深受重视,且颇具规模。20年来,有些高校甚至以专注创业领域的研究和教学,作为学校的策略中心及竞争优势。例如,著名的哈佛商学院将必修的"一般管理学"改为"创业精神管理学",加州大学洛杉矶分校

① 张严方,中国青年政治学院继续教育学院副院长、副教授。

的创业相关课程有24门;芝加哥大学、麻省理工学院、斯坦福等著名大学,目前都在倾力专注于此领域,以求在新经济的趋势下为学生提供更多的机会。

创业教育,从广义上来说是培养具有开创性的个人,其对于拿薪水的人也同样重要,因为用人机构或个人除了要求受雇者在事业上有所成就外,正越来越重视受雇者的首创、冒险精神,创业能力、独立工作能力以及技术、社交和管理技能。① 广义的创业教育在于为学生灵活、持续、终身的学习打下基础;而狭义的创业教育重在增收培训,是为目标人群特别是那些贫困人群提供急需的技能、技巧和资源,使他们能够自食其力。因此,创业教育既培养善于创业的企业家,又培养能创造性工作并取得突出业绩的择业者。

所以,创业教育应不仅局限于各高校开展的商业意识教育中,还应让学生能够全面了解自己,通过日常学习和活动来提高自身的综合素质。

(二) 创业教育的重要性

目前全球评估创业教育的重要性指针是"Global Enterpreneurship Monitor"(GEM)。它的主要目标在于凝聚世界各国学者来研究创业教育对社会的经济贡献力。GEM的研究模型包含与创业相关的9大板块:政府政策、教育与训练、财务支持、文化与社会规范、R&D的转移、商业与专业的基础建设、政府计划、实体的基础建设、内部市场的公开。其中以政府政策、教育与训练、财务支持为最主要的关键因素。据不完全统计,GEM在20个国家中的排名都占据前三位,可见创业教育在全球教育的地位。

1998年10月,联合国教科文组织明确提出:"高等学校,必须将创业技能和创业精神作为高等教育的基本目标",要使毕业生"不仅成为求职者,而且组建成为工作岗位的创造者"。国家和学校要"实行开放政策,以便培养更多不同类别的人";教师"不应仅仅传授知识,而且必须把重点放在教学生如何学习,如何发挥主动精神上",学生则需要培养自己"在多元文化环境中能独立思考和协同工作"的能力,能将"传统或当地的知识和技能与先进的科学技术结合以产生创造力"②。这一理念的提出,对于我国当前解决大学生就业,加强素质教育,进一步深化教育体制改革具有十分重要的现实指导意义。

(三) 我国高校创业教育现状

我国高校创业教育的首次尝试是在1997年,清华大学举办了"清华大学创业计划大赛"。1999年,《面向21世纪教育振兴行动计划》出台,计划中明确提出"加强对教师和学生的创业教育,采取措施鼓励他们自主创办高新技术企业"。此后,

① 引自于东京"提高青少年创业能力的教育联合革新项目"中期研讨会报告,1991年。

② 引自于在巴黎召开世界高等教育大会发表的《21世纪的高等教育:展望与行动世界宣言》。

各高校相继开展各种创业教育活动,这些活动在全国高校中产生了广泛的影响,积极推动了我国高校创业教育的发展。尽管近年来较多高校开始举办创业计划大赛,但真正参与和接受创业教育的学生还是比较少的,创业教育还不够全面、系统。我国高校创业教育还没有普及,现已开展的创业教育尚存在诸多问题,需要我们进一步完善。目前国内创业教育活动大致可以归纳为三种形式:①

1. 课堂式创业教育——以中国人民大学为代表

这是一种侧重提高学生整体能力、素质的创业教育形式。这类创业教育的特点是将创业教育融入素质教育之中,强调创业教育"重在培养学生创业意识,构建创业所需知识结构,完善学生综合素质",将第一课堂与第二课堂相结合来开展创业教育,鼓励学生投身于各种社会实践活动和社会公益活动,通过开展创业教育讲座和各种竞赛、活动,形成以专业为依托,以项目和社团为组织形式的"创业教育"实践群体。

2. 实践式创业教育——以北京航空航天大学为代表

这是一种侧重提高学生创业知识和技能的创业教育形式,其特点是商业化运作,学校成立了"创业管理培训学院",建立了大学生创业园,还设立 300 万元的创业基金,为学生创业提供咨询服务,并对评估后的创业计划书进行种子期的融资。

3. 综合式创业教育——以上海交通大学为代表

这是一种一方面将创新教育作为创业教育的基础,在专业知识的传授过程中注重学生基本素质的培养;另一方面为学生提供创业所需资金和必要的技术咨询的创业教育模式。学校投入 8 000 多万元建立了若干个实验中心和创新基地,以培养学生的动手能力。该校研究生成立的学子创业有限公司,已入驻上海"慧谷"科技创业基地。

二、我国高校创业教育存在的主要问题及原因

(一) 我国高等教育发展中存在的不足

1. 高等教育总体水平地区不均衡,教育结构与经济结构的协调程度还有待加强

一是过度教育造成人才外流。虽然由于教育具有正外部性,鼓励人才在区域之间合理、良性流动,但如果地方高校,尤其是西部高校不能很好地考虑自身建设的所需,而盲目模仿发达地区的教育结构,将会导致人才外流。

二是高等教育的培养过程和目标不能很好地满足社会需要。高校所培养的学生的动手能力、创新能力还不够。社会急需的职业技术人才还比较缺乏,普通高等

① 李家华:《我国创业教育发展状况》,《中国大学生就业》,2008 年第 2 期。

教育和高等职业教育发展不太同步。

2. 高等教育直接参与经济建设的程度不深

一是科研成果转化率有待提高。近年来,高等学校科研成果数量增长迅速,促进了社会经济的进步和发展,但科研成果转化效率不是太高,部分科技成果转化为现实生产力存有一定难度。先进技术和实际应用结合不够密切,高校作为高新技术孵化基地的作用没有完全发挥出来,这在一定程度上制约了高等教育服务于地方经济的发展。

二是产、学、研三者之间的关系有待进一步密切。长期以来,“学”、“研”和“产”分开,高校与企业脱节,二者之间缺乏沟通。许多企业对高校的社会服务状态缺乏了解,对高校的社会服务能力持怀疑态度。高校的勤工俭学及社会服务收入有所下降,校办企业越来越少或大多数处于亏本状态,对产、学、研的关系认识不清,优先发展“产”,把“产”凌驾于“学”、“研”之上,以逐利为根本目的,甚至为获得最大利润而牺牲教学和科研。一些高校在和企业合作的过程中,担心失败,有畏难情绪。

3. 高等教育资源结构性矛盾突出,教育资源配置效率不高

一是学校分布相对集中,不利于当地经济的发展,高校布局尚需进一步调整;二是师资结构还不理想,学制结构不尽合理;三是生师比较高,教学效果受到一定影响,教师育人作用的发挥不够充分;四是非教学人员数量偏多,造成经费支出偏高,降低效率。另外,部分高校封闭办学,缺乏合作,教育资源没有实现共享,存在一定程度的资源浪费现象。

4. 高等教育宏、微观管理体制有待进一步优化

一是宏观管理体制关系不顺,质量监控体系不完善,制约了我国高等教育的发展。同时,政府对高校的规划、调控、监督角色过弱,对有些高校在专业设置上的重复建设和短期行为、在科研方面重应用轻基础的功利取向缺乏有力的监督和制约。

二是社会参与管理程度较低。高等教育管理社会参与管理体制尚未形成,社会的监督作用没能有效发挥。

三是高校内部行政管理过强,学术管理过弱。管理权限多集中于校级行政机构,系尤其是系以下的机构权力被削弱,学术人员的力量相对薄弱,制约了大学的进一步发展。

四是分配制度上传统激励机制作用弱化。目前许多高校的收入分配制度只体现了短期激励作用,缺乏一套进行长期激励的成熟可行的制度和办法,不利于高校的持续发展。

5. 专业结构与社会发展的适应性有待进一步提高

一方面,高校本科专业结构虽然与产业结构的发展趋势基本相适应,但其适应

程度及内部结构还存在不足,主要表现在:专业总量增长过快,新增专业带有一定的盲目性;部分专业设置过细,口径过窄;专业布点过多,年平均招生人数偏少。这就导致高校培养的人才对市场经济的适应性不够强,大学毕业生的能力结构与社会需要的具有交叉知识结构的综合型、复合型人才的要求还有一定的距离。这些不足源于高校招生时没能充分考虑我国整个高等教育学生就业与市场需求的问题。虽然某些专业的社会需求仍然比较大,但这些专业的毕业生人数已超过社会需求,于是出现了高校专业结构与社会实际需求之间脱节的现象。

6. 毕业生就业相关法规政策的出台相对滞后

目前,大学生的就业遵循"供需见面,双向选择"的市场机制,毕业生就业工作方式、工作程序、管理方法等都发生了很大变化,以往的一些就业政策已不能适应当前就业体制的需要。近几年涉及就业协议的有效性、协议的法律地位以及就业市场的规范管理、毕业生违约改派、用人单位不守信誉、见习期过长等方面的问题相应增加。教育部制定的《普通高等学校毕业生就业工作暂行规定》和各省、市制定的毕业生就业相关政策已不能完全适应我国当前的实际情况,迫切需要修订当前法规或制定新的政策法规来规范我国新形势下的就业工作。

(二) 我国高校创业教育存在的问题

1. 对创业教育的认识不足

创业教育对我国来说还是一个比较新的课题,许多高校对于创业教育的范围的定位还比较狭窄,将创业教育仅定位为培养创业能力。不可否认,高校在进行创业教育的过程中,必须培养学生拥有一些基本创业能力。但是,创业教育并不仅是创业能力的培养,它还应包括创业心理品质的培养、创业人格塑造等多个方面。创业能力只是其中一点,如果将创业教育等同为创业能力培养,就必然会限制创业教育的发展。

2. 忽视受教育个体的独特性

接受创业教育的学生是个体,其每个人都有不同的个人特质,教育能够得到怎样的效果与这些个人特质有非常大的关联。特别是在高等教育阶段,不同个体经过几年的专业学习与训练,不同专业的学生在思维方式上会有很大的差异,面对不同问题的观点、态度、应对方法也都不一样。这就要求创业教育的课程设计、教学方法等应因人而异、因材施教。但是,现在高校在进行创业教育时,往往忽视学生的个性和专业背景,针对不同学生没有开展分层次教学,与创业教育目的的实现相距甚大。

3. 缺少创业环境

目前我国尚未建立一套完善的针对创业教育的创业资助体系,也没有为创业教育营造出一个良好的创业氛围,这使得我国高校创业教育不得不在精神、物质双重压力下艰难前行。缺乏包括创业舆论环境、创业政策环境、创业资助环境在内的创业环境,会大大降低学生的主动性;缺乏包括创业贷款资助、创业培训、创业信息通报、创业技术援助在内的创业资助体系,会致使较多有创业热情的学生迫于经济压力无法付诸实践。

(三) 我国高校创业教育不足内外原因分析

1. 内在原因

我国创业教育与西方国家有所区别,它不是基于社会经济的发展和学生的创业热情而自然出现的,而是在新世纪初,当由高校扩招而造成的大学生就业难现象突然出现后,国家为了解决这一问题,自上而下颁布的政策措施。这样,我国创业教育就没有深厚的理论和实践基础,也没有一定时间的社会积累,这使得创业教育存有速成的弊病,尚需进一步完善。

2. 外部原因

这样"临危受命"性质的创业教育缺少了社会经济的支撑力量,这使得创业教育的运行无法借助社会资源的力量,没有配套可行的政策措施加以引导,也难得到社会的认可和支持。

我国创业教育可以说是先天不足,内劲难继,加之后天失和,外力不调,出现上述的诸多问题也就不难理解了。

三、走出高校创业教育困境的对策

(一) 适当扩大高校规模,调整高校布局,形成规模经济

高校规模适度理论主要根据经济学上规模经济理论而产生的。一般而言,当规模扩大时,产出增加的比例大于成本增加的比例便是规模经济。对高等教育而言,规模较小的高校很难合理配置资源,实际上是一种隐性浪费;规模过大又会影响教学质量。因此,在不违背教学规律的前提下,通过调整高校布局充分、适当地运用现存的高校资源,在教学质量不受影响的前提下扩大培养规模,将有利于高等教育投资效益的提高。

(二) 协调教育结构与经济结构的关系,改革人才培养模式和培养方法

1. 协调教育结构与经济结构的关系

教育作为"对国民经济发展具有全局性、先导性影响的基础行业",学生是它的"产品"。要想使产品"适销对路",就必须充分研究和抓住市场,面向市场需求办学,面向社会发展需要办学。要密切关注就业市场,对市场始终保持敏锐的观察力和迅速的反应能力,通过市场信息调整办学方向和学校定位,调节专业设置和人才规格,并通过市场打造教育服务品牌,形成办学特色和竞争优势。高校必须始终关注和研

究地方经济发展，面向地方经济发展的需要办学。各高校在进行人才培养、学科建设、科研开发等工作时，都要始终想到为地方经济发展服务这一宗旨。正如邓小平同志《在全国教育工作会议上的讲话》中所指出的："更重要的是整个教育事业必须同国民经济发展的要求相适应。不然学生学的和将来要从事的职业不相适应，学非所用，用非所学，岂不是从根本上破坏了教育与生产劳动相结合的方针？"

2. 改革人才培养模式和培养方法，实施素质教育，努力培养高素质、创造型人才

《中共中央关于制定国民经济和社会发展第十一个五年规划的建议》指出："树立人才资源是第一资源的观念"，"加快教育发展，是把我国巨大人口压力转化为人力资源优势的根本途径"，"大力发展职业教育，扩大职业教育招生规模。提高高等教育质量，推进高水平大学和重点学科建设，增强高校学生的创新和实践能力"。高等学校担负着培养高素质、创造型人才的历史重任，必须抓紧改革教育和教学体制，全面提高人才培养质量。

（三）重组教育资源，提高教育资源的利用率

现在，我国一方面存在教育资源不足的问题，另一方面又存在着对教育资源的极大浪费和利用率不高的问题。因此，结合我国当前社会、经济、技术的实际情况，要减少浪费，提高教育资源的利用率。

（1）调整学校布局，集中办学，联合办学，要有规模效益。

（2）探索有效途径，激活教育资源。通过建立教师资源人才库，实行教师互聘，使优秀教师能跨校、跨区兼课；实施"校校通"工程，共享信息，实现校际之间图书资料检索联网，图书资料与教学仪器设备有偿使用，使之充分发挥作用。

（3）建立健全教育均衡发展的监测评估体系，加强监督与评估。学校与学校之间的均衡，就是要使大多数学校的办学条件相当。由于我国地域间的经济和文化差异大，我们就必须根据实际，制定适宜的办学条件标准。我们可以借鉴基尼系数评估社会贫富差距的思想和方法，建立教育均衡发展系数，定期对各地教育发展的差距进行监测和分析，并向社会公布，形成一套有激励、约束、规范作用的预警机制，预先提供教育差距报警，为政府在教育资源投入等方面的行为提供参考，从而使教育的发展差距控制在一定的可接受的范围之内。

（四）搭建实践平台，建立保障机制，加大直接参与经济建设的力度

"科学技术是第一生产力"，高等教育应通过发展科学技术，产学研结合，提高科技成果转化率，促进地方经济发展。为地方经济和社会发展制订规划，提供咨询。创业教育的实践性很强，需要学生在理论联系实际的创业活动中去感悟和体验，学校必须为学生搭建起创业教育实践平台，使学生能够通过实际接触获得创业的感性认识，使创业教育达到应有的效果。

(1) 建立创业基地。高校应有一定数目的实践基地,为学生的创业实战提供演习场所。

(2) 设立创业基金。资金问题是学生创业的最大难题,高校应建立起学生创业基金,为学生创业提供必要的资金支持。

(3) 提供咨询服务。学生在创业过程中会遇到很多问题,学校应建立起学生创业咨询站,利用高校的人才优势,为学生提供必要的指导和帮助。

(五) 建立评估机构,加大监督力度,进一步加强高等教育管理体制改革

(1) 学校应建立起创业教育质量监督和效果评估机构。“监督是连续收集和分析与某一特定活动有关的各项信息,是一个持续的过程。评估是对评估客体进行定期或不定期的评价,以确定评价客体是否实现预期效果。”①只有建立起完善的质量监督和效果评估机制,才能了解高校创业教育的真实效果,才能更好地发现高校创业教育存在的问题和弊端,才能及时予以纠正,这是高校创业教育能够取得成功必不可少的一个环节。

(2) 理顺我国高等教育管理关系,健全高等教育质量监控体制;加强社会参与高等教育管理体制建设,建立起较为完备的内外部监督约束机制;改革高校科研管理体制,促进教学与科研协同发展,形成以科研促教学的良好局面;深化分配制度改革,建立绩效导向的薪酬激励机制。

(六) 优化专业设置,改革课程体系,提高创业能力

(1) 高校必须下大力气广泛搜集社会各界对自己产品的反应,通过调查研究,分析自身的优势和劣势,预测社会的需求趋势,进而加大教育教学改革的力度,及时调整专业设置和课程结构,优化教育教学模式。

(2) 高校专业的设置既要依据现代科技的发展特点,又要依据一定的经济社会的阶段特征,从经济社会发展需要和人才培养规律、学科与专业本身的发展变化的现实出发,既要考虑布局的合理性,又要考虑学校的办学条件。

(3) 推动创业课程的普及,必须克服学校管理者行政方面的阻碍,才有办法顺利推动,促成创业教育的发展与普及。

创业教育课程是实现创业教育目标的最主要的工具和手段,学校应完善创业教育课程的体系,真正实现因材施教。创业教育课程应与专业教育相辅相成,加强专业课程与创业教育课程的交叉融合,在培养学生系统掌握本学科专业知识的基础上培养其创业能力。

---

① 刘帆,陆跃祥:《中美两国高校创业教育发展比较研究——基于统一标准》,《中国青年研究》,2008年第5期。

（七）培养创业意识，创造创业氛围，建立完备的高校毕业生人才市场政策法规体系

（1）高校是学生走向社会的起点，应在这个起点上就开始培养学生的创业意识，改变学生被动的就业观，引导学生增强创新精神，开创能够发挥个人所长的事业。

（2）培养学生的创业意识和创业精神，还要求培养其具有良好的心理素质，在创业过程中能够及时调整自己的心理，保持良好的心理状态。这就要求学校将大学生心理健康教育列入创业教育内容中，使学生了解创业的过程和风险，塑造学生良好的创业心理素质。

（3）在《人才市场管理规定》的基础上，加快制定出台我国高校毕业生人才市场相关政策法规，并以此为中心，在我国建立内容完善、相互配套的毕业生人才市场法规体系，制定毕业生人才市场的交易规则，明晰市场主体——毕业生、用人单位和高校三者之间的权、责、利，规范毕业生人才市场中介组织行为，并加强监管。同时，应明确举办毕业生交流大会的条件和审批程序，提高毕业生交流大会的实际效果。

（4）强化《全国普通高等学校毕业生就业协议书》的法律地位，加强毕业生人才市场的保障性立法工作，制定切实可行的人事争议仲裁行政法规，做好案件受理、调解仲裁、监督执行等工作，妥善解决人才流动争议。通过完善的毕业生人才市场政策法规体系，逐步把我国毕业生就业工作纳入市场化、规范化、法制化轨道。

四、结　语

面对疲软的国际经济形势，发展创业型经济几乎已成为扩大就业、实现区域经济均衡发展的一个不可缺少的方面。创业型经济不仅可以带来经济增长、就业增加、促进社会进步，而且还可以改变经济增长的逻辑、更新社会发展推进机制，从而推动地区经济的繁荣。而创业型经济这种新的社会经济形态的出现，急需一种与之相适应的新的教育形态出现，创业教育正是这样一种新的教育形态，它构成了发展创业型经济的支撑框架，高校创业教育即将成为国家经济的直接驱动力因素之一。

经过几年的探索实践，我国创业教育已积累了不少经验，在新的经济状况下创业教育必然能够借机取得跨越性的发展。笔者认为，应将创业教育纳入国民教育体系中，从根本上改变制约我国创新型人才产生的环境，扭转传统的人才评价机制，提高国民的创业意识和创业能力。创业教育已经成为一项系统工程，它涉及经济、人文科学等诸多领域。为实现高校创业教育的目的，消除学生中创业理想与实际效果的反差，应该引导学生正确创业，将创业教育融入课堂，把创业素质与技能教育贯穿于高校教育教学的全过程，使创业教育成为金融危机背景下大学生就业的切入点。通过系统教育结合第二课堂互动性的创业论坛、创业大赛、创业实践等，合理地引导和培养学生强烈的创业意识和创业技能，为今后成功的创业打下坚实的基础，以此推动高校教育改革，促使企业制度创新，实现教育对社会贡献力的最大化。

京剧艺术人才培养的创新之举

——中国京剧优秀青年演员研究生班创办十年回眸

杜长胜①

摘　要："文革"十年使京剧人才培养工作基本停滞。"文革"后，京剧艺术后继乏人，名家名角匮乏，技艺技能流失的矛盾愈益突出。在此背景下，以培养能在21世纪担当重任的京剧艺术尖子人才为目标的中国京剧优秀青年演员研究生班应运而生。从1996年至2008年四届"青研班"，探索形成了"三个工程"、"两个导师"、"三项并举"、"集中学习理论，回团搞实践"，汇聚全国180位京剧界和文化界前辈艺术家、理论家传艺授道的人才培养模式，成为京剧和对高级专门人才培养的一个新创举。"青研班"无论是在办学体制、教学内容安排、教学管理方式、艺术实践等方面都作出了卓有成效的新探索。这一文化创新、教育创新、人才培养创新成果，对新时期艺术教育和艺术专门人才培养带来新的启发。

关键词：京剧；人才培养模式；创新

一、京剧优秀青年演员研究生班基本概况

举办中国京剧优秀青年演员研究生班（以下简称青研班）是20世纪末由中国共产党的有关部门和政府主导，在全国范围内选拔一批功底好、有潜力、有一定知名度的京剧优秀青年演员，有计划地组织他们到高等院校进修深造，使他们在表演技能、艺术理论、文化水平、人文素养、思想品德修养等方面得到全面的提高，为21世纪的京剧艺术培养一批能担当重任的中坚力量和艺术领军人才，它被视为一项跨世纪的戏曲人才培养工程。

中国京剧优秀青年演员研究生班的首先倡导者为时任中共中央政治局委员、书记处书记、中宣部部长的丁关根同志。在此后的十多年里，青研班的办学始终是在丁关根同志的直接关心和指导下，在中共中央宣传部文艺局的指导协调下进行的。青研班于1996年经教育部批准，学制3年，由文化部、北京市人民政府共同主

① 杜长胜，中国戏曲学院院长、研究员。

办,中国戏曲学院承办。首届青研班于1996年10月8日开学,在此后的1998年、2002年和2004年又分别招收了青研班的第二届、第三届、第四届学员,至2008年1月23日第四届青研班学员毕业,历经11年3个月,共举办了4届,总计有139名学员入班学习并顺利毕业,涉及京剧、昆曲、评剧、河北梆子、川剧、豫剧、湖北汉剧、广东汉剧、越剧、黄梅戏、晋剧、雁剧、秦腔、粤剧、赣剧等15个剧种,其中京剧演员111名,多剧种演员28名。研究生覆盖了除中国台湾地区以外的全国23个省、自治区、直辖市及中国人民解放军共45个戏剧院团和艺术高校。

二、京剧艺术人才培养的战略之举

京剧和中国戏曲是以演员为中心的舞台艺术。艺在人身,艺随人走,师徒相授,代代传承,是京剧和戏曲艺术得以承传和发展的基本途径。因此,如何有效地培养后继人才,历来就是京剧和戏曲自身得以延续和发展的一个重要课题。在中国京剧形成和形成之后的近200年间,其后继人才的培养大致可粗分为3个阶段。

第一阶段从18世纪末到20世纪初的100余年间,京剧后继人才的培养主要以个体培训的"师徒相传"、"家传学艺"和民间举办的"家班"、"大小班"(亦称"团带班")的教育途径来完成。

第二阶段从20世纪初到20世纪中叶即1949年中华人民共和国成立这将近50年的期间,这是传统的戏曲和京剧教育事业最为发达、成熟的阶段。其中尤以京剧科班富连成社和此后的中华戏曲专科学校最为突出。从1904年富连成科班的前身喜连成科班创建,到1948年富连成科班停办解散,44年中共招收7科学员,培养京剧表演等方面人才700余名,成为培养人才最多、办班时间最长、影响最大的京剧科班。从1930年创建到1941年解散的中华戏曲专科学校,历经11年,先后招收5科学生,培养了300多名京剧艺术人才。以富连成社为代表的这一时期的京剧科班和中华戏曲专科学校,培养出了灿若星辰的众多京剧艺术大家、名家,也成就了中国京剧世上最为辉煌的时期。从这一时期的科班、戏校走出的众多京剧艺术栋梁之才整整影响了一个世纪的中国京剧舞台。

第三阶段即是1949年之后至今这一阶段。新中国成立后,由政府出资兴办、政府主导的戏曲教育事业取代了传统的以民间为主的戏曲教育模式。以中国戏曲学院的前身中国戏曲学校为代表,包括北京戏校、上海戏校、天津戏校、山东戏校等在内的一批现代戏曲教育专门机构,从20世纪50年代初到60年代末的近20年间,培养了一大批优秀的京剧和戏曲表演人才。10年"文革"期间,戏曲教育正常的人才培养工作中断。到20世纪的90年代,支撑中国京剧舞台主体的仍然是五六十年代中国戏曲学校等那一批的老毕业生,此时他们当中一些比较年轻的艺术

家们如刘长瑜、李维康等也已经是年过半百了。而"文革"后涌现的一批比较优秀的青年演员,从总体水平来看,还尚未达到五六十年代成长起来的那批优秀表演艺术家的水平。10 年、20 年、30 年、50 年之后,中国京剧的舞台会是一种什么样的局面？京剧艺术后继乏人的状况会不会出现？长期以来在"左"的思潮特别是"文革"10 年的影响下,中国京剧面临人才断档的问题,能够担当领军人物、发挥核心凝聚作用的名家好角匮乏,能够完整上演优秀传统剧目的优秀演员越来越少,一些经过几代艺术家千锤百炼的艺术表演技艺、技能、技巧濒临失传,这些迫在眉睫的危机,引起了众多人们的担忧。

1994 年 12 月 27 日,中共中央总书记、国家主席江泽民同志在中南海怀仁堂举行的纪念梅兰芳、周信芳诞辰 100 周年座谈会上讲话说:"振兴京剧和民族艺术,需要有一大批立志献身这一事业的优秀人才。我们要有战略眼光,努力造就 21 世纪的京剧人才、民族艺术人才。要办好戏曲和艺术院校。""戏曲学院的工作重点,是全面提高青年人才的品德和艺术修养。希望有成就、有影响的老中年艺术家到戏曲学院任教。"就是在这样的大背景下,中国京剧优秀青年演员研究生班这一跨世纪京剧人才培养工程应运而生、应时而生了。据笔者本人的经历所知以及对上述背景情况的分析,时任中宣部部长丁关根,在相关京剧艺术家的座谈会上、在同文化部门有关领导的谈话中、在与中国戏曲学院领导班子成员和教师职工的座谈中曾经多次谈到过举办青研班的想法。这说明他首倡举办青研班的想法确实是经过深思熟虑的。京剧近 200 年的发展历史证明,京剧艺术的几次辉煌,都与当时涌现出一批优秀表演艺术家紧密联系在一起的。举办中国京剧优秀青年演员研究生班,是一项培养承前启后、跨世纪振兴京剧艺术人才的战略举措。这一问题得到社会的广泛共识。有计划地选拔一批有一定知名度的优秀青年演员到大学进修深造,为他们成长为未来的京剧艺术家打下坚实基础,以培养一批跨世纪的、能够担当振兴重任、德艺双馨的京剧表演人才,是举办中国京剧优秀青年演员研究生班的宗旨和目标。从青研班目前的实际效果来看,10 年前的此举,确实是一个有眼光的、前瞻性的战略之举,4 届青研班的学员,大多数正成为当代中国京剧舞台的骨干、生力军,20 年内发生京剧表演人才危机的可能性大为缓解。

三、京剧艺术人才培养的创新之举

举办青研班虽说是特事特办,但一直是严格按照国家关于学历教育的相关规定办学的。2002 年 3 月 11 日印发的教育部教学函〔2002〕3 号文件明确要求,中国京剧优秀青年演员研究生班的考生应具有大专以上学历,学习期限为 3 年,实行定向培养。由中国戏曲学院参照教育部有关研究生招生规定组织入学考试。经考试合格入学的学员,应严格遵守学校的教学管理规定,学习期满、完成教学计划规定的课程,考核及论文合格者,由中国戏曲学院颁发研究生班毕业证书,并按《教育部关于印发〈高等教育学历证书电子注册管理暂行规定〉的通知》(教学〔2001〕4 号)要求,报北京市教委注册。总体说来,对青研班学员入学的专业要求很高,必须是具有副高级以上专业技术职称,或者获得如戏剧"文华奖"、戏剧"梅花奖"等国家级比赛的奖项者。由于学员多为当时比较优秀、有一定社会知名度的京剧、戏曲演员,所以较之普通班的高校研究生有其自己的特点。一是年龄和工龄普遍较大、较长。二是他们都是自己所在艺术院团的骨干或挑大梁者,他(她)们离开院团到学校脱产学习,对自己院团的演出任务和经济收入影响较大。三是大多数学员都已成家立业,意味着要离开父母、妻夫、子女和家庭到学校过集体生活。四是这些同属一个班级的学员在专业上分属不同的行当,即便是同一行当者也风格流派各异,在聘请教师、课程安排、组织教学、舞台演出实践等方面与普通研究生的教学差别很大,这些问题不解决好将直接影响到教学质量和青研班培养目标的实现。

在经过半年左右的教学实践,上述这些问题暴露出来了。1997 年 3 月 19 日,由中宣部文艺局出面组织了一个有文化部、中国戏曲学院、中国京剧院、上海京剧院等有关负责同志,有李世济、张春华、刘长瑜、叶少兰、王世续等老艺术家们参加的座谈会,集中研讨了由中国戏曲学院提出的青研班教学调整方案。丁关根同志作了长篇发言,赞成并支持这个调整方案。青研班既定的办学宗旨、指导思想和培养目标等不做调整,调整内容主要是改变教学运作方式、调整课程的组织办法和舞台实践的组织方式。调整要点包括:第一,原确定的青研班学制由 2 年改为学制 3 年。第二,为原规定的全脱产一种学习方式,调整为阶段性全脱产学习和阶段性在原单位在职学习两种方式相结合。第三,原设计分学期集中行课和定期返回原单位进行舞台艺术实践和剧目课学习的课程组织方式,调整为文化理论课精简优化,相对集中行课,专业剧目课点、线结合,灵活安排的课程组织方式。3 年内每个学员要完成 10 ~ 12 出剧目的学习。同时加强对教学组织工作和学员学习情况的督导与检查。第四,调整后教学运作的基本要求是文化理论课要少而精,实行必修、导读、讲座、选修课程相结合,重在导师指导下的"导读",强调自学与研究;专业剧目课要突出并坚持继承与创新两条腿走路,实行学戏、创作、研讨、演出相结合,重在研修研讨,强调艺术创新与舞台艺术实践。

经过对教学方案、课程设置和教学措施的调整,逐步形成完善了"一个工程","两个导师"、"三项并举"、集中学理论、回团(本艺术院团)搞实践分段教学的人才培养模式。概括地说就是,认真贯彻"德艺双馨、继往开来"的办学方针,认真落实为振兴京剧培养一批领头人,培养一代能够在新世纪担当重任的京剧表演艺术家的办学宗旨,积极探索培养具有时代特征、素质全面的表演艺术高级专门人才的新

路子。所谓“一个工程”,即遵循因人而异、因材施教的教育规律,为每位研究生设计制订出不同的专业培养计划;“两个导师”,即是为提高学员的理论素养和全面素质,为每位研究生配备专业课和理论课两个导师;“三项并举”,即是在实施教学中,课堂教学与舞台艺术实践并举,专业技能训练与理论研究并举,艺术上的传统继承与创新并举。调整后的课程安排:(1) 政治理论与文化课。马克思主义基本理论;毛泽东思想概论;邓小平理论;英语;计算机课。(2) 专业理论课。中国文化史;中国戏曲史;中国京剧史;中国戏曲表演体系研究;戏曲角色创造;中国古典戏曲论著选讲;戏曲美学;戏曲音乐、戏曲导演、戏曲舞台美术论。文化课课程按必修、导读、选修分类,突出重点,精化内容,集中授课。学习方法上强调课堂讲授与在导师指导下的导读相结合。(3) 剧目课,即剧目研习课。为每一个学员制订出适合该学员行当、流派、特长、特色的剧目课教学计划。每个学员平均每年学习4个剧目,计划3年每人新学12个左右新剧目。(4) 讲座课。聘请各艺术门类的国内著名专家学者作专题讲座,以拓展学员艺术视野。(5) 舞台实践。舞台实践有几种形式,一是由青研班组织的学员新学习剧目舞台实践;二是由青研班组织的社会公演和毕业演出;三是学员在学习期间回到本院团的演出实践。4届青研班除了完成规定的文化课和专业理论课堂教学任务之外,粗略统计,共教授剧目400多出(次);举办各类专题讲座400多个;各类实践演出(包括学习新剧目彩排、向社会公开演出、参加各类公共活动演出、毕业公演等)总计逾600余场;撰写毕业论文139篇,出版《彩霞集》、《彩虹集》、《彩云集》、《春华集》4本学术论文集160多万字。实践证明,中国京剧优秀青年演员研究生班无论在办学体制、教学内容安排、教学管理方式、教学实践、管理体制等方面,都充分体现出这确实是戏曲高级专门人才培养模式上的一个创新之举。

四、举社会之力成就的一项育人壮举

13年来,研究生班的成功举办,始终得到京剧界、戏曲界老一辈艺术家和有关方面专家、学者的关心、关怀和鼎力支持。据研究生班提供的名单,13年来,曾先后为4届研究生班教授剧目课、文化理论课、讲座课的艺术家、专家、学者、教师逾170多人。许多艺术家、老前辈不顾年迈体弱,不计名利报酬,为办好研究生班献计献策,奔波操劳,坚持为学员们传艺授课、排戏,拳拳赤子之心,感人至深。研究生班的成功举办凝聚着老一辈艺术家的心血和汗水。据不完全统计青研班教授剧目课、艺术理论课、文化课、讲座课的教师有(排名不分先后):

张君秋、袁世海、李世济、梅葆玖、谭元寿、刘曾复、王世续、朱秉谦、尹培玺、王金璐、叶　蓬、侯少奎、宋长荣、李鸣岩、李慧芳、杜近芳、刘秀荣、刘长瑜、杨秋玲、高牧坤、叶少兰、张春孝、刘雪涛、汪世瑜、景荣庆、肖润增、马名骏、马名群、张关正、孙正阳、寇春华、张春华、杨少春、李金鸿、闫世善、李维康、姜风山、陈　琪、沈世华、蔡瑶铣、孙明珠、孙毓敏、艾美君、吴素秋、马小曼、张洵澎、李玉芙、叶红珠、杨乃彭、谯翠蓉、杨春霞、赵葆秀、张　岚、马志英、张毓雯、蔡国蘅、文菊林、唐湘音、何敏娟、王苏芬、茹绍荃、安云武、苏德贵、蔡志诚、钱浩梁、董文华、陈正薇、童祥苓、张继青、张会云、李丹林、谭孝曾、巫　娜、米福生、李　光、周明清、钮　骠、徐雪珍、洪云艳、王志怡、王玉珍、唐登年、余笑予、张学津、李祖铭、孙元喜、雷开元、谢南师、周志刚、尤继舜、沈健瑾、田庆泰、贾喜林、钟　荣、罗慧兰、费玉明、谢巧官、周百穗、刘　琪、王世民、刘鸣才、李万林、郭仲英、张敏智、李薇华、蔡积悦、沈绮琅、方小亚、宋丹菊、常建忠、续正泰、沈福存、吕爱莲、郑子茹、李　莉、张金龙、李喜鸿、李朝贵、姬君超、刘玉玲、汤晓梅、闫桂祥、李甫春、张逸娟、叶金援、石晓梅、胡锦芳、赵　坚、薛亚萍、邵麟童、李之祥、王鸣仲、刘异龙、芦美珠、丁震春、刘勉宗、蔡英莲、陈永伶、张　庚、郭汉城、刘厚生、朱文相、黄在敏、孙有年、高尚贤、龚和德、张仁里、苏　移、储成仿、傅晓航、孙松林、周传家、苏　民、李　燕、谭非翎、贯　涌、刘　坚、齐致翔、赵卫民、吴　江、周育德、赵景勃、赵建伟、金铁林、唐银成、刘连群、梁汉森、林　岫、周志强等

研究生班的成功举办，始终得到中国国家京剧院、北京京剧院、上海京剧院、天津京剧院、江苏京剧院、大连京剧院、北方昆曲剧院、中国评剧院、湖北省京剧院等全国45个京剧和戏曲院团的大力支持。来自于这些表演院团的研究生学员们回院团进行艺术实践、毕业演出，均是在这些院团与中国戏曲学院共同协作努力下完成的。

研究生班的成功举办，始终得到中宣部、文化部、教育部、北京市人民政府、中国文联和各省、直辖市自治区文化厅(局)的大力支持。党和国家领导人李瑞环、贾庆林、李源潮、陈至立、孙家正及刘忠德、刘鹏、刘奇葆、潘震宙、龙新民等众多中央部委有关部门的负责人都曾多次观看研究生班的演出，帮助解决研究生班举办过程中出现的困难。从1996年研究生班筹办到现在的10多年间，丁关根同志委托相关部门召集并出席的有关研究生班工作的各类会议，与专家座谈、与研究生班学员座谈，与中国戏曲学院领导约谈、协调、解决办班过程中有关问题和困难的会议，以及观摩历届研究生班的演出等活动等累计超过200次以上。据中国戏曲学院财务处统计，4届研究生班11年来，中宣部、文化部和北京市人民政府总计投入经费近3 000万元人民币，当然70%来自北京市的财政。

研究生班的成功举办，始终得到中央电视台和首都新闻界的大力支持。10多年来，中央电视台戏曲频道对研究生班的教学、实践活动作了大量报道，采访报道、

直播和录播青研班的演出及演出活动播报超过150场。首都新闻媒体有关研究生班的新闻报道、采访、特写等近300篇。良好的舆论环境极大鼓舞了研究生班的学员们更加努力学习，更加增强了学员们为继承、弘扬优秀民族艺术的历史责任感。

当然，研究生班的顺利举办也凝聚着承办者中国戏曲学院教师职工的辛勤劳动和汗水。学院党委和学院领导、学院的老师们和后勤管理人员共同努力，以继承弘扬发展中华优秀传统戏剧艺术的高度责任感和使命感，克服困难，抓住机遇，认真落实办班宗旨，未有丝毫懈怠，尽一切努力为学员们创造良好的学习生活环境条件，想尽一切办法组织安排好教学和舞台实践，保证所有学习课程的完成。中国戏曲学院的教职员工们作出了牺牲，但他们心甘情愿。"十一个春秋，一路走来不寻常。"学院由副院长赵景勃分管研究生班工作，张关正教授担任研究生班班主任长达10年之久。像他们这样全心全意，把自己的聪明才智献给京剧人才培养的老师和管理人员，举不胜举。朱文相、周育德、王振文、贺岩、刘迈、白光耀、刘坚、董德光、王佩孚等同志在为研究生班的整体办学设计、课程设置、组织教学、舞台实践、后勤服务保障、研究生班管理工作等作出了重要贡献，这也是不能忘记的。特别是一批老一辈的京剧表演艺术家，不顾年老体弱，不计报酬，倾囊相授，令人感佩。如果说中国京剧优秀青年演员研究生班，能够成为改革开放30年来中国京剧界一件值得重视的事件的话，那么它的作用就在于在10年"文革"动乱后造成的京剧表演人才断档、青黄不接的特殊时期，青研班以特殊的方式，为京剧表演艺术人才的培养，为中国京剧的继往开来作出了特殊的贡献。青研班作为一个特定的"现象"，作为中国戏曲学院历经10年塑造的一个品牌，作为文化创新、教育创新、人才培养创新的一项具体成果，给我们带来的启示、启发和启迪应该也是多方面的。青研班的成功举办，充分显示了社会主义制度集中力量办大事的优越性，表明了国家和政府继承、弘扬和发展中华传统优秀文化艺术的态度和决心。

"自珍、自重、自强、自信"不负重托，期盼青研班时代的到来。

在青研班举办的整个过程中，作为承办者的中国戏曲学院和学员们，始终伴随着一股无形巨大压力——既定的办学宗旨和目标能否贯彻落实？学员们的学习能否坚持下来？学院给研究生班开出的这么多课程能否如期完成、能否保证质量、能否达到预期效果？各级领导、社会各界、老一辈艺术家寄予研究生班众多的厚望和与之相伴的政府的巨大经费投入，会不会演变成一场集体的"镀金"游戏？作为主办单位的中国戏曲学院压力巨大，学员们的压力更大。

在1997年3月19日第一届研究生班的座谈会上，以及此后数次同历届研究生班学员的座谈中，丁关根同志都反复语重心长地勉励学员们，要自珍、自重、自强、自信，要珍惜这个学习机会，要坚持"德世双馨，继往开来"，要向老一辈艺术家学习，接好老一辈的班，把京剧艺术的接力棒从老一辈艺术家手里接过来、传下去，在未来二三十年的京剧舞台上领衔担纲、勇挑重任,立志成为承前启后、继往开来的新一代京剧艺术家,成为新世纪京剧振兴的生力军。这是历史赋予你们的使命,希望你们增强使命感,增强责任感,增强事业心,好好学习,不辱使命,不负重托。原文化部长刘忠德同志在同研究生班学员的座谈中也勉励大家,一定要珍惜这次难得的学习机会,并且不要把参加研究生班的学习,仅仅看做是个人的一次机遇,而是要认清我们的历史责任、社会责任,应该把个人的机遇与继承民族优秀艺术文化的历史责任、社会责任统一起来,不辜负党和政府的希望和重托,不辜负人民的希望和重托,不辜负老一辈艺术家的希望和重托。来自领导的这些勉励,给具体承办者的中国戏曲学院和历届研究生班的学员们带来了压力,也增添了动力。研究生的学员们没有辜负国家、人民和老一辈艺术家的期望,他们怀揣一腔热情,克服学习上、生活上的重重困难,刻苦学习,不耻下问,互相鼓励,相互帮助,勤学苦练,以优异成绩完成学业。3 年的学习,使他们增强了献身中国民族艺术和京剧事业的使命感、责任感,在理论素养和综合文化素质方面有了显著提高,在表演专业水平上有了很大的提高,在艺术的继承和创新上取得了新的成果。

2007 年 10 月至 2008 年 1 月举办了长达连续 4 个月的研究生班 10 周年汇报演出,4 届研究生班的学员们在向社会展示自己 3 年研究生班学习成果的过程中,情不自禁地感慨自己的收获。

2007 年 11 月 13 日,于魁智在长安大戏院演出完毕,接受记者采访时感慨地说:“我离开学校(中国戏曲学院)16 年以后重新回到学校,实实在在是一次充电。因为感觉自己以前在学校里学的与 16 年的舞台经验都已经不够用了,而研究生班的学习给我最大的收获,就是让我在理论知识方面有了非常大的提高,在分析剧本、刻画人物方面对我有直接的帮助。以前比较重视表演技巧、程式规范,现在更注重内心的把握和舞台表达的准确了。”(2007 年 11 月 14 日《北京晚报》)。

大连京剧院院长杨赤接受记者采访时说:“3 年研究生班的学习,不仅在表演艺术上有很大提高,研究生班所开设的美学课程,让我从新角度去看待角色。这 3 年的学习,更使我系统地学习了一些京剧之外的课程,如美学、哲学等,提升了我们的全面修养,使我能够站在新的平台、新的角度创作更多时代需要的作品。”(2007 年 11 月 13 日《北京日报》)。

参加第 4 届研究生班学习的中国京剧院青年演员唐禾香接受记者采访时说:“青研班的学习,使我们演员的整体素质有了很大提高。如我们的理论课、角色创作课、中国文化史、导演概论,知识面非常广,打开了我们的视野,让我变得特别爱看戏、爱琢磨戏,什么戏都看,川剧、评剧、话剧都看。经过 3 年的学习,我确实感觉自己跨了一个新台阶,往成熟演员迈进了一步。更重要的是,青研班的学习培养了青年戏曲演员对国家对民族、对民族文化深厚的感情和责任,使我们对自己古老的

传统文化艺术有了新的使命感和责任感。”(2007年11月13日《北京晚报》)。

著名京剧表演艺术家刘秀荣对记者说:“青研班的学员们通过3年的学习和实践,他们中的大多数都取得了飞跃式进步。他们中很多人本身悟性就很好,有一定的表演水平,再经过名师指导,既掌握了艺术表演技巧,也提高了理论水平,进步很快,一下子就上了五六个台阶。只有一代胜过一代,中国戏曲和京剧才有希望。”(2008年1月24日《人民日报》)。

10年寒暑一路走来,充分证明了当年未雨绸缪的远见卓识。4届研究生班学员中,有56人荣获过中国戏剧“梅花奖”,王平、沈铁梅、李仙花、王红丽4人为“二度梅”,于魁智、孟广禄、杨凤一、李仙花同时当选为中共十七大代表。他们已经在振兴京剧事业的实践中,承担起承上启下、承前启后、继往开来的重任,把党和人民的重托、社会和老一辈艺术家的期望变成现实,正在成为跨世纪中国京剧事业的栋梁之材。2008年1月25日《新京报》发出“中国京剧进入青研班时代”的呼唤。笔者热切地期待这一天的到来。

五、几点感言

其一,青研班,最大的贡献是极大缓解了或者说填补了京剧艺术“整整一代人”的表演人才断层的问题。

已经毕业的4届100多位研究生班学员,目前活跃在京剧舞台上,发挥了团体的领军作用,荟萃了当代中国京剧舞台最优秀的中青年表演艺术家,由他们承担起承前启后、继往开来的责任,应该说是个不争的事实。承前启后的中国京剧优秀青年演员研究生班,为当代中国京剧事业“贡献了一个群体的一代人,而不是一个人的一代人”。

其二,青研班,始终是在一些喜欢京剧、热爱京剧的领导同志关心支持下举办的,整个举措是一件特事特办的过程,整个过程体现着领导人的个人作用,全体的京剧人真诚感谢支持他们事业的人们,这也是这一阶段中国京剧事业的幸运。但是,中国京剧艺术的继承、发展、繁荣的大业,仅仅依赖少数热爱京剧艺术的领导个人的扶植是远远不够的。中国的京剧艺术,中华民族优秀传统文化艺术的继承、发展、繁荣需要刚性的制度保障和政策保障,需要全社会的觉悟和行动,使社会的精英和社会民众认识到中国的优秀传统文化艺术,是中华民族血肉的一部分,是中华民族精神家园的根本所在、本源所在,而不是西方价值体系中的其他任何文化。但至今我们还看不到有哪些更年青的领导人能像他们的前辈那样执著的热爱、呵护中国的京剧艺术。这种担忧笼罩着京剧人的心。

其三,青研班的成功举办,是倡导者、办学者和一批杰出的艺术家、专家、学者三方面智慧和力量聚合的结晶。倡导者(不应把倡导者理解为一两个人,而是一批有识之士)的智慧和贡献首先在他的远见性,在于倡导者所具有的历史眼光和战略眼光。

办学者的智慧和贡献,在于他们的办学胸襟,当他们意识到他们所作这件事情的意义后,能够坚定、坚毅、坚韧、坚定不移地坚持办下去(一开始只打算办一两届),在于他们敞开胸怀、打破门第之见,坚定地依靠艺术家,依靠专家开门办学。13 年来办了 4 届,学院在全国范围内共聘请了京剧、戏曲界的老一辈艺术家,理论界学者、专家、教师总计超过 170 多位,为研究生们传艺授课。能做到这两点,是与中国戏校、中国戏曲学院的大学精神息息相关的。

当然办这个班贡献最大的首推戏曲界、京剧界的一批老艺术家,如李世济、刘长瑜等。从 1996 年至今,当年在世的当代老一辈京剧青院艺术家,几乎都为研究生班的学员们上过课。他们倾情相教,倾囊相授,感人至深,贡献卓著。当然,在客观上学院也为这些老艺术家搭建了一个能使他们施展才华的演出舞台之外的第二舞台,即育人舞台。

其四,青研班的成功举办,为在新的历史和社会条件下培养戏曲表演拔尖人才提供了有益的借鉴。从某种意义上讲,青研班的举办是对 20 世纪 50 年代和 80 年代政府主导主办的 4 届全国戏曲演员讲习会传统的继承、发扬和升华。讲习会主要由当时文艺界特别是戏剧戏曲界的领导、专家和梅兰芳、程砚秋、周信芳、欧阳玉倩等艺术大师主持,主要讲授国家的文艺政策、新文艺理论和戏曲剧目课,如常香玉、花淑兰、王秀兰、郎咸芬、陈伯华、阳友鹤、周企何、严凤英、王少舫、伊桂芳、戚雅仙、范瑞娟、傅全香、徐玉兰、丁是娥以及张曼玲、杨春霞、王晶华、侯少奎、蔡瑶铣、张继青等当时(20 世纪 50 年代和 80 年代初)几乎所有的知名青年演员都曾参加过讲习会的学习。讲习会开了中国戏曲成人教育的先河。讲习会是没有学历的短期进修培训,而青研班则纳入了规范的高等教育的学历教育系列。青研班利用高等教育和艺术高校这个平台,坚持以艺术水准、艺术质量为先的招生标准,采取灵活的教学体制,制订因材施教的培养方案,设置有针对性的教学课程和内容,实施符合戏曲艺术人才成长、成才的教学实践方式,汇聚了当代中国最优秀的表演艺术家和戏曲专家来为青研班学员讲课授艺,成就了当代中国京剧舞台最具艺术潜力青年人才的成长。4 届 13 年青研班的成功举办,这里面确有一些合乎戏曲表演尖子人才培养和成长规律的地方值得总结。

其五,"青研班"举办了 4 届 13 年,由于多方面的原因,在举办过程中也存在一些有争议的问题和遗憾。

比如,青研班从 1996 年一开始筹办就存在着到底有没有必要办的争论。一些行内行外人士认为,京剧表演人才靠高学历培养不出来,中专就基本够用了,没必

要办本科班、办研究生班。这些同志认为,历史上富连成科班出了那么多京剧艺术名家,新中国成立后至文革前中国戏校培养了那么多优秀表演艺术家,他们学历都不高,都是中专生,反倒是有些学历高的演员在舞台上演出不行。至今仍有一些同志持这种观点,对举办青研班甚至对办本科持怀疑的态度。10 多年的青研班办学过程,在教学和演出实践中对京剧艺术传统的继承方面做的是成功的,但是创新不足,在创新精神、创新意识、创新能力的培养上效果不太明显,显得措施不够,办法不多,10 多年也很少有研究生班创新的剧目出现,这在办班的初期是有这样一个任务和目标的。这个目标和任务没有实现,不能不说是一个遗憾。

笔者自 1996 年来中国戏曲学院工作(1996 年至 2006 年 3 月任学院党委副书记、党委书记,2001 年 8 月至今任学院院长),亲历了 4 届研究生班的整个过程。衷心感谢所有为中国京剧优秀青年演员研究生班作出过努力和贡献的人。

高等职业教育教师队伍现代化之蠡测

李　平①

摘　要:教育现代化是现代化的重要组成部分,没有教育的现代化,中国的现代化就不可能实现。现代化的核心是人的现代化。高等职业技术教育现代化的动力来自于国家发展对高素质技术型人才的需要,高职院校教师要具有先进的职业教育观念,了解和掌握现代先进的教育理论,并能应用于教育教学实践。高等职业教育要实现现代化,必须加大院校现代化设备投入,加大教师现代化培训投入,加快教师队伍现代化建设步伐。

关键词:高职教育;教师队伍;现代化;发展策略

高等职业技术教育是我国现代教育的重要组成部分,是改革开放的产物,是工业化和生产社会化、现代化的重要支柱。经过近30年的努力,我国高等职业教育取得了长足发展,数量、规模、质量、效益都有显著的提高。在高等教育新的发展时期,更要思索从传统的职业教育向现代职业教育转化。20世纪90年代,国际组织、区域性机构和各主要国家,已经认识到发展职业技术教育,对推动社会经济发展及促进就业增长的重要作用,把发展和改革职业技术教育作为规划面向21世纪教育和培训体系的重要组成部分。"学会求知、学会做事、学会共处、学会生存和学会学习"教育的5大支柱观念已经深入到职业教育机体。我国高等职业教育面对世界职业教育迅猛发展的浪潮,应积极主动地抓住机遇,迎接挑战,尽快实现我国高等职业教育的现代化。

一、对教育现代化及高等职业教育现代化的理解

教育现代化是一个国家教育发展的较高水平状态,是在现代教育技术基础上,对传统教育的超越,是一种教育整体转换运动。教育现代化的基本特征包括:教育全民化;教育终身化;教育开放化;教育科学化;教育法制化;教育多样化;教育与生产劳动相结合;教育必须塑造人的现代素质,教育现代化的核心是实现人的现代

---

①　李平,苏州职业大学高等教育研究所所长、副研究员,华东师范大学高等教育学访问学者。

化。高等职业教育现代化是教育现代化过程中的一个极其重要的部分,高等职业教育在我国出现的时间虽然不长,但是它吸收国外这一类型教育之精华,承接职业教育及高等教育之特质,实现了跨越式的发展,直接影响着广大劳动者素质现代化的进程。高等职业教育现代化要遵循教育现代化的一般规律和要求,但不能简单地照搬普通教育现代化的做法,而应当立足高等职业教育自身发展规律,积极探索自己的发展道路。高等职业教育现代化,应从以下几个方面去理解:

(1) 高等职业技术教育现代化的动力来自于国家发展对高素质技术型人才的需要,是实现国家经济发展战略的重要保障。现代化是传统社会向现代化社会的转变过程。高等职业技术教育现代化,就是要以科学发展观为指导,以建设"和谐社会"为宗旨,以提高国人质量为目的,改革教育体制,转变人才培养模式,完善教育体系,为经济建设培养大批合格的、高素质的技术型人才。因此,改变高等职业教育原有的教育观念、教育目标、办学模式、管理体制、运行机制以及教育的发展策略,实现由传统职业教育向现代职业的转变,使高等职业教育现代化成为提高众多劳动者素质、加速国家现代化进程中人力资源的保障。

(2) 树立现代化的职业教育理念是高等职业教育现代化的重点,是提升高等职业教育功能的前提。高等职业技术教育的现代化,首先是教育观念的现代化。随着知识经济的到来,社会经济与生活方式发生了深刻变化,现代化生产作业、高新技术应用程度迅速发展,高等职业技术教育在现代社会中担负着将技术应用、科学技术转化为生产力的重要作用,在国家现代建设中占有更加重要的地位。社会主义现代化建设不但需要高级科学技术专家,而且迫切需要千百万受过良好职业技术教育的高素质技术型人才。在现代化建设进程中,高等职业教育以培养高素质技术型人才为己任,承担着将先进的科学技术和先进的设备转化为现实的生产力的服务社会的功能。

(3) 高等职业技术教育是高等教育大众化中的主力军,是现代化建设中提升大量技术人员的科学素养、提高产品质量、提供高效益的服务的基础。高等职业教育正是培养和提高技术应用型人才、进行在职技术培训、实现技术人才现代化的基本保证,直接影响着企业产品的质量和社会经济效益的提高,影响着国家现代化的进程。高等职业技术教育是各类教育中与经济联系最紧密、最直接的教育,是把科学技术转化为现实生产力的桥梁。因此,高等职业技术教育现代化是保证高等教育体系中众多受高等教育者的现代化、是现代化高技术含量产品质量的保障。

二、教师队伍现代化是高等职业技术教育现代化的前提

高等职业技术教育现代化的最终落实,相当程度上取决于教师是否能进行富

于创新智慧的开拓性教育实践,教师的社会角色和社会职能是否能及时作出与之相称的建设性调适。教育中的关键因素是教师,要培养出现代化的人才,教师必须先实现现代化。伴随着高等职业教育现代化更具深度和广度的展开,不可避免要反思并重构教师角色,即从传统意义"传道、授业、解惑"向国际教育所倡导的与学生合作、对话转化,这是教师角色的现代化的转变,其基本特征包括以下几方面。

(1) 具有先进的职业教育观念:高等职业技术院校教师要了解和掌握现代先进的教育理论,并能应用于教育教学实践。当今国际教育热点之一的"建构主义学习理论"、"情境教学"已成为职业教育的一种理论范式:教育的过程是一个认知的过程、学习的过程,学生的知识是学会的而不是教会的。教师的作用不是把知识灌输给教育对象,而是引导学生掌握获取知识的方法,让学生自己去尝试,在特定的情境中,通过发现不断获取知识,学生是学习活动的主体。教师对于自己的教学及师生关系的认识要有新的思考,使自己的工作和思维方式与时代相符。教师应充分调动学生的学习积极性,引导他们直接参与到教学活动中来,促进学生主动学习。在现代化科技的推动下,虚拟、仿真实验、演示的推广等已对传统的教学模式提出了挑战,教师应创设职业情境,培养学生的职业能力。

(2) 具有新时代职业教育精神:新时代的职业教育精神是指新时代人的职业教育意识、思维活动和一般职业心理状态,同时还有表现出对现代技术的关注。具体表现在以下3方面:一是彰显教育个性。职业教育精神的表现之一是教育个性,教育个性是教师在一定职业教育理论指引下形成的较稳定的精神气质和心理特征。它充分体现了教师对职业技术教育的理解和对职业技术教育课程的感悟,并由此形成独立的教育见解,且能运用独特的教育方法对学生因材施教。二是重视人的人格魅力及修养。教师的思想魅力,对学生的信任,更能感染学生。教师的艺术魅力,能将先进的、好的职业思想和科学技术,传达给学生。当学生被教师职业教育艺术魅力所感染后,其职业教育精神也潜移默化地发挥了作用。三是重视职业能力培养。让学生学会学习、学会做人、学会生活、学会创新,鼓励学生对知识进行探索和研究,重视职业情境的创设,培养学生的职业能力。

(3) 知识结构的合理性及优化:高等职业技术教育教师现代化,要拥有一个合理的知识结构,在科学技术发展中知识不断得到优化。教师的人文素质的通识性知识与能力是教师基本能力的表现,也是教师进一步提高自身文化修养,为人师表的基础;教师专业技术知识应具备一定的广度和深度,了解和掌握专业技术知识的创立、构建,以及与其他专业技术的联系。随着科学技术、职业文化的发展和知识的更新,教师要了解自己专业的最新成就和发展趋势,不断优化自己的知识结构。教师的职业特性决定了教师要有教育学、心理学等方面的知识。一位优秀或成功的教师不但要有扎实的专业知识结构,还要掌握和遵循教育工作的规律,掌握教育

学、心理学、生理学等基本教育理论知识，并能有效地运用与创新。

三、提高高等职业教育教师队伍现代化的策略

高等职业技术院校教师面对的是国家未来的将科学技术转化为现实生产力的高素质技术型人才，其自身不仅是科学技术、先进文化的继承者和传播者，而且肩负着培养下一代高素质技术型人才的重任。现代化的高等职业技术院校教师，要有适应科技发展的专业素质，专业素质是培养学生具有适应、建设现代社会能力的关键。在现代社会，科学技术发展日新月异，教师不仅要有良好的人文素质，而且要有扎实的专业技术功底，这样才能培养出具有时代特征的现代新人。教师是实现教育现代化的关键，无论是教学任务的完成，还是教育目标的实现，都与教师的情操、素养息息相关。其中，高等职业技术院校教师的人文素养、专业素养、现代教学技能、科研能力及高尚的情操是实现教育现代化的前提和基础。

1. 重塑灵魂工程师，使之成为培养现代化、高素质、技术型人才的典范

学高为师，身正为范。高等职业技术院校教师必须加强自身修养，不断提高业务水平，了解掌握先进的科学技术，发挥自身的示范和感召作用。一是重师德修养，塑教师风范。高等职业技术院校教师应该是彰显人性美德的表率，为人师表，与人为善，与学生架起心与心沟通的桥梁，要用人类科学技术文明积淀充实和培育自己的专业知识和学术素养，形成现代文明及价值观。高等职业技术院校教师应该有高尚的技术职业道德，尊重科学技术，以严谨的态度面对职业技术教育及教育事业。同时，教师在职业技术教育过程中应对业务精益求精，在工作中体验到幸福和快乐，感受到人生价值的实现。高等职业技术院校教师良好的教师风范是对学生一种潜移默化的影响。二是铸时代形象，塑灵魂之师。高等职业技术院校教师与各行各业教师一样，都是人类灵魂的工程师，同时也是人类的形象大师。现代化教师应有时代特征，形成内在修养与外在风范的和谐统一，追求人类科技进步。教师工作不能限制在教学活动中，要与社会主义社会的任务联系起来，做科学技术的捍卫者，做学生走向科技道路的导航者。高职院校要重塑灵魂工程师，使之成为培养现代化、高素质、技术型人才的典范。

2. 陶冶情操与心智，从基本素养方面打造全新的现代化师资队伍

高等职业技术职校教师在传授人类科技的同时，还要从基本素养方面打造全新的现代化师资队伍。一是以教师的人文素质推进教育现代化。我国高等职业技术教育文化内涵一直处于弱势，办学时间不长，文化积淀不足，影响了高职教育现代化进程。这种状态对培养学生的现代品格极为不利。由于在教育过程中缺乏人文知识的熏陶，所培养的人必然缺乏丰富的想象力和联想能力，难以形成创新思

维,难以在技术开发与应用实践中开展创造性思维。由于在职业技术教育中缺乏人文知识的积淀、缺乏丰厚的人文底蕴,这必然影响学生正确的世界观、价值观的形成,必然导致教育对象人格的失衡,难以形成乐观向上的积极心态和拼搏奋进的人生观,必然导致竞争意识不强和发展动力不足。高等职业技术院校教师只有具备深厚的人文功底和深厚的人文知识,才能够根据社会发展趋势和历史发展规律进行开创性、预见性教学,培养出具有创造潜能的人。二是以教师的价值观促进教育现代化的实现。教师的教学活动绝不是简单的知识传递,而是一个更高层次的系统工程,教师现代化要从人文价值观的高度来把握高等职业教育教学,教师必须对知识进行加工处理。教师要善于把科学发现与技术应用之间的关联、自然界与人类社会的关系揭示出来,在向学生传授知识的过程中培养其人文精神,带动他们形成正确的人生观、价值观,树立科学的发展观。高等职业技术院校教师要以建设现代化和谐校园、发展现代化和谐文化为基础,实现多元文化与主流文化的和谐发展,建设以爱国主义为核心的民族精神和以改革创新为核心的时代精神,形成社会主义核心价值观。高职院校教师从基本素质方面入手,不断陶冶情操与心智,作为教书育人的典范、科学研究的先锋和和谐校园的支柱,打造出全新的现代化师资队伍。

3. 关注现代化技术应用,现代化教师应具备的现代教育技术素养

现代教育技术是提高教育教学质量的必备条件,教师的现代教育技术素养是现代教育技术能否实现教学过程和教学资源优化的关键,是教师对教育教学和教育技术理论与方法的掌握、运用和创新水平的总体体现。一是要具备现代教育技术知识素养。现代教育技术知识素养是指有关现代教育技术的基础知识和基础理论,它要求高职教师掌握现代教育技术相关知识,及其对教学改革的意义和作用;跟踪并熟悉新技术,熟悉各种资源和环境在教学过程中的不同作用。现代教育技术培训要以应用为目的,学习现代教育技术,既要把它理解为一种新的传播工具在教育中的运用,又要把它理解为一种新的智慧手段、思路及新的学习革命。二是要具备现代教育技术能力素养。现代教育技术能力素养是指教师运用现代教学媒体进行教学实践的技能。掌握现代教育技术目的是获得教育技术应用于教学实践的技能,将现代教育技术应用于高职教育教学实践中。现代教育技术包括教学设计、信息能力以及运用现代教学媒体等水平,要求教师充分理解教学过程的相关理论和策略,掌握信息技术与课程内容的结合能力,运用技术和策略满足学习者的不同需求,运用教学技术设计,对教学的过程进行科学的设计和实践,提高自己的专业水平和教学能力。三是加大现代化设备与教师培训投入,提升高职院校教育现代化技术水平。教师队伍现代化与自身素质关系密切,但学校对现代化的投入也是十分重要的,没有现代化的设备,教师现代化缺少技术支持;没有教师对现代化技

术的掌握,设备也是无用的。在一定程度上来说,学校教学设备现代化建设程度、对教师现代化技术培训程度,标志了学校对现代化重视程度。因此,高等职业技术院校要重视现代化设备的投入,加大对现代化教师培养、培训力度,提升高职院校教育现代化技术水平。

四、结束语

高等职业教育现代化正处在一个不断变化、不断摸索和不断创新的时代:一方面,建设现代化的教师队伍是高等职业教育现代化的客观要求;另一方面,高等职业教育现代化又要求教师队伍能以现代化的方式获得新的素质内容。在培养经济社会现代化建设所需要的高素质、技术型人才过程中,高等职业教育现代化显得尤为重要。高等职业院校教师为完成培养现代化、高素质人才的教育任务,自身要具备现代化社会各项基本条件,这也可以视为是对现代化教师队伍的质量规格要求。在与社会主义现代化建设同步发展过程中,首先实现教师自身的现代化,这样才能培养更多现代化应用型人才。

参考文献:

[1] 顾明远.教育现代化的基本特征及实施策略.人民教育,2007(13-14).

[2] 潘 涌.创新与立人——全球化视野中的教育现代化.社会科学战线,2007(1).

[3] 马成荣.江苏职业教育现代化发展的趋势性分析.江苏教育研究:理论版,2008(1).

[4] 李祖超.人的现代化服务:教育现代化的核心.教育评论,2007(5).

[5] 顾健辉.教育信息化背景下教师素质培养的目标定位.成人教育,2007(12).

[6] 张新明,等.教育信息化和教育手段现代化国际综述.比较教育研究,2000(3).

[7] 王 宇.试论教育现代化与人的现代化.中国青年政治学院学报,2007(3).

[8] 栾凤池.论高等教育国际化与现代化之相互依存.中国成人教育,2008(5).

[9] 曾 强.从教育现代化评价指标看教育关注的焦点.文教资料,2008(3).

[10] 李继业.关于教育现代化定义的研究综述.常熟理工学院学报:教育科学版,2007(6).

建立合理有序的高校教师流动机制

李立国①

摘　要:我国目前存在着较为严重的高校教师无序流动现象,不利于高等教育的持续、健康发展。因而,要建立合理、有序的教师流动机制,这也是高校学术劳动力市场的本质要求。为此,需要建立学术劳动力市场制度,改革与完善高校教师聘用制,高校要变大力引进人才为开发内部人才,实现人才战略重心的转移,引进人才应该根据校情科学规划,避免盲目引进。

关键词:高校教师;流动机制;合理有序;学术劳动力市场

治校兴业,人才为先;治校兴学,唯在得才。师资是高校的核心资源,教师队伍建设是学校发展的关键。在我国,随着社会主义市场经济体制的建立和完善,以及高等教育管理体制的不断深化,传统的计划配置师资模式已经被打破,市场在人才资源配置中的基础性作用正在逐步显现。在高等学校人才竞争的现阶段,我们既应提倡高校教师的有序竞争、合理流动,又应防止不顾大局,不择手段,互相"挖墙脚",不按规则办事的恶性竞争。在建设高水平教师队伍的过程中,探索建立合理、有序的高校教师流动机制势在必行。

一、高校教师的无序流动不利于我国高等教育的持续、健康发展

市场经济是竞争经济,对高校而言,竞争首先是人才的竞争。在市场经济环境下,人才的自由流动是完全正常的。因此,高校之间的合理竞争、教师的有序流动是完全正常的。但是,我国高校目前也出现了恶性竞争、人才无序流动的现象。例如,许多高校甚至是地方政府,以"三不政策"(不要档案、不要户口、不要人事关系)和"三高政策"(高工资、高福利、高待遇)吸引优秀人才,结果导致许多学术带头人不顾与原所在学校签订的人事合同,擅自离职,甚至不辞而别。高校教师中这种违背协议和缺乏诚信的"出走事件"屡屡发生。高校教师的无序流动扰乱了正

① 李立国,中国人民大学高等教育研究室副主任、副教授。

常的人才流动秩序,打击了高校自主培养高层次人才的积极性,也造成了部分高校教师一心想着待遇和条件,助长了"跳槽"之风。高校教师的无序流动破坏了高校之间的公平竞争,导致恶性竞争,不按规则办事,不顾大局的"挖人"事件屡屡发生;导致高校在人才政策上重引进、轻培养,重实用、轻教育,竞争激化,盲目提高待遇,造成人才使用成本不断上升,这不利于人才的成长和培养,不利于青年人才的脱颖而出;导致部分教师在专业上过于看重自己的发展和个人目标的实现,缺乏集体意识、大局观念、浩然正气和团结协作精神,特别是缺乏奉献精神和敬业精神。在我国高等教育发展不平衡的形势下,教师的无序流动不利于我国高等教育的持续、健康发展。

高校教师的无序流动是与市场经济、和谐社会的建设相违背的。市场经济是竞争经济,同时也是信用经济,信用是市场关系的基本准则。市场经济是讲诚信、讲信用、讲道德的,规范的信用关系是市场经济的前提和基础。依此类推,高校间的人才竞争和流动,无论是个人或者单位,都应诚实守信,依据一定的契约和规则。不讲信用,正常的人才流动不可能实现;不守信用,也不可能有良好的人才市场秩序和人才流动环境。同时,和谐与竞争并不是对立的,真正的和谐来源于正常的、公平有序的竞争,没有竞争的和谐如同一潭死水,了无生气。但是,竞争必须是公平正义的,恶性竞争也不可能实现真正的和谐。和谐社会因公民自主、自由、公平正当的竞争及相互之间的真正合作而形成其伦理秩序,也因其和谐的伦理秩序而陶铸具有优良德性的公民,而作为和谐社会所应当具备的,就是与其职责相适应的竞争与合作所要求的优良德性。作为承担着重要而独特使命的高校及其教师,更应自觉遵守和谐社会的准则,追求公平竞争与有序流动。

二、建立合理有序的教师流动机制是高校学术劳动力市场的本质要求

高校教师的流动既要遵守市场经济的法则,同时也反映了高等教育的特殊要求。学术劳动力市场就是高校学术力量与社会市场力量相互结合的产物。它既受学术活动自身特点的影响,也受经济规律的制约,这构成高校学术劳动力市场与其他劳动力市场的不同,也是高校与企业人事聘用制度差异的根本原因所在。基于教师流动的学术劳动力市场具有以下三个特点。

1. 高校教师职业的"双重属性"决定了其流动的特点

高等学校的教师每个人都有自己的学科专业和学术领域,专门化不仅是高等学校的知识特征,也是高等学校教师职业的基本特征。教师职业具有"双重属性",既属于自己供职的高校,又属于自己所从事的学科,与忠诚于所在的学校相

比,高校教师更加忠诚于他们自己所从事的学科或专业。在一定程度上,教师既是"组织人"(学校),又是"非组织人"(学科或专业),故高校教师的学校归属感较弱,而学科归属感相对较强。在学术认同和发展方面,学科专业领域比高校组织对于高校教师的发展具有更为重要的作用。与其他职业相比,高校教师的流动主要是在高校之间进行的,并且学校之间的同质性越小,竞争性就越强,教师流动的几率就越高。目前我国高等学校之间的横向流动日趋活跃,而高校系统与社会其他系统之间的流动则日渐势微。20 世纪 80 年代末出现的高校教师弃教从商、流失严重等现象已经成为历史,这说明我国高校教师流动已回归学术劳动力市场的流动规律。

2. 高校教师流动主要是基于学术追求而非经济或政治利益

与其他职业相比,高校教师的工资待遇并不是很高。例如,美国高校中,教师分为"全年聘用"和"学年聘用"两种情况,前者占全体教师的少数,后者占多数。前者的收入状况相对较好,而后者的收入状况相对较差。与其他从业人员相比,即使全年聘用人员的收入水平也大大低于企业中同样情况从业人员的收入,略低于联邦政府中具有同等资格从业人员的收入水平。美国的研究表明,大学教师对于学术劳动力市场与非学术劳动力市场工资待遇变化的反应并不十分敏感。教师流动时一般是把学术因素放在第一位,而经济因素居于相对次要的位置。我国目前的教师流动,有的是基于学术追求,但也有相当一部分教师的流动是为了经济利益或行政职务。在非正常离职的高校教师中,有一部分是朝着住房补贴、科研启动经费而走的,一旦房子和钱拿到手,在合同约定的服务期限结束前,就有不少人又到其他学校要房子和钱去了。这种流动从根本上违背了学术劳动力市场的特征和要求。

3. 在高校教师流动中,教师是主动方,而学校处于被动的地位

高等学校是创造、传播和应用知识的中心,而高校教师所保存、传递、发现、更新和应用的知识不是普通的知识,而是高深的专门化知识,这一点与其他职业(包括中小学教师职业)有着根本的不同。由于人才培养与科学研究的长期性、复杂性,决定了高校教师的终身性。无论是美国,还是欧洲,都是实行教师终身聘用制或一定年限基础上的终身教职制度。教师终身制是现代大学管理制度的一个核心命题,导致了高校人事管理的特殊性。这在一定程度上限制了高校用人的灵活性和对外部变化作用反应的能力。特别是由于终身制及学术人任期制的存在,以及教师在流动时更趋向于学术声誉高的学校,故学校难以在短期内改变大学教师的质量。高校教师的无序流动只考虑了自身利益及流向学校的利益,而没有考虑自身离职对所在高校学科建设、人才培养、科学研究及学校声誉的影响。部分教师在满足自己发展的同时,是否想过学生也要发展?教师的违约使岗位空缺,很可能会

影响学生的学习。同时,科学研究有长期性、积累性和风险性的特点,这也要求教师职业的相对稳定性。许多学术带头人的离职给所在高校的学科建设、科学研究及学校声誉带来了很大影响。

与非学术劳动力市场相比,学术劳动力市场受到更多社会制度和规范的约束,而非经济规律与竞争的制约使教师的工作具有更大的保障和稳定性,高校不能像企业那样可以比较自由地解聘员工。这也决定了高校教师在流动时一定要讲求制度、规则、程序、规范约束与合同,慎重考虑自己离职对所在学校带来的影响。流动应基于学术追求而不是过分追求经济利益或其他诉求,同时也要求高校按照学术劳动力市场的规则引进人才。这是目前我国实施人才强校战略中值得关注的一个要害问题。

三、政策建议

1. 建立合理完善的学术劳动力市场制度

建立合理完善的学术劳动力市场是当前保证高校教师合理、有序流动的基础,主要有两点:一是学术劳动力市场更多地受到学术人员的崇高的价值观、学术规范、社会约束以及发挥激励作用的非经济因素的影响。二是大学教师的工作是有保障的、稳定的,工资变动弹性较小。因为高校是一个“非技术进步型”组织,自身无法通过技术进步来降低对教师职业的竞争力。因此,在劳动力市场上,高校往往不是工资的主动定价者,而是工资的被动接受者,教师工资水平的变化常常落后于经济领域具有相同背景的人员工资水平的变化,并且前者的工资随着后者工资的变化而变化。① 从学术劳动力市场的特征来看,高校吸引人才应该主要依靠学术声誉、学术事业及学术环境,而不是工资及物质待遇。当前,我国部分地区及高校以巨额房补及工资等物质待遇吸引人才,实质上是违背了学术劳动力市场的基本规律,是采用企业所用的经济杠杆来吸引人才,其做法扰乱了学术劳动力市场的流动规则,造成了学术劳动力市场的混乱和无序。作为非营利机构与公益组织,这样是用纳税人的钱来做违背高等教育发展规律的事。这是高校教师无序流动错误的关键理论所在。高校之间的竞争与人才流动,应该是在遵守全国基本一致的高校教师工资待遇的基础上,以事业吸引人。高校也应该是以事业留人、以正气留人、以感情留人,而非简单以待遇留人。

2. 高校要变大力引进人才为开发内部人才,实现人才战略重心的转移

我国是一个人口众多,但人才资源特别是高层次人才资源短缺的国家。近年

---

① 阎凤桥:《大学组织与治理》,同心出版社,2006年,第150页。

来，高等教育规模发展很快，高校在持续大规模扩大招生的同时，却对教师队伍的扩大和教师素质的提高未能给予相应的足够重视。一些高校领导热衷于引进人才，而忽视了人才的培养和使用，无论是“有才不用”，还是“引才滥用”，都是对人才的浪费和人才工作的失误。

目前多数高校缺编严重，生师比过高，教师队伍规模无法满足教学、科研、人才培养的需要，同时，教师队伍素质不高，绝大多数高校拥有博士学位教师的比例太低（据统计，2003 年我国教育部直属高校和中科院及国防科工委所属高校教师中，最高学位为博士者仅占 23.49%，最高学位为硕士者仅占 39.79%）；年龄分布出现断层，中青年学者相对缺乏。① 在这种情况下，高校人才战略要充分重视人才的培养与使用，使优秀中青年人才脱颖而出。在培养过程中要形成科学、系统的激励机制，不要把激励措施过分集中于少数优秀教师。即使引进人才，也要充分使用国内外两个人才市场，重点高校，特别是“985 工程”学校更应把目光引向海外，大力引进国外高层次人才。

就高校而言，人才的流出要以源源不断的人才补充作为后盾，这样组织才能从总体上保持人才的相对平衡，实现高校的发展目标。人才作为稀缺社会资源在总量上是有限的，而开发人的潜能是无限的，这就需要高效的人才战略重心实现根本性的转变，即从引进人才转为内部开发人才。高校内人才开发的关键在于创造一个使人才脱颖而出的环境，“人才辈出，才尽其用”是我们所追求的，形成内部合理有序的人才梯队，增强高校内部人才流动的自我调适功能。即使部分人才由于个人价值的实现需要流动，高校内部也能尽快递补空缺，在激烈的竞争中立于不败之地。高校教师队伍建设作为一个长期积累的过程，必须立足于自身的培养与建设。试图仅凭优厚的物质待遇吸引外来人才，以期建设一支高质量的师资队伍，或许暂时可以取得一定成效，但难以长久。立足于自身培养和建设，辅之以吸收和引进，可能是高校比较理智的现实选择。

3. 高校引进人才应该根据校情科学规划，避免盲目引进

在 2002 年大学校长论坛上，一所中国南部大学的校长谈到：“我们学校唯一的一位院士去世了，我们决定要不惜代价引进一名院士，最后我们引进了一位，但成本非常高。院士有了，我们还得再不惜代价引进长江学者，问题是，其他的人呢？”

现在许多学校引进人才并无明确规划，为引进而引进，把引进人才当成体现领导业绩的“政绩工程”，或为短期目标需求的驱动，或认为是人才就是有用的，总之是引进了一批人才。但是这样引进人才并未考虑到学校的发展战略。目前，我国高校应明确自己的使命与职责，科学定位，而不是盲目攀比层次，追求扩大规模。

① 纪宝成：《高校教师聘任制仍需改革与完善》，《中国教育报》2005 年 5 月 20 日。

许多地方院校、高职院校并不需要院士或某些基础理论学科的人才，但为了提升层次也盲目地引进。人才是分层次的、有类别的。“人才强校”的核心是建设一支与自身使命和目标相适应的教师队伍，具有领先水平的学术大师和学科带头人可能适合于研究型大学，但未必适合于普通院校或职业院校。

同时，一些学校只注重引进，但并未注重学校学术环境及学风的建设与改善。没有良好的学术环境，对人才来说是最大的痛苦，如果学校整体的办学水平及学术水准没有持续的改善，必然会导致引进的人才对学校的发展失去信心而萌发去意。如果引进后没有为引进的人才提供基本的工作条件，或后续配套政策、当初来校的条件等不能兑现，或人才引进后单位寄予厚望，希望马上见到成果，以表明人才引进的成功，其结果是急功近利，短期目标导致短期行为。

在上述情况下，引进人才不可能发挥出自己的作用，取得应有的结果，其后果必然是人才闲置或引进的人才再次流动，从而给高校造成大量的资源浪费，给个人带来的也是不愉快的经历和时间、精力上的浪费。

高校要关注人才引进的摩擦成本，有效地吸引留住人才，调动他们创新的积极性。除了有良好的政策机制、工作环境、生活待遇外，还取决于一个重要条件，即高校内部的良好氛围和人际关系。实践中不难发现，由人际关系中的矛盾与冲突、不信任与不合作而导致人才效益低下的情况普遍存在。人力资源管理者将摩擦成本这一经济学术语引入该领域，一般认为，由于人际关系的良好状态，属于社会资本，它是与金融资本、人力资本同等重要的资源。人际关系中的矛盾、冲突、不合作、不协调而额外耗费的人力、物力、时间、精力等成本水平与摩擦程度成正比。这种摩擦成本是一种负生产力，是社会额外支付的成本。这种成本不易计算，常被人忽视，但造成的代价却是很大的。引进人才给原有教师造成心理上的不平衡，再加上引进的人才具有较强的优越感，容易产生矛盾，矛盾的结果是产生内耗，对学校、人才和原有教师都是具有破坏性的，带来的是学校凝聚力的降低，人才作用的抑制或人才的流失，进而影响学校的整体发展。

4. 改革与完善高校教师聘用制

聘用制是单位与职工按照平等自愿、协商一致的原则，通过签订聘用合同，确定单位和个人的工作关系，明确双方责任、权利和义务的一种用人制度。聘用制的本质是强调单位与职工在人事聘用中的平等的主体地位，实行聘用制的关键环节是订立一份平等、合法的聘用合同，以合同为依据，规范单位和个人双方的行为，维护单位和个人双方的合法利益。

由于在试行聘用制的过程中还存在着一些法律问题，这些更为人才的无序流动提供了方便。例如，聘用合同与劳动合同的关系。聘用合同与劳动合同究竟是什么关系，事业单位的人员聘用是否适用《中华人民共和国劳动法》的规定，适用于哪些规定,这些问题一直是事业单位在试行聘用制过程中,特别是在出现某些争议的时候感到难以处理的。2002 年 7 月,国务院办公厅转发人事部《关于在事业单位试行人员聘用制度的意见》(下文简称《意见》)中明确规定了聘用合同应包含的内容和必备条款,包括:合同期限、岗位及职责要求、岗位纪律、工作条件、工资待遇、合同变更和终止条件、违约责任等。上述7 个方面与《中华人民共和国劳动法》关于劳动合同的必备条件基本一致,但在具体内容上有区别。例如,关于试用期、解聘、辞退的规定与《中华人民共和国劳动法》有明显不相同或不一致之处。在执行过程中需要进一步明确劳动合同与聘用合同的关系,才能在工作中顺利解决出现的问题。再如,违约处理及其法律依据。违约在履行聘用合同过程中是一种比较普遍的现象。聘用单位在签订合同时就应该考虑违约责任的追究及对违约一方的责任承担问题。但是,对违约的处理并无明确的法律依据。《意见》中甚至没有提出可以约定受聘人员提出解除合同所负的违约责任。只是规定受聘人员提出解除合同未能与聘用单位协商一致的,受聘人员应当坚持正常工作,继续履行聘用合同;6 个月后再次提出解除聘用合同而未能与聘用单位协商一致的,即可单方面解除聘用合同。这种规定有利于维护受聘人员自由择业的权利,但对由于受聘人员提前解除合同而给聘用单位造成的损失,受聘人应承担何种责任及如何给予赔偿等问题并未作出明确规定,既使聘用单位利益的保护受到影响,也助长了学术人才市场的无序流动。

5. 加强师德建设,使教师识大体、顾大局,以学术为重

大学教师使命崇高、责任重大,有德无才者不可能胜任,有才无德者亦当忌讳。从师德为首,为师必守德。只有德才兼备,有强烈的社会责任感和岗位责任意识的人,才能成为合格的大学教师。大学教师职业的特殊性要求我们必须始终把师德建设摆在教师工作的首位,贯穿于管理的全过程。大学教师要树立全局意识,以学术为重,要讲团结协作,不能只讲物质待遇与自我实现。政府和高校更要建立有组织的师德教育活动和舆论氛围,特别是要通过特定的制度设计,以科学的引导机制、有效的激励机制和必要的约束机制,引导教师"淡泊名利、甘于寂寞、力戒浮躁、厚积薄发",使高尚的师德行为成为教师的一种理性选择。

人才流动表明教师个体主体性的觉醒,引进人才表明高校人才观的觉醒。我们欣赏人才问题认识上的新觉醒,但更期待人才流动在实践上达到新境界,即倡导良性竞争与合理、有序流动,克服恶性竞争与无序流动。只有达到这样的新境界,我们才能真正抓住"人才强校"战略的核心,才能实现高效的发展目标和我国高等教育的持续、健康发展。

以人为本:高等学校教师绩效管理的基点

刘 凯①

摘 要:要贯彻落实科学发展观,不断提高高等学校教师管理水平,必须坚持"以人为本"。本文在分析高校教师的独特性基础上,阐述了高校教师管理坚持"以人为本"的重要意义,并进一步从人本角度认真梳理和分析了高校教师绩效管理存在的问题,相应提出了解决问题的对策。

关键词:教师;绩效管理;评价

一、问题的提出

高校的竞争力主要体现在教学质量的优劣、科研水平的高低以及所培养的人才能否适合社会经济发展的需求上,而这一切均取决于教师水平的高低。培养塑造高素质的教师队伍是增强高校竞争力的关键因素,而高水平的教师管理则是高校提高教师队伍水平的基本保障。采用现代科学的人力资源管理方法,探索高校教师管理的有效途径,增强教师管理的科学性,调动教师工作的积极性和创造力,促使教师队伍不断成长和进步,是高校管理工作者的重要任务和迫切要求。

从20世纪20年代起,绩效管理开始被运用于企业的人力资源管理中。绩效管理是组织为实现其发展战略和目标,用科学的方法通过对个人和群体的行为表现、工作业绩以及综合素质的分析、考核和评价,充分调动员工的积极性和创造性,改善行为,挖掘潜能,不断推进组织发展的过程或循环活动。绩效管理作为一种现代管理思想,在现代企业管理中已得到成功运用。基于绩效管理在现代企业的成功运用,教育界也在教师管理中逐步推广运用。

高等学校的绩效管理是通过对发展战略的建立、目标分解、业绩评价,将绩效成绩用于高等学校日常管理活动中,以激励教师业绩持续改进并最终实现其发展战略目标的一种管理形式。从世界范围看,对教师的绩效管理通常是以教师评价的方式来进行的。真正现代意义上教师评价运动开始于20世纪70年代,到了90年代开始迅速发展。90年代以来,在国外的教育改革中,基于工作的综合的教师

---

① 刘凯,西藏民族学院副教授、组织人事部部长,英国西敏斯特大学访问学者。

评价结果经常作为教师资格证书、教师聘用、奖惩、教师职业阶梯计划以及教师证书更新续用等的依据。我国高校教师评价也渐进推进,1979 年 11 月,教育部颁布了《高等学校教师职责及考核的暂行规定》,对高校的教师考核发布了指导性意见。1981 年教育部下发了《关于试行高等学校教师工作量制度的通知》,提出高校教师工作量考核的施行办法。1995 年人事部下发《事业单位工作人员考核暂行规定》后,我国高校教师绩效管理不断推进,对于激发高校教师的工作积极性发挥了重要作用。

目前我国高校教师绩效管理仍处在渐进变迁过程之中。在信息化社会的今天,随着现代社会对人本精神的呼唤,人们逐步认识到,现在高校的人事制度、分配制度乃至教学、科研管理体制仍然存在着计划经济时代的烙印。从高校教师管理的层面来看,在一定程度上还沿袭着计划经济时代政府管理的模式,管理者习惯于实施行政措施和行政命令等,在管理上存在很多与高校教师特性不相符合、不相适应的问题。在教师绩效管理上最根本的就是"以人为本"没有得到充分的体现,这也是导致高校教师绩效管理效能难以得到最大限度的发挥的主要原因。

"办学以人才为本,以教师为主体。"要贯彻落实科学发展观,不断提高高校教师管理水平,促进高校又好又快发展,有必要从人本角度认真梳理和研究高校教师绩效管理存在的问题,提出解决问题的对策,积极探索构建满足高校和教师共同发展的绩效管理体系。

二、高等学校绩效管理对教师人本的缺失

高校教师绩效管理是基于高校的发展目标,如科研水平和教学质量目标等,在管理者与教师双方持续动态沟通的基础上,经过绩效计划、绩效实施、绩效考评、绩效反馈、结果应用和绩效改进这一系列环节,促进教师绩效的持续改进和提高,并最终实现高校发展目标和教师发展的一种综合管理活动。实施高校教师绩效管理,必须充分了解和认识高校教师的独特性。

高校教师人力资源是人力资源的一种,因此它具备人力资源的一般特性,如能动性、社会性、再生性等。作为一个特殊的群体,高校教师除了具有人力资源一般特性之外,还具有其他人力资源所不具备的独特性。刘城芳在其《现代高校教师人力资源管理》一书中对高校教师的独特性作了比较科学的归纳,这些独特性具体表现在:一是高度重视自我价值的实现,二是注重成就激励和精神激励,三是重视人格独立和自由,四是自主意识强,五是学习动机强烈,六是优质性、创造性与难替代性。高校教师人力资源的这些独特性,决定了高校实施教师绩效管理更需要体现"以人为本"的理念。原清华大学王大中校长在阐述"以人为本"理念时说过,要在

高校的各项工作中重视人的因素，正确认识人的价值，发挥人的主观能动作用，在学术和管理上要同时发挥专家、教授的积极作用，要确立教师在办学治校过程中的核心地位。

“以人为本”有三个核心观念，即要注重人的自主性、情感性和发展性。在高校教师绩效管理中要体现“以人为本”，就应把握好以下三点：一是要求学校摆脱简单的单向管理，注重教师的自主性，保证教师在教学科研上有较宽松的环境，关心教师的需要和创造性、主动性，注重教师在整个教育和教学、科研上的自主性。二是要求学校管理者和教师始终保持良好的关系，在管理中以情感为纽带，建立共同努力的合作团队，形成和谐进取的氛围，提高教师的工作满意度，增强学校的凝聚力。三是要强调教师的发展性，管理注重学校的发展，但不能忽视教师的个人发展，它要求教师充分认识到工作业绩和学校业绩之间的关系，体会其工作的价值，提升归属感。总之高校教师绩效管理要以“以人为本”作为前提和基础，只有这样，才能提高教师完成工作的质量，提高工作水平，也只用这样才能对高校教师队伍的管理和学校事业发展起到积极促进作用。“以人为本”，就是要以教师作为高校发展的根本出发点，以教师为基础，以教师为前提，以教师为动力，以教师为目的，来组织和实施高校的一切活动，承认并尊重教师的主体地位、独立人格和自我意识，进而最广泛地调动人的积极性、创造性，实现高校与教师的全面、协调、可持续发展。

检讨和反观当前高校教师绩效管理，我们不难看到，其中对教师人本的缺失还比较严重，主要表现在：

一是管理者与教师之间缺乏沟通，忽视了教师在绩效管理中的主体性作用。在绩效管理的过程中，目前高校习惯于管理者单方面的管理，忽略了与教师的沟通。教师缺少共同参与，使绩效考核只是管理者的事情，教师作为被考核者，往往不了解考核标准、考核内容和目标的确定过程，只是被动地接受管理者的考核评价。教师在绩效管理中的地位和主体作用没有发挥出来，容易造成教师和管理者之间认识上的分歧，导致误解和抵触，使绩效管理最终难以真正起到提高教师的工作业绩和教学、科研能力的作用。

二是绩效管理注重管理的需要，忽视了对教师的发展需要。目前高校绩效管理存在一个突出问题就是把绩效管理仅仅作为管理的手段，这种“管理性”绩效评价强调的是鉴定、打分等作用，局限在奖惩性的评价上，把评价结果与聘任、奖惩、晋升等挂钩。这种评价忽视了教师发展的需要，偏离了教师评价的根本目的。这样就很难把教师个人发展与学校要求的教师队伍建设目标协调起来，难以激发教师学习工作的积极性、主动性和创造性。

三是考核评价标准没有很好体现教师工作的特点，科学性尚待加强。高校教师考核评价一直以来是一个难点，大多数高校管理者仅从便于操作入手，认为量化的指标可比性强，因此将所有能量化的考核指标全部量化，如教师的科研成果、教学工作量。而将难以量化的指标排除在外，或重视不够，如教师的思想水平、工作能力、工作态度等。由于考核评价内容单一，不能全面客观地评价教师的工作业绩和体现高校教师的工作特点。

总的来看，存在上述问题的主要原因在于一些高校的管理者还没有从根本上充分认识教师是高校办学的主体作用，高等教育的各项职能必须是由教师参与来完成的。在这一认识下，导致高校管理行政化现象比较严重，而“行政化”了的高校习惯于按行政组织的规章行事，使得管理人员成为学校行政组织系统的主体，成为支配学校运行的核心和主角，而教学、科研人员在很大程度上成了行政系统上的附属品，成为学校运行的配角。高校教师绩效管理存在的诸多问题大多与这一原因有关。

三、高校教师绩效管理体现“以人为本”的对策

学校教育是个体性与创造性很强的教育，要尊重知识、尊重人才，只有通过发挥教师教学与管理的积极性来实现。高校的管理，从本质上来说就是要最大限度地调动与发挥高校教师的积极性和创造性，让他们参与学校的各项事务，参与学校制度的制定过程。为此，高校教师绩效管理必须树立“以人为本”的管理观念，凸显教师的主体地位。

1. 客观、全面、准确反映高校教师的工作业绩，建立科学的绩效评价体系

建立科学、合理的高校教师绩效评价体系，以公正、准确的绩效评价结果，客观、全面、准确地反映教师的工作业绩，是高校顺利开展并进一步深化人事制度改革的前提和依据，是促进教师队伍发展的根本基础。对高校教师实行绩效评价，主要目的是对教师的劳动本身作出评价，评价教师的思想水平、工作能力、工作态度、工作成绩，掌握教师内在的能力、素质及水平的发挥，为合理地任用教师、实施聘任和分配提供有力依据。因此，绩效指标的建立要公正、客观、全面、稳定，并具有可操作性。指标体系既要能全面客观地反映教师的基本情况和对他们的基本要求，又要符合教师队伍的实际情况；既要便于管理者使用，更要有利于教师按照指标要求不断修正自己的努力方向，促使教师的个体目标向学校的总体目标回归。因此，管理者一定要将教师的各方面情况进行统计分析、测评，针对各专业、岗位、职称所特有的重要程度进行绩效标准及权重的设计。高校教师的考核指标体系的构建可以从素质指标、成果指标和教学指标三个方面来进行。素质指标包括职业道德素质（含职业态度、职业责任、职业纪律、职业作风等指标），专业知识素质（含专业知识、文化知识、教育科学知识等指标）和专业能力素质（含教学能力、自学能力、科

研能力、创新能力和评价能力等指标）三部分；成果指标包括教师的学术论文、著作、学术课题、知识产权、科技项目等；教学指标包括教师教学目标的明确性、教学内容的科学性、教学方法的恰当性、教学环节的完整性、师生关系的融洽性等。

2. 加强管理者与教师的沟通，建立科学的绩效沟通机制

教师绩效管理是一种发挥教师主体，尊重教师需要的一种全员参与的双向沟通过程。为此，高校教师绩效管理必须加强管理者与教师的沟通，建立科学的考核反馈机制。在整个绩效管理中，不是管理者打一个分数就了事了，高校管理者要不断地对教师进行指导和反馈，即进行持续不断的绩效沟通。这种沟通和反馈是管理者和教师双方跟踪工作进展情况的过程，它应贯穿于绩效管理的各个环节。如在考核指标的确定中，管理者要通过与教师的有效沟通，让教师积极参与到绩效计划和考核指标的设定等过程中，这样才能更好地实现学校战略发展的总目标，达到教师个人绩效提升和学校办学目标共同实现的双赢目的。在绩效管理实施过程中，通过管理者与教师共同努力，能及时清除影响绩效的障碍，修订工作职责，使二者在平等的交往中相互获取信息、增进了解、联络感情。这样，一方面使管理人员能全面、准确地了解每位教师的工作绩效，另一方面也使教师了解了学校对自己的期望、自己的绩效，看到自己的优缺点，认识自己有待改进的方面，进而想办法提高绩效。在此过程中，教师还可以提出自己完成绩效目标中遇到的困难，请求上级的指导和帮助。

3. 整合构建奖惩性评价与发展性评价，最大限度发挥绩效管理的效能

在绩效管理的理论和实践中，大致有两种不同的教师评价制度，即奖惩性教师评价和发展性教师评价。奖惩性评价是在教师教育活动发生后对教育效果的判断，从而区别优劣、分出等级或鉴定合格与否。它的特点是以管理人员为主导，倾向于在某个时间段内给教师的业绩和能力下个结论，将考核结果与教师的奖惩、晋升及利益联系起来，成为聘任、晋升和收入分配的依据。发展性评价是依据一定的发展目标和发展价值观，对教师的素质发展、工作职责和工作绩效进行价值判断，使教师能不断认识自我、发展自我、完善自我，不断实现发展目标。它的特点是注重对教师职业发展的指导作用，即帮助教师寻求提升能力、弥补缺陷和不足、改善业绩的办法。当教师绩效未达到目标时，管理者的工作重点是放在帮助其分析原因并寻求解决办法上，而不能仅仅是进行“按章处罚”。根据教师某个方面的能力、潜质以及缺陷，管理者有针对性地对教师进行培养，让教师感觉到绩效管理的主要目的是帮助其实现职业目标。在高校教师绩效管理中，奖惩性教师评价和发展性教师评价两者都不能偏废。高校应该不断整合构建奖惩性评价与发展性评价，不仅将绩效考核结果与教师的薪酬管理、聘任晋升挂钩，还要与教师的进修培训、职业生涯管理联系起来，以提高教师的工作业绩和职业能力，努力将高校教师

管理从单一的绩效考核环节,完善为一个全面的、循环的绩效管理系统。

4. 增强全员绩效意识,建立体现教师主体地位的教师绩效管理组织机构

要使绩效管理得到有效的实施,必须增强高校全员的绩效意识。高校所有人,无论是管理人员还是教师都必须认识到绩效管理不仅仅是单向的评价考核,它是需要全员参加的一个不断闭合的循环管理过程,是一个管理系统。在绩效管理中,教师是考核的对象,也是绩效管理的主体。教师如果没有积极性,那么就不会正确认识绩效中存在的问题,也不会积极主动地发现问题,改进工作,提高水平。绩效管理的最终结果要落实在教师身上,在教师绩效管理组织机构上必须体现教师的主体地位,让教师积极参与到绩效考核中来。对教师的绩效管理是学校、院(系)、教师自身的共同责任。学校(主要是人事部门)主要从事组织、指导和协调工作,具体职责包括对考核者进行培训,考核制度的安排,各种考核表格的制定、发放及统计等工作。院(系)具体组织实施考核,包括教师工作任务的安排、考核指标与内容的确定、考核方法与时间的确定、考核结果的反馈、绩效改进与提升等工作。只有上至学校领导,下至教师在绩效管理推进过程中都自觉主动地承担相应的绩效责任,形成共同努力的团队,教师的绩效管理才能取得良好的效果。

5. 关注教师个性特征,在绩效管理各环节中满足教师的心理需求

只有在绩效管理过程中充分关注教师个性特征,考虑到教师的心理接受度,增加管理的柔性,加强教师和高校之间的情感联系,建立有效的心理契约,才能不断提高教师绩效。金钱可以换取生活必需品,满足基本的需要,但只有较高层次的需要得到满足才能使人得到最大限度的满足,最有可能调动人的积极性,这种心理满足是教师个性特征中最重要的成分。这就要求在绩效管理的计划、实施、考评、反馈、结果应用和绩效改进的各个环节,充分体现以人为本的管理观念,注意方式方法,平易近人、一视同仁、信任教师;在绩效沟通中,与教师进行沟通时要注意避免高傲的态度,要摆正教学与管理在学校的地位一样重要的思想,要主动用理解、宽容、和蔼、耐心的态度进行。这样教师才能摆正心态,认真分析问题、解决问题,才能从学校管理者的行为中感受到对自己的期望,认识到自己的成长与学校的发展密切相关,也就会产生强烈的责任感,从而提高工作热情,全力以赴作出成绩。

参考文献:

[1] 刘诚芳.现代高校教师人力资源管理.北京:民族出版社,2007.

[2] 徐海升.高校教学管理中的人本化理念探析.陕西师范大学学报:哲学社会科学版,2007.

《高校教育管理》的学术影响力分析
——基于文献计量测评的视角

陈 燕① 张向凤 朱漪云

摘 要: 通过对《高校教育管理》2005 年,2008 年发表论文的作者是及其机构的统计分析深入了解本刊作者队伍的基本情况与分布特点,测定核心作者的构成及学术研究发展方向,测试《高校教育管理》杂志的学科定位与专业特色方面的现状,从而为《高校教育管理》今后的发展理清思路,为高校教育管理者的学习研究提供参考和借鉴。

关键词:《高校教育管理》;文献计量;学术影响力

目前我国有正式出版的学术期刊 6 000 多种,其中教育类学术期刊 172 种,约占学术期刊的 3%,其中教学研究类期刊 33 种、基础教育类期刊 28 种、高等教育类期刊 64 种;成人与职业教育类期刊 16 种;专业教育类期刊 28 种;教育管理类期刊 3 种即中小学管理、教学管理、高校教育管理。② 2007 年创办的《高校教育管理》杂志作为目前我国唯一的专业高校管理类期刊,它的功能定位究竟如何?与目前出版的其他高等教育类期刊比较在专业特色上应当有哪些不同?对于我国高校教育管理能发挥什么功能?这些都是我们办刊人应当研究与思考的问题。本文通过对《高校教育管理》的文献计量学研究,试图测评本刊的作者队伍、论文质量、研究方向等,通过分析来审视本刊的定位是否准确、还有哪些偏差,通过对期刊的内容质量分析,来检验本刊对高校教育管理能发挥哪些功能,从而进一步明确办刊宗旨,提升办刊质量,办出专业特色,为我国教育类期刊的繁荣发展贡献力量。

作者队伍是学术期刊生存与发展的基础,是学术期刊的核心资源。期刊办刊质量和影响力同其背后作者群的支撑分不开的。本文通过对《高校教育管理》2005—2008 年发表论文的作者及其机构进行了统计分析,从而深入了解了本刊作者队伍的基本情况与分布特点,测定核心作者的构成及学术研究发展方向,测评

① 陈燕,江苏大学《高校教育管理》编辑部教授、编审。

② 邱均平,燕今伟,周明华,等:《中国学术期刊评价研究报告》,《图书情报知识》,2009 年第 3 期。

《高校教育管理》杂志的学科定位与专业特色方面的现状,为《高校教育管理》今后的发展厘清思路,为高校教育管理者的学习研究提供参考和借鉴。根据这一实证研究有助于期刊形成连续稳定的作者队伍,确定鲜明的专业特色,提高期刊的办刊水平和核心竞争力。

一、期刊内容的文献计量分析

这里以《中国学术期刊全文数据库》和《万方数据库资源系统》中收录的《高校教育管理》学术论文作为研究统计对象,对作者发文总数量、合作情况、核心作者及其发文量、刊载论文作者的地区分布及其发文量、多产单位及其发文量、作者职称及年龄分布等为研究对象。这些指标视具体情况分别以第一作者或前三位作者作为统计对象。统计中作者单位名称发生变化的,以目前正在使用的最新单位名称为准,本研究中把发生变化的单位名称进行了合并。检索上述数据库收录的2002—2008年《高校教育管理》刊登的论文,利用Excel软件对这些论文进行处理,保存为原始数据,运用文献计量学方法对原始数据进行统计分析。

(一)刊载论文数量

载文是期刊进行学术交流和知识传递的信息基础,载文量是测度学术信息量大小的重要指标,在一定程度上也反映了办刊质量和水平。作者分别利用上述数据库检索2005—2008年《高校教育管理》刊登的论文,为求数据准确,对上述数据库检出的结果经过对比、去重,并且参考《高校教育管理》印刷本,各年度刊载论文数见表1。

表1　2005年1月—2009年《高校教育管理》刊载论文统计

年份(年)	2005	2006	2007	2008	2009	总计
载文量(篇)	84	92	91	111	113	491

备注:2002—2005年为季刊,2006—2009年为双月刊。

(二)作者发文数量、合作情况

对《高校教育管理》2005—2009年的作者进行分析,按第一作者统计共491位,发文1篇的作者为466人,占第一作者总数的87.59%(见表2)。论文合作度和合作率是文献计量学中衡量作者合作程度的两个重要指标,在491篇论文中,独立完成的有303篇,两人以上合作完成的有125篇,合作率占38.03%(见表3)。

表2　2005—2009年《高校教育管理》作者发文数量(限第一作者)

论文篇数	1	2	3	4	5	6	7	9	合计
作者人数	425	51	8	2	1	2	1	1	491
比例(%)	86.6	10.4	1.6	0.4	0.2	0.4	0.2	0.2	100

表3　2005—2009年《高校教育管理》刊载论文作者合作

年份(年)	不同作者人数合作撰写论文篇数						合计			
	1名	2名	3名	4名	5名	6名	论文数(篇)	作者数(名)	合作度	合作率(%)
2005	48	25	6	3	1	1	84	126	1.63	42.31
2006	41	16	4	3	0	0	92	97	1.52	35.94
2007	76	32	7	0	1	1	91	172	1.47	35.04
2008	67	32	8	2	0	0	111	163	1.53	39.9
2009	74	22	19	0	0	0	115	175	1.49	36.6
合计	303	125	44	8	2	2	491	733	1.57	38.03

(三)核心作者分布

我们依据普赖斯所提出的核心作者计算公式:

$$M = 0.749 \times (N_{max})^{1/2}$$

式中:M为论文篇数,N_{max}为我们所统计的年限中最高产的那位作者的论文数,其中那些发表论文数在M篇以上的作者被称为该期刊的核心作者,也叫做多产作者。2005—2009年《高校教育管理》刊载的论文中,最高产的第一作者的论文篇数达到了9篇,即$N_{max}=9$,代入公式$M=0.749\times(9)^{1/2}$,求得M的值为2.25篇,在实际应用中,我们按照取整的原则,取M值为3,即在2005—2009年《高校教育管理》上发表3篇论文以上的作者应是该刊的核心作者。根据我们统计,2005—2009年在该刊上发表3篇论文以上的作者有15人,共计发表论文65篇,核心作者人数占第一作者总人数的3.5%,发表的论文占发文总量的15.3%(见表4)。

表4　2002—2008年《高校教育管理》刊载论文核心作者分布(发文量≥3,单位:篇)

排序	作者姓名	所在机构	发文量	职称/职务	学历
1	刘尧	浙江师范大学教育评估研究所	9	教授	博士
2	王长乐	江苏大学教育学研究所	8	教授	博士
3	闫广芬	南开大学高教所	7	教授	博士

续表

排序	作者姓名	所在机构	发文量	职称/职务	学历
4	于忠海	江苏大学教师教育学院	6	副教授	博士
5	李萍萍	江苏大学	6	教授	博士
6	李江源	四川大学教育学院	5	教授	博士
7	李战军	江苏大学党委组织部	4	副研究员	
8	姚本先	安徽师范大学	4	教授	
9	孙迎光	南京师范大学公共管理学院	3	教授	博士
10	石　祥	江苏大学党委组织部	3	研究员	
11	陈学飞	北京大学教育学院	3	教授	博士
12	成　立	江苏大学	3	教授	
13	李晓波	江苏大学高教研究所	3	研究员	
14	孟祥林	华北电力大学人文学院	3	教授	博士
15	王瑞昀	上海对外贸易学院外语学院	3	教授	博士

备注：作者机构以论文中注明的为准；职称、学历以最近论文中作者简介为准。

（四）多产机构分布

在论文作者机构统计中，将发文3篇以上的27所机构列为论文多产机构，共发文470篇论文，占论文数量的73.55%。其中，江苏大学的论文产出量占明显的优势。江苏大学以265篇高居榜首，南京师范大学以19篇位于次席，苏州大学以17篇处于第三位，3所机构共计发文301篇，占发文总量的47.10%（见表5）。

表5　2005—2009年《高校教育管理》多产机构分布（发文量≥3　单位：篇）

排名	机构名称	发文量	所占比例（%）
1	江苏大学	265	41.47
2	南京师范大学	19	2.97
3	苏州大学	17	2.66
4	北京师范大学	15	2.35
5	浙江师范大学	14	2.19
6	徐州师范大学	14	2.19
7	南开大学	11	1.72
8	江苏科技大学	11	1.72

续表

排名	机构名称	发文量	所占比例(%)
9	华东师范大学	11	1.72
10	镇江高等专科学校	10	1.56
11	华中科技大学	10	1.56
12	北京大学	8	1.25
13	浙江大学	7	1.09
14	华中师范大学	7	1.09
15	安徽师范大学	7	1.09
16	东南大学	6	0.94
17	厦门大学	5	0.78
18	西南大学	4	0.63
19	南京理工大学	4	0.63
20	国家教育行政学院	4	0.63
21	枣庄学院	3	0.47
22	西安外事学院	3	0.47
23	苏州科技学院	3	0.47
24	南通大学	3	0.47
25	南京农业大学	3	0.47
26	淮海工学院	3	0.47
27	河北大学	3	0.47

备注：仅统计第一作者所在机构，以作者发文时的所在机构为准。

（五）载文作者地区分布

《高校教育管理》论文作者分布在全国23个省、市、自治区以及海外机构，从论文产出的地区分布表明，我国高校教育管理方面的研究与成果主要集中在江苏、北京、浙江、湖北和上海等地区，这5个地区的发文量为370篇，占总发文量的75.4%。相比较而言，新疆、山西和吉林等地区论文的产出量较少，这三个地区共发文3篇，仅占到总发文量的0.2%（见表6）。

表 6　2005—2008 年《高校教育管理》刊载论文作者地区分布(单位:篇)

序号	地区	发文量	所占比例(%)	序号	地区	发文量	所占比例(%)
1	江苏	230	46.8	14	河南	6	1.2
2	北京	49	9.9	15	河北	6	1.2
3	浙江	38	7.7	16	广西	6	1.2
4	湖北	30	6.1	17	福建	6	1.2
5	上海	23	4.6	18	江西	5	1.1
6	山东	13	2.6	19	湖南	5	1.1
7	安徽	14	2.8	20	贵州	2	0.4
8	天津	12	2.4	21	新疆	1	0.2
9	广东	11	2.2	22	山西	1	0.2
10	陕西	9	1.8	23	吉林	1	0.2
11	重庆	7	1.4	24	美国	1	0.2
12	辽宁	7	1.4	25	韩国	1	0.2
13	四川	6	1.2	26	日本	1	0.2
					合计	491	100

(六)期刊影响力分析

根据美国著名文献计量学家加菲尔德发现的期刊文献引用规律,1962 年他创立 SCI,通过研究发现了“引文集中”定律,他将被引文献较为集中的那种期刊定名为“核心期刊”,开创了核心期刊遴选的先河。20 世纪 80 年代以来,随着我国文献计量学研究的深入和应用日益广泛,文献计量学方法被越来越多地应用于测定核心期刊方面,其中对期刊学术影响力测定的一些重要指标,论文被引频次、影响因子等被广泛应用于期刊定量评价。在网络传播环境下,近年来引入的期刊 H 指数和期刊网络下载量也较客观地反映了期刊的学术水平,以下是《高校教育管理》近 5 年来这几项指标的统计数据(见图表 7、表 8、表 9)。

表 7　《高校教育管理》2005—2009 年发表论文被引总频次

年份(年)	2005	2006	2007	2008	2009 - 07
总被引频次(次)	5	72	206	326	178

表 8　《高校教育管理》的各年 H 指数统计

年份(年)	2005	2006	2007	2008
H 指数	3	5	7	9

表 9 《高校教育管理》的网络传播趋势

年份(年)	2005	2006	2007	2008
Web 下载量(次)	22 530	26 710	35 253	66 873

二、期刊功能定位分析

(一) 论文数量呈递增趋势,高校教育管理渐受重视

高校教育管理是一个庞大的系统工程,在高校教育中起着至关重要的作用。随着社会主义市场经济的发展,社会对大学生的要求越来越高,它不仅要求大学生具有扎实的专业知识,而且要求大学生具有良好的身体、心理素质和较强的实践能力。如何培养这样的高素质人才,这就给我们的高校教育管理工作提出了新的机遇和挑战。进入新世纪,高校如何通过教育管理的改革,适应新形势,发挥积极作用,是一个值得研究和探索的问题。《高校教育管理》杂志系国内外公开发行的教育类学术期刊,其前身为创刊于 1979 年的《镇江师专学报:社会科学版》,2002 年更名为《江苏大学学报:高教研究版》,2006 年下半年经国家新闻出版总署批准正式更名为《高校教育管理》。本刊坚持社会主义办刊方向,贯彻"百花齐放,百家争鸣"的方针,注重学术性、理论性、现实性、实用性,以开放办刊的思想,不断加强与全国高等教育部门的沟通与协作,坚持学术质量第一的办刊原则,突出体现高等教育管理理论研究的办刊特色,刊载内容主要包括 4 个方面:(1)高等教育理论与管理;(2)高校教师教育与高校人力资源管理;(3)高校学生教育与管理;(4)高校教务管理与教学改革创新。本刊为双月刊,大 16 开,96 页码,单月 10 日出版,读者对象为高校教育工作者、行政管理人员、教育学专业教师和研究人员、研究生以及高等教育主管部门。

(二) 期刊作者群相当广泛,科研合作能力增强

5 年间发文第一作者共 1 866 位,发文 1 篇的作者占第一作者总数的 87.59%(见表 2),比率高于文献计量学洛特卡定律,即发表 1 篇论文的作者占所统计作者数量的 60%。这说明该刊拥有一支相当广泛的作者群。

论文作者合作度是指在某一确定时间内每篇论文的平均作者数,合作率是合著论文占论文总量的比率,这两项指标在一定程度上反映了科研协作趋势,合作度越高,表明科研技术的难度越高,论文的实用性越强,大多数的科研课题需要合作完成。491 篇论文中,独立完成 303 篇,两人以上合作完成 125 篇,合作率占 38.03%。科技论文的合作现象是科研合作在科学论文中最直接、最客观的反映,论文合作率指标成为考察、评价科研共同体在科研活动中合作程度的一项最重要和最常用的基本计量指标。本刊一直注重发展作者的广泛性,尤其对基金项目论

文进行重点组稿,期刊基金论文比从2005年的不足10%上升到目前的40%左右,对教育科研的推动作用在不断增强。

(三)核心作者队伍初步形成,专业特色逐渐突出

核心作者是办好刊物的重要条件,从表4可以看出:15位核心作者,共计发表论文65篇,这说明当前高校教育管理研究领域已经涌现出一批核心作者队伍。核心作者主要是从事高等教育学研究,并且大多是高等教育领域的学术带头人,教授和博导。《高校教育管理》创办以来,编辑部根据学科发展方向,结合高校教育管理学科建设的实际情况,把突出高等教育管理特色作为制定选题和组稿计划的方向,并在具体的工作中加以落实。在2008年本刊策划推出了以下5个专题栏目:(1)专题访谈栏目发表了对杨叔子院士、潘懋元教授、韩国水源大学校长的系列访谈,这一栏目主要想营造一个学术大师与读者平等交流的园地,通过与学术大师、管理大师的对话把他们最新的高校管理思想通俗易懂地传达给读者。(2)校长论坛栏目发表了中外大学校长和研究大学校长的高校管理论文17篇;这一栏目的特色即与国内其他高教领导论坛不同之处,在于我们不仅发表高校领导的研究的论文,还发表研究高校领导的论文,如陆续发表的关于清华大学蒋南翔校长、上海大学钱伟长校长教育管理思想的研究文章就引起了高校领导的广泛关注,在这里我们要真诚地感谢这一栏目组稿人——国家教育行政学院许杰博士,她在国家教育行政学院的校长班为《高校教育管理》做了很多的宣传介绍工作。(3)国外高教笔谈栏目中我们特约南开大学高等教育研究所的闫广芬教授来主持,今年共发表12篇研究介绍国外高等教育评价体制、方法的文章,内容涉及12个国家的高等教育评价问题,由于资料的完整、翔实、主题集中,既有对发达国家的介绍也有对发展中国家的研究,这一栏目引起了教育部高等教育教学评估中心的关注。(4)教育管理评论栏目中我们邀请浙江师范大学高等教育著名评论家刘尧教授主持,今年发表论文10篇,栏目中的文章都是刘教授精心筛选、围绕高校管理的难点、热点问题,一期一个主题,因其作者层次高、论文质量好而受到关注。(5)教育经典研读栏目是在《高校教育管理》编委北京师范大学张斌贤教授和国家教育行政学院科研处处长于建福教授的策划主持下进行的,目前已经刊出6篇文章,其中第4期张斌贤教授的文章被人大复印资料全文转载。该栏目在各高校读者中受到关注和好评,如湖南大学高教所易老师打来电话说这一栏目很受学生们的欢迎,对他们阅读教育学经典很有帮助,学校也开了这门课程。一些高校管理干部也在给期刊的来信中提到这一栏目是他们管理工作的心灵鸡汤。总之,这5个栏目各有特色,普遍受到读者的欢迎和好评。

(四)作者地区分布差异较大,高校管理研究发展不均衡

从表6统计的数据中可以看出,我国的高等教育管理的科研及学术研究主要

集中在东部地区，西部地区所占的比例比较微弱。在西部地区中，不但没有核心作者，而且多系在孤军奋战，不具备承担本学科领域学术带头人的重任，更不利于该地区的科研及学术发展。这种情况应当引起有关部门的重视，只有多进行信息交流和人才交流，加大高等教育学的研究力度，才能有利于西部地区在学术研究方面的发展，才能共同谱写我国高等教育迅速发展的新篇章。与此同时，有关部门还应加大对西部地区的科研与学术支持，从政策上、经济上加大对西部科研的鼓励，以尽快改善落后现状。

综上所述，《高校教育管理》杂志作为我国公开发行教育类学术期刊，自创刊以来得到了国内外同行专家的高度评价和重视，尤其是近两年，期刊在稿件质量、作者学术水平、编辑水平等方面均呈逐年提高趋势，已形成了该刊独特的风格与特色。该期刊不仅拥有人数众多且分布范围广的作者群，同时还拥有科研实力雄厚的多产机构，特别是对刊物影响力较大、学术造诣较深的核心作者队伍，这支队伍无疑是推动我高等教育学事业迅速发展的生力军。

参考文献：

[1] Prahalad CK, Gary Hamel. The core competence of the corporation. Harvard Business Review, 1990, 68: 79 – 91.

[2] 公晓红，冯广京. 我国期刊核心竞争力研究评述. 中国科技期刊研究，2006(17): 182 – 186.

[3] 刘远颖，刘培一. 论学术期刊核心竞争力的提升. 中国科技期刊研究，2007(18): 191 – 194.

[4] 胡　燕.《农业图书情报学刊》1998—2002 年论文及作者统计分析. 现代情报，2004(5): 33.

[5] 胡俊荣，王安利. 文献计量学揭示的我国虾病研究发展趋势. 水产科学，2001(4).

[6] 丁学东. 文献计量学基础. 北京：北京大学出版社，1992: 204 – 209, 220 – 223.

[7] 于　光，杨　华，赵悦阳.《中华眼科杂志》1995—2004 年论文核心作者分析. 中华眼科杂志，2005(41): 763, 766.

[8] 刘显蓉，谢国亚. 论新世纪的高校教育管理. 职业时空：综合版，2006(12): 18 – 19.

[9] 邱均平. 信息计量学(六). 文献信息作者分布规律. 洛特卡定律. 情报理论与实践，2000(23): 475 – 478.

[10] 王　静. 关于 Lotka 定律的研究——纪念洛特卡定律创立 80 周年. 情报杂志，2007(4).

[11] 田乃庆.《电子显微学报》1995 —1998 年论文核心作者分析. 电子显微学报,2001(20):79 - 86.

[12] 颜　艳,蒋　黎,吴晓初.《中华皮肤科杂志》2002—2005 年作者信息分析. 中华皮肤科杂志,2006(6).

附 录

科学发展观统领下的高等教育管理[①]

——基于2009学术年会主题的梳理和探析

于建福[②]

科学发展观是对党的三代中央领导集体关于发展的重要思想的继承和发展，是我国经济社会发展可持续发展的指南，也是推进我国高等教育科学管理、科学发展的指南。在新中国60华诞前夕，在全国高校深入开展学习实践科学发展观活动之际，以"科学发展观统领下的高等教育管理"为主题的中国高教学会高教管理研究会2009学术年会于7月在齐齐哈尔职业学院举办。与会代表结合主题，相互交流，深入探讨，启迪智慧，就高等教育改革发展面临的新使命、新要求及高教管理中遇到的新情况、新问题达成了不少富有价值的共识。本文结合会议主题作简要梳理和探析。

一、科学发展观是实现高等教育科学发展的思想基础和行动指南，也是高等教育科学管理并取得成效的法宝

科学发展观是马克思主义关于发展的世界观和方法论的集中体现，是同马克思列宁主义、毛泽东思想、邓小平理论和"三个代表"重要思想既一脉相承又与时俱进的科学理论，是我国经济社会发展的重要指导方针，是发展中国特色社会主义、全面实现小康社会必须坚持和贯彻的重大战略思想，必然成为推进我国高等教育科学发展的行动指南，也理所当然成为高等教育科学管理并取得成效的法宝。高校作为培养和造就数以千万计专门人才和一大批拔尖创新人才的重要基地，是我国实施科教兴国战略、实现"建设人力资源强国"战略目标的主力军，必须全面

---

① 本文系作者在参与组织中国高教学会高教管理研究会2009学术年会过程中，结合主题和相关素材所作的梳理和思考。部分内容已刊登于《教育研究》2009年第11期。

② 于建福，国家教育行政学院教授。

提高高等教育质量,培养高素质人才,推出高质量的科研成果,提供高水准的社会服务;而要提高高等教育质量,必须提升高校的管理水平,通过高水平的管理促进学校的科学发展。在我国高等教育经历观念变革、体制转型、规模扩张、结构调整之后,高校管理者必须以科学发展观为统领,确立高校科学发展的管理定位,以"发展"为高校管理的第一要义,作为解决高等教育各种矛盾和问题的基础和关键,不断开拓发展思路、丰富发展内涵;树立"以人为本"的管理理念;注重统筹兼顾,研究和把握高等教育管理面临的各种复杂关系;更加突出特色,注重内涵发展,致力于质量建设,努力实现高等教育科学发展。简言之,高等院校重视和加强管理、学会科学管理,是促进高校办出特色,全面提升高等教育质量,实现高等教育科学发展的必然要求。

二、高等教育科学发展,必须坚持"以人为本"的管理理念,致力于促进人的全面发展

科学发展观的核心是"以人为本"。"以人为本"是对马克思主义人本思想的继承和发展,同时它也吸取了我国传统民本思想的精华,是对我国传统民本思想的扬弃与升华。"以人为本"深深植根于中华优秀文化的沃土之中,最早出现在《管子·霸言》:"夫霸王之所始也,以人为本。本理则国固,本乱则国危。"这与《尚书》所谓"民为邦本,本固邦宁"思想如出一辙,均强调民为国家政治的根基,只有基础牢固,国家的安宁才有保障,国家的发展才有可能。孟子以性善论为基础提出"仁政"学说,主张"民为贵,社稷次之,君为轻"[①]。道家创始人老子从"贵以贱为本,高以下为基"[②]的朴素辩证法思想出发,提出"圣人常无心,以百姓心为心"[③]的见解,意即圣人通常是没有私心的,却把满足百姓的内心愿望作为自己的愿望,体现了老子的民本意识和崇高境界。"民贵君轻"成为中国古代社会士大夫阶层解决官民矛盾的一种政治主张,是中国古代政治哲学的集中表述,被视为中国古代农本社会中缓解社会矛盾、约束君权、德化君民关系、治国安邦的重要指导思想。"君者,舟也;庶人者,水也。水则载舟,水则覆舟。"[④]在此,将民与君形象地比喻为水与舟的关系,而天下之得失取决于民心之向背。"以官为本"恰恰是与民本思想相悖的管理观念。正如有学者指出,由于我国高校的管理体制直接移植政府行政管理体制,因此高校管理"官本位"意识是普遍存在的突出问题。其弊端是行政系统主导性

---

① 《孟子·尽心下》。
② 《道德经》第三十九章。
③ 《道德经》第四十九章。
④ 《荀子·王制》。

过强,服务意识淡薄,资源控制过度,学术事务干预过多,同时未能为学校事业发展提供高效的行政管理支持;“官本位”还导致一些高校价值导向扭曲,学校内部教师从事学术的同时,更希望从事行政管理以获得资源支配权力。高校管理的“官本位”的弊端显而易见,已成当前热议的话题,变革势在必行。

中国思想家强调人为“万物之灵”①,人类有着不同于其他事物的高明高贵之处,具有其他事物无法比拟的价值。自春秋以来,张扬人的价值的观念不断受到重视。《孝经·圣治章》引孔子之言曰:“天地之性人为贵”;荀子则明确提出人“最为天下贵”的思想。他说:“水火有气而无生,草木有生而无知,禽兽有知而无义,人有气有生有知亦且有义,故最为天下贵也。”②东汉王充则从知识、智慧的角度立论:“天地之性人为贵,贵其识知也。”③“人,物也,萬物之中有智慧者也。”④《列子·天瑞》也有“天地万物,唯人为贵”之说。提出“以人为本”的科学发展观,首先要回答在我们生活的这个世界上什么最重要、什么最根本、什么最值得我们关注。植根于人类优秀文化沃土之中的“以人为本”,要求领导者、管理者不可本末倒置,不能舍本逐末,或抑本扬末。“君子务本,本立而道生。”⑤所谓“百年大计,教育为本;教育大计,教师为本;学校教育,学生为本”,既是“务本”的体现,也是“生道”之道。高校管理,也必须确立“以人为本”的核心理念。

“以人为本”,必须尊重人和推崇人,弘扬人生命存在的意义和主体独立自觉的价值。这也正是中国思想家所津津乐道和汲汲追求的。儒家的人本意识突出人的主体性,主要通过对人性的肯定来论证人格尊严。孟子高扬人性,坚信“人皆可以为尧舜”⑥;荀子尽管持有性恶论,但仍宣称“涂之人皆可以为禹”⑦。科学发展观强调“以人为本”,也是要尊重人的生命存在和主体价值,主张人是发展的根本目的,回答了为什么发展、发展为了谁的问题,而且主张人是发展的根本动力,回答了怎样发展、发展依靠谁的问题。“以人为本”既是科学发展观的核心价值取向,也是高校管理创新的根本依据。高等学校育人的终极目标是实现人的全面发展,这一终极目标的实现要求高校必须确立“以人为本”的管理理念,这是落实科学发展观的必然要求。“以人为本”的管理理念,其要义是要求高校所有管理活动,必须以“人”为中心,必须维护人格的尊严,满足人的需求,激发人的动机,最大限度

① 《尚书·泰誓上》:“惟天地万物父母,惟人万物之灵”。
② 《荀子·王制》。
③ 《论衡·别通》。
④ 《论衡·辨崇》。
⑤ 《论语·学而》。
⑥ 《孟子·告子下》。
⑦ 《荀子·性恶》。

地挖掘人的潜能,调动人的主动性、积极性、创造性,从而有效地实现预期目标。必须确立人在管理中的主导地位,以人作为管理的主体,努力为实现人的社会价值和自我价值有机融合而创造条件和机会。这种管理理念,正如大家所比较认同的,首先要坚持"办学以人才为本,以教师为主体",把教师作为学校最主要的人才资源,作为学校管理活动的核心,管理者与教职员工之间在工作程序上,变自上而下的控制为集中集体智慧研究制订学校发展目标,并以高度的责任感和主观能动性实现发展目标;其次要坚持"教育以育人为本,以学生为主体",以学生的全面发展为根本出发点,把一切服务于学生的理念贯穿到教育教学全过程。

三、高等教育科学发展,必须传承"中和"理念,注重统筹兼顾,研究和把握高等教育管理面临的各种复杂关系

科学发展观以"统筹兼顾"为根本方法,体现了唯物辩证法在发展问题上的科学运用,揭示了实现科学发展、促进社会和谐的基本途径,反映了坚持全面协调可持续发展的必然要求。不仅如此,"统筹兼顾"承传了中国传统文化的"中和"思想。在中国传统文化中,"中和"作为处事待人的理念与方法,意味着对事物及其构成要素的调节、协调与适度把握,力求恰如其分、恰到好处,各当其时、各得其所;是对和谐的理性追求,表现为不同事物、不同要素间的平衡、协调、有序。所谓"致中和,天地位焉,万物育焉"①,即是说,达到中和的境界,天地便会各安其位,万物就能生长发育。追求事物及其构成要素相互依存、相互联结以及适度调节的"中和"理念,科学发展观所要求的"统筹兼顾"方法,要求高校管理者站在发展全局的高度,适度调节发展过程中诸多矛盾,破解发展中的难题,谋求高等教育全面协调可持续发展。

首先要统筹规划,重视发展战略规划的制定和实施。发展规划作为学校一种未来导向的目标设定和行动方案在高校内部管理中发挥着资源分配、决策协调、行为导向、动员参与和效率评价的作用。高校在制定发展战略规划过程中,需要明确和凝练办学指导思想、总体目标、发展思路和发展战略,引领学校科学发展、特色发展。科学定位则是高校办出特色、办出优势、实现多样化发展的基础。要研究高校的科学定位,建立高校分类体系,根据高校的主要功能、服务面向、学科专业设置、学制等制定分类标准,同时,探索建立有利于高校特色发展的评估标准,以实现高校的多样化发展。要厘清高等学校内部和外部的关系,依法履行教育教学职责和管理职责,建立并不断完善符合法律规定的学校章程和制度,使高等教育在新的体

---

① 《礼记·中庸》。

制和环境下健康发展。

必须善于处理院校与政府和社会的关系，明确政府和高校各自的功能与职责定位。政府应进一步转变管理高等院校的职能，解决包办过多致使高校缺乏应有活力等问题，调动高校和社会各方面的积极性，以逐步形成与经济、政治体制相适应，统一领导、分级管理、权责一致、规范有序、高校自主办学而充满活力的中国特色社会主义高等教育管理体制和运行机制。高校必须以高素质人才培养和科研成果服务于经济社会发展。在经济区域化和高等教育体制改革的大背景下，推进高等教育与区域经济社会的互动发展是实现高校科学发展的必由之路。苏州大学探索与地方共生发展的办学模式，善于强化校地互动、合作共赢的意识；深化学校内部改革，完善政策导向和运行机制，夯实大学自身的基础，增强服务地方的本领；搭建各种互动平台，促进校地全面对接，合作常态运行；整合地方和高校资源优势，在交叉、渗透、融合、互补中发挥最大效能。

必须深化高校内部领导体制改革，其核心和关键是如何完善党委领导下的校长负责制。确如有的学者所强调，当前要特别从如下几方面加以改进和完善：一要理清认识，党委领导不是党委的个人领导，而是在党委书记主持下的集体领导；二要健全制度，要认真学习有关条例规定，并根据各校实际，制定实施细则，尤其应重视并加强对决策意见征询制度、监督检查与责任追究制度的建设；三要加强领导班子建设，党委书记和校长更要从严要求，身体力行，尤其要经常交流思想、沟通情况、达成共识，保持步调一致；四要营造环境，高度重视文化环境建设，健全相关组织，完善制度，推进校务公开，增强工作的透明度。

必须加强高校内部管理，善于协调大学行政权力与学术权力，形成行政权力与学术权力良性互动的运行机制；正确处理好教师、管理干部、教辅人员三支队伍的关系，坚持以教师为主体，形成互补、高效、合理的工作关系；建立民主、多元和开放的高校决策体制与机制，注重科学决策、民主决策、依法决策；坚持刚性与弹性相结合，做到刚柔相济；正确处理分管工作与学校统筹、制度配套的关系，坚持服务教学科研、服务师生发展的根本职能。

按照科学发展观统筹兼顾的要求，构建现代大学管理体系，是大学面临的重要任务。大学内部治理结构对大学目标的实现具有直接的决定性作用，是影响大学发展的内生变量。学校要提高统筹兼顾的能力，根据高校学术属性和行政属性确定相应的组织机构，对学术权力和行政权力进行均衡配置。有学者强调，要实现大学内部治理结构的合理重构，必须从权力的合理配置入手，向学院放权，赋予学院相应的办学自主权，增强学院的办学主动性；向教师放权，激发教师教学科研的积极性；向学生放权，调动学生支持学校发展的民主参与性，以保障各利益群体权力和责任的合理配置，促进大学共同体内所有人的积极性、创造性和潜能的发挥，形成有共同愿景的内部治理结构，进而实现大学发展的内在要求。

还必须看到，大学是基层厚重的松散性学术性组织，基层是管理的核心。大学的内部制度和治理结构，都是建立在大学基层学术组织的变革与调整基础上。如何有针对性地进行基层学术组织创新，以调整大学内部的组织机构和运行机制，突破长期影响大学发展的制度性障碍，正在被越来越多的高校学人和管理者所认识。有学者提出了知识本体模式的基层组织制度建设，知识本体模式的基层组织制度建设是基于知识发展逻辑，尊重学科需要自下而上的形成路径。它是大学基层制度建设的土壤，是人才培养创新的基础。只有这样才能在学术追求和承担社会责任之间建立平衡机制。

探索从传统的科层制管理模式向扁平化的管理模式转型，正日益受到重视。按照扁平化管理的理念，一些高校减少学校管理层级，已经试行了"大部制"或"大院制"，减少纵向管理层次，扩大横向管理跨度，缩短了组织自上而下的指挥链，增强了组织成员之间沟通、协调的能力，提高了组织运行的效率和组织迅速适应变化中的环境的能力。实现管理重心下移，对下级实行充分授权，明确基层组织的权力与责任，使基层组织能够充分发挥作用。

四、推动科学发展对高校管理者素质能力提出了更高要求，需要把加强理论武装、研读经典名著摆在突出位置

面对高等教育改革发展的新形势、新任务和高教管理中出现的新现象、新矛盾、新问题，根据科学发展观提出的新理念、新使命，作为教育管理者，必须致力于提升自身的素质能力。高校管理者必须始终保持孜孜以求、锐意进取的精神状态，要以崇高的使命感和高度的责任感，把贯彻科学发展观继续引向深入。要把科学发展的重大理论观点、重大战略思想、重大工作部署在高校落到实处，就要把加强理论武装摆在突出位置，具备推动高校科学管理和科学发展必备的知识、开阔的视野、坚定的信念、健全的人格、崇高的境界，必备的战略思维、系统思维、辩证思维、创新思维。高校管理者肩负着时代赋予高等教育的光荣使命，要认清科学发展大势、把握科学发展规律、统领科学发展全局、创造科学发展业绩，都需要重视和加强读书学习，尤其要研读经典名著。不久前，国家副主席习近平在中央党校要求领导干部既要"读马列、学毛著"、"研读马克思主义中国化最新成果"，又要"研读古今中外优秀传统文化书籍"；认为"读优秀传统文化典籍，是以一当十、含金量高的文化阅读"；希望"通过研读优秀传统文化书籍，吸收前人在修身处事、治国理政等方

面的智慧和经验,养浩然之气,塑高尚人格,不断提高人文素养和精神境界。"①这里所指的领导干部,理所当然包括高校领导者、管理者。

必须重视读马列、学毛著,特别是马克思主义中国化最新成果,努力具备马克思主义理论素养。在精选深研细读马列原著的同时,要高度重视并深入学习和领会毛泽东、邓小平、江泽民同志关于科学发展的重要思想和十六大以来关于科学发展的一系列重要观点,系统掌握科学发展观所体现的立场、观点、方法,深刻理解和全面把握科学发展观的科学内涵、精神实质、根本要求,增强在高校贯彻落实科学发展观的自觉性和坚定性,坚定不移地把科学发展观贯彻落实到高等教育全方位、全过程。

同时要研读中外优秀文化经典名著,具备起码的文化内涵和人格素养。代表古今中外优秀文化的经典名著,思考和阐释了人类生存和发展之道,留下了珍贵的精神财富。尤其是中华优秀文化典籍,博大精深,蕴涵着修身处事和治国理政的道理,值得高校管理者深入研读,深刻领会和感悟。成功的院校管理,需要从经典中感悟为政之道。每部经典,都有可资借鉴的管理理念。研读《论语》,可体悟其中的"为政以德"之道,为政要以道德教化为基础;领悟"政者正也"的真谛,"率以正",以身作则,以人格力量达到管理和教育之效;学会"居之无倦,行之以忠",身居官位而不懈怠,执行政令忠实而努力;善于"赦小过,举贤才","听其言而观其行","不以言举人,不以人废言";明"欲速则不达,见小利则大事不成"之理,做到不苛求速度,不贪图眼前利益;从"己所不欲,勿施于人"中领悟与人相处之道。研读《中庸》,可从"舜好问而好察迩言,隐恶而扬善,执其两端,用其中于民"中,感悟古老的中道智慧;从"君子之道,辟如行远,必自迩;辟如登高,必自卑"中,感悟"行远自迩,登高自卑"的意蕴;从"万物并育而不相害,道并行而不相悖"中,领会"中和位育"的深刻内涵;从"君子遵道而行,半途而废,吾弗能已矣"中,学会死守善道,持之以恒;从"君子依乎中庸,遁世不见知而不悔"中,做到即使默默无闻也无怨无悔。再如研读《老子》,可知"无为"之道,善"法自然","行不言之教",达于"无不为"之境;可感知"治大国若烹小鲜"的哲理,为政应小心谨慎,不急躁,不懈怠,更不可乱折腾,掌握火候,力求恰到好处;感悟"知人者智,自知者明"的道理,知人善任,"善救人"而"无弃人",大度包容而不求全责备,有自知之明而无固执之弊,有自爱之心而无居功之傲,做明智的管理者。

在中国高等教育的历史进程中,文化自觉意识强的院校管理者,都有较强的经典意识,他们无不注重并得益于经典研读,并大力倡导经典研读。有感于日本人

---

① 习近平:《领导干部要爱读书读好书善读书——在中央党校2009年春季学期第二批进修班暨专题研讨班开学典礼上的讲话》,《学习时报》2009年5月18日第1版。

“作新不已而不破蹂其国粹”,为“正人心,救民命”,唐文治长校南洋大学期间,即引导学子“探乎诗书之源,涉乎儒林之圃”,亲为学生讲授《易经》和《孟子》等经典名著;长校无锡国学专修学校期间撰文指出:“吾国经书,不独可以固结民心,且可以涵养民性,和平民气,启发民智。故居今之世而欲救国,非读经不可。”①唐文治主张通过研读经典,发挥经书在凝聚民心、涵养民性、和平民气、启发民智诸方面的功能。

还要研读科学名著和教育名著,提升科学素养和教育智慧。高校管理者阅读科学书籍,有利于进一步树立科学观念,弘扬科学精神,掌握科学方法,训练科学思维,尊重事物发展的客观规律,形成实事求是、质疑批判、追求真理的良好风气。研读教育名著,有利于认识教育本质,感悟教育真谛,汲取育人智慧,明确教育目的,发现教育功能和价值,把握教育之道,尊重和掌握教育发展内在规律,既遵循人的生理心理发展规律,又遵循教育与经济社会发展相互作用的规律,进而有益于高等教育科学发展。

作为高校管理者,要身体力行,善读书、多读书、读好书,积累知识,增长才干,提升境界,以自身的人格魅力、学识魅力及管理理念,影响和引领高等教育科学发展。

---

① 余子侠:《工科先驱 国学大师——南洋大学校长唐文治》,山东教育出版社,2004 年,第 204,359 页。

探究高教科学管理　促进高校科学发展

——庆中国高教学会高教管理研究会2009学术年会成功举办

许　杰①

中国高等教育学会高等教育管理研究会2009学术年会于7月26日—29日在风景秀丽、气候宜人的北国鹤乡——黑龙江省齐齐哈尔市胜利召开。全国人大常委、民进中央副主席王佐书，中国高教学会高教管理研究会理事长、国家教育行政学院院长郑树山，中国高教学会副会长兼秘书长张晋峰，中国高教学会副理事长、中国石油大学(华东)原党委书记郑其绪，黑龙江省教育厅副厅长辛宝忠，齐齐哈尔市市委常委、宣传部部长、教工委书记王铁静，中国高教学会副理事长、国家教育行政学院党委副书记庄益群，国家教育行政学院副院长牛文起，齐齐哈尔教育局局长兼齐齐哈尔职业学院党委书记金伟，齐齐哈尔职业学院院长、中国高教学会常务理事曹勇安等出席了年会开幕式。中国高教学会副理事长、吉林大学党委书记陈德文主持开幕式。来自全国各地的近200位领导、专家和学者参加了年会。本次学术年会由中国高教学会高等教管理研究会主办，齐齐哈尔职业学院承办。这也是该研究会成立25年来，第一次选择在民办院校举行这样的学术年会。大会主题鲜明，活动紧张丰富，交流活跃充分，成果丰硕喜人，特色精彩纷呈，续写了年会新篇章。

一、年会主题具有鲜明的时代性和前瞻性，得到了与会领导和专家的高度认同，为探究高教科学管理、促进高校科学发展提供了契机

在7月26日举行的开幕式上，出席会议的有关领导发表了热情洋溢的致辞，充分肯定了中国高教学会高教管理研究会所取得的工作成绩，对学术年会主题给予高度认同，提出了在科学发展观指导下进一步深化高教管理研究的若干思考和建议。

① 许杰，国家教育行政学院国际教育教研部副教授。

研究会理事长、国家教育行政学院院长郑树山在致辞中指出：本次年会以科学发展观统领下的高等教育管理为主题，主要是基于以下考虑：第一，科学发展观是我国经济社会发展的重要指导方针，是发展中国特色社会主义必须坚持和贯彻的重大战略思想，也是推进我国高等教育改革发展的行动指南。第二，重视和加强管理是全面提升高等教育质量，促进高校办出特色，实现高等教育科学发展的必然要求。第三，新中国成立60年来特别是改革开放30年来，我国高等教育发展的历史表明：高等教育的改革与发展，体制改革是关键，而不断深化高等教育管理体制的改革，形成具有中国特色社会主义的高教管理体制，是推动我国从高等教育大国向高等教育强国迈进的迫切需要。他希望，与会代表们能围绕这一主题，以科学发展观为指导，回顾和研讨60年来我国高等教育管理体制改革的经验教训，结合国家改革开放的新形势、新任务，高等教育改革发展面临的新使命、新要求以及高教管理中遇到的新情况和新问题，相互交流，集聚智慧，凝聚共识。

郑树山同志在致辞中还对建国60年来我国高等教育管理体制改革的历程作了简要回顾，认为建国60年来我国高等教育的发展史，也是中国特色社会主义高等教育管理体制建立、变革和发展的历史。通过对60年来我国高等教育管理体制改革经验教训的梳理与反思，我们进一步认识到，中国高等教育管理体制改革必须加强党对高等教育事业的领导，坚持社会主义的办学方向；必须把握时代发展趋势，积极适应经济社会发展的需要；必须尊重高等教育的发展规律，把握其特有的功能和价值；必须以坚持政府为主导，调动高校和各方面的积极性；必须坚持决策的民主化、科学化，创造良好的政策制度环境；必须坚持从我国国情出发，善于传承、借鉴和创新。

郑树山同志强调，面对高等教育改革发展的新形势、新任务和高教管理中出现的新现象、新矛盾、新问题，作为教育管理者，我们必须始终保持孜孜以求、锐意进取的精神状态，要以高度的使命感和责任感，加大新时期高教管理工作研究的力度。当前和今后一个时期，以下6个问题值得我们深入研究：一要加强对转变政府职能的研究；二要加强对高校科学定位、分类指导的研究；三要加强对高校办学自主权的研究；四要加强对依法治校的研究；五要加强对高校管理干部队伍建设的研究；六要加强对社会资源参与高校办学的研究。

中国高教学会副会长兼秘书长张晋峰在致辞中，首先代表中国高教学会和周远清会长，对中国高教学会高教管理研究会2009学术年会的召开表示热烈祝贺，并认为高教管理研究会是学会中成立较早、最为活跃、学术研究成果最为丰富的学术团体，近年来又取得新的进展和成果。

黑龙江省教育厅副厅长辛宝忠在致辞前，首先宣读了程幼东副省长的贺信，信中代表省政府向大会的召开表示热烈祝贺，对各位领导、专家学者和各位代表的到来表示热烈欢迎,并表示相信高教管理研究会一定能够适应新形势、发挥新作用、取得新成效,为促进我国高等教育又好又快发展作出新的更大的贡献。在随后的致辞中,辛厅长介绍了黑龙江省实施高教强省建设情况,表示此次学术年会选择在黑龙江召开,为黑龙江省提供了一次难得的学习机会,更是对黑龙江省高教管理工作的鼓励和鞭策。学术年会名师云集、内容丰富,对于我们深入开展高教管理研究,推动全省高教事业发展必将产生深远影响。

齐齐哈尔市市委常委、宣传部部长、高教工委书记王铁静在致辞中向代表们介绍了鹤城的人文地理特色和教育事业发展情况。她代表市委市政府和职教战线的干部师生,对各位领导、各位教育专家对齐齐哈尔市的支持与关怀表示衷心感谢。她认为,年会参加人员层次高,安排内容丰富,形式新颖,论题具有鲜明的时代性和前瞻性,对高等教育特别是高等职业教育具有重要的指导意义。齐齐哈尔市高教战线一定珍惜这难得的机会,虚心学习,广纳良言,开阔视野,再谱高等教育新篇章。

中国高教学会高教管理研究会常务理事、齐齐哈尔职业学院院长曹勇安在致辞中,代表学院万名师生对出席会议的各位领导和嘉宾表示热烈欢迎,向一直以来给予齐职院支持鼓励的各位领导和各界人士表示衷心感谢。他介绍了齐齐哈尔职业学院借助"三次推动力"走上良性发展之路;办学 18 年来,积极探索了高等职业教育办学新途径,以培养应用性、职业型的创业者为己任,确立了"一条主线,双基双技,三级抽考,实践第一"的职业教育原则;办学中坚持"三个坚定不移":坚定不移地走高等职业技术教育之路,坚定不移地走"校企合一、产学一体"的发展职业技术教育之路,坚定不移地沿着"学校品牌靠专业、办学经费靠产业"的方针,探索中国高等职业技术教育的特色之路。齐齐哈尔职业学院希望借助这次学术年会召开的机会,请各位专家学者,提出宝贵指导意见。

中国高教学会高教管理研究会副理事长庄益群在开幕式上,从积极配合中国高等教育学会组织相关活动、深入开发 2008 临沂年会学术交流成果、全力筹备高教管理研究会 2009 学术年会、搭建研究会内部学术交流活动、推动理事访学工作、顺利推进秘书处日常工作、启动高教管理研究会成立 25 周年纪念活动 7 个方面,对研究会一年来的工作进行了简要总结,对秘书处的工作予以肯定。

在 7 月 25 日晚举行的预备会上,庄益群副理事长召集常务理事初步审议了年度工作报告、研究通过了新增补理事、明确了会议议程。经过酝酿和表决,常务理事会决定增补中国地质大学(北京)党委书记王鸿冰为副理事长;电子科技大学副校长、中山学院院长马争教授等 18 人为常务理事;齐齐哈尔医学院人事处处长从明宇教授等 19 人为理事。副理事长郑其绪在开幕式上宣读了增补理事名单。

二、围绕年会主题，交流丰富充分，形成价值共识，取得了理想效果

本次年会围绕“科学发展观统领下的高等教育管理”这一主题，采取主旨演讲、平行论坛、大会交流、教育考察等丰富多样的交流形式，保证了与会代表对具体的相关议题具有广度和深度的探讨，使他们从不同的角度和层面阐发自己的观点、见解，展示最新的研究成果，进而深化对年会主题的认识。有近40余位领导和专家在不同形式的交流中做了精彩发言，从理论和实践层面丰富和细化了对年会主题的认识。

开幕式结束后，在郑其绪教授主持下，有三位教授发表了主旨演讲。王佐书教授在题为《为高等教育文化建设与发展提供研究线索》的演讲中，首先阐明了文化在国家建设中的重要意义，他认为高等教育文化建设要从把握规律开始，认知并寻找施行之道。教育必须遵循三个规律：育人规律，培养不同的人才；用才规律，使用有竞争力的人；可持续发展规律，不仅学生要可持续发展，教师和学校也要可持续发展，实现人的终身教育。高校的功能就是教书育人。要实现高校的功能就要进行“三才一化”建设，即人才培养建设、器材建设、教材建设及校园文化建设。王佐书对年轻人提出六字训勉：时机、场合、态度，即无论是做事还是提建议，都要把握时机、注意场合、控制态度，这样才能成功；对教育者提倡：“智慧需要智慧的启迪，人格需要人格的教育。”湖南女子职业大学校长罗婷教授在题为《大学的特色经营与管理》的演讲中指出，特色发展是高等教育强国建设对每所高等学校提出的必然要求。高等学校要以特色促发展，向经营要效益，靠质量求生存。她从大学特色经营与管理的内涵、大学走特色经营与管理之路的原因以及大学特色经营与科学发展的具体策略三个方面，对大学的特色经营与管理进行了详尽而深入的分析与探讨。曹勇安教授在题为《高职院校的定位与发展》的演讲中提出，高等教育的定位及其发展问题来自于高等教育从精英阶段走向大众化阶段对于内部类型细化的要求。他认为，2005年《国务院关于大力发展职业教育的决定》中确立的职业教育改革发展目标：校企合作、工学结合，结构合理、形式多样，灵活开放、自主发展，有中国特色的现代职业教育体系，完全反映了未来职业教育发展的方向和社会经济发展对我国职业教育改革的要求。通过原则的引领和理念的释放与实践的探索，齐齐哈尔职业学院在高等职业教育的自身定位中找准了发展的方位，并立足自身特色，使各专业组织更好地融入社会、进入市场，充分了解社会和岗位要求，感受来自市场竞争的压力，推动了学院特色化建设和社会功能的深化。曹勇安教授以“教育不能完全产业化，但职业教育完全可以产业化”结束了他的演讲，也以此引出高等教育管理的实践者和研究者对未来的高等教育管理走向的新思考。

7月26日下午，平行论坛分三个分论坛同时进行。论坛一的主题为“高校领导体制、科学管理与科学发展”，由湖北工业大学党委书记朱正亮主持，先后有13位来自全国高等院校的专家学者就这一主题进行了交流发言，阐述了自己的观点。代表们一致认为，深化高校内部领导体制改革，核心和关键是坚持和完善党委领导下的校长负责制。淄博职业学院原党委书记于庆臣研究员提出，要从提高认识、健全制度、班子建设、营造环境等方面下工夫，加强高等学校的执政能力建设。在坚持和完善党委领导下的校长负责制的前提下，就如何提高高等教育的管理水平、促进学校科学发展，湖北大学生命科学学院卢晓梅副教授从决策论的视角，对实现高校有效管理提出了五点建议：转变管理理念，坚持以人为本；落实高校自主权，协调大学组织行政权力与学术权力；重视有限性功能，决策应实现刚性与弹性相结合；建立民主、多元和开放的高校决策体制与机制；重视院校研究，定性与定量研究相结合等。代表们提出，推进高校科学发展，首先要明确高校科学发展的深刻内涵，正确认识高校发展取得的成就和面临的形势任务，重视发展战略规划的制定和实施，推进高等教育与区域经济的互动发展。构建和谐校园是推进高校科学发展的重要举措和坚强保障，而教师队伍是推进学校科学发展、构建和谐校园的主体。

论坛二主题为“大学制度·院校品牌与特色”，由中国石油大学副校长刘华东教授和仲恺农业工程学院党委书记王安利研究员共同主持。先后有9位代表发言。厦门大学教育研究院史秋衡以《大学学术基层组织制度建设》为题，北京石油化工学院韩占生以《地方大学实行“专家治校、教授治学”模式的建构路径与难点探析》为题，山东理工大学教育科学研究所苏守波以《大学内部治理结构研究——一个基于利益相关者的视角》为题，中国石油大学郑其绪以《论高等学校组织非智力因素建设》为题，山东广播电视大学刘步俊以《构建现代远程教育质量保证体系的研究与探索》为题，江苏公安警官学院吴跃章以《关于公安高校特色化发展的思考》为题，武汉商业服务学院汪振国以《高等职业教育特色创新的必由之路》为题，哈尔滨工业大学(威海)杨东霞以《知名高校在异地办重点大学分校区——可持续发展瓶颈探析》为题，中国传媒大学王保华以《行业特色型高校学科发展与品牌专业建设研究——以中国传媒大学为个案》为题，分别结合研究领域的实际，对院校品牌与特色、制度建设的模式和思路进行了深入交流和讨论，为大家提供了可借鉴的经验和观点。其中，郑其绪教授的观点更为引人耳目。他结合办学实践从志在必得的组织自信、愈挫愈奋的组织意志、客观适度的组织思维、萃取众智的组织学习、协调双赢的组织网络、不可替代的组织特色等8个方面，分析了如何进行高等学校组织非智力因素建设。

论坛三主题为“人才培养、创业教育与队伍建设”，由高教管理研究会常务理事、南京邮电大学副校长叶美兰教授主持，6位专家学者就这一主题进行了深入而广泛的研讨。广州大学副校长禹奇才教授认为，当前高校人才培养存在三个不适应：一是不适应学生全面发展的需要；二是不适应经济社会发展的需要；三是不适应科学技术的发展。完整、准确地理解和把握科学发展观的内涵是提高人才培养质量的关键。同时要处理好人才培养与经济社会发展的关系；教学、科研与社会服务的关系；德、智、体、美、劳的关系，坚持德育为先。同时针对近年来出现的大学生就业难这一社会问题，研究者对高校创业教育予以了关注。中国青年政治学院继续教育学院副院长张严方博士在分析我国高校创业教育现状、存在的主要问题及原因的基础上，提出了走出高校创业教育困境的对策。浙江大学教育学院在读博士生李志永提出，创业教育是一项系统工程，其发展的层次、水平取决于我们的研究视野。他从国际视野介绍了美国、日本、英国等创业教育发展的先进国家，在发展创业教育过程中积累的大量有益的成功经验，认为这些经验为正处于创业教育质量提升关键期的我国高等教育提供了新的思路。同时中国发展创业教育还是要结合国内的实际情况，实现创业教育质量的提升。

7 月 27 日上午，专家学者们进行了 2009 学术年会举行大会交流。在中国高教学会高教管理研究会常务理事、《教育研究》杂志社主编高宝立的主持下，首先由平行论坛的三个分论坛主持人都光珍、王安立、叶美兰，分别汇报了各自论坛的发言情况以及交流中的深刻认识、特色观点、形成的共识、研究课题方向等成果。之后，由各分论坛推荐的代表，苏州大学高祖林以《苏州大学建设相互作用大学的探索与思考》为题，厦门大学史秋衡以《大学学术基层组织制度建设》为题，云南红河学院宋焕斌以《论地州本科院校校园文化生态建设》为题进行了大会交流。

闭幕式上，作为研究会的倡议者和创建人之一的邸鸿勋先生，应邀向大会介绍了研究会成立、发展的 25 年历程，畅谈了自己的收获和工作体会。

随后，大会进入与会代表的自由发言阶段。此时，会场气氛热烈，交流踊跃，发言者争先恐后。哈尔滨工业大学（威海）纪委书记高学敏、首都师范大学教育科学学院教授田汉族、广州大学高教所所长刘晖教授，分别结合主题和个人感受，交流了自己的思想和观点，也将本次年会交流环节推向高潮。

三、年会特色彰显，精彩纷呈，续写了高教管理研究新的篇章

7 月 27 日上午，中国高教学会高教管理研究会 2009 学术年会圆满落幕。闭幕式由副理事长、中国石油大学（华东）原党委书记郑其绪教授主持。中国高教学会高教管理研究会副理事长、国家教育行政学院党委副书记庄益群在闭幕式上做大会总结讲话。

庄益群同志在讲话中重点突出了本次年会的概况和特点：这次年会出席人规

格比较高，各级领导到会，参会代表有校长、书记，有处长、所长、专家，还有在读博士生。两天来，年会通过经验的交流、思想的碰撞、理论的探索、实际的考察，取得了显著成效。年会最大的一个特点就是科学发展观的统领，突出了科学发展观统领的主题。年会第二个特点，郑树山理事长在主旨报告中回顾了教育管理体制改革60年的基本状况和经验体会，并且对今后深化研究提出了6个方面的课题。年会第三个特点，这次年会提交的论文，既是对高教管理理论和实践的检验和继续深化，也体现了学习实践科学发展观的成果。年会第四个特点是王佐书演讲中对教育与文化关系的认识，在与会代表中产生了积极的反响和影响。文化对教育的重要性，教育对文化传承具有什么样的使命，是一个非常值得深入研究的。不懂教育的政治家，是不成熟的政治家；不懂政治的教育家，是不完全的教育家；不懂文化的教育工作者，不会成为自觉的教育家。中国的大学，要更多些文化，用文化去引领。学术年会去年在临沂师范学院承办的基础上，实现了一大突破，坚持把年会的学术研究与典型考察研究相结合。齐齐哈尔职业学院在发展中走出了产业教育的培养模式之路，考察之后令人兴奋和敬佩。齐齐哈尔职业学院有一种精神，一种对于教育理想的不懈追求，曹勇安及其领导班子的境界就是想为中国教育事业的发展努力做些事情。他们注重以理念引领学校的发展，以理念和文化引领学校的发展。学校领导敢于解放思想，勇于实践，正确处理政府、学校、社会之间在教育事业上的关系，并成为三者的引领者。

中国高教学会高教管理研究会副理事长、中国石油大学(华东)原党委书记郑其绪在主持闭幕式时谈到，这次年会以科学发展观为统领，总结了高教管理的经验，讨论了当前高教管理中存在的问题，呈现出众多的亮点，提出了一些开拓性的理念，明确了研究的方向，反映了研究会的生命力和活力。他还谈到，这次年会的成功，得益于高教管理研究会的周密运筹，得益于黑龙江省和齐齐哈尔市的支持，得益于齐齐哈尔职业学院热情周到的服务。代表们敬佩他们的创业精神，感叹他们的创业成果，感慨他们的拼搏精神。感慨之中受益匪浅，感慨之后的顿悟更是收获和提高。大家来自不同的学校，不应该也不可能照搬齐齐哈尔职业学院的具体做法，但他们的精神、思想、方法，给人以启迪。

经过研究会和与会代表的全体努力，本次年会圆满地完成了预期的各项议题，出现了很多亮点，形成了诸多共识，取得了丰硕成果。经过增补副理事长、常务理事、理事，中国高教学会高教管理研究会的力量更加壮大，为今后更加广泛地开展学术活动、推进高教管理研究奠定了良好的基础；与会代表紧紧围绕主题撰写了大量富有价值的论文，尤其是通过大会的交流学习，对科学发展观统领下的高等教育管理有了更深刻、全面的认识，并明确了今后一段时间研究会关注的热点问题，这对于推动高教科学管理、促进高校科学发展无意具有重要的理论和现实意义。

后　记

科学发展观和和谐社会建设的提出,对于推进我国高等教育改革与发展具有特殊而重要的指导意义。如何以科学发展观统领高等教育改革与发展,发挥高等教育在和谐社会建设中的作用,并以此解决当前高等教育发展中遇到的新问题和新矛盾,实现高等教育的和谐发展,是高等教育界面临的重大理论课题和实践任务。

为总结新中国高等教育管理60年历史经验,深入学习实践科学发展观,推动高等院校科学规划、科学管理与科学发展,中国高教学会高教管理研究会以"科学发展观统领下的高等教育管理"为主题,于2009年7月25日—29日在黑龙江齐齐哈尔职业学院召开了学术年会,围绕主题展开了广泛而深入的研讨。与会代表提交了70余篇富有探索性的论文,不少成果已公开发表,引起了良好的社会反响。本书正是对本次学术年会研究成果的汇总。限于篇幅,秘书处就所提交的论文作了筛选,并对少数文章作了删改。

本书由高教管理研究会秘书处组织编辑而成。全书共分六个部分:高校领导体制与领导能力建设、高校科学管理与战略规划、现代大学制度与运行机制、高校品牌建设与特色发展、高校价值取向与人才素质培养、高校创业教育与队伍建设。秘书处冯文宇、岳胜军对文集从体例上进行了汇总并审读了部分文稿。高教管理研究会常务副秘书长于建福教授负责全书的整体设计和统稿工作。高教管理研究会秘书长李文长教授审定了书稿。

教育部干部培训工作领导小组副组长、中国高教学会高教管理研究会理事长、国家教育行政学院院长、党委书记郑树山出席了本次年会，并发表了题为“研究总结新中国成立以来高教管理体制改革的历史经验 促进新时期高等教育科学发展”的主旨演讲。征得郑树山理事长同意，将其讲话作为本书代序。

本书出版之际，我们谨向为本次年会成功举办而付出辛勤劳动的齐齐哈尔职业学院的领导和同志们表示由衷的敬意！对大力支持文集出版并付出智慧的江苏大学出版社表示衷心的感谢！对各位理事和同仁多年来对研究会工作的关注、支持与厚爱表示深深的谢意！

中国高教学会高教管理研究会

秘书处

2010年8月31日